天

Borderless

下

博稽古今　融汇天下

天
Borderless
下

法学原论

Criminal Law
Principles of Legislation and Interpretation
(volume 1)
By Li Xiaoming

刑法学
立法与解释原理
(上册)

李晓明　著

法律出版社
LAW PRESS·CHINA
北京

图书在版编目(CIP)数据

刑法学：立法与解释原理. 上册 / 李晓明著. --
北京：法律出版社，2023
ISBN 978-7-5197-7511-7

Ⅰ. ①刑… Ⅱ. ①李… Ⅲ. ①刑法－法的理论－中国
Ⅳ. ①D924.01

中国国家版本馆 CIP 数据核字(2023)第 016331 号

法学原论系列

刑法学：立法与解释原理（上册）
XINGFAXUE：LIFA YU JIESHI YUANLI
（SHANGCE）

李晓明 著

责任编辑 黄倩倩 杨悦芊
装帧设计 贾丹丹

出版发行 法律出版社
编辑统筹 学术·对外出版分社
责任校对 晁明慧
责任印制 陶 松
经 销 新华书店

开本 710 毫米×1000 毫米 1/16
印张 25.75 字数 474 千
版本 2023 年 6 月第 1 版
印次 2023 年 6 月第 1 次印刷
印刷 三河市龙大印装有限公司

地址：北京市丰台区莲花池西里 7 号(100073)
网址：www.lawpress.com.cn
投稿邮箱：info@lawpress.com.cn
举报盗版邮箱：jbwq@lawpress.com.cn

销售电话：010-83938349
客服电话：010-83938350
咨询电话：010-63939796

书号：ISBN 978-7-5197-7511-7
定价：108.00 元
凡购买本社图书，如有印装错误，我社负责退换。电话：010-83938349

序

刑法学是一门古老而又年轻的学科。说它古老是由于自人类社会产生以降,为规范人类行为,达致社会和谐有序,人们竭尽包括刑罚在内的一切规制手段。古今中外的每个政权或国家几乎毫无例外地颁布和施行刑律或刑法,并且历史上许多著名政治家、思想家及法学家都对犯罪与刑罚有过精辟的论述。说它年轻是因为尽管人类社会使用刑律或刑法的历史源远流长,但刑法学及其学科的真正建立不过二三百年的历史,在我国或许只有近百年的历史。尤其建构具有中国特色的社会主义刑法学及其理论体系,也只是 1949 年中华人民共和国成立后的事情。

1979 年我国第一部社会主义《刑法》颁布,从此结束了中华人民共和国成立后没有《刑法》的历史。经过 1997 年的系统修改,包括自此以后的 11 个刑法修正案,我国的刑法立法呈现出当前的状况。可以说,在改革开放 40 多年的历史进程中,我国立法机关为适应社会变革中惩治犯罪的需要,除《刑法》外,还先后颁布过近 30 个单行刑法,并在百余部非刑事法律中设置有大量的刑事条款即附属刑法,以弥补《刑法》之不足,为此做出了不懈努力。

回顾这段历史,不仅应为我国刑法立法的长足发展而欣幸,也应冷静思考刑法学在几十年的历史进程中所暴露的问题,如修法较为频繁、适用仍有不足等。当然,1979 年《刑法》的公布和 1997 年全面系统的修改,不仅在社会上引起较大反响,而且也在理论界掀起一次次注释和理论研究热潮。我国刑法可谓经历了从注释刑法到理论刑法,再由理论刑法到注释刑法的过程,从而形成了注释研究与理论探索并重的格局。尤其经过 70 多年我国刑法理论与实践的发展,包括学习苏联的刑法立法与理论,以及改革开放前后我国自己的刑法理论与实践,学习和借鉴其他国家和地区的刑法立法及理论研究成果,应当说我国经历了一个很好的理论积累和立法经验积淀过程;加之许多年来对中华民族几千年刑律文化的挖掘,这一切都是我们进一步深入研究中国刑法理论及指导刑法立法与司法实践的资本和专业基础。

目前或许有两项使命需要完成:一是根据我国目前和未来社会管理与经济发展的需要,尽快打造一部真正适应我国社会经济与未来发展需要的刑法典,尤其是民法典颁布实施后,刑法典的研究、编纂和制定已迫在眉睫。二是应当着手考虑建构适合我国国情的现代刑法学科体系,尽快完善现代化的社会主义刑法学的基础理论与基本原理。不然,不仅整个刑法学没有出路,甚至刑法的立法与司法实践也得不到应有的学术滋养和理论支撑。这不仅可能带来理论与实务的混乱,甚至可能使刑法学走向枯萎。当然,要完成这两项重要使命,核心的问题是人才培养,尤其是支撑我国未来刑法立法、司法及理论研究的青年队伍的培养。据不完全统计,我国硕士研究生每年招收300多万人,其中法律专业就多达20万人。且学生刚入学课程太多、时间紧张,读书又一时弄不清头绪,刑法著作千万册,自己摸索会耗费许多宝贵的时间,研究刑法时在学习之初读一本具有历史纵深感或学科基本线索的书就显得非常必要。也就是说,作为一名研究刑法的学子及其相关人员,读一本一以贯之的刑法学原理著作,比较全面地了解刑法学说史及其发展脉络,就显得异常重要了。这样,其不仅较系统地掌握了刑法学的概貌和纵横刑法的经纬,且节省了寻找、比较、选择的时间,并能迅速进入学习刑法的通道,在入门的基础上使得自己能够根据具体兴趣和需要进一步选择更准确的方向深入研究下去。本书作者正是基于上述理由和思路,经过5年多的努力和精心研究,完成了这部学术型的刑法学基本原理方面的著作。

本书主要有四大特点:(1)全面考察了古今中外的刑法立法及刑法典的历史文化体系,不仅梳理和建构了自人类社会产生以降的刑法学术史及基本理论知识体系,而且系统研究了世界各国刑法立法及刑法典的历史与现实立法例,不仅告知读者刑法立法及法典打造的基本方法,而且告诉读者如何梳理和研究刑法学及其理论的系统知识,不仅教会其如何"喝水",而且提示其如何"取水",从而为培养更多的刑法理论与实务人才奠定基础。(2)根据我国刑法文化的研究基础,包括马克思主义刑法观和犯罪观、苏联等社会主义国家刑法学的理论知识体系和我国传统刑律文化的积淀,以及改革开放以来我们学习和借鉴其他国家和地区刑法立法、司法及其学术理论的观点和经验,试图打造适合我国国情的现代化的刑法学科体系及其基本原理。(3)试图打造全新犯罪论体系的基本概念与范畴(如以罚为前提的罪的概念,刑法之内的重罪、轻罪和刑法之外的微罪范畴等),梳理和完善刑法学的学科主线,重新阐述和解释"罪刑关系"的实质含义,提出"罪责关系"的刑法学科主线新思路,预估和研判未来广义刑法学的"罪罚关系"范畴,系统阐述"罪"与"罚"的基本原理及其学科体系。(4)定位于刑法理论体系化与法典编纂制定相结合的实用研究思路,大胆提出建立"大刑法学"或"广义刑法学"的理论主张,不仅试图更新传统的注释刑法知识体系,而且指出纯理论刑法学可能存在的问题,使刑法学的研究内容介于理论与实务之间,试图总结一套理论刑法与注释刑法并重的现代化的刑法学理论知识体系。在此基础上,为博士生、硕士生乃至本科生们提供一本理论与实务相结合的刑法研究用书,使其能够快速进入刑法学系统研究的通道，而不至于长期处于犹豫、彷徨或抉择之中。

当然我们知道，构建具有中国特色的现代化的刑法学体系是一项艰苦卓绝的理论再造过程，也是一项宏大的学科研究系统工程。尤其是刑法典的编纂、制定更是一个浩瀚的社会系统工程，非一朝一夕或一般功力所能完成，需要学界的共同努力，特别是青年刑法学人的持续奋斗。或许在这一过程中传统理论观点会受到冲击、洗礼和挑战，更有待逐步清理、不断改造和完善。我们深知个人力量的渺小和单薄，深信众人拾柴火焰高，因此需要依靠全体刑法学人的智慧与力量，尤其是青年学人的创造力，希望本书能够成为一块改进传统刑法学的“引玉之砖”，更期盼我国学界研究尤其是理论与注释并重研究的日臻完善。这也正是刑法新学人的力量基础和宏伟目标，更是我国刑法学未来发展的动力源泉和再生根基，故应竭尽毕生去努力。

最后，让我们为中国刑法学未来的繁荣、馨香与进步共祝之！是为自序。

李晓明

谨识于苏州大学相门寓所

2021 年 7 月 31 日

目　　录

第一编　学科原理:刑法文化与体系建构

第九章　刑法的效力规范及管辖范围

第十章　刑法规范的体系及其类型化

第十一章　世界各国的刑法典及其特色

第三编　功能原理:报应、预防、并合抑或规制

第十二章　刑法的性质及其功能

第十三章　刑罚的根基性原理:报应、惩罚与正义

第一编 学科原理:刑法文化与体系建构

法律就其本质而言是一种文化,而刑法也是一种文化,甚至可以说它是一种古老而又年轻的文化。自人类社会产生以降,针对犯罪制定有各种刑罚规则,并逐步形成刑法学科和历史派别,最终汇聚形成“罪刑关系”或“罪责关系”的刑法学主线。所谓基本原理是指一事物的基本结构和功能机制的原本理论。刑法的基本原理当然是指有关刑法理论知识体系的基本结构和功能机制运行的原本理论或最一般理论,它是刑法制定和功能运行不可缺少的重要机理与内容。本书认为,刑法学起码有六大基本原理,包括学科原理、立法原理、功能原理、解释原理、罪体原理和罪责原理等。研究这些原理,对于刑法学的建设与健康发展均十分有益。

第一章　中外刑法文化及其发展脉络

刑法文化必然追溯至“刑法渊源”，后者隶属于“法律渊源”或称“法源”，也即法的渊源。起初源自欧洲大陆，后来逐步衍射至英美。在罗马法里最早称 fontesiuris，德文称 rechtsquellen，法文称 sources du droit，意大利文称 fonti deldiritto，英文称 sources of law。[①] 作为法的范畴，法律渊源在不同法系、地域、国家有不同表述。传统观点认为，其是指法的本源或本质，也即法是源于国家权力还是自然理性，抑或神的意志、君主意志、国家意志、人民意志，又或法依赖于当时的社会物质生活条件。也有人认为其是指法的效力，即法产生于立法机关还是其他主体。还有人认为其指法的材料渊源，即源于先前法、外国法，或者政策、习惯、宗教、礼仪、道德、典章、理论、学说等。更有人认为其指法的形式渊源，即制定法、判例法、习惯法抑或其他。甚至有人认为其指法的历史渊源，即能够引起法或法律原则、法律规则产生或改变的历史现象或事件。[②] 可见，最早对法的渊源的认识是极其复杂的。

根据法律渊源的不同定义，理论界也有不同分类。美国法学家博登海默将其分为正式和非正式，我国也多采用此类分法。“正式法源是指法律上有拘束力的法源，一般指由国家机关制定或认可的法律规范，通常包括制定法、判例法、习惯法和国际条约等；非正式法源是指虽不具有明确的法律拘束力，但对法官的司法活动来说有很大说服力或影响力的渊源，

---

① 参见周旺生：《重新研究法的渊源》，载《比较法研究》2005 年第 4 期。

② 参见张文显主编：《法理学》（第 2 版），高等教育出版社 2003 年版，第 66 页。

通常包括法理、学说等。"[①]此外,依据其载体不同还可将其分为成文法源与不成文法源;依据其是否经过国家立法程序制定,可将其分为制定法源和非制定法源;依据其效力,可将其分为直接法源和间接法源。本书认为,法律渊源根据不同的标准有不同的分类,是必然的结果。如何从概念上更好地界定法律渊源则与其研究对象密切相关,本书更加侧重于渊源的发展脉络,呈现明显的时间性特征,意在表明不同的发展阶段中法律渊源的不同样态或方式。故笔者对"法律渊源"的界定是:法的表现形式,它包括法律在历史上以何种形态出现以及现存的样式。

相较于"法律渊源"含义的多样性,"刑法渊源"在我国刑法学界的含义也十分丰富。有三种观点:(1)是指其"产生渊源";(2)是指其"历史渊源";(3)是指"认识渊源"。[②] 我国通说认为,"刑法渊源是指刑法的表现形式,也就是有哪些法律属于刑法,哪些法律是法官在定罪量刑时所应遵循的依据"[③]。根据上述对"法律渊源"的界定,本书认为,"刑法渊源"是指刑法在历史上的表现形式以及现存的基本样式。

基于不同的分类标准,我国学者提出了刑法渊源的不同类型。有学者依据可否作为定罪量刑根据将其分为直接渊源和间接渊源。"刑法的直接渊源是指司法机关在刑事案件的审判中可以直接援用为定罪判刑依据的法律规范,包括宪法、宪法性文件和专门的刑事法律以及其他法律中所包含的刑法规范等;刑法的间接渊源是指不能直接援引为定罪处刑的法律依据,但却为理解刑法规范的内容和决定刑法规范适用范围不可或缺的那些行政法规、国际条约、风俗习惯、法院判例等。"[④]也有人依据历史地位、效力层次将其划分为不同层次。第一层次的刑法渊源指全国人民代表大会及其常务委员会通过的《刑法》及其他刑法立法性文件;第二层次的刑法渊源指规范性刑法解释,包括立法解释与司法解释,同时还有刑事判例。[⑤] 有学者认为,根据刑法的意志内容是完成并停留在立法阶段还是可以在实践中规范外地通过司法机构加以贯彻,刑法渊源可以分为民权刑法的渊源和国权刑法的渊源。[⑥] 通说不再对"刑法渊源"做分类,而是直接列明具体的刑法渊源有哪些。[⑦] 笔者也曾直接罗列具体的"刑法渊源"。[⑧] 而本章将"刑法渊源"分为:中国古代刑法渊源、中国近现代刑法渊源、外国古代刑法渊源和外

---

① 陈金钊主编:《法理学》,北京大学出版社 2002 年版,第 156 页。

② 参见牛克乾:《刑法渊源、规范性刑法解释与刑事判例》,载《法律适用》2004 年第 5 期。

③ 刘旗胜:《刑法渊源若干问题探讨》,载《广西社会科学》2009 年第 S1 期。

④ 陈忠林主编:《刑法(总论)》,中国人民大学出版社 2003 年版,第 15 页。

⑤ 参见屈学武主编:《刑法总论》,社会科学文献出版社 2004 年版,第 4 页。

⑥ 参见李海东:《刑法原理入门:犯罪论基础》,法律出版社 1998 年版,第 8 页。

⑦ 参见张明楷:《刑法学》(第 5 版),法律出版社 2016 年版,第 16 页;黎宏:《刑法学总论》(第 2 版),法律出版社 2016 年版,第 2 页。

⑧ 参见李晓明:《刑法学总论》,北京大学出版社 2016 年版,第 52 页。

国近现代刑法渊源,这也比较契合本章对"刑法渊源"内容的基本界定。

一、中国古代的刑律文化溯源

中国古代刑法源远流长,尤其是刑律文化更是历史久远,堪称博大精深。本书以刑法文化与思想为主线,参阅我国主要朝代的立法律例,将其梳理如下。

(一)先秦时期

根据史书记载,早在夏、商、周三代,中国便有了较为系统的刑事立法活动。不过对此有学者质疑,认为"中国古代刑法始于尧舜部落联盟时代,而不是夏代"①。该学者从四个方面对此展开论证:"皋陶作刑"说能成立,"刑始于兵"说合理,"解鹿决讼"说可信,《尧典》"五刑"说有据。② 本书认为,上述学者的观点主要借助了历史学、考古学的相关内容,在一定程度上具有合理性。但是,既然本书对"刑法渊源"的界定是刑法的表现形式,那么其就应当限于最直接、最可靠的表现形式,包括现存的刑法文本,抑或古书典籍的有关记载,但决不能是其他间接相关的典故、传说的进一步推论。因此,从资料的翔实性考量,笔者还是认为古代刑法的渊源始于夏商时代比较科学可靠。

"夏有乱政而作《禹刑》,商有乱政而作《汤刑》,周有乱政而作《九刑》"③。《禹刑》失传,无法考证,根据古文献所载,夏朝刑法规定的罪名主要有以下几种:威侮五行罪,怠弃三正罪,弗用命罪,淫湎康罪,野于饮食罪,废时乱日罪,先时、不及时罪,不孝罪,昏、墨、贼罪和《尚书大传》所载15种罪名。④ 据《汤刑》内容记载,商朝的犯罪概括起来有以下几种类型:亵渎神灵祀典的犯罪,侵犯王权的犯罪,官吏在履行职务方面的犯罪,扰乱社会秩序的犯罪和违礼乱德方面的犯罪。⑤ 西周初期,以《汤刑》为基础确立《九刑》,《九刑》在犯罪方面规定了:反对王权和奴隶制国家的犯罪,侵害奴隶主贵族人身安全的犯罪,侵害奴隶主贵族财产安全的犯罪,破坏家庭婚姻的犯罪,妨害社会秩序的犯罪,违反祭祀礼制的犯罪,官吏在履行职责上的犯罪,破坏国家经济政策的犯罪和军事上的犯罪;在刑罚方面则规定了死刑、肉刑、赎刑、罚金和其他刑种(如流刑、拘役、鞭刑、收奴等)。⑥ 由上述史料记载可知,奴隶制时期的刑法主要规定了君权、夫权、父权至高无上,以及刑罚的残忍、严苛。

---

① 李衡梅:《中国古代刑法渊源》,载《江汉论坛》1984年第9期。

② 参见李衡梅:《中国古代刑法渊源》,载《江汉论坛》1984年第9期。

③ 《左传·昭公六年》。

④ 参见胡留元、冯卓慧:《夏商西周法制史》,商务印书馆2006年版,第56-63页。

⑤ 参见胡留元、冯卓慧:《夏商西周法制史》,商务印书馆2006年版,第64-72页。

⑥ 参见胡留元、冯卓慧:《夏商西周法制史》,商务印书馆2006年版,第364-395页。

随着社会关系的复杂化,社会矛盾趋于尖锐,司寇吕侯奉穆王之命,制定新刑法,名之《吕刑》,其主要内容是规定刑罚的种类及其适用原则。记载中的刑罚分作三大类,有五刑、五罚和五过,五刑最重,包括墨、劓、剕、宫、大辟五等,《吕刑》云"五刑之属三千",其中"墨罚之属千,劓罚之属千,剕罚之属五百,宫罚之属三百,大辟之罚,其属二百"①。《吕刑》的核心内容主要涉及当时实施的赎刑以及其他一些刑事政策。② 在审理案件方法方面,《吕刑》提出了三条原则:其一,"上下比罪",使惩罚与罪行相符;其二,在案情不能确定时,从轻不从重;其三,具体量刑时,"上刑适轻下服,下刑适重上服"③。

《周礼·秋官·司寇》记载,西周初期刑法的体系是:墨罪五百,劓罪五百,宫罪五百,刖罪五百,杀罪五百。④ 到了东周,也称春秋战国时期,开始逐步公开法律,比较著名的是郑国子产铸刑书,邓析制竹刑,以及晋国赵鞅铸刑鼎。⑤ 当然,在当时乃至对整个中国古代刑法的形成和发展起到巨大作用的当属李悝编撰的《法经》。首先,李悝所著的《法经》完全摒弃了西周以来的刑律体系,将《法经》分为盗法、贼法、囚法、捕法、杂法和具法六篇,并将盗、贼、囚、捕、杂五章中有关共同的适用刑罚的原则集中在"具法"中进行规定,相当于后世刑法中的名例篇或者刑法总则。⑥ 其次,李悝在《法经》中创设的刑法原则,成为中国封建社会刑事立法乃至刑法的基本原则。根据《晋书·刑法志》《唐律疏议》等记载,《法经》中确立的刑法原则有:(1)"王者之政,莫急于盗贼";(2)"不别亲疏,不殊贵贱,一断于法";(3)"重刑轻罪"。⑦ 由此也可观察到,在当时已经有了刑法的基本原则及其理论。

综上所述,中国奴隶制时期刑罚的特色在于,将犯错者与社会普通人区别对待,以此激起犯错者社会道德层面的愧疚感或羞耻心。如何使犯错者基于道德层面的谴责而"改邪归正",夏商时代主要靠天、神之罚,于是有了"以德配天"的说法。到了周王朝统治时期,则主要靠浸透了社会道德精神的礼制,于是有了"礼崩乐坏"的说辞。无论是夏商的神权时代,还是两周的礼制时代,其本质都离不开"道德"的内容,对犯错者施以刑罚,无不是以对其进行道德教化为最终目标。以激发人的羞耻感与社会认同感为目的的"刑",在当时的社会环境下,极具弱化社会矛盾的重要作用。先秦时期以道德教化为本质内容的"刑",是古代社会以氏族关系为纽带的必然选择。在先秦时期的王

---

① 《尚书·吕刑》。

② 参见朱勇主编:《中国法制史》(第3版),法律出版社2016年版,第20页。

③ 《尚书·吕刑》。

④ 参见《十三经(上)》(全文标点本),吴树平等点校,北京燕山出版社1991年版,第484页。

⑤ 参见朱勇主编:《中国法制史》(第3版),法律出版社2016年版,第40页。

⑥ 参见宁汉林:《中国刑法通史》(第2分册),辽宁大学出版社1986年版,第425页。

⑦ 参见何勤华:《中国法学史纲》,商务印书馆2012年版,第27页。

朝统治中,虽然奴隶制五刑常为后世所诟病,但在这一时期并没有大规模的民众起义和战争,也鲜有巨大的社会动荡,严苛、残暴的刑罚使用率不高,社会总体趋于和谐稳定,可以说,这与当时以缓和社会矛盾为主旨的“刑”的政策有直接关系。反观先秦后的首个王朝——秦朝,不仅制刑严苛,用刑亦十分残暴,导致民怨沸腾,社会动荡,百姓揭竿而起,故二世即亡。故此,先秦时期“刑”的特色是固稳利器。

(二)秦王朝时期

商鞅根据“以刑去刑”的思想,在秦国实施变法,以李悝《法经》为蓝本,改法为律,制定了施行于全国的秦律,同时形成了令、程、式、法律答问、廷行事、法律文告以及课等多种法律形式,其中涉及刑事立法的主要有两种:《法律答问》《秦律杂抄》。例如,《法律答问》中有“甲贼伤人,吏论以为斗伤人,吏当论不当? 当谇”“疠者有罪,定杀”“甲盗,赃值千钱,乙知其盗,受分赃不盈一钱,问乙何论? 通论”。[①] 可以说这是我国古代刑律中最早的“共犯”理论,当属主观故意共犯。《法律答问》还规定了妨害社会管理秩序犯罪,或称妨害社会经济管理秩序犯罪,抑或最早的“行政犯罪”,如逃避赋税罪:“何谓匿户? ……匿户弗徭役,弗令出户赋之谓也。”[②]有关定罪量刑的原则也基本规定在《法律答问》中,如刑事责任年龄,区分故意与过失,数罪并罚,从重从轻,计赃论罪,连坐原则,诬告反坐,法律效力的范围等。[③]《秦律杂抄》中有关危害国家政权罪的规定有“有人故秦人出,削籍,上造以上为鬼薪,公士以下刑为城旦”;有关渎职罪的规定有“尉计及尉官吏即有劾,其令、丞左之,如他官然”[④]。秦的刑罚种类包括七大类:笞刑、徒刑、迁刑、肉刑、死刑、经济刑和羞辱刑,前五种相当于现代刑法上的主刑,后两种类似于附加刑。可见,秦律中刑罚的类型化已经非常发达,加之用刑普遍和残酷激起民怨,这可谓秦王朝灭亡的主要原因。

总之,秦国之所以能实现大一统,很大程度上依赖于商鞅的法家思想,该思想在历史上具有鲜明时代特征,尤其反映出社会重大变革及当时新兴地主阶级的利益需求和政治主张。主政的商鞅并未彻底废除仁义、道德及礼教文化,只在仁义范畴、理想实现途径及德法关系上与儒家之间存在分歧和不同认识。商鞅主张的“去刑”是指通过公平、公正、公开的刑罚训导,使社会有望进入“明刑”的理想境界。当然,秦王朝最终二世而亡,也是始终贯彻残暴刑罚的必然结果,据《汉书·刑法志》记载,“秦用商鞅,连相

---

① 参见朱勇主编:《中国法制史》(第3版),法律出版社2016年版,第57-62页。

② 《法律答问》。

③ 参见王立民主编:《中国法制史》(第2版),上海人民出版社、北京大学出版社2007年版,第85-88页。

④ 《秦律杂抄》。

坐之法，造参夷之诛，增加肉刑大辟，有凿颠、抽胁之刑”[①]，这也促进了汉朝“罢黜百家，独尊儒术”的治国选择。

（三）两汉时期

《汉书·刑法志》载：“汉兴，高祖初入关，约法三章曰：杀人者死，伤人及盗抵罪。”“四夷未附，兵革未息，三章之法不足以御奸，于是相国萧何捃摭秦法，取其宜于时者，作律九章。”[②]于是有人说，刘邦入关后这是为了收服民心，而不是为了政治统治。其实不然，西汉初期始终坚持以儒家思想治国，去除秦之苛罚，施行仁政。刑事法律是西汉法律体系中的主体部分，既有集中的刑事立法，如《九章律》中的盗律、贼律、囚律、网律等；[③]也有单行的刑事立法，如《左官律》规定地方官吏只能由天子任命，诸侯王私置者为左官，命官者及受命者双方都要受到严厉处罚；《阿党附益之法》则重点打击与诸侯王私相勾结者。[④] 另外还规定对“谋反”“盗贼”“群盗”等重罪的镇压，如《沈命法》规定：“群盗起，不发觉，发觉而弗捕满品者，二千石以下至小吏，主者介死。”《见知故纵监临部主法》则是“见知人犯法不举告为故纵，而所监临部主有罪并连坐也”。

东汉末年，汉王朝崩塌，天下大乱。曹魏时期，整体呈现以刑去乱、严法治邦的思想，刑事法律成为主要形式。魏《新律》通过对汉律的改革，增加篇目数。首先，将刑事条款尽入于律，作为正典，所谓“律以正罪名”。其次，魏《新律》将《具律》改为《刑名》列于首。再次，魏《新律》将法定刑分为死、髡、完、作、赎、罚金、杂抵罪等数种，减轻了某些刑罚，如废除投书弃市，限制从坐范围，禁诬告和私自复仇。[⑤]《新律》对缘坐范围也有缩小，律定：“大逆无道，腰斩。家属从坐，不及祖父母、孙。”最后，“八议”“官当”入律，既体现了官僚等级制度的传统价值，也完善了新的刑罚制度的适用原则。可见，这一时期的刑法又回到了类似于秦朝统治时期，“八议”和“官当”制度甚至与奴隶制时期的君权、王权十分类似，同时刑罚的严苛程度也令人难以想象，对大逆不道的腰斩本质上就是奴隶制五刑的一种，这不得不说是一种历史的倒退。这也在一定程度上说明，历史上的律例也时有起伏和变换。

综上所述，回头再看汉代刑法的演进，其呈现两条明显的发展轨迹。其一，在儒家思想的引导下，历代君主都有施行仁政的传统，例如，削减律令、减轻刑罚、谨慎司法的诏令等。其二，刑法条文日渐烦杂，刑事法网的严厉与统治者的诏令相互背离，据《汉书·刑法志》记载，“律令凡三百五十九章，大辟四百九条，千八百八十二事，死罪决事

---

① 《汉书·刑法志》。
② 《汉书·刑法志》。
③ 参见张晋藩：《中华法制文明的演进》（修订版），法律出版社 2010 年版，第 256 页。
④ 参见张晋藩：《中华法制文明的演进》（修订版），法律出版社 2010 年版，第 80 页。
⑤ 参见朱勇主编：《中国法制史》（第 3 版），法律出版社 2016 年版，第 99-101 页。

比万三千四百七十二事"[①]。两条看似矛盾的发展轨迹却在汉王朝的统治下相得益彰，正是所谓的"外有轻刑之名，内实杀人"。实际上，君主专制下的"仁政"只是现实生活中的一种粉饰，是统治者在清楚地看到秦王朝的覆灭后采取的安抚政策，至于刑法的烦杂与严厉则是封建统治的必然结果，"在上者虽务宽仁，其弊亦非一时所能革邪"[②]。为了维持社会的稳定，去除异己、巩固统治是刑法得以存在的根据。当然，到了东汉末年，黄巾起义的暴动、诸侯割据的局面表明，刑法对地方豪侠势力的打击只有在其他诸如政治、社会等手段的配合下才能发挥很好的作用。当中央政权的统治力不足以对各方势力产生威慑时，地方秩序就会崩溃，天下分裂的局势不可阻挡。

（四）两晋南北朝时期

在这一时期，比较著名的法典有三部：《晋律》、《北魏律》和《北齐律》。

《晋律》吸收了《法经》以来的立法经验，在汉、魏律的基础上大幅修改，在编纂体例上承袭曹魏《新律》，将《刑名》置于篇首，又新增第二篇为《法例》[③]，范围与内容在律典总则部分都有扩大，为后世北齐律时期将两者合二为一形成《名例律》奠定了基础，从而使中国古代律典的篇章体例结构进一步规范化、成熟化和典籍化。同时，为了避免因为律文简约而导致的解释、运用的不充分，张斐和杜预分别对律条进行解释，开辟了我国法律解释之先河，也为《唐律疏议》的颁布奠定基调；内容上进一步体现出汉代以来儒家文化的法律特色，甚至将儒家经义之礼融入法典之中，以此推动了"礼法结合"的汉代儒家化立法进程，比较典型的就是"准五服以治罪"制度，据五等丧服规定的亲等来定罪量刑。

《北魏律》汲取汉代以来封建王朝历代的立法与司法技术，甚至集中了以拓跋、鲜卑为主体的北方少数民族的风俗习惯精华，可以说是北朝重要的一部法典。《北魏律》规定了死、流、徒、鞭、杖等刑罚；将缘坐范围扩大；规定"降死从流"的原则，将流刑列为法定刑，作为死与徒之中间刑；将"官当"规定为公、侯、伯、子、男五等爵，每等抵三年徒刑；对妇女在行刑上有特殊规定，即"妇人当刑而孕，产后百日乃决"[④]。或许这也是我国孕妇不适用死刑的最早记载，但与现代刑法不同的是，产后百日也必须处死，显然没有当今刑法之优势。

《北齐律》是魏晋甚至南北朝时期最高水准的封建王朝法典，被后世称为集历朝历代立法技术与经验之精华。成就有二：一是在编纂方式上，《北齐律》系统总结了《法经》以来篇目不断增多的利与弊，大胆改革律例体例，将篇目设为12篇，为隋唐宋元所

---

① 《汉书·刑法志》。

② 吕思勉：《秦汉史》，上海古籍出版社1983年版，第707页。

③ 参见蔡枢衡：《中国刑法史》，广西人民出版社1983年版，第109页。

④ 朱勇主编：《中国法制史》（第3版），法律出版社2016年版，第112-114页。

继承,同时将《晋律》中作为总则的《刑名》《法例》二篇合二为一,并定名为《名例律》,位于篇首,既突出了律典总则的地位和性质,也增强了法典结构上的科学性,使中国古代刑律总则趋于完善。二是《北齐律》的内容正式确立了"重罪十条",并将其作为定罪量刑的认定标准,成为汉代以来法律儒家化的标志。隋唐律在此基础上发展为"十恶"定制,为宋元、明清历代传承,可谓典籍之极。

综上,魏晋南北朝时期是我国封建刑律发展的重要阶段,学界称为"继汉开唐"。古代刑律体制定型于魏晋和南北朝,上千年的沿用均形成于此时期。刑律的编撰体例、封建法律的主要形式、法律术语的解释、儒家化的刑法原则、封建制五刑以及中华法系等均于此时期臻于定型,从而为隋唐以后我国封建刑制的成熟化、完备化奠定了雄厚的律例专业基础。①

(五)隋唐时期

隋唐时期,是中国古代法律发达时期。《开皇律》定五刑为死刑、流刑、徒刑、杖刑、笞刑,其中死刑等级减至二等(绞、斩),流刑等级为三等(1000 里、1500 里和 2000 里),徒刑为五等(一年、一年半、两年、两年半和三年),杖刑和笞刑也都为五等(杖刑 60 到 100,笞刑 10 到 50);《开皇律》在北齐制定"重罪十条"的基础上,将之修改为"十恶"条款:谋反、谋大逆、谋叛、恶逆、不道、大不敬、不孝、不睦、不义和内乱;《开皇律》保留"八议制度"作为一项对于贵族、官僚犯罪加以减免处罚的法定特权,官吏犯罪的,可根据所犯之罪的性质、应处刑罚种类、官吏本人的品级等,分别适用不同的抵罪方法。②

唐朝前期的几十年,统治者形成重法、慎罚的思想,颁布大量律法:《武德律》《贞观律》《永徽律》《开元律》。在性质上,律的作用在于确定犯罪与刑罚,类似于近代《刑法》。③ 不过,《新唐书·刑法志》记载,"唐之刑书有四,曰:律、令、格、式"④。可见,除"唐律"之外,"唐令"、"唐格"和"唐式"也是唐朝重要的刑法渊源。唐高宗在永徽年间颁布的《唐律疏议》是唐朝立法的杰出成果,它保持着全律共 12 篇及"刑名法例为首,实体犯罪居中,诉讼程序置后"的格局。《名例律》所包含的内容多为涉及定罪、量刑的一般性原则,以及律文之中有关专门术语的界定,类似于近代《刑法》中总则部分。其内容包括:五刑,十恶,八议,处理官吏、贵族犯罪的请章、减章、赎章、官当、免官,划分公罪与私罪,犯罪自首的要件,对老幼废疾者犯罪的减免,数罪并罚,举重明轻和举轻明重,外国人犯罪,保辜制度,等等。⑤《贼盗律》规定了谋反、谋大逆、谋叛、造妖书妖言

① 参见张晋藩:《中国法律的传统与近代转型》,法律出版社 1997 年版,第 141 页。

② 参见朱勇主编:《中国法制史》(第 3 版),法律出版社 2016 年版,第 123-124 页。

③ 参见朱勇主编:《中国法制史》(第 3 版),法律出版社 2016 年版,第 132 页。

④ 王立民:《唐律新探》(第 5 版),北京大学出版社 2016 年版,第 30 页。

⑤ 参见朱勇主编:《中国法制史》(第 3 版),法律出版社 2016 年版,第 133 页。

等危害皇帝统治秩序的政治犯罪，还规定了谋杀、杀害、强盗、盗窃等重罪；《斗讼律》规定有对斗殴致伤、斗殴致死、不同身份者相斗殴致伤害及杀伤罪的处理；《诈伪律》主要规定伪造、欺骗等犯罪行为；《杂律》涉及面较广，包括市场管理、债权债务、奸犯失火及其他一些轻微危害社会秩序和经济关系等的犯罪行为；《捕亡律》涉及对逃亡罪犯及其他逃亡者的捕捉规定；《断狱律》包括对监狱管理、拷讯囚犯、审判原则、法官责任以及刑罚执行等的规定。① 唐朝先后颁布武德令、贞观令、开元令等 21 种，共计几十卷，其中涉及刑事立法的有官卫令、军防令、捕亡令；唐格的规定较为详尽，格的作用在于打击犯罪，唐朝先后颁布武德格、贞观格、永徽格等，格的篇目按照国家机构名分类，如贞观格设有刑部，是对刑事法律方面的规定；唐式的规定比律、格、令都多，涉及刑事立法的是刑部式。②

综上，唐朝立法具有三大典型特征。第一，立法慎重。每一部法律的制定过程都很漫长，通常历经数年才颁行天下。例如，《武德律》从着手制定到颁布施行长达 7 年；《贞观律》是在《武德律》基础上修订而成的，并结合当时唐代政治、经济、社会等各种因素，修改耗时 11 年之久；《永徽律》以《武德律》和《贞观律》为参照而修订，历时 2 年完成并予以颁布；《永徽律疏》是唐高宗在永徽三年命长孙无忌等人编纂的对《永徽律》的逐条解释，并结合实践中常遇难题自设问答，后修改为《唐律疏议》，历时 4 年完成，流传至今。这能否成为类似西方刑法解释与教义学的开端，也是值得学界关注的。第二，礼法并重。在立法过程中，唐朝统治者注重将儒家怀柔政策与法家"法治""重刑"完美地结合在一起，既体现礼之重要性，又以法之强制力形成对礼的束缚，相辅相成。第三，用刑柔和。唐律刑罚与前朝相比最为柔和，造就了唐时社会发展的鼎盛。唐朝对封建制五刑的适用做了重大改善，规定相对宽泛，尤其死刑执行方式更趋文明，甚至适用死刑的条款也大大减少，此乃历史之进步也。此外，唐朝还有疑罪从轻的明文规定，较前朝各个时期用刑更为客观、理性和慎重。

（六）五代十国

自公元 907 年，朱全忠废唐建梁后，中国经历了长达 50 多年的"五代十国"动荡。该时期刑法原则和刑罚制度较唐代有所变化。在刑法原则上，据《旧五代史·刑法志》记载，"今后凡是散官，不计高低，若凡罪不得当赎，亦不得上请详定院覆奏。应内外文武宫，有品官者自从品宫法，无品官有散试官者，应内外带职廷臣宾从、有功将校等，并请同九品官例。其京都运巡使及诸道州府衙前职员、内外杂任镇将等，并请准律，不得上请当赎。其巡司马步司判官，虽有曾历品官者，亦请同流外职。准律，杖罪以下，依

① 参见朱勇主编：《中国法制史》（第 3 版），法律出版社 2016 年版，第 133-134 页。

② 参见王立民：《唐律新探》（第 5 版），北京大学出版社 2016 年版，第 31-33 页。

决罚例,徒罪以上,仍依当赎法"[①]。可见,五代在官当和赎刑方面,更加详细地规定了内外文武官是否适用官当原则,以及应如何适用。五代法律在罪过认定上沿袭唐代做法,仍然以故意和过失作为定罪依据,对故意犯加重处罚,而对过失犯减轻处罚。后梁《斗竞律》"斗殴条"规定:"不斗故殴伤人者,加伤罪一等。"[②]在刑罚制度上,大量运用刺配刑。后晋时刺配刑被列入法律条文,作为死刑的宽宥之刑,并对宋朝刑事法律产生重要影响。死刑的执行方式也有增加,除斩、绞、枭首、赐死外,还有凌迟处死、弃市、磔、腰斩等,残虐程度不亚于前秦。如凌迟的成文规定出现在辽代,《辽史·刑法志》规定"死刑有绞、斩、凌迟之属"[③]。

综上,这一时期的刑法严苛,刑罚也更加残酷,滥用酷刑与肉刑,归其根本,是当时社会政治经济形势所迫。一是各路藩王之间相互征战,社会局势常年动荡,老百姓颠沛流离,强盗恣意横行。二是王权贵族重武轻文,文人被压迫,甚至屠杀,统治极其黑暗。即便如此,这一时期的刑律文化依然对后世产生巨大影响。一方面,五代在刑罚执行上沿用晚唐时期的做法,杖刑的适用范围进一步扩大,对原有封建制五刑产生了巨大的冲击,随着宋代折杖法的创设,笞、杖、徒、流、死这五种传统刑罚,已逐步被臀杖、脊杖、徒刑、死刑所替代,这从根本上弱化乃至消除了原有的封建制五刑。另一方面,五代广泛运用配刑或将刺配入刑,公开大量使用"凌迟"行刑,同时恢复肉刑做法,为宋代及后世所继承发展,对中国封建社会后期的法制造成了极其严重影响,最终使得中国封建社会后期刑罚日趋残酷。

(七)宋元时期

《宋刑统》作为宋朝的基本法典或刑法,无论是罪名还是刑罚,原则上都是承继唐律,当然也有自己的时代特色,甚至超越唐律。与《唐律疏议》相比在体例上有以下变化[④]:

1. 以《唐律疏议》12 篇为主干,每篇之下,根据律文调整对象的性质,依条序将律文分成若干门类,或一条一门,或数条一门,每门立一目。律文之后附以唐开元至宋建隆三年颁布的敕令格式,计 177 条,每条系以"准"字。

2. 特增起请条,总 32 条,每条冠以"臣等参详",对律文和敕令格式涉及的内容加以调整,作出新的解释和规定。

3. 汇集"余条准此"为一门。《唐律疏议》内有"余条准此"之规定,分列在有关律

---

① 《旧五代史·刑法志》(第 147 卷),中华书局 1974 年版,第 1974 页。

② 《旧五代史·唐书》。转引自刘琴丽:《五代司法制度研究》,陕西师范大学 2001 年硕士学位论文,第 21 页。

③ 《辽史·刑法志》。

④ 参见戴建国:《宋代刑法研究》,四川大学 2004 年博士学位论文,第 47 页。

文之后。《宋刑统》把这些规定录出汇集在一起,共 44 条,另辟为一门,附在《名例律》后。

4. 在《名例律·杂条门》律疏后,新增 20 条议文,每条皆冠以"议"字,对原来的律疏加以补充。在内容上,增创"折杖法",作为代用刑,替代五刑中的笞、杖、徒、流刑。增加了"决重杖一顿处死"法,该死刑执行方式源自五代时期。另外,宋代大规模地编敕,如《建隆编敕》《太平兴国编敕》等共计 18 部,形成对《宋刑统》的补充与修改,并且就刑法的适用原则规定,敕令优先于律,其中律是《宋刑统》沿用的唐律。① 断例也是宋代刑事法律规范的重要渊源之一,据史料记载,现存的断例有 14 部,如《庆历断例》《嘉祐中书刑房断例》等。② 另外,《庆元条法事类》规定了"法无明文比附以定罪""更犯加重处罚"的制度。③ 根据《盗贼重法》的规定,加重了对贼盗罪的处罚,特别是因劫盗而杀人者,不区分首从皆处死。根据《宋刑统》的规定,刑罚制度上创设了"折杖法",即用决杖来代替笞、杖、徒、流的刑罚方法;另外还有刺配、安置等刑罚种类。关于杀人罪的规定,《贼盗律》规定有谋杀、劫杀,《斗讼律》规定有杀人的其他方法,如斗杀、误杀、戏杀等。④ 可以说,宋代统治者为镇压唐末诸侯割据之乱,采取"事为之防,曲为之制"⑤的治国方针,极为重视法制建设,制定了一套比唐代更为周密、详备的刑事法律制度,故有超越之誉。

元代法律基本沿用唐律和宋律,唐律定罪量刑的通例也为元代所沿用,如故意加重、过失减轻、自首减罪或免罪、区分既未遂、共犯以造意之人为首、贵贱尊卑异罚等,其特殊性表现为刑罚制度的野蛮和残酷,刑法具有民族压迫与民族歧视,有关礼教的罪名大大减轻。⑥ 元代涉及刑事立法的规定集中在《大元通制》里的几篇中:大恶、盗贼、诈伪、斗殴、杀伤、禁令、杂犯、捕亡等。例如,在禁令中规定,凡私藏枪、刀、弩、盔甲,以及可作为武器的铁尺、铁骨朵和含刀刃的铁柱杖等,均为私藏兵器罪,构成此罪则处以死罪。⑦《大元通制》共计断例 717 条,涉及罪名:谋反罪,私藏、私造兵器罪,侵犯财产罪,侵犯人身罪,奸非罪,贪污罪,诈伪罪,私盐、私茶、私铁罪;刑罚继续沿用笞、杖、徒、流、死的五刑制度。⑧《至正条格》中也有不少刑律篇目,如第 14 卷《盗贼》中有《谋反》7 条;第 15 卷《盗贼》中有《杀使》3 条,《因奸杀夫》3 条;第 20 卷《斗讼》中有

---

① 参见戴建国:《宋代刑法史研究》,上海人民出版社 2008 年版,第 53、75 页。

② 参见戴建国:《宋代刑法史研究》,上海人民出版社 2008 年版,第 94 页。

③ 参见戴建国:《宋代刑法史研究》,上海人民出版社 2008 年版,第 57、61 页。

④ 参见朱勇主编:《中国法制史》(第 3 版),法律出版社 2016 年版,第 176-181 页。

⑤ 戴建国:《宋代刑法史研究》,上海人民出版社 2008 年版,第 62 页。

⑥ 参见朱勇主编:《中国法制史》(第 3 版),法律出版社 2016 年版,第 212 页。

⑦ 参见朱勇主编:《中国法制史》(第 3 版),法律出版社 2016 年版,第 214 页。

⑧ 参见张晋藩:《中华法制文明的演进》(修订版),法律出版社 2010 年版,第 612-615 页。

《杀妻》《妻殴致死》等。[①]

综上,宋代刑罚总体是严厉的,但也有不少儒家"仁"之思想体现。如在刑罚执行中大量运用的折杖法,即体现了刑罚温和的一面。由于受五代十国战乱的影响,农民起义频频爆发,宋代统治者对农民力量有所畏惧,同时用温和的外表笼络民心,通过脊杖的形式,对犯罪人在刑罚处罚上予以减免。再如以刺配的方式代替死刑,保存劳动力,更好地促进社会发展。据有关资料,宋代是世界同期最富裕的国家之一。元朝的刑事立法主要继承了唐宋时期的规定,在编纂体例上虽然有差别,但在内容上变化不大。

(八)明清时期

明朝天下初定,洪武元年颁布《大明令》,共计 145 条,其中刑令 71 条。《大明令》的"刑令"五刑制尽去元朝特色,与唐律基本一致,也有创新内容。如"刑令"下收入有关军官的两条规定,其中一条为"凡军官、军人犯罪,该徒、流、刺字者,止决合断杖数,并免徒、流、刺字,依旧充军",另一条为"凡军官犯赃,杖罪者,依例降等,随即叙用;至徒、流者,充军,建立事功,依例擢用"[②]。不过,《大明令》是权宜之法,其立法目的在于在国家创立之初,可以使天下有法可依。明太祖在"重典治乱世"思想指导下颁布《大明律》,在体例结构上,《大明律》按照以往"名例第一"的原则,将刑律总则冠于全律之首,用以增强总则在律文中的地位与指导作用。《刑律》(包括盗贼、人命、斗殴、骂詈、诉讼、受赃、诈伪、犯奸、杂犯、捕亡、断狱)共 11 卷、171 条;在刑罚制度上,于徒、流刑外,另增充军刑,于死刑外,增加凌迟处斩刑。[③]《大明律》在罪名上的规定有以下特点:(1)扩大反逆罪的株连范围。按明律规定,"谋反""谋大逆"被解释为"罪大恶极"之罪,一律按照重罪加重的原则。(2)严惩臣下结党和内外官交结。特别增设"奸党罪"。(3)以严刑纠治思想言论。如"凡奸邪进谗言,左使杀人者,斩"[④]。(4)整饬吏治,惩罚贪官。《大明律·刑律》中专列"受赃"名目。[⑤]《大明律》最后一次修订是在洪武三十年,之后再无修订,新的罪行不断出现,均是《大明律》无法及时包括的,随之形成的《问刑条例》对《大明律》没有包括的罪行进行及时的惩治,主要有弘治《问刑条例》、嘉靖重修《问刑条例》和万历《问刑条例》,如弘治《问刑条例》中对轮操官军为害的惩治,嘉靖重修《问刑条例》形成的海防海禁条例。[⑥] 朱元璋为防范"法外遗奸",又亲自制定带

---

① 参见王敬松:《论元代法律中没有"十恶"体系》,载《民族研究》2013 年第 5 期。

② 吴艳红、姜永琳:《明朝法律》,南京出版社 2016 年版,第 49-50 页。

③ 参见朱勇主编:《中国法制史》(第 3 版),法律出版社 2016 年版,第 232 页。

④ 《大明律·吏律·职制》。

⑤ 参见张晋藩:《中华法制文明的演进》(修订版),法律出版社 2010 年版,第 736-741 页。

⑥ 参见吴艳红、姜永琳:《明朝法律》,南京出版社 2016 年版,第 37-44 页。

有特别刑法性质的明《大诰》,严惩臣民犯罪,弥补律文不足。明《大诰》在惩治盗贼犯罪和贪污挪用国家财产犯罪上有明显加重的趋势,大多超出《大明律》的规定,极为严酷。在处罚同一犯罪上,明《大诰》也重于《大明律》,如"有司滥收无籍之徒",明律规定罪止杖一百,徒三年,《大诰》则宣布"诛族"。[①] 明朝在刑罚适用原则上也有诸多变化:确定从新从重主义,确定属地主义,"重其所重"与"轻其所轻"。法定刑罚制度也发生变化:《大明律》总则《名例律》规定的笞、杖、徒、流、死五种法定刑,与唐律相比具有很大变化,如唐律徒刑分1年至3年五等,明代徒刑还要加杖。在徒、流刑外增加了刺臂刑和充军刑,《大明律》增加了凌迟这种古代最残酷的生命刑,用以惩办谋反、谋大逆等严重的政治性犯罪。此外还恢复了枭首示众等酷刑用以打击某些严重犯罪。

清代以《大清律例》为主干,又辅以各部院则例等法规,形成完备的法律体系。《大清律例》也是中国历史上最后一部以刑为主、诸法合体的封建法典。主要变化表现在:

第一,笞刑、杖刑的变化。首先,是将行刑的刑具改同一律,笞、杖均用竹板来行刑;其次,行刑的次数采用"打四折,以五板为等差,除零数"的计算方法。[②] 处以笞、杖刑的大多数是社会危害性较小的犯罪行为。

第二,迁徙、充军、发遣成为法定刑。迁徙就是将犯罪者本人及其家属迁出千里以外安置,不得返回原地居住的刑罚。充军是将罪犯发配到边远地区服苦役,重于一般的流刑,进一步分为附近充军(2000里)、近卫充军(2500里)、边远充军(3000里)、极边充军(4000里)和烟瘴充军(4000里),又称"五军"。与明代有区别的是清朝的"五军"只罚犯罪者本人。发遣是清朝独创的一种刑罚,是将罪犯发配到边疆地区,为驻防官兵充当奴隶。[③]

第三,死刑制度的变化。清朝死刑分为立决和监侯两类。立决包括斩立决和绞立决,主要针对社会危害性极大的罪犯,对于犯者决不待时。监侯分斩监候和绞监候,是针对那些虽构成死罪但并非罪大恶极的罪犯,对其可以先行羁押,待到秋后复核再决定是否执行死刑。另外,清朝的死刑有进一步残酷化的倾向,对于罪大恶极的罪犯多施加凌迟、枭首、戮尸等酷刑。[④]

第四,"刺字"刑的广泛适用。如对于盗窃犯附加刺字,以预防犯罪人再犯;对"逃人"附加刺字刑,是为了便于侦缉、追捕。[⑤]

第五,满汉异罚。遵照《大清律例》决罚,满人在触犯律、例时可享有"减等""换

---

① 参见朱勇主编:《中国法制史》(第3版),法律出版社2016年版,第232页。

② 参见朱勇主编:《中国法制史》(第3版),法律出版社2016年版,第256页。

③ 参见朱勇主编:《中国法制史》(第3版),法律出版社2016年版,第256页。

④ 参见朱勇主编:《中国法制史》(第3版),法律出版社2016年版,第256页。

⑤ 参见朱勇主编:《中国法制史》(第3版),法律出版社2016年版,第257页。

刑”的特权。①

另外,在刑事政策上也有诸多变化,清朝主要以严刑峻法等政策加强其专制主义统治。表现在:(1)严惩谋反、谋大逆、谋叛等重罪。《大清律例》扩大谋反的定罪范围,如“上书奏事犯讳者”“奏疏不当者”往往被加之“妄议朝政”,按谋大逆治罪;《大清律例》还规定,凡谋反、谋大逆,不分首从,皆凌迟处死。(2)大兴文字狱。《大清律例》中对文字罪并无正条,在定罪量刑过程中,比附“谋反”“谋大逆”,并且往往因皇帝疑心所致,极易造成冤案。(3)严法约束臣下,加强君主集权。如《大清律例》规定各旗王公所属人员不得私下谒见、贿赂本管王公,否则交宗人府议处;限制京官、地方官相互交结,凡内外官交结、朋比为奸的,本人处斩,妻子流两千里。②

综上,明朝的刑法特点有四:一是在“重典治国”原则指导下,对“贼盗”之类直接危及专制统治的犯罪量刑重于前朝。对谋反、谋大逆、谋叛、劫囚等罪则更重,常伴随法外用刑。二是严惩贪官污吏,对官吏犯罪实行“重罪加重”原则。三是对那些皇亲国戚和紧紧依附于皇权的宦官赋予特殊的法律地位,对其犯罪实行宽纵的刑事政策和刑罚方式,对宦官甚至不按成文法之规定予以惩戒。四是文字狱盛行,《大明律 · 吏律》公式门有“上书奏事犯讳”条。

清代刑法具有完备的法律形式,且在沿袭明律的基础上丰富和完善了法律内容。乾隆五年,《大清律例》制定完成,乾隆声称律文已近乎完备,不必再修改,唯需不断修例,遂规定每5年修订一次条例,并将新增条例续纂入典。③ 同时,《大清律例》彰显着皇权不断加强、法律不断严格,文字狱是清朝刑罚最大的特征,大有借刑法恐吓天下之势,以维系和谋求清朝末年的稳定,这既是清代刑律的阴暗面,也是其维护专制统治的恐怖手段。

二、中国近现代的刑法文化与发展

(一)清末修法时期

清末法制改革,对于刑事法律的改革,在采取编修新典的同时,对旧律进行删修及颁布单行法规,甚至制定临时性、过渡性法典。表现在:

第一,删改旧律。一是删改《大清律例》中明显具有落后性、野蛮性的内容。二是从整体上修改《大清律例》后继续使用,作为新编《大清现行刑律》的过渡。

第二,制定新的单行刑事法规。如《私铸银元、伪造纸币治罪专条》《伪造邮票并冒

---

① 参见朱勇主编:《中国法制史》(第3版),法律出版社2016年版,第257页。

② 参见朱勇主编:《中国法制史》(第3版),法律出版社2016年版,第258页。

③ 参见何勤华:《清代法律渊源考》,载《中国社会科学》2001年第2期。

用旧票治罪章程》《贩卖吗啡治罪专条》《违警律》《禁烟条例》等。

第三，制定《大清新刑律》。① 《大清现行刑律》于1909年编纂完成，共389条、30篇。篇名分别为名例、职制、公式、户役、田宅、婚姻、仓库、课程、钱债、市廛、祭祀、礼制、宫卫、军政、关津、厩牧、邮驿、贼盗、人命、斗殴、骂詈、诉讼、受赃、诈伪、犯奸、杂犯、捕亡、断狱、营造、河防。② 在内容上，就罪名而言，删除了买卖人口、奴婢的规定，对于婚姻、继承、钱债、买卖等民事行为不再科罪，增设新罪名如毁坏电杆、毁坏铁路部件罪等。就刑种而言，确定新的五刑制：罚金、徒刑、流刑、遣刑、死刑。"罚金"分为十等，最低刑"一等罚"为罚银五钱，依次递增，最高刑"十等罚"为罚银十五两。"徒刑"分为五等，最低徒刑为一年，每增一等，加长半年，最高三年。"流刑"分三等：2000里、2500里、3000里。"遣刑"分为"极边安置"和"新疆当差"二等。"死刑"则包括绞、斩两种。③

《大清新刑律》于1910年颁布，分总则、分则两编，共411条。总则包括17章：法例、不为罪、未遂罪、累犯罪、俱发罪、共犯罪、刑名、宥减、自首、酌减、加减例、缓刑、假释、恩赦、时效、时例、文例。分则以罪名分章，共分36章。《大清新刑律》规定主刑五种：(1)死刑、绞。(2)无期徒刑。(3)有期徒刑，分五等：一等15年以下，10年以上；二等未满10年，5年以上；三等未满5年，3年以上；四等3年未满，1年以上；五等未满1年，2个月以上。(4)拘役。(5)罚金。从刑二种：(1)褫夺公权，包括官员、选举人、学堂监督、职员、教习、律师的资格。(2)没收。④

关于适用范围，《大清新刑律》在时间效力上采取从新原则，在空间效力上以属地为主，有限制地采取保护和属人原则。《大清新刑律》采用"罪刑法定"原则。关于犯罪分类，确定"故意犯罪""过失犯罪""未遂罪"，以及"共犯罪"中的"正犯""从犯""造意犯"。在追诉时效上，法定刑为死刑的案件追诉期为15年，法定刑为无期徒刑或一等有期徒刑的案件追诉期为10年，二等有期徒刑的案件追诉期为7年，三等有期徒刑的案件追诉期为3年，四等有期徒刑的案件追诉期为1年，五等有期徒刑、拘役、罚金的案件追诉期为6个月。在执行时效上，死刑案件为30年；无期徒刑案件为25年；一等有期徒刑案件为20年，每降低一等，时效递减5年；五等有期徒刑案件，执行时效为3年；拘役、罚金案件的执行时效为1年。⑤

《大清新刑律》分则规定了新式罪名：妨害国交罪、妨害交通罪、妨害卫生罪、妨害

① 参见朱勇主编：《中国法制史》(第3版)，法律出版社2016年版，第301页。

② 参见李贵连：《〈大清新刑律〉与〈大清现行刑律〉辨正》，载《法学研究》1982年第2期。

③ 参见朱勇主编：《中国法制史》(第3版)，法律出版社2016年版，第302页。

④ 参见朱勇主编：《中国法制史》(第3版)，法律出版社2016年版，第303页。

⑤ 参见朱勇主编：《中国法制史》(第3版)，法律出版社2016年版，第304页。

安全信用名誉及秘密罪等。另外,规定侵犯皇室罪、内乱罪等用于维护其皇室统治,规定对尊亲属被害处刑重于卑亲属等用于维护封建礼教纲常,规定妨害国交罪用于保护外国在华特权。《暂行章程》共5条,重点维护纲常伦理。一是加强对于君权、父权、夫权的保护。二是对侵犯尊亲属的行为,卑亲属不得适用《大清新刑律》中规定的正当防卫。三是增设"无夫奸罪",与无夫妇女通奸者,通奸双方均构成犯罪,并处以五等有期徒刑、拘役或100元以下罚金。四是毁弃、盗取尸体罪及发掘尊亲属坟墓罪等,处以比《大清新刑律》更重的刑罚,情节严重者可处死刑。①

综上,清末的法律改革,在中国首次建立了现代意义上的刑法。如《大清新刑律》已区分了总则和分则,总则中的故意、累犯、未遂犯、共犯、刑种等已为现代刑法所使用,且在内涵上基本保持一致;分则中虽依然有带有皇权色彩的罪名,但诸如妨害交通罪、妨害卫生罪、侵犯秘密罪、毁弃盗取类犯罪都和现代刑法保持高度相似,也为后世现代法制定树立了模型。

(二)北洋政府时期

北洋政府在刑事立法方面,无重大建树。其于1914年和1918年先后完成两次刑法修订,但均未公布实施。自1912年至1928年,正式生效的刑事基本法仍是由《大清新刑律》易名而来的《中华民国暂行新刑律》。此外,还制定了一系列刑事特别法。②

1912年4月30日,北洋政府公布《删修新刑律与国体抵触各章条》,其中删改了《大清新刑律》分则中的第一章"侵犯皇室罪"12条;删除《暂行章程》5条;修改律文中与帝制相关的名词、术语,包括改"帝国"为"中华民国",改"臣民"为"国民",改"复奏""恩赦"为"复准""赦免"。经修改后,确定名称为《中华民国暂行新刑律》。③ 北洋政府时期,除将《大清新刑律》稍加修改即作为刑事基本法适用外,对于清朝法律的其他内容,也通过不同方式加以适用。如1916年3月3日,司法部发布第244号通饬,要求对于犯轻罪的妇女人犯,不依当时正生效的《中华民国暂行新刑律》给予处罚,而是根据清朝法律,对其加以宽免,包括责其丈夫保释。④ 1913年二次革命被镇压后,袁世凯的地位得到进一步巩固,其为加强社会控制,制定了《暂行新刑律补充条例》,共15条。内容包括:(1)加重对"内乱罪""外患罪"等重大犯罪的处罚,体现所谓"治乱世用重典"的精神。(2)加强对伦常、礼教秩序的维护,进一步明确尊卑长幼亲疏男女的等级身份。该条例也体现了对《中华民国暂行新刑律》缺陷的一定补救。其中,增加对轮

① 参见朱勇主编:《中国法制史》(第3版),法律出版社2016年版,第305页。

② 参见朱勇主编:《中国法制史》(第3版),法律出版社2016年版,第335页。

③ 参见朱勇主编:《中国法制史》(第3版),法律出版社2016年版,第336页。

④ 参见北洋政府司法部:《妇女犯轻罪特别处理通饬》,1916年3月3日第244号·3月6日政56号法,载1922年9月《改订司法例规》,第1098页。

奸罪的规定，加重对强奸杀人罪的处罚，对于打击恶行犯罪有积极意义。该条例还加重亲属之间的监督义务和监护义务。①

北洋政府还制定有刑事特别法，以加强对社会秩序的维系和控制，尤其对政治反对派实施有效镇压。包括《官吏犯赃条例》（1914 年）、《惩治盗匪法》（1914 年）、《惩治盗匪法执行法》（1914 年）、《私盐治罪法》（1914 年）、《陆军刑事条例》（1915 年）、《海军刑事条例》（1915 年）、《办赈犯罪惩治暂行条例》（1920 年）、《官吏犯赃治罪条例》（1921 年）等。② 这些特别法或者较刑律明显加重刑罚，或者公开恢复已废弃的封建旧律，因而与近代刑法的基本精神相去甚远。③

《惩治盗匪法》脱胎于《惩治盗匪条例》，于 1914 年 11 月 27 日公布施行，共 11 条。该法对盗匪的定义及范围进行了详细说明，对案件的审判、转报、复核、复审、再审、会审及执行程序有明确规定。首先，第 1 条规定适用范围是强盗及匪徒，并通过列举式定义界定"盗匪"。其次，盗匪罪的法定刑为死刑，处罚极其严厉。不过第 6 条明确死刑的执行方式为枪毙，相比刑律的绞刑更趋文明。再次，简化对盗匪犯罪的审判与执行程序。表现在：（1）扩大审判机构的范围，除地方审判厅和县知事外，还授予军事长官合法审判权。（2）第 5、7 条简化盗匪犯罪的死刑复核程序。（3）盗匪犯罪实行一审终审制，一经判决死刑待上级核准后立即执行，不准上诉。最后，规定盗匪犯罪审判有误时的再审、会审或复审等救济途径。第 9 条规定："司法部、巡按使、都统对于审判厅或兼理司法事务之县知事之报告，认为有疑误时，得饬令再审，或派员会审，或提交高等审判厅、司法筹备处、审判处复审。直辖行审判之军队之最高级长官，对于该军队之报告认为有疑误时，得饬令再审，或饬令移送该管审判厅或兼理司法事务之县知事复审。"④

综上，在该时期比较有影响力的两部刑事立法是《中华民国暂行新刑律》和《惩治盗匪法》。孙中山及其领导的南京临时政府率先提出了暂行清末法律的设想，并在立法和司法实践中进行了尝试。如 1912 年 1 月浙江省临时议会议决了《浙江省修正新刑律施行法》。但真正公布《中华民国暂行新刑律》，却是在袁世凯上台之后，故该法律也算是袁世凯谋求复辟的产物。《中华民国暂行新刑律》正是我国近代历史上特殊时期、特殊政权力量制衡的产物，它作为民国初年过渡性地使用清末法律的一个样板，带着鲜明的时代烙印，反映了当时各派政治力量共同的需要和意愿。⑤《惩治盗匪法》是北

① 参见朱勇主编：《中国法制史》（第 3 版），法律出版社 2016 年版，第 337 页。

② 参见朱勇主编：《中国法制史》（第 3 版），法律出版社 2016 年版，第 338 页。

③ 参见杨惠：《中国近代刑事立法的特色》，载《现代法学》1998 年第 1 期。

④ 何明钢：《民国北京政府惩治盗匪法规及其实施》，华东政法大学 2012 年硕士学位论文，第 12 页。

⑤ 参见曾代伟：《暂行新刑律辩证》，载《法学研究》1987 年第 6 期。

洋政府为惩治盗匪犯罪而制定的刑事特别法,由于当时军阀割据,强盗、悍匪的活动十分猖獗,当权政府为了遏制此类严峻的现实,对盗匪予以重刑处置,无疑具有一定的合理性。当然,对被告简化审判程序,并处以绝对的死刑且不准上诉,这在现代刑法理念上是不被允许的。

(三)南京国民政府时期

南京国民政府先后制定、实施了两部刑法,即1928年制定颁布的《中华民国刑法》(以下简称《二八刑法》)与1935年制定颁布的《中华民国刑法》(以下简称《三五刑法》)。《二八刑法》作为南京国民政府的第一部刑法,以北洋政府1919年的《中华民国暂行新刑律》第二次修正案为基础,稍加修改,即于1928年匆匆颁布。实施不久,反映出立法内容既不符合国情又未能吸收各国最新立法经验,故于1931年12月重新起草新刑法,最终于1935年1月1日正式公布《三五刑法》。①

《三五刑法》分总则和分则两篇,共47章、357条。总则共12章、99条,分则共35章、258条。就其内容而言与《二八刑法》基本一脉相承。具体内容包括:总则规定有法例、刑事责任、未遂犯、共犯、刑、累犯、数罪并罚、刑之酌科及加减、缓刑、假释、时效、保安处分等。分则规定有内乱罪、外患罪、妨害国交罪、渎职罪、妨害公务罪、妨害投票罪、妨害秩序罪、脱逃罪、藏匿人犯及湮灭证据罪、伪证及诬告罪、公共危险罪、伪造货币及有价证券罪、公共危险物罪、伪造度量衡罪、伪造文书印文罪、妨害风化罪、妨害婚姻及家庭罪、亵渎祀典及侵害坟墓尸体罪、妨害农工商罪、鸦片罪、赌博罪、杀人罪、伤害罪、堕胎罪、妨害自由罪、妨害名誉及信用罪、妨害秘密罪、窃盗罪、抢夺强盗及海盗罪、侵占罪、诈欺背信及重利罪、恐吓及掳人罪、赃物罪、毁弃损坏罪等。② 刑种规定有主刑和从刑,主刑包括死刑、无期徒刑、有期徒刑、拘役、罚金,从刑包括褫夺公权、没收。其中,有期徒刑为2个月以上15年以下,数罪并罚最高20年,最低2个月未满。拘役为1日以上2个月未满,数罪并罚最高4个月。罚金为1元以上。褫夺公权为在一定期限内剥夺犯人的公职资格,包括公务员资格,公职候选人资格,行使选举、罢免、创制、复决四权资格。没收对象包括违禁物,供犯罪所用或供犯罪预备之物,因犯罪所得之物。③ 作为对刑种的变换,还设立了刑罚易科制度。对于轻微犯罪,不执行刑罚可易科至其他替代措施,包括易科罚金、易服劳役、易以训诫。"保安处分"专章加强对于特定犯罪和犯罪人的特别预防,具体包括感化教育、监护、禁戒、强制工作、强制治疗、保护管束、驱逐出境等处分措施。④

---

① 参见朱勇主编:《中国法制史》(第3版),法律出版社2016年版,第374页。

② 参见魏奇迅:《南京国民政府刑事立法研究》,安徽大学2007年硕士学位论文,第17页。

③ 参见朱勇主编:《中国法制史》(第3版),法律出版社2016年版,第375页。

④ 参见朱勇主编:《中国法制史》(第3版),法律出版社2016年版,第376页。

在《三五刑法》实施前，国民政府制定了大量刑事特别法，如《暂行反革命治罪法》《惩治绑匪条例》《危害国民紧急治罪法》《戒严法》《妨害兵役治罪条例》等。

在南京国民政府统治时期，中国共产党也有不少刑事立法。在土地革命阶段，各苏维埃政权陆续制定了刑事法规。主要包括：(1)中华苏维埃政府时期的地方和中央肃反立法。① (2)抗日战争时期解放区的刑事立法。② (3)解放战争时期的地方立法。③

《三五刑法》主要有以下三大特征：

第一，罪刑法定原则的确立。尽管在古代中国刑法中也有类似于罪刑法定原则的规定，如《晋书·刑法志》中规定："律法，断罪皆当以律令正文。若无正文，依附名例断之。其正文名例所不及，皆勿论。"④但由于彼时承认比附或者类推制度，因此严格说来，古代的罪刑法定原则与现代意义上的罪刑法定原则相去甚远。但后来的《大清新刑律》第10条明确规定："法律无正条者，不问何种行为，不为罪。"并且不允许比附，但《大清新刑律》最终并未颁布实施，故在近代中国也没有罪刑法定原则。《三五刑法》第1条规定"行为之处罚，以行为时之法律有明文规定者为限"，开门见山地规定了罪刑法定原则。同时，《三五刑法》对罪刑法定的具体内容均有所体现。如第2条规定："为后法律有变更者，适用裁判时之法律；但裁判前之法律有利于行为人者，适用最有利于行为人之法律。"这是不溯及既往的体现。

第二，完善的刑罚体系。如上，甚至包括易科制度。易科又称易刑，是指宣告刑因特殊事由不能执行或以不执行为宜时，而选择其他刑罚以为执行的代替。⑤ 具体内容为：(1)短期自由刑易科罚金。考虑到短期自由刑服刑时间短，犯罪分子改过的概率

---

① 主要有信江工农政府的《肃反条例》(1929年)、鄂豫皖六安县第六区的《肃反条例》(1930年)、闽西第一届工农兵代表大会通过的《政府工作人员惩办条例》(1930年)、闽西工农政府的《惩办反革命条例》(1931年)、湘赣省的《惩治反革命犯暂行条例》(1932年)、川陕省苏维埃政府的《肃反执行条例》(1932年)、川陕省苏维埃政府的《反革命自首条例》(1932年)、《中华苏维埃共和国惩治反革命条例》(1934年)等。

② 主要有《陕甘宁边区抗战时期惩治汉奸条例》(1939年)、《晋冀鲁豫边区危害军队及妨害军事工作治罪暂行条例》(1939年)、《晋冀鲁豫边区妨害公务违抗法令治罪暂行条例》(1939年)、《山东省惩治盗匪暂行条例》(1942年)、《晋冀鲁豫边区毒品治罪暂行条例》(1941年)、《山东省禁烟治罪暂行条例》(1943年)、《山东省禁毒治罪暂行条例》(1943年)、《陕甘宁边区抗战时期惩治贪污条例(草案)》(1939年)、《晋冀鲁豫边区惩治贪污条例暂行办法》(1942年)、《晋察冀边区惩治贪污条例》(1942年)、《陕甘宁边区破坏金融法令惩罚条例》(1941年)、《晋冀鲁豫边区妨害婚姻治罪暂行条例》(1943年)等。

③ 主要有《苏皖边区惩治叛国罪(汉奸罪)暂行条例》(1945年)、《苏皖边区危害解放区紧急治罪暂行条例》(1946年)、《东北解放区惩治贪污暂行条例》(1947年)、《晋冀鲁豫边区惩治贪污条例》(1948年)、《晋冀鲁豫边区破坏土地改革治罪暂行条例》(1948年)、《惩治战争犯罪的命令》(1948年)、《华北区禁烟禁毒暂行办法》(1949年)等。

④ 高潮、马建石主编：《中国历代刑法志注译》，吉林人民出版社1994年版，第119页。

⑤ 参见高铭暄主编：《刑法学原理》(第3卷)，中国人民大学出版社1994年版，第535页。

小,反而可能因在服刑期相互传染,自暴自弃,沾染更大的恶习。《三五刑法》制定短期自由刑易科罚金,规定有两个条件,即被判处的刑期是 6 个月以下或者拘役和因某种原因自由刑执行有困难。(2)罚金易科劳役。同样规定有两个条件,即缴纳期已满和受刑人无财产执行。(3)拘役或罚金易以训戒。《三五刑法》第 43 条规定:“受拘役或罚金之宣告,而犯罪动机在公益上或道义上显可宥恕者,得易以训戒。”显然,这是对训戒易科的规定。

第三,确立保安处分制度。依照《三五刑法》的规定,保安处分的对象包括少年人、精神病人、暗哑人、吸扎毒品人、酗酒人、习惯犯、常业犯、游荡成习犯、懒惰成习犯、花柳麻风病人、缓刑者、假释者、外国人。保安处分的种类包括感化教育处分、监护处分、禁戒处分、强制工作处分、强制治疗处分、保护管束处分、驱逐出境处分等。客观地讲,将保安处分以专章制定于《刑法》中,主要是受德国刑法的影响。虽然在“二战”期间保安处分成为法西斯对人民残酷镇压和迫害的法外工具,但制度本身并没有错,错在执行制度的人。本书认为,今后应加大对保安处分制度的研究,使其成为完善刑法制度的重要内容。

(四)新中国成立后

新中国成立初期,国家面临镇压反革命、巩固新生政权和恢复经济的任务,没有条件制定刑法典,所以陆续公布了些单行刑法和刑事政策。如《关于惩治反革命条例》《关于没收反革命罪犯财产的规定》《管制反革命分子暂行办法》《惩治贪污条例》《妨害国家货币治罪暂行条例》《关于取缔投机商业的几项指示》《关于打击投机倒把和取缔私商长途贩运的几个政策界限的暂行规定》《关于严禁鸦片烟毒的通令》《关于违反爆炸、易燃危险物品管理规则的处罚暂行办法》等。[①] 此外,还在《保守国家机密暂行条例》《全国人民代表大会及地方各级人民代表大会选举办法》等中,对有些犯罪行为规定了罪状和法定刑,类似于附属刑法。

我国社会主义刑法在 1954 年开始起草,在 1979 年举行的第五届全国人民代表大会第二次会议上获得通过,并于 1980 年 1 月 1 日开始执行。至此,诞生了新中国的第一部刑法——《中华人民共和国刑法》。[②] 此后制定出 23 个单行刑法,还在 90 多部经济法、行政法中规定了 130 多条附属刑法。如《惩治军人违反职责罪暂行条例》(已失效)、《关于惩治走私罪的补充规定》(已失效)、《关于禁毒的决定》(已失效)等。[③] 在该刑法实施的 17 年中,1979 年《刑法》总体内容是正确的,许多具体规定也是可行的,但也反映出一些问题,包括类推制度不适应法治国家建设以及某些犯罪规定的粗糙、

① 参见李淳:《略论新中国刑法 50 年的发展与完善》,载《法学家》2000 年第 2 期。

② 参见张明楷:《刑法学》(第 5 版),法律出版社 2016 年版,第 24 页。

③ 参见张明楷:《刑法学》(第 5 版),法律出版社 2016 年版,第 17 页。

不易操作,甚至出现新的犯罪没有法律规制的情况。故1997年系统修订1979年《刑法》,将此前的23个单行刑法的规定融入其中,形成了一部统一的、比较完善的刑法。此外,全国人大常委会于1998年12月29日颁布了《关于惩治骗购外汇、逃汇和非法买卖外汇犯罪的决定》这一单行刑法,目前制定有两个单行刑法和11个刑法修正案,以及更多附属刑法。

综上,1997年《刑法》从制定到实施的20多年里,许多方面的正确性、科学性不容置疑,但其制定模式也确实存在一些问题,尤其是刑法修正案不断扩张,目前除单行刑法外已进行到《刑法修正案(十一)》,这对刑法的稳定性、完整性产生了一定影响。此外,存在附属刑法"附而不属"的现象,尤其是随着社会发展,法定犯时代提前到来,如果没有完整附属刑法规定,可能对社会秩序造成影响。故在今后的立法中笔者主张"三元式的立法模式",包括《刑法》、单行刑法和附属刑法的并立,以及自然犯和行政犯的分立。

三、外国古代的刑法文化溯源

(一)公元前外国刑法文化溯源

外国古代刑法渊源最早可追溯到公元前18世纪古巴比伦时期的《汉谟拉比法典》。虽然该法典没有把刑事立法独立成篇,并且通常是在同一个条文中既有对所有权、债权、婚姻家庭继承等关系的调整,又有对犯罪行为的制裁,但依然能看见刑事立法的雏形。该法典涉及的犯罪有:国事罪、侵犯人身的犯罪、侵犯财产的犯罪、侵犯婚姻家庭的犯罪、诬告罪、伪证罪、职务犯罪等。该法典规定的刑罚手段极为残酷,主要有火焚、水溺等,除广泛适用死刑,还施以残酷的肢体刑,如挖眼、割耳、割舌、割乳房、断指等。[①] 显然,该法典留有同态复仇的氏族习惯。该法典规定:"如果自由民损毁任何自由民之眼,则应毁其眼;如果折断自由民之骨,则应折其骨;如果自由民击落与之同等之自由民之齿,则应击落其齿。"[②]

公元前12世纪至前4世纪的古希腊时代,《雅典法》是立法的代表,也涉及刑事法的内容。国事罪被视为最重的罪,如叛国罪、欺骗民众罪、怯懦罪以及向民众大会提出非法决议罪等,受到最严厉的惩罚。此外,亵渎神祇、危害宗教、扰乱家庭和平的行为,甚至品行不端,如虐待父母等都被列为刑事犯罪。侵害财产也被视为重罪,如盗窃他人财产,被现场抓住,如果是白天就可以加以逮捕和监禁,如果是黑夜里,则可以当场杀死。刑罚种类有:死刑、流放、出卖为奴、剥夺自由、鞭笞、凌辱、烙印、放逐以及罚金

---

① 参见何勤华主编:《外国法制史》(第6版),法律出版社2016年版,第26页。

② 《汉谟拉比法典》第196、197、200条。

等。处刑原则是对奴隶处肉刑,对自由民处财产刑和剥夺权利,而对知名人士处刑时更人道些。雅典刑法中还保留有远古时代的习惯与血亲复仇。如杀人、诱拐妇女、纵火等重罪,因为与被害人及亲属有利害关系,允许同罪犯以私下赔偿的方式了结;男子如发现妻子与人通奸,也有权当场将那个男人杀死。①

公元前8世纪到公元5世纪的罗马法时期,《十二铜表法》具有鲜明的刑事法特色,不仅有谋杀(包括过失致人死亡)、盗窃、伤害规则,包括死刑条款:叛国,(故意)对房屋纵火,对房屋附近谷物纵火,提供虚伪目击证言,任法官或仲裁人员时的腐败行为,编造与传播讽刺、低俗的故事;还有警察规则,处罚奢侈行为及限制葬礼中的过度浪费。② 罗马共和后期各省也有单行刑法,如《卡尔波尼亚索贿法》《尤妮亚通奸法》《朱利安反暴力法》。③

综上,《汉谟拉比法典》、《雅典法》和《十二铜表法》这三部法典是国外古代奴隶制时期法典的代表,所处时间和中国前秦时期相仿,法典的精神、内容也与中国古代奴隶制法相似。横向比较这三部法律,可以发现其具有以下几个方面的共性:

第一,浓厚的宗教主义色彩。如《汉谟拉比法典》序言中,直接声称自己以神的名义统治国家,管理人民,这里的"神"就是指太阳神。又如《雅典法》的制定中,古希腊哲学家赫拉克利特(Heracleitus,约公元前540至前480年)将法分为"人的法"和"神的法",指出人法来自神法。再如,《十二铜表法》的第十表是《神圣法》,其中某些法规就体现了宗教色彩,如规定"火葬的柴薪不得用斧头削平""不得在死者之前放置带没药的饮料"④等。

第二,氏族部落特征明显。由于三部法律都源于奴隶制时期,不可避免地保留有氏族制,而刑罚的残酷是彰显氏族特征的标志之一。如《汉谟拉比法典》规定,儿子殴打父亲要断其手指,养子不承认父母要割其舌,同时保留氏族社会那种"血亲复仇"和"同态复仇"的惩罚。《十二铜表法》也有类似条款,如第2条规定:"如果故意伤人肢体,而又未与受害者和解者,则他本身亦应遭受同样的伤害。"显然,这是"同态复仇"的特征。

第三,阶级属性特征明显。其在刑罚惩罚上尤为突出,这是由于脱胎于奴隶制的法必然成为奴隶主制裁奴隶的工具,尤其将奴隶视为奴隶主财产的一部分,侵犯了该

① 参见何勤华主编:《外国法制史》(第6版),法律出版社2016年版,第54页。

② 参见[德]卡尔·路德维格·冯·巴尔:《大陆刑法史:从古罗马到十九世纪》,周振杰译,法律出版社2016年版,第13页。

③ 参见[德]卡尔·路德维格·冯·巴尔:《大陆刑法史:从古罗马到十九世纪》,周振杰译,法律出版社2016年版,第15-24页。

④ 《〈十二表法〉新译本》,徐国栋、[意]阿尔多·贝特鲁奇、纪蔚尼译,载《河北法学》2005年第11期。

财产权亦受法的严惩。《汉谟拉比法典》规定,“自由民将宫廷之奴或婢,或穆什钦努之奴或婢,带出城门外者应处死”。据亚里士多德《政治学》记载,古希腊德拉古执政时期,奴隶主位高权重,杀人案件都由贵族处置,奴隶被处以极刑。[①] 再如,《十二铜表法·第八表》第 3 条规定:“如用手或棒子打断自由人的头骨,则应缴纳 300 阿司,如奴隶,则为 150 阿司。”换言之,打断奴隶的头盖骨罚金只需缴纳一半,显然是一种不平等的法律规定。

总体而言,上述这三部法律以《十二铜表法》的影响最大,它也被视为罗马法系法律制度和西方近代资本主义立法的基础。《十二铜表法》之所以对后世产生重要影响,与法典所映射的民主民权精神不无关系。在刑事立法上主要体现在法律对毁谤他人、侮辱人格、侵犯名誉的行为予以严惩。《十二铜表法·第八表·伤害法》第 1 条规定,“有人歌唱有害的歌谣”得处死,也即如果有人歌唱含有侮辱、毁谤他人意思的歌词则处以死刑。虽然今日看来很是残酷,但对保护人格尊严无疑意义重大。第 4 条规定,“如果欺侮人,则罚缴 25 阿司”。社会上恃强凌弱的现象较常见,《十二铜表法》对此予以严厉追究,这在其他法典中几乎是找不到的,对维护民权、促进法治都具有积极意义。

(二)公元后外国刑法文化溯源

具有文字可考的历史文献记载,公元 5 世纪后半叶,《日耳曼法》开始在西欧产生重要影响。在《日耳曼法》中,犯罪与侵权通称“不法”,二者的区别极为模糊。杀人、人身伤害、盗窃最为常见。关于杀人,比较进步的是西哥特王国的法律,它明确区分了故意杀人、意外杀人、防卫杀人及杀人未遂等行为的责任。对杀人罪的处罚,大致有死刑、赔偿、剥夺财产及血亲复仇等。其中,赔偿金是适用最为普遍的替代措施。在人身伤害罪中,伤害人与受伤害人的不同身份明显影响处罚结果。伤害的处罚措施主要是支付赔偿金,对各种伤害的赔偿则依据受伤部位的重要程度而定。关于盗窃,特别注重对于盗窃家畜、果物、农具等行为的处罚。此外,破坏安宁、叛逆、伪造文件等,也属于王国法律加以明定的不法行为。至 8 世纪后期,应受处罚的行为的范围逐渐扩大。[②] 到了中世纪的德国时期,出现了“邦法”,这些法令的最初目的是区分犯罪与被许可的复仇;德国南部出现的“摩西法”,在涉及针对宗教与道德的犯罪时,在许多方面,都非常的残酷与严厉。[③]

中世纪后期斯堪的纳维亚时期,各具特色的各省法典开始盛行。如《日德兰法典》

---

① 参见张中秋:《西方古代法的形成及其特性述论》,载《南京社会科学》1990 年第 4 期。

② 参见何勤华主编:《外国法制史》(第 6 版),法律出版社 2016 年版,第 81 页。

③ 参见[德]卡尔·路德维格·冯·巴尔:《大陆刑法史——从古罗马到十九世纪》,周振杰译,法律出版社 2016 年版,第 56-62 页。

体现了为矫正罪恶心灵与遏制犯罪而由国家实施处罚的基本原则,瑟兰岛的《艾瑞克法典》体现对从犯的处罚,《裘特法典》和《萨卡纳法典》对破坏国王安宁罪等各类重罪名的规定,还有关于罚金、流放等刑罚处罚的规定,《西兰岛法典》对于纵火罪有详细规定。① 1593 年的《伯尔尼司法》是中世纪后期瑞士立法的代表,充分体现"和平"理念,从无数可能导致侵害和平的禁止性行为可看出,和平作为刑法基础的重要性;另外,犯罪以及刑罚都根据个人与荣誉感的关系进行分类,如谋杀与盗窃都失去荣誉,致人死亡和抢劫得以保住荣誉;最后,和平制度还有一个重要方面就是保留了犯罪被害人的自救原则。② 中世纪后期的法国,随着法学家的涌现,出现了大量的法律汇编,也成为当时最早的法典化成就。如博马努瓦的《波瓦西习惯法汇编》,它将犯罪分为三类:重罪,如谋杀、叛国;中罪与轻罪,如各种侮辱、损害财产等犯罪。还有《诺曼底习惯法汇编》《安茹古代习惯法汇编》《法国习惯法汇编》等。③ 到了 1670 年的《刑事法令》才对犯罪、刑罚等概念科学界定,通过规定刑罚的明确顺序,根据刑罚的后果来区分犯罪。④刑罚处罚分三类,死刑构成第一类处罚,第二类由直接带来肉体折磨的刑罚组成,第三类是非肉体的折磨性制裁。

公元 12 世纪后,《教会法典》开始在西欧产生重要影响,该时期的刑事立法将罪孽区分为一般罪孽和刑事罪孽。前者是轻微的,源于正常的疏忽或短暂的软弱,一般不为人知,并可通过日常祈祷被赦免。后者被称为教会法上的犯罪,或简称为犯罪,它危害灵魂同天主的共融,一般包括:冒犯天主和信仰之罪,以偶像崇拜为典型(如背教、异端、买卖圣职、伪誓);冒犯教内兄弟姐妹与自然正义之罪(如杀人、盗窃、作伪证);冒犯基督徒身体之罪(如通奸、强奸)。⑤ 构成刑事罪孽有三项要件:一是它必须是一项严重的罪孽,二是罪孽必须表现为一种外在行为,三是行为必须对教会产生滋扰后果。该时期的"刑事罪孽"概念已具有近代犯罪构成理论的因素。⑥ 在刑罚制度上,教会法认为单纯的严刑峻法很难伸张正义,基督之爱的最终关怀是以纠正为手段来拯救。如对一般教徒的惩罚,有绝罚和禁罚两种,绝罚即一段时间内中止教徒参加教会圣礼,剥夺

---

① 参见[德]卡尔·路德维格·冯·巴尔:《大陆刑法史——从古罗马到十九世纪》,周振杰译,法律出版社 2016 年版,第 72-85 页。

② 参见[德]卡尔·路德维格·冯·巴尔:《大陆刑法史——从古罗马到十九世纪》,周振杰译,法律出版社 2016 年版,第 89-90 页。

③ 参见[德]卡尔·路德维格·冯·巴尔:《大陆刑法史——从古罗马到十九世纪》,周振杰译,法律出版社 2016 年版,第 95-99 页。

④ 参见[德]卡尔·路德维格·冯·巴尔:《大陆刑法史——从古罗马到十九世纪》,周振杰译,法律出版社 2016 年版,第 176 页。

⑤ 参见[英]奥斯瓦尔德·J. 莱舍尔:《教会法原理》,李秀清、赵博阳译,法律出版社 2014 年版,第 112-113 页。

⑥ 参见何勤华主编:《外国法制史》(第 6 版),法律出版社 2016 年版,第 96 页。

其作为教会成员的权利，或者将其隔离于社交之外。禁罚即咒骂，被排斥于教会的一切仪式之外。[①] 教会所用的刑罚一般不包括死刑和造成严重伤残的肉刑。实践中，一般采取鞭笞、流放、监禁和没收财产来针对异端分子，有时并用。

16世纪的德国，既有继受罗马法的传统，也有受到教会法的影响，在《班贝格规则》基础上发展而来的《加洛林法典》就是典型，关于犯罪的实体法规定主要在第104条和第180条，不仅有各种犯罪定义和一系列处罚，而且还有一些详细的一般性规定，如正当防卫、共犯、未遂和责任程度。[②]

伊斯兰法诞生于公元6世纪，但到了公元19世纪中叶才显刑事法的端倪。如1858年以法国法律为基础制定的《刑法典》。[③] 另外，伊朗1927年依据法国刑法制定了刑法，黎巴嫩、叙利亚先后以1930年意大利刑法典和1932年波兰刑法典为蓝本制定了刑法。[④] 法学家将刑法总体上分为两类：一是"法度刑"，即侵犯了"真正的权利"的犯罪行为和刑罚，包括私通、诬陷私通、酗酒、偷盗、抢劫和叛教六种罪。该刑罚权属于真主，包括法官在内的任何个人只能依律而断，无权更改。二是"酌定刑"，是指法度刑外的一切犯罪及其刑罚。该刑罚较为灵活，凡属违反禁令或拒绝履行法定义务而又不能适用法度刑的，法官可以灵活掌握酌情定罪。酌定刑主要包括故意杀人罪、故意伤害罪、过失杀人罪、过失伤害罪等。[⑤]

综上所述，对后世刑法发展产生重要影响的法典主要就是《日耳曼法》和《教会法典》。

以《日耳曼法》为例，它为后世的法律文化提供了不可替代的因素。其一，日耳曼王国解体后新政权的法律中有大量《日耳曼法》的因素。《凡尔登条约》签订后，庞大的法兰克帝国从此走向分裂。无论是刚分裂时的3个王国，还是9世纪末前后的7个王国，[⑥]都曾有过以国王颁布敕令为主要形式的立法活动。这些敕令大多出于应急目的，其主要来源是查理曼及虔诚者路易时期实行的法规增补，只是其封建性的特征更为凸显。其二，中世纪地方法中日耳曼因素明显。如意大利西西里王国颁布的《奥古斯塔

---

① 参见[英]奥斯瓦尔德·J.莱舍尔：《教会法原理》，李秀清、赵博阳译，法律出版社2014年版，第119-120页。

② 参见[德]卡尔·路德维格·冯·巴尔：《大陆刑法史——从古罗马到十九世纪》，周振杰译，法律出版社2016年版，第142、206页。

③ 参见吴云贵：《当代伊斯兰教法》，中国社会科学出版社2003年版，第95页。

④ 参见陈恒森：《伊斯兰法的历史发展》，载《苏州大学学报》1987年第3期；何勤华主编：《外国法制史》（第6版），法律出版社2016年版，第126页。

⑤ 参见何勤华主编：《外国法制史》（第6版），法律出版社2016年版，第137页。

⑥ 刚分裂时的3个王国为法兰西王国、德意志王国及意大利王国，9世纪末前后的7个王国为法兰克王国、纳瓦拉王国、普罗旺斯王国或内朱拉山勃艮第王国、外朱拉山勃艮第王国、洛林王国、德意志王国、意大利王国。参见[法]基佐：《法国文明史》（第2卷），沅芷、伊信译，商务印书馆1999年版，第208-209页。

里法典》(Liber Augustalis),其中废除神叛,适用司法判决的渊源就来自《日耳曼法》。再如,法国的各个辖区,具有浓厚的习惯法色彩,这也是源自《日耳曼法》。中世纪德国著名的《加洛林纳刑法典》,在犯罪分类和处罚制度等方面则保留了《日耳曼法》传统。其三,中世纪的王室法、教会法也隐含着《日耳曼法》的气息。如在意大利王国,王室的刑事诉讼程序因案件的不同类型而有所差异,这显示了之前在《日耳曼法》统治下,不同地区如伦巴德、拜占庭和阿拉伯等许多不同传统的痕迹。又如教会法中的宣誓制度,无论是书面还是口头证据,都需宣誓后再提出,并且对于伪证要处以重罚,就是借鉴了《日耳曼法》中的相关规定。其四,近代西方法律体系中充满着日耳曼因素。普通法形成之初,就与《日耳曼法》结下不解之缘。地方法、习惯法、法学学说等都是制定法典时参考的渊源,《日耳曼法》就是借助此渊源而被近代法典所吸收,最终成为大陆法系。

最早的教会法可以追溯到古印度时期的吠陀教、婆罗门教,真正被法定化的则是伊斯兰法之最高渊源的《古兰经》。由于教会法源于人们内心的信仰,以及道德的感化,真正具有刑法色彩则到了公元 12 世纪的《教会法典》。其对近现代《教会法典》(1917 年和 1983 年)都有巨大影响,包括罪罚总则、刑罚主体、刑罚类别,妨害信仰与教会统一罪、诬告与伪造罪、妨害人的生命与自由罪等具体犯罪,也包括法院的管辖以及法院的等级与种类等。

四、外国近现代的刑法文化与发展

(一)英美法系国家

英国是世界上少数几个至今仍然没有刑法典的国家之一,现代的英国,刑法也由制定法规定,只有制定法没有规定的才由普通法补充,当然大量刑事立法只是对普通法规则的确认和整理,故判例法成为刑事立法的主要渊源。普通法长期将犯罪划分为叛逆罪、重罪和轻罪。叛逆罪指危害国家主权和安全的犯罪;重罪指涉及没收罪犯土地与财产的严重犯罪,如谋杀、伤害等;轻罪是指除叛逆罪和重罪之外的较轻微罪。1967 年《刑事法令》取消上述三种划分,用可起诉罪、可速决罪和既可起诉又可速决罪代之。可起诉罪指那些较为严重的、通过公诉程序加以审判的犯罪,可速决罪指那些较轻微的、通过简易程序加以审判的犯罪,既可起诉又可速决罪指那些既可用公诉程序又可用简易程序审判的罪。1980 年《地方法院法》对第三类犯罪作明确列举,如重婚罪。1998 年《犯罪和骚扰法》生效,英国废除死刑,刑罚主要有监禁、缓刑、罚金、无偿劳动、监督管制、无条件或有条件释放和没收财产。①

① 参见何勤华主编:《外国法制史》(第 6 版),法律出版社 2016 年版,第 174-176 页。

美国刑法由联邦法和州法两部分构成,最早的联邦刑事立法是1790年的《治罪法》,其对叛国罪、海盗罪、伪造罪、伪证罪、贿赂罪等犯罪做了规定。实践中,联邦法院也以判例形式吸收运用普通法制度。各州议会制定本州刑法,由州和县的检察官、地方和州一级的法院、州或地方监狱行使刑事司法权,大部分刑事司法活动是在州和地方政府主持下进行的。美国刑法是在普通法的基础上发展而来的,殖民地时期沿用英国的判例,独立后美国通过成文法对判例法进行改造,从19世纪开始,刑事成文立法大量出现,如1876年纽约州《艾尔米拉教养院法》第一次确立了假释制度和不定期刑制度。随后,越来越多的州开始制定自己的刑法规范。20世纪开始,刑法逐渐走向统一。1962年,通过了由美国法律协会拟定的《模范刑法典》(也称《标准刑法典》),为联邦和州刑法的修订提供了范本。1966年美国国会建立的联邦刑法改革委员会于1970年又提出一个刑法草案并于1979年由参议院通过,刑事法律制度的改革和完善成为趋势。[①] 这部法典在判刑和行刑方面的基本指导思想是:在保护社会利益的同时给罪犯提供改过自新的机会。[②] 犯罪的分类是美国刑法又一重要问题,概括地说,美国刑法设定的罪主要分为:对个人的犯罪(如谋杀和强奸),对财产的犯罪(如偷盗和纵火),对公共秩序的犯罪(如危害治安的行为和暴乱),对家庭的犯罪(如重婚和乱伦)和对公共行政的犯罪(如行贿和作伪证)。[③]

综上,英美法系国家多以判例为法源,因此成文的法律渊源并不多见。即便如此,1962年起草的美国《模范刑法典》依然对后世产生巨大影响,尽管该法典仅供各州立法参考,也未正式生效,但其对美国的影响不容忽视。由于美国各州的刑法对犯罪的定义、分类以及所处的刑罚可能会有所不同,这部《模范刑法典》在某种程度上起到一种标杆作用,可以成为州刑法制定和执行的参考依据,尤其在一些疑难复杂案件中。另外,《模范刑法典》中关于犯罪成立、犯罪形态(未遂、共谋、教唆等)、责任能力等的规定均被各种刑法典所认同。

(二)大陆法系国家

1.法国

法国近代第一部刑法典,也是法国历史上第一部刑法典为1791年《法国刑法典》。该法典分为两编:第一编总则由刑罚、适用再犯的加重刑罚、缺席判决的执行、年龄对刑罚性质和期限的影响、刑事追诉的期限及被宣布为犯罪者的名誉恢复等7章组成。第二编是犯罪及其刑罚,由两章组成,第一章为侵犯公共利益的犯罪及未遂行为,包括侵犯国家外部(内部)安全罪、违反宪法罪、不服从法律与法官罪、渎职罪和侵犯公共财

---

① 参见何勤华主编:《外国法制史》(第6版),法律出版社2016年版,第215-216页。
② 参见储槐植:《美国刑法》(第2版),北京大学出版社1996年版,第30页。
③ 参见何勤华主编:《外国法制史》(第6版),法律出版社2016年版,第216页。

产罪等;第二章为侵犯个人利益的犯罪,包括侵犯人身罪和侵犯财产罪。1810年《法国刑法典》是在1791年《法国刑法典》的基础上制定的,也是拿破仑法典编纂工作的最后一部。其共4编284条,第一编是重罪、轻罪之刑及其效力,第二编是重罪、轻罪之处罚、宥恕与刑事责任,第三编是重罪、轻罪及其刑罚,第四编是违警罪及其处罚。该法典自颁行后进行了4次修改:1832年主要是减轻刑法的残酷性,如死刑减至9种,废除肉刑。1863年主要增补了关于累犯的规定及一些新的犯罪种类,并对大部分犯罪增加了减轻处罚的规定。1958年改革了法典一般犯罪的构成要件和相应刑罚制度的规定,并全面承认了法人犯罪的刑事可罚性。1960年全面修订了危害国家利益犯罪和侵犯经济秩序犯罪,保障戴高乐新政策的贯彻。如今的《法国刑法典》,仍保留了1810年刑法典的基本精神,同时体现了轻刑化、刑罚多样化及刑罚个别化。①

《法国刑法典》多次修改原因有二。(1)随着时代的跨越,犯罪发生巨大变化。自1810年以来,犯罪情况发生两方面变化:一是原有犯罪在明显减少,如杀人;二是新型犯罪在不断涌现,如恐怖、贩毒等,还有些复杂的经济类、环境类犯罪等。此外,法人犯罪也成为法国不可忽视的问题。(2)随着社会的变迁,刑事立法必须改变。如1832年废除了残害刑,1945年废除了苦役刑,1981年废除了死刑。再如,1832年设立单纯的缓刑制度,1886年设立减轻处罚情节,1958年设立累犯制度和缓刑考验制度。又如,刑法典之外出现了部门刑法,包括经济刑法、税务刑法、劳动刑法等,条文数以万计。② 尽管1810年《法国刑法典》历经数次修改,但它的许多规定仍具借鉴意义。如重罪、轻罪和违警罪的划分,刑事处罚种类的多样性等。当然其不区分总则与分则的规定,可以说不太科学。

2. 德国

谈到德国刑法一定会提到费尔巴哈1813年的刑法典。事实上在此之前,德国巴伐利亚地区在1751年就已有一部刑法典。③ 体例上,该法典将实体法与程序法分开,且在实体法部分已有类似总则与分则的体例。共分为12章,在第1章有如同今日刑法总则中的犯罪与刑罚的各种规定,第2章至第12章规定有不同的犯罪形态,如窃盗与强盗罪、杀人罪、妨害风化罪等。④ 同时在18世纪,德国还出现了《德瑞西亚刑法典》《托斯卡诺刑法典》《约瑟夫那一般犯罪与刑典》《普鲁士一般邦法典》。这些法典对后世,

---

① 参见何勤华主编:《外国法制史》(第6版),法律出版社2016年版,第249-251页。

② 参见冯锐、张明:《修订中的法国刑法典》,载《中外法学》1991年第5期。

③ 参见陈惠馨:《1751年德国〈巴伐利亚刑法典〉——德国当代刑法的起源》,载《比较法研究》2012年第1期。

④ Textbuch zur Strafrechtsgeschichte der Neuzeit. Die Klassischen Gesetze, München, C. H. Beck, 1998, S. 181-223.

尤其对德国1871年制定的统一刑法典,无论在结构还是在理论上均有很大影响。1871年《德意志帝国刑法典》颁布(1872年1月1日施行),由总则和两编组成,共370条。总则包括罪的分类、刑法适用的原则和范围等。犯罪分为三类:重罪、轻罪和违警罪。第一编为"刑例",规定刑罚种类有死刑、无期徒刑、有期徒刑、苦役、拘留、罚金和剥夺公民权等。并对刑罚的适用、未遂、共犯、不论罪和正当防卫等作了规定。第二编为"罪及刑",列举了各种犯罪及其处罚。特点是:(1)宣布了法无明文规定不为罪,法不溯及既往;(2)特别保护最高统治者的利益,镇压人民反抗;(3)严格保护土地贵族和资产阶级私有财产不受侵犯;(4)专门规定"宗教罪";(5)规定有职务罪。1975年《德意志联邦共和国刑法典》颁布,将犯罪圈缩小,限制在维护公共秩序范围内;废除旧刑法典中罪的三分法;扩大罚金和缓刑的适用范围;采取更多新的制裁方法。特点是严格了罪刑法定原则,废除死刑,实行轻刑,保障宪法秩序。此外规定有"改善及保安"处分措施:精神病疗养院、强制禁戒所、社会矫治机构、保安监督、行为监督、剥夺驾照、职业禁止等。此后数十年,德国刑法的修改采取法典条文的修正与单行刑事立法并行的方式。通过制定多个刑法改革法和数十个刑法修改法对法典的基本制度和具体条文做出修改。1976年公布的《经济犯罪对策法》是德国特有的经济刑法典,如今也已发展为德国刑法渊源中一个相对独立的重要分支。① 刑法典重新颁布于1998年,2002年又作了修改。此外,德国还制定了《反洗钱法》《有组织犯罪法》等大量单行刑法,作为刑法典的有机组成部分。

综上,纵观德国近代史上的刑法典,当属1751年《巴伐利亚刑法典》及1871年《德意志帝国刑法典》对后世影响最大。《巴伐利亚刑法典》是德国进入启蒙时期非常重要的刑法规范,该法典区分刑事实体法及刑事程序法,在实体法中区分总则与分则的结构,并强调罪刑法定且发展出犯罪阶层理论的当代刑法学。分析可知:(1)并非所有的不法行为都以刑事犯罪看待,仅与身体、生命刑或其他类似并依法被认定为犯罪者才属犯罪;(2)将犯罪分为三个等级,即较轻、较重或加重等级;(3)刑罚包括身体、名誉、财产甚至生命刑;(4)对于不同身份的人的减刑规定,如第15、16条规定对于年少者及年老者的减刑。②

1871年德国刑法典是迄今仍在使用的刑法典,虽历经数十次修改,并在1953年8月25日、1969年9月1日、1975年1月2日和1987年3月10日颁布4个版本,其中1975年版本中有新编写的总则和修改过的分则。③ 但许多经典的内容,追根溯源都与

---

① 参见何勤华主编:《外国法制史》(第6版),法律出版社2016年版,第294-297页。

② 参见陈惠馨:《1751年德国〈巴伐利亚刑法典〉——德国当代刑法的起源》,载《比较法研究》2012年第1期。

③ 参见郑伟:《德国刑法的最新发展》,载《法学》1997年第4期。

1871 年刑法典密不可分。该部法典以康德和黑格尔哲学为基础,体现资产阶级民主原则,同时受到"后刑事古典学派理论"[①]的影响。这些经典理论一直影响德国的刑法典至今。

3. 意大利

意大利作为现代刑法学发源地,曾被人们誉为"刑法之乡"。18 世纪中期由贝卡里亚和菲兰杰里提出的现代刑法的基本原则,首先被意大利 1786 年《托斯卡纳刑法典》所汲取。实际上处于分裂状态的意大利出现过多部刑法典,如 1819 年《西西里王国刑法典》,1820 年教会国制定的《犯罪与刑罚条例》,1839 年《撒丁刑法典》,1853 年《托斯卡纳刑法典》以及 1859 年《撒丁刑法典》。意大利统一后,颁布 1889 年《刑法典》,人们常以时任司法部长、主持法典起草的扎纳尔德利的名字命名该法典,无论是内容还是编排技术,该法典都充分体现了古典学派的观点。1919 年时任司法部长卢多维克·菲利作为专门委员会主席筹备刑法改革,于 1921 年推出新的刑法草案,经过学者和法官的反复斟酌于 1930 年 10 月 19 日出台新《刑法典》(1931 年 7 月 1 日生效),俗称"罗科法典"。[②] 进入 20 世纪后半叶,"有组织犯罪"成为困扰意大利的突出问题,为应对犯罪形势颁布了若干"紧急法",类似单行刑法,如《关于维护民主秩序和公共安全的紧急措施》等。"9·11"事件后,意大利制定了《打击国际恐怖主义的加急规定》《对付国际恐怖主义的紧急措施》,这些法律也属单行刑法。

综上,1870 年意大利完成国家统一开始重新制定刑法典,并于 1889 年颁布统一刑法典。虽然改革并不彻底,与现行意大利刑法相比有不少差距,但相对于之前国家分裂时期的刑法典有不小进步,尤其在立法理念上受到国内外的高度评价。如它放弃了自启蒙思想以来的功利主义观念,开始转向古典学派,其代表人物皮西纳及其著作《刑法基本论》曾占有重要地位。[③] 此后以龙勃罗梭、加洛法罗为代表的刑事实证学派兴起,前者在《从人类学、人医学与监狱规则的关系上看犯罪人》一书中提出"天生犯罪人"理论,后者在《关于刑罚的实证性标志》一书中进行实证分析,经深入研究采取的"决定论""社会责任论""目的刑主义"等立场深深融入 1889 年意大利的刑法典中,彰显了理论对刑法立法实践的推动。

---

① 其思想精髓:从规范主义出发,阐明犯罪的实质违法性;犯罪成立三条件,即构成要件符合性、违法性和有责性;因果关系理论从条件说逐步发展到优势条件说;共犯问题上坚持从属性说;刑罚根据从报应刑论发展到分配理论。参见马克昌主编:《近代西方刑法学说史》,中国人民公安大学出版社 2016 年版,第 288-293 页。

② 参见《最新意大利刑法典》,黄风译注,法律出版社 2007 年版,第 2-4 页。

③ 参见何鹏:《评意大利刑法的修改》,载《政法论坛》1987 年第 6 期。

4. 日本

日本封建初期的《大宝律令》是以刑法为主的法典,它将犯罪分为三大类:侵犯国家和天皇权益的,侵犯社会利益的,侵犯个人利益的。刑罚分正刑和附加刑。镰仓、室町时期,刑法制度主要体现在《武家法典》中。德川时期,《公事方御定书》下卷所规定的刑法制度颇具代表性。① 1875 年明治政府着手西方刑法典的制定,并于 1880 年 7 月正式颁布(1882 年 1 月 1 日施行)。它是以 1810 年《法国刑法典》为依据制定的,共 430 条,分为第一编总则、第二编关于公益的重罪轻罪、第三编关于身体财产的重罪轻罪及第四编违警罪。这部刑法首次规定"法无明文规定不为罪"和"法不溯及既往"等原则,并对量刑幅度做了严格规定,以限制法官的自由裁量权。但其由于在许多方面不适合当时的日本国情,在实施过程中地位极不稳定,不久便进行了修正,并于 1907 年 1 月通过修正案,于 1908 年 10 月 1 日施行"新刑法"。该法典共 264 条,分总则、分则,总则是关于刑法适用范围、刑罚种类、假释、缓刑、未遂罪、并合罪、累犯、共犯等的规定,分则规定有各种犯罪及应处的刑罚。虽然 1907 年刑法典至今仍有效,但在 100 多年时间里经历多次修正,与此同时日本还颁布了大量刑事特别法,即单行刑法和附属刑法,具有补充刑法典的作用。如《关于处罚暴力行为的法律》(1926 年)、《轻犯罪法》(1948 年)、《公害犯罪处罚法》(1970 年)、《关于器官移植的法律》(1997 年)、《处罚有关儿童卖淫、儿童色情等行为及保护儿童的法律》(1999 年)、《关于规制实施无差别大量杀人行为的团体的法律》(1999 年)、《关于有组织犯罪的处罚及犯罪收益规制等的法律》(1999 年)、《关于防止儿童虐待等法律》(2000 年)、《关于规制基因克隆技术的法律》(2000 年)、《关于禁止不正当存取信息行为的法律》(2000 年)、《关于规制纠缠行为等的法律》(2000 年)、《关于防止配偶的暴力及保护被害人的法律》(2001 年)、《关于处罚为了对公众等胁迫目的的犯罪行为提供资金等的法律》(2002 年)等。在其他领域,如《国家公务员法》(1947 年)、《公职选举法》(1950 年)、《道路交通法》(1960 年)等也规定了须强制遵守的罚则,其中不乏对违反行政义务者处以刑罚的规定,统称"行政刑法"。经济法领域中的许多法规也设有对违反经济法令者的处罚规则,统称"经济刑法",《证券交易法》(1948 年)规定,对于泄露证券公司秘密的证券公司负责人和职员,要判处 1 年以下徒刑。②

综上,日本 1880 年的旧刑法虽然仅实施了短短 20 多年就被废止,但对其规定的内容以及蕴含的刑法思想还是有必要多作一点阐释。这部刑法典虽然以 1810 年《法国刑法典》为蓝本,但个罪的规定被细化,刑罚的种类也被细化,另外,个罪的法定刑幅度

---

① 参见何勤华主编:《外国法制史》(第 6 版),法律出版社 2016 年版,第 308 页。

② 参见何勤华主编:《外国法制史》(第 6 版),法律出版社 2016 年版,第 308、330-331 页。

很小,法官的自由裁量权被严重压缩。同时,这部旧刑法体现了浓厚的折中主义色彩,如对未遂犯、从犯都有从轻或者减轻处罚的规定。然而,日本的旧刑法基于日本当时的社会状况具有很强的装饰性,和推进富国强兵路线的明治维新政府的基本路线之间,依然有着很大的疏离。[①] 1907 年新修订的日本刑法在立法理念、技术、体例等各个方面都有巨大的成就,这也是其至今仍在适用的重要原因,对于现行日本刑法典的分析将在其他编中具体展开。

5. 俄罗斯

15 世纪末的俄罗斯颁布《律书》,规定有新的犯罪,加强了刑罚。17 世纪中叶的《会典》规定有刑法内容,包括适用刑罚依被害人社会地位的不同而不同,死刑的广泛适用等。《律书》与《会典》是俄罗斯早期的刑法渊源。沙皇尼古拉一世于 1830 年编纂完成《俄罗斯帝国法令全集》,吸收了《会典》的内容,在 1833 年又编纂完成《俄罗斯帝国法律全书》,共 15 卷,其中最后一卷规定了刑法所有内容。十月革命后,苏俄颁布了一系列单行刑事法令。《苏俄刑法指导原则》系 1919 年 12 月制定,内容涉及刑法总则部分,初步确立起苏维埃刑法的统一原则。全俄中央执行委员会 1922 年 5 月通过第一部《苏俄刑法典》,于同年 6 月起实施。该法典分序言、总则和分则三部分,共 227 条。该法典在总则部分给犯罪下了定义,同时规定了类推制度。对于刑罚,该法典规定了从驱逐出境至死刑的 11 种刑罚。此外,还规定了四种社会防卫措施:送往专为精神有缺陷者准备的处所,强制治疗,禁止担任某种职务、从事某种活动或经营某种事业,放逐于指定地区之外。苏联最高苏维埃 1958 年 12 月通过了《苏联和各加盟共和国刑事立法纲要》,共 4 章 47 条,规定了刑事立法的基本原则。据此,1960 年 10 月通过了新的《苏俄刑法典》(1961 年实施),分总则 6 章,分则 12 章,共 269 条。总则规定有刑法的基本原则,效力范围,犯罪、刑事责任的根据,刑罚及其目的等。分则规定有十二大类犯罪,从其编排体系看,体现了对国家安全和国有财产的特别保护。苏联解体后,俄罗斯对 1960 年的《苏俄刑法典》做了大量修改,其中 1992 年 10 月和 1993 年 7 月修订规模最大,共 269 条。1994 年 7 月 1 日对其中的 160 余条进行修改,达 210 处。1997 年 1 月 1 日《俄罗斯联邦刑法典》生效,分总则和分则,总则有 6 编 15 章,分则有 6 编 19 章,共计 360 条。此后,刑法典在实施中几乎年年修改,涉及近 300 个条文。[②]

综上,人类历史上第一部社会主义刑法典即 1922 年《苏俄刑法典》。其特点为:(1)完全摒弃了资产阶级刑法关于犯罪的形式定义,首次明确犯罪的实质定义;(2)明确揭示了苏维埃刑法的社会实质及其任务和刑罚的目的;(3)第一次明确了刑事责任

① 参见[日]内田博文:《刑法学中的历史研究的意义与方法》,九州大学出版会 1997 年版,第 37 页。
② 参见何勤华主编:《外国法制史》(第 6 版),法律出版社 2016 年版,第 344、351、354-356 页。

的主观根据，把故意与过失即主观过错引入社会主义刑法中；(4)第一次明确了量刑必须根据罪犯和犯罪行为的危害性质和危害程度，坚决摒弃了资产阶级刑事古典学派、刑事社会学派的"行为中心论"与"行为人中心论"，反映了马列主义关于主客观相统一论的量刑思想与基本原则；(5)首次把旧刑法中的类推制度吸收到社会主义刑法中。[①]这部刑法典将"社会危险因素"作为犯罪成立条件外的因素，据此认定行为人的刑事责任，"社会危害性"理论至今仍影响包括我国在内的社会主义国家刑法的制定与修改。

① 参见《苏联刑法科学史》，曹子丹等译，法律出版社1984年版，第19页。

第二章　刑法学的基本范畴及其演进

虽然我国古代很早就有了刑律,甚至出现了律学,但却没有刑法学。中国近现代刑法学也是舶来品,清末修法和民国时期的刑法制定均参照的是德日刑法。包括中华人民共和国成立后的社会主义刑法学,也存在对苏联刑法的借鉴,以及改革开放后对西方刑法学的借鉴等。一般认为,刑法学以意大利刑法学家贝卡里亚(Beccaria, Marchese di,1738—1794 年)1764 年的《论犯罪与刑罚》(*On Crimes and Punishment*)一书为学科诞生的标志,而犯罪学则以同样是意大利人的犯罪学家龙勃罗梭(Cesare Lombroso,1836—1909 年)1876 年的《犯罪人论》(*Criminal Men*)为学科诞生的标志,前后相差了 112 年。刑法学的基本范畴主要是刑法学的起源、刑法学的概念及其研究对象,包括刑法的基本原则、犯罪论体系和刑事责任及与相邻学科间的关系等。

一、刑法学的古今溯源:刑律与刑法的中外对比

自人类社会以降就有了规制人们行为与社会秩序的"刑具"和"罚则"。在我国传统文化中虽然没有现代"法"的概念,但却有"律"的称谓,且历代统治者制定律大都以"刑律"为主。据考证,我国古代实行"井田制"①,就象形文字而言,"刑"与"井"有关。井田中间有口井,国家派人持刀守井,谁去抢水就砍头,这便是我国最早的象形文字中"刑"的来历。而"法"在我国古代写作"灋",左边三点水,右边是一个"廌",

① 井田制是中国春秋以前实行"土地国有"的主要形式,出现于商,鼎盛于西周,春秋之后由于铁制农具和牛耕的出现,"井田制"逐渐瓦解。

下加“去”字。[①] 因此,《说文·井部》曰:“刑,罚罪也,从刀井。《易》曰:井者,法也。”《说文解字约注》(卷十)解说认为:“刑字从井,盖与灋字从水同意。可知古人言法,皆取象于水之平。”[②]一直到20世纪初,我国受西方法律文化的影响才有了现代意义上刑法学的概念。

可见,古今中外的刑法文化及理论,是一个渐进演变和不断发展的过程。包括西方19世纪前的刑法学,也只是刑事科学与法学的综合体。这些从贝卡里亚的《论犯罪与刑罚》所阐述的内容中即可窥见一斑,诸如刑事诉讼法学、刑事侦查学、刑事证据学、监狱学、犯罪学等与刑事或犯罪有关的一切学科。[③] 当然,随着学科研究的不断深入,加之社会分工及学科划分的逐步细化,这些学科也就逐渐演变成与刑法学相并列的各自独立的学科了。或许有些学科至今还与刑法学有密不可分的关联性,甚至剪不断、理还乱。像刑事政策学,早在20世纪,欧洲的一些刑法学家就将其与刑法学相融合。像犯罪学,有学者认为它属于刑法学的分支学科。[④] 然而,刑事政策学毕竟是策略性学科,而刑法学则是规范性学科。同理,刑法学与犯罪学虽然都研究犯罪,但毕竟各自研究犯罪的立场和角度不同。一般认为,前者是规范法学,后者是事实学科,甚至二者在研究宗旨、目的和所追求的学科目标上也并不完全一样。当然,广义犯罪学具有包括刑法学、刑事政策学、监狱学、犯罪侦查学、犯罪预防学、犯罪预测学、犯罪控制学等一切犯罪对策学科在内的更大范围,因此它不仅不能成为刑法学的分支或下位学科,相反极有可能成为刑法学、刑事诉讼法学、刑事政策学、刑事侦查学、犯罪原因学、犯罪心理学、刑事证据学等的上位学科。[⑤] 像国际刑法学协会将刑事诉讼法学作为广义刑法学研究的内容与范围一样,国际犯罪学协会也把刑事司法学、警察学、刑事政策学、犯罪心理学等作为犯罪学的研究内容与范围。因此,界定刑法学科既要有历史的观点也要有发展的观点,既要有类型化的科学方法论也要有历史沿革、学科发展习惯的传统论,更要区分广狭两义和上下位概念,而不能仅凭一个学科的一时兴衰来判断。

考察我国古代,唐朝及以前的刑法都是无所不包的大刑法,那时的“刑律”不仅没有分化,且民刑不分、诸法合体,礼法混杂、讼实合一。如《法经》就是春秋末期李悝制定的我国封建社会的第一部系统法典,其由《盗法》《贼法》《囚法》《捕法》《杂法》《具法》六篇内容组成。其中《盗法》是涉及公私财产受到侵犯的刑法内容;《贼法》是有关

---

① 传说古代有一种叫“廌”的异兽神羊,头上长一只“能辨曲直”的犄角,遇有不直之人便用角去抵;“去”有去曲之意;三点水作偏旁引喻为执法要像水一样“公平”,不偏不倚。

② 张舜徽:《说文解字约注》,中州书画社1983年版。

③ 参见[意]切萨雷·贝卡里亚:《论犯罪与刑罚》,编译组译,西南政法学院1980年版,“目录”。

④ 参见陈兴良:《刑事一体化视野中的犯罪学研究》,载《中国法学》1999年第6期。

⑤ 参见李晓明:《中国犯罪学论纲》,中国审计出版社1996年版,第6页。

危及政权稳定和人身安全的刑法内容;《囚法》是有关审判、断狱的刑事诉讼法内容;《捕法》是有关追捕罪犯的刑事诉讼法内容;《杂法》是有关处罚狡诈、越城、赌博、贪污、淫乱等行为的刑法内容;《具法》是规定定罪量刑的通例与原则的刑法内容,相当于现代《刑法》的总则部分。由此可见,我国最早的刑事法律是“诉实合一”“以刑为主”的。1764 年贝卡里亚的《论犯罪与刑罚》一书显然是西方刑事科学的最早渊源,它囊括了当今的犯罪学、刑事政策学、刑法学、刑事诉讼法学等诸多学科,该书不仅奠定了贝卡里亚刑事古典学派鼻祖的历史地位,且对俄国、普鲁士、奥地利等欧洲国家乃至整个世界的刑法产生重大影响。至于《论犯罪与刑罚》的学科归属与定位,历史上也存在不小的争论。不仅刑法学一直将其作为自身的开篇之作,甚至许多犯罪学者也时常这样做。从更高意义上讲,应将其作为人类历史上迄今为止最早的刑事法律与科学研究的综合性、整体性的奠基之作。[①]

我国唐代后大刑法的格局开始出现分化,与刑律相配套的法医技术最早在我国形成,以宋朝《洗冤集录》为标志的我国古代法医学闻世,这当然是古代刑事技术学科发达的最集中体现,即在我国宋代后的刑事法律与科学技术研究中就包括有刑法和法医学两门学科。此后各朝代更是加速了其他刑事法律与科学研究的分化,尤其是 1902 年清朝皇帝任命沈家本(1804—1913 年)主持修律,他一贯坚持“会通中西”的修律原则,在大量移植和借鉴西方法律的基础上,初步建构了我国刑法、民法、诉讼法、法院编制法等部门法体系。且“各法之中,尤以刑法为切要”[②],起草了《大清新刑律》和《刑事民事诉讼法》等。其中罪刑法定、轻刑省罚、死罪减少、编纂体例、民刑分离、讼实各一等均是该时期我国刑事学科分化的重要内容。当然,修律过程中也始终体现着革新派与守旧派之间的“礼法”之争,如“罪刑法定”、“审判公开”和“律师制度”等都是当时争论的焦点。两派势均力敌,虽然以沈家本为代表的法治派占据主流,甚至在华的外籍人也纷纷撰文支持法治派,但其偶尔也有妥协与退让。《大清新刑律》最终以 105 票对 14 票在议会获得通过,但时下环境导致其并未实际执行。尽管如此,其产生的法治思想及对后世的影响仍是不可低估的,它标志着我国传统封建法律体系的解体和现代法律体系中各部门法的建立,进一步说它是我国现代刑事司法制度及其刑事学科分化的重要里程碑,甚至对今日中国的刑事司法改革也具有积极意义。而西方的刑事学科分化首起于刑法学,英国的法理学家杰里米·边沁(Jeremy Bentham,1748—1832 年)[③]和德

① 参见李晓明:《“刑事法律与科学研究”一体化》,台北,元照出版有限公司 2012 年版,第 8-9 页。

② 故宫博物院明清档案部:《清末筹备立宪档案史料》(下册),中华书局 1979 年版,第 845 页。

③ 刑法学构成边沁应用性工作的主要部分,他的职业法律背景无疑有助于他沿着这个方向发展他的思想。边沁“惩罚理论”的核心是“避痛苦求快乐”,实际上是最大价值原则的一种变通形式。边沁认为,惩罚的程度应当和犯罪的程度成正比,不过惩罚程度(犯罪而招致的痛苦程度)应当大于犯法活动的既得利益。

国刑法学家费尔巴哈(A. Feuerbach,1775—1833年)等人对刑法学做了深入研究,尤其是费尔巴哈以职业刑法学家的身份撰写了《刑法教科书》,使得刑法学在刑事法律与科学研究中先于其他学科取得独立地位(这当然也与其应用性强和社会秩序迫切需要有关)。然后是犯罪学,显然其产生的标志性著作是意大利犯罪学家龙勃罗梭的《犯罪人论》①,以及他的学生恩里克·菲利(Enrico Ferri,1856—1929年)的《犯罪社会学》和加洛法罗(Raffaele Garofalo,1852—1934年)的《犯罪学》(*Criminology*)等,促进了犯罪学从刑事古典学派中迅速分离和诞生。接下来,犯罪学的建立在客观上又为刑事政策学的发展奠定了理论基础,应当说德国佛朗斯·冯·李斯特(Franz Von Liszt,1851—1919年)是刑事政策学诞生当之无愧的奠基人。②

二、李斯特的"全体刑法学":刑法学的广狭两义

在李斯特看来,刑事古典学派法律教条主义的研究方法和刑法报应主义的刑罚机能及其观念局限了刑法学的研究视野,极大地妨碍了人们对犯罪和刑法本质的科学认识。因此,他大力倡导刑法的刑事政策化,主张将刑法学研究从狭窄的法律概念中解放出来,把"克服专业的片面性,实现各部分的有机统一"作为刑法改革和研究的伟大目标。③ 李斯特最终提出建立包括刑事政策学、犯罪学、刑罚学和行刑学在内的"全体刑法学"的主张。需说明的是,德国刑法学有狭义、广义、最广义的区别。狭义刑法学是指刑法教义学(Strafrechtsdogmatik,注释刑法学或刑法解释学),其基础和界限源自刑法法规,致力于研究法规范的概念内容和结构,将法律素材编排成一个体系,并试图寻找概念构成和系统学的新方法。④ 广义刑法学包括刑法教义学、刑法哲学(Rehctsphilosophie)、刑法史学(Strafrechtsgeschichte)、比较刑法学(Rechtsvergleichung)和刑事政策(Kriminalpolitik)。⑤ 最广义刑法学在德国称"刑事科学"(Kriminalwissenschaften),除包括广义刑法学外,还包括刑事诉讼法(Straverfahrensrecht)和行刑法(Strafvllstreckungsrecht),以及犯罪学(Kriminologrie)。⑥ 最广义刑法学,即李斯特所说

① 龙勃罗梭系意大利的犯罪学家、精神病学家,刑事人类学派的创始人。

② 参见李晓明:《"刑事法律与科学研究"一体化》,台北,元照出版有限公司2012年版,第9-10页。

③ 参见[德]汉斯·海因里希·耶塞克、[德]托马斯·魏根特:《德国刑法教科书(总论)》,徐久生译,中国法制出版社2001年版,第53页。

④ 参见[德]汉斯·海因里希·耶塞克、[德]托马斯·魏根特:《德国刑法教科书(总论)》,徐久生译,中国法制出版社2001年版,第53页。

⑤ 参见[德]汉斯·海因里希·耶塞克、[德]托马斯·魏根特:《德国刑法教科书(总论)》,徐久生译,中国法制出版社2001年版,第53-57页。

⑥ 参见[德]汉斯·海因里希·耶塞克、[德]托马斯·魏根特:《德国刑法教科书(总论)》,徐久生译,中国法制出版社2001年版,第21-23、52页。

的"全体刑法学"。为此,李斯特于 1881 年创办《综合刑法科学杂志》,以整合所有关于犯罪、犯罪行为、犯罪预防和犯罪控制及刑事政策的系统科学研究。迄今为止,该杂志仍是德国乃至整个欧洲刑法学和刑事政策学研究的重要阵地。[①] 由此看出,李斯特所主张的"全体刑法学"基本上以刑法学为中心,尽管在德国"全体刑法学"与"刑事科学"相等同,但那时德国的"刑事科学"是不包括犯罪侦查学(Kriminalistik)和法医学(gerichtliche Medizin)及法医精神病学(forensische Psychiatrie)的。[②] 李斯特提出"全体刑法学"的基本框架是犯罪—刑事政策—刑法,即依据犯罪态势形成一定的刑事政策,刑事政策又引导刑法的制定与实施。在他看来,只有这样刑法才能有效惩治犯罪。[③] 从李斯特一生在刑事法上的重要成就来看,在这一"三角关系"中,更受倚重的是刑事政策,这显然是实证主义学派早已发现刑事古典学派"报应刑论"所必然得出的结论。在此李斯特主张把有关刑法的各个学科与部门综合成"全体刑法学",其当然是想组建真正意义上全体刑法学的全部,其中包括犯罪学、刑法学、刑事政策学、刑罚学、行刑学等。其实除"全体刑法学"之外,李斯特还针对刑事古典学派的"报应刑论"提出了"社会防卫论"[④],后来被发展为"新社会防卫论"[⑤]。

针对"全体刑法学"和"刑事法学"一体化、"刑事学科"一体化等观点,有些学者认为,应将该类学科总体称为"刑法学"[⑥],如果从学科演进历史的角度考察,即刑事诉讼法学、犯罪学、刑事政策学等都是逐步从刑法学中分离出来的学科,有一定的正确性,但随着各学科的相对独立,仍将其称为刑法学(即便是最广义的)至少在语意上会产生混乱。"刑事法学"的称谓在我国无疑是受"法学"学科的影响,但如果从具体刑事学科的学科属性考虑,将它们均纳入"法学"学科未必精准和科学,如犯罪学、刑事政策学、刑事侦查学等并非纯法学学科。而"以'刑事科学'一词来概括与犯罪、刑事责任或刑罚密切相关的学科总体,不仅能避免上述称谓的缺陷,而且有其可能性和必要性"[⑦]。还有学者更加尖锐地指出:"刑事学科在创立伊始已经实现了一体化。必须指出的是,

---

① 参见付立庆:《刑事一体化:树立、评价与展望》,载陈兴良、梁根林主编:《润物无声:北京大学法学院百年院庆文存之刑事一体化与刑事政策》,法律出版社 2005 年版,第 27 页。

② 参见[德]汉斯·海因里希·耶塞克、[德]托马斯·魏根特:《德国刑法教科书(总论)》,徐久生译,中国法制出版社 2001 年版,第 61 页。

③ 参见汪明亮:《刑法社会学基本理论构建》,载《贵州大学学报(社会科学版)》2021 年第 1 期。

④ 李晓明:《"刑事法律与科学研究"一体化的提出及其原理》,载人大复印资料《刑事法学》2013 年第 3 期。

⑤ 李晓明:《中国犯罪学论纲》,中国审计出版社 1996 年版,第 51-56 页。

⑥ 笔者认为,这应当是大刑法学的概念,像如今的"国际刑法学协会"就是大刑法学的概念,也即其中必然包括刑事诉讼法学、刑事执行法及国际刑事问题合作等。

⑦ 张文、马家福:《我国刑事科学的学科结构研究——兼论刑事一体化》,载《北京大学学报(哲学社会科学版)》2003 年第 5 期。

这里的一体化不是刑事法学的一体化,而是刑事科学的一体化。”①由此可见,将刑事学科称为“刑事科学”似乎是一致的。②

综上,现代刑法学准确点讲,是同刑事诉讼法学、刑事侦查学、监狱学、犯罪学等学科相分离之后在实体法意义上的狭义概念。即便如此,学术界又将现代刑法学划分为广狭两义。广义刑法学不仅包括理论刑法学、规范刑法学和解释刑法学,甚至包括刑法学的理论基础、刑法哲学、刑法史学、刑法人学、刑法社会学、刑法经济学、刑法数学、刑法判例学、刑法立法学、比较刑法学、国际刑法学、普通刑法学和特别刑法学等③,特别刑法学中又划分出行政刑法学、经济刑法学、环境刑法学、军事刑法学、劳动刑法学等。而狭义刑法学只包括理论刑法学、规范刑法学和解释刑法学,当然本书研究的是狭义上的刑法学。

三、国内外刑法学的界定:从列举式到内涵式

国外关于刑法学的概念,很少有像国内教科书那样专门解释学科的抽象概念。更多是直接说明该学科研究什么或包括哪些分支学科。如“刑法学的主要分支或部门学科应是沿革刑法学、解释刑法学和比较刑法学”,“有的认为这一解释刑法学,就是通常所称的刑法学本身”④。尤其英美法系,大都以实用主义的法学观或刑法观著称,更多刑法学及其所属概念都是列举式定义,并非像大陆法系国家那样从范畴的内涵和外延去界定。

我国 1949 年后首次公布的刑法是 1979 年的《刑法》,此后全国人大常委会先后出台 23 个单行刑法和 130 多个附属刑法。该法又于 1997 年进行系统修订,且全国人大常委会又陆续通过了两个单行刑法和 11 个修正案,故在我国真正研究刑法学也就始于 20 世纪 80 年代初。目前看到的刑法学概念主要有:

一是以“刑法”为研究对象的概念描述,把犯罪和刑罚作为其主要内容。如有学者认为,“刑法学是以现行刑法为研究对象的学科”⑤;也有学者认为,“刑法学是以刑法为研究对象的知识体系和理论体系”⑥;还有学者认为,“刑法学是法学的一个部门,它是以刑法作为研究对象的专门学科。……其主要内容是犯罪和刑罚两大方面”⑦;等

---

① 皮艺军:《恁一个法字了得——刑事一体化的感悟》,载《法学家茶座》2005 年第 1 期。

② 参见李晓明:《“刑事法律与科学研究”一体化》,台北,元照出版有限公司 2012 年版,第 19-20 页。

③ 参见刘远:《刑法理论与方法的辨思》,载《甘肃政法学院学报》2010 年第 5 期。

④ 甘雨沛:《比较刑法学大全》,北京大学出版社 1997 年版,第 1 页。

⑤ 苏惠渔主编:《刑法学》,中国政法大学出版社 1994 年版,第 1 页。

⑥ 曲新久:《刑法学》,中国政法大学出版社 2009 年版,第 2 页。

⑦ 杨春洗等:《刑法总论》,北京大学出版社 1981 年版,第 1 页。

等。该种概念认为,刑法学是研究刑法的,而犯罪和刑罚是刑法学的主要内容。问题是只把刑法学的研究对象定位于“刑法”是否可行,以及“犯罪”和“刑罚”是刑法学的研究对象还是研究内容等。

二是以“罪责刑”作为学科主线的概念描述。有学者认为,“刑法学就是研究刑法及其所规定的犯罪、刑事责任和刑罚的科学”①;也有学者认为,“刑法学是法学的一个重要部门,它是关于犯罪、刑事责任、刑罚以及刑法规范的适用规律的知识体系”②;还有学者认为,“刑法学是研究刑法及其规定的犯罪、刑事责任和刑罚的科学”③;等等。该种概念认为,刑法学是研究犯罪、刑事责任和刑罚的。问题是刑事责任的概念是什么?其包不包括刑罚或者是否与刑罚画等号,以及刑事责任是不是犯罪和刑罚之间的桥梁等。

三是以“罪刑关系”或“罪责关系”作为学科主线的概念描述。有学者认为,“刑法学是关于罪刑关系的辩证运动的一般规律的科学”④。也有学者认为,“刑法学是研究罪责认定与确认及其相互关系的一门学科”⑤。虽然“罪刑关系”与“罪责关系”在表述上不同,但二者其实是一回事儿。显然“罪刑关系”中的“罪”是指犯罪,“刑”是指“刑罚”。而“罪责关系”中的“罪”仍是“犯罪”,而“责”是指“刑事责任”。这是因为在现代刑法意义上,承担“刑事责任”的方式已不单单是“刑罚”,此外还有“非刑罚方法”“有罪宣告”“保安处分”等,因此似乎“罪责关系”的表述更为准确。当然,继续使用“罪刑关系”也可,但此时的“刑”应作“刑事责任”的解释,因为“刑罚”只是“刑事责任”的一种,当然其是最主要的承担方式。还有学者认为,“刑法学是对犯罪和刑罚的规律、对刑事立法和司法实践进行理论概括的科学”⑥。实际上,其主张的也是以“罪刑关系”为主线的刑法学概念。

四是将刑法学视为“刑法解释学”或“刑法解释学、刑法哲学的统一体”。如有学者认为,“狭义的刑法学,就是仅指刑法解释学”,“中间意义的刑法学,即刑法解释学刑法哲学的统一体”。甚至进一步指出,“刑法学是指包含刑法解释学与刑法哲学的刑法学,是以刑法及其规定为研究对象的学科”⑦。如此,刑法学就是解释刑法的学问,也当然包括刑法实践解释和哲学解释。但该学者也将犯罪与刑事责任作为刑法学总论的

---

① 高铭暄、马克昌主编:《刑法学》(上编),中国法制出版社 1999 年版,第 2 页。

② 何秉松主编:《刑法教科书》(修订版),中国法制出版社 1995 年版,第 3 页。

③ 赵秉志主编:《当代刑法学》,中国政法大学出版社 2009 年版,第 1 页;孙国祥主编:《刑法学》,科学出版社 2002 年版,第 13 页。

④ 陈兴良:《当代中国刑法新理念》,中国政法大学出版社 1996 年版,第 85 页。

⑤ 李晓明、李洪欣、陈珊珊:《中国刑法基本原理》(第 4 版),法律出版社 2013 年版,第 4 页。

⑥ 高铭暄主编:《刑法学》,法律出版社 1982 年版,第 1 页。

⑦ 张明楷:《刑法学》(上),法律出版社 1997 年版,第 1-2 页。

两大主要体系，也即“犯罪论”和“刑事责任论”，当然其中的“刑罚”是作为“刑事责任论”中的一块主要内容来讲的。①

当然，也有学者将刑法学视为一门“科学”或“规律”。刑法学乃至法学是不是一门科学争议甚大，值得认真思考。尤其作为部门法的刑法学，其主体支撑是刑法典或刑事法律，而法又是统治阶级意志或全民意志的体现。如此，立法活动中一种意志的体现或决策，在较大程度上往往受到价值选择的左右，其实质是一种主观价值判断。这样的立法决策内容未必就一定科学或是真理，反映的不一定就是规律。既然无规律可言，也就不具有科学的内涵。② 因此，称刑法学乃至法学是科学未必妥当或全面，其实它只是一种人文学科而已。

诚然，将刑法学表述为“一种理论知识体系”是一种规范、客观、理性的表述。另外，关于刑法学最邻近的属概念也是界定刑法学概念的一个极其重要的方面。众所周知，就定义的方法来讲，一般是指种差加最邻近的属概念。就刑法学来说，最邻近的属概念应当是“法学学科”，最好不使用“科学”之类的属概念，以使其在表述上更加准确和贴切。

综上，刑法学可否这样表述：它是专门研究犯罪和刑事责任及其相互关系的部门法学，具体是指如何规制犯罪及犯罪应承担何种刑事责任的理论知识体系。③ 该定义包含三方面内容：(1)刑法学是专门研究犯罪和刑事责任及其相互关系的部门法学；(2)该学科研究的是刑法意义上的犯罪及其类型；(3)其述研究犯罪后应承担何种刑法责任或给予什么样的处罚等。

四、刑法学的研究对象：从“罪刑关系”到“罪责关系”

任何学科都有自身特定的研究对象，这是建立该学科的基础，也是区别于其他学科的依据。毛泽东同志在《矛盾论》一文中指出：“科学研究的区分，就是根据科学对象所具有的特殊矛盾性。因此，对于某一现象和领域所特有的某一种矛盾的研究，就构成某一门科学的对象。”④刑法学也是如此，有自己特定的研究对象，以及不同于其他事物的特殊矛盾规律。

所谓研究对象是指该学科研究的特殊领域、目标指向或研究范围。其看似简单，但在刑法学研究中争论甚大。1957 年我国最早编印的刑法教科书曾指出，我国刑法学

---

① 参见张明楷：《刑法学》(上)，法律出版社 1997 年版，“目录”第 1-4 页。

② 参见李晓明：《刑法学总论》，北京大学出版社 2016 年版，第 3 页。

③ 参见李晓明：《刑法学总论》，北京大学出版社 2016 年版，第 4 页。

④ 《毛泽东选集》(第 1 卷)(第 2 版)，人民出版社 1991 年版，第 309 页。

“研究的对象,就是我国社会现象之一的犯罪,和我们国家同犯罪作斗争的方法——刑罚”①。很显然,其将犯罪和刑罚作为刑法学的研究对象,该说系源自苏联等社会主义国家的传统观点。1979 年我国第一部刑法颁布后,1982 年法律出版社的全国高等学校法学教材《刑法学》一书中也写道:“刑法学是法学的一个重要部门,它是以刑法为研究对象的科学。……刑法学就是对犯罪和刑罚的规律、对刑事立法和司法实践进行理论概括的科学。”②此后,该表述便成为我国刑法学界的通说观点。后来随着“刑事责任”问题研究的深入,有学者认为,应当把“刑事责任”纳入刑法学的视野,故其研究对象又表述为“刑法及其所规定的犯罪、刑事责任和刑罚”③。当然,对此学界有不同认识。有学者指出:“刑事责任理论的提出,不失为解决两种罪刑关系的对立性的一次有益的尝试。然而,这种尝试是否科学,却值得怀疑。”④尤其中青年学者,对“刑事责任”的桥梁性持批判态度。当然,“刑事责任”在犯罪论中的特殊意义是无可否认的,虽然未必一定是“桥梁”作用,但其在“责任主义”刑法观下并不完全等同于犯罪论体系中的“故意”“过失”,而是除此之外的“罪责”内容,尤其是对于行政犯或称法定犯而言,具有“归责”缘由和因素上的争论,该问题将在其他章节专门讨论。

目前而言,认为“刑事责任”应当成为刑法学研究对象之一的观点早已成为主流,但此“刑事责任”非彼“刑事责任”,显然超越了传统的“桥梁作用”,而被视为一种犯罪应承担的法律后果。这可从 1997 年《刑法》修订后新出版的些许教材或专著中略见一斑。如有学者认为,“正因为刑事责任是法律的后果,故刑事责任不是犯罪论的内容,而是与犯罪论并列的内容;刑罚、非刑罚制裁措施、单纯有罪宣告等都是刑事责任的表现形式,故属于刑事责任论的内容”⑤。还有学者认为,“刑事责任是指因犯罪行为而产生的,犯罪人本人必须承担的,只能由司法机关依据刑事法律加以确认的,以刑罚为主要实现方式的,与犯罪行为的客观危害和犯罪人人身危险程度相当的刑事法律后果”⑥。可见,“犯罪”与“刑罚”最初是我国刑法学的研究内容,但 1997 年《刑法》修订后,许多学者更加深入地研究了“刑事责任”问题,甚至将其纳入刑法学的研究对象来考察。且《刑法》总则第二章也明确规定了“犯罪和刑事责任”,显然这里的“刑事责任”虽然有“罪责”的内容,但也兼有“犯罪行为”后果之意,如故意、过失行为,刑事责

---

① 中国人民大学法律系刑法教研室:《中华人民共和国刑法总则讲义》(初稿),1957 年 2 月印刷,第 11 页;张中庸编:《中华人民共和国刑法》,前东北人民大学 1957 年 4 月印刷,第 12-13 页。

② 高铭暄主编:《刑法学》,法律出版社 1982 年版,第 1 页。

③ 高铭暄主编:《刑法学原理》(第 1 卷),中国人民大学出版社 1993 年版,第 5 页。

④ 陈兴良:《刑法哲学》,中国政法大学出版社 1992 年版,第 668 页。

⑤ 张明楷:《刑法学》(上),法律出版社 1997 年版,第 369 页。

⑥ 李晓明主编:《刑法学》(上),法律出版社 2001 年版,第 425 页。

任年龄和刑事责任能力,正当防卫与紧急避险,犯罪预备、未遂和中止,共同犯罪等,都将直接影响行为人的刑事法律后果,故“刑事责任”不仅具有承担刑法责任的内涵,更是“刑罚”等犯罪后果的上位概念。根据刑法规定,刑事责任的承担方式主要表现为刑罚、有罪宣告、非刑罚处罚、专门矫治教育和赔偿经济损失等,这都直接表现为承担刑事责任的后果。如此“刑罚”被“刑事责任”所超越,那么作为刑法学研究对象的“罪刑关系”中的“刑”也就可作“刑事责任”的解释,故“罪刑关系”即可称作“罪责关系”。

综上,刑法学的研究对象是关于刑法学的本体理论,以及刑法学意义上的犯罪和刑事责任及其相互关系。具体内容为:(1)刑法学本体理论,包括刑法的概念、刑法规范、刑法的基本原则与基本原理等。(2)犯罪及其认定,也即犯罪论体系,包括是否构成犯罪以及构成何种犯罪等。(3)刑事责任及其实现,也即刑事责任论体系,包括刑事责任的承担内容与方式等,如刑罚(主刑和附加刑)、驱逐出境、赔偿经济损失、非刑罚处罚方法、有罪宣告、责令管教或专门矫治教育等。(4)罪责关系,也称“罪刑关系”,也即犯罪和刑事责任的关系,“罪责关系”也是刑法学的学科主线。需要说明的是,这里的“责”是指“刑事责任”,这里的“刑”应作“刑事责任”的最新解释,而非原来的“刑罚”。

五、刑法学与相邻学科之间的关系:研究立场与视角不同

为深刻认识刑法学,有必要弄清楚刑法学与其他相邻学科之间的关系。

1. 与犯罪学之间的关系

相同之处:都研究犯罪,都是犯罪的对策学科。

联系之处:刑法学从规范意义上为犯罪学的研究方向及范围明确了方向和边界;反过来,犯罪学的研究成果也相对影响着刑事立法和司法,尤其为犯罪类型的划分和认定奠定了基础。

不同之处:(1)二者研究的范围不同。刑法学研究的是刑法规定的犯罪,而犯罪学研究的是从价值上判定的实质犯罪。由此可见,后者研究的范围要比前者大。(2)二者研究的角度不同。刑法学研究 what(什么是犯罪),而犯罪学研究 why(为什么犯罪)。(3)二者研究的规范不同。刑法学研究的是法律规范,即规范学科;而犯罪学研究的是道德规范,即事实或理论学科。(4)二者承担的学科任务不同。刑法学的任务重在惩罚犯罪或通过惩罚来间接预防犯罪;犯罪学的任务重在探讨犯罪原因,进而有针对性地直接控制或预防犯罪。(5)二者研究的视野不同。刑法学的视野窄,只盯着法律;犯罪学的视野宽,盯着社会上的所有犯罪。

2. 与刑事政策学之间的关系

相同之处:都研究犯罪,都是犯罪的对策学科。

联系之处:刑事政策学为刑法学提供政策基础和依据,尤其在立法和司法上为刑法提供引导或指导作用;刑法学为刑事政策学提供出路,一旦条件成熟即可将某些政策上升为法律或在法律中贯彻执行,使之更好地发挥作用。

不同之处:(1)学科性质不同。刑法学是规范性学科,刑事政策学是决策性学科。(2)研究对象不同。刑法学的研究对象是法律(刑法),刑事政策学的研究对象是根据犯罪表现及其规律来制定犯罪策略。(3)作用不同。刑法学研究的内容大多具有直接的法律效力;刑事政策学研究的内容只是法律制定和执行的依据,是指导刑法立法与司法的方针和原则。

3. 与刑事诉讼法学之间的关系

相同之处:都研究犯罪,都是犯罪的对策学科。

联系之处:一个解决实体问题,一个解决程序问题,二者缺一不可。

不同之处:(1)法律性质不同。刑法是实体法,解决犯罪的实体认定问题,即是否犯罪、犯什么罪以及应给予什么样的处罚;刑事诉讼法是程序法,解决犯罪的处理程序问题,即规定对犯罪的立案、侦查、起诉、审判和执行等程序和具体运作。(2)研究对象不同。刑法学研究是否构成犯罪,以及犯的什么罪和应承担什么样的刑事责任或给予什么样的处罚;刑事诉讼法学研究的是犯罪后依照什么程序追究其刑事责任。

4. 与宪法学之间的关系

相同之处:研究的都是法律,都是法学的分支学科。

联系之处:宪法是刑法的制定依据,因此宪法体现的制度是刑法制定和执行的根据;刑法制度是宪法制度的具体贯彻和体现;在刑法执行时,如果对于一个行为是否定罪有争议,那么需要根据宪法所体现的权利保护等价值理念来判断,当然这要有刑法的具体规定和宪法的授权。另外,刑法制度必须以宪法制度为保障。

不同之处:(1)法律性质不同。宪法是母法,是国家的根本大法;刑法是子法,是国家的基本法律。(2)研究对象不同。宪法学研究的是国家的根本制度和公民权利,刑法学研究的是国家刑事实体法的具体制度。

5. 与法庭科学技术之间的关系

相同之处:都是刑事学科。法庭科学技术也称作刑事科学技术,只不过前者更多指向的是法庭鉴定技术或称司法鉴定技术,后者指向的是包括司法鉴定技术在内的一切与刑事破案及固定案件事实有关的刑事科学技术统称。所谓"刑事"当然是与"民事"相对应,是"指治理犯罪的相关事宜,外延宽泛,涵盖犯罪、刑法(实体法和程序法)、刑罚制度与执行等"①。故本书认为,"刑事"一词除包括犯罪事实和犯罪对策外,还应

---

① 储槐植:《刑事一体化论要》,北京大学出版社2007年版,第21页。

当包括对犯罪情势和态势以及潜在犯罪与可能犯罪(包括正当防卫、紧急避险)等的研究。所谓“科学”是人类分门别类的学问,是运用范畴、定理、定律、分类等思维形式反映现实世界各种现象的本质及其规律的综合知识体系。所谓“技术”是指解决某一方面问题的科学及技术方法。刑事科学技术(criminal science and technology),当然就是一系列有关犯罪(包括犯罪事实、犯罪对策和犯罪态势等)学科的基础理论和分门别类的综合科学知识与技术方法体系。有学者研究了“刑事科学”范畴存在的必要性和可行性认为:首先,各门刑事学科在总体研究对象上的同一和研究价值的一致,使作为总称的“刑事科学”有了存在的可能。各门刑事学科(包括刑事法学和刑事科学)尽管研究问题的角度不同,但其始终是以犯罪、刑事责任或刑罚整体或其中一部分为研究对象的,而其研究价值最终都服务于控制和预防犯罪这一共同目的。其次,确立刑事科学术语,有利于明确各刑事学科的研究范围,避免将非本学科的内容纳入研究范围,从而使该学科的理论范畴日趋科学、理论体系日趋严谨;有利于明确只有作为总体的刑事科学才能完成对犯罪的控制和预防;有利于树立刑事一体化的观念,充分利用各刑事学科的研究成果对犯罪问题进行系统研究。①

联系之处:二者的关系是互为支持和服务的关系。刑法学为法庭科学技术或刑事科学技术的存在奠定了基础或打造了前提,而法庭科学技术或刑事科学技术也为刑法学的存在和发展以及犯罪事实的认定等提供了证据和技术支撑。

不同之处:法庭科学技术不属于法学或刑法学,它是用客观、科学的技术方法来证明案件事实等一些刑法学自身无法解决的问题,前者可称为科学,而后者不是科学,是法律学科。

---

① 参见张文、马家福:《我国刑事科学的学科结构研究——兼论刑事一体化》,载《北京大学学报(哲学社会科学版)》2003 年第 5 期。

第三章　刑法的学科主线及罪责关系

“罪”与“罚”或称“犯罪”与“刑罚”的关系，一直是刑法乃至刑法学绕不开的话题。陈兴良教授明确指出，刑法学的学科主线是“罪刑关系”。[①] 如上，我们称“罪责关系”。[②]“罪”是指“犯罪”，“刑”过去是指“刑罚”，而现在是指“刑事责任”。因为根据我国刑法规定，作为犯罪的后果，承担刑事责任的方式除刑罚外还有有罪宣告、非刑罚处罚和赔偿经济损失等，故犯罪对应的不只是刑罚，还有刑事责任。“罪刑关系”也没有错，只是这里的“刑”是指“刑事责任”，而不再只作“刑罚”解释，如此或许能更好地诠释“罪刑关系”的含义。

一、“罪”的概念：以“罚”为前提的“罪”

“罪”或称“犯罪”是刑法学的重要范畴，或称半壁江山，是刑法学大厦的理论基石。如何界定犯罪，以及深入解析“罪”和“罚”的关系，不仅是刑法学的基础理论，更是刑事立法与司法的重大课题。当然，本章讨论的“罪”是作为刑法学科尤其是与“罚”之关系的“罪”，限于篇幅或逻辑，暂不对犯罪论体系中的“罪”深入讨论。

（一）罪的界定

就社会学而言，犯罪是一种特殊的社会现象，成因极其复杂。犯罪动用刑法来规定，因此也就成为一种法律现象。故不仅在不同语境或学科下对犯罪有不同的表述，甚至不同国家的刑法对犯罪的规定也不尽相同。本书讨论的是刑法学意义上的犯罪，而非犯罪学或社会学意义上的犯罪，且是以我国

---

① 参见陈兴良：《刑法哲学》，中国政法大学出版社 1992 年版，第 674 页以下。

② 参见李晓明：《刑法学总论》，北京大学出版社 2016 年版，第 13 页。

《刑法》第13条之规定为核心内容和基础特征的。

刑法中的“罪”,也即“犯罪”。关于犯罪的一般定义,各国具有代表性的观点有三:

一是形式定义说,是指仅依据犯罪的法律特征给犯罪下定义,并非反映犯罪的本质特征。西方国家的刑法多采形式定义说。如1810年《法国刑法典》第1条规定:“法律以违警刑所处罚之犯罪,称违警罪。法律以惩治刑所处罚之犯罪,称轻罪。法律以身体刑或名誉刑所处罚之犯罪,称重罪。”[①]可以说,这是人类立法史上首次在法典中规定犯罪的一般概念。

二是实质定义说,是指从犯罪的本质特征上给犯罪下定义,不太顾及犯罪的法律特征。如1922年《苏俄刑法典》第6条规定:“威胁苏维埃制度的基础及工农政权向共产主义制度过渡时期所建立的法律秩序的一切危害社会的作为或不作为,都认为是犯罪。”当然,这是社会主义国家的第一部刑法典,该法典不仅规定了犯罪的实质定义,且规定有类推原则。

三是形式与实质定义统一说,是指从犯罪的本质和法律特征两方面对犯罪进行界定。如我国1979年《刑法》第10条和1997年《刑法》第13条均作出类似规定:一切危害国家主权、领土完整和安全,分裂国家、颠覆人民民主专政的政权和推翻社会主义制度,破坏社会秩序和经济秩序,侵犯国有财产或者劳动群众集体所有的财产,侵犯公民私人所有的财产,侵犯公民的人身权利、民主权利和其他权利,以及其他危害社会的行为,依照法律应当受刑罚处罚的,都是犯罪,但是情节显著轻微危害不大的,不认为是犯罪。

由于历史原因,我国刑法的犯罪定义源自苏俄刑法,并受其影响至今。苏俄刑法直到1958年刑法典的犯罪定义才增加了“刑事违法性”的形式要件说,我国1979年《刑法》显然也采用了苏俄刑法的“社会危害性”实质要件说,这可从1979年《刑法》第10条“犯罪定义”和第79条“类推原则”,以及1997年《刑法》第13条“犯罪定义”中看出。包括1997年《刑法》在明确“罪刑法定原则”的情况下仍采用与1979年《刑法》相同的犯罪定义,也值得认真反思。

另外,从犯罪定义的技术层面看,界定与认定犯罪实际上涉及多方面的因素。如界定与认定的联系与区别(立法与司法概念的联系与区分),实然犯罪与应然犯罪之间的置换问题(有些行为应当是犯罪但刑法没有规定,而有些行为刑法规定为犯罪而事实上并没有被认定为犯罪),犯罪的过去、现在与未来的发展变化(有些昨天是犯罪而今天不是犯罪,或者相反),等等。故有学者从理论与技术层面将犯罪定义归纳为五种:一是依据犯罪的法律后果给犯罪下定义,即犯罪是依法应受刑法处罚的行为;二是

---

① 1810年法国的刑法典开创了世界刑法史上在法典中规定犯罪概念的先河,此后许多国家纷纷效仿。

按照犯罪的成立要件给犯罪下定义,即将犯罪的各个成立要件结合为犯罪定义(如德、日等国主张,犯罪是符合构成要件、违法和有责性的行为);三是结合犯罪引起的诉讼程序给犯罪下定义,即犯罪是能够引起刑事诉讼程序的行为(如英美法系国家主张,犯罪是一种可以提起刑事诉讼程序并导致刑罚的违法行为);四是根据犯罪的反社会性给犯罪下定义,即犯罪是反社会或危害社会的行为;五是结合犯罪的本质和法律特征给犯罪下定义,即犯罪是具有形式与实质违法性的行为。[①] 显然,第一、二、三种强调的是犯罪的形式与法律属性,第四种强调的是犯罪的本质与社会属性,第五种是二者的结合。本书认为,关于犯罪概念的各种主张,基本取决于立法与司法的价值选择及定位。就立法而言,犯罪的本质与社会属性起决定性作用,因为反社会性是犯罪的核心特征和基础;就司法而言,犯罪的形式与法律属性起决定性作用,尤其是在"罪刑法定原则"下,只有那些违反刑法或应受到刑罚处罚的行为才是犯罪;就刑法学科所需要的犯罪定义而言,显然犯罪的社会属性与法律属性均起作用,这是因为就刑法学的内容而言,其既包括立法的犯罪也包括司法的犯罪,缺少任何一个考量因素都不是完整意义上的犯罪。

那么,刑法典的价值取向是更加倾向于立法的犯罪定义还是司法的犯罪定义,抑或兼而有之呢?对此各国刑法有着不同的回答或立法例:一是刑法根本不规定犯罪的一般定义,如日本明治四十年的刑法典,其总则中根本没有关于犯罪定义的规定,只在分则中对个罪的内容有具体规定,也即只在分则中规定有刑事违法性的内容,显然更加倾向于司法的犯罪定义;二是刑法从形式上直接规定了犯罪的一般定义,如上述1810年《法国刑法典》,显然倾向的也是司法的犯罪定义;三是刑法在实质内容上规定有犯罪的一般定义,如1922年《苏俄刑法典》中的实质定义说,其显然倾向于立法的犯罪定义,尤其在类推制度下,它可以惩治一切危害社会的行为;四是刑法从形式和实质两方面规定犯罪的一般定义,如我国1979年《刑法》和1997年《刑法》,从表面上看这是一种折中方案,但由于与之配合的制度和主张的刑法基本原则不同,故其表现出的价值倾向也不完全一样。一般认为,刑法的价值取向主要侧重于司法,故刑法的形式定义更具科学性、价值性和实用性。因此,刑法意义上的犯罪,即在犯罪成立和认定中所讲的犯罪,尤其在罪刑法定原则下,是指一切违反刑法或应受刑罚处罚并有具体罪名、罪状规定的行为。也就是说刑法采用的是形式定义说,不同于实质定义说。

(二)罪的特征

关于刑法中"罪"的特征,最具代表性的观点有两种,即三特征说和两特征说。

三特征说认为,犯罪的基本特征是社会危害性、刑事违法性和应受刑罚处罚性。

---

① 参见张明楷:《刑法学》(第2版),法律出版社2003年版,第92页。

这种观点不仅是我国刑法学最早著作的开篇，也是我国刑法学的通说。① 当然，这是在我国 1979 年《刑法》第 10 条“犯罪定义”和第 79 条“类推制度”的背景下形成的，可以说是我国刑法学在该时期总结的至今仍具有影响力的罪征学说。但由于 1997 年《刑法》取消了“类推制度”，再继续使用三特征说或许会产生诸多问题：(1)由于“类推制度”的取消，“社会危害性”特征的核心地位发生动摇。也就是说在“罪刑法定原则”规定下，只具有“社会危害性”而没有“刑事违法性”的行为就不得再入罪，相对而言，“刑事违法性”和“应受刑罚处罚性”特征具有很大的凸显。如有学者认为，“在罪刑法定原则之下，犯罪只有一个特征，就是行为符合刑罚规范的规定，即具有刑事违法性”②。笔者也曾认为，“在‘罪刑法定’原则下，犯罪定义向‘刑事违法性’倾斜的必然性与实质合理性”③。因此，继续讲犯罪定义的“三特征说”就会存在极大的障碍。(2)在“罪刑法定原则”下继续使用“三特征说”将从根本上混淆立法与司法犯罪定义的区分。因为在“类推制度”下二者是不需要区分的，所以矛盾并不突出。但在“罪刑法定原则”下，犯罪定义的司法功用日益凸显，因为站在司法的角度上必然选择刑事违法性，这样就形成了社会危害性与刑事违法性两大特征的对立。当然，立法机关在入罪时仍需要考虑社会危害性或法益侵害性。故 18 世纪末和 19 世纪初的刑事古典学派代表人物，英国著名的法学家边沁在论及犯罪定义时就区分了“实质意义上”和“规范意义上”的犯罪，前者是立法的犯罪定义，后者是司法的犯罪定义。④ 我国也有学者提出建立犯罪定义“双重结构”的理论，并认为“应当由‘立法概念’与‘司法概念’组成”⑤。(3)在“罪刑法定原则”的推动下，区分刑法和刑法学的犯罪定义及其特征的矛盾也在上升。因为在刑法学中，既存在立法的犯罪概念也存在司法的犯罪概念，而在刑法中尤其是在刑法执行中只需要司法的犯罪概念。作为立法机关在规定某种行为是犯罪时，尚不存在刑事违法问题，只能依据“社会危害性”。而在司法活动中，“社会危害性”又是一个弹性很大的概念与范畴，如何认定这一犯罪的标准与尺度，就成为刑事司法操作上的一个难点。尤其是在罪刑法定原则下，作为司法机关在认定某种行为是犯罪时，只能依据刑事违法性。(4)由于上述原因，继续使用“社会危害性”也不利于区分刑法意义上的犯罪与其他违法行为及不道德行为在“社会危害性”上的界限。因为除犯罪行为

---

① 参见高铭暄主编：《刑法学》，法律出版社 1982 年版，第 66-69 页。

② 黎宏：《罪刑法定原则下犯罪的概念及其特征——犯罪概念新解》，载《法学评论》2002 年第 4 期。

③ 李晓明、陆岸：《社会危害性与刑事违法性辨析——重在从“罪刑法定”视角观之》，载《法律科学·西北政法学院学报》2005 年第 6 期。

④ 参见［英］边沁：《立法理论——刑法典原理》，孙力等译，中国人民公安大学出版社 1993 年版，第 1 页。

⑤ 王世洲：《中国刑法理论中犯罪概念的双重结构和功能》，载《法学研究》1998 年第 5 期。

具有社会危害性外，其他违法行为，甚至不道德行为也同样具有社会危害性。尽管后来有人在犯罪的社会危害性前加上“严重”二字，以便同一般违法行为相区分，但究竟“严重”到何种程度才是犯罪也没有一个具体标准或尺度，同样不具有操作性，所以并不能完全避免“罪刑法定原则”下“社会危害性”自身的缺陷。总之，在“罪刑法定原则”下，犯罪的三特征说受到了前所未有的挑战，促成了两特征说。

两特征说认为，犯罪必须是对社会有危害性的行为，犯罪也必须是依照法律规定应当受刑罚处罚的行为或违反刑法的行为。当然，这是建立在传统刑法理论上的犯罪定义的两特征说。代表性的观点有三种：一是认为，犯罪的社会属性是社会危害性，犯罪的法律属性是依法应受刑罚处罚性；①二是认为，犯罪的本质特征是行为的严重社会危害性，法律特征是行为的刑事违法性；②三是认为，犯罪的本质特征是应受刑罚处罚程度的社会危险性，法律特征是刑事违法性。③ 第一种观点仍旧未能摆脱三特征说的缺陷。第二、三种观点的焦点在于，是用“严重”二字限定社会危害性，还是用“应受刑罚处罚程度”限定社会危害性？二者比较，“严重”至何种程度并没有具体的衡定标准和尺度，实际上不具有操作性；而“应受刑罚处罚程度”相对而言具有衡定性，尽管这一衡定性的标准表述为“刑罚处罚”，但毕竟有了实际操作标准。根据第二种观点，立法者虽然可以以社会危害性是否“严重”作为界定犯罪的标准，但实际上还是要考虑其他因素的，如立法成本、法治环境和经济发展水平等；而根据第三种观点，似乎就可以用“是否需要刑罚处罚”来做最终决断，尽管这种决断或许仍存在价值判断上的“妥当性”，但法律作为一种管理社会的手段必须“当断必断”。当然，在“罪刑法定原则”下也有人提出新的“两特征说”。具体内容为：(1)犯罪的本质特征——法益侵害性；(2)犯罪的形式特征——刑事违法性或应受刑罚处罚性。④ 需要解释的是，这两个特征是刑法学科意义上的犯罪特征，如果就司法意义上的犯罪特征而言，只有刑事违法性或应受刑罚处罚性，由此可见犯罪特征问题的复杂。也有学者认为，“犯罪定义为违反刑事法律并且应当受到刑罚处罚的行为”⑤。显然，这是在司法犯罪定义前提下的界定。其中，刑事违法性不必多述，因为学界似乎基本达成共识，也有学者主张“判断是否犯罪的标准只能是刑事违法性”，甚至认为，“犯罪是符合刑法规定的应当承担(负)刑事责任的行为”⑥。那么，应受刑罚处罚性能否作为犯罪的唯一或独立特征呢？一是

---

① 参见何秉松主编：《刑法教科书》(上编)，中国法制出版社2000年版，第146-147页。

② 参见马克昌主编：《犯罪通论：根据1997年刑法修订》(第3版)，武汉大学出版社1999年版，第18页。

③ 参见张明楷：《刑法学》(第2版)，法律出版社2003年版，第94页。

④ 参见李晓明：《刑法学总论》，北京大学出版社2016年版，第175-176页。

⑤ 贾宇、林亚刚：《犯罪概念与特征新论》，载《法商研究(中南政法学院学报)》1996年第4期。

⑥ 周振晓：《犯罪定义新表述》，载《浙江大学学报(人文社会科学版)》2001年第2期。

应受刑罚处罚性与刑事违法性或许是一个问题的两个方面，因为应受刑罚处罚的行为必然是刑事违法行为，而刑事违法行为也必然是应受刑罚处罚的行为，故不需要进行二者的重复。二是就立法而言，是否具有应受刑罚处罚性是立法机关权衡某种行为应否作为犯罪处理的衡定标准，只有当立法者认为某一危害社会的行为需要动用刑罚禁止时，才可能将其规定为犯罪，故应受刑罚处罚性是衡定社会危害性程度的标准或界限。如有学者指出"犯罪的本质特征是应受刑罚处罚程度的社会危险性"①，也即将其作为犯罪的独立特征也未尝不可，因为它是有着可靠的法律根据或依据的。

综上，有几个问题需要梳理：一是鉴于"罪刑法定原则"的确立，社会危害性或社会危险性不能再在司法犯罪特征中表述，最好将之放进立法犯罪特征中表述，如果坚持作为司法犯罪特征也宜将之换成"法益侵害性"。二是关于刑事违法性和应受刑罚处罚性两个特征，笔者曾经认为刑事违法性更重要，但现在看来应受刑罚处罚性更重要。这是因为，一方面，就犯罪定义尤其是司法犯罪的核心特征而言，没有比"应受刑罚处罚性"更为精准或更具操作性的了，如同上述"社会危害性"包括"法益侵害性"的模糊性或不可操作性一样，难道"刑事违法性"就一定精准或具有操作性吗？其实不然，其同样不太具有操作性，如"违反了刑法的什么"就是个非常复杂的问题，还有"违反到什么程度"的问题同样不好操作，故只有违反到"应受刑罚处罚的程度"才能将其定罪，且"应受刑罚处罚的程度"都在刑法分则的每个具体罪名中明确规定，应当说比起前两个特征具有更强的操作性。另一方面，在刑法学的意义上"应受刑罚处罚性"更重要，此时更突出的是要显示"罚"是"罪"的决定性前提，也即从刑法学原理上讲没有"罚"也就没有"罪"，这在下文中还将专门论述。诚然，在具体的司法认定中，尤其在罪名认定上，要充分认识每个罪的"犯罪成立要件"，以及"刑事违法性"的"违反程度"，包括对前置法的"违反程度"，也即立法及司法解释中的"入罪标准"。似乎这样才更具有科学性、合理性、实用性和操作性。下面分析刑法学意义上的三个犯罪特征。

1. 罪的本质特征——社会危害性抑或法益侵害性

长期以来我国刑法学界一直将"社会危害性"作为犯罪的本质特征，也称犯罪的社会属性。并认为，社会危害性是犯罪最本质的和首要的特征，因为它最具决定意义，犯罪的其他特征都是社会危害性的派生或者延伸。当然也有学者将犯罪的本质特征表述为"应受刑罚处罚程度的社会危害性"，并认为，社会危害性是指行为对法益的侵犯性（包括侵害与侵害的危险或威胁），即《刑法》第 13 条所列举的对国家法益、公共法益、集体法益以及公民法益的侵害性。② 笔者认为，社会危害性不是规范的法律用语，

---

① 张明楷：《刑法学》（第 2 版），法律出版社 2003 年版，第 94 页。

② 参见张明楷：《刑法学》（第 2 版），法律出版社 2003 年版，第 96 页。

实际上它属于社会学或犯罪学的范畴。尤其表现出抽象性和不确定性等特点,不太适合于犯罪标准化的衡定与操作,且往往受到价值观念、心理感受、信息接受、主观选择等复杂因素影响。如此弹性甚大的概念又怎么能在刑事司法中准确认定和操作呢?因此,既然社会危害性就是指行为对法益的侵犯性,那么也就不应当再表述为"应受刑罚处罚程度的社会危害性",而应直接表述为"法益侵害性"或者"刑事违法性"。当然,法益侵害性是指对刑法法益的侵害或违反,而不是指对广泛意义上的法益的侵害,即此种法益侵害已经达到了非动用刑罚不可的程度。其特点表现在:

第一,法益侵害是侵害刑法法益与侵害普通法法益的有机统一。通常认为,法益是指"由法所保护的,客观上可能受到侵害或者威胁的人的生活利益"①。可见,法益不只是由刑法保护的,而且是由所有法律保护的,而刑法保护的法益只是刑法法益。法益实际上是刑法法益与普通法法益的统一。因为刑法是后盾法,在所有违法与犯罪防控的堤坝中,其是最后一道堤坝,它保护的是其他法律保护不了的利益。就刑法法益同其他普通法法益的关系而言,有两种情况值得注意:一是侵犯其他法律的法益,进而由于达到严重程度而侵犯了刑法法益;二是直接侵犯刑法法益。显然,前者侵犯了普通法和刑法双重法益,后一种情况只是侵犯了刑法法益。

第二,法益侵害是实际侵害性与危险性的统一。为了确保社会秩序的安宁及公民人身与财产的安全,刑法法益的侵害性既包括对刑法法益的实际侵害,也包括对刑法法益所造成的威胁性侵害或具有侵害的危险性。前者是指行为人的行为已经造成了刑法法益的现实损害,而后者是指行为人的行为具有侵害刑法法益的危险性。也就是说,行为人的行为虽然没有侵害刑法法益的客观现实,但只要具有侵害刑法法益的危险,也就具有了客观上的社会危害性。当然,刑法只是将那些故意针对重大法益所实施的足以造成侵害危险的行为规定为犯罪,使实际的侵害性与遭受侵害的威胁性或危险性统一于刑法法益侵害性之中。

第三,法益侵害是客观行为侵害与主观恶性侵害的统一。通常认为,犯罪的法益侵害性是客观的,但从其形成结构上看,应当是主观与客观的统一。也就是说,只有行为人在主观罪过心理支配下实施的侵害刑法法益的行为才真正具有刑法法益的侵害性。相反,只有侵害刑法法益的主观罪过而无客观行为,不可能具有完整意义上的刑法法益的侵害性。

第四,法益侵害是刑事违法性与前置法违法性的统一。尤其是行政犯或法定犯,存在"秩序违反统一性"或称"法秩序的统一性"的问题,犯罪的法益侵害性不仅体现在刑事违法性上,同时存在对前置法法秩序的违反,故法益的侵害在一定程度上集中体

① 张明楷:《法益初论》,中国政法大学出版社 2000 年版,第 167 页。

现为刑事违法性与行政违法性的统一。也就是说,只有违反了前置法且达到较严重的程度才可能违反刑法。

认识上述法益侵害的特点,对于理解其实质性侵害是十分有益的,也对认识方方面面对法益侵害的影响十分重要。但在“罪刑法定原则”下,社会危害性也好法益侵害性也好,既然与刑事违法性和应受刑罚处罚性存在冲突,就未必适合放在犯罪特征尤其是司法犯罪特征中来讨论,放进犯罪定义中讨论或许更为合适,尤其法益侵害性正是犯罪的一个突出内涵。

2. 罪的形式特征——刑事违法性

学界一直将“刑事违法性”作为犯罪的形式特征,其也称犯罪的法律属性。并认为,刑事违法性是指行为人的行为违反了刑法规范,并为刑法规范所禁止的行为,即触犯刑律的行为。如果说法益侵害性(过去称社会危害性)是犯罪的本质特征,那么刑事违法性就是犯罪的形式特征;如果说法益侵害性是犯罪的社会属性,那么刑事违法性就是犯罪的法律属性。当然,也有学者认为,刑法对犯罪行为的禁止是通过罪刑规范体现出来的,或者说是通过对某种行为规定法定刑来禁止该行为的。因此,刑事违法性事实上是指行为符合罪刑规范所指明的假定条件。进一步说,行为的刑事违法性与行为符合刑法规定的犯罪构成具有统一性。① 可见,违反刑法并不只是违反刑法分则,凡是违反广义刑法的禁止性规范的行为,均应认为具有刑事违法性,包括违反《刑法》、单行刑法及附属刑法等。另外,刑事违法性一般表现为两种情况:一种是直接违反刑法规范;另一种是在违反其他法律规范达到情节严重的情况下又违反了刑法规范。显然,在后一种情况下违法行为具有双重性,因此行为人在承担刑事责任的同时还需承担其他法律责任。

尽管上述已将刑事违法性解释为违反刑法,似乎已经明白。但认真分析,这种对形式上的刑事违法性的循环解释并没有告诉人们真正违反了什么?以及违反的具体结构和根据。故笔者认为,要想真正理解刑事违法性的确切含义还有以下三个问题需要讨论:

一是刑事违法性的核心实质——法益侵害性。既然刑法规范以法的形式否定或禁止了某些行为,那么也就必然出现“究竟出于何种目的对其禁止”,以及“什么样的行为是具体的禁止对象”等问题。也就是说,对刑事违法性的实质理解是从刑法的目的论开始的。有学者认为,德国刑法学家李斯特对法益概念的研究,导致了实质的违法性论。他确立了刑事违法的两个命题——形式违法和实质违法。前者是违反国家法秩序的行为,后者是侵害法益、反社会的行为。李斯特的观点之所以至今仍受欢迎,是

---

① 参见张明楷:《刑法学》(第2版),法律出版社2003年版,第99页。

因为刑法的目的性不仅制约着刑法规范的确立,且展示着刑法规范的实质,这一实质就是对国家、国民及社会利益的保护。如有学者指出,“刑法是为了更好地保护最大多数国民的利益而统制社会整体的手段。既然如此,国民的利益受到侵害就是违法性的原点。因此,首先将违法行为定义为‘导致法益的侵害或者危险(一定程度以上的可能性)的行为’(法益侵害说)。法益是应当由刑法来保护的利益”①。概言之,刑法的任务与目的是保护需要和值得由刑法来保护的社会生活利益,即法益。对此有学者总结到:立法者之所以以刑法禁止某种行为,是因为它侵害或者威胁了法益,所以侵害法益是违法性的实质和核心。然而,形式上的刑事违法性与实质上的刑事违法性不是相对立的概念,而是相对应的概念,二者分别从形式的、外表的与实质的、内容的角度来探求违法性的核心实质,将二者结合起来就能够完整地说明刑事违法性的实质。② 显然,如果引入实质刑事违法性的概念,那么形式上的刑事违法性与实质上的刑事违法性的关系便是上述提及的刑事违法性和法益侵害性的关系。这就从根本上解释清楚了,刑法之所以禁止某种行为,是因为立法机关认为该行为具有刑事法益侵害性。因此,刑事法益侵害性是刑事违法性的基础,而刑事违法性是刑事法益侵害性的法律表现,从刑法学意义上讲,二者互为一体、相互依存,又相互作用、相互制约。由于刑事违法性意味着行为人的行为具有刑事法益侵害性,故也就意味着行为人应当受到刑法的惩处与追究。正如有学者指出的,“明确了违法性的实质或实质违法是社会危害性(法益侵犯性),以及刑法范围内的形式违法性与实质违法性的统一性,就能够以实质违法性为指导解释刑法所规定的犯罪构成要件,使符合构成要件的行为具有实质违法性,定罪时不必在形式违法性之外寻找社会危害性;于是,符合犯罪构成的行为就既具形式违法性,又有实质违法性”③。这或许很有道理,同时值得反思。

二是刑事违法性的内部结构——主客观相统一。这里的主客观是指国外刑法理论中在刑事责任违法性上的主观违法性论与客观违法性论的纷争。前者认为,只有理解法规范并能按照法规范作出意思决定所实施的行为才可能谈得上有无违法性,即违法性的有无直接取决于有无具有辨控能力的行为人;后者认为,无论行为人的年龄大小和主观能力如何,也无论行为人主观上有无罪过和期待可能性,只要客观上触犯刑法就具有违法性,即违法性的有无完全取决于法律对行为的客观评价。显然,按照客观违法性的观点,严重的精神病患者等无责任能力人的侵害行为也具有违法性,对其也可进行正当防卫;按照主观违法性的观点,对于精神病患者等无责任能力人的行为,不能认定为具有违法性的行为。通常大陆法系国家大都采取客观违法性说,这可能与

---

① [日]前田雅英:《刑法总论讲义》(第3版),东京大学出版会1998年版,第53页以下。

② 参见张明楷:《刑法学》(第2版),法律出版社2003年版,第100页。

③ 张明楷:《刑法学》(第2版),法律出版社2003年版,第100页。

其选用的犯罪论体系有关，因为构成要件是犯罪的轮廓，违法性是客观危（侵）害，有责性是主观罪过，为了将违法性与有责性相区别，违法性必须是客观的。而我国的犯罪论体系决定了刑事违法性是主客观相统一的内部结构，即只有达到法定责任年龄、具有责任能力，并在罪过心理支配下实施的法益侵害行为才具有刑事违法性。正如有学者指出的，刑法所禁止的行为都是主客观相统一的行为，将主客观不统一的行为认定为具有刑事违法性的行为，在现行犯罪论体系中会引起一些混乱。①

三是刑事违法性的内在根据——行为无价值论。在理解刑事违法性的含义时有个不容回避的问题，就是认定行为人的行为侵害法益的根据何在？对此在国外刑法理论中存在行为无价值论（Handlungsunwert）与结果无价值论（Erfolgsunwent）之争。② 前者认为，违法性的根据在于行为本身的样态（反伦理性）以及实施行为时的心情，即行为本身恶是违法性的根据；后者认为，违法性的根据在于行为对法益的侵害或者威胁的结果，即结果恶才是违法性的根据。③ 结果无价值论的理论基础是客观违法性论，其实近代刑法理论原本只有客观主义刑法理论。它认为，违法性的本质是对权利的侵害，后来取而代之的是法益侵害说。而法益侵害说认为，违法性的实质是对法益的侵害或威胁（具有侵害的危险）。后逐渐发展为结果无价值论的基本观点。行为无价值论的倡导者德国刑法学者韦尔策尔（Welzel）认为，“违法性是对与一定的行为人有关的行为的否定，违法就是与行为人有关的‘人的’行为的违法”④。在我国，也有学者主张结果无价值论的观点，如上述学者的观点。但也必须看到，在行为无价值论和结果无价值论背后隐含着不同的传统刑法理念与刑法价值观念。可从二者的尖锐对立表现中略见一斑：一是在违法性的本质上，前者认为刑法的目的是保护社会伦理秩序，故违法就是对社会伦理秩序的违反；而后者认为刑法的目的是保护法益，故违法本身就是对法益的侵害。二是在处罚依据上，前者认为是反伦理及义务违反；而后者认为是法益侵害。三是在是否承认主观违法要素上，前者普遍承认主观违法要素；而后者一般不承认主观违法要素。四是在判断行为是否违法的标准上，前者主张以行为为中心判断行为是否违法；而后者主张以结果为中心判断行为是否违法。五是在违法时间判断的基点上，前者主张以行为时为基点进行判断；而后者主张进行事后判断。⑤ 尽管许多人同意结果无价值论的理论主张，但我国传统刑法理论中诸如犯罪客体理论、社会危害性理论等均是实现结果无价值论理论模式的不利因素，加之我国传统的犯罪观念

① 参见张明楷：《刑法学》（第2版），法律出版社2003年版，第102页。

② 也有学者认为，译为行为反价值与结果反价值比较合适。

③ 参见张明楷：《刑法学》（第2版），法律出版社2003年版，第103页。

④ ［日］大塚仁：《刑法概说》（总论），有斐阁1997年版，第347页。

⑤ 参见［日］前田雅英：《现代社会と实质的犯罪论》，东京大学出版会1992年版，第76页以下。

及理论体系与犯罪构成理论等,都可能对建立结果无价值论体系形成障碍。充分认识这一点,对于进一步研究和适用以及发展结果无价值论均是十分必要的。另外,从刑法的发展进程及其阶段性的规律看,尤其是在刑事古典学派阶段或坚持“罪刑法定”的刑法技术初级时期,行为无价值更加切合追究“行为”而非“行为人”刑事责任的立法技术及其发展阶段。如对教科书中误把白糖当作砒霜的经典案例的分析,无论如何都无法将其认定为“无罪”,相反认定其成立犯罪未遂从而从轻或者减轻处罚更具有我国刑法的公正性与合理性。这当然是主观主义刑法观或“行为无价值论”的立场,如果是客观主义刑法观或“结果无价值论”那将另当别论,或许无罪。

因此本书认为,行为无价值更加符合我国现在的刑法发展阶段,也更加切合“罪刑法定”的现代刑事法治理念,以及我国刑法本身的立法技术水平。再者,刑事违法性和法益侵害性实际上是一个问题的两个方面,前者的意义就在于其表述的是犯罪的实质内容,而后者的意义就在于其提供了认定犯罪的法律标准。换句话说,前者揭露的是犯罪的内在本质与性质规定,而后者确立的是犯罪的具体规格与衡量尺度。尤其在“罪刑法定”原则下,强调犯罪的刑事违法性特征抑或应受刑罚处罚性,从司法机关的操作层面来讲,可以说是认定犯罪的核心法律标准。而决不能主要依据社会危害性来进行,更不能在刑事违法性或应受刑罚处罚性之外寻找或附加其他标准。①

3. 罪的标志特征——应受刑罚处罚性

刑事违法性和应受刑罚处罚性是一个问题的两个方面,既然刑事违法性是罪的形式性特征,那么应受刑罚处罚性就是罪的标志性特征。从上述讨论的刑事违法性与法益侵害性的关系来看,可以说法益侵害的实质就是刑事违法性。那么,应受刑罚处罚性与法益侵害性又是怎样的关系呢?从刑法学意义上讲,这是一种侵害行为和侵害后果的关系,如此“罪”的标志性特征就是“应受刑罚处罚性”。甚至在认定犯罪问题上,根据《刑法》第 13 条的规定:“……以及其他危害社会的行为,依照法律应当受刑罚处罚的,都是犯罪,但是情节显著轻微危害不大的,不认为是犯罪。”显然,刑法之罪是“法益侵害性”或“刑事危害性”与“应受刑罚处罚性”的综合产物,这是认定犯罪的基本要求。因此,“应受刑罚处罚性”不仅是“罪”的前提,更是刑法之“罪”的标志。从某种意义上讲,“罚”不仅仅是“罪”的基础,更是“罪”的核心。甚至包括对于“免于处罚”的定罪,也都应当以“应受刑罚处罚”为依据,如果没有“罚”或“不应当罚”,则犯罪是无法成立的。所以,研究犯罪成立或定罪,离不开“法益侵害性”或“刑事违法性”以及“应受刑罚处罚性”。

在此推论下,继续把“罚”往后推,甚至推延到刑法之外的“罚”,如行政罚或民事制

---

① 参见薛万庆:《刑事立案追诉标准研究》,载《学术论文联合比对库》2012 年第 9 期。

裁等。同时,继续把“罪”再往前溯,甚至追溯至刑法之“罪”之前的“违法行为”。就会看到二者的微妙关系,尤其在《刑法》第13条“但书”的情形下,那些本来已经违反刑法的行为,由于未能达到数额、情节或法益侵害程度的标准,被挡在了刑法大门之外而成为非刑法之“罪”,实质上其已具有违反刑法的“罪”性,如在盗窃罪1000元的立案标准中,999元与1000元的1元之差真的具有“罪”与“非罪”的本质差异吗?未必如此,比如一个为给母亲看病而盗窃了1000元,一个为了追求奢侈的享受而盗窃了999元,前者就一定比后者危害大、恶性大?显然不是,1000元只不过是作为法律上的一个操作标准而已。如此,说违反刑法但尚未达到犯罪标准的行为是“微罪”应当符合情理或法理,相对应来说行政罚中的一般违法行为也具有可“罚”性。因此得出结论,凡根据法律规定具有可“罚”性的行为无论大小或严重程度都是“罪”,当然也要根据其危害程度大小具体划分重罪、轻罪和微罪,故“罪”以“罚”为前提或为标志也就不难理解了,甚至成为“罪”与“罚”关系的原理。

(三)罪的标准

虽然“罪的标准”概念在学界很少提及,但类似的理论研究并不少见,如“决定罪数的标准”等。其中包括意思标准说、行为标准说、法益标准说、构成要件标准说和折中标准说等。① 只不过这些标准大都以研究罪数为目的,即数罪标准;而“犯罪标准”是研究认定犯罪标准的,或称个罪标准。然而,数罪又是以一罪为基础的,即由个罪相加而成数罪,因此研究数罪标准先要研究个罪标准。事实正是如此,各个罪数标准说首先回答的是依据什么标准来认定个罪。因此,这里的犯罪标准指的是犯罪成立与侵害刑法法益的实体标准,或称其为犯罪阈值(界限值)。根据我国刑法理论及立法现状,本书认为,确定该犯罪实体标准的步骤包括:以犯罪成立要件为基本标准,以刑法规范规定为修正标准,以立法与司法解释为补充标准。

1.以犯罪成立要件为基本标准

如上,研究罪数标准的学说众多。意思标准说主张,以行为人的犯罪意思为标准区别一罪与数罪。言外之意,认定一个行为是否为犯罪要以行为人的主观犯意为标准。理由是,这才是行为人的真实意思表示。或许该观点具有偏颇性,因为决定犯罪的要件不只有主观方面,否则岂不滑入主观归罪泥潭。行为标准说主张,以实现犯罪意思的行为之数为标准区别一罪与数罪。言外之意,认定一个行为是否为犯罪要以实现犯罪意思的行为个数为标准,理由是,犯罪是行为,故犯罪应依行为个数来定,即一个行为一个罪。如此,无法解释产生复数法益侵害的个数与成立一罪的关系,另外还有犯罪主体与责任问题等。法益标准说主张,以行为所侵害的法益数量为标准区别一

---

① 参见马克昌:《比较刑法原理》,武汉大学出版社2001年版,第751页。

罪与数罪。言外之意,行为侵犯几个法益即几个罪,理由是犯罪的本质是法益侵害。如此,无法解释侵害的法益相同但方法不同,最后定罪不同的现象。折中标准说主张,依据不同的犯罪情况采取不同的标准区别一罪与数罪。理由是,只有这样才能将各种情况下的犯罪的关系区别开来。如此,一是解决不了理论上的定罪标准统一问题,二是影响司法操作及其公正性。"比较起来,构成要件标准说还是可取的。"[①]其不仅是国内外的刑法理论通说,也符合我国犯罪成立理论框架及立法与司法实际,因此也是大家公认的观点。只不过,鉴于国内外包括大陆法系和英美法系各自内部及相互之间在理解犯罪成立理论上存在的较大差异,为避免不必要的争论,也使理论表述及论证更加科学、合理,本书将其表述为"犯罪成立要件标准"。一般认为,犯罪成立要件是指某一行为成立刑法规定之罪所必须具备的要素,也即犯罪构成要素。[②] 因此,以犯罪成立要件为基本标准当然就是在认定某行为是否成立犯罪时,必须以刑法上为此罪规定的必备要素为最基本的标准,即一个犯罪成立就是一个罪的标准。这既符合国内外通说,也符合我国立法与犯罪成立理论现状。

2. 以刑法规范的规定为修正标准

虽然上述理论确立了犯罪成立要件的基本标准,但实际的刑事立法与司法操作是极其复杂的。如《刑法》第 239 条规定的"绑架罪",本来绑架罪有独立的犯罪成立条件,与故意杀人罪的犯罪成立条件完全各异。但该条却规定,绑架并杀害被害人的,按绑架罪处无期徒刑或死刑。很显然这就将两个相互独立的犯罪成立条件及两个犯罪标准合二为一了。再如,《刑法》第 269 条规定:"犯盗窃、诈骗、抢夺罪,为窝藏赃物、抗拒抓捕或者毁灭罪证而当场使用暴力或者以暴力相威胁的,依照本法第二百六十三条的规定定罪处罚。"从犯罪特征看似乎符合妨害公务罪,但该条硬性规定以"抢劫罪"论处。这在极大程度上体现了强制性的国家意志,故在寻找或确立罪的标准时,除考虑犯罪成立要件的基本标准外,也要充分考虑刑法规定的这些特殊标准。故本书认为,必须以刑法规范的这些特别规定为基本修正标准。当然,所说的"刑法规范"不仅是指《刑法》,还包括特别刑法、附属刑法等一切刑法规范。只要是在这些刑法规范中的特别规定,就应当一律执行和遵守。

另外,之所以强调以刑法规范的规定为修正标准,还有一个不可忽视的方面,这就是刑法规范对具体罪定罪标准的明确规定。如《刑法修正案(九)》前的《刑法》第 383 条对贪污罪规定的"5000 元"定罪标准,《刑法》第 140 条对生产、销售伪劣产品罪规定的"销售金额 5 万元"定罪标准,《刑法》第 203 条对逃避追缴欠税罪规定的"1 万元"定

---

① 马克昌:《比较刑法学原理》,武汉大学出版社 2001 年版,第 756 页。

② 参见[日]大谷实:《刑法总论》,黎宏译,法律出版社 2003 年版,第 66 页。

罪标准,《刑法》第 347 条对走私、贩卖、运输、制造毒品罪规定的“鸦片不满 200 克”定罪标准,《刑法》第 348 条对非法持有毒品罪规定的“鸦片 200 克以上”定罪标准等。虽然行为人的行为及其犯罪成立条件符合成立犯罪的基本标准,但也必须受到刑法规范中有关罪的定罪标准的修正,即达到此标准数额的才可定罪,否则不予定罪。

3. 以立法与司法解释为补充标准

在上述“基本标准”和“修正标准”的统帅下,作为这些标准的重要补充,立法与司法解释也是不可忽视的重要内容。也就是说,犯罪成立条件的基本标准也好,法律规定的修正标准也好,大都是些原则性的、粗线条的规定,对于绝大多数罪名来讲,就其法律的操作性,还需要大量的立法解释、司法解释予以补充。如 2002 年 4 月 28 日全国人大常委会《关于〈中华人民共和国刑法〉第二百九十四条第一款的解释》,2002 年 4 月 28 日全国人大常委会《关于〈中华人民共和国刑法〉第三百八十四条第一款的解释》,1998 年 3 月 17 日施行的最高人民法院《关于审理盗窃案件具体应用法律若干问题的解释》(已失效),2002 年 9 月 9 日通过的最高人民法院《关于审理骗取出口退税刑事案件具体应用法律若干问题的解释》,等等。应当说,这些都是对上述“两个标准”的重要补充。

另外,由于中国幅员辽阔,东西南北中地区,沿海与内陆地区,经济发达地区与不发达地区等许多情况的不同与复杂性,在具体执行刑法包括定罪标准方面必然存在较大差异。因此,除上述立法机关与司法机关的法律解释外,各省、直辖市、自治区也会根据国家法律及立法与司法机关的授权,详细制定自己管辖区域内某些犯罪的具体标准。如盗窃罪,2013 年 4 月 2 日最高人民法院、最高人民检察院发布《关于办理盗窃刑事案件适用法律若干问题的解释》中规定的盗窃案件立案标准的幅度是 1000—3000 元。各省、直辖市、自治区要根据自己的情况来制定管辖区的具体犯罪标准,如江苏省是 2000 元,但这些省级标准一定要经最高人民法院确认。

综上,我国刑法的定罪标准具体体现在既定性又定量两个方面,一是以此排除情节显著轻微的数额和社会危害性程度不构成犯罪的情况,二是加大认定罪与非罪的难度,以及违法与犯罪有效衔接的困难。应当说,这也是我国刑法在定罪上的一大特色。

(四)“罪”的扩展

“罪”是刑法的半壁江山,但“罪”的概念又是极其复杂的。我国传统理论认为,犯罪属于严重的违法行为,严重到必须是违反刑法抑或应当受到刑罚处罚的行为才是犯罪。然而,一是由于我国《刑法》第 13 条规定了“但书”这一“既定性又定量”的构罪标准,如上,同样是违反刑法的行为,只是数额或情节没有达到刑法规定,就其行为性质而言就不是犯罪了吗？更何况如上所述,盗窃 1000 元就一定比盗窃 999 元的危害性大吗？所以从理论上讲,违反刑法的行为就已经是具有犯罪性质的行为。二是从学理上讲究竟什么是犯罪？其实应当受“罚”的行为就是犯罪,这被明确规定在我国《刑法》第13条的犯罪定义之中。从法理上讲,这也正好与民法中的“等价赔偿”相对应或相区别,也即凡是“等价赔偿”的都是民法范畴,凡是超过“等价赔偿”的即具有“罚”的性质的都是“犯罪”范畴。严格来讲,行政处罚也属“罪”的范畴,只不过它是“微罪”,即没有达到刑法或刑罚处罚标准之罪。三是在我国刑法之外还有大量的人身自由罚,从刑法理论上讲,凡涉及“人身自由罚”的处罚均属刑法范畴,更应该是“罪”的范畴。所以“罚”与“罪”有着天然的联系,要深入研究“罪”的体系与类型,必须首先从“罚”开始。下面进行以“罚”为罪的扩展及其体系建构。

1. 传统的刑罚之罪:违反刑法且应受刑罚处罚的行为。这是刑法之罪的核心,任何国家的刑法都规定有以“刑罚”为核心或为前提的罪名及其相应的处罚措施。当然,就其刑法形式而言,有刑法典、单行刑法和附属刑法,也即这些刑法形式中规定的犯罪均属此类。

2. 否定性评价之罪:违反刑法但不够处罚标准的行为。所谓否定性评价之罪是指这些罪只是一种准刑法之罪,由于主体年龄、精神状态、情节、数额、危害程度以及特殊程序等因素,尚未达到刑法之罪的标准或因某种原因未能起诉,故最终只是性质上被评价为犯罪。具体类型主要有:(1)未达到刑事责任年龄之罪:因年龄法定无罪。(2)没有刑事责任能力之罪:精神病患者行为。(3)审查起诉中的不起诉之罪:附条件之不起诉。

3. 刑法外的自由罚之罪:达到准罪标准且有责任能力承担。所谓达到准罪标准,是指虽然不是刑法之罪,但被刑法之外的法律规定为剥夺人身自由的处罚,也即刑法之外的人身自由罚。具体分为:(1)较长时间剥夺人身自由之罪:强制医疗与专门矫治教育。(2)行政法中行政拘留之罪:交通、海关、环保、网安与治安拘留。(3)诉讼法中司法拘留之罪:三大诉讼法中的司法拘留。这些限制人身自由的措施虽然不实行法之罪,但限制人身自由的程度却类同。

4. “行民经政”中的罚之罪:违反一切法律被处罚的行为。该类犯罪是根据刑法理论中“罪的基本原理”确认的在行政、民事、经济、政务等法律中被处罚的行为,也即所谓以罚为前提的一切违法性之罪。具体包括:(1)行政法中的一切罚:全部罚则及其形式。(2)民法中的一切制裁:超过等价赔偿的制裁。(3)经济法中的一切罚:全部罚则及其形式。(4)政务法中的一切罚:全部罚则及其形式。在理论上,它与行政补偿、民事赔偿、经济和政务退赔等形成相对应的性质认定,后者都是等价的,前者都具有惩罚性质,包括民事制裁也是罪的性质。

5. 未规制的应受处罚之罪:尚未明确规定的轻微之罪。该类犯罪是指现实工作与生活中理应受到处罚,但法律尚未规定,然而未来很有希望被规制或规定为轻微之罪的行为。目前能想到的有:(1)职务违法中的轻微之罪:未来规范中的一切罚则。(2)行为习惯中的轻微之罪:未来规范中的一切罚则。(3)单位企业内的轻微之罪:未来规定中的内部罚则。(4)家务琐事中的轻微之罪:未来习惯中的自我罚则。(5)朋友交往中的轻微之罪:未来习惯中的自我罚则。(6)行业协会中的轻微之罪:未来规定中的内部罚则。(7)征信体系中的轻微之罪:未来规范中的一切罚则。(8)保安处分中的轻微之罪:未来规范中的一切保安措施。

二、"罚"的概念:以"罪"为确认的"罚"

这里的"罚"当然是指刑罚,或者主要是指刑罚,因为如果承认"罚"即"罪",如上包括"微罪",虽然"微罪"尚未达到刑法之"罪",但其行为性质已违反刑法。如此话语下的"罚",或许就超出了"刑罚"的基本范畴,这是需要讲清楚的,否则有超越学科之嫌。

(一)"罚"的起源与发展

众所周知,刑罚是国家和阶级的伴生物。统治阶级为了维护其统治地位、社会秩序抑或阶级利益,以国家名义将反抗其统治或反对其利益的行为规定为犯罪,并施以刑罚或镇压,这就是刑罚最早的起源。[①] 所以,探索罚的起源,首先要探索刑罚的缘起。

1. "罚"的缘起

追溯历史,离群索居的人们在连续战争状态下精疲力竭,也无力享受由于朝不保夕而变得空有其名的自由,在自然状态中不利于人类生存的种种障碍已经阻挡了人们继续独自生存、演化甚至前进的步伐。此时人们牺牲一部分自由群居和遵守管理规则,从而平安无忧地享受剩下的自由,并创建一个能以全部共同力量来维护和保障每个结合者的个人人身和财产的安全的共同体,即在这个结合体中接纳每个成员作为全体不可分割一部分的现实,这个共同体就是国家。但如何保证这个共同体运行并表达其意志呢?这就需要一种强有力的手段——法律。为了保证法律得以遵循,每个人都服从公意和秩序,就需要实施惩罚,由此得以构成刑罚权。

2. "罚"的发展类型

(1)"罚"的雏形:野蛮刑罚

刑罚的变迁反映了人类文明的发展,在生产力水平极其低下,没有国家和法律的原始社会,刑罚呈现的状态是同态复仇,方式也极为野蛮和残暴,主要以肉刑和死刑为主。最早在《尚书·吕刑》中就有关于肉刑的记载,苗部落的肉刑有劓、耳、诼、黥。

死刑是对犯罪人最严厉的刑罚,在古老野蛮的刑罚中又以族诛最为血腥,适用于

---

① 参见高铭暄、赵秉志主编:《刑罚总论比较研究》,北京大学出版社2008年版,第10页。

严重犯罪,也是中国封建社会宗法等级制在刑罚制度上的体现。[①] 族诛是指一个人犯罪牵连种族,同时遭受杀戮之灾。这种野蛮残酷的刑罚方式在历史上经历了废除和恢复的多次循环,晋怀帝在永嘉元年废除了“除三族刑”后,东晋太宁三年又将族诛恢复,直到明清也未真正彻底废除。其原理与机制就在于,它的存在既可以引导同族之人相互监督不轻易犯法,也即一旦实施即可达到一般预防之目的;又可以灭掉事后可能反抗的同系或旁系,以实现特殊预防之效果。但在历史的演变中,这种刑罚方式的范围在慢慢缩小,如在两晋南北朝之后,母妻姊妹等都可以免除死刑。真正彻底废除族诛刑罚制度是资产阶级革命后,尤其在社会主义国家中。

肉刑也是一种野蛮的刑罚,以摧毁人的肢体和容貌为主,如在两晋南北朝时期作为死刑减等的宫刑存在了很长一段时间,直到西魏和北齐时期这项野蛮的刑罚才彻底废除。在野蛮残酷的肉刑退出历史舞台的同时,作为代替的流放刑也随之出现。

随着多元的文化冲突和经济发展,两晋南北朝成为奴隶制五刑向封建制五刑转变的重要时期,废除肉刑和羞辱刑成为趋势,刑罚向人道化发展。在北朝后期,以笞、杖、徒、流、死为内容的刑罚体系初步形成,与奴隶制五刑相比已是历史性的进步,标志着古代刑罚从野蛮开始并逐渐走向文明的历史潮流与趋势。

(2)“罚”的变形:威慑刑罚

把刑罚威慑作为刑罚的独立功能经历了很长一段时间,在最开始刑罚是作为报复犯罪的工具存在的,民众感受到威慑是因为在报复犯罪中天然的感受,应该说刑罚本身就具有预防和威慑的自给功能。

在野蛮刑罚时期,刑罚经常被滥用,统治者认为刑罚手段越残酷对民众的威慑力就越强,只要有足够的威慑力就能消灭民众犯罪的欲望和心理。然而,结果也往往适得其反,正因为统治者的残酷暴政,历史上发生过多次农民起义。随着进入文明社会,人权成为立法者制定法律需要考虑的范畴,形式古典学派也更新了刑罚威慑论。贝卡里亚认为,一种正确的刑罚,它的强度只要足够阻止人们犯罪就够了。[②] 费尔巴哈以立法威慑论著称,他认为犯罪人之所以犯罪,主要是受了潜在于违法行为中的快乐的诱惑与不能得到快乐所潜在的痛苦的压迫。为此,必须以成文法的形式明确规定罪刑价目表。基于刑事立法的这种威慑作用,潜在犯罪人就不得不在心理上在对犯罪的利弊得失根据舍小取大,趋利避害的功利原则进行仔细权衡的基础上,因恐怖铁窗之苦而放弃犯罪之乐,自觉抑制违法的精神动向,使之不外化为犯罪行为。[③] 当然,刑罚不能

① 参见杜邈:《从野蛮到文明——简议两晋南北朝刑罚制度的演变》,载《郑州航空工业管理学院学报(社会科学版)》2004年第4期。

② 参见[意]切萨雷·贝卡里亚:《论犯罪与刑罚》,黄风译,北京大学出版社2008年版,第78页。

③ 参见陈兴良:《刑法哲学》(修订版),中国政法大学出版社1997年版,第254页。

完全阻止犯罪的发生，刑罚威慑力也只是在一定程度上抑制犯罪的发生，但事实上刑罚威慑力已经有效阻止具有社会普遍价值观的大多数人犯罪了。

（3）“罚”的成型：矫治刑罚

刑罚制度发展的历史就是自由刑独自化和独立化的进程，我国刑罚制度经历了奴隶五刑、封建五刑和现代五刑，古代的刑罚手段极其残忍，直到中华人民共和国成立以后，才以自由刑作为主要的刑罚方式，彻底废除了残害人的肉体的劳役刑和身体刑，劳动不再是对犯罪的惩罚种类，而是促进罪犯重新回归社会的矫正方法，刑罚的方法也限定为生命刑和自由刑。

刑罚以规制人的行为为其内容，任何一种刑法规范，只有建立在对人性的科学假设的基础之上，才能有适用性和本质上的合理性。① 劳动是监狱矫治的基本实现途径，把监狱劳动定位成职业训练，增强释放后的谋生能力的矫正手段。因犯罪而失去自由的罪犯通过从事有益的生产劳动，改善其精神面貌、生活技能和适应能力，能够有助于锻炼其自食其力的能力，增强遵纪守法的意识，更重要的是能够有助于罪犯回归社会。矫治作为刑事法律流程中的重要组成部分，人权是构建其理论基础的基石，强调人权的重要性在于“人的功能不仅是生命，因为甚至植物也有生命，我们所求解的乃是人所特有的功能。因此，生长教育的生命不能算作人的特殊功能；其次，有所为感觉生命也不能算作人的特殊功能，因为甚至马、牛及一切动物也都具有，人的特殊功能是根据理性原则而具有理性的生活”②。要改造一个人不能仅仅从其行为入手，行为只是心理的外化形式，要减少犯罪就要从人性的内在心理结构入手，通过矫治来唤醒人性中的理性和善性，从而抑制人性中的病态需求观。如此，“心理矫治”和“矫治教育”都是为了改造人性结构，“使刑事机构内的环境尽量模拟外界，尽量降低囚犯失去自由的感觉，促进而不是阻止囚犯重返社会，减轻关押带来的不利影响所进行的一系列被称为行刑社会化活动”③。由此可见，最人道的刑罚在于矫治，包括心理矫治和行为矫治。

（二）“罚”的概念及属性

1. “罚”的概念及其演变趋势

所谓“罚”，词典解释为“处罚”，而“处罚”又被解释为“对犯错误或犯罪的人加以惩治”④。过去，在刑法中提及“罚”字，人们会自然而然地想到“刑罚”，笔者曾把刑罚的概念概括为“最高权力机关在刑事立法中规定的，强制剥夺犯罪人的人身自由、财

---

① 参见陈兴良：《刑法的人性基础》，中国方正出版社 1996 年版，第 96 页。

② 周辅成编：《西方伦理学名著选集》，商务印书馆 1996 年版，第 87 页。

③ ［德］凯泽：《欧美日本监狱制度的比较》，刘瑞祥译，北京方正出版社 1987 年版，第 423 页。

④ 中国社会科学院语言研究所词典编辑室编：《现代汉语词典》（第 7 版），商务印书馆 2016 年版，第 195、353 页。

产、生命或者其他权利,用以惩罚、矫正或改造犯罪人,而由法院依法判处,由特定机构依法执行的强制制裁方法”[①]。诚然,以死刑、无期徒刑、有期徒刑、拘役、管制、罚金、剥夺政治权利、没收财产等为主要内容的刑罚体系历久而弥“坚”。然揆之于当下、放眼于寰宇,周末拘禁、夜间拘禁、电子监视、社会服务命令、损害恢复命令等多种多样的刑罚和处分措施被纳入世界各国的刑罚体系中,[②]许多国家建立了保安处分与刑罚并行的二元刑事制裁体系,刑法中的“罚”也不再仅限于狭义的“刑罚”概念,而是趋向于“制裁”的含义。

由于我国刑法之内并没有类似于“保安处分”的规定,因而也就不存在类似于国外的二元刑事制裁体系。虽然如此,但我国刑法之外却也存在类似于“保安处分”的强制治疗、工读教育等处罚措施,[③]以及大量的以人身自由罚、财产罚等为内容的行政刑罚。质言之,我国的实际情况是,虽无“保安处分”之名,但有“保安处分”之实。[④] 这就使得我国在理论上(不管是刑法之内还是刑法之外)构建二元刑事制裁体系成为可能,从而使得作为制裁方法的“罚”的概念与时俱进而更有新意。

2. “罚”的概念之理论突破

笔者曾经提出在刑法之外建构新的行政刑法理论体系的方案。[⑤] 同时,根据我国国情,打造具有我国特色的集违法犯罪于一体的“二元结构”的制裁体系,即刑法之内的“刑罚”结构和刑法之外的“行政刑法”结构,由此组合而成的制裁体系似乎也是一种趋势。具体而言,一是囊括刑法之内的“刑罚”体系,包括我国现行刑法中的主刑和附加刑等;二是涵盖刑法之外的“行政刑法体系”,包括目前仍旧存在和使用的行政拘留、司法拘留、强制医疗等涉及人身自由的行政处罚等。[⑥] 从而,建构在这一“二元结构”的制裁体系之上的“罚”的概念,当然不再局限于“刑罚”的内容,而应至少扩充进涉及刑事性质的行政制裁方式,即“刑事性行政罚”,包括刑法之外的人身自由罚、财产罚和资格罚等。

这些制裁措施之所以具有刑事性,原因在于:(1)这些制裁措施所针对的行为都源于违反刑法中规定的“刑事”法律性质和规范的行为,但尚未达到刑法犯罪的严重程度,也即达不到追究刑事责任的数额和情节,因而被追究比一般行政罚重而又比刑事罚轻的一种刑事性行政责任。(2)我国刑法之外存在的行政拘留、司法拘留、强制医疗

---

① 李晓明:《刑法学总论》,北京大学出版社 2016 年版,第 425 页。

② 参见[日]佐伯仁志:《制裁论》,丁胜明译,北京大学出版社 2018 年版,第 57 页以下。

③ 参见李晓明:《“行政拘留”的扩张与行政刑法的转向》,载《法学评论》2017 年第 3 期。

④ 参见李晓明:《行政刑法新论》(第 2 版),法律出版社 2019 年版,第 188 页。

⑤ 参见李晓明:《“行政拘留”的扩张与行政刑法的转向》,载《法学评论》2017 年第 3 期。

⑥ 参见李晓明:《行政刑法新论》(第 2 版),法律出版社 2019 年版,第 192 页。

等处罚措施,实际上是"行政刑罚",具体来说,就是"刑事性行政罚"。(3)据考察,现代发达国家已大都实现了行政处罚司法化,尤其是人身与财产罚的司法化。可以说,这已是世界现代法治的基本要求和必然趋势。总之,本书认为,"罚"不应仅仅理解为刑事责任的承担方式,其也是刑事性行政责任的承担方式。

现在可以对"罚"的概念进行界定了。综合上述思路,可以把"罚"的概念划分为广义、中义和狭义。首先,广义的"罚"可以包括刑罚、行政刑罚、行政罚在内,可称之为"三位一体"的违法犯罪制裁体系。其次,狭义的"罚",仅指刑罚,这是一元论刑事制裁体系的观点。最后,中义的"罚"也即本书所主张的"罚"的概念,是指行政刑罚、行政罚二者并立的违法犯罪制裁体系。上述的刑罚和行政罚不需要过多解释,是典型或传统的刑法之内的刑罚处罚和刑法之外的行政处罚。而行政刑罚,应当说既包括行政性刑事罚也包括刑事性行政罚,总之是与刑法有关的或称违反刑法性质的除传统刑法中的刑罚之外的其他一切行政刑罚,既包括刑法之内的行政刑罚也包括刑法之外的行政刑罚。当然,行政性刑事罚即刑罚中的具有行政性的刑罚,属于刑罚和行政刑罚的交叉部分,换言之,其属于刑法之内的行政刑罚,因此无须赘述。而刑事性行政罚是指行为既违反刑法中规定的"刑事"法律性质的规范,又未达到成立刑法所规定的犯罪的严重程度,从而对其追究比行政罚责任重而又比刑罚责任轻的一种刑事性行政责任或称刑法之外的行政刑罚的制裁措施。通过以上分析,本书拟对"罚"的概念提出一个初步界定,以就教于学界:罚是指根据法律给予违法行为人的一切惩治、处罚和制裁,包括刑罚、行政刑罚、行政罚和民事制裁等一切具有"制裁"内容的处罚措施。具体指的是最高权力机关在刑事立法或(刑事性)行政立法或(纯)行政、民事、经济及程序立法中规定的,强制剥夺行为人的人身、自由、财产、生命、资格、名誉或者其他权利等,用以惩罚、矫正或改造行为人(或称犯罪人、行政违法人,包括应承担刑事责任的罪犯与应承担刑事性行政责任的刑事性行政犯、民事犯、经济犯),而由法院依法判处,由特定机构依法执行的强制制裁方法。尚需说明的是,广义上的"罚"包括刑事制裁、行政拘留、司法拘留在内的一切行政处罚、经济和民事制裁,后面会有专述。

3."罚"的属性及其特征

作为强制的制裁方法,罚的属性分别以其内在属性与外在属性表现出来。其内在属性包括惩罚性与改造性,二者是辩证统一的关系;其外在属性包括适用对象的特定性、制裁程度的严厉性、司法适用的程序性等。

罚是对犯罪人[①]某种权益的剥夺与限制,并且也是对犯罪人进行的教育与改造。因此,罚的内在属性表现为惩罚性与改造性,这也是罚作为现代制裁方式的根本特性。

① 指广义上的犯罪人,包括刑法之内的重罪和轻罪犯与刑法之外的微罪犯。

惩罚是刑罚的根基,而此处的"罚",也以惩罚性为其内在属性。所谓惩罚性当然是通过对犯罪人的某种权益的剥夺或限制而造成其痛苦,其是罚的核心,更是正义的基础,有罚即意味着痛苦。可见,惩罚是罚的应有之义,没有惩罚就无所谓罚。因此,惩罚性揭示了罚的属性,尤其是其中的"惩"字或"惩治"也是当然的"罚"的核心。改造是现代制裁方式的基本内容,二者之间具有不可分割的联系,没有对罪犯的改造性,罚就会沦为机械的惩罚和报应。

罚的内在属性必然通过一定的外在形式来表现,这就是罚的外在特征。根据罚的外在特征,可以将罚与其他法律制裁方法区别开来。具体特征表现在:(1)适用情况的特定性。罚只能适用于应当承担刑事责任(刑法之内的重罪、轻罪)以及刑事性行政责任(刑法之外的微罪)等的行为人,非此则绝不受罚。这是一条铁则,也是罚与民事中"等价赔偿"的根本区别。(2)制裁程度的严厉性。从制裁程度与内容上看,刑罚是最严厉的制裁方法,而刑事性行政罚的严厉程度紧随其后,整体来看,罚的严厉程度是其他任何赔偿方法都达不到的。(3)司法适用的程序性。罚只能由法院代表国家依照专门的法律程序适用,具体来说,一是对刑罚的司法适用,我国已经建立相当完备的刑事诉讼程序,因而刑罚必须依照刑事诉讼程序适用,这是毋庸赘言的。二是对刑事性行政罚的适用,我国目前尚未建立完备的司法程序,但刑事性行政罚必须进入司法化,这是人权保障的必然要求,也是现代法治的必然趋势。易言之,对于刑事性行政罚或称刑法之外的行政刑罚,必须建立完备的行政刑事程序规范,具体来说,可以采用刑事诉讼法的基本理念,在简化程序、提高效率的总的理念、原则指导下,繁简得当地编制和设计行政刑罚程序,①以使刑事性行政罚走入司法程序的规制中。当然,笔者也相信,在我国法治现代化的进程中,刑事性行政罚的司法化是指日可待的。

(三)"罚"的分类及体系

按照不同的分类标准,可以对罚进行不同的分类。根据罚的性质或者法律依据,可将罚分为刑罚、行政刑罚、行政罚等。刑罚是刑法规定的由国家审判机关依法对犯罪人适用的限制或剥夺其某种权益的强制性制裁方法。② 行政刑罚包括刑法之内的行政刑罚和刑法之外的行政刑罚,后者也即刑事性行政罚。二者既有联系又有区别。二者的联系在于都具有刑事性,因而都被囊括于"罚"的概念之下。刑法之外的行政刑罚与刑罚相比二者的区别在于:(1)法律依据不同。刑罚只能根据刑法做出,而刑事性行政罚或称刑法之外的行政刑罚的依据应当是行政刑法,但目前在我国只是相应的行政管理法律法规。(2)被处罚行为的社会危害性不同。被予以刑事性行政罚的行为的社

---

① 参见李晓明:《行政刑法新论》(第2版),法律出版社2019年版,第293-294页。

② 参见高铭暄、马克昌主编:《刑法学》(第4版),北京大学出版社、高等教育出版社2010年版,第236页。

会危害性比受刑罚处罚的行为的社会危害性小,至于以多大程度的社会危害性作为二者区分的依据,目前主要是由刑法中犯罪成立的具体数额和情节加以规定的。然而笔者认为,在刑罚、刑事性行政罚、纯行政罚三者并立的“罚”的概念下,三者以多大程度的社会危害性为区分,应是刑法学与行政刑法学所应进一步探讨的问题。(3)适用程序不同。刑罚的适用依照我国刑事诉讼程序进行,而刑事性行政罚的适用应当依照行政刑事程序规范进行。而目前我国尚未建立完备的行政刑事程序规范,因而刑事性行政罚的适用还未步入司法化。(4)后果不同。刑罚具有刑事登记的后果,也即累犯或者前科的刑事登记;而行政性刑事罚由于社会危害性较小,笔者认为不宜进行刑事登记,从而也不涉及累犯或前科。行政罚专门是指行政处罚的一些措施,这里不再具体说明。

根据罚的内容,可以将罚分为生命罚、自由罚、财产罚、资格罚、申诫罚、名誉罚,以及建议行政机关给予行政处罚或处分等。生命罚只存在于刑罚之中,又称死刑,“是剥夺犯罪人生命权利的刑罚方法”①。虽然废除死刑的潮流势不可挡,然而死刑仍存在于许多国家并且不可能在短时间内被废除,因而将死刑作为罚的一个种类是无可置疑的。自由罚有多种不同的种类,如刑罚中的无期徒刑、有期徒刑、拘役,以及刑事性行政罚中的行政拘留、强制戒毒等,可以说,自由罚无论是在刑罚中还是在刑事性行政罚中都占据着重要地位。财产罚是指以限制和剥夺犯罪人财产权益为特征的处罚措施,其形式多种多样,在刑罚中包括罚金和没收财产,在刑事性行政罚中则包括罚款、没收、赔偿损失、销毁等。资格罚是以剥夺、限制犯罪人从事某种行为的资格、某种权利或享有的某种荣誉为内容的处罚方法。一般观点认为刑罚中的资格罚有剥夺政治权利与驱逐出境两种,而在刑事性行政罚中,资格罚有剥夺人身、民事、经济等相关权利,剥夺从事某种行为的资格,剥夺职业权(担任一定公职以及担任特定的职业),剥夺荣誉、勋章等。② 申诫罚是存在于刑事性行政罚中的一种制裁方法,是对刑事性行政犯罪作出的书面谴责或训诫,即只是处以精神上的惩戒,并不直接影响被处罚人的人身自由或财产性权利,申诫罚主要包括警告、训诫、责令具结悔过、责令改正等。名誉罚也是一种刑事性行政罚,严格来讲,名誉罚与资格罚具有密切联系,但本书从区分资格罚与名誉罚的角度进行论述,因此采狭义的名誉罚的观点,认为名誉罚是指对被处罚人给予名誉或精神上的否定评价,使得被处罚人名誉上受到非难,以达到惩罚和教育效果的一种处罚方法。名誉罚主要包括赔礼道歉、惩罚性通告、刑事违法宣告等。③ 建议行政机关给予其他行政处罚或行政处分既是一项刑事司法建议,也是一种承担刑事性

① 马克昌主编:《刑罚通论》,武汉大学出版社2002年版,第79页。

② 参见李晓明:《行政刑法新论》(第2版),法律出版社2019年版,第244页以下。

③ 参见李晓明:《行政刑法新论》(第2版),法律出版社2019年版,第273页以下。

行政责任的方式,即是一种刑事性行政罚,因此也属于本书所讲的“罚”的一种。

三、“罪”与“罚”的关系:互为前提不可分割

“罪”与“罚”是相互依存、不可分割的,具体表现为等值关系、互为关系和因果关系。当然,这里的“罚”采用的是前文界定的二元论罚的概念,从而“罪”也对应的是二元论罪的概念,既涵盖刑法之内罪的范畴,又涵盖刑法之外的刑事性行政违法行为之微罪范畴。

(一)等值关系

在罪与罚的关系中提及“等值”一词,往往会想到同态复仇或等害复仇。它们以犯罪的行为方式、外表形态或损害结果为蓝本,有什么形态的犯罪便有什么样的刑罚手段。[①] 甚至于刑及动物与自然现象。可见,脱胎于原始“等价交换”意识的等害复仇与同态复仇以“刑害相当”为原则,所以罪与罚固然是等值的。但等害复仇与同态复仇因缺乏理性而与现代刑罚理性相悖,因此早已被历史洪流淹没。时至今日,同态复仇、等害复仇中所体现的正义精神仍需以罪与罚的等值关系来体现。如果以价值与价格的关系来比喻,罚以其严厉程度为价格来体现其价值,而罪则以恶害性程度为价格来体现其价值。犯罪人行为本身的恶为社会带来了害,此害即罪的价格,对其罪处以罚即犯罪人应得的“报酬”,或者社会付给犯罪人恶的一种对等。因此,罚以相同的价格报以罪之恶。[②] 这也就实现了罪与罚的真正等值关系。

德国刑法学者米夏埃尔·帕夫利克教授指出,“罪与刑的恰当对称是刑罚公正性的首要要求”[③],本书所说的罪与罚的等值,其实就是这里的“恰当对称”。我国古代思想家荀子也曾用“称”字来解读罪与罚的关系:“一物失称,乱之端也。夫德不称位,能不称官,赏不当功,罚不当罪,不祥莫大焉。”“刑称罪,则治;不称罪,则乱。”[④]当然,“称”并非“同”,“等值”也非“等同”。《诗经》云:“投我以桃,报之以李”[⑤],桃与李既非同属,味道也相去甚远,并无外在的同一性,但这并不影响它们在价值上的对称性,可以说“投桃报李”是“恰当对称”的。而罪与罚之间的等值关系既与此同理,也与此类似。换言之,罪与罚的等值关系并非简单如格劳秀斯所言是“惩罚之苦等于行为之恶”[⑥],而是指罪与罚的“恰当对称”性,或曰“罚当其罪”性。具体来说,可以从以下两

---

① 参见邱兴隆:《刑罚的哲理与法理》,法律出版社 2003 年版,第 30 页。

② 参见邱兴隆:《刑罚理性导论——刑罚的正当性原论》,中国政法大学出版社 1998 年版,第 288 页。

③ [德]米夏埃尔·帕夫利克:《人格体 主体 公民:刑罚的合法性研究》,谭淦译,中国人民大学出版社 2011 年版,第 18 页。

④ 《荀子·正论》。

⑤ 《诗经·大雅·抑》。

⑥ 马克昌主编:《近代西方刑法学说史》,中国人民公安大学出版社 2016 年版,第 53 页。

方面进一步理解。

一是罪包括刑法之罪和刑法外的刑事性行政违法行为之微罪。刑法中的犯罪居危害行为之首,又大都属于不道德行为之至,更是违法行为之最,因而,“只有严厉的惩罚才足以表达对犯罪的社会报复、道德谴责与法律否定”①,而刑罚作为最具严厉性的制裁手段,其严厉性可以与刑法中犯罪的恶害性相配。同样,刑事性行政违法行为之微罪因其在“质”上属于违反刑法规范的行为,只是在“量”上尚未达到刑法所要求的数额、情节与程度,故不能成立刑法中的犯罪,但是其于社会之危害、于道德之有悖、于法律之违反都是紧随刑法中的犯罪之后的。所以,以限制和剥夺人身自由、财产、资格等为主要内容的刑事性行政罚也是可以与其相配或对等的。质言之,以刑罚、行政性刑事罚为内容的罚与以刑法之罪、刑事性行政违法行为之微罪为内容的罪在幅度上具备实现“恰当对称”的条件。

二是罪罚等值的基本要求是“罪当其罚、罚当其罪”。具体实现方法是“同罪同罚、异罪异罚,重罪重罚、轻罪轻罚”。然而,罚的内容有界而罪的行为无限。因此,按罪的价值分配与之对等的罚,实际上是要求在有限的、绝对的、统一的罚与无限的、相对的、个别的罪之间寻求一种观念上的等价平衡。② 而这种平衡就要依靠立法和司法来共同实现。美国学者布迪、莫里斯指出:“在2000多年的中华帝国历史中,每一部法典的制定都注意罚当其罪。大部分法典都详尽、细致划分犯罪种类,并分别规定相应的刑罚。”“司法官吏……几乎在每一个案件中,他们都竭力想达到‘罚当其罪’的目标。”③如春秋战国时期,《法经》改刑为法,一罪同罚,先列罪名,后定刑罚,并且“具其加减”,即根据犯罪的不同情况,有区别地予以处罚,为中国刑法的发展奠定了基础。④ 同样,时至今日,我们日趋完善的《刑法》总则制度一方面通过犯罪主体、罪过形态、停止形态、共同犯罪等规定来区分犯罪人(指刑法中的犯罪人)的罪责轻重,另一方面通过刑罚的可分割性与轻重排列,并辅之以《刑法》分则中法定刑的配置,来使其与不同的犯罪实现“恰当对称”的相配。

此外,在司法实践当中我们还确立了“以犯罪事实为根据,以刑事法律为准绳”的量刑原则,并且从2010年《人民法院量刑指导意见(试行)》(已失效)和《关于规范量刑程序若干问题的意见(试行)》(已失效)在全国范围内的试行,到2013年最高人民法院下发《关于实施量刑规范化工作的通知》(已失效)和《关于常见犯罪的量刑指导意

---

① 邱兴隆:《刑罚理性导论——刑罚的正当性原论》,中国政法大学出版社1998年版,第13页。

② 参见邱兴隆:《刑罚理性导论——刑罚的正当性原论》,中国政法大学出版社1998年版,第16页。

③ [美]D.布迪、[美]C.莫里斯:《中华帝国的法律》,朱勇译,江苏人民出版社1995年版,第442-443页。

④ 参见陈兴良:《刑法的价值构造》(第2版),中国人民大学出版社2006年版,第523页。

见》(已失效),我国的量刑规范化改革在逐步推进,以使刑法中罪与罚等值的要求在司法实践中得到确认。同样地,在刑法之外,对于刑事性行政罚,也需要通过立法与司法的配合来实现罪罚等值。在立法上或在理论上,建构刑法之外的行政刑法体系,把刑法中规定的因数额、情节尚不构成刑法之罪的刑事性行政违法行为之微罪,统统纳入新建构的行政刑法体系范围内,进而在行政刑法体系中合理制定刑事性行政罚体系。在司法上,也要相应设立行政刑法程序规范(可称“行政刑法诉讼程序”或“特别行政处罚程序”),通过司法裁决对刑事性行政违法行为也即微罪进行处罚,有效限缩行政处罚涉及人身自由罚的原有空间,防止行政权的滥用,限制其对人权保障的破坏,①从而实现刑事性行政违法行为之微罪与刑事性行政罚的等值和公正。

(二)互为关系

从理论上讲,罪与罚是一对相互对应的范畴,所谓罪与罚的互为关系,也即罪与罚之间的对应性关系。具体来说,是指二者相互依存、相互依附、相互对应的互为对称关系。

诚然,罪与罚的相互依存和相互依附,显然是指罪完全是以罚为前提的,罚也完全是以罪为确认的。之所以说罪是以罚为前提的,是因为罚是罪的形式特征,也是根本特征或核心特征。阿塞拜疆学者拉基莫夫给出了一个简洁的犯罪概念:“应受惩罚的行为就是犯罪。”②换言之,因为惩罚是对犯罪行为的报应,所以要看一个行为是不是犯罪,就要看其是否具有应受惩罚性。具体来说,一个行为如果应该受到惩罚的报应,那么该行为在理论上就一定是犯罪,反之也就不是犯罪。当然,这里的犯罪既包括刑法之罪,也包括刑法之外的刑事性行政违法行为之微罪。因此,完全可以认为罪是以罚为前提的,或者说“罪从罚起”。

在论述罪与罚的关系时,“刑从罪生”(按照本书语境应该称为“罚从罪生”)是个常见说法,这与“罪从罚起”看似矛盾,其实不然。“所谓刑从罪生其义有二,即有罪当罚与无罪不罚。”③可见,其与“罪从罚起”存在逻辑上的先后关系,以及宏观与微观上的关联关系。“罪从罚起”是先从宏观上确定罪的范围,即将应受惩罚的行为纳入犯罪圈,而“刑从罪生”或“罚从罪生”是在罪的范围确定后,根据具体的案件来确定当事人是否有罪并进而决定是否处罚或处以什么样的罚。可见,“刑从罪生”或“罚从罪生”的实质是一样的,实际上就是接下来要阐述的“罚以罪为确认”。易言之,如果说“罪以罚为前提”是从理论角度来揭示罪与罚的关系,那么“罚以罪为确认”则是从实践角度来

① 参见李晓明:《行政刑法新论》(第2版),法律出版社2019年版,第285页以下。

② [阿塞拜疆]И. М. 拉基莫夫:《犯罪与刑罚哲学》,王志华、丛凤玲译,中国政法大学出版社2016年版,第13页。

③ 陈兴良:《刑法哲学》(第2版),中国人民大学出版社2017年版,第617页。

揭示罪与罚的辩证关系。也就是说，对于具体案件中的行为，只有确认为罪才能够对其进行处罚，具体来讲，对于刑法之内的犯罪，要依照刑法的犯罪论体系来确认其行为是否能够成立犯罪；对于刑法之外的刑事性行政违法行为之微罪，也要依照行政刑法中建构的刑事性行政违法行为的成立体系与要件来确认行为是否成立犯罪。这就是笔者所说的“罚以罪为确认”，也是传统刑法理论中罪刑法定原则的基本要求。不过，需要指出的是，罪刑法定原则早已无法完全涵盖这里的“罚以罪为确认”的内容。笔者曾经提出过“罪责法定”原则，因为在我国刑法当中，刑事责任的承担方式不仅包含刑罚，还包括有罪宣告、非刑罚处罚等多种方式，即刑事责任的承担涵盖包括刑罚在内的多方面的处罚形式与实体内容。因此，笔者也曾经认为将“罪刑法定”原则发展为“罪责法定”原则或许更为合适或恰当，即“法无明文规定不为罪，法无明文规定不究责”。①

然而，在二元论罚之概念与二元论罪之概念的语境下，通过对罪与罚的互为关系的梳理，本书认为，“罪刑法定”在经过“罪责法定”的过渡后，在未来（当然不是今天）也有可能发展为“罪罚法定”。其虽然仍与传统的“罪刑法定”的含义在表述上保持高度一致或相同，即法无明文规定不为罪，法无明文规定不处罚，但这里的罪已经更新为包括刑法之罪以及刑法之外“微罪”的二元论“罪”的范畴（刑法之内的重罪、轻罪和刑法之外的微罪），罚的概念也变为包括刑法之内的刑罚以及刑法之外的刑事性行政罚的二元论罚的范畴。由“罪刑法定”到“罪责法定”再到“罪罚法定”，虽然只是一字之差，但是其应有的实质内容却得到了进一步的扩展、提升与完善，也切合了未来我国刑法理论关于重罪、轻罪和微罪的发展。

当然，罪与罚也在多个方面表现出相互对应的关系。首先在属性上，罪大都是具有严重恶害性的行为，在客观上表现为具有严重的客观危害性或称法益侵害性，主观上表现为行为人的主观罪过或恶性抑或称对违法犯罪的认识。同时，行为上的客观危害性或法益侵害性体现了其受谴责的必要性和违法性，主观恶性体现其受谴责的可行性及其根据，二者又同时表现为罪的应受谴责性或应受处罚性。而罚因其以剥夺和限制行为人或犯罪人的生命、自由、财产为内容，因而具有法的严厉性或惩罚性，这也与罪的严重恶害性相对应。同时，罚通过剥夺和限制行为人或犯罪人的某种权利来表达对其的谴责，即具有谴责性或应受惩罚性，这更与罪的应受谴责性相对应。其次在规范上，罪与罚均由刑法规范和行政刑法规范加以规定，但罪对应的是禁止性规范，而罚对应的是处罚性规范。再次在表现上，罪表现为造成损失或给他人造成痛苦，常见的表现形态是对受害人生命、自由、财产等的侵害或毁坏；与此相应，罚也表现为造成损

① 李晓明：《刑法学总论》，北京大学出版社 2016 年版，第 102 页。

失或给犯罪人造成痛苦,表现为对犯罪人生命、自由、财产等的剥夺或否定。最后在主体上,罪的行为主体是行为人或犯罪人,而罚的惩罚对象或者说受罚的主体也是行为人或犯罪人,可以说罪的行为主体与罚的承受主体具有同一性,或称之为一一对应性。

(三)因果关系

简单来说,因果关系考察的是两种事物(或现象)之间引起与被引起的关系。陈兴良教授指出:“因果性,可以说是刑法中的报应观念赖以存在的哲学基础。”[①]因此,揭示罪与罚这对基本范畴之间的因果关系具有非常重要的意义。因果关系具有相对性、先后相继性、确定性、复杂性的特征,我们将从这四方面的特征出发来分析罪与罚之间的因果关系。

首先,罪与罚之间的因果关系具有相对性。哲学上,一事物虽然是另一事物产生的原因,却可能是其他事物造成的结果。因此,理解因果关系必须将具有引起与被引起关系的两个事物从千千万万的事物中剥离出来,这样才能相对判断出其中的因果关系。[②] 罪与罚的因果关系亦是如此,如就具体案件而言,行为人由于犯罪而被处罚,但这种处罚也有可能会造成犯罪人的对社会的仇视心理或失去赖以生存的生活基础或者经济基础,从而会直接或间接地导致其再次犯罪的可能性或者与社会的进一步对立性。从而造成,此时对犯罪人的罚既是其前罪的“果”,也有可能是后罪的“因”,这就体现了罪与罚之间因果关系的相对性。

其次,罪与罚之间的因果关系具有先后相继性。先后相继性也称时间序列性,是指按照发生的先后顺序,必须是先有原因,后有结果。哲学上有一个经典而又无聊的问题长期被人们争执不休,这就是先有母鸡还是先有鸡蛋的问题。我们可以得出的一个公允的答案是没有母鸡便没有鸡蛋,没有鸡蛋也就没有母鸡。无独有偶,陷入“由X得出Y,由Y得出X,那么是先有X还是先有Y”的悖论之中的还有罪与罚这一对范畴,罪先于罚还是罚先于罪也成为困惑刑法学者的一个逻辑命题,甚至是悖论或难题。如果像前面一样分析,我们也可以说没有罪便没有罚,没有罚也就无所谓罪。然而这一无关痛痒的答案并未正面回答罪先于罚还是罚先于罪的问题。经过考察笔者认为,要想得出问题的真正答案,就必须区分这一问题的两个方面。正如前面所讲述的,如果是在罪的范围尚未确定之时,则一种行为之所以为罪,是因为该行为应受惩罚之报应,即“罪从罚起”;而当罪的应然范围已经确定时,则行为人之所以被罚,是因为其实施了已经被实际确认的犯罪行为,即“罚从罪生”。由于具体的刑法问题仍要以具体的罪与罚为研究对象,因此下文我们要探讨的是以罪为前因、以罚为后果的因果关系。

---

① 陈兴良:《刑法哲学》(第2版),中国人民大学出版社2017年版,第15页。

② 参见李晓明:《刑法学总论》,北京大学出版社2016年版,第236-237页。

正如邱兴隆教授指出的:“已然的犯罪与刑罚之间的关系,构成前因与后果的联系。作为前因的犯罪因有害而构成一种恶,作为后果的刑罚因给人造成损失与痛苦而同样构成一种恶。这就决定了犯罪与刑罚之间实际上是一种恶因与恶果的因果关系,正是由于其与恶有恶报的观念相吻合,人们往往将其视为一种因果报应关系。”①因此,无论是在刑法之内的犯罪与刑罚之间,还是刑法之外的刑事性行政违法行为之微罪与刑事性行政罚之间,罪与罚都构成前因与后果的关系,也就是说,在具体的罪与罚之间的因果关系中,必然是先有罪而后有罚,作为原因的罪总是发生在作为结果的罚之前。

再次,罪与罚之间的因果关系具有确定性。虽然因果链条是复杂的,但对任何一条具体链条来说,因都与果有着必然的确定的密不可分的关系,具体可以从两方面加以理解。一方面,有因必有果,无因则无果。具体到罪与罚的因果关系,就是“有罪必罚,无罪不罚”。备言之,由于罪与罚之间有着必然的引起与被引起的关系,因此,如果有罪不罚,则罚便不得成为罪的结果,罪与罚之间因果关系的确定性便无从体现;同样,由于犯罪人以外的其他人没有实施需要以罚来否定的犯罪,因而不具有受罚的前因,也就不能接受作为罚的结果。② 另一方面,因必然地从质和量两方面确定着果。同样质与量的因产生同样的果,而当因的质或者量发生变化时,其原本相应的果也许会发生变化。具体到罪与罚的因果关系,就是“同罪同罚,异罪异罚”。申论之,恶害性相同的犯罪,所受的罚的严厉性程度相同;恶害性不同的犯罪,所受的罚的严厉性程度不同。决不能同罪异罚或异罪同罚。这既是罪与罚之间因果关系确定性的体现,也是罪与罚之间等值关系的必然要求。

最后,罪与罚之间的因果关系具有复杂性。多种多样的因果关系在现实世界中呈现出错综复杂的关系。具体来说,因果关系的复杂性通常表现为一因一果、一因多果、多因一果和多因多果。就罪与罚的因果关系而言:其一,一因一果,也就是一罪一罚,这对应禁止重复评价原则,即禁止对同一犯罪事实予以二次或二次以上的法律评价。其二,一因多果,并非指对一罪进行多次评价,而是指对一罪的一次处罚中可能包含多个种类的处罚,如我国《刑法》第 239 条规定:“以勒索财物为目的绑架他人的,或者绑架他人作为人质的,处十年以上有期徒刑或者无期徒刑,并处罚金或者没收财产……”或者是在单位犯罪中,对单位判处罚金,并对其直接负责的主管人员和其他直接责任人员判处刑罚的情形。其三,多因一果,这对应数罪并罚的情形。目前,刑法之内的数罪并罚指的是“人民法院对一人所犯数罪分别定罪和进行刑事责任裁量,然后根据法定的规则和方法,决定应当执行的合并后的刑罚措施”③。在刑法之外,《治安管理处罚

---

① 邱兴隆:《刑罚理性导论——刑罚的正当性原论》,中国政法大学出版社 1998 年版,第 6 页。

② 参见邱兴隆:《刑罚理性导论——刑罚的正当性原论》,中国政法大学出版社 1998 年版,第 14 页。

③ 李晓明:《刑法学总论》,北京大学出版社 2016 年版,第 512 页。

法》也规定有"有两种以上违反治安管理行为的，分别决定，合并执行"。然而，这些规定尚未涵盖所有的罚，如刑法内的数罪并罚也会涉及非刑罚处罚措施、赔偿经济损失、责令管教等处罚措施中的并罚问题；在刑法之外，对于诸如《海关法》《道路交通安全法》《环境保护法》《网络安全法》中的行政拘留刑事罚，显然也存在有并罚规定。因此，应在行政刑法中尽快完善数罪并罚的规则和方法。其四，多因多果，这一方面是指对行为人数罪并罚后处以多个种类的处罚或对单位数罪并罚后，对单位判处罚金，并对其直接负责的主管人员和其他直接责任人员判处刑罚的情形；另一方面是指在二人以上共同犯罪的情形下，共同犯罪人分别成立相应的犯罪并承担相应的处罚。

四、现代刑法学科主线："罪"与"责"的关系

"罪"与"责"的关系也即犯罪与刑事责任的关系，这一直是刑法乃至刑法学绕不开的一个话题。我国传统刑法理论一直称"罪责刑相适应"，甚至将其作为刑法的基本原则来论述，当然也有人主张"罪刑相适应"或"罪责相适应"。[①] 根据我国刑法的规定，承担刑事责任的方式除刑罚外，还有有罪宣告、非刑罚处罚和赔偿经济损失，以及对因不满 16 周岁不予刑事处罚的人进行的专门矫治教育等。因此深入思考"罪"与"责"的关系，对于深刻理解刑法学的理论体系、框架结构及其基本原理都是十分必要的。

（一）罪刑关系：从以"刑"为中心的报应转向以"罪"为中心的威慑

罪与刑罚作为刑法理论中的一对基本范畴，自古以来就在刑法体系中占据着重要地位，而二者的相互关系也长期成为刑法体系中的一对基本关系。如有学者就指出："罪刑关系的基本原理之于刑法学，犹如灵魂之于生命"[②]；"罪刑关系的基本原理应成为具有中国特色的社会主义刑法学体系的中心"[③]；"作为刑法本体关系，罪刑关系或许应是刑法本体论中最重要的问题之一"[④]；"犯罪与刑罚的关系问题是刑法学必须直面的基本问题"[⑤]；等等。鉴于此，下文笔者将对罪刑关系的历史流变和研究趋向做简要叙述，以为后文作铺垫。

1. 西方罪刑关系内涵之流变

"中外典籍浩如烟海，有关罪与刑的记述不绝于史。"[⑥]然而，受制于特定政治、经济、文化、社会等因素的影响，罪刑关系的内涵因历史时期的不同而不同，自古至今，以

---

① 参见李晓明、李洪欣、陈珊珊：《中国刑法基本原理》（第 4 版），法律出版社 2013 年版，第 25-27 页。

② 陈兴良：《刑法哲学》（第 2 版），中国人民大学出版社 2017 年版，第 846 页。

③ 陈兴良：《刑法学体系的反思与重构》，载《法学研究》1988 年第 5 期。

④ 马荣春：《论罪刑关系的规模特性与经济特性》，载《西部法学评论》2014 年第 1 期。

⑤ 王志祥、臧蒙：《罪刑关系的新进展及未来发展趋势——以我国晚近刑事立法为基础的分析》，载《人民检察》2017 年第 21 期。

⑥ 邱兴隆：《刑法的哲理与法理》，法律出版社 2003 年版，第 30 页。

17、18世纪的启蒙运动为分界线,罪刑关系总体上经历了以“刑”为中心到以“罪”为中心的转变。接下来我们对这一转变进行简要梳理与勾勒,以窥罪刑关系之概貌。

罪刑关系最初表现为以“刑”为中心。自远古以降,复仇就长期作为一种习惯而存在,虽然远古时期并无对罪与刑的直接记述,但是“从远古史籍与法律文件中,作为惩罪罚恶之手段的刑罚与原始部落维系自身自上而下的习惯的报复之间的因袭关系依稀可辨”①。此时个体复仇和血亲复仇盛行,当时的人们或许还没有犯罪与刑罚的概念,只是基于原始的等价意识,将侵害与报复视为一种“等价交换”,并且侵害与报复的对象、部位都是相对应的,易言之,侵害的是什么,报复的就是什么,也就是我们所熟悉的“以眼还眼,以牙还牙”。可见,这时的罪刑关系表现为一种“等价报应”,具有对等性、抵偿性的特点。之所以说这时的罪刑关系表现为以“刑”为中心,是因为人们对于所谓“犯罪”本身的认识还较为浅显,只是对造成的客观侵害报以各种复仇方式,显然这些方式是以“刑”为核心的。

古希腊和古罗马时期的刑法对犯罪的认识逐步加深,此时罪刑关系开始由以“刑”为中心向以“罪”为中心转变。古希腊先哲们注意到了犯罪意图在衡量罪刑严重程度方面的作用,尤其是亚里士多德,提出了人的行为是否是自愿的,构成决定对其应否予以谴责的道德评价标准,从而奠定了以主观因素决定人对其行为承担的道义责任的主观责任原则的理论基础。② 有学者指出,公元前7世纪,《德古拉法典》中已经有涉及杀人行为的主观状态的规定,开始区分预谋谋杀、在运动比赛中无意杀人或激情杀人以及自卫致人死亡等。③ 而古罗马刑法则较古希腊更为进步,不仅确立了犯罪观念,“认为犯罪是侵害社会利益,而不是触犯神灵,更不是侵害个人”,而且现代刑法理论中的犯罪阶段的划分、犯罪的既遂与未遂、犯罪的责任要件、共同犯罪的责任划分等问题都可以在其中找到渊源。④ 然而,古希腊和古罗马时期的刑法虽然确立了主观责任原则,但其刑罚却非常残酷。总的来说,这一时期的罪刑关系已经脱离了纯粹的报应,重刑威慑与道义报应相结合成为罪刑关系的新内涵。

到了中世纪,欧洲进入由神权和封建专制统治的时代,在这种人治背景下,罪刑关系表现出一些新特征⑤:其一,恣意性。君主的意志往往凌驾于法律之上,且“教会通过建立刑事特别法庭即宗教裁判所与世俗封建法律相配合,把纠问式诉讼发展为一种极

① 邱兴隆:《刑法的哲理与法理》,法律出版社2003年版,第30页。

② 参见邱兴隆:《刑法的哲理与法理》,法律出版社2003年版,第47页。

③ 参见何勤华、夏菲主编:《西方刑法史》,北京大学出版社2006年版,第98-99页。

④ 参见何勤华、夏菲主编:《西方刑法史》,北京大学出版社2006年版,第122-123页。

⑤ 参见魏汉涛:《罪刑关系的反思与重构》,载《政治与法律》2019年第4期。

端专横野蛮的审判制度”[①],罪刑擅断成为时代的特征。其二,身份性。“刑不上大夫,礼不下庶人”是封建刑法身份性的最好写照。其三,牵连无辜。“株连九族”和“连坐”等都是封建刑法牵连无辜的典型例子。“总体而言,在中世纪,报应观念在某种程度上仍发挥作用,但罪刑关系较为混乱,有时甚至无章可循。”[②]

罪刑关系明确表现为以“罪”为中心要从启蒙运动说起。随着启蒙运动的兴起,近代欧陆刑法理论也得到“启蒙”,启蒙思想家批判中世纪具有恣意性、身份性和牵连无辜的刑法,并为近代刑法学的建立提出了许多宝贵的观点,如罪刑法定、法律面前人人平等、罪刑相称等。随着启蒙运动唤起人们思想的觉醒,古典学派应运而生,同样地,古典学派也强调罪刑相适应,如贝卡里亚明确提出“刑罚与犯罪相对称”[③],边沁在其《立法理论》一书中将“罪刑相称”列为专章加以论述,[④]而康德和黑格尔也分别认为罪刑应当是具体的或价值等同的关系。[⑤] 总而言之,在启蒙主义和古典学派中,罪刑关系的基本内涵主要体现为罪刑相称或罪刑相适应。

后来,随着刑事实证学派的兴起,犯罪原因论成为研究的热潮,大量的学者开始在实证研究中关注导致犯罪的社会原因和生理原因。此时主观主义或人格主义风行,目的刑论成为主流。如果说古典学派重在着眼过去,那么实证学派则重在放眼未来,“不论龙勃罗梭、菲利、加罗法洛或李斯特,都对犯罪人进行了分类,主张对不同种类的犯罪人适用不同的刑罚,以便预防再犯,防卫社会”[⑥]。也就是说,重视刑罚对犯罪的预防是这一时期罪刑关系的特色。

当然,随着刑事实证学派的出现,其与刑事古典学派的争论成为刑法理论中长盛不衰的话题,“二战”以后,兼采两学派之长的综合主义理论日渐兴起,“因为有犯罪并为了没有犯罪而科处刑罚”是其经典表述,[⑦]综合主义对道义报应的正义性与犯罪预防的合目的性兼而重之。可以说,此时罪刑关系的内涵是带有明显的折中性的,“刑罚既要与已然之罪相适应,又要与未然之罪相适应”[⑧]。由此可见,特殊预防与一般预防的影子已在其中了。

2. 我国罪刑关系研究之动向

这里将从罪刑关系在我国作为刑法学科主线的提出说起。中华人民共和国成立

---

① 何勤华、夏菲主编:《西方刑法史》,北京大学出版社 2006 年版,第 122-123 页。

② 魏汉涛:《罪刑关系的反思与重构》,载《政治与法律》2019 年第 4 期。

③ [意]贝卡里亚:《论犯罪与刑罚》,黄风译,中国法制出版社 2002 年版,第 67、75-77、125、133 页。

④ 参见[英]吉米·边沁:《立法理论》,李贵方等译,中国人民公安大学出版社 2004 年版,第 375 页以下。

⑤ 参见马克昌:《比较刑法原理——外国刑法学总论》,武汉大学出版社 2002 年版,第 32 页。

⑥ 马克昌主编:《近代西方刑法学说史》,中国人民公安大学出版社 2016 年版,第 210 页。

⑦ 参见张明楷:《刑法格言的展开》,法律出版社 1999 年版,第 275 页。

⑧ 魏汉涛:《罪刑关系的反思与重构》,载《政治与法律》2019 年第 4 期。

初期,我国刑法学大量借鉴苏联刑法学,而1979年我国第一部《刑法》的颁布,也基本上是在借鉴苏联教科书的基础上,结合我国计划经济的现实状况而构建的一个粗线条的刑法体系。具体来说,在犯罪论上,提出了作为衡量犯罪社会危害性标准的犯罪构成理论;在刑罚论上,以犯罪具有社会危害性为前提,提出了刑罚的目的应该是预防犯罪的结论,并以此为主线构建了刑罚论体系。可见,我国最初的刑法学体系虽然也是以犯罪和刑罚为基本内容,但是该体系表现出明显的孤立性、静态性和封闭性的特点①:其一,孤立性,即将犯罪论与刑罚论割裂为孤立的两大块,未能充分关注犯罪与刑罚的联系。其二,静态性,即囿于对法条的注疏,未能将司法实践运用刑法的过程直接纳入其视野。其三,封闭性,即由于其基本结构的不合理性,无法将大量新的内容吸收与补充进来以丰富和完善该体系②,因而难以与刑法理论和司法实践日新月异的飞跃发展相适应。针对这些问题,陈兴良教授与邱兴隆教授在《中国社会科学》1987年第4期上发表了《罪刑关系论》一文,对罪刑关系的基本原理进行了探讨,提出犯罪与刑罚辩证关系的核心命题是已然犯罪与刑罚之间决定与被决定的关系,以及刑罚与未然的犯罪之间遏制与被遏制的关系,并在此基础上提出了国家刑事法律活动应该遵循"刑从罪生与刑须制罪相结合"和"刑当其罪与刑足制罪相结合"的两条刑法基本原则。此后,在《法学研究》1988年第5期中,陈兴良教授发表了《刑法学体系的反思与重构》一文,勾勒出以罪刑关系为中心的刑法学新体系,并且在后来的著作中提出了罪刑关系中心论的刑法学体系,明确指出刑法学的学科主线是"罪刑关系"。③ 这时的罪刑关系一改原来孤立性、静态性和封闭性的特点,犯罪论与刑罚论两位一体,打破了传统的犯罪论与刑罚论两大块的格局,并且将罪刑关系贯穿刑事立法、定罪、量刑、行刑等刑事法律关系全过程的辩证运动及其一般规律作为研究对象,具有统一性、动态性、开放性和科学性。

接着,将关注对罪刑关系研究视角的讨论。在传统的罪刑关系研究中,"以罪制刑"是罪刑关系研究的基本视角,即主要是研究犯罪对刑罚的制约作用。一方面,刑法理论上,学界较为重视对犯罪论的研究,而且对于罪刑关系的研究也表现为单一的从犯罪到刑罚的路径。另一方面,在司法实务中,先定罪后量刑也是基本的司法理念。然而,随着研究的不断深入,单一的"以罪制刑"的观念在理论和实践上的不足日益凸显。如有学者曾一针见血地指出:"犯罪的应受刑罚处罚性的本质特征内含着'以刑定罪'规律,该规律的客观存在使得无论立法层面还是司法层面,刑罚的具体形态都决定

---

① 参见陈兴良:《刑法哲学》(第2版),中国人民大学出版社2017年版,第868-869页。

② 参见童颖颖:《论人身危险性在刑法中的定位——兼论社会危害性的解构》,载《浙江师范大学学报》2006年第4期。

③ 参见陈兴良:《刑法哲学》,中国政法大学出版社1992年版,第674页以下。

着犯罪的内涵和外延。”[①]具体来说,正如有学者所言,“以罪制刑”一方面存在理论上的先天不足,在个案中依照成文刑法,根据司法的三段论演绎推理得出定罪结论,而根据犯罪事实和情节所得出的量刑结论有时难负众望,从而可能使公众对刑罚的公正性产生怀疑。这是由于在某些特殊案件中,法律规则所代表的一般正义和形式正义与个案所蕴藏的个别正义和实质正义有所背离,导致依法量刑却无法实现量刑公正。其另一方面存在实践中的现实困境,由于法律语言的模糊性或规范间的冲突等,立法上的缺陷有时难以避免,因而坚持从立法规定的构成要件和相应的法定刑出发去裁量案件的做法在构成要件不明确等存在立法缺陷的个案中可能会得出量刑失当的结果。[②] 正是由于“以罪制刑”的这些不足,罪刑关系的双向性逐渐得到学界关注,“以罪制刑”与“以刑制罪”相结合的罪刑互动的研究视角如雨后春笋般跃动于学界的讨论中。虽然学者们对于“以刑制罪”的解释不同,但核心意思都是刑罚对犯罪的制约。也就是说,在遇到对于危害行为是否要施以刑事处罚、使用哪种刑罚进行规制以及选择哪个刑罚幅度等疑难问题时,要适当从刑罚制约犯罪的角度进行考虑。[③] 这也为犯罪定义提供了以“罚”为支撑的基础。

(二)罪责关系:既源于刑法的相关规定又符合刑法学的基本原理

罪刑关系虽然基本指出了刑法学的学科主线,然细究之下,对这一提法需要作新的解释和理解。因为根据我国《刑法》的规定,承担刑事责任的方式除刑罚外,还包括驱逐出境、剥夺军衔、有罪宣告、非刑罚处罚措施和赔偿经济损失等,因此从理论上讲,“罪刑关系”中的“刑”不能再仅仅是指“刑罚”,而应当是指“刑事责任”。如是,将“罪刑关系”中的“刑”理解为“刑事责任”似乎更为贴切。我们也曾提出“罪责关系[④]”的观点,这里再次阐述。

众所周知,任何一个正常的社会人都要对自己的行为负责,不同性质的行为产生不同的责任。犯罪行为是社会行为的一种,因此其也会产生与之相对应的责任,这种责任就是刑事责任。刑事责任是刑法明文规定的承担犯罪后果的一种责任,我国 1997 年《刑法》总则第二章第一节的标题就是“犯罪和刑事责任”。我国《刑法》的 452 个条文中就有 33 处使用了“刑事责任”一词,其中以《刑法》第 18 条为例,该条共四款,每一款都有“刑事责任”一词的表述。不过,需要指出的是,我国《刑法》中的“刑事责任”在不同的条文中其含义不尽相同。如我国《刑法》第 5 条规定:“刑罚的轻重,应当与犯罪

---

① 冯亚东:《罪刑关系的反思与重构——兼谈罚金刑在中国现阶段之适用》,载《中国社会科学》2006 年第 5 期。

② 参见郝艳兵:《从决定论到互动论:罪刑关系模式的反思与调整》,载《海峡法学》2015 年第 4 期。

③ 参见赵运锋:《以刑制罪:罪刑关系的反思与展开》,载《政治与法律》2010 年第 7 期。

④ 参见李晓明:《刑法学总论》,北京大学出版社 2016 年版,第 13 页以下。

分子所犯罪行和承担的刑事责任相适应。"这里的"和承担的刑事责任相适应"就是泛指行为人根据年龄、精神状态、身体条件等因素相应承担不同或者较轻的刑事责任,因而有些学者将此处的刑事责任视为犯罪和刑罚的中介或者桥梁或许也有道理。但除此之外,我国《刑法》条文中的"刑事责任"还有其他含义,如《刑法》第17条第1款规定:"已满十六周岁的人犯罪,应当负刑事责任。"这里的刑事责任就是指实体意义上的以刑罚为主的法律后果。质言之,"刑事责任"有时意指有责评价,有时意指实体法律后果,而作为我们所谓"罪责关系"中"责"的"刑事责任"乃取其实体法律后果之义,可以界定为:因犯罪行为产生而由司法机关确认的,应由犯罪人承担的以刑罚为主要实现方式的法律后果。如上,按照我国刑法的规定,承担该种法律后果的方式有刑罚、驱逐出境、剥夺军衔、赔偿经济损失、非刑罚处罚措施、有罪宣告、责令家长管教或专门矫治教育等。

在对"罪责关系"原理的讨论中,核心内容是"有罪必有责"。揆之于当下,"有罪必有责"既源于我国刑法的相关规定,又符合刑法学的基本原理。如根据刑法规定,是否所有犯了罪的人都必须受到处罚呢?显然不是,诸如精神病人、不满14周岁的未成年人等,他们虽然实施了刑法所规定的犯罪行为(如杀人),但由于其是精神病人而没有能力承担被"处罚"的责任,或是由于其达不到承担被"处罚"的责任年龄,国家不让其受到"刑罚"的"处罚"。那么他们是否要承担其他责任呢?答案是肯定的。如对精神病人实施"保安措施"或"治疗",对未成年人责令家长看管及进行专门教育等。总之,某些主体虽然"有罪",但不能对其"处罚",当然这种不"处罚"是由于国家根据法律规定免除了对其的"处罚",而绝对不能认为其没有任何责任。因此,"有罪必有责"较之于"有罪必有刑"更为准确。由此可见,研究"罪责关系"不仅对于深刻理解刑法学的学科主线及其原理具有重要意义,甚至对于理解刑法的功能原理也具有重大意义,十分有利于对极端"报应"理论的纠偏。

有学者指出:"历史上从来不存在永恒不变的理论体系,任何学科体系在其内容已经发生了重大更新的情况下,都要进行变革,这是一条历史规律。"[①]诚哉斯言!毋庸置疑,一个学科的学科主线确定也是十分重要的,它支撑着一个学科的基本框架、原理及学科体系。将罪责关系确定为刑法学学科主线,是根据我国现行刑法的规定做出的有益尝试。而行文至此,根据本书提出的"罪"与"罚"二元概念,将"罪责关系"发展为"罪罚关系"的趋向呼之欲出,后者只不过更适合于刑法之外的一切法律之"罚"。其实,在之前论述罪责关系时,也曾认为"责"与"罚"在某种意义上可以互为转换,且指出了刑法归根到底就是以解决"罪"与"罚"为支撑的关系纽带,"深入思考'罪'与'罚'的

① 陈兴良:《刑法学体系的反思与重构》,载《法学研究》1988年第5期。

关系,对于深刻理解刑法学的理论体系、框架结构及其基本原理都是十分必要的,也是不可或缺的"[①]。只不过限于彼时全书之体系,当时的"罚"与实体意义上的"刑事责任"同义,而如今的"罚"既包括刑法之内的刑罚也包括刑法之外的罚,其内涵较之于刑法之内的"刑事责任"含义更为全面。

针对"罪刑关系说"或"罪责关系说",有学者认为:"从刑法立法来看,这种体系明显与刑法体系不符……刑法是按照刑法—犯罪—刑罚的结构规定的。"另外,"在刑法理论中刑罚理论内容丰富,占有很大篇幅,非刑罚处罚方法内容单薄,所占篇幅很小,使两者处于同等地位,未必合理。如果刑法按照有的学者关于完善刑事责任立法所设想的那样修改,在刑法教材中自应采用这种体系;但在刑法未作修改之时,这种体系还不宜在教材中采用"[②]。可见,该观点已经基本认同"罪刑关系说"或"罪责关系说"无疑是正确的,显然其具有刑法学学科体系的合理性,只是刑法立法尚未到位故暂时不能建立完备的刑法学学科体系。针对此种观点我们再补充一下论证:一方面的确我国《刑法》总则第二章是"犯罪",第三章是"刑罚",但据此就得出刑罚与犯罪相并列的结论未免过于轻率,甚至不合逻辑,不仅不可得出犯罪的法律后果只有刑罚的结论,更不能得出刑事责任就是指刑罚的结论。即便依据现行《刑法》规定,也同样无法得出现行《刑法》采取的是"罪责刑关系说"的结论。事实上,我国《刑法》第 14、15、17 条中"……犯罪,应当负刑事责任"的表述,以及众多其他法律法规中"构成犯罪的,依法追究刑事责任"的表述,足以表明"罪刑关系说"或"罪责关系说"是合理的;如果是"罪责刑关系说",则刑法中应是"构成犯罪的,依法追究刑事责任,判处刑罚"的表述,但事实并非如此。另一方面虽然目前刑罚是实现刑事责任的最主要形式,但这并不等于未来刑法中其他形式的责任承担方式不会增加。故仅以此来论证刑罚与非刑罚处罚等不处于同等地位似乎甚为偏颇或根本不能成立。因为刑罚与非刑罚处罚等刑事责任实现方式的地位是否平等,并不取决于司法适用的频率和条文本身的多少,而是取决于其内在的逻辑体系。从犯罪所能产生的否定性刑事法律后果来看,刑罚、非刑罚处罚与单纯宣告有罪在逻辑上的地位是平等的。因此,从逻辑上来说,"罪刑关系说"或"罪责关系说"的逻辑更加严密,也更加有利于刑法的前瞻和我国刑法学学科体系的未来发展。

(三)罪责刑或责罪刑关系评说:刑事责任是桥梁或定罪前提

前面我们讲了"罪责关系",为避免与接下来对"责罪关系"的阐述产生混淆,这里有必要重新厘清一下"责"的不同含义。前文通过对我国刑法中刑事责任含义的梳理

---

① 李晓明:《刑法学总论》,北京大学出版社 2016 年版,第 13、24 页。

② 马克昌:《刑事责任的若干问题》,载《湖北公安高等专科学校学报》2001 年第 3 期。

得出其含义有二：有责评价与实体后果。可以说，有责评价是指量刑中的“责”，即在量刑时，综合考虑各种量刑情节后，对行为人最终应承担刑事法律后果的一种总体性评价。而实体后果即实体中的“责”，是指以刑罚为主要实现方式的刑事法律后果。其实，在理论上，“责”还有一种解释，即主观罪过，这是归责中的“责”，即以故意、过失等心理状态为主要内容的犯罪人的主观罪过，它是犯罪成立的一个必要要件。简言之，“责”有三种解释，即主观罪过、有责评价与实体后果。与“罪责关系”中所指的实体后果的“责”不同，“责罪关系”中的“责”意指有责评价，或者说是综合评价，这是必须首先厘定清楚的。

然而，对于作为有责评价或综合评价的刑事责任，不同的学者也有不同的理解。如谴责说认为，“所谓刑事责任，就是指犯罪人因实施犯罪行为而应承担的国家司法机关依照刑事法律对其犯罪行为及其本人所做的否定性评价和谴责”①，或者“指犯罪人和单位因实施犯罪行为而应承担的由代表国家的司法机关依照刑事法律对其犯罪行为所作的否定性评价以及对其本人的谴责”②。刑事义务说认为刑事责任“是行为人在因实施刑法规定的犯罪行为而形成的刑法关系中，应依法向国家担负刑事法律后果的惩罚性义务”③。但是无论作何理解，此时作为有责评价或综合评价的“责”并不是刑罚的上位概念，而是独立于犯罪与刑罚之外并与二者平行的。正因为如此，我国传统的刑法学理论体系及学科主线被表述为“罪责刑关系”。不仅如此，学界也有“责罪刑关系说”的观点，以下分别进行阐述。

1. 罪责刑关系说

该学说认为，刑事责任居于犯罪与刑罚之间，是连接二者的“桥梁”。从质上看，犯罪不能直接导致刑事处罚，行为人承受刑事处罚是因为他应承担依照刑法所产生的否定性评价和谴责或其具有担负刑法后果的惩罚性义务，即刑事责任的存在与否决定刑罚的存在与否。从量上看，司法机关对犯罪人判处何种刑事处罚，也是由刑事责任的大小来决定的。而刑事责任的大小需要依照决定刑事责任有无或程度的因素来判断。这些因素与犯罪成立的要件有重合但又有不同，有学者将其概括为“刑事责任要素”，包括三个方面④：一是行为客观方面的因素。包括表明行为的存在以及该行为是刑法所禁止的危害社会的行为的性质及其对社会的危害程度的各种事实因素。二是行为主观方面的因素。包括表明支配危害行为的罪过心理的存在及其程度的各种事实因素。三是行为人方面的因素。包括表明刑法所要求的承担刑事责任的人身特点存在

---

① 何秉松主编：《刑法教科书》（修订版），中国法制出版社 1995 年版，第 353 页。

② 曲新久：《刑法学》（第 3 版），中国政法大学出版社 2012 年版，第 185 页。

③ 杨春洗、苗生明：《论刑事责任的概念和根据》，载《中外法学》1991 年第 1 期。

④ 参见赵秉志主编：《刑法争议问题研究》，河南人民出版社 1996 年版，第 581 页。

的事实因素以及表明行为人人身危险性的事实因素。

"罪责刑关系"的形成与西方刑法综合主义的影响有着离不开的关系。在综合主义同时强调报应正义与功利预防的背景下,我国"实践部门和刑法理论界都认识到刑罚必须有犯罪预防目的和犯罪预防功能,而累犯等所征表的人身危险性即再犯危险性不能纳入'所犯'罪行之中",因而"我们的刑法理论便用'责'字插入'罪'与'刑'之间而为人身危险性提供一个'寓所'或指明一个去处"①。"罪责刑关系"固然体现了刑法理论的中国特色,然而该体系也因存在一些不如人意之处而遭到攻讦。一方面,在"罪责刑关系"下刑法的基本原则是"罪责刑相适应",罪责刑相适应原则的基本含义为:"犯多大的罪,就应承担多大的刑事责任,法院也应判处其相应轻重的刑罚,做到重罪重罚、轻罪轻罚、罪刑相称、罚当其罪;在分析罪轻罪重和刑事责任大小时,不仅要看犯罪的客观社会危害性,而且要结合考虑行为人的主观恶性和人身危险性,把握罪行和罪犯各方面因素综合体现的社会危害性程度,从而确定其刑事责任程度,适用相应轻重的刑罚。"②对此有学者指出,这一解释在强调"就应承担多大的刑事责任"和"确定其刑事责任程度"之后,罪责刑相适应还是走向了"重罪重罚,轻罪轻罚,罪刑相称,罚当其罪"即罪刑相适应,那么其中的"责"就难免画蛇添足了。③ 另一方面,有学者指出,"罪责刑关系"中的罪应指已然之罪,即此处的罪行是行为对社会造成的客观危害,即行为的社会危害性,其与人身危险性是两个不同的范畴。但在某些场合,罪责刑相适应理论却将人身危险性强行拉入社会危害性之中,这将导致的是,在某些案件中社会危害性即指罪行,而在某些案件中,社会危害性是罪行与人身危险性的统一,从而势必导致定罪的双重标准并使得理论内部自相矛盾。④

由于我国《刑法》总则第二章第一节"犯罪和刑事责任"的标题,加之如上所述《刑法》第 15 条和第 17 条相互之间的矛盾。一方面,如果将刑事责任视为构成犯罪的一个因素,则刑事责任应当属于认定犯罪的条件,但此时的刑事责任只有"刑事责任年龄"或"刑事责任能力"的注解,而不能将其解释为犯罪的后果或承担犯罪后果的刑事责任承担方式或实现犯罪后果的刑事责任形式。另一方面,如果将刑事责任视为承担犯罪后果的一种刑事责任承担方式,那么刑事责任就应当是与犯罪对等或交换的一种基本概念与范畴,二者的位阶是一种平等、对接或互换关系。也可以说,从刑事责任与刑罚的关系来看,刑罚不过是刑事责任的一种实现方式(当然是最主要的实现方式),

---

① 马荣春:《罪刑相适应原则与罪责刑相适应原则之辨》,载《甘肃政法学院学报》2008 年第 3 期。

② 高铭暄主编:《刑法学》(新编本),北京大学出版社 1998 年版,第 30 页。

③ 参见马荣春:《罪刑相适应原则与罪责刑相适应原则之辨》,载《甘肃政法学院学报》2008 年第 3 期。

④ 参见石聚航:《罪责刑相适应理论的批判性解读》,载《贵州警官职业学院学报》2010 年第 6 期。

除刑罚以外,刑事责任还存在其他实现方式,因此刑罚只是刑事责任的下位概念。[①] 由此可见,不仅刑罚和犯罪之间不可能是并列关系,而且刑罚与刑事责任之间也不可能是一种并列关系。然而,"罪责刑关系说"则认为,刑事责任与刑罚是并列、平行关系,这在逻辑上似乎不可能成立,因为在刑罚之外还有大量的与刑罚一样的基本范畴被置于刑事责任概念之下。此外,"罪责刑关系说"虽然也肯定刑事责任是与犯罪、刑罚有区别的独立实体,[②]然而,该学说视刑事责任为犯罪与刑罚的中介,这就使刑事责任失去了实质性的内容,也使刑事责任变成一项空洞的理论。所以,未来的刑法修改一定要重视和厘清二者的关系。

2. 责罪刑关系说

该学说认为,刑事责任是刑法中一个带有根本性的概念,也可以说它是刑法学的主线。从刑法立法角度看,犯罪总是以刑罚或刑事责任为前提,而刑罚或刑事责任是犯罪的最终后果,如果行为人实施犯罪行为后没有刑罚或刑事责任,那么也就不存在刑法意义上的犯罪。不仅如此,刑事责任又是刑罚的前提和基础,没有刑事责任也就不应当受到最终的刑罚处罚。从此种意义上讲,刑事责任是刑法的内在生命,更是刑法学的学科主线。故应当按照"刑事责任—犯罪—刑罚"的逻辑顺序来建构刑法学体系,包括建立《刑法》的总则体系。[③] 在过去,该种学说确有一定的学术市场,故以下稍作分析。

"责罪刑关系说"固然有一定的道理,但此学说仅在刑法立法上才能成立。从刑事司法上看,此学说一是混淆了罪的概念,责的加入就并非与刑罚或刑事责任相对应的罪。二是搞乱了责与刑的基本边界与范畴。相比之下,"罪刑关系说"或"罪责关系说"的逻辑关系更为顺畅,不仅摆正了犯罪、刑事责任与刑罚三者间的关系,而且突出了刑事责任在刑法学学科体系中的独立地位,以及应有的承担刑事责任方式与内容,从而正确反映了刑事责任在刑法学学科体系中的核心地位。

3. 罪责关系说及其未来发展

当然也有学者认为,"在目前刑罚仍是犯罪的主要法律后果的情况下,以刑事责任取代刑罚,条件尚不成熟,而且也无此必要"[④]。本书认为该观点有待商榷。理由有二:(1)犯罪的法律后果,除刑罚之外,还有非刑罚处罚方法、有罪宣告以及赔偿经济损失等。为此,必须概括出一个上位概念"刑事责任",来涵盖承担刑事责任的方式和类型。不能因为"刑罚"目前是犯罪的主要法律后果或主要承担方式,就否认"刑罚"是"刑事

---

① 参见邓崇专:《刑事责任立法之比较研究》,载《法学论坛》2010 年第 5 期。

② 参见赵秉志、吴振兴主编:《刑法学通论》,高等教育出版社 1993 年版,第 316 页。

③ 参见杨敦先主编:《刑法运用问题探讨》,法律出版社 1992 年版,第 26-28 页。

④ 陈兴良:《本体刑法学》,商务印书馆 2001 年版,第 7 页。

责任”的下位概念这一逻辑事实,更不能不顾刑法条文规定中对“刑罚”与“非刑罚处罚方法”、“有罪宣告”和“赔偿经济损失”的并列定位。(2)将刑罚置于刑事责任之中,不仅摆正了刑事责任与刑罚的关系,而且可以使原刑罚论中的某些范畴在刑法学体系中找到其应有的归宿和位置。如关于非刑罚处罚方法的内容,学界一般都是将其放在“刑罚的体系和种类”一章中附带论述。这种处理方法是不恰当的,因为非刑罚处罚方法作为刑事责任的实现方式之一与刑罚是相并列的,二者之间不存在包容关系。只有在刑事责任论中,非刑罚处罚方法等才能够找到自己的本来位置和归属。[①]

所以,就罪责刑关系说而言,其尚不足以全面阐释或解释三者之间的内在关系。未来三者间的关系一定是罪责关系说。从某种意义上说,罪责关系说是“罪刑关系说”的另一种称谓或解释。该学说的核心观点是,虽然在解释罪的概念时,我们主张罪是以“罚”为前提的,但在确认了罪的基本原理之后,犯罪是刑事责任的重要前提,刑事责任是犯罪的法律后果或是犯罪后果的一种承担方式,这也是不容置疑的。刑罚只是刑事责任承担或实现的方式之一,而不是刑事责任承担或实现的唯一方式,此外刑事责任还有其他许多承担或实现的方式,刑罚与非刑罚处罚方法、有罪宣告、赔偿经济损失等承担或实现刑事责任的方式一样,是刑事责任的下位概念。因此,“犯罪—刑罚”的刑法学体系,应改变为“犯罪—刑事责任”的刑法学体系,这样才能澄清犯罪与刑事责任的关系。[②] 笔者对此深表赞同,也正因为如此,笔者十分赞同“罪责关系说”。

可以说,搞清犯罪与刑事责任、刑罚与刑事责任的关系,是确立刑事责任学科地位的关键。从犯罪与刑事责任的关系来看,二者具有内在的统一性,二者是相互平行的概念,或称处于位阶相对应的平等地位。当然,这里的责既要有罪责的概念意识,更要有犯罪的后果即刑事责任承担的阐释。可谓是,二者合二为一,共同对应着犯罪的这一基本概念与范畴,故必须讲清楚。

---

① 参见李晓明主编:《中国刑法基本原理》,法律出版社2005年版,第442页。

② 参见张明楷:《刑事责任论》,中国政法大学出版社1992年版,第149-150页。

第四章　刑法学的学科体系及其建构

所谓刑法学的学科体系，是指构成刑法学科的理论知识体系及其基本原理，包括刑法学的基础理论与理论基础，建构刑法学体系的标准，以及刑法学的基本原理及体系性知识结构等。

一、刑法学的基础理论与理论基础

就某一学科而言，其一般分为基础理论研究和应用研究两部分，而基础理论研究又是应用研究的基础和重要支撑。我国刑法学的基础理论研究起步晚、时间短，如果不重视其基础理论研究，不仅会影响刑法学的学科建设，而且还会影响今后的应用研究及国家的刑法立法决策。更何况有些基础理论本身就有着直接的应用价值，如刑法学中对"罪刑规范"的探讨，本身就涉及能否制定出有针对性的刑法立法及对策方略。因此，立足刑法学的基础理论研究与面向实践的应用研究，同样是动态发展的刑法学科体系不可缺少的重要组成部分和有机整体，二者间的循序递进、能动互馈是刑法学科良性发展的内在规律。没有基础理论作支撑的单纯"应用研究"，不仅是无生命力的、不可存在的，而且必然堕入实用主义的泥坑。[①] 故这里我们就先从刑法学的基础理论和理论基础谈起。

（一）刑法学的基础理论

所谓基础理论是指对某一学科基本概念、基本原理、基本知识或范畴的本体理论研究，是某一学科各个侧面反映出的共性问题，即从宏观上来揭示某一现象的本质及其发展的规

---

① 参见李晓明：《中国犯罪学论纲》，中国审计出版社1996年版，第57页。

律。① 当然基础理论是分层次的,各侧面的理论也有基础理论,但属于较低层次的基础理论。如刑法学中的量刑理论就不单单是应用理论问题,也有它本身的基础理论,像量刑原则与方法的基本原理等均属于定罪量刑的基础理论范畴。故不能认为,一提定罪就是应用研究。只有扎扎实实地研究好刑法学的基础理论,包括与应用接近的基础理论,才能搞好刑法学建设。

当然,刑法学的基础理论是关于刑法学的最一般的理论,也即刑法学专业内的理论本身,包括刑法学的基本概念和范畴、犯罪的成立及其认定原理、刑事责任的分配及其承担等。开展刑法学基础理论研究,对于刑法学的应用研究不仅十分重要,更是不可缺少。其特点表现在:

第一,它研究的是刑法学中最一般和最基本的理论。如刑法学、犯罪成立、刑事责任等基本概念,刑法规范、刑法效力、刑法管辖、刑法基本原则,以及刑法的学科性质及体系等。或许因为这些基本范畴及其观点上的不同,会产生不同的刑法学派及其分支裂变,如行政刑法学、经济刑法学等。因此,研究这些内容对于整个刑法学的理论体系建设极其重要。

第二,它是刑法学各专业或部分研究的基础和根本。如上,刑法学基础理论研究的是刑法学中最一般或最基本的东西,整个刑法学研究,尤其是各专业或部分领域的研究都是建立在基础理论之上的。因此,刑法学基础理论是刑法学各专业或部分研究的基础和根本。

第三,它的研究内容具有不同的层次性或层级性。同其他基础理论相比,刑法学基础理论研究具有自身内容上的不同层次性或层级性。也就是说,刑法学基础理论具有基础理论和专业基础理论之分。基础理论指的是整个刑法学的基本原理,该部分理论是为整个刑法学的研究服务的;专业基础理论指的是刑法学中某一专业或部分领域的基本原理,该部分理论是为刑法学中某一专业或部分领域的研究服务的。可见,刑法学的基础理论并不只是本编研究,在其他各编中也会涉及。为加以区分,也可以将刑法学整体基础理论称作第一层次的基础理论,将刑法学中各专业或部分领域内的基础理论称作第二层次的基础理论或应用基础理论,如“犯罪成立”的基本原理及其要件理论,或许就属于第二层次的基础理论或应用基础理论。

第四,它对刑法学其他领域的研究具有奠基性或指导性作用。任何研究都必须在系统、完整的基本范畴和基础理论指导下进行,没有这种指导,各专业或部分领域研究的深入是不可能的。刑法学也是如此,基础理论对其他方面研究的深入具有基础性和指导性作用,否则其他专业或领域的研究就会失去根基。实践也证明,刑法学的基础

---

① 参见李晓明:《中国犯罪学论纲》,中国审计出版社 1996 年版,第 57 页。

理论学得好,掌握得扎实,对于深化和推动其他领域或部分专业性的研究起着决定性的推动作用。

明确上述特点,对于深刻认识和深入研究刑法学的基础理论是十分重要和有效的。

关于刑法学基础理论层级划分的具体内容:第一层级主要包括刑法、刑法学、犯罪和刑事责任等的基本概念和范畴;第二层级主要包括刑法的制定,刑法规范,刑法立法,刑法解释,刑法效力,刑法原则,犯罪成立,犯罪形态,犯罪罪名,刑事责任承担的方式,刑事责任的裁量、实现、变更、消灭等;第三层级主要包括罪刑法定、罪刑相适应、适用刑法人人平等、犯罪客观要件、犯罪主观要件、犯罪量度要件、共同犯罪、单位犯罪、未完成形态、单位犯罪、一罪数罪、刑罚、非刑罚方法、有罪宣告、保安处分、赔偿经济损失、量刑情节、减刑、假释、盗窃罪、诈骗罪、抢劫罪等;第四层级主要包括犯罪行为、犯罪情节、犯罪数额、犯罪要素、危害程度、正当防卫、紧急避险、犯罪预备、犯罪未遂、犯罪既遂、犯罪中止、实质的一罪、处断的一罪、管制、拘役、有期徒刑、无期徒刑、死刑、罚金、剥夺政治权利、没收财产等。当然,这些内容只是对刑法学不同层次基础理论和基本范畴的大致列举,有的划分也未必精准和合理,只是一种初步划分或展现。

(二)刑法学的理论基础

理论基础与基础理论不同。后者是指专业内的基本理论,如基本概念、基本观点、基本范畴、基本知识、基本规律等;前者则是指某专业或学科的理论根基,其虽然与某专业或学科有关,但不属于专业内的理论,而是支撑该专业或学科的基石或支柱。正如毛泽东同志所说,"指导我们思想的理论基础是马克思列宁主义"①。实质上许多专业领域或学科都要以马克思主义理论作为基石,但它并不是基础理论,基础理论是专业或学科内的东西,理论基础是指导专业基础理论的思维,其或许是哲学层面和方法论的东西,是具体专业理论的基石或支柱。没有基础理论作依托,任何实用性的对策及其效益都是短暂的,甚至是盲目的。但没有理论基础作指导,任何基础理论都将失去支撑。刑法学的理论基础包括:

一是哲学思辨的方法。显然,哲学思辨属于一种哲学思维方法,是方法论的东西。所谓思辨是指从概念到概念或从范畴到范畴,是一种纯理性范围内的演绎。如上,法律规范包括刑法规范,其中一个非常重要的规范就是概念,可以说法律规范是由无数个大大小小的法学概念组合而成的。所谓哲学思辨是通过抽象的理性思考,推理或推演、论证的逻辑过程,从而得出哲学结论。一般认为,哲学是世界观和方法论的统一。虽然哲学中的辩证思维与逻辑思维具有矛盾性,但世界万物又需要经过辨识,也即只

① 《毛泽东选集》(第6卷),人民出版社1999年版,第350页。

有经过辨识才能区分物与物之间的差别。也就是说,万事万物要用辩证的眼光来分析,只有如此方能最终分辨清楚物与物、事与事间的区别和联系。换句话说,这一辨识过程以及辨识能力的提高会促进和推动人们的认知水平,从而准确识别或判定万事万物及其相互间的联系。所以,在辩证与逻辑的矛盾中,或许辩证逻辑就成为了例外。所谓辩证逻辑一般是指通过抽象的概念、判断和推理过程,使发生于思维中的抽象形式作出对事物的分析与判断,最终反映出事物的本质。其中,差异性思辨和排斥性思辨对刑法学研究而言是重中之重,甚至是方法论中的核心。前者即求异分析:一是表现在对立面双方间的相互对立性上,具体体现为两个事物双方相互分离和对立的性质与趋势;二是表现在对立面双方间的相互差异性上,具体体现为两个事物双方相互区别和限制的性质与趋势。后者即本质分析,一是表现在存在差异的双方间的相互排斥、相互冲突和相互反对性上,二是表现在存在差异的双方间的相互作用、相互分离和相互抗争性上。这些都应该与罪与非罪、此罪彼罪、既遂未遂等许多方面的认定与逻辑推演相互一致,所以思辨的方法也应当是刑法学理论研究与刑事司法实践中极其重要的哲学方法。

二是系统分析的方法。系统的方法也即系统科学的方法,按照著名科学家钱学森的说法,系统科学的结构是哲学(辩证唯物论)、系统科学哲学(系统科学辩证法、方法论、认识论等)、基础科学(简单巨系统学、开放复杂巨系统学)、技术科学(信息学、控制学、运筹学、事理学、博弈学)和工程技术(系统工程、控制工程)等。一般认为,系统分析方法是一种满足整体、统筹全局、把整体与部分辩证地统一起来的科学方法,它将分析和综合有机地结合,并运用数学语言定量地、精确地描述研究对象的运动状态和规律。该种方法是以系统的基本认识为依据,应用系统科学、系统思维、系统理论、系统工程与系统分析等方法,用以指导人们研究和处理研究对象的一种科学方法。它是从系统的观点出发,在系统与要素、要素与要素、系统与外部环境的相互关系中揭示对象系统的系统特性和运动规律,从而最佳地处理问题。[①] 其中,系统工程是为了最好地实现系统的目的,对系统的组成要素、组织结构、信息流、控制机构等进行分析研究的科学方法。[②] 具体来讲,它是指为达到某一系统内的最佳预定目标,从整体上对该系统的结构、组成要素、信息传输、控制机制等进行分析、设计、规划、管理、评价和控制,以实现其最优效果的分析技术。其特征表现在:(1)目标性特征。这是由某一具体工作任务和最终目的决定的。(2)整体性特征。这是由系统工程的基本原理和所依据的科学理论决定的。(3)科学性特征。这是由系统工程的科学立论所决定的。(4)层次性特

---

① 参见叶立国:《系统科学方法探赜》,载《中国石油大学学报(社会科学版)》2014 年第 1 期。

② 参见李昀:《主流系统工程手册研究分析》,载《科技创新导报》2018 年第 20 期。

征。这是由该工程的内部结构所决定的。(5)优化特征。这是由系统工程本身的功能所决定的。我们知道,任何系统工程的最终目的和目标,都是通过其工作过程建立某一系统的模型群,以求得该系统的工作在方法上最优和效果上最佳。这就是系统工程的优化性特征。了解这些特征,不仅对于我们深刻认识和研究系统工程理论具有积极意义,而且对于研究整个刑法大系统也极具借鉴价值。

三是类比逻辑的方法。类比是一个多义词,在古希腊语中类比的原意是表示比例。后来它被赋予了多种含义,有时表示两个对象之间的类似、相符或有同样的关系,有时又指修辞中的比喻;形式逻辑中是指一种推理形式,研究方法中所讨论的类比是指类比思维和类比推理。故所谓类比逻辑方法就是指通过两个(或两类)不同现象的比较,找出其在某一方面的共同点、类似点或相联系的地方,并据此把其中某一对象的有关知识或结论推移到另一对象中去,从而获得对后一对象的全新知识的逻辑方法。① 这里我们想从类比方法的作用、形式和实例等三个方面,对刑法学的相关理论及研究中的问题作些分析。其作用在于:(1)具有启发思路、触类旁通的作用。尤其是类比方法能够给刑法学提供新的研究方向,如类比其他学科的设立,融会贯通地进行刑法学的学科构架与创新。正如康德所说的那样:"每当理智缺乏可靠论证的思路时,类比这个方法往往能指引我们前进。"②(2)是提出科学假说的一条重要途径。不仅自然科学,社会科学包括法学也同样如此。想必刑法学在不远的将来,也会自然而然地加入这一思维行列,并运用科学假说来完成自身建设的使命。(3)具有取得重大科学发现与发明的作用。同样,在刑法学的创建中,类比设想与设计也会发挥重要作用。(4)具有了解过去、预测未来的作用。当然我们也完全可以运用类比方法,来科学推测刑法学在未来国家立法中的独立地位与作用。(5)是促进学科交叉、知识整合的重要手段。尤其表现在将不同知识领域进行类比或将邻近学科进行类比,可产生具有重要意义的新的学科和知识领域,如行政刑法学、网络刑法学或数字刑法学的建立等。类比方法固然在科学研究中有着十分重要及可贵的作用,但其也有着自身不可克服的局限性。也就是说,由类比推理所得到的结论不一定都是可靠的。而且关于它在逻辑推理中的地位众说纷纭,有人把类比法并入归纳法(如狄德罗、穆勒、金岳霖),有人则把它并入演绎法(如斯宾塞、洛斯基、巴克拉节),还有的人把类比法当作归纳和演绎的依次相继结合(如亚里士多德)等③,故其在逻辑方法的归属上较为混乱。之所以出现上述分歧,主要是因为类比法也是一个在本质上与归纳法、演绎法不同的方法,这一点也许和臻

① 参见应发宝、田玮:《管窥物理科学(思维)方法的教育》,载《物理教学》2017 年第 2 期。

② [德]康德:《宇宙发展史概论》,上海外国自然科学哲学著作编译组译,上海人民出版社 1972 年版,第 147 页。

③ 参见刘仲林:《科学创造性思维中的逻辑》,载《中国社会科学》1983 年第 2 期。

美推理的处境是相同的。有人认为,“把类比法和臻美法归为一个大类型更为合适。这不仅因为二者在推理方式——从一般到一般,从个别到个别有形式上对称的优美,而且两者在结构上也是非常相似的”①。综观这些观点,也许我们会隐约发现,逻辑学家避而不谈的一个问题,就是世界上的事物成千上万而人又是怎样抓住其中的两个事物进行类比的呢?正如弗格拉希指出的:“我们对那些在时间和空间上距离我们无限遥远、并且似乎不可能在质上和量上进行比较的现象,进行在科学方面富有成果的类比推理,其根据是什么呢?形式逻辑不能回答这个问题。”②美学家李泽厚也曾指出:“类比作为人类所特有的心理功能,还未有充分的估计与研究,其实,所谓非逻辑演绎、非经验归纳的‘自由’创造的能力,与此密切相关。它是机器和动物所没有的。这表现在日常生活(如语言)中、科学认识中,突出表现在艺术创作中,是所谓‘天才’的标记之一。类比不简单是观念间的联系,它涉及情感、想象等多种心理功能。”③其实,类比方法是可以自成体系的,其有着自身独特的研究视角,这一点完全可以在行政刑法研究中找到其影子与答案。所以可以断言,“从个别到个别”的类比推理在刑法学研究中显然应有其一席之地,甚至大有用武之地。

四是刑法哲学方法。在立法与司法实践中,我们会逐渐地发现,解决某个具体法条或案例的关键还是在于理清刑法体系,包括立法体系与司法体系及其内部关系,但要从根本上解决这些问题尚需到刑法哲学或刑法立场上去寻找方法与答案。如“误把白糖当作砒霜”的教科书经典案例,实际上是一个哲学方法或刑法立场问题,按照客观主义刑法观或“结果无价值”,尤其把白糖说成“工具不能犯”,完全是一种无罪的思路与推演,似乎非常符合逻辑与道理。但按照主观主义刑法观或“行为无价值”,则也可以推演出另外一种完全相反的结果,即行为人具有毒死他人的主观罪过且实施了投放“砒霜”(砒霜被他人中间换掉,行为人根本不知道是白糖)的行为,犯罪主体完全具备,唯一情况是白糖最终不可能把被害人毒死。此种情况下显然行为人具备了全部的犯罪成立要件,只是由于意志以外的原因而未能得逞,当然属于“未遂”,如此应当比照既遂从轻或者减轻处罚,又怎么能认定无罪呢?由此可见,只有准确界定、选择或把握了刑法哲学与刑法立场,才能最终解决这些刑法立法与司法中的难题。故刑法哲学并不单纯地局限于理论层面的讨论,它的价值还体现在对司法实践活动的指导和应用上。④当然,对于刑法哲学的界定,国内外学者没有统一的认识。美国学者胡萨克的《刑法哲学》并未论及“刑法哲学”的概念,从书中关于刑法哲学的论述内容看,更多是把“刑法

---

① 刘仲林:《现代交叉科学》,浙江教育出版社 1998 年版,第 414 页。

② [匈]弗格拉希:《逻辑学》,刘丕坤译,生活·读书·新知三联书店出版社 1979 年版,第 306 页。

③ 刘仲林:《现代交叉科学》,浙江教育出版社 1998 年版,第 415 页。

④ 参见郭倩:《刑法哲学的界定》,苏州大学 2015 年硕士学位论文,第 1 页。

哲学”作为一种刑法思想进行表述，显然归入的是刑法理论的基本范畴，而刑法理论当然是刑法学专业范围内的范畴，应当属于“刑法学基础理论”，而非“刑法学理论基础”。而陈兴良教授曾指出：“刑法哲学，又称为刑法法理学，是对刑法所蕴含的法理提升到哲学高度进行研究的一门科学。刑法哲学作为刑法学的基础理论，对于刑法学的深入发展具有重大意义。”①由此可见，这种阐述上的“刑法哲学”仍然没能超越刑法学的专业范畴，也即停留于刑法学基础理论的范围与层级。虽然大家都以“刑法哲学”作为与“刑法一般理论或范畴”的区别点，但这种界定也属于刑法学科的范畴，严格来讲并非真正意义上的“刑法哲学”。西南政法大学的文正邦教授在其《西方刑法哲学发展趋向评析》一文中指出：“所谓刑法哲学，就是人们研究和思考刑法最一般理论问题时所持的世界观和方法论，以及由此得出的一些根本观点和总的看法。”②可见，“刑法哲学”被作为一种世界观和方法论才具有“哲学味道”，也即真正以哲学方法探讨刑法的基本问题，并由此得出的观点才属于“刑法哲学”。毋庸置疑，文正邦教授的这一界定使得刑法学的基础理论与理论基础及刑法哲学区别开来，但这种以哲学方法适用的特点如何使“刑法哲学”进一步独立为分析和论证刑法的“世界观”呢？仍需要刑法学者包括法理学者乃至哲学学者付出艰辛的努力。虽然我国古代早就有“以德配天”“德主刑辅”“礼崩乐坏”的论述与主张，但在我国真正的现代“刑法哲学”思想或许萌生于中华民国，抑或转型于1949年后中华人民共和国社会主义刑法学的创立与发展，甚至勃兴、繁荣于20世纪90年代末的兼收并蓄西方刑法学哲学思想的历史聚变过程中。其切入点集中在对于刑法学调整对象的研究上，也即对犯罪与刑罚的关系即“罪刑关系”的探讨，这些内容不仅萌发着犯罪哲学与刑罚哲学③的元素与思维，甚至投射着罪与罚的抽象“辩证思维”及其关系。“刑法哲学在当代中国勃兴以来，在比较研究、拓宽视野，转换视角、理性审视，科学批判、合理借鉴的基础上，通过对刑法的广普价值、一般功能以及基本犯罪观、刑罚价值、功能等诸多本原性问题的追问和探讨，厘清了中国刑法的诸多应然性问题，初步形成了具有中国特色的刑法哲学研究体系，并对当代中国刑法、刑法学的完善和发展发挥了重要作用。”④如上，我国刑法哲学发展至今也大多停留在对刑法学总论与分论基本范畴的哲学剖析与探讨上，并未形成对抽象意义上“刑法哲学”的全方位真正探讨。如邱兴隆教授的《刑罚理性导论——刑罚的正当性原论》一书，可

---

① 陈兴良：《论刑法哲学的价值内容和范畴体系》，载《法学研究》1992年第2期。

② 文正邦：《西方刑法哲学发展趋向评析》，载《四川大学学报（哲学社会科学版）》1992年第1期。

③ “犯罪哲学”的概念至今没有人正式提出，笔者只不过在几十年的犯罪学教学中一直提及“犯罪哲学”的命题，并鼓励后辈潜心思考和研究，但至今尚未有人写出该方面的文章。“刑罚哲学”早在20世纪90年代就由邱兴隆等教授提出，参见邱兴隆：《刑罚理性导论——刑罚的正当性原论》，中国政法大学出版社1998年版。

④ 赵秉志、魏昌东：《当代中国刑法哲学研究述评》，载《中国法学》2006年第1期。

谓一部极具学术价值的刑罚哲学专著,他以逻辑演绎为基本方法,揭示了刑罚的报应性是社会报复、道义报应与法律报应的统一,刑罚的功利根据是一般预防与个别预防的统一,进而阐明了刑罚的报应性与功利性的同一性、差异性与对立性,立足于个人与社会、客观与主观、手段与目的的辩证关系,深入论述了刑罚的正当性在于报应与功利的辩证统一。我们暂且不去评论邱兴隆教授的刑罚哲学思想,其最大的学术价值就是使得刑罚理论独立成体系,使刑罚哲学成为刑法哲学的一部分而脱离了刑法理论体系。其刑罚哲学思想也使得学界重新认识刑罚,并对刑罚的改革产生了深刻的影响,其中之一就是对刑罚价值认识的改变。赵秉志教授主编的《刑法学研究总整理文库》将刑法学各个重要问题的有关内容分别编辑成册,集合了众多刑法哲学问题相关文献,其中包括对于中国刑法哲学发展历史的梳理、对当代中国刑法哲学研究基本状况的分析,以及刑法哲学基本问题的相关论文。《刑法学研究总整理文库》使得我们能系统地了解中国刑法哲学的发展,对于刑法哲学的基本问题有一个更为具体的了解,例如刑法基本价值、刑法哲学的基本范畴、罪刑关系问题等。陈兴良教授的《刑法哲学》可以说是目前看到的唯一一本以"刑法哲学"命名的具有完整理论体系的我国刑法哲学专著。他对"刑法哲学"的理论研究自成体系,打破了以往学界对刑法哲学问题的阐述方法,并引发了学界对刑法哲学的思考,具有重要的学术价值。而他的《走向哲学的刑法学》也是关于对刑法学和刑法哲学的思考的论著。这一书名概念的提出使有些学者产生了一个最基本的学术联想:刑法哲学是刑法学的哲理化还是哲学上对刑法的推敲?前者是刑法理论问题,后者则是哲学问题。[①] 毋庸置疑,不要说再深的学问,即便从中文的语法语词及偏正结构上,也能够得知"刑法哲学"重在哲学,而非重在刑法。故在上述意识的刺激下,学界又开始重新反思"刑法哲学"应当如何界定,也即什么样的理论研究才是真正或实质意义上的刑法哲学。有学者认为,刑法哲学并不是法学学科内基本理论的简单糅合,它是有自己研究对象和研究方法的哲学学科。刑法哲学包括两部分的内容,即罪的哲学和罚的哲学。[②] 由此可见,刑法哲学并非哲学意义上的刑法或法学,而是以刑法为研究对象从世界观与方法论上探讨犯罪和刑罚本源问题的"罪与罚"的哲学,如此界定才追踪到根源,找到其出处。只有对刑法哲学进行准确界定,才能从刑法基本理论的桎梏中解脱出来。

五是实证哲学方法。自人类以降,刑法学在漫长的历史进程中,经受着各种哲学思潮的冲击和洗礼,其中资产阶级启蒙思想和实证主义哲学对刑法学的发展产生的影响最为深远。受前者影响,诞生了刑事古典学派;受后者影响,诞生了刑事实证学派。

---

① 参见郭倩:《刑法哲学的界定》,苏州大学 2015 年硕士学位论文,第 7 页。

② 参见郭倩:《刑法哲学的界定》,苏州大学 2015 年硕士学位论文,第 23 页。

两大学派交相辉映，构成了刑法基础理论，共同推进刑法学的发展。[①] 19世纪，实证主义哲学风靡西方，以此为方法论不仅德国刑法学界构建了古典犯罪论体系，而且随着实证主义受到的抵制以及新康德主义的兴起，古典犯罪论体系的实证根基开始动摇。虽然此时仍保留有完整、浓厚的实证主义风格，但随后的新古典犯罪论体系则彻底贯彻了新康德主义的哲学思想，逐步完成了对古典犯罪论体系的扬弃和改造。以实证主义哲学作为理论基础，意大利犯罪学家菲利将实证方法引入犯罪学，创立了自己的“犯罪社会学”理论体系。在对犯罪原因的分析上，他在否定古典学派的自由意志选择的基础上，提出了犯罪因素三元论；在对犯罪现象的分析上，提出了犯罪饱和理论；并在把社会防卫作为刑罚目的的基础上，提出了一系列的社会防卫措施。[②] 可见，实证主义哲学在历史上对刑法的研究与进步意义深远。那么，在今日的刑法学研究中还需不需要实证主义方法呢？回答是肯定的。不仅在千千万万个判决和案例分析中需要实证分析的哲学方法，甚至在立法、司法实践对罪的认定和量刑的计算中，包括立法和司法实践对各个罪名间法定刑的研究与平衡中也需要实证哲学与方法。因此，实证哲学及其方法是刑法学研究至今不可缺少的重要工具，非常值得重视与借鉴。

诚然，作为刑法学理论基础的重要内容也不止以上五个方面，特别是其与刑法学基础理论间的划分也并非一件易事，在此处是想引起学界的高度重视，并予以深入研究。

二、建构刑法学科的基本标准

有学者根据建立学科体系基本要素的需要，提出了建构刑法学科体系的四大标准，这就是学科的研究对象、学科的基础理论、学科的研究方法和学科的基本结构。[③] 可以说，这些标准是一个学科建设不可缺少的要素。但随着学科的发展，除上述四个标准外是否还有其他标准呢？回答是肯定的，比如，一个学科建设的“立足点”或称“研究视角”或“立场”，显然也是现代刑法学科建设理应考虑的重要标准之一，故这里再补充一个标准，这就是“独特的研究视角”标准。这样就组成了构建现代刑法学科体系的“五大标准”。

标准之一：研究对象寻找得是否正确、全面。其实，该问题前述已论及，刑法学的研究对象不仅仅是学科范畴本身，也即不能只简单地表述“刑法学就是研究刑法的”。

---

① 参见王恩海、祝菁：《实证主义思潮对刑法学的影响》，载《河南理工大学学报（社会科学版）》2005年第1期。

② 参见张铮男：《实证哲学影响下的实证派犯罪学——菲利犯罪社会学思想评述》，载《河南公安高等专科学校学报》2008年第3期。

③ 参见陈兴良：《刑法哲学》（修订版），中国政法大学出版社1996年版，第656页。

而且一个学科的研究对象也不仅是该学科存在的基础，更是该学科及其体系的主线。因此，抓住了刑法学的研究对象也就抓住了刑法学的学科主线。换句话说，研究对象确定得是否正确、全面，对刑法学理论体系的合理性建构具有决定意义。除刑法学的本体理论外，刑法学的研究对象主要包括“犯罪”和应承担的“刑事责任”(过去称“刑罚”)及其“相互关系”。从某种意义上讲，这三个研究对象也决定了刑法学科主线的确定，即“罪刑关系”或“罪责关系”。

标准之二：基础理论建构得是否可靠、扎实。实践告诉我们，任何研究都离不开基础理论作指导，没有基础理论铺路，任何专业或应用研究都不可能取得成功。因为基础理论是基石，基础不牢则体系必然松垮。很难想象，一个没有可靠基础理论的学科将来会有什么发展。但应注意基础理论和理论基础的区别，前者是专业内的东西，后者是专业外的东西。

标准之三：研究方法使用得是否科学、有效。研究方法“是用来发现真理的工具”①。可以说，它是建立任何学科体系大厦的脚手架。当然，刑法学科体系也离不开科学研究方法的助力，没有其的参与与催产，刑法学科的体系架构及其根基很难牢固。根据刑法学的特点，其研究方法不可能是单一的而是综合的，主要包括历史的方法、比较的方法、思辨的方法、实证的方法、注释的方法、哲学的方法等。当然，一把钥匙开一把锁，得法者“事半功倍”，不得法者“事倍功半”。所以，进行刑法学科体系建设必须重视和加强对其研究方法的运用。

标准之四：基本结构设计得是否科学、合理。选择的学科体系要素是否精当，尤其是基本结构设计得是否科学合理，是构建刑法学科体系的重中之重。那么，刑法学科体系究竟包括哪些要素呢？如在理论层面主要有立法论、犯罪论、刑事责任论，在操作层面主要有解释论、定罪论、量刑论、行刑论等，究竟哪些要素可选、可用，或这些要素如何衔接、配置均是建立刑法学科体系必须科学合理解决的问题。否则，学科就会失去有序性和生命力。

标准之五：研究视角选择得是否独特、明确。如上，刑法学科的研究对象之一就是“犯罪”，包括犯罪学、刑事政策学、刑事侦查学、犯罪心理学等都是研究犯罪的，这样就出现了同一研究对象许多学科研究的冲突。显然，这就为学科建设提出或增加了一个新的标准：研究视角。也就是说同一个研究对象，假如研究视角不同，或许就构成了不同的学科。当然，刑法学是从规范意义上研究犯罪后应给予什么处罚的学科，而非像犯罪学那样研究犯罪原因和对策，以及刑事政策学那样研究治理犯罪的总策略，还有犯罪侦查学那样证明谁是犯罪人等。

---

① [德]康德：《未来形而上学导论》，庞景仁译，商务印书馆 1982 年版，第 4 页。

了解上述五个标准，尤其深刻认识这些标准间的相互关系，对于构建科学、合理的刑法学科体系或理论建构均是十分有益的，而且是必不可少的。

三、历史上的刑法学科体系及评价

纵观刑法学的研究史，曾先后出现过四种典型的刑法学学科体系模式，这就是行为中心论、行为人中心论、社会防卫中心论和社会危害中心论，此外还有并合论、人格论和人权防卫中心论等，虽然这些学科体系都以"罪刑关系"为主线，且在历史进程和内容演变上也呈现发展和进步态势，但就其犯罪论与刑罚论两个基本范畴结构及其相互关系而言，其内容范围的呆板性、孤立性并没有实质或根本性改变，故值得进一步深入研究和分析。

（一）行为中心论的刑法学科体系

这一学科体系是刑事古典学派建立的。他们从犯罪的最直观形态——犯罪行为入手，前溯犯罪人的主观心理，后顾犯罪行为的危害结果，剖视犯罪行为与犯罪人的主观心理联系，得出犯罪行为在主观上是犯罪人自由意志的产物，在客观上有害于社会的结论，[①]并以此建立起行为中心论的刑法学科体系。在犯罪论上，一是从犯罪人的角度提出一切犯罪都是应受刑罚惩罚的行为；二是从社会的角度提出一切犯罪都是应受刑罚遏制的行为。在刑罚论上，一是从犯罪行为是犯罪人主观恶性的体现出发，提出刑罚的目的是对犯罪之恶的回复与报应；二是以犯罪行为是犯罪社会危害之导因为基点，得出刑罚的目的是预防犯罪的结论。并从上述犯罪与刑罚的这种联系上推导出了"有罪必罚、无罪不罚"的刑法原则，即"罪刑相适应"原则。从此完成了以行为中心论为主线的刑法原则论—犯罪论—刑罚论的学科体系。

需要指出的是，在这一学科体系建立中，刑事古典学派内部又分为两支：一是以康德、黑格尔等人为代表的报应主义；二是以贝卡里亚、费尔巴哈等人为代表的功利主义。特点是：

1. 在研究对象上。从表面上看，行为中心论学科体系是以刑法为研究对象的，似乎无懈可击。可仔细考察不难发现，在从什么角度研究刑法上，不同的学派之间存在严重分歧。双方虽然都以犯罪和刑罚为研究对象，但以康德、黑格尔为代表的报应主义者注重的是已然之罪，由此便推演出了必须实施报应刑的结论，而且必然使刑法原则扎根于已然犯罪之中；以贝卡里亚、费尔巴哈为代表的功利主义者注重的是未然之罪，由此便推演出必须实施功利刑的结论，而且必然使刑法原则扎根于未然犯罪之中。应当肯定的是，行为中心论者不仅对犯罪与刑罚分别进行研究，而且研究二者间的相

---

① 参见陈兴良：《刑法哲学》，中国政法大学出版社 1996 年版，第 659 页。

互关系,这是十分可取的。但不同的行为中心论者并非对完整意义上的罪刑关系进行研究,而是将刑法学的整体对象人为地割裂开来,由此导致了其在刑法学研究对象上各执一词,最终导致各自在基本理论上的片面性。

2. 在基础理论上。由于报应主义和功利主义在刑法学研究对象上各执一端,其在基础理论上也必然各有所依。二者虽然都承认犯罪与刑罚均是恶,但报应主义者是从社会公正观念出发,主张恶有恶报、以恶报恶;而功利主义者则从预防未来角度出发,主张以恶去恶、以恶制恶。可见,二者的基础理论依据有所不同。应当说,报应主义者强调人作为目的的价值,主张社会的公正性是无可厚非的,但只追求公正性不是刑法的全部功能或唯一目标,而要通过以恶报恶使人们意识到刑法的公正性,从而使人们普遍遵守刑法,不违法犯罪,最终达到以恶制恶的目的。功利主义者从社会客观需要出发,主张以恶制恶同样无可厚非,也接近刑法作为治理社会手段的真谛,但如果把刑罚的正当性仅仅奠基于排除更大的恶这一命题上,必然导致用刑施罚的不公正,甚至导致刑及无辜和轻罪重罚的后果。可见,二者这种得之公正、失之功利或得之功利、失之公正的思维均有片面性,无法使刑法学科体系科学化。

3. 在研究方法上。人们当然要问:行为中心论者为什么在研究对象和刑法学基础理论的确立上均存有偏颇或片面呢?很显然,这主要是其孤立片面的研究方法所导致的。因为他们只看到公正与功利之间的对立性,而忽视了二者之间的同一性,即看不到公正对功利追求的制约与功利追求是公正的价值所在两方面的互补与统一。由此导致了他们是用孤立的静止的观点去分析和解决问题的,而不是用联系和发展的观点去分析和解决问题的。

4. 在结构要素上。实事求是地讲,行为中心论刑法学体系的逻辑结构是无可非议的。但用当今的现代刑法观念与理论来衡量,其研究对象中缺少了刑事责任要素。退一步讲,即便理论基本要素组合得合理,也并不完全意味着整个理论体系的科学完美,因为合乎逻辑的结构虽然是理论体系科学性的最起码要求,但科学性绝非逻辑性的代名词,而是有着更深刻、更高层次的提升与追求。由此可见,合理的逻辑结构和要素丝毫不影响对行为中心论刑法学科体系权威性的质疑与客观评价,所以追求刑法学的科学性、完备性是十分必要的。

5. 在研究视角上。报应主义和功利主义研究的刑法立场或立足点均太偏激,前者只立足于"报应"或"惩罚"基点上,只顾一点不顾其余;后者同样只立足于"功利"或"预防",也不全面。由此导致了对"犯罪行为"在研究和认识角度上的偏颇,最终必然出现问题和不足。

(二)行为人中心论的刑法学科体系

由于行为中心论刑法学科体系所固有的缺陷,其在历史上其必然被新的刑法学体系所替代，这就是行为人中心论刑法学科体系的建立。该学科体系以刑事实证学派为基础，运用统计分析、个案调查等实证方法，剖析犯罪的成因，得出犯罪并非犯罪人自由意志的结果，而是一定生理或社会因素必然产物之结论，从而否定了行为中心论核心理论命题的自由意志论，并以此展开了同行为中心论的全面论战。他们认为，既然犯罪不是犯罪人自由意志的结果，那么犯罪便不是应受刑罚惩罚的行为，进而刑罚对他们的威慑也无法实现，如此实证学派便完全否定了刑事古典学派所确立的犯罪论。同样，既然犯罪不是自由意志的产物，那么其也并非一种恶，因此以“恶有恶报”为由对其进行刑罚惩罚是没有任何根据的，进而犯罪人也不会畏惧刑罚，从而又否定了刑事古典学派关于刑罚的目的是报复或一般预防的刑罚论。当然也从根本上否定了已然之罪同报应刑间的报应关系和未然之罪同防卫刑间的功利关系，以及“有罪必罚”和“罪刑相适应”等刑法原则和理论，且在此基础上建构了实证学派自身的刑法体系。他们认为，犯罪是一种社会疾病，而犯罪人则是该社会疾病的病原体。如同治病须先诊断病因一样，根治犯罪必须先探究犯罪原因并寻找病原体。因此，他们以犯罪人的生理特征为基础建立了“天生犯罪人论”的罪因体系，并取代了行为中心论的犯罪论体系。同样，既然犯罪是一种疾病，那么为免遭传染或侵害社会，就应当采取隔离和矫治措施，因此便建立了“因人施罚”和“隔离矫正”的刑罚体系，并以此取代了刑事古典学派的刑罚论体系。当然，他们又以刑罚与犯罪是矫治与被矫治的关系为基础，提出了对症下药的“刑罚个别化”原则，即“犯罪与犯罪人的人身危险相适应”的原则，并以此取代了刑事古典学派所提出的“罪刑相适应”的原则。

1. 在研究对象上。从表面上看，行为人中心论虽然实现了刑法学研究对象上的统一，但事实上该统一是建立在对“罪刑关系”歪曲与肢解基础之上的。也就是说，行为人中心论对行为中心论报应关系的公正性以及对一般预防关系的否定是错误的，如果说行为中心论在刑法学研究对象上只看到“罪刑关系”中报应与功利对立性的一面，而忽视了其同一性的一面，从而导致了片面性；那么行为人中心论则只保留了“罪刑关系”的半个命题——功利主义中的个别预防关系，而否定了其另一半命题（报应与公正），从而把这种片面性再次推向了极端，最终导致了更加偏激的刑法学理论体系，这是无论如何不能容忍的。

2. 在基础理论上。行为人中心论刑法学科体系所依据的基础理论是“天生犯罪人论”。他们认为，犯罪人在生理、心理或体质等方面具有天生的不同特质，这些人具有天生的犯罪倾向。很显然，这个命题是十分荒谬的。他们认为，人的生理特征决定了犯罪的不可避免性。另外，行为人中心论反对犯罪人有自由意志一说。并认为，犯罪与犯罪人的意志毫无关联。菲利指出：“我们不能承认自由意志。因为如果自由意志仅为我们内心中存在的幻想,则并非人类心理上存在的实际功能。”[①]而事实上,人的自由意志是客观存在的,犯罪人也不例外。尽管不良的社会环境是犯罪的客观原因,但这种客观因素必须通过犯罪人的主观意志才能发挥作用。否则,无法解释同样环境下有些人犯罪,而有些人不犯罪的客观现象。也就是说,对于外界的影响,犯罪人在主观上既可以接受,也可以不接受。只有基于这样的认识,才能科学地解释为什么同样环境下有些人犯罪而有些人不犯罪。再有,行为人中心论的“人身危险性”观点容易刑及无辜,置人的权利与尊严于不顾,从而陷入只要目的正当就可以不择手段的泥潭。因此笔者认为,行为人中心论刑法学科体系的基础理论也是无法周全、站不住脚的。

3. 在研究方法上。我们知道,行为人中心论者是以实证主义为其方法论体系的。应当说,实证主义是19世纪欧洲的一个颇具影响力的哲学派别,刑事实证学派便是这种哲学思潮在刑法学领域的反映,它反对用纯理性的逻辑来抽象地研究犯罪与刑罚问题,主张用数据和实验来研究犯罪症状。相较于刑事古典学派的纯理性推演,实证学派所得出的结论往往更令人信服,但纯粹实证方法也具有其自身的局限性。表现在:一是并非所有犯罪问题都可通过直接观察和实验方法就能够得以解决,不可能完全离开演绎和推理;二是一次性的观察与实验所得出的结论只适用于特定的对象范围,环境与条件的改变容易改变结论;三是该种方法也存有片面性和偶然性,因为任何事物都有一定的特殊性和周围因素的可变性。如龙勃罗梭用实证主义方法得出了“天生犯罪人论”的错误结论等,遭到了学界的一致批判和反对。加之,刑事实证学派故意夸大实证方法的作用,无视其局限性,甚至奉为万能之具,将有限的观察与实验结论推广到具有普遍性的犯罪与刑罚问题上,如对自由意志与一般预防功能的决然否定等,都使其必然滑入僵死的形而上学的片面方法论的泥潭之中,因此具有方法上的不完整性。

4. 在结构要素上。行为人中心论的刑法学科体系是以犯罪原因论、处罚个别化和犯罪矫治为主体的理论体系,这种体系与其说是刑法学体系,不如说是犯罪学的学科体系。这是由于在该体系中,犯罪学与刑法学混为一谈,难以区分。从内容上看,行为人中心论的学科体系增添了犯罪原因、犯罪矫治等内容,但其贬低甚至完全否认了行为中心论所主张的犯罪成立理论与刑罚体系理论,将犯罪论变成了罪犯病理学,将刑罚论搞成了犯罪矫治学。这种组合,虽然有其内在的逻辑结构,但对刑法学来讲显然是不合理的,甚至破坏和肢解了刑法学的原有学科轮廓,核心问题是其转移和扭曲了刑法学“规范基点”的基本方向与目标。

5. 在研究视角上。行为人主义研究的立足点或刑法立场也较为偏激,只注意犯罪行为中犯罪人的个性因素及生理特征,而不顾及犯罪行为的共性特征。特别是其立足

---

① [意]菲利:《实证派犯罪学》,郭建安译,中国政法大学出版社1987年版,第15页。

点偏离了刑法学的“规范”性质，完全站到了犯罪学的立场上来研究问题，改变了学科性质，完全不考虑刑法的公正价值。当然，其关于“刑罚个别化”的部分主张还是值得现代刑法所借鉴与倡导的。

（三）社会防卫中心论的刑法学科体系

该学科体系是由刑事政策学派建立的，主要代表人物有德国的李斯特、哈美尔、布莱因等。他们在分析犯罪原因时，反对“天生犯罪人论”的观点，更多强调的是社会因素，当然也吸收了些实证学派人体特质方面的观点；在刑罚目的上，他们反对“报应刑论”，提倡“社会防卫论”，强调以预防再犯和保护社会为目的。其认为刑罚虽然是与犯罪作斗争的重要手段，但不是唯一手段；主张广泛地适用保安处分和预防性措施，反对短期监禁，提倡缓刑、不定期刑、罚金和假释制度。① 可见，该学派学者并非彻底的一元论者，实质上是二元论者（人体特质与社会原因相结合），或称刑事古典学派与实证学派的“折中主义者”。

“二战”后，以意大利、法国为中心创建了“社会防卫国际协会”。为了与战前德国刑事政策学派的“社会防卫论”相区别，1950 年马克·安塞尔在第 12 次国际刑法及刑务会议上，作为法国代表作了题为“人道的社会防卫”的报告，提出了“新社会防卫论”。但在“社会防卫国际协会”中，以意大利律师 F. 格拉曼迪卡为代表的理论与以法国学派为代表的理论对立。格拉曼迪卡主张放弃刑罚，反对国家具有惩罚权力，他只承认国家享有反对反社会行为的防卫权力。其核心是国家有责任有义务保护社会和个人权益，并实现对社会的管理，也即保证正常的秩序。② 由此，格拉曼迪卡只要社会防卫法而不要刑法，主张对犯人的一切预防或治疗措施均由“社会防卫处分”来解决。与此相反，安塞尔的主张被称为狭义的“新社会防卫论”。新社会防卫论的观点并不否定刑法，也不想用社会防卫法来取代刑法，只是想通过对传统刑法的修正，将社会防卫的内容包括进刑法之中，使其变为“刑法非刑化”体系。也就是通过保护犯罪者个人来保护社会，以教育方法消除犯人的危险性；通过人格研究，实现使犯人重新社会化的“预防犯罪与犯人处遇”体系。③ 新社会防卫论反对报应和复仇原则，认为犯罪因素既涉及个人原因又涉及社会原因，所以与犯罪有关的问题不能仅限于判决和惩罚犯罪者，而是要从犯罪原因上来全面寻找和处理。

1. 在研究对象上。社会防卫中心论虽然也提倡“行为人主义”，但更多强调的还是防卫主义，故其同行为人中心论的斗争集中表现在“折中论”与“天生犯罪论”的斗争上。在遵循“刑罚个别化”原则的前提下，特别强调以预防再犯和保护社会为目的，如

---

① 参见康树华：《新社会防卫论评析》，载《当代法学》1991 年第 4 期。

② 参见康树华：《新社会防卫论评析》，载《当代法学》1991 年第 4 期。

③ 参见康树华：《新社会防卫论评析》，载《当代法学》1991 年第 4 期。

主张广泛适用“保安处分”和预防性措施。显然,其核心内容和范围不仅没有摆脱行为人中心论的僵化、偏激和束缚,而且进一步增加了犯罪学研究内容在刑法学中的成分与比重,最终使刑法学在研究对象的选择上偏离得更远,甚至导致刑法非刑而更像刑事政策的极端结果。

2. 在基础理论上。社会防卫论刑法学科体系所依据的基础理论是“社会防卫理论”。不管是李斯特等人的所谓旧的社会防卫论还是安塞尔所谓新的社会防卫论,他们既反对传统的刑法体系,也反对源于实证派理论的刑法体系,而试图建立一种同犯罪作斗争的全新社会防卫体系,亦即以社会防卫的内容替代刑法学科体系的原有内容。甚至灵活运用责任概念,由刑事责任扩散为社会责任,这在很大程度上混淆了犯罪学与刑法学在基础理论上的界分。

3. 在研究方法上。似乎也没有什么创新,主要采用折中、比较的方法对刑事古典学派和实证学派的观点进行了折中。在防卫犯罪方法上主要通过使个人和社会分离或隔离的方法,或者通过对个人适用矫正措施和教育措施的方法,把犯罪者变成守法公民。①

4. 在结构要素上。似乎也更加零散化,只采用社会政策包括刑事政策,甚至有用犯罪预防立法和刑事政策法替代刑法典的趋势。尤其在刑事政策的着眼点上,是对犯罪人个人的预防,而非犯罪的一般预防。也就是说,新社会防卫运动论是以犯罪者重新社会化为目的的,因此无论是刑罚还是保安处分,都以预防重新犯罪作为出发点。②

5. 在研究视角上。社会防卫中心论在保留了行为中心论功利主义和行为人中心论偏激性立足点或刑法立场的基础上,更多立足于“社会防卫”或“刑事政策”的基点,进一步将刑法学的研究视角推向极端和边缘,甚至严重混淆了刑法学与犯罪学及刑事政策学的界限,这更是一种只顾一点不顾其余的极端主义立场。由此导致了对“刑法对策”在研究和认识角度上的偏颇,最终也必然会使刑法学科体系及基础理论研究产生更多的冲突与矛盾。

(四)社会危害中心论的刑法学科体系

社会主义国家的刑法学科体系如何建立,曾经引起苏联及我国刑法学家的苦心思考和研究。他们最终还是构筑了世界上第四个刑法学科体系,即社会危害中心论的刑法学科体系。其创建过程大致经历了三个阶段:

第一个阶段为初创时期(1917 年 10 月至 20 世纪 30 年代中期)。在该时期,苏联学者基本上对西方国家报应主义刑法观持否定态度。相反,对功利主义尤其是行为功

---

① 参见李晓明:《中国犯罪学论纲》,中国审计出版社 1996 年版,第 56 页。

② 参见李晓明:《中国犯罪学论纲》,中国审计出版社 1996 年版,第 56 页。

利主义却态度暧昧,甚至全部照搬。这在 1922 年《苏俄刑法典》中已显露端倪:“刑罚是一种防卫的方法,故刑罚使用应适合其目的,同时并应完全免除残酷的性质,不宜使罪犯遭受无益与过多的痛苦。”显然,这不仅肯定了犯罪与刑罚的功利关系,而且还主张刑罚的分量与预防犯罪的需要相适应。相反对犯罪与刑罚的报应关系却重视不够,如规定既遂与未遂同处。1926 年的《苏俄刑法典》中这种倾向更为明显,在犯罪概念中只表明“社会危害性”,未提“应受刑罚惩罚性”,取消了“刑罚”的概念,取而代之的是“社会保卫方法”(第 9 条),这从根本上否定了犯罪与刑罚的因果报应关系。显然,这与当时的国际背景和国内需求有关。

第二个阶段为系统化时期(20 世纪 30 年代中期至 60 年代初期)。在此期间苏联涌现出像孟沙金等杰出的社会主义刑法学者,他们出版了大批刑法教科书及专著,使苏联刑法学真正上升至社会主义刑法学理论的高度。突出特点是建立以“社会危害为中心”的犯罪论体系和以“预防犯罪为中心”的刑罚论体系。在犯罪论上主张以“社会危害性”为核心,但“危害标准”难以客观。在刑罚论上仍坚持“刑罚以预防犯罪为目的”,弃之“公正标准”。

第三个阶段为完善时期(20 世纪 60 年代至 90 年代)。此间不少苏联刑法学者已开始注意“罪刑关系”的对立性,并提出“刑事责任”的范畴,试图将犯罪与刑罚统一于刑事责任中。他们认为,犯罪与刑罚之间并非直接联系,而应以“刑事责任”为中介。刑事责任包括已然犯罪之责,也包括未然犯罪之责。因此,刑罚对已然犯罪的回顾和对未然犯罪的前瞻,可以在刑事责任中达致和谐统一,刑事责任为用刑施罚提供完整的理论根据。

1979 年我国第一部《刑法》颁布,其基本上借鉴了苏联第三时期教科书的理论,并结合我国计划经济的现实建构了一个纲领性的刑法体系。该体系和苏联第三时期的刑法体系类似,占主导地位的是社会危害中心论。该体系的显著特点是强调犯罪的阶级性,而犯罪的阶级性又是马克思主义犯罪观的核心立足点。社会危害性既是犯罪的本质特征,也是犯罪的其他法律特征的渊源。在犯罪论上,该体系提出了作为衡量犯罪社会危害性标准的犯罪构成理论;在刑罚论上,该体系以犯罪具有社会危害性为前提,得出了刑罚的目的应是预防犯罪的结论,并以此为主线建构了刑罚论体系。

1. 在研究对象上。社会危害中心论将刑法学的研究对象界定为法律所规定的犯罪与刑罚。显然,这样的研究对象未能全面系统地反映刑法学的应有特性。表现在:一是未能将刑事责任明确为刑法学的研究对象,导致犯罪与刑罚尤其是同罪不同罚的现象不能自圆其说;二是未能将“罪刑关系”或“罪责关系”列为刑法学的研究对象,致使犯罪与刑事责任的关系未能得到充分科学的说明与阐释;三是“法律规定”的限制把刑事立法过程排斥在刑法学的研究领域之外,可能导致注释性刑法的产生与膨胀;四是仅以刑法规范为研究对象的刑法学,又把刑事司法实践中对刑法规范的适用拒之门外,未能把"司法判例"列入司法解释①。

2. 在基础理论上。社会危害中心论的理论基础是马克思主义犯罪观。当然,将该犯罪观作为社会主义刑法学犯罪论的基础理论具有充分性,但如果作为整个刑法学的理论基础,则是对马克思主义刑法观的肢解,因为尚需马克思主义刑罚观作共同支撑。可见,社会危害中心论的学科体系及理论基础的内容至少是片面的、不完整的。

3. 在研究方法上。由于受社会危害中心论"法律规定"或刑法规范的束缚与限制,刑法学研究只能将注解、诠释视为正宗,而将其他方法如"刑法教义学"等视为旁门左道,如此可能将我国刑法学的研究引入"注释刑法"的歧途与老路,会阻碍我国刑法学科体系及其理论的创新与建构。

4. 在结构要素上。社会危害中心论的刑法体系分总则、分则两大部分,总则中主要是犯罪论和刑罚论,分则中主要是八大种类(1979年《刑法》)或十大种类(1997年《刑法》)犯罪的特征要件及其量刑。其缺陷在于:(1)它是一个孤立的体系,不仅割裂了犯罪与刑罚的内在关系,而且在学科理论体系构建中造成了前后间的矛盾。如在犯罪论中将犯罪的社会危害性作为定罪的根据,在刑罚论中又将预防犯罪的刑罚目的作为用刑施罚的指南。显然,这就使犯罪的社会危害性指向已然犯罪,使刑罚的目的性指向未然犯罪。这种立法上的前后矛盾,未能用统一的刑法理论与立法价值观予以协调,使刑法学科体系成为犯罪论与刑罚论两大块的孤立堆积,甚至缺乏内在的逻辑与主线贯穿。究其原因,主要是没有用"罪刑关系"或"罪责关系"理论作指导,缺乏有机统一的整体与组合。(2)它是一个静态的体系。其主要受"法律规定"或刑法规范的限制,囿于对法条的注释,未能将司法实践运用刑法的过程直接纳入其视野。最终导致刑法立法及其理论研究虽充满司法实践的气息,但材料堆砌有余,而理论抽象不足,整个刑法理论研究缺乏应有的动力和活力。(3)它是一个封闭的体系。由于其基本构架的不合理性,许多刑法理论内容得不到及时有效的补充和完善。刑法理论与司法实践虽日新月异地发展,但学科体系始终固守原先的结构与内容,尤其在刑法体系和立法价值理念没有根本改变的情况下,使得刑法学科建设未能得到更新与发展。

5. 在研究视角上。社会危害中心论保留了刑事古典学派功利主义和新社会防卫理论的立足点或刑法立场,又立足于社会主义的意识形态和价值观的基点,功利于犯罪预防和社会防卫的基本立场,进一步将刑法学科的研究视角推向了社会工具论边缘,甚至为了防控犯罪不惜付出一切社会代价及采取一切手段,混淆了刑法学与犯罪

① 参见李晓明:《司法解释中不可缺少的元素:刑事判例——从英美法系和大陆法系趋于融合说开去》,载《苏州大学学报(哲学社会科学版)》2014年第6期。

预防学的界限。

(五)人权防卫中心论的刑法学科体系

在西方主要经历了行为中心论学科体系、行为人中心论学科体系、社会防卫中心论学科体系等,苏联和我国经历了社会危害中心论的学科体系的情况下,我国学者何秉松教授于21世纪提出了"人权防卫中心论"的刑法学科体系。2010年,第二届"全球化时代犯罪与刑法国际论坛"通过了《关于"人权防卫论"的决议》,以推动全球化时代刑法的改革。① 这是"一个刑事政策理论新体系,一个全球化时代刑法理论新体系,一个崭新的刑罚理论"②。该理论主要是针对社会危害中心论学科体系和传统刑罚理论的反思。

"人权防卫中心论"的学科体系体现了新时代的历史命题与精神:以"以人为本"取代"以社会为本",以"和谐社会"取代"以阶级斗争为纲";以刑罚权作为建构刑法理论体系的基础与核心,作为刑法学的出发点和归宿;最终更新思维与研究方法,特别提出在构建刑法理论体系时借鉴"系统思维"等。在此基础上,何教授架构了"人权防卫论"刑法学科体系的未来"蓝图"。③

对于这一跟随时代的崭新构想,我们深感敬佩且深受启发。其是根据我国法治化的要求,尤其是刑事法治化的进程,大胆设计出来的以人权保障为主旨并融入新的理念与时代特点的我国刑法学科新体系,我们期待着尽早看到这一学科系统的顽强生命力,下面做些分析。

(1)在研究对象上。论者④指出,刑罚权是刑法(理论)体系中,最深刻、最重要的概念,一部《刑法》,只不过是刑罚权的具体化、法律化。先有刑罚权,后有刑罚权关于犯罪的规定。⑤ 可见,该学科体系将刑罚权作为最重要的研究对象。在论者看来,"犯罪论的所有内容,都是为了保证犯罪界定的合理性和合法性,防止刑罚权的不当扩张;至于刑罚论,更是直接从理论上和制度上对刑罚权的规制,使它的具体运用符合防卫

---

① 参见唐亚南:《人权防卫论:对传统刑罚理论的丰富和超越》,载《人民法院报》2012年12月5日,第6版。

② 何秉松:《人权防卫论——对传统刑罚理论的反思与超越》(中英文),沙丽金、刘艳萍译,群众出版社2012年版。

③ 参见何秉松主编:《新时代曙光下刑法理论体系的反思与重构:全球性的考察》,中国人民公安大学出版社2008年版,第67-76页。

④ 这里的"论者"指课题组,即北京市法学会2007年度一级课题"刑法理论体系的反思与重构"课题组,本节下同。该课题组由何秉松教授担当主持人。在中国人民公安大学出版社2008年出版的何秉松教授主编的《新时代曙光下刑法理论体系的反思与重构:全球性的考察》一书中,收录有该课题组所著的有关人权防卫论的内容。

⑤ 参见何秉松主编:《新时代曙光下刑法理论体系的反思与重构:全球性的考察》,中国人民公安大学出版社2008年版,第64、68页。

人权的最高价值目标"[①]。的确,仅从研究对象观之,可知该学科体系具有明显的创新性。具体来说,在研究对象上,其并未限于犯罪与刑罚的藩篱,而是将刑罚权这一概念推到了聚光灯下,从而重视刑罚权与人权及保护与被保护的关系,对于犯罪与刑罚的着眼仅在于其对刑罚权的意义。然而,犯罪与刑罚及其相互关系并非该理论的研究对象,该理论对犯罪与刑罚的着眼点只在于对刑罚权的关注。甚至认为,刑罚权与人权及保护与被保护的关系,才是刑法学科体系的研究对象。如此不仅偏离了刑法"惩罚"的总根基,而且也未把犯罪作为刑法学的研究对象,故值得商榷。

(2)在基础理论上。显然,人权防卫中心论的刑法学科体系是以何秉松教授所创立的"人权防卫论"为理论基础的。"人权防卫论"所关注的根本问题是"人有什么权力惩罚另一个人"的问题,即刑罚权的正当性问题,且将刑罚权的唯一目的是防卫人权作为对该问题的回答。[②] 在此基础上,何秉松教授提出刑罚要平等地维护所有人的人权、恢复罪犯人性中的善、受"防卫人权"这一目标的制约(目的善)、坚持中庸精神。[③] 与其说人权防卫中心论的刑法学科体系以"人权防卫论"为理论基础,倒不如说其是以刑罚权的正当性理论或以防卫人权为理论基础;与其说"人权防卫论"是一种刑罚理论,倒不如说其是一种刑事政策理论。人权防卫中心论对人权保护的重视固然值得肯定,但我们不禁疑惑,当"人权防卫论"成为了一种刑事政策理论时,以该理论为基础所建立的刑法学科体系还是刑法的学科体系吗?

(3)在研究方法上。论者指出,实证研究法、历史研究法、比较研究法等传统的研究方法总体上已不能适应全球化时代的要求,需要加以更新。通过对研究方法的更新与创新,论者最终提出了"全球性的综合分析研究法","即站在足以俯瞰全球的巅峰进行全球性刑法理论的综合研究,把本国的理论和实践经验,作为基础性的部分纳入全球性的理论和实践之中,进行全球性的综合分析和比较的研究"。该研究方法具有三个特征:一是具有全球性,要求博采众长、多多益善;二是具有综合性,要求综合分析、综合比较;三是具有全局性,要求立足现实、着眼未来。[④] 可见,人权防卫中心论的刑法学科体系在研究方法上是开放的、全面的,虽然其核心仍是比较与分析,但其放眼全球、立足全局的高度仍值得肯定且是创新。

---

① 何秉松主编:《新时代曙光下刑法理论体系的反思与重构:全球性的考察》,中国人民公安大学出版社 2008 年版,第 69 页。

② 参见何秉松:《人权防卫论——对传统刑罚理论的反思与超越》(中英文),沙丽金、刘艳萍译,群众出版社 2012 年版,第 1-2、145 页以下。

③ 参见何秉松:《人权防卫论——对传统刑罚理论的反思与超越》(中英文),沙丽金、刘艳萍译,群众出版社 2012 年版,第 162 页以下。

④ 参见何秉松主编:《新时代曙光下刑法理论体系的反思与重构:全球性的考察》,中国人民公安大学出版社 2008 年版,第 66、72 页。

（4）在结构要素上。人权防卫中心论认为创新是重构刑法理论体系的灵魂，并提出两大原则，即“在最低限度地保留旧体系的基础上，实行最大限度的超越”的“处理新与旧的原则”，以及“最低限度地保留本国的刑法（理论）体系的基础，但又必须最大限度地广泛吸收和借鉴更多国家的刑法理论”的“处理一与多的原则”[①]。由此，该学科体系在传统刑法理论基础上进行重构，虽然在总体理论框架上较之于传统刑法理论体系变动不大，但在内容上颇具推陈出新的意味。重构的体系仍分为绪论、犯罪论、刑罚论和罪刑分论四部分，其中绪论拟命名为“刑法的基本原理原则”，重点研究刑罚权与刑罚权的规范与限制；犯罪论研究犯罪理论体系，重点是犯罪概念和犯罪成立条件的理论化和体系化，值得注意的是，何秉松教授提出了“犯罪主体—犯罪中介（犯罪活动）—犯罪客体”的三要件犯罪构成理论体系，其中的“犯罪中介”是由若干个或一系列性质不同，方式、方法不同，手段或工具不同的行为组成的犯罪活动，是一个连接犯罪主体与犯罪客体的复杂中介系统。[②] 可见，在“处理一与多”与“处理新与旧”的原则指导下，该刑法学科体系在不失清晰全面的同时进行了较大的理论创新和突破，虽然整个体系仍以绪论、犯罪论、刑罚论和罪刑分论的结构呈现，但其名同而实不同。尤其建立在系统思维下的三要件犯罪构成理论体系及其“犯罪中介（犯罪活动）”概念的提出，为犯罪国际化、跨国犯罪、有组织犯罪、恐怖主义等提供全新思路。此外，不难发现，相较于以往的刑法学科体系，该刑法学科体系对刑罚权及刑罚的重视尤为突出，也体现了其重视“人权防卫”的特色，其时代进步性是不言而喻的。然而，人权防卫中心论的刑法学科体系或许从刑罚体系看是较为完善的，但作为刑法体系尚待补缺。

（5）在研究视角上。论者既“站在时代发展和战略全局的高度反思过去与展望未来”，又“站在足以俯瞰全球的巅峰进行全球性刑法（理论）的综合研究”[③]，可以说其研究角度兼具历史性与全球性。在当今时代，对刑法进行全球性的研究确有其必要，但也不得不注意到世界法有其建立的物质与精神基础，其要求“世界经济的一体化”“现代科学技术”“共同的伦理基础”“全人类共同利益”等必要基础。[④] 或许论者注意到了这一点，因而在重构刑法学科体系蓝图时强调：“我们的目的是构建既符合全球化时代的发展要求，又符合中国实践需要的刑法理论新体系。而绝非创立一个全球性（或者

---

① 何秉松主编：《全球化时代刑法（理论）体系的反思与重构》，北京大学出版社 2011 年版，第 452-465 页。

② 参见何秉松主编：《全球化时代刑法（理论）体系的反思与重构》，北京大学出版社 2011 年版，第 452-465 页。

③ 何秉松主编：《新时代曙光下刑法理论体系的反思与重构：全球性的考察》，中国人民公安大学出版社 2008 年版，第 56 页。

④ 参见周永坤：《法理学——全球视野》（第 4 版），法律出版社 2016 年版，第 389-390 页。

可以适用全世界各国)的刑法理论新体系。”[①]可见,人权防卫论的全球性研究视角符合全人类的趋势,但也必须正确把握现阶段各国的物质、精神基础,处理好保留本国刑法文化与吸收借鉴外国刑法文化的关系。在立足点上论者指出,“‘防卫人权’和‘中庸精神’,是构建人权防卫论的两大基石”[②]。固然,立足于“防卫人权”与“中庸精神”的人权防卫论已突破社会防卫论将社会置于人之上的藩篱,有助于防止刑法学的研究误入社会工具论的迷途。但一是要防止“犯罪对人权的侵犯”与“防止国家政权滥用刑罚侵犯人权”间的冲突,实际上二者之间实在难以两全。如有学者不无疑虑地表示:“刑法既要保护社会又要保护犯罪人的人权,好像是符合我们说的中庸,或者是折中,或者是综合,或者是辩证;但是实际上对于辩证法,对于这种简单所谓的折中,我注意到在理论界是有批评的声音。从理论上来说我们是能接受的,但是具体到某一个法律制度中,有时候在打击犯罪和保障公民的人权之间是有特别矛盾一面的,我认为特别需要值得深入研究;如果是保障犯罪人的人权,那可能有些东西就要舍弃一些,对于公民的自由,甚至对于社会的公共安全就有冒险。另外,如果要保障公众的安全,就要把对社会的安全放在第一位,比方说针对有组织犯罪、恐怖犯罪,可能要做出一些特别的剥夺。”[③]因而,对于人权防卫论如何将“中庸精神”与“防卫人权”加以巧妙结合,我们仍怀顾望。而且,在论者所言的“全球化”视角下,对于恐怖袭击的犯罪人,“我们是不是应该把人权保护延伸到这种人身上?他们根本不顾大多数人的人权,我们还要保护他们的人权吗?”[④]这也成为一些外国学者所关注的问题。二是论者指出,防卫人权更深刻的含义是“恢复罪犯人性的善,恢复他对自己和对他人人权的尊重”。那么这里所谓的“恢复善”与行为人中心论所谓的“矫正”又有何根本区别呢?具体应当如何恢复犯罪人人性的善,也有待揭晓。

四、罪责关系中心论的学科体系建构

建立一套科学合理的刑法学科体系并非一件易事,几百年来刑法学界的前辈们为此付出了艰苦卓绝的努力。上述列举的行为中心论、行为人中心论、社会防卫中心论、社会危害中心论和人权防卫中心论等刑法学科体系的类型,虽然与其当时的刑法发展阶段相适应,有其合理之处,但用现代刑法理念来看其自身或许也存在一些缺陷与弊

---

① 何秉松主编:《新时代曙光下刑法理论体系的反思与重构:全球性的考察》,中国人民公安大学出版社 2008 年版,第 72-73、76 页。

② 何秉松主编:《新时代曙光下刑法理论体系的反思与重构:全球性的考察》,中国人民公安大学出版社 2008 年版,第 417 页。

③ 唐亚南:《全球化时代刑法对人权的保障日益重视》,载《人民法院报》2015 年 12 月 9 日,第 6 版。

④ 唐亚南:《全球化时代刑法对人权的保障日益重视》,载《人民法院报》2015 年 12 月 9 日,第 6 版。

端。所以,针对上述分析,笔者提出应建立“罪刑关系中心论”抑或“罪责关系中心论”的刑法学科体系,以调和上述不同学科体系相互间的矛盾与不足,也好适应新时代与新阶段刑法发展的需求。内容包括:

(1)研究对象的确定。建立任何学科,研究对象都是关键或称先决条件,抓住了研究对象,也就抓住了该学科建立的主线。刑法学也是这样,上述刑法学科体系之所以不同或相互冲突,关键在于其所确立的研究对象各异。行为中心论在研究对象上,正是由于其内部两相纷争,加之没能科学地解决犯罪与刑罚二者间的辩证关系,最终导致该刑法学科体系的科学性受到质疑。后来的行为人中心论、社会防卫中心论、社会危害中心论、人权防卫中心论等,也都由于其在刑法学研究对象上的不同或偏离,从而造成学科体系间的不同、矛盾或使学科体系的科学性受到影响。虽然行为人中心论关注犯罪人的人格特点是对的,但如果偏离刑法“惩罚”的根基或基本轨道,而一味追求行为人人格同刑罚之间的联系,就会使得刑法学与犯罪学的界限愈加模糊,从而偏离刑法学科的主旨与核心。社会防卫中心论在研究对象上更多关注的是防卫犯罪和预防犯罪,因此其理论体系同刑事政策学如出一辙。社会危害中心论虽然将刑法学研究对象补充至犯罪、刑事责任、刑罚三个方面,但仍未科学地解决好三者间的相互关系,尤其未能正确解释“刑事责任”在整个学科体系中的科学地位,甚至只将“刑事责任”定位于“桥梁”,更未能在研究对象的立场与角度上阐明刑法学的研究对象,故在刑法学科体系建构上留下缺憾。人权防卫中心论的缺陷是选择刑法学研究对象上的偏颇与不全面性,更多关注了刑罚及其与人权防卫的关系,而放弃了对刑罚与犯罪关系的关注,也在刑法学科建构上留下遗憾。综上,在梳理和借鉴他人研究成果的基础上,笔者提出应当以“犯罪与刑事责任及其辩证关系”作为刑法学的研究对象,并在此基础上建构刑法学科。

(2)基础理论的寻找。在学科建设中,基础理论是否可靠如同建楼的地基是否牢靠一样,具有十分重要的意义。上述刑法学科体系之所以存在缺陷,关键就在于在基础理论寻找上也存在问题。在行为中心论中,虽然两个学派均将自由意志论作为刑法学科的基础理论,即均承认犯罪人的意志或主观选择的恶,但在选择对待恶的策略上出现了分歧,一个以恶报恶,一个以恶制恶,尤其二者无法达致和谐统一,导致在刑法学基础理论上出现分歧和矛盾。在行为人中心论中,学科体系依据的是“天生犯罪人论”这一错误命题,以致偏离公正,完全倒向依据人的“个性特点”定罪,最终导致了基础理论的破产。在社会防卫中心论中,其偏离了刑法“规范性”的本体,依据的是社会学、犯罪学及刑事政策学中的防卫理论,最终也导致了刑法学科体系的凌乱与崩溃。在社会危害中心论中,其依据的基础理论是社会危害性,如上分析,其也无法科学解释刑法理论中罪与责间的相互关系,甚至一味地追求防控犯罪的单一效果,不求对公民权益的保护和社会公正。在人权防卫中心论中,其基础理论是“防卫人权”和“中庸精神”,这无论如何都同“惩罚”与“预防”相去甚远。在接下来的“罪责关系中心论”的刑法学科体系中,我们主张刑法学科依据的基础理论应当是“‘罪’与‘罚’的关系”或“罪责关系”和“刑法规制”,也即围绕“罪与责的辩证关系”(也称“罪刑关系”或“罪责关系”)与“刑法规制”的刑法学主线进行学科体系设计。

(3)结构要素的选择。虽然上述刑法学科体系的结构要素具有一定的合理性,但大都缺少刑事责任要素或对刑事责任要素解释得不够准确,甚至有的学科体系结构要素发生偏离,如行为人中心论和社会防卫中心论及人权防卫中心论刑法学科体系混淆了刑法学与犯罪学、刑事政策学等学科的关系。本书倡导的“罪责关系中心论”的刑法学科体系,不仅吸收和梳理过往几个刑法学科体系的合理部分,而且准确界定了犯罪与刑事责任的概念,尤其准确把握了二者的辩证关系;在此基础上,认真研究了刑法学中犯罪论体系的基本范畴及其原理,提出了“以罚为前提”的“罪”之概念及其类型;同时界定了由“刑罚”扩展至“刑事责任”犯罪后果的“承担”,并使之类型化,具体划分为刑罚刑事责任的承担和非刑罚刑事责任的承担;使“罪责关系中心论”的刑法学科体系日趋规范与严谨,促进了刑法学科体系的进步。

(4)研究方法的更新。从某种意义上讲,一个学科研究方法的先进与否直接决定着该学科的生命力及发展水平。刑法学也是这样,目前其之所以在某些方面的研究还不够深入,其中也存在研究方法相对滞后的原因。故只有摸索出一套科学的研究方法,才能推动刑法学的发展与完善。根据现代刑法学科的研究特点,我们认为应当建立如下研究方法体系:

其一,归纳与演绎的方法。归纳法(inductive reasoning)也叫归纳推理,是一种由个别到一般的论证方法,也即从个别性知识中引出一般性知识的推理,由已知真的前提引出可能真的结论,抑或通过许多个别的事例或分论点归纳出共有的特性,从而得出一般性结论。要做出正确的归纳,就要从总体中选出足够大的样本且具有代表性。归纳法可先举事例再归纳结论,也可先提出结论再举例证明。前者即归纳法,后者即例证法。甚至包括提高归纳前提对结论确证度的逻辑方法,即求因果方法、求概率方法、统计方法、收集和整理经验材料方法等。如将构成要件要素分为成文与不成文的构成要件要素、记述与规范的构成要件要素等,都是对刑法条文进行归纳的结论。还如受贿罪所保护的法益是职务行为的公正性还是职务行为的不可收买性,非法侵入住宅罪所保护的法益是住宅权还是住宅成员的安全,财产犯罪所保护的法益是财产所有权还是财产占有权等,都是需要通过归纳各种具有可罚性或不可罚性而得出的正确结论。可见,在刑法执行与司法活动中,以及在案件的辩护与判断中,离不开归纳法,其又具体分为完全与不完全归纳法。而且,归纳法具有很大的创造性,因此其不仅有利于从社会生活事实中提升出一般刑法原理,甚至有利于从刑法原理中提升出更为普遍的法哲学原理。[①] 而演绎法(deduction method)也叫演绎推理,是指以一定的反映客观规律的一般理论认识为依据,从该理论认识已知部分推知事物未知部分的一种思维方法。[②] 演绎法是认识"隐性"知识的一种有效方法,也即由一般到个别的认识方法。它是从普遍性结论或一般性事理中推导出个别性结论或个别性事理的论证方法。在演绎论证中,普遍性结论或一般性事理是依据,通常运用在议论文中,也即说理性逻辑中或文章中。[③] 刑法学研究中的演绎,一方面表现为从哲学、法理学的一般原理中推演出刑法原理,如法理学主张法治,刑法便从中推演出"罪刑法定原则"等;另一方面表现为刑法法条或罪名在具体办案中的运用,如刑法规定"为谋取不正当利益,给予国家工作人员以财物的"是行贿罪,在办案中就是这样认定"行贿罪"的。因此,整个刑法的执行或整个司法活动是离不开演绎推理的。当然,用演绎法进行论证必须符合演绎推理的形式,即"三段论:大前提、小前提和结论"。大前提就是一般事理(法律规定),小前提就是需要论证或认定的个别事物(案件、案例或行为),结论就是论点(案件结论或罪名定性)。显然,演绎与归纳不同,它反映的是论据与论点间的由一般到个别的逻辑关系。但基本要求是,其所依据的一般原理即大前提必须正确,且要和结论有必然联系,否则结论的正确性将遭质疑。可见,演绎与归纳是刑法学研究以及刑事司法工作中不可缺少的重要方法,甚至在柯南·道尔的《福尔摩斯探案集》中,可以说夏洛克·福尔摩斯(Sherlock Holmes)用的方法就是演绎法和归纳法。然而,我国刑法学研究及司法工作中,比较流行的方法是演绎法,而相对忽视归纳法。所以,在今后的刑法学研究及司法办案中,要注意两种方法的结合与配合。当然,在二者之间还有一种臻美的逻辑方法,这就是由一般到一般的推理思维过程。确切地说,它是一种由"有缺陷、不完善(不雅致)的一般"到"理想的、完善(雅致)的一般"的推理。可见,臻美逻辑从一般到一般的推理过程,恰到好处地弥补了归纳法与演绎法之间的缺陷。[④] 刑法中总是有这种不完美的情况,如罚金刑的"公平性"就是一个悖论,然而用臻美逻辑方法在恶意对抗罚金问题上设置一项"十倍以上罚金"即可抵减一般罚金理论的"不公平性"和不完美缺陷,值得尝试。

其二,实证与思辨的方法。思辨研究是从观念出发,通过抽象推理、逻辑演绎来认

---

① 参见张明楷:《刑法学研究中的十关系论》,载《政法论坛》2006 年第 2 期。

② 参见刘健:《模块化产业组织的形成机制与发展路径研究》,首都经济贸易大学 2012 年博士学位论文,第 3 页。

③ 参见孔令启、刘文辉:《在精巧精致精准中尽展 2012 年广东高考文综政治试题之美》,载《考试周刊》2012 年第 59 期。

④ 参见李晓明:《行政刑法学导论》,法律出版社 2003 年版,第 133 页。

识、揭示事物的本质。而实证研究是从审慎缜密的实例或数据观察出发,以实证、真实的事实为依据,找出事物的发展规律。[①] 实证方法可以弥补思辨方法过于空泛的不足,思辨方法也能补充实证方法无以揭示事物本质的缺陷,二者结合起来才能将刑法学的理论研究推向空前。尤其在刑法学基础理论研究方面,更需要注意思辨研究与实证研究的密切结合与互补。

其三,定性与定量的方法。我国刑法学研究较为重视定性研究,而相对忽略定量研究,致使研究过于抽象、空泛,缺乏可操作性。从定性研究到定量研究是学科进步的标志,更是学科规范化、精细化、科学化的过程。[②] 定量研究是刑法学面临的课题,也是新的挑战。它不仅要求研究人员掌握数理统计知识、现代科技工具,并把它们运用到刑法理论与实践研究中去,而且需要研究人员耗费大量精力,深入调查研究,搜集资料数据。[③] 包括常见罪名的定量分析,构罪标准的定量意义(尤其适合我国构罪标准既定性又定量的基本模式),以及罪名之间法定刑的确立根据等都需要定量分析做支撑。此外,在定量研究方面,已有学者利用电脑研究定罪量刑结合的平衡问题,并取得一定成果等,这是良好的开端。

其四,比较与类比的方法。比较法是通过比较来认识事物的一种方法。通过比较,人们将不同事物区别开来,了解他们的异同,知其优劣和发现真理,进行相互借鉴和学习。近年来,我国刑法学者对不同国家的法律的比较研究,尤其对中外刑法理论与实践的比较研究有较大进展,这是值得欣喜的。但比较法在刑法中的运用还是粗浅的,往往停留于表面和逻辑的比较上,这是远远不够的。类比法不完全等同于一般性的逻辑比较,它的逻辑思维与推理过程是一种从一个个别对象向另一个个别对象的过渡。[④] 显然,这似乎与臻美推理有着异曲同工之妙,其具体表现正好与臻美逻辑的思维与推理过程相反。在刑法中也有类比的现象与举例,如对妇女、儿童及老年人的特殊保护,似乎就需要通过类比的方法进行深入研究,因为在这些特殊保护对象的因素间就有着从一个个别对象向另一个个别对象的类比过程,显然研究其对于刑法决策具有重要意义。总之,类比推理需要掌握科学方法,实事求是地剖析文化背景、法律传统、政治状况及经济环境的不同,防止机械、片面地类比。另外,在刑法研究中还应注意规范与功能比较、宏观与微观比较等方法。

其五,解释与判例的方法。用文字解释法律,这似乎是制定法的附属物或者惯例,与判例法不同,判例法中所有对法律的理解都体现在法官在具体判例中对法律的解释

---

① 参见高铭暄、周洪波:《"九五"以来刑法学研究状况及发展趋势》,载《政治与法律》2000 年第 5 期。

② 参见赵秉志:《中国刑法学研究的现状与未来》,载《学术交流》2009 年第 1 期。

③ 参见高铭暄、周洪波:《"九五"以来刑法学研究状况及发展趋势》,载《政治与法律》2000 年第 5 期。

④ 参见李晓明:《行政刑法学导论》,法律出版社 2003 年版,第 139-140 页。

和阐述上。当然,刑法解释从不同角度可有不同分类,但在立法与司法等有效解释中一直存在形式解释与实质解释的争论与选择。形式解释论以罪刑法定原则为核心,主张对法条解释时先进行形式解释即刑法条文字面可能具有的含义,然后再进行实质解释即刑法条文规定的是有严重社会危害性的行为方式;在判断某一行为是否构成犯罪时,先对行为进行形式解释即该行为是否包含于刑法条文之中,然后再作实质解释即该行为是否具有严重的社会危害性。实质解释论以处罚的必要性为出发点,主张对法条解释时直接将不具有处罚必要性的行为排除在法条之外,即法条规定的行为方式均为具有处罚必要性的社会危害性行为;在对行为进行解释时先从实质解释出发即行为是否具有处罚的必要性,然后再进行形式解释即刑法条文的含义是否涵盖该行为方式。[①] 本书主张,刑法解释所选择的立场应当与刑法的发展阶段及法治环境相关联。在刑事法治形成初期或立法技术水平不高时,更应采取的是形式解释论,因为包括法治环境在内等都需要形式解释来打造和培养,尤其要严格"罪刑法定"的执行和防止实质解释的扩张与滥用。在刑事法治已经形成或相对成熟后,更应采取的是实质解释论,因为此时法治环境相对成熟,且立法技术水平也大大提高,防止司法权滥用的氛围也已形成,接下来更加需要的是用实质解释来弥补"罪刑法定"或"形式解释"带来的不足或负面作用。另外,文字解释毕竟还是从大概念到小概念,永远无法完全挣脱制定法所带来的缺陷。此时,如果在文字解释的基础上用"判例解释"作为补充或许能增加更多的实务性操作,纠正文字解释带来的循环缠绕。[②] 可见,只有做到分阶段选择以及三者的结合才有利于法治环境的创造。

其六,借鉴与本土的方法。我国 1949 年后的《刑法》,尤其是 1979 年(1997 年系统修订)的《刑法》基本上是学习苏联的,这或许是由于我国与苏联都是社会主义国家,更加受到马克思主义法学观和刑法观的价值理念影响。此后的我国刑法理论研究,大都受德日等大陆刑法的影响,近些年也开始受英美刑法的影响。相对而言,却没能立足于我国的刑律文化,总体缺乏具有中国特色的刑法理论。要知道,我国也是具有几千年灿烂文明的古国,尤其刑律文化等更是曾经在世界上占有一席之地。显然,这就涉及如何面对借鉴国外刑法和立足本土刑法的关系问题。固然在当代世界范围内,不仅犯罪具有共同点,而且刑法也具有相似性,存在几百年的外国刑法理论肯定有值得借鉴之处,这正是人类文明成果的共通性和融合性,也即外国的刑法理论可以解决中国司法实践中的问题。如国外的监督过失理论可以解决我国现实生活中出现的许多过

---

① 参见刘志刚、邱威:《形式解释论与实质解释论之辨析》,载《河南省政法管理干部学院学报》2011 年第 3 期。

② 参见李晓明:《司法解释中不可缺少的元素:刑事判例——从英美法系和大陆法系趋于融合说开去》,载《苏州大学学报(哲学社会科学版)》2014 年第 6 期。

失犯罪,国外关于非法占有目的的理论可以解决我国司法实践中频繁遇到的财产犯罪等。[①] 然而,我们要面对的毕竟是传承几千年的中华民族的子孙后代,由于文化、社会传统等许多方面因素,尤其是我国社会主义革命和建设形成的价值观念与理念上的文化与特色,以及我国几千年刑律文化的传承与影响等,我国刑法理论与实践具有自身特色。因此,在借鉴国外刑法理论与实践的前提下,根据自身需要和长期的刑法文化建设,必须建设有中国特色的刑法学体系,尤其是要立足于我们本民族的刑律文化根基与传承,寻找一条中外刑法理论结合并具中国特色、真正适合我国民族特性的刑法理论体系,应当说这才是我国刑法学的价值追求和奋斗目标。

其七,理念与操作的方法。德国法学家考夫曼(Arthur Kaufmann)一语道破了刑法理念与操作性的真谛:"法的理念作为真正的正义的最终的和永恒的形态,人在这个世界上既未彻底认识也未充分实现,但是,人的一切立法的行为都以这个理念为取向,法的理念的宏伟景象从未抛弃人们。"[②]长期以来,我国刑法价值理念是多元化的,既有马克思主义的刑法观,又有苏联时期社会主义刑法价值理念的影响,还有我国社会主义革命和建设的特殊背景,也有西方发达国家刑法文化近些年的不断传入与影响,以及我国几千年刑律文化的传承等。然而,这也产生了一些问题。比如,"工具论"与现代和平时期"平等"与"稳定"刑法文化的冲突,主观到客观"认定犯罪"理念与当今强调"保障人权"机能与机制的冲突,犯罪未遂三个成立条件争论中主观立场与客观立场的冲突,共犯从属性与独立性争论中主观主义与客观主义处罚根据冲突,等等。将这些充满矛盾的价值理念与具体立法和操作混合在一起,难以形成完整意义上的运行良性的刑法学科体系。再者,理念的多元化不仅极易导致立法上的矛盾与冲突,而且也给司法操作带来困难。因为法律不是哲学思想,一定要讲究所谓的"实事求是的思想路线",法律是要讲求"可操作性"的。从某种程度上讲,法律的价值不仅仅体现在"公平"与"公正"上,在极大程度上要讲求"操作性",故我国刑法急需理念的一致与操作的统一。

此外,刑法不是孤立存在的社会现象,它与一个国家的政治、经济、伦理、文化等存在相互牵制的关系。因此,刑法学和政治学、经济学、社会学、伦理学等社会学科也存在相通之处,在研究方法上是可以相互借鉴的。[③] 如有学者利用经济分析方法来研究刑法,虽然还不够深入,但毕竟是有益尝试。再如,刑法学研究中现代化、科学化气息不浓,这与刑法学界对现代自然科学方法缺乏足够的认识有关。但随着现代科学技术

---

① 参见张明楷:《刑法学研究中的十关系论》,载《政法论坛》2006 年第 2 期。

② [德]亚图·考夫曼:《类推与"事物本质":兼论类型理论》,吴从周译,台北,学林文化事业有限公司 1999 年版,第 7 页。

③ 参见高铭暄、周洪波:《"九五"以来刑法学研究状况及发展趋势》,载《政治与法律》2000 年第 5 期。

的突飞猛进,像人工智能、基因克隆、生态环境等,也都与刑法有关,甚至需要刑法保护。事实上,现代自然科学方法论,如控制论、系统论、信息论、博弈论、模糊论、耗散结构论、协同论及突变论已经不同程度地被引进法学领域,只不过刑法学尚未有明显的跟进而已。甚至互联网、大数据等技术对刑法学研究也是个不小的冲击。因此,在引进其他社会科学研究方法的同时,应适当学习和引进一些自然科学技术方法,以促进和加大现代刑法学科体系与理论的研究。

(5)学科体系的重构。通过对上述传统刑法学科体系的分析,行为中心论虽然有较深远的刑法学思想与理论沉积,但由于其研究对象、基础理论、研究方法等存在的固有矛盾,故不可能统率现代刑法学及其理论;行为人中心论与社会防卫中心论的刑法学体系,在研究对象、理论基础上也表现出零散和偏激的弊端;社会危害中心论的刑法学体系虽然有许多长处,但在结构要素上也需要改进,排列上既要考虑理论的内在联系,又要兼顾到叙述上的完整性及对现行刑法解释上的系统性等;人权防卫中心论自身存在偏颇和对研究重心的偏离等。本书探讨了“罪”与“责(罚)”间的辩证关系及其规律,并从刑法学发展的轨迹及其历史和研究方法上深入分析了我国目前存在的刑法价值理念、立法技术与刑法解释等的矛盾与冲突。建设具有我国社会主义特色尤其是适合本民族文化的刑法学科理论迫在眉睫,故作为现代刑法学科的理论体系,尤其考虑到其科学性、生命力及适应未来社会的长远建设与发展,现将我国刑法学科的理论体系设计为如图 4-1 所示的初步框架。

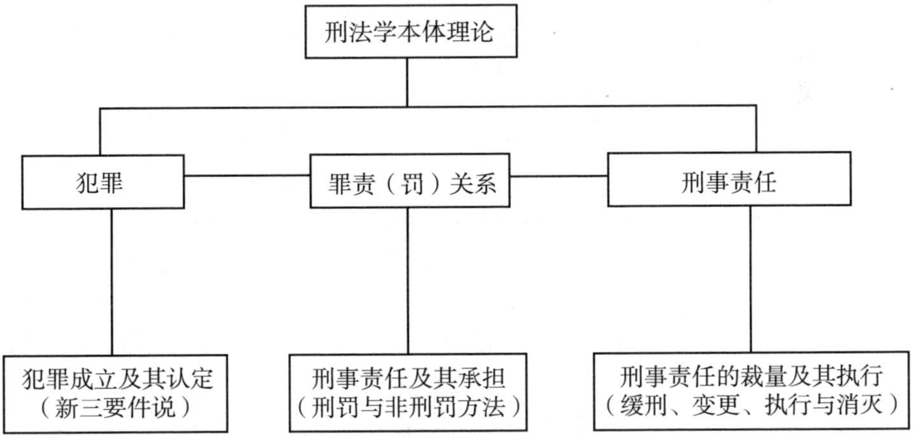

图 4-1 我国刑法学科的理论体系

第五章 刑法学的研究方法及其类型

研究方法对一门学科的发展至关重要，科学的研究方法是一门学科成熟与独立的标志之一。研究方法不在多而在专，贵在对于一个学科适合与适用，使该学科始终保持鲜活和永久处于不败之地。刑法学的研究方法也是刑法学科架构不可缺少的重要因素。因此，认真学习刑法学的基本原理，准确把握刑法学的研究方法，对于刑法学的深入研究意义十分重大。我国刑法学虽然以马克思主义的辩证唯物主义和历史唯物主义为基础性的研究方法，但也不应盲目排斥其他研究方法在刑法学领域中的应用，否则刑法学的分析工具将被禁锢，甚至失去更新换代的鲜活生命力，这里选择一些适合我国刑法学科特点的研究方法进行重点分析。

一、哲学方法：刑法价值理念之统一与刑法立场的阶段性选择

众所周知，哲学是关于世界观和方法论的学说。且世界观和方法论往往是统一的，有什么样的世界观就有什么样的方法论。所谓世界观是指人们对整个世界及人、事关系的根本观点与看法。所谓方法论是指人们认识世界和改造世界的基本原则与方法。在我国传统的刑法教科书中，辩证唯物主义和历史唯物主义一直是我国刑法学的主要方法。当然，在运用马克思主义哲学方法时，必须避免教条和防止僵化。[①]尤其不能因为马克思主义哲学方法的使用，而排斥其他哲学方法在刑法学研究中的地位。因为“马克思的整个世界观不是

---

① 参见高铭暄、周洪波：《“九五”以来刑法学研究状况及发展趋势》，载《政治与法律》2000年第5期。

教义,而是方法”①。这也是由其自身的本质和精髓所决定的。故哲学方法的选择和运用必须坚持包容性、科学性及统筹兼顾、兼收并蓄的胸怀与视野,从而使得人们在刑法学的研究中尽可能地吸收全人类的智慧成果,其中也包括我国古代刑律哲学文化中的精华与智慧成果。甚至兼顾刑法哲学,包括刑法本体论、刑法认识论、刑法价值论。

本体论的研究不仅适用于自然科学,也适用于人类社会和人文科学。法律包括刑法是实践性很强的人文社会学科,是对法律与社会的本体及其相互关系的潜心研究。因此,刑法本体论的内容基础一定是社会本体论。法律应该以社会为基础。法律应该是社会共同的、由一定物质生活方式所产生的利益和需要的表现,而不是单个的个人的恣意横行。②

认识论是刑法绕不开的话题,包括刑法立法与司法,既需要立法中刑法价值的认识、选择与判断,也需要司法中事实的辨析、认定与判断。在这些选择与判断中,首先是认识社会、认识犯罪的过程,其次是动用什么样的刑罚措施来协调社会矛盾与处置犯罪的过程。例如,立法是一个利益的权衡和选择,也是一个价值的判断和选择。又如,犯罪成立理论是一个定罪推理的模型建构,无论建构什么样的犯罪成立理论模式,都需要得到刑法认识论的全面支撑。包括形式理性与实质理性的关系、刑法解释与刑法适用的关系、刑法演绎与刑法归纳的关系等,都需要刑法认识论的极大关注。由此可见,刑法认识论也是刑法哲学的极其重要内容。

价值论是刑法哲学的核心所在,首先表现在立法决策研究之中,其次表现在司法判定研究之中。刑法的立法与司法过程同样面临着打击犯罪还是保障人权这样一个两难的价值选择,且又不得不选择。类似情况还有,公权力与私权利的博弈、程序公正与实体公正的权衡、非法证据排除等都需要相应的价值判断与选择,故在刑法哲学中讨论价值论实属必然。

诚然,刑法哲学方法的核心内容都是对普通哲学方法的借鉴。如马克思主义哲学中最重要的哲学方法:矛盾分析法中的两点论与重点论、一分为二等看问题的方法,马克思主义认识论的方法如具体问题具体分析、整体与部分的辩证关系、量变与质变的辩证关系等。而现代西方哲学具有代表性的方法,如分析哲学方法与精神分析法,结构主义与解构主义方法,现象学方法与解释学方法等,这些哲学方法尤其在包括法学在内的人文科学中被普遍采用。

当然,哲学研究基本的方法是思辨方法,这在刑法学方法中也是不可缺少的。一

---

① 《马克思恩格斯全集》(第 39 卷),中共中央马克思恩格斯列宁斯大林著作编译局译,人民出版社 1974 年版,第 406 页。

② 《马克思恩格斯全集》(第 6 卷),中共中央马克思恩格斯列宁斯大林著作编译局译,人民出版社 1961 年版,第 291-292 页。

般认为思辨的方法有三种形式:(1)演绎式思辨,即通过一定的概念、范畴、体系对新观察到的现象辨析和认知,以及从一般性的概念出发确认个别事物。(2)归纳式思辨,即对一定数量的事物或知识的认识、感知概括性、综合性认识的过程,它的发展历程是从实物或知识片段到“概念—关系—系统—整体”。(3)顿悟式思辨。一般适合于对纯抽象问题的研究,诸如对神、灵、魂等宗教问题的研究。一般来说,哲学的思辨方法不太适合于实证性方法的运用,如辩证唯物论中的物质、神学中的上帝等都是无法用自然科学或实证的手段来证明的。相反,人文科学中的文学、艺术、历史、法学等,更多使用的是思辨的方法进行分析与研究。

所谓思辨的方法也即逻辑推理的方法,是指先给一些最基本的概念、术语、命题的内涵与外延确定一个客观标准,然后运用逻辑的形式,如三段论和其他逻辑方法,将其联系起来,以求得符合思维规律的论断。思辨的方法主要有演绎、分析、综合、比较、归纳等,其中最为常用的是演绎方法,即三段论式的推理方法:“大前提+小前提→结论”。演绎的方法是从概念到概念,从判断到判断的形象思维运动,是从公理中推出个别结论的方法,这中间有个发现事实、认识事实的过程。逻辑认识中的演绎、分析、综合、归纳等推理形式是以既已认识的事实来认识尚未认识的事实,但是认识的结果(结论)是否具有部分的真理性或全面的真理性,是不能断然肯定的。思辨的方法是概念间的自我运动,这种自我运动或者以不证自明的先验真理或者以未经验证的假说为出发点。如上,两种前提都有存在“假”或“不完全真”的可能性,由此得出的结论就有可能是“假”的或“不完全真”的。① 思辨方法在刑法上的运用,可以纯化刑法概念以及刑法概念之间的逻辑关系,理顺和重构刑法学体系,有利于人们对一些刑法学范畴、命题的深入认识。

至于刑法学中的历史方法也即沿革性的解释方法,又称沿革式的分析方法,是指从法制史或法学史的角度,来探究刑事实体法、刑事判例法以及刑法学说的进化史,核心的价值是总结前人的经验得失以资借鉴,从而修正和完善本国立法,发展本国刑法理论。历史的方法对于刑法学科非常重要,它是一种从纵向角度来研究刑法的方法,时间跨度大,涉及人物与事件多,因此要求研究者在众多的史料中去粗取精,去伪存真,做到忠于史实,忠于研究。同时,在研究过程中要结合新的考古发掘,更新史料。研究者不要只顾在故纸堆中寻章摘句,而要到现实生活中、到边远的未开化地区去探察民情民风,从原始法制的“活化石”中寻求刑法的源流与本相。在研究刑法史时,要注意概念间的“断裂”现象,且要在认识概念的断裂基础上进而区分哪些是“形式断裂”,哪些是“本质断裂”,只有本着这样的研究态度,才能还历史以真相,不作望文生义

① 参见周路主编:《当代实证犯罪学》,天津社会科学院出版社 1995 年版,第 12 页。

之比附而淆乱历史、障碍视听。如上，甚至包括对刑法进行分阶段的研究，从中把握其各个社会阶段的刑法规律，并选择适合不同阶段的刑法原则与策略。

二、解释方法：刑法解释类型之选择与发展阶段的高度性契合

解释的方法是指对刑法规范进行文理、语义等的分析、注解，以阐明刑法真义，发现刑法精神，总结刑法原则的研究方法。刑法解释在于发现刑法规范的真义与立法精神，其解释虽带有解释者的主观价值倾向与个人情绪，但总体而言它是客观的、大体中立的。刑法解释一般以论证刑法的合理性与正当性为己任，主要工具为目的论解释，但刑法的抽象性与静止性和犯罪活动的具体性与多变性的极大悬差要求刑法解释不能拘泥于文本，要在刑法原则下削减对具体犯罪而言无关紧要的事实，使其适应于犯罪构成的框架，以用有限之刑法驾驭无限之现实。当然，刑法解释的方法也不是漫无节制的，它主要受刑法条文（罪刑法定的要求）、刑法原则（尤其是基本原则）、刑事政策（惩办与宽大相结合）以及保障人权（疑罪从无）等的约束与限制。刑法解释不仅有对规范的注解功能，更有对刑法规范的价值评判功能。因此，刑法解释的方法主要属于分析定性的方法。刑法解释的方法主要包括：

1. 文理解释，也称直接解释，是根据刑法文本，把握其体系与原则，分析刑法规范的结构，考察刑法规范的真实含义的研究方法。其遵守三个原则：(1)依普遍意义解释法律文句；(2)依社会生活的实际需要去解释法律条文；(3)从整体上把握文本含义，推究法条含义。

2. 论理解释，又称间接解释，是根据论理的方法与原则，在刑法文义之外推求法律的精神和原则、立法者的原意等，阐明法律的意义。该方法的运用必须以了解法律发生的原因、理由及历史为前提，结合社会现实情况，方能达致渗透立法者的目的。论理解释分扩张解释和限制解释。前者是指依法律文本的精神，扩充法律条文的范围，使之适合于立法者的原意及现实司法的需要。后者是指依法律文本的精神，缩小法律条文的范围，使之不与立法者意旨与现实需要相悖。

3. 类推解释，类似于扩张解释，是指对于法律文本未规定的事项，比附于最为近似的法条，类推适用以定其罪或减免其罪，即所谓“举重以明轻，举轻以明重”。类推解释是根据社会形势的需要，在时代精神指导下，不拘泥于传统法律精神以求得法律之新义的研究方法。虽然我国 1979 年《刑法》中曾有相关规定，但由于类推解释有违罪刑法定，在 1997 年《刑法》的系统修改中取消了类推原则，正式确立罪刑法定原则，这一做法目前为多数国家所认同。

4. 沿革解释，又称为历史解释，是从立法历史中探究立法者的真义，如将法条与前法的相关规定加以比较，以期充分探明法条的本意，或从法律制度渊源和经历中寻求

法条真意,或从古今中外刑法产生、发展、衰亡的历史中,探寻刑法生长的根本法则和发展的基本路径。

此外还可以从不同角度做出不同分类,如从解释主体可具体划分为立法解释、司法解释和学理解释,从解释的根据、原则与内容可分为形式解释与实质解释,等等。当然,刑法解释方法的选用与一个国家刑法的发展阶段不无关系。故在研究刑法解释方法与类型时,除考虑其功能选择外,还应考虑刑法发展阶段的现实需求。如针对我国目前社会与刑法的发展阶段,对罪刑法定的全面坚持和人权保障氛围的早期培育,都对刑事法治环境的造就非常必要且是十分有益的。这也是针对形式解释论与实质解释论等争论,以及刑法解释类型之选择与我国刑法发展阶段的高度契合。当下,尤其是在刑事法治初始阶段和罪刑法定初创时期,包括立法技术尚不发达和不成熟的情况下,应当坚定地选择刑法的形式解释论,在我国刑事法治秩序基本建成之后,包括随着我国刑法立法技术的完善与提高,才有可能考虑刑法实质解释论的使用。否则,在没能真正树立起人权保障理念,以及刑法立法尚不完善的情况下,选择实质解释论,将不利于刑事法治的最终形成与建设,更不利于刑法学科的发展,以及法治社会的实现。

三、研究方法:刑法理论研究之创新与分析工具的适当性运用

常言道,一把钥匙开一把锁。研究方法对于学科建设而言是至关重要的。从某种意义上说,一个学科是否成熟在极大程度上取决于是否有一套适合自身需要的独特研究方法。刑法是一门古老而又年轻的学科,说它古老是指其思想渊源具有很长的历史,基础理论研究也有几百年的跨度;说它年轻是指迄今为止其并未发展得完全成熟,这当然与其研究方法的深入拓展有关。在过去的研究中,更多关注的是刑法思辨和定性研究,很少使用定量方法及分析工具。

而在思辨和定性研究中,最常用的还有一种优化或比较的方法。当然,优化和比较是相辅相成的,优化是建立在比较基础上的一种逻辑方法,而比较是通过对比来认识和衡量事物的一种方法。一般认为,通过比较认识、鉴别事物的方法在刑法学研究上的运用就是刑法学上的比较方法。[①] 通过比较,人们将不同事物区别开来,了解他们的异同。通过优化,我们也可以做到好中选优,知其优劣,最终发现真理和最优方案。

比较的方法分历史的比较(纵向比较)和现实的比较(横向比较)两种。严格意义上的历史方法应是在对历史上刑法发展的趋向和特点作出整体性研究和把握的基础上,总结出刑法发展的基本规律,鉴往知来,为以后的刑事立法和司法实践服务。这里的比较方法是在两项或多项事物中找其差异点或共同点,取长补短,并从其发展、联系

---

① 参见李晓明主编:《中国刑法基本原理》,法律出版社 2005 年版,第 29 页。

中寻求科学规律,探求其真义。现在我国刑法学上的比较方法主要是比较各国现行刑法制度、刑法原则、刑法学说以及刑法思想,总结其得失优劣,以资完善本国立法、发展本国学说。当然,也可以对中外刑法的具体制度、规定、观点、问题进行比较,更可以对国内刑法上的问题进行比较。进行刑法学的比较应尽可能地掌握原始材料,在实地考察的基础上比较,否则比较得出的结论将大打折扣。

在比较分析的过程中,又出现了批判的方法与思维。20 世纪 70 年代末兴起于美国的批判法学,是一种旨在挑战和推翻传统刑法理论和实践中的既定规范与标准的法学思潮。批判法学把批判的矛头指向西方自由主义法律思想及其法律制度。核心内容是,竭力撕破法律的确定性、中立性和客观性的面具,以证明法律不是一个理性体系,而是一种意识形态,这一意识形态使不公平的政治制度得到支持并成为可能。① 当然,此前一些仁人志士也都提及过批判的思维与哲理。苏格拉底临终前说过一句警言:"一种未经审视的生活还不如没有的好。"德国哲学家恩斯特·卡西尔也说过:"人类生活的真正价值,恰恰就存在于这种审视之中,存在于这种对人类生活的批判态度之中。"②

从方法论上看,批判法学继承了社会批判理论的基本观点和思想体系,对传统法学研究的主流方法发起了全面攻击。有学者认为,"与人类整体认识的特征一样,法律认识和法学研究实际上也是一个不断审视、批判和反思的过程,从对神权法的理性批判到对自然法的科学批判再到对实证法的道德批判,就可以看出法学发展历程中的批判意味"③。然而,在我国学界对于批判法学褒贬不一,一般褒扬其在对法律的认识问题上关注政治、利益集团和"人为"价值理念选择的影响,贬斥其否定一切和"法律虚无主义"及无政府主义的嫌疑。

在刑法学研究中借鉴批判法学的方法,无论是对于完善方法论还是对于突破传统刑法理论的束缚而言,都是十分必要和有益的。包括我国刑法体系、立法理念,以及保障人权、公权力与私权利的相互制约,国有企业与民营企业保护平等的问题,都是展开刑法学批判的重要内容。从某种意义上来讲,有了批判方法在刑法研究中的运用,也才能够最终促进和推动我国刑法学科持续、健康、稳步地发展。

如上,在思辨和定性的传统刑法学研究中,实证的方法和定量分析工具略显不足。实证的方法又称科学观察方法,一般是指在坚持价值中立前提下,通过受控实验和实地考察所得到的科学资料来对刑法学的具体问题进行系统分析的经验探求方法。实

---

① 参见[美]安德鲁·奥尔特曼:《批判法学——一个自由主义的批评》,信春鹰、杨晓锋译,中国政法大学出版社 2009 年版,第 1 页。

② [德]恩斯特·卡西尔:《人论》,甘阳译,上海译文出版社 1985 年版,第 8 页。

③ 李其瑞:《法学研究与方法论》,山东人民出版社 2005 年版,第 267 页。

证方法是对刑法问题的量化处理,是对刑法学思辨方法的突破与超越。其也是对刑法学问题进行客观研究的一种模式,而且是一种重要模式,是对思辨研究和定性研究的重要纠正与补充。以实证的方法来研究犯罪,就是要把犯罪人、犯罪行为及其后果等与现实社会的经济状况、物质生活条件和生活环境有机结合起来进行系统分析,以探求犯罪主体的个人品性及其人格形成过程的条件或因素,并确定犯罪者的类型和犯罪类型,挖掘犯罪规律,以作为刑事立法和司法的重要根据。

实证方法中的经济分析法是刑法学科研究中的一个重要方法,是将经济学的理论和经验主义的方法运用到刑法研究中的重要尝试。首先将经济分析法运用于法律研究的是盖伊·卡拉布雷西和罗纳德·H.科斯。实证经济分析法通过归纳、总结、经验性检验以及其他经济分析创造出了一种极具解释力和经验支持的刑法经济学理论。另外,威慑作用、剥夺资格以及刑罚适用的成本都应一同考虑,也应讨论处罚的象征性效用,其或许被认为是强调价值性的社会规范。该影响也进入一个更广阔的刑法经济分析的领域。① 实证分析法的科学性受限于取样多样性和事实上的不可界定性,这使得对整个领域进行调查是不可能的,且用来证实理论的观察也许模棱两可,为纯化实验对象而被排除的某个因素也许是被观察现象的真正原因。“法律不是科学,甚至不是半科学。与科学相比,法律与神学和形而上学更为接近。”②

笔者认为,我国刑法各罪名法定刑间的平衡性研究一直是刑法定量研究与定量分析的空白,故十分期待这一研究领域能够有所突破,进而打破“拍脑袋决定刑罚”的习惯做法与传统。

四、实践方法:刑事司法规律之遵循与刑事一体化的理念确立

刑法是一门实践性很强的学科,学习刑法正是为了刑法实践和解决社会矛盾与问题。而且刑事司法是有规律可循的,故应注意寻找和遵循司法规律,要做到这一点也就必须在学习刑法之初就有实践的意识和方法,包括刑事一体化的理念与方法。要知道,案件是复杂的,拿到手中一个案子不是单靠实体法或程序法就能解决问题的,因为大多数案件既有实体问题也有程序问题,甚至是程序与实体的综合与交叉。因此,真正的刑法实践与运用,都是实体与程序的矛盾综合体,甚至在刑法与刑事诉讼法的条文中都可以看到,实体法中有程序问题,程序法中有实体问题,二者往往是交错在一起的,并没有决然的界限与分离。包括《刑法修正案(九)》也规定有许多程序问题,可以说这或许是今后刑事立法的另一个特点或规律。

---

① See Steven Shavell, *Economic Analysis of the Law*, China University of Political Science and Law Press 2009, p. 113.

② [美]波斯纳:《法理学问题》,苏力译,中国政法大学出版社1994年版,第89页。

可以说，“刑事一体化”（integration of criminal）是近年来我国刑法学界比较“时髦”的一个词，也是使用频率较高的词汇之一。然而，“刑事一体化”究竟指的是什么？学界对此有许多争论。笔者曾经在《“刑事法律与科学研究”一体化》（台北，元照出版有限公司2012年版）一书中认真梳理了“刑事一体化”的问题，并在“刑法学”一体化（大致包括犯罪学、刑法学和监狱学）①、“刑事法学”一体化（包括刑事实体法、刑事程序法、刑事执行法等）和“刑事学科”一体化（几乎囊括了与刑事问题相关的一切学科或领域）②的基础上，大胆提出了“刑事法律与科学研究”一体化。③ 并界定了其研究范围：除上述“刑法学”一体化、“刑事法学”一体化和“刑事学科”一体化所包括的研究内容外，还有刑事侦察学科（犯罪侦查学）和刑事技术学科（主要包括法医、痕迹检验、文件鉴定、微量物证分析、公安图像技术等），甚至包括协调警察、法庭、监狱运作机制和追求司法效益的一门新兴学科——刑事司法学，以及保安学等。④ 如上所述，要执行好刑法，包括做好一个刑事案件或刑事辩护，就必须统筹掌握“刑事一体化”的全部知识，并练就综合运用这些知识的素质与本领。

对于“刑事法律”不需要做更多的解释，然而就“刑事科学”而言，“刑事”当然是与“民事”相对应的，是“指治理犯罪的相关事宜，外延宽泛，涵盖犯罪、刑法（实体法和程序法）、刑罚制度与执行等”⑤。当然，我们也认为，“刑事”一词除包括犯罪事实和犯罪对策外，还应当包括对犯罪情势和态势以及潜在犯罪与可能犯罪（包括正当防卫、紧急避险）等的研究。“科学”是人类分门别类的学问，是运用范畴、定理、定律、分类等思维形式反映现实世界各种现象的本质及其规律的综合知识体系。刑事科学（criminal science），当然就是由一系列有关犯罪（包括犯罪事实、犯罪对策和犯罪态势等）学科的基础理论和分门别类的综合知识体系，甚至包括刑事侦察、刑事鉴定（域外称“法庭科学”）、刑事照（录）相、痕迹检验、文书检验、司法弹道检验（枪弹检验）、指纹登记与鉴定、外貌识别技术、保安等犯罪对策学科与领域。当然我们的基本认识是，相对于“刑事科学”来讲，法学包括刑法学及刑事诉讼法学等只是一个群体意志的体现，并不一定属于科学。

---

① 因为在20世纪90年代，我国学界往往把犯罪学、监狱学等视为刑法学的二级学科。参见陈兴良：《刑事一体化视野中的犯罪学研究》，载《中国法学》1999年第6期。

② 也有学者称其为“刑事科学系统化”，认为应当将“刑事一体化”放到整个刑事科学的学科体系发展的背景之下来考察，这样“刑事一体化”当前的困惑和未来的出路都会豁然开朗。对于这一学科发展进程，也有学者称其为“刑事科学系统化”。

③ 参见李晓明：《“刑事法律与科学研究”一体化》，台北，元照出版有限公司2012年版，第1-5页。

④ 参见李晓明：《“刑事法律与科学研究”一体化的提出及其原理》，载人大复印资料《刑事法学》2013年第3期。

⑤ 储槐植：《刑事一体化论要》，北京大学出版社2007年版，第21页。

我们认为，真正的“刑事一体化”应该是以研究“刑事”问题为基础（以刑事事实和刑事对策等为基础），以刑事“法学”、刑事“科学”和刑事“技术”基础理论研究为中心或主线（以法学、科学规律及其学科群间的“刑事”理念或价值观念联系和科学技术规律及学科群间的联系为主线或整体研究对象）的“刑事法律与科学包括刑事技术研究”的综合一体化，故简称为“刑事法律与科学研究”一体化。可以说，这是“刑事一体化”的新范畴，它集刑事法学、刑事科学及刑事技术为“一体”，并自始至终贯穿了一条基本主线即“刑事理念与价值”的综合性研究，或者真正以刑事学科群及其技术学科群为核心的刑事法律与科学包括刑事技术的综合“一体化”研究。

第二编 立法原理:刑法规范与制定过程

任何学科都有自己的基本范畴,而且这些基本范畴群也构成了该学科的本体理论。刑法学科也是如此,其基本范畴群涵盖了刑法的定义、性质、类型及其功能,刑法规范及其类型,刑法规范的内容及其制定,刑法的基本原则,刑法效率及其管辖,刑法的体系及不同种类,等等。在此基础上,世界各国也都制定了自己的刑法典及其规范。

第六章 刑法的规范及其制定

刑法规范是法律规范的内容之一，而法律规范的性质不仅决定法域性质，而且也决定法律形式。尽管在上述讨论中也涉及刑法的定义、特征和本质，以及刑法的目的和任务、渊源和类型，但均是宏观论述，而在微观层面，真正决定刑法性质的是刑法规范的具体属性。

一、规范与法律规范

规范与法律规范是刑法规范的上位概念，故在研究刑法规范之前必须先分析法律规范。

（一）规范及其种类

《辞海》对规范的解释是："①标准；法式。如：道德规范；技术规范；语言规范。……②模范；典范。……"[①]规范又分为技术规范和社会规范两大类，前者是一种调整人与自然[②]之间关系的规范，后者是一种调整人与人之间关系的规范。

技术规范具体是指规定人们支配和使用自然力、劳动工具、劳动对象的行为规则。[③] 没有技术规范就不可能进行生产劳动，违反技术规范就可能造成事故，如导致生产者残疾、死亡，引起中毒、火灾、爆炸、坍塌或者其他灾害等，甚至造成毁灭性的灾害。在未来人工智能技术中，如果发生技术规则不到位的情况，那将有灾难性后果。故国家把遵守技术规范、

---

① 《辞海》（缩写本），上海辞书出版社 1996 年版，第 1626 页。

② 自然又有广义、狭两义之分，广义的自然是指包括人在内的世界自然物；狭义的自然是指除人之外的或与人相对应的自然物，具体是指人赖以生存和发展的自然环境与物质条件。

③ 参见《中国大百科全书 · 法学卷》，中国大百科全书出版社 1984 年版，第 100 页。

遵守大自然法则也确立为法律义务,从而使之成为法律规范,直至追究刑事责任。我国《环境保护法》第69条规定:"违反本法规定,构成犯罪的,依法追究刑事责任。"1997年《刑法》在分则第六章第六节专门规定了"破坏环境资源保护罪"。可见,技术规范与法律规范关系十分密切。

社会规范是指人们在社会活动中必须遵守的行为规则。① 具体来说,它是规定人及其相互之间关系的行为准则,或者调整人们之间的社会关系的行为规则。通常认为,社会规范的主要内容包括道德规范、法律规范、宗教规范、风俗习惯、社团纪律、各阶级政党的党章党纪及其他共同生活规则等。它与技术规范的区别:(1)规范的来源不同。前者是人们或人与人约定俗成的,包括法律规范也可视为公民与国家间的契约或约定;而后者不可能是人与自然间的约定,更多是人们对自然界规则的服从。(2)规范所调整的关系不同。前者调整人与人间的关系,甚至调整人与国家和社会间的关系(实质上也是人与人间的关系);而后者调整的是人与大自然间的关系,或许技术规范的背后也可能涉及人或国家,但就直接意义看还是人与自然的关系,是一种服从和被服从的关系,哪怕国家代表大自然与公民进行某种法律内容的约定,也受自然界及技术规范与规则严格制约或限制。包括人工智能,如果技术规范不能够进入刑法规范,将出现更多的社会风险。当然,在涉及大自然客观规律的科学技术需要由法律进行规制的情况下,法律规范还能否保持原来纯社会规范意义的内容,的确值得关注。

(二)法律规范及其构成

传统观点认为,法律规范是由国家制定或者认可的,反映统治阶级意志,并以国家强制力保证实施的一种行为规范。② 也有学者认为,法律规范是国家意志的体现,是通过一定的法律条文表现出来的,具有一定内在逻辑结构的特殊行为规则。③ 还有学者认为,法律规范是由国家颁布并保护着的、有一般约束力的行为规则,它赋予社会关系参加者某种法律权利,并给他们规定一定的法律义务。④ 总之,法律规范的特点在于它体现了国家权力的属性。甚至认为,"法律规范是体现国家权力的命令",这种规范是国家意志的体现,也是由国家强制力保证实施的规范。⑤ 显然,这些定义和观点强调的是法律规范的实质性、阶级性、国家性、命令性和强制性,是从政治角度、阶级本质角度所认识的法之特性。并未能从法律规范的技术层面,从法律规范同其他规范的区别方面,以及法律规范同法的其他基本范畴的区别上来界定其含义。所以,要真正深刻认

① 参见李文芳、张世勤主编:《法学概论》,中国刑警学院1985年版,第69页。
② 参见孙国华主编:《法学基础理论》,法律出版社1982年版,第263页。
③ 参见卢云主编:《法学基础理论》,中国政法大学出版社1994年版,第290页。
④ 参见孙国华主编:《法学基础理论》,中国人民大学出版社1996年版,第347页。
⑤ 参见孙国华主编:《法学基础理论》,中国人民大学出版社1996年版,第347页。

识法律规范,还必须从相关的一些基本范畴谈起。

关于"规范"的法律含义。有学者认为,"规范"一词体现了行为正当性、正常性、社会合理性,体现了经济基础、政治制度等其他社会生活的客观的需要。① 然而,既然法律规范具有强烈的阶级性、国家意志性和命令性,那么就不可能绝对正当和合理。也可以说,从理论的应然层面来讲,法律规范应当是正当的、合理的;但从立法的实然层面来讲,法律规范又不可能是完全正当的和合理的。因为,法律是价值选择和意志表现。也就是说,法理学应当是科学,是讲(应然性)道理之学;而法律及其创制就未必科学,其是(实然性)意志选择。

通常在文字上将技术规范、社会规范,包括法律规范等,均表述为一种"规则"。那么"规则"与"规范"的关系如何呢?通常认为,"规则"是规定出来供大家共同遵守的制度或章程。② 我国法学界一般将英语中的 rule 译作规则,而将 norm 译作规范。奥地利学者凯尔森(Hans Kelesen)认为,立法者创制的是规范,法律科学表述的却是规则,前者是规定性的,后者是叙述性的。③ 英国法学家沃克(David M. Walker)认为,法律规则与法律规范都是规范人的行为的,但是规则较规范具体,规范比规则抽象。④ 从这些观点来看,我国法学界更倾向于将"规则"与"规范"视为同一含义。如有学者认为,"法律规范是抽象的、概括的规则"⑤。当然也有学者认为,"法律规则是法律规范的一部分(另一部分是法律原则)"⑥。甚至有些学者不再更多地议论"法律规范",取而代之的是"法律规则"⑦。故在讨论法律规范前,尤其在讨论法律规范与社会规范时,进一步辨析和讨论"规则"与"规范"的关系,以及"法律规则"与"法律规范"的关系,有着极其重要的理论价值和方向性的指导作用。

传统观点一直认为,法律规范应归属于社会规范。如有学者认为,法律规范作为一种社会规范,是国家机关制定或认可的,并以国家强制力保障执行的一种特殊的行为规则。⑧ 也有学者认为,法律规范是社会规范的一种,是一种特殊的社会规范。其特殊性就在于,它是反映统治阶级意志的,经国家制定和认可的,并由国家强制力保证实

---

① 参见孙国华主编:《法学基础理论》,中国人民大学出版社 1996 年版,第 347 页。

② 参见中国社会科学院语言研究所词典编辑室编:《现代汉语词典》(修订本),商务印书馆 1978 年版,第 410 页。

③ 参见[奥]凯尔森:《法与国家的一般理论》,沈宗灵译,中国大百科全书出版社 1996 年版,第 48 页以下。转引自周永坤:《法理学——全球视野》,法律出版社 2000 年版,第 203 页。

④ 参见周永坤:《法理学——全球视野》,法律出版社 2000 年版,第 203 页。

⑤ 孙国华主编:《法学基础理论》,中国人民大学出版社 1996 年版,第 347 页。

⑥ 周永坤:《法理学——全球视野》,法律出版社 2000 年版,第 203 页。

⑦ 周永坤:《法理学——全球视野》,法律出版社 2000 年版,第 202-208 页。

⑧ 参见卢云主编:《法学基础理论》,中国政法大学出版社 1994 年版,第 290 页。

施的行为规则。立论依据是,自然界万物作为法律关系的客体,是完全依附于作为主体的人的利益和需要的;在自然界万物中,人的价值仅仅在于它们能够满足作为主体的人的需要,因此人与自然界之间的关系在这里实际上是人与人之间的联系。[①] 当然,也有学者认为,"就'法律规范是一种社会规范'的命题而言,它显然不符合法律规范也调整人与自然之间的关系的事实"[②]。甚至有学者进一步认为,环境法调整的不是人与人之间的社会关系,而是人与环境之间的关系。如有学者给环境法下的定义是:"调整人类与环境系统的矛盾关系的行为规范的总和。"[③]也有学者认为,"环境法调整的对象具有特殊性,既调整人与人的关系,也调整人与自然的关系"。甚至认为,"以调整人与自然环境关系为标志的环境法学是对人与人关系的法学的超越"[④]。立论依据是,世界各国的法律法规中,包括国际公约、国际条约中,关于自然资源保护、森林保护、环境保护、海洋资源保护、水污染防治等的内容随处可见,其中均大量存在调整人与自然及科学技术规则之间关系的法律规范。因此,传统的"法律规范属于社会规范,法律规范是只调整人与人之间关系的规范"的观点,更多地受到发展变化了的实际情况及新出现情况的严峻挑战。

其实法律规范是否完全归属于社会规范,其根本或核心的问题是法律规范究竟是只包括社会规范,还是同时包括技术规范。换句话说,法律规范调整的只是人与人之间的所谓"社会规范",还是包括人与自然的所谓"技术规范"。长期以来学界对此也争论甚大。其争论焦点有二:(1)究竟什么是现代意义上的技术规范和社会规范;(2)人与自然的关系究竟是否属于人与人之间的关系。澄清这些问题,对于厘清法律规范的基本定位与归属十分关键。

首先,什么是现代意义上的技术规范和社会规范。有学者认为,行为规范有两类:一类是技术规范(technical norms),也叫认知规范(cognitive norms),是指人在处理人与自然、人与社会、人与自己所创造的各种语言符号关系时的程序、步骤、方法和技巧的一些原则、传统,是一种知识性的、智能型的行为规范。另一类是社会规范(social norms),也叫道德规范(moral norms),是指人在处理与他人、社会、国家关系时所遵守的行为准则,是一种涉及人们之间利害关系、感情、良知和道德评价的一种价值非中性的规范。[⑤] 显然,笔者所讲的技术规范虽然也涉及规范,但不同于传统意义上的技术规范,是一种知识性和智能型的规范。它虽然也涉及社会或个人的利益,但不直接涉及

---

① 参见张志铭:《法律规范三论》,载《中国法学》1990年第6期。

② 张志铭:《法律规范三论》,载《中国法学》1990年第6期。

③ 罗辉汉:《环境法学》,中山大学出版社1986年版,第32页。

④ 蔡守秋:《论当代环境法学的发展》,载《法商研究(中南政法学院学报)》1998年第3期。

⑤ 参见魏宏:《法律规范的社会学内涵》,载《法律科学·西北政法学院学报》1996年第4期。

人与人之间的利害关系，因而是价值中性、无道德评价的。进一步讲，它不仅适用于人与自然的关系，如尊重自然界的规律、科学规则与工艺技术流程，而且适用于人与社会，乃至人的思维、语言等领域，如心理学规律、社会组织运行机制、逻辑思维规则、语言等的约定和法则等。社会规范也不同于传统意义上的社会规范，主要是指由于人们的社会关系而产生的一切行为规范，既包括涉及人与人之间利害关系和道德评价的规范，又包括那些更多地属于知识性的、智能型的技术性社会规范。所以，现代意义上的技术规范和社会规范的定义似乎有交叉，故非常有必要澄清。笔者认为，与传统技术规范相比，现代意义上的技术规范，不仅包括人与自然的法则，而且也包括人与管理技术和操作规程的法则，如交通安全法则、安全生产规章、国家计量标准、数字通信符号规则等；如有学者指出，所谓技术规范是指由技术本身所构成的调整人与人之间权利与义务关系的规范。① 也就是说，技术本身就是规范、规则和规律，在网络空间里技术规范就是软件和程序。这显然是对传统技术规范、规则的突破，尤其未来的人工智能不仅调整人与人之间的关系，而且调整人与自然或技术之间的关系，这与传统技术规范、规则形成了鲜明对比。现代或未来意义上的技术规范、规则以技术规则与规律为基础，直接调整人与自然或技术之间的权利义务关系。相对而言，现代意义上的社会规范则直接调整人与人间的关系，即社会冲突、社会纷争中人与人间的利害关系。至于人与自然之间的关系属于技术还是社会规范，学界争论甚大。

主张归属于技术规范的观点认为，人与自然间的关系并不能归结为实际上的人与人间的关系，这种关系除考虑特定时期的人的具体利益和需要外，还应考虑甚至优先考虑自然生态平衡的法则与客观要求，故最终人对某些法则与技术只是一种遵守与服从的关系，因此二者实质上属于技术规范的范围。主张归属于社会规范的观点认为，人与自然之间不直接存在法律关系，而是通过调整人的行为最终实现人与自然关系的调整与协调，故对人与自然关系的调整实际是对人之行为的调整，因此二者实质上仍属于社会规范的范畴。要解决人与自然关系的归属，关键仍在于对技术规范与社会规范含义的界定。显然，现代意义上的技术规范包含有人与自然关系的内容，所以人与自然的关系应属于技术规范范畴。正因如此，最终就导致对法律规范属于社会规范传统观念的突破。如有学者指出的，法律规范既调整人与人之间的关系，又调整人与自然间的关系，因此它不仅有社会规范的部分，而且还有技术规范的部分。只不过，前者规范的对象是人与人双方的权利义务；后者规范的对象仅仅是作为能动的人的一方，即法律规范只能规定人对自然可以做什么、应该做什么或不应该做什么。②

---

① 参见郑友德、伍春艳：《从信息网络社会规范体系的重构看法律规范的变迁》，载《科学·经济·社会》2000 年第 3 期。

② 参见张志铭：《法律规范三论》，载《中国法学》1990 年第 6 期。

其次,人与自然的关系究竟应否属于人与人间的关系。人类在地球上出现以来,便一直自发地与大自然打交道。在人类社会形成以后,又增加了项新任务,即开始了人与人打交道的历史长河,也正因如此才叫社会。然而,人类在极其漫长的岁月里并未忘记同时要和大自然打交道,甚至随着认识的深刻自觉地探测人与大自然的生存关系,包括把大自然的规律逐步变为能够为人类所用的技术。尤其在未来人工智能时代,会直接把人与自然界的技术联系在一起,甚至由于技术的专门性或专属性,为了人类安全其也必须进入人类所依赖的法律关系当中高度认识。总结人类文明的历史,其大致表现为:在人类文明的早期阶段,人对大自然的力量既恐惧害怕又盲目崇拜,甚至将其神化,视为一种超然力量;随着人类文明的演进,人类逐渐意识到似乎自己才是世界万物的真正统治者;随着近代工业革命,人类进一步确信自己才是自然界万物的中心和主宰,甚至要"征服自然,改造自然";然而,随着人类的自我陶醉,甚至为高额利润不顾一切地对大自然进行开发、改造和攫取,人与自然发生尖锐冲突与对立,引起了自然生态环境的严重危机,诸如水土流失、沙漠化、沙尘暴、水土资源匮乏,大批物种灭绝,厄尔尼诺现象突发等。① 其实,马克思、恩格斯早就提出过忠告:人不仅生活在自然中,而且生活在人类历史中,人创造环境,同样环境也创造人。② 要求人们注意同大自然的关系,尤其在"人类历史"的长河中,警惕大自然对人类的"报复"。然而,人们并没有重视这些忠告。正如有学者指出:"当人类具有了能与自然威力相匹敌的强大力量的时候,人们在人与自然之间的关系问题上依然没有从人类中心主义和人主宰自然的偏轨中彻底清醒过来。"③这种情况一直持续到现代,当工业的发达、资源的破坏,尤其是环境问题直接威胁到了整个人类的生存与发展时,人类才逐渐认识到人与大自然的关系是多么的重要,甚至重新从认识与评估大自然在人类意识及人类社会中的重要价值及意义开始。针对日益恶劣的环境问题,罗马俱乐部率先提出了"人与自然协调发展"的口号,强调"人类必须开始对自然采取一种新的态度,它必须建立在协调关系之上而不是征服关系之上"④。从此,人们从过去人与自然的对立(倡导所谓的征服自然、改造自然)转变为现在人与大自然的和谐导向(所谓的善待自然、顺从自然),并似乎已达成基本共识。另外,作为这种认识与思考的证成就是"生态伦理学"的产生。该学科一反长期以来人们把道德规范调节局限于人与人间社会关系的旧识,主张把良心、权

---

① 参见张志铭:《法律规范三论》,载《中国法学》1990 年第 6 期。

② 李爱年:《环境保护法不能直接调整人与自然的关系》,载《法学评论》2002 年第 3 期。

③ 张志铭:《法律规范三论》,载《中国法学》1990 年第 6 期。

④ [美]梅萨罗维克、[德]佩斯特尔:《人类处于转折点:给罗马俱乐部的第二个报告》,梅艳译,生活·读书·新知三联书店 1987 年版,第 148 页。转引自李爱年:《环境保护法不能直接调整人与自然的关系》,载《法学评论》2002 年第 3 期。

利等观念扩展到自然界中去,要求建立一种新型的、完善的伦理意识,诸如“善待自然”等思想,就是这种理论的应用或实践。按照传统的法理学观点,自然万物如果不能满足作为主体的人的需要,就没有价值,自然万物本身也无利益和权利可言。[①] 因此,得出了“人与自然的关系实际上是人与人的关系”的命题与结论。而生态伦理学认为,应该重新确定人类在大自然中的位置,人类并不是自然界的主宰,而是自然界中平等的一员,不仅要承认人的权利与价值,而且还要肯定自然界万物本身所固有的权利与价值。[②] 就连那些认为法律规范不能调整人与自然关系的学者也不得不承认,“在这里涉及保护自然的所有权、使用权、经营权、管理权和资源永续利用等问题”[③]。如有学者指出,生态伦理学的思想,标志着人类在对人与自然关系问题的认识和实践上进入了追求和谐的崭新阶段。[④] 在此基础上,自然万物也可能成为与人一样的法律关系主体,只不过该主体只能是限制性主体,或称类主体或被动主体。如有学者就主张动物为有限主体,认为动物的主体地位在多数情况下为类主体,即作为一个类而享有主体资格,少数情况下为个体性主体;动物的权利为有限权利,其资格为有限资格,主要是群体权利,而不是个体权利。[⑤] 而那种通过各种财产权制度,将自然万物只认定为完全依附于人的利益和需要的物质载体,认定为仅仅存在于人与人之间的法定权利和义务的对象,进而将法律所调整的人与自然的关系视为实际上的人与人之间的关系的观点,显然反映的还是历史上导致人与自然尖锐对立的人统治自然、主宰自然的旧的传统观念。[⑥]

总之,现代意义上的法律规范应定位为:(1)它或者是社会规范的一种,或者是技术规范的一种。换句话说,它不仅有社会规范的内容,也有技术规范的内容,也许有些法律规范完全属于社会规范的内容,也许有些法律规范是社会规范与技术规范内容的混合(结合)物与交叉物。(2)既调整人与人之间的关系,又调整人与自然之间的关系。当然,二者具有各自的不同特点。一般认为,就前者而言,规范的对象是人与人双方,法定权利和法定义务是一种相对物;就后者而言,规范的对象仅仅是作为能动的人的一方,法律规范只应该规定人对自然可以做什么,应该做什么或不应该做什么。[⑦] (3)法律规范又不同于一般社会规范和技术规范。前者是由国家制定和认可,并由国家强制力保证实施的行为规范;而后者则是一般性的未必有任何国家特征的社会规范

---

① 参见张志铭:《法律规范三论》,载《中国法学》1990 年第 6 期。
② 参见张志铭:《法律规范三论》,载《中国法学》1990 年第 6 期。
③ 李爱年:《环境保护法不能直接调整人与自然的关系》,载《法学评论》2002 年第 3 期。
④ 参见张志铭:《法律规范三论》,载《中国法学》1990 年第 6 期。
⑤ 参见罗吉等:《2001 年环境资源法学国际研讨会学术综述》,载《法学评论》2002 年第 3 期。
⑥ 参见张志铭:《法律规范三论》,载《中国法学》1990 年第 6 期。
⑦ 参见张志铭:《法律规范三论》,载《中国法学》1990 年第 6 期。

与技术规范,或存在于人们的理念中,或散见于人们的生活习惯中,或作用于通常的技术操作中,当然也可能以法律规范的面目出现。①

综上,法律规范是由国家立法机关制定或认可的,由国家强制力保证实施的规定人们权利和义务的一般行为规则或原则(包括其中的法律概念和术语)。其基本特征有四:

第一,微观性。由法律规范的定义可知,法律规范可以由法律概念、法律规则和法律原则等要素组成,均表现为一种具体的法律规定,并由此汇聚成一个个法律文件。如有学者指出,"法律规范是构成法律的细胞,一国的法律就是该国全部法律规范的总和"②。

第二,一般性。也就是说不得制定针对具体某个特定人或某件特定事的法律。显然,法律规范就是这种一般性的行为规则或原则,包括其中的法律概念和术语。它所针对的不是个别的、特定的人或事,而是适用于大量的反复出现的一般性的人或事。换句话说,法律规范不是适用一次就完结的特定规则或原则,而是供多次适用的一般规则或原则。

第三,国家性。它不仅由国家立法机关制定或认可,而且必须由国家机关或首脑颁布才能有效或确立,甚至还需要由国家的强制力保证实施。总之,法律规范是国家意志的体现,不仅出自国家,而且体现了国家特定时期的经济基础、政治制度和社会环境等客观需要。

第四,规范性。其是通过国家立法机关制定和认可的规范,那些只适用于某一具体人或事的具体命令或判决,虽然也具有必须遵守的性质,但其不是法律规范,只能算作法律规范在具体条件下的适用。法律规范从许多方面看都是发达的规范,具备高度的规范性。③

从法律规范的定义也可看出,法律规范的内容主要包括法律规则与法律原则。前者是指由国家立法机关制定或认可的,旨在规定法律上的权利、义务、责任的准则与标准,或赋予某种事实状态的法律意义上的指示与规定;后者是指由国家立法机关制定或认可的,旨在确立某种或某些法律的基础性真理与原理,或是为其他法律要素提供基础或本源性的综合性原理和出发点。④ 二者的区别:(1)在对人及事的覆盖面上,法律原则较宽,法律规则较窄,即法律原则具有更大的宏观指导性,常常成为一群规则的

---

① 参见李旭东:《法律规范理论之重述——司法阐释的角度》,南京师范大学2006年博士学位论文。

② 吴祖谋主编:《法学概论》(第2版),法律出版社1984年版,第47页。

③ 参见孙国华主编:《法学基础理论》,中国人民大学出版社1986年版,第347页。

④ 参见张文显主编:《法理学》,高等教育出版社、北京大学出版社1999年版,第74页。

基础。[1] (2)在变化的速率方面,法律原则有较强的稳定性,而法律规则有一定的易变性。这是由于,法律原则通常是社会重大价值的积淀,一般不会轻易改变;而法律规则是对具体行为或事项的规定,相对较容易改变。(3)在适用的确定性方面,法律原则较为模糊,而法律规则较为明确。尤其当二者相互冲突时,选择的方法也不完全一样,规则冲突的适用要么有效要么无效,原则冲突的适用常常对各自所代表的利益加以权衡,或对两个原则均加以适当的考虑。[2]

法律规范的类型从不同角度可作出不同分类。依据效力可分为宪法规范、基本法规范和规章性规范等,依据功能可分为调整性规范、职权性规范、保护性规范等,依据强制程度可将法律规范划分为强制性规范、指导性规范和任意性规范等,依据法源可分为制定法规范、判例法规范和习惯法规范等,依据用途可分为实体性规范和程序性规范等,依据法域可分为刑事法规范、民事法规范,依据法律部门可分为宪法规范、刑法规范、刑诉法规范、民法规范、民诉法规范等。另外,法律规范一词,既可指个体也可指群体还可指整体。如果我们将整体法律规范看成一个完整的有机体,则个体法律规范必然是该有机整体的"细胞",而群体法律规范也就是该有机体的某一"器官"或法律规范群。需要特别指出的是,我们在讨论法律规范的结构时,仅仅指的是其个体的法律规范要素结构,而非其他。

二、刑法规范及类型

刑法规范也称罪刑规范,即犯罪和刑事责任的规范,是法律规范中的一种。具体是指由国家颁布并有一定强制力和约束力的,禁止人们实施犯罪行为、命令人们履行某种义务以免犯罪、指令司法人员如何认定与追究犯罪的一种行为规则。其基本特征:(1)是由国家刑事立法机关制定的人人必须遵守的刑事性质的行为规则。(2)具有国家意志和强制力做后盾。(3)具体规定了违反刑法规范应给予的刑法处罚或制裁。(4)以同一个标准来要求或评价处于刑法效力范围内的每个公民的行为规则。了解其特征,对于理解刑法规范十分有益。

当然,并非在刑法条文中的规定均为刑法规范,尤其是刑法总则中的许多一般性规定与原则规定,根本不属于刑法规范。当然,一个条文也可能表达几个规范,几个条文也可能表达一个规范。总之,刑法条文是直观的,而刑法规范不一定是直观的。

刑法规范从现象或表现形式上看,是一种裁判规范,即指示或命令司法工作人员如何裁定、判断行为是否构成犯罪,以及如何追究刑事责任的一种规范。当然,刑法规

① 参见杨知文:《裁判理由形成中的检验方法》,载《人大法律评论》2012 年第 1 期。

② 参见周永坤:《法理学——全球视野》,法律出版社 2000 年版,第 210 页。

范也是禁止一般人实施犯罪的行为规范,其所指向的对象是一般人,给一般人提供评价行为的标准,以禁止一般人实施犯罪。行为规范是通过假定条件与法律后果间的密切关系体现出来的。可见,行为规范存在于刑法规范之中,而不是独立于刑法规范之外。①

关于刑法规范的分类,如同上述刑法一样,从不同角度可以做出不同的分类。本书主要从两个角度对刑法规范进行分类:一是从刑法规范的罪状上划分,分为简单罪状、叙明罪状、引证罪状和空白罪状。二是从刑法规范的内容上划分,分为概念、规则和原则等。

刑法规范中的罪状,是指刑法分则每个罪名法条中对具体犯罪及其主要成立要件的描述。其特点是:(1)罪状存在于刑法分则的每一个罪刑条文中,但并非每一个罪刑条文均包含罪状。也就是说罪状只存在于包含有罪状描述的条文中,也即罪状(含罪名、假定条件)与法定刑相联系共同构成了同一条文的基本内容。如《刑法》第113条就没有具体罪状,只有法定刑。(2)罪状是对具体犯罪及其成立要件的描述,与罪名的成立有紧密联系。换句话说,具体的犯罪成立要件是罪状描述的对象,罪状是犯罪成立要件的载体,因而也是区分罪与非罪、此罪与彼罪界限的重要法律依据。不能正确理解或把握罪状规定的内容,就不可能正确认定犯罪,这一点在罪刑法定原则下尤为重要。但必须指出,任何一个罪状都不可能也无必要对每一犯罪的全部成立要件加以描述,以避免分则条文过分繁杂。罪状的种类包括:

一是简单罪状,是指仅写出犯罪名称,没有描述具体罪征的罪状。如《刑法》第232条中"故意杀人的"、第233条中"过失致人死亡的"等均系简单罪状。特点是简要概括、避免烦琐。刑法分则之所以大量采用简单罪状的叙述方式,就是因为其罪征众所周知,无须具体描述。

二是叙明罪状,是指在罪刑规范中对具体罪征作出详细描述的罪状。如《刑法》第111条规定:"为境外的机构、组织、人员窃取、刺探、收买、非法提供国家秘密或者情报的,处五年以上十年以下有期徒刑;……"这就是叙明罪状。其特点是叙述具体,要件明确,避免歧义。刑法分则之所以采取叙明罪状的叙述方式,主要是因为这些犯罪成立特征具有特殊性,不为一般人所知,故难以从简要叙述中准确把握,需要作详细具体的描述。

三是引证罪状,是指引用《刑法》的其他条款来说明和确定某具体罪征的罪状描述方法。如《刑法》第119条第1款规定了破坏交通工具、交通设施、电力设备等的罪状与法定刑。第2款规定:"过失犯前款罪的,处三年以上七年以下有期徒刑;……"此即

① 参见邓斌:《不作为犯探疑》,载《吉林大学社会科学学报》2003年第2期。

引证罪状。特点是条文简练、避免重复。之所以采用引证罪状,是因为具体罪征已在某些条文中规定,无须重复描述。

四是空白罪状,是指罪刑规范没有具体规定或说明某一犯罪成立要件的特征,但指明了必须参照的法律法规。如《刑法》第 345 条第 2 款规定:"违反森林法的规定,滥伐森林或者其他林木,数量较大的,处三年以下有期徒刑、拘役或者管制,并处或者单处罚金……"这就是空白罪状,其特点是参照《森林法》等其他法的规定,为避免语句过长的复杂表述,只点明具体法律,至于罪征则需查阅该法律的具体规定。之所以采用空白罪状方式,是因为这些犯罪首先以触犯其他法规为前提,行为特征已在其他法规中表述,为保持刑法的稳定性或便于与其他法律进行衔接,刑法条文无须再具体表述出来,故采取"参照"其他法律的空白表述方法。

值得注意的是,《刑法》分则条文中有些规定两种以上的罪状可供选择,如《刑法》第 104 条,"组织、策划、实施武装叛乱或者武装暴乱的,……策动、胁迫、勾引、收买国家机关工作人员、武装部队人员、人民警察、民兵进行武装叛乱或者武装暴乱的,……";有的则是几个犯罪的基本罪状,如《刑法》第 111 条,"为境外的机构、组织、人员窃取、刺探、收买、非法提供国家秘密或者情报的,……";这是研究刑法规范或刑法分则所不能忽视的。

至于刑法规范的内容分类,因内容较多,且也是刑法规范最重要的内容,将进行专述。

三、刑法规范的内容

与一般的法律规范一样,刑法规范也包括概念、原则与规则三项内容。下面进行分述。

(一)刑法规范中的概念

法律概念是法律要素之一,是法律规范极其重要的内容,是构成法律及法律规范的基本要素和细胞。尽管学界对此有不同看法①,但由于法律概念在法律中的特殊性和重要性,学界还是把它作为一种独立的法律要素来研究。如有学者认为,"法律规则、原则、概念三要素说有较强的说服力,且对认识法律有重要的工具价值"②。而刑法规范也是如此,其中的一些法律概念、术语也应当作为刑法规范中独立的法律要素加以研究,下面从功能与分类两个角度进行讨论。

刑法规范中的概念不仅对于法学理论研究具有重要意义,而且对于立法和司法运

---

① 有人认为法律概念是一个独立的法律要素,因为在任何法律中都有许多相对独立的概念需要明确和解释;也有人认为法律概念不是一个独立的法律要素,因为法律概念往往包含在规则和原则之中。

② 周永坤:《法理学——全球视野》,法律出版社 2000 年版,第 202 页。

作也具有重要意义,它是制定和实施一切法律不可缺少的重要工具。其有三大功能:

(1)表达功能,是指用语言或文字对其所示意思进行表述或阐释。同一般的法律概念一样,刑法规范中的法律概念也具有这种专门表述或阐释刑法具体规范含义或意思的功能。刑法规范就是无数法律概念的连接,没有法律概念,很难想象法律会是什么样子或能表示什么意思。故刑法规范离不开法律概念,更离不开自身专属或专有的法律概念。刑法独有的法律概念,包括犯罪、刑事责任、故意犯罪、过失犯罪、刑罚、非刑罚处罚、有期徒刑、无期徒刑、死刑、罚金、没收财产、刑法责任能力等。也就是说,立法者只有借助这些普通和专有法律概念,才能比较完善和准确地表述刑法规范的内容,从而创制刑法规范性文件。

(2)认识功能,是指人的大脑对客观事物的反映。刑法规范中的法律概念,除表达功能外,还具有认识功能,即帮助人们准确地认识、理解和领会刑法的内容与规定。这种认识功能,一是可以帮助公民、法官、律师、学者等理解和掌握其基本精神、具体内容和术语;二是有利于社会对刑法进行必要的交流和宣传,甚至于对其进行深入研究和修改。否则,很难想象人们对刑法规范如何理解和沟通,客观上必然影响对刑法规范的制定、修改和执行。

(3)专用功能,是指某一概念或术语在刑法领域内被专门使用,即约定俗成的指向或具体含义。该功能与表达和认识功能有紧密联系,三者间互为前提和基础。首先,表达功能是认识功能的前提和基础,没有准确的表达或表述,很难使人们准确地理解和认识刑法规范的具体内容。其次,认识功能又促进了人们对刑法规范的完整理解和表述,同时由于这种精湛的理解、认识与表达,刑法规范具有了专属和专用功能。最后,这种专属与专用功能对表达和认识功能又分别是一次推动,正因为专属或专用,才使人们(尤其是法律专业人员)对刑法规范及其法律概念理解得更加精深,表达得更加准确。

依据不同的标准可对刑法规范中的法律概念作出不同分类,这里依据具体内容将其分为涉人概念、涉物概念、涉事概念和其他概念等。根据刑法规范的特性,下面讨论四种类型。

一是涉人概念,是指在刑法规范中涉及行为主体——人的概念。如法人、自然人、团体人、单位等,再如,机关法人、企业法人、国家工作人员、公司企业人员、犯罪人、犯罪嫌疑人、被告人、辩护人、审判员、公诉人、证人、鉴定人等。刑法规范不可能没有涉人概念,因为人是行为主体,刑法规范说到底是规制人之行为的规定与规则,一切法律原则与规则都是为人制定的,故刑法规范离不开涉人概念。当然,人既指自然人也指法人,甚至非法人单位。

二是涉物概念,是指在刑法规范中涉及物品、物资与物源的概念,甚至包括其质量、数量、时空等。如标的物、金额、数额、被破坏物、国有财产、个人财产、公民财产、公司财产等,再如,有形物、无形物、证券、货款、销售额、生产额、赔偿额、违法所得数额等。

三是涉事概念,是指在刑法规范中涉及法律事件和法律行为的概念。如故意犯罪、过失犯罪、生产销售假冒伪劣产品、走私、非法经营相同种类营业、紧急避险、收受贿赂等。

四是其他概念,是指未能包括在涉人概念、涉物概念和涉事概念中的一些概念,如涉及时间和空间的概念等。

(二)刑法规范中的原则

所谓刑法规范中的原则,当然是指刑法规范中规定的基本准则,也称刑法的基本原则。

刑法的基本原则最早是由资产阶级提出来的。资产阶级在反封建的斗争中,在理想主义的指导下,兼与“自由”“平等”“博爱”的口号相适应,提出了“罪刑法定主义”“罪刑等价主义”“刑罚人道主义”。三大理论的提出是有针对性的,其同封建刑法的罪刑擅断、刑罚等差和酷刑主义是完全对立的。这在人类刑法史上具有重大意义,一是起到反封建的积极作用;二是限制资产阶级统治者的特权,使他们不能像封建统治者那样任意行事。但就这些理论的缔造者——资产阶级而言,其也并未彻底实行这些原则,尤其到了帝国主义时期,他们便开始不断地抛弃这些原则,这当然与资产阶级在刑法理论上由理性主义向实证主义的转变是分不开的。资产阶级的刑法典虽然在表面上还保留着原来的形式,但在实质内容上已经夹杂进实证主义的功利主张,此时的刑法实质上已成为刑事古典学派和实证学派的混合物。

作为马克思主义的刑法观,我们并没有简单地抛弃资产阶级的刑法原则理论,而是在批判地继承,去其糟粕、取其精华的基础上,发展自己的刑法原则理论。刑法基本原则作为理论范畴的确立,是社会主义国家刑法理论所独有的。① 也就是说,社会主义国家是在批判地借鉴资产阶级“罪刑法定主义”等三大基本理论基础上,创立了刑法基本原则这一基本范畴,并赋予其在刑法理论体系中的特殊地位,从而进一步深化了对其的研究。②

早在20世纪50年代,我国法学界就对刑法的基本原则进行过研究。有学者认为,我国刑法基本原则就是刑法中规定的犯罪、刑罚、犯罪与刑罚关系等方面的概念、制度赖以确立的原则,这些原则贯穿着各个部门法所共有的社会主义民主主义精神、人道主义精神和法治精神,保障公民的人身权利、对犯罪的准确惩罚和对犯罪的彻底消

① 参见高铭暄主编:《刑法学原理》(第3卷),中国人民大学出版社1994年版,第159页。

② 参见陈兴良:《论我国刑法的基本原则》,载《社会科学战线》1989年第2期。

灭。[①] 当时提出的刑法基本原则主要有：无罪不罚原则、罪刑相适应原则（也叫罪刑相当原则）、改造罪犯成为新人的原则、社会主义人道主义原则、个人负责原则等。但当时对这些原则的研究，尚限于简单的命题提出。1979 年《刑法》在第 79 条规定了“类推原则”，此后刑法基本原则成为学界争论的热点，理论界又相继研究了些刑法基本原则，如国家主权原则、法制原则、民主原则、罪刑法定原则、刑罚轻重必须依法适时的原则、惩罚与教育改造相结合的原则、区分两类不同性质犯罪的原则、主观与客观相一致的原则等。

当然也有人提出，上述原则并非均属刑法的基本原则，有些最多只能算作部分原则。[②] 包括 1997 年《刑法》在总则中将“法律面前人人平等”也作为刑法的基本原则之一，严格来讲，其应当是一个宪法原则，故其并非纯粹的刑法基本原则。正因为如此，目前学界均称其为“适用刑法平等原则”，如此或许也可以将其称作刑法的一条基本原则来阐述或进行研究。

（三）刑法规范中的规则

所谓规则，是指规定出来供大家遵守的制度或章程。[③] 刑法中的规则是指刑法规范中规定的供大家遵守的制度或章程。通常情况下，研究法律规范非常注重或侧重于对法律规范结构的研究。当然，法律规范的结构，包括刑法规范的结构，均是争论颇大的问题，也是研究刑法规范无法回避的问题。我国从 20 世纪 80 年代开始，在法律规范结构上占统治地位或主流观点的是三结构理论或称三要素说，即所谓的假定、处理和制裁。[④] 之后又有学者提出了四结构理论，即法律规范的承受者、法律规范的应用域、法律规范的规定域和法律规范的制裁域。[⑤] 也有学者提出了经改造后的三结构理论，即假定、指示和法律后果。[⑥] 但新兴的学说是两结构说或两要素说，即法律规范的行为模式和法律后果两部分。[⑦] 下文重点讨论法律规则的要素说。

比较上述法律行为规则结构的几种理论学说，从三结构说到四结构说或两结构说，也表述为三因素说或两因素说以及三要素说或两要素说等，笔者认为，要素说的称谓与提法更加适合于我国现行刑法规范的研究。当然，要素说又有三要素说和两要素说之分；三要素说又有旧三要素说（假定、处理、制裁）和新三要素说（法律概念、法律规

① 参见赵长青主编：《中国刑法教程》（修订版），中国政法大学出版社 1998 年版，第 27 页。

② 参见李晓明：《行政刑法学导论》，法律出版社 2003 年版，第 207 页。

③ 参见中国社会科学院语言研究所词典编辑室编：《现代汉语词典》（修订本），商务印书馆 1978 年版，第 410 页。

④ 参见孙国华主编：《法学基础理论》，法律出版社 1981 年版，第 263 页。

⑤ 参见王常龙：《法律规范结构探析》，载《河北法学》1990 年第 4 期。

⑥ 参见卢云主编：《法学基础理论》，中国政法大学出版社 1994 年版，第 290 页。

⑦ 参见周永坤：《法理学——全球视野》，法律出版社 2000 年版，第 204 页。

则、法律原则)之分,两要素说不仅有假定、处理与假定、制裁的具体内容之分,也有旧两要素(如前)和新两要素(行为模式与法律后果)之分。如有学者指出,三要素说(指旧三要素说)主要适用于分析义务性规则,用来分析授权性规则就显得牵强。① 实际上,不同的两要素说具体适用的法律规范也有不同,如上,假定、处理的两要素说主要适用于宪法等义务性法律规范的内容,而假定、制裁的两要素说主要适用于刑法等授权性或命令性法律规范的内容。可见,法律规则不仅仅与要素有关,而且与要素的内容相关;且法律规则也不仅仅与要素和选择有关,同时和所要规定的法律规范的内容与形态有关。从法律规范的操作性上看,笔者更加赞同或倾向于行为模式与法律后果两要素说,因为它不仅科学,而且更加实用或便于法律的运行与操作。

(1)行为模式:引起刑法后果的主要前提

众所周知,刑法规范的行为模式,是相对于现实活动中人们的实际行为而言的。应当说,现实的活动中人们的行为是千姿百态的,也是十分具体、充满个性的。作为引导和调整人们行为的法律规范,包括刑法规范,不可能将这些具体的、充满个性的行为照搬入法律中,只能是概括和抽象出一些一般"模式",也就是一些具有典型性、代表性的模式,并将其规定入法律中,宣布其各自应负的相应刑法后果。从理论上讲,行为模式是指法律规范中规定的,人们可以为、应当为或不得为的具体行为模式与方式。它既可以是授权规范,也可以是义务规范。前者是指示人们可以作为与不作为或要求别人作为与不作为的规则,后者是直接要求人们作为或不作为的规则。可见,行为模式的实质内容是权利规范和义务规范的统一。在整体法律规范中,相应规定了各式各样的行为模式,经过"合并同类项",它们便会变为一些法律规范中的行为模式群。对于刑法规范而言,大致有三类行为模式群:

第一,"可以"行为模式,即在法律规范中授权人们可以从事某种行为的模式。如《刑法》第 67 条第 1 款规定:"……对于自首的犯罪分子,可以从轻或者减轻处罚。其中,犯罪较轻的,可以免除处罚。"由于"可以"行为模式是一种授权性规范,往往规定有相应的从事该行为的条件与范围,像上述"可以从轻或者减轻",必须针对"自首"行为人进行。当然,这种授权性的行为模式,既可以授予国家机关及其工作人员,也可以授予公民个人。如《刑法》第 98 条规定:"本法所称告诉才处理,是指被害人告诉才处理。如果被害人因受强制、威吓无法告诉的,人民检察院和被害人的近亲属也可以告诉。"其中,显然就包括了对公民个人的授权。

第二,"应当"或者"必须"行为模式,即法律规范要求人们从事某种行为,也即当事人负有从事某种行为的义务。尤其是在《刑法》或刑法规范中,"应当"在某种意义上就

① 参见周永坤:《法理学——全球视野》,法律出版社 2000 年版,第 204 页。

是“必须”，“必须”是更加明确的指令性行为。如《刑法》第 29、65、102、106、109、157、171、236、237、238、242 条等均规定了“应当”或“必须”行为模式。

第三，“不应”或者“禁止”行为模式，是指不允许人们从事某种行为，即当事人负有不作为的某种特定义务。如 1979 年《刑法》第 138 条第 1 款规定：“严禁用任何方法、手段诬告陷害干部、群众。凡捏造事实诬告陷害他人（包括犯人）的，参照所诬陷的罪行的性质、情节、后果和量刑标准给予刑事处分。国家工作人员犯诬陷罪的，从重处罚。”刑法规范虽然大都未使用“禁止”的字眼，但就其规定的“行为模式”内容而言，大都属于禁止性行为模式。

总之，无论哪一类行为模式，表现形式可能或繁或简或隐或现，但其总是能起到构成法律规范的基础性效果，也当然是引起法律后果包括刑法后果的重要前提。

（2）法律后果：犯罪行为模式的应然归宿

完整的刑法规范，除具有犯罪的行为模式外，还应具有与之相应的刑罚后果。反过来说，如果缺少刑罚后果部分，一方面使得整个刑法规范不完整，另一方面也很难使犯罪行为模式在实际生活中发挥准则和规制性作用，即刑法规范就会因此失去权威性和严肃性。① 从理论上来讲，所谓法律后果，是指法律规范中指示的可能法律结果或法律反映的具体形式与状况。如刑法中关于刑事责任的规定，就是典型的刑法后果规定。具体来讲刑法后果可分为两大类：

第一，肯定式的刑法后果。通常是指刑法规范肯定行为的合法性和有效性，并加以保护、赞许或者奖励的一系列规则。关于法律规范，除“制裁”的内容外究竟还包不包括“奖励”的内容，传统的法律规范构成理论“三要素说”（假定、处理、制裁）显然持否定态度，“甚至认为缺少它就不配称为法律规范”。而有学者认为，“这种理解无疑是过于偏狭的”，“它既不完全符合事实，也不符合法律规范的发展规律”②。还有学者指出，奖励性法律规范由假定、处理和奖励三个因素构成。③ 我们认为不无道理。如我国《刑法》第 20 条和第 21 条所规定的“正当防卫”和“紧急避险”，就是一种肯定式的法律规范。

第二，否定式的刑法后果。通常是指刑法规范否定该行为的合法性和有效性，并加以撤销或者制裁的一系列规则。④ 当然，由于犯罪的行为模式不同，否定的具体方式和程度也有所不同。如我国《刑法》第 215 条规定：“伪造、擅自制造他人注册商标标识或者销售伪造、擅自制造的注册商标标识，情节严重的，处三年以下有期徒刑，并处或

① 参见罗玉中：《法律规范的逻辑结构》，载《法学研究》1989 年第 5 期。
② 罗玉中：《法律规范的逻辑结构》，载《法学研究》1989 年第 5 期。
③ 参见杨万明：《论奖励性法律规范》，载《法学研究》1985 年第 4 期。
④ 参见罗玉中：《法律规范的逻辑结构》，载《法学研究》1989 年第 5 期。

者单处罚金……”由此可见,否定式的刑法后果一般表现为刑事责任的具体内容。

总之,作为刑法规范重要组成部分的刑法后果,无论肯定式还是否定式,都是从规范意义上来说的(法定性的),而非从行为人个人实际承担意义上来说的(宣告性的),即犯罪人对自己的行为是否或承担多大的刑法后果,只有在具体的适用刑法过程中才能确定。

以上十分明确地将法律规范划分为两部分,可基本说明法律规范,尤其是刑法规范的基本结构。笔者认为,行为模式与法律后果的要素结构说,在极大程度上具有实用性和可操作性。它不仅同逻辑性规范说相互取长补短,互为推动,形成一个有机的结合和辩证的统一,而且可以对命令性规范说进行科学、合理的分析与解释。命令性规范说中的“假定”就是要素结构说中的“行为模式”,而命令性规范说中的“制裁”就是要素结构说中的“法律后果”。双方完全可以互置、互换,达成和谐与统一。其基本公式为:如果具有某种行为模式,那么就必然产生特定的法律后果。尽管行为模式与法律后果两要素说十分明确和便于认识与操作,但并非每个法律条文,包括刑法条文,均存在这两部分内容与结构,也许有些行为模式与刑法后果根本不在一个刑法条文中,也许根本不在一个刑法规范的文件中,甚至有些只制定了一半,另一半尚未制定。如此解释,才能最终科学合理地认识刑法规范中的法律规范现象。

四、刑法规范的制定

刑法及其规范的制定涉及刑法的立法目的、宗旨及背景,不仅关乎对刑法的准确认识和理解,甚至影响对刑法的有效贯彻与执行。一般认为,刑法规范是指刑法规定犯罪及其承担的刑法责任的基本规则。包括刑法的概念、基本原则和规则,有广、狭两义之分。广义的刑法规范既包括实体意义上的规范,又包括程序意义上的规范;狭义的刑法规范,只包括实体意义上的规范。对刑法规范的研究,实际上是从微观角度入手,继而开展中观、宏观的研究。这不仅有利于其正确创制和完善,而且有利于对其的准确把握,正确开展执法与司法,推动其良性运行。

(一)刑法规范制定的根据

刑法规范的制定根据是刑事立法赖以创制、修改和完善的基本依据。我国《刑法》第1条明确规定:“为了惩罚犯罪,保护人民,根据宪法,结合我国同犯罪作斗争的具体经验及实际情况,制定本法。”这就明确地告诉我们我国《刑法》的制定根据有两个,一是宪法,二是同犯罪作斗争的具体经验及实际情况。前一个是法律根据,后一个是实践根据。

1. 法律根据:宪法精神和原则

将宪法作为我国刑法的制定根据,这是由宪法的性质和地位所决定的。宪法是国家的根本大法,在法律体系中被称为母法,它规定的是国家的根本制度和原则,具有最高的法律效力,其他一些基本法律的制定都必须以宪法为依据,这些基本法律(包括刑法)同宪法的关系是子法与母法的关系,其立法必须充分体现宪法的基本原则和精神,否则将因“违宪”而不具有法律效力。而刑法的制定也必须以宪法为依据,即把一些重要的宪法原则贯彻或体现到具体刑法条文中去,且不得与宪法相抵触。这些根据主要表现在:

一是“惩罚犯罪”的宪法根据。《宪法》第28条规定:“国家维护社会秩序,镇压叛国和其他危害国家安全的犯罪活动,制裁危害社会治安、破坏社会主义经济和其他犯罪的活动,惩办和改造犯罪分子。”可以说,这就是制定刑法中惩罚犯罪的重要宪法根据之一。

二是“法律面前人人平等”的宪法根据。《宪法》第33条第2款规定:“中华人民共和国公民在法律面前一律平等。”可以说这也是一项极其重要的宪法原则,被刑法具体规定或应用为“适用刑法人人平等原则”(《刑法》第4条),充分体现了我国宪法和刑法中的公平公正原则。

三是“不得违宪”的宪法根据。《宪法》第5条第3、4、5款规定:“一切法律、行政法规和地方性法规都不得同宪法相抵触。一切国家机关和武装力量、各政党和各社会团体、各企业事业组织都必须遵守宪法和法律。一切违反宪法和法律的行为,必须予以追究。任何组织或者个人都不得有超越宪法和法律的特权。”宪法的这些规定必须在刑法中得到体现,并加以贯彻执行,防止有人凭借手中的权力、地位和身份在犯罪后逃避刑事追究。要做到这些,必须首先在刑法立法中真正做到平等与公正,因为这是刑事司法公正的重要前提和基础。

四是“公私财产不受侵犯”的宪法根据。《宪法》第12条和第13条第1款规定:“社会主义的公共财产神圣不可侵犯。”“公民的合法的私有财产不受侵犯。”尽管这还存在“神圣不可侵犯”“不受侵犯”表述上的不同,但就其本质而言没有太大区别。当然,对于公民的私有财产而言,其受保护的前提是必须是“合法财产”。可以说,这是除人身自由外最重要的保护内容和宪法根据。

五是“尊重和保障人权”的宪法根据。《宪法》第33条第3款规定:“国家尊重和保障人权。”包括在《刑事诉讼法》第2条中也规定有“惩罚犯罪分子,保障无罪的人不受刑事追究”和“尊重和保障人权,保护公民的人身权利、财产权利、民主权利和其他权利”等内容。这充分体现了国家高度重视人权保护,在刑法中也应坚持这一重要原则,甚至做到“保障人权优先”①。

---

① 李晓明:《罪刑法定原则的确立与刑法观念的变革》,载人大复印资料《刑事法学》2001年第3期。

六是“权利和义务对等”的宪法根据。《宪法》第 33 条第 4 款规定：“任何公民享有宪法和法律规定的权利，同时必须履行宪法和法律规定的义务。”也就是说，作为一个公民，既享有宪法赋予的权利，也必须承担或履行宪法赋予的义务，这就是权利与义务对等的宪法原则。

七是“人身自由不受侵犯”的宪法根据。《宪法》第 37 条规定：“中华人民共和国公民的人身自由不受侵犯。任何公民，非经人民检察院批准或者决定或者人民法院决定，并由公安机关执行，不受逮捕。禁止非法拘禁和以其他方法非法剥夺或者限制公民的人身自由，禁止非法搜查公民的身体。”由此可见，一个人的人身自由是非常重要的，是宪法赋予每一个公民的基本权利，很难想象如果一个公民没有了人身自由，还能够有多少权利得以保障。

八是“人格尊严、住宅和通信自由及秘密受国家保护”的宪法根据。《宪法》第 38、39、40 条规定：“中华人民共和国公民的人格尊严不受侵犯。禁止用任何方法对公民进行侮辱、诽谤和诬告陷害。”“中华人民共和国公民的住宅不受侵犯。禁止非法搜查或者非法侵入公民的住宅。”“中华人民共和国公民的通信自由和通信秘密受法律的保护。除因国家安全或者追查刑事犯罪的需要，由公安机关或者检察机关依照法律规定的程序对通信进行检查外，任何组织或者个人不得以任何理由侵犯公民的通信自由和通信秘密。”这些是公民最基本的权利，否则公民不仅没有尊严，而且感受不到安全。这些权利只有体现在刑法中，才符合宪法精神。

九是“控告检举权”的宪法根据。《宪法》第 41 条第 2、3 款规定：“对于公民的申诉、控告或者检举，有关国家机关必须查清事实，负责处理。任何人不得压制和打击报复。由于国家机关和国家工作人员侵犯公民权利而受到损失的人，有依照法律规定取得赔偿的权利。”这是公民的最基本权利，也应在刑法中得以体现，才符合宪法精神。

十是“劳动和休息权利和义务”的宪法根据。《宪法》第 42 条和第 43 条第 1 款规定：“中华人民共和国公民有劳动的权利和义务。”“中华人民共和国劳动者有休息的权利。”这是普通公民的最基本权利，很难想象没有劳动权怎么生活，也很难想象得不到休息会怎样。

十一是“少数民族刑法适用变通”的宪法根据。《宪法》第 116 条规定：“民族自治地方的人民代表大会有权依照当地民族的政治、经济和文化的特点，制定自治条例和单行条例。自治区的自治条例和单行条例，报全国人民代表大会常务委员会批准后生效……”这就是《刑法》第 90 条关于“民族自治地方不能全部适用本法规定的，可以……制定变通或者补充的规定，报请全国人民代表大会常务委员会批准施行”的规定的宪法根据，它解决了少数民族刑法适用的变通问题。

以上主要列举了 11 项刑法规则制定的宪法根据。可见，刑法的有关规定都是以宪法为依据制定的,是宪法原则和精神的具体体现;反过来,也只有通过刑法的惩治犯罪,才能够真正保障宪法赋予公民的权利得以贯彻与实施,二者是相辅相成的。

2. 实践根据:同犯罪作斗争的具体经验及实际情况

这是马克思主义从实际出发、实事求是的科学态度在刑法制定过程中的体现。要制定出适合我国实际情况和同犯罪作斗争实际需要的刑法,就必须坚持一切从实际出发、实事求是的思想路线,结合我国同犯罪作斗争的具体经验和实际情况来进行,而不能闭门造车、照搬照抄。只有这样,才能真正制定出一部适合我国实际情况的好刑法。要做到这一点,就必须进行深入细致、全面系统的社会调查工作,认真研究社会主义市场经济条件下犯罪出现的新情况、新问题和新规律,对某些未来可能出现的犯罪进行超前研究,防止出现法律空档与盲区,以减少社会损失和危害。要制定出一部不仅具有社会主义特色、适合我国国情,而且具有强大生命力的刑法,以保持我国刑法在相当长的一段时间内的持续性和稳定性,为国家的长治久安做出应有的努力和贡献。具体来讲 1997 年修订《刑法》时的实践根据主要有:

一是根据改革开放和社会主义市场经济建设中出现的新情况和新问题,经过慎重考虑,在 1997 年系统修订时把那些新型的社会危害大的违法行为规定为犯罪,增添一系列新的罪名,之后又用修正案的形式对罪名和法定刑进行了补充和完善,以保证刑罚手段对犯罪的惩治。

二是总结我国长期同犯罪作斗争的经验,将罪刑法定原则写进了刑法,而对那些不适合现阶段实际需要的制度,如类推制度等予以废除,使我国的刑法制度日趋完善、成熟和现代化,更好地为我国的社会主义现代化建设和刑事司法实际需要服务。

三是借鉴了国际社会同有组织犯罪、洗钱犯罪、暴力和恐怖犯罪作斗争的经验,结合我国在打击该方面犯罪的客观情况,规定了惩治这些犯罪的刑法对策与措施,有效地保障了社会的安宁与稳定,促进了社会主义现代化建设事业的顺利进行。

四是根据改革开放以来我国社会主义市场经济建设的需要,我国刑法还规定了侵犯商业秘密、污染环境、破坏金融和网络秩序等许多方面的新罪名。这对于维护我国市场秩序和保护宽松的市场环境,以及我国长期的经济发展等都将起到巨大的保障、促进和推动作用。

(二)刑法规范制定的程序

这关乎刑法立法与刑法规范制定的合法性过程,了解此过程对于深刻理解和认识刑法的内容,掌握和改进刑法立法技术,进行刑法立法理论研究和参与刑法立法实践均十分必要。

刑法制定的程序也叫刑法立法程序,是指享有刑法立法权的国家机关在进行刑法的创制活动时必经的阶段和采取的必要步骤,也即制定、认可、修改和废止具有刑法效力的规范性法律文件的法定程序。当然,整个刑法的制定是由一系列法定环节构成的。具体包括立法预测、立法规划、法律起草、提出法律案议案、审议法律案、通过法律和公布法律等。但就法定程序而言,刑法的制定程序包括刑法案的提出、刑法案的审议、刑法的通过和刑法的公布四个阶段。其他三项工作,均可视为立法程序前的准备工作,并不具有法定性。

1. 提出刑法议案

刑法议案是法律议案的一种,指有权国家机关、组织和人员向立法机关提出的关于制定、认可、修改和废止刑事法律的意见和建议。我国《宪法》第58、62、67条等规定,全国人民代表大会及其常务委员会行使国家的立法权。有权向全国人民代表大会提出法律议案(包括刑法议案)的主体有:全国人民代表大会主席团、全国人民代表大会常务委员会、全国人民代表大会各专门委员会、全国人民代表大会会议期间的一个代表团、全国人民代表大会会议期间30名以上的代表联名、国务院、中央军事委员会、国家监察委员会、最高人民法院、最高人民检察院。有权向全国人民代表大会常务委员会提出法律议案(包括刑法议案)的主体有:委员长会议、全国人大各专门委员会、全国人大常务委员会会议期间常委会组成人员10人以上联名、国务院、中央军事委员会、国家监察委员会、最高人民法院、最高人民检察院。

可见,刑法议案的提案权是一项十分重要的权力。普通公民、学者及各种社会组织虽然没有刑法议案的提案权,但也有权随时提出各种刑事立法建议和意见。立法机关应当重视这些意见和建议,并注意吸收其合理部分。另外,提出刑法议案不等于提出刑法草案。刑法议案是指有提案权的机关和人员提出的刑事立法动议,可以附带刑法草案,也可以只提出刑事立法的主旨和理由。刑法草案是指提交审议的刑法草稿和文本。在我国由人大代表提出的法律议案(包括刑法议案)通常并不同时附带法律草案;由国家机关,如全国人大宪法和法律委员会、国务院等提出的法律议案(包括刑法议案),通常既有议案也附有草案。

2. 审议刑法议案

刑法议案的审议是指立法机关对已列入议事日程的刑法草案正式进行审查、讨论或辩论。审议刑法议案是制定刑法的关键阶段,其基本程序是:

第一,刑法草案的说明。由提案人或负责起草的人员向全国人大和全国人大常委会作关于刑法草案的说明。包括立法理由、起草经过,刑法草案的指导思想和原则及立法中的主要问题。

第二,对刑法草案的审议。大会全体会议听取刑法草案说明后,由各代表团审议,并由有关专门委员会及宪法和法律委员会审议。审议原则包括:刑法草案内容是否符合宪法和国家的方针和政策;刑法草案内容是否符合我国国情;刑法草案内容是否同我国的法律体系和谐一致,各方面的意见和利益是否基本协调一致;与国际条约和协定是否一致;刑法草案的结构是否合理,层次是否清楚,法律用语、概念是否准确、统一,文字表达是否言简意赅、合乎逻辑。

3. 通过刑法议案

通过刑法议案是指立法机关就刑法草案进行表决,得到法定人数的同意,使之成为法律。在整个立法过程中,这是具有决定性意义的阶段。我国法律案的通过分为一般性法律案的通过和特殊性法律案的通过两种:前者根据《宪法》第 64 条第 2 款规定,"法律和其他议案由全国人民代表大会以全体代表的过半数通过",后者根据《宪法》第 64 条第 1 款规定,"宪法的修改,由全国人民代表大会常务委员会或者五分之一以上的全国人民代表大会代表提议,并由全国人民代表大会以全体代表的三分之二以上的多数通过"。

4. 公布刑法立法

刑法立法公布是指立法机关将通过的刑法议案用一定的形式公之于众。刑法议案通过后,未经公布不具有法律效力,更不可能在现实生活中实施,因此刑法立法公布也是刑事立法必经的步骤。根据我国宪法规定,刑法的公布权由国家主席行使。然而笔者建议,为了落实我国立法层面的"合宪性审查",在全国人大及其常委会制定或修改了刑法之后,应设立一个"合宪性审查"的独立机构与特别程序,且由全国人大及其常委会以外的机构(如全国政协)来进行"合宪性审查",如此能够更有效并最终真正实现"合宪性审查"。

(三)我国刑法的修改与完善

刑法的修改与完善实际上是一个问题的两个方面,正因为不完善才需要修改,修改了也就相对完善了。另外,我国刑法的修改可具体划分为局部修改和全面系统修订。前者如 1981 年以来立法机关对 1979 年《刑法》的多次修改和补充,即 25 个单行刑法,以及 1997 年以来我国进行的多次修改、补充和删减,即 11 个刑法修正案。后者是指 1997 年对《刑法》进行的一次全面系统的重大修改和完善,这里主要介绍后者。

1. 1979 年《刑法》的制定及评价

一般认为,就当时的社会发展状况而言,1979 年《刑法》是一部好刑法。因为它所规定的刑法的任务、基本原则和内容等是基本正确的,对犯罪和相应刑罚的规定也是比较合理的,其最初制定时死刑罪名只有 28 个,刑法条文 103 条,罪名 151 个。实践证明,它在打击犯罪、保护人民群众利益、维护国家安全、保卫国家政权和社会主义制度、维护社会秩序和促进改革开放等方面起到重要作用。当然,这部刑法也有一些不足,主要表现在:

一是计划经济的经济基础。刑法制定时我国正处在计划经济体制下,那时的刑法也可以说是为计划经济服务的,或者说受计划经济模式的影响与制约较大。因此,规定了许多保护国有企业和公有财产的条款,有的至今都没有修改。那时根本没有个体户和私营企业,所保护的个人财产事实上只是公民的基本生活资料,包括房前屋后的自留地和自留树。随着时间的推移,1979 年《刑法》表现出越来越大的局限性和对已经发展变化了的情况不适应。

二是罪刑规范的粗疏问题。对有些犯罪的具体行为研究得不够,规定得粗疏,导致在司法操作上的随意性很大。如渎职、流氓、投机倒把三个罪,规定得都比较笼统,司法实践中既不好操作,又不够协调和统一。至今还留有渎职罪和寻衅滋事罪等。

三是改革开放的时代变化。刑法制定后不久,有些犯罪就已经发展得相当严重。如走私罪、有组织犯罪、毒品犯罪等,都需要加大打击力度和严密刑事法网。

四是国际条约的参加与签订。改革开放以来,我们不仅参加了东京公约、蒙特利尔公约等国际条约,而且还与一些国家签订了许多双边协定。我们必须将这些公约和协定的内容纳入国内法,以履行和承担相应的国际义务。同时,顺应国际潮流,在刑法中相应规定刑事普遍管辖原则,以更加充分地维护和行使我们的主权,更好地完成刑法赋予我们的任务。

五是死刑问题有待完善。尤其是对未成年人适用“死缓”的规定,已无法再继续下去。一方面是为了同国际接轨,另一方面也是为充分体现对未成年人的教育和保护。

六是新罪名的出现和沉渣泛起。有些在原刑法中不曾体现,如绑架罪等,虽在最初制定刑法时也曾讨论过,但当时没能确定下来。现在出现了、严重了,当然就要逐步加以规定。另外,有些犯罪虽然当时已存在,但并不很严重,如伪造货币罪、毒品犯罪等,只规定了一些有限的罪名。后来这些问题突出了,条文逐渐不够用了,也需要在新的情况下加以扩充。

2. 25 个单行刑法的先后出台

我国《刑法》是 1979 年 7 月 6 日颁布,1980 年 1 月 1 日开始施行的。这是一部粗线条、纲领性的刑法,尚未达到典籍的程度。除罪名少、罪状粗疏外,对于“军职罪”等都没有规定。当时的基本思路是:将那些实践中比较成熟、有把握的,且在生活中发生较多的罪名规定进去。而对那些尚不够成熟或者只是偶尔发生,尤其是对罪名、罪状等还不能作出精确归纳的,就没有急于纳入。因为当时的指导思想就是想搞一个粗线条的、纲领性的、能够解决社会上一些重大犯罪或常见犯罪的规定,故没有超前性,公布后出现了不适应的情况,需要修改。

第一次修改从 1981 年开始。鉴于当时的治安情况,全国人大常委会有针对性地对刑法作了补充规定。如 1981 年 6 月 10 日第五届全国人大常委会第十九次会议通过的《惩治军人违反职责罪暂行条例》(已失效)。从 1982 年起刑法的全面修订工作就已开始酝酿,1988 年当时全国人大常委会法工委组织在京的专家、学者和司法机关的人员参加,认真讨论修改意见。争论的关键是大改、中改还是小改? 大改就是另起炉灶,从头做起;中改就是做较大面积的修订,并不打破原有体系;小改就是做些局部的修补。当时大家的意见倾向于小改,但由于国际国内形势的变化而暂停。

第二次提出修改是在 1991 年至 1992 年。这段时间是想就急迫的问题进行修订,即将分则第一章"反革命罪"改为"危害国家安全罪"或"国事罪",但由于受国内形势的影响,故被搁置。

第三次提出修改是在 1993 年。当时是和刑事诉讼法的修改同时提出的,因为后者的修改意见统一得较快,且鉴于立法机关参加法律修改的力量相对集中,故决定刑事诉讼法修改提前,刑法修改推后。当然从修改法律的合理性来讲,应当是先实体后程序,因为程序法是为实体法服务的,其任务是保证实体法的贯彻执行。但从这两部法律的修改难易程度上讲,反而是程序法更好办一些,因此也就先易后难,于 1996 年 3 月 17 日通过了《刑事诉讼法》的修订。

第四次提出修改是在 1996 年 4 月。《刑事诉讼法》的修订获得通过以后,1996 年 4 月 30 日全国人大常委会法工委和内务司法委员会联合召开部署修改刑法的会议,集中精力对刑法进行全面修改。立法、司法机关和院校的专家、学者共 40 多人,一起安排这一任务,想用一年的时间完成此任务,因为 1997 年 1 月 1 日《刑事诉讼法》就要开始实施了,时间很紧。很明显,如果刑法修改再晚就难以和程序法相配套或协调了。故刑法修改的速度与步伐加快,集中将 25 个单行刑法和 130 多个附属刑法纳入新的《刑法》,并于 1997 年 3 月 14 日顺利获得了通过。

3. 1997 年对刑法的系统修改

经过 1997 年的系统修改,它的体系、结构相对比较完整,但此次刑法修订略显仓促,不仅减少死刑罪名问题未能解决,甚至对国有与非国有企业保护不平等的问题也未能修改。

(1)对刑法总则的主要修订

刑法总则部分保留了 1979 年《刑法》的基本结构,条文由 89 条增至 101 条。修订的主要内容有:

一是将原来第一章的章名"刑法的指导思想、任务和适用范围"修改为"刑法的任务、基本原则和适用范围",其他章名未修改。

二是明确规定了刑法的基本原则。这就是罪刑法定原则、罪刑相适应原则和适用刑法人人平等原则,废除了关于类推制度的规定。

三是扩大了我国刑法对境外犯罪的管辖权。一是修订后《刑法》第 7 条的规定,对中国公民在境外的犯罪扩大了管辖权;二是第 9 条规定,对国际犯罪行使普遍的刑事管辖权。

四是强化了公民行使正当防卫的权利。尤其是增加规定了对正在进行的行凶、杀人、抢劫、强奸、绑架等严重危及人身安全暴力犯罪的特殊防卫权,鼓励群众同犯罪作斗争。

五是在犯罪主体上,明确规定了单位也可构成犯罪。

六是完善了自首和立功制度,增加了独立的立功情节。

七是增加了犯罪时不满 18 周岁的人和审判时怀孕的妇女不适用死刑的规定,取消了原《刑法》中对未成年人适用"死缓"的规定。

八是相应扩大了国家工作人员的适用范围。

九是对减刑、假释的条件、程序作了更加完善和具体的规定。

十是在刑罚种类上,虽然主刑、附加刑的数量没有变化,但补充规定了被判处管制的犯罪人必须遵守的行为规范,拘役由原来的 15 天改为 1 个月,明确了对故意杀人、强奸、放火、爆炸、投毒、抢劫等严重破坏社会秩序的犯罪分子可附加剥夺政治权利,补充规定了没收财产的应对犯罪人个人及其扶养的家属保留必需的生活费用等。

(2)对刑法分则的主要修订

刑法分则由原来的八大类犯罪增加至十大类犯罪。1979 年《刑法》分则共 8 章,103 条,151 个罪名。修订后共设 10 章,350 个条文。增加了 247 条,300 多个罪名。主要修订内容如下:

第一章"反革命罪"改为"危害国家安全罪"。除保留勾结外国、阴谋危害国家主权、领土完整和安全罪外,对分裂国家、武装叛乱、颠覆国家政权和推翻社会主义制度,与境外机构、组织、人员勾结实施危害国家安全的犯罪,以及境内外机构、组织或者个人资助境内组织或者个人实施危害国家安全的犯罪,作了更加明确、具体的规定。增加规定了"与境外机构、组织、个人相勾结",分裂国家、武装叛乱、颠覆国家政权和推翻社会主义制度的犯罪。将反革命杀人和伤害等与普通杀人、伤害罪合并。

第二章"危害公共安全罪",由原《刑法》的 11 条扩充为 26 条。吸收了全国人大常委会《关于惩治劫持航空器犯罪分子的决定》(已失效)中的内容,新增设了恐怖活动组织犯罪、危害航空犯罪、涉枪犯罪、航空与铁路交通肇事犯罪、建筑工程责任事故犯罪等罪名。

第三章将"破坏社会主义经济秩序罪"修改为"破坏社会主义市场经济秩序罪",由原《刑法》的 15 条扩充为 92 条。吸收全国人大常委会《关于惩治生产、销售伪劣商品犯罪的决定》(已失效)、《关于惩治走私罪的补充规定》、《关于惩治偷税、抗税犯罪的补充规定》(已失效)等9个单行刑法的内容,分设了生产、销售伪劣商品罪,走私罪,妨害对公司、企业的管理秩序罪,破坏金融管理秩序罪,金融诈骗罪,危害税收征管罪,侵犯知识产权罪,扰乱市场秩序罪共8节内容。

第四章"侵犯公民人身权利、民主权利罪"由原《刑法》的19条扩充为31条。吸收了原《刑法》第七章"妨害婚姻、家庭罪"和全国人大常委会《关于严惩严重危害社会治安的犯罪分子的决定》(已失效)、《关于严惩拐卖、绑架妇女、儿童的犯罪分子的决定》等内容。

第五章"侵犯财产罪"由原《刑法》的7条扩充为14条。将"贪污罪"放入"贪污贿赂罪"一章,并增设了聚众哄抢公私财物、侵占他人财物等罪。

第六章"妨害社会管理秩序罪"作了较大修改,由原《刑法》的22条扩充为91条。吸收了全国人大常委会《关于严惩组织、运送他人偷越国(边)境犯罪的补充规定》(已失效)等7个单行刑法的内容,增设了扰乱公共秩序罪,妨害司法罪,妨害国(边)境管理罪,妨害文物管理罪,危害公共卫生罪,破坏环境资源保护罪,走私、贩卖、运输、制造毒品罪,组织、强迫、引诱、容留、介绍卖淫罪,制造、贩卖、传播淫秽物品罪等9节。另外,将流氓罪分解为侮辱、猥亵妇女罪,聚众淫乱罪,聚众斗殴罪,寻衅滋事罪等。

第七章"危害国防利益罪"属新增加的一章,共14条,与国防法相衔接。

第八章"贪污贿赂罪"属新增加的一章,共15条,吸收了全国人大常委会《关于惩治贪污罪贿赂罪的补充规定》(已失效)和最高人民检察院起草的反贪污贿赂法草案等内容,增设了国家工作人员敲诈勒索他人财物罪、单位受贿罪、私分国有资产罪、私分罚没财物罪等。

第九章"渎职罪"由原《刑法》的8条扩充为23条。主要对玩忽职守罪进行了分解,将有关民事、经济、行政法律中的"依照""比照"刑法规范中的玩忽职守罪、徇私舞弊罪追究刑事责任的条文,改为刑法的具体条款。

第十章"军人违反职责罪"属新增的一章,共32条。吸收了《惩治军人违反职责罪暂行条例》(已失效)的内容,并增设指使部属违反职责罪、擅自行动或者违反协同规则罪、拒绝救援友邻部队罪、非法处置武器装备罪、非法处置军队房地产罪、私放俘虏罪等13个罪名。

4. 单行刑法的制定

1997年《刑法》修订,同年10月1日生效。1998年12月29日第九届全国人大常委会第六次会议通过《关于惩治骗购外汇、逃汇和非法买卖外汇犯罪的决定》。从此拉开了对1997年《刑法》修改的序幕,不仅出台11个刑法修正案,而且于2020年6月30日第十三届全国人大常委会第二十次会议通过《香港特别行政区维护国家安全法》(以下简称《香港国安法》)。

(1)《关于惩治骗购外汇、逃汇和非法买卖外汇犯罪的决定》

《关于惩治骗购外汇、逃汇和非法买卖外汇犯罪的决定》第 3 条被《刑法》第 190 条吸收,其第 1 条作为《刑法》第 191 条之后的“骗购外汇罪”(实际上应当是第 191 条之一,但立法并未如此明确)。[①] 剩余条文要么规定了“依照刑法第××条处罚”,要么不涉及刑罚处罚。以“骗购外汇”为关键词,在中国裁判文书网中检索到的 134 份一审判决书中,实际依据该单行刑法第 1 条判处骗购外汇罪的只有两份,超过 90%的案件被告人均以非法经营罪论处。[②]

(2)《香港国安法》

2020 年 5 月 28 日第十三届全国人大第三次会议通过了《关于建立健全香港特别行政区维护国家安全的法律制度和执行机制的决定》,并在一个月之内完成了相关立法即《香港国安法》,共计 6 章 66 条,于 2020 年 6 月 30 日生效。其规定有分裂国家罪、颠覆国家政权罪、恐怖活动罪、勾结外国或者境外势力危害国家安全罪四类危害国家安全的犯罪,从该法性质看,与《香港特别行政区基本法》的性质完全一样,是为香港特别行政区建立的全国性法律。

5.《刑法修正案》至《刑法修正案(十一)》

除单行刑法外,从 1999 年 12 月 25 日《刑法修正案》到 2020 年 12 月 26 日《刑法修正案(十一)》,既反映了刑法应社会快速发展之需,同时体现了我国刑法在一定程度上的不完善性,以及 1997 年《刑法》修订之仓促。这十一个修正案的时间排列和具体内容是:

1999 年 12 月 25 日,第九届全国人大常委会第十三次会议通过《刑法修正案》,主要对涉及破坏社会主义市场经济秩序的条款进行了修改。[③]

2001 年 8 月 31 日,第九届全国人大常委会第二十三次会议通过《刑法修正案(二)》,主要对涉及毁林开垦和乱占滥用林地的条款进行了修改。[④]

2001 年 12 月 29 日,第九届全国人大常委会第二十五次会议通过《刑法修正案

① 《关于惩治骗购外汇、逃汇和非法买卖外汇犯罪的决定》第 2、4、5、6 条实际分别成为了《刑法》第 280 条、第 225 条和第 231 条、第 191 条、第 397 条的“立法解释”;第 7 条实质上成为《刑法》第 167 条“签订、履行合同失职被骗罪”在“主体”上的扩充条款,也即“金融机构、从事对外贸易经营活动的公司、企业的工作人员严重不负责任,造成大量外汇被骗购或者逃汇”的不再要求是国有企业,其他主体也可认定“签订履行合同失职被骗罪”,显然与原《刑法》第 167 条规定的“主体”相矛盾,但至今司法解释也未对此设立新罪名,故造成了立法上的尴尬和司法上的难题。

② 以上数据源于中国裁判文书网,2017 年 9 月 23 日访问。

③ 主要修改了《刑法》第 168、174、180、181、182、185、225 条,在《刑法》第 162 条之后增加一条,作为《刑法》第 162 条之一。

④ 主要修改了《刑法》第 342 条。

(三)》,主要对惩治恐怖活动犯罪,保障国家和人民生命、财产安全的条款进行了修改。①

2002 年 12 月 28 日,第九届全国人大常委会第三十一次会议通过《刑法修正案(四)》,主要对涉及破坏社会主义市场经济秩序、妨害社会管理秩序和国家机关工作人员渎职的条款进行修改。②

2005 年 2 月 28 日,第十届全国人大常委会第十四次会议通过《刑法修正案(五)》,主要对涉及信用卡诈骗,破坏武器装备、军事设施、军事通信的条款进行修改和补充。③

2006 年 6 月 29 日,第十届全国人大常委会第二十二次会议通过《刑法修正案(六)》,主要对涉及安全生产、上市公司、证券市场的部分条款进行了修改和补充。④

2009 年 2 月 28 日,第十一届全国人大常委会第七次会议通过《刑法修正案(七)》,主要对涉及走私珍稀植物,证券、期货交易,偷税漏税,勒索绑架,传销,窃取他人信息,组织未成年人犯罪,计算机犯罪,非法使用军牌,国家工作人员收入来源不明等的条款进行了修改和补充。⑤

2011 年 2 月 25 日,第十一届全国人大常委会第十九次会议通过《刑法修正案(八)》,主要有两方面的修改:(1)充分体现了宽严相济的刑事政策,对有些刑罚进行了调整,比如,取消了 13 个死刑罪名,规范了被判处死缓的人减刑、假释后实际执行期限,调整了数罪并罚的期限。同时体现了人道主义精神,对未成年人、老年人犯罪的一些刑罚规定进行了调整,使我们国家的刑罚制度更趋合理。(2)根据社会经济发展的需要,进一步加强了刑法对民生的保护,加重了对一些严重侵犯人民群众生命安全犯罪的处罚力度,如生产有毒有害食品、制售假药,拒不支付劳动者报酬、酗酒驾车、飙车,黑社会性质组织犯罪,以及累犯等。⑥

---

① 主要修改了《刑法》第 114、115、120、125、127、191 条,在《刑法》第 120、291 条之后各增加一条,分别作为《刑法》第 120 条之一和第 291 条之一。

② 主要修改了《刑法》第 145、152、155、339、344、345、399 条,在《刑法》第 244 条之后增加一条,作为《刑法》第 244 条之一。

③ 主要修改了《刑法》第 196、369 条,在《刑法》第 177 条之后增加一条,作为《刑法》第 177 条之一。

④ 主要修改了《刑法》第 134、135、161、163、164、182、186、187、188、191、303、312 条,在《刑法》第 135、139、162、169、175、185、262、399 条之后各增加一条,分别作为《刑法》第 135 条之一、第 139 条之一、第 162 条之一、第 169 条之一、第 175 条之一、第 185 条之一、第 262 条之一和第 399 条之一。

⑤ 主要修改了《刑法》第 151、180、201、225、239、253、285、312、337、375、388、395 条,在《刑法》第 224、262 条之后各增加一条,分别作为《刑法》第 224 条之一和第 262 条之一。

⑥ 主要修改了《刑法》第 38、49、50、63、65、66、67、69、72、74、76、77、78、81、85、86、100、107、109、133、141、143、144、151、153、157、164、199、200、226、244、264、274、293、294、295、328、338、343、358 条,在《刑法》第 17、205、210、234、276、408 条之后各增加一条,分别作为《刑法》第 17 条之一、第 205 条之一、第 210 条之一、第 234 条之一、第 276 条之一和第 408 条之一,并删除了第 68 条第 2 款、第 205 条第 2 款和第 206 条第 2 款。另外,《刑法修正案(八)》还开了修改刑法总则的先河,共修改了 19 个刑法总则条文。

2015年8月29日,第十二届全国人大常委会第十六次会议通过《刑法修正案(九)》,主要针对9个死刑罪名和取消嫖宿幼女罪,巨贪或许被判处终身监禁,猥亵男性也将构成犯罪,以及医闹、替考、法庭上辱骂法官等也都将入罪。①

2017年11月4日,第十二届全国人大常委会第三十次会议通过《刑法修正案(十)》,在《刑法》第299条中增加1款作为第2款,修改为"在公共场合,故意以焚烧、毁损、涂划、玷污、践踏等方式侮辱中华人民共和国国旗、国徽的,处三年以下有期徒刑、拘役、管制或者剥夺政治权利。在公共场合,故意篡改中华人民共和国国歌歌词、曲谱,以歪曲、贬损方式奏唱国歌,或者以其他方式侮辱国歌,情节严重的,依照前款的规定处罚",增加2个罪名。

2020年12月26日,第十三届全国人大常委会第二十四次会议通过《刑法修正案(十一)》,内容涉及安全生产犯罪的预防惩治、完善惩治食品药品的犯罪规定、完善破坏金融秩序的犯罪规定、加强企业产权刑法保护和强化公共卫生刑事法治保障等。②

显然,《刑法修正案》《刑法修正案(三)》《刑法修正案(四)》《刑法修正案(五)》都各增加了3个罪名,《刑法修正案(六)》增加11个罪名,《刑法修正案(七)》增加10个罪名,《刑法修正案(八)》增加7个罪名,《刑法修正案(九)》又增加了19个罪名和取消1个罪名,《刑法修正案(十)》增加2个罪名,《刑法修正案(十一)》增加11个罪名。

6. 未来刑法修订的基本建议

1997年至今全国人大常委会通过2个单行刑法和11个刑法修正案,尤其是《刑法修正案(八)》和《刑法修正案(九)》,不仅开创了对刑法总则大幅度修改的先河,甚至两次分别取消了13个和9个死刑罪名,这种涉及刑法原则及刑法重大问题修改的做法可以说是史无前例的。对此学界有不同看法,集中在全国人大常委会究竟有无权力对刑法总则、死刑罪名等重大问题进行修改。

对于未来我国的刑法修改提出些建议:一是尽量不要搞座谈会式的立法修订,这种做法可能影响刑法修订内容的系统性、完整性和全面性,以及相互之间的衔接与配

---

① 主要修改了《刑法》第50、53、69、120条和第120条之一,以及第133、151、164、170、237、239、241、246、253、260、267、277、280、283、285、286、288、290、291、300、302、309、311、313、322、350、358、383、390、391、392、393、426、433条,在《刑法》第37、260、280、284、286、307、308、390条之后各增加一条,分别作为《刑法》第37条之一、第260条之一、第280条之一、第284条之一、第286条之一、第307条之一、第308条之一和第390条之一。在《刑法》第120条后增加5条,分别作为《刑法》第120条之二、之三、之四、之五、之六。在《刑法》第287条后增加2条,分别作为《刑法》第287条之一、之二。并分别删除了第199条和第306条第2款。另外,《刑法修正案(九)》继续对刑法总则进行修改,又修改了4个刑法总则条文。

② 共计六个方面,补充修改40多个刑法条文,主要包括修改《刑法》第17、133、134、141、142、160、161、163条和第175条之一,以及第176、182、191、192、200、213、214、215、217、218、219、220、229、236、237、271、272、277、280、291、293、299、303、330、334、336、338、341、342、344、355、408、431、450条等,增加11个罪名。

合。二是尽快把市场主体的平等保护(对国有与非国有的平等保护)、死刑的进一步缩减、对公民个人财产进行全面的合法保护等列入日程,这既是公平问题也是公正问题,还是调动民营企业积极性的问题。三是把资格刑进行系统完善和规定,尤其对经济犯罪和技术型犯罪(如计算机等),要系统规定资格刑,这样才能弥补我国刑法资格刑资源不足的缺陷。四是建议未来刑法编纂或修改注意我国国情和价值理念的统一,包括刑法立场及其原理的明确与体现,甚至以项目招标或聘请专家团队的方式进行。五是摒弃多种价值观念冲突式的立法(如主观主义刑法观与客观主义刑法观的冲突),尽可能地在同一种刑法观的指导下进行统一价值理念的系统立法,可以进行分阶段式的刑法立法。比如,在建立或打造刑事法治时期或阶段,与之配套的一定就是客观主义刑法观和刑法的形式解释论,而到了我国刑事法治基本建成之后,也完全可以逐步改造成主观主义刑法观和刑法的实质解释论,以严密刑法法网,适应我国社会不同时期需要。六是尽快进行刑法典的编纂,尤其在其中广泛吸收中华民族传统刑律文化的精华,以真正做到古为今用、西为中用、中西结合、古今结合的刑法立法模式,编纂一部真正适合我国国情、接地气的刑法典。

第七章　刑法的立法原理：意志、契约与权利保障

刑法作为立法必然涉及立法决策的意志体现问题，公民与国家的权利让渡及契约订立问题，以及公民自由与社会秩序的统一及关系处理问题。可以说，这是刑法立法的基本原理。

一、统治阶级意志、国民意志与国家意志

立法涉及对“法”的基本概念的理解，以及法律渊源和立法原理问题，这里首先从“法”的基本概念讲起。长期以来，我国主流性的法学观点的核心内容一直在演绎和强调“法是统治阶级意志的体现”。[①] 然而，该种主张从一开始就受到“契约论”的挑战。众所周知，“契约”主要源于民法理论，似乎与刑法无缘也无关。然而，刑法虽是公法，[②]可如今公法与私法截然分离的历史已基本结束，二者正呈日益融合的趋势。主要表现在：(1)国家权力干预的层面越来越广，甚至逐渐渗透到私法的每个领域(如经济活动)。(2)私法的渗透力也逐渐增强，许多公法规范可以在私法中找到渊源，如私法的自由、平等、人权精神越来越多地体现在公法领域。甚至作为私法(主要是民法)重要范畴的“契约”及其观念也逐渐渗透到刑法领域，最终促进了现代刑法契约观的形成。[③] 也就是说，“刑事法律作为公法的一个分支，相当于政府与公民之间的一

---

① 参见孙国华主编：《法学基础理论》，法律出版社1982年版，第47页。

② 公法与私法相对应，其存在的基础是政治国家，权力与服从是其基本特征。但目前这一对范畴受到极大挑战，甚至出现“公私融合法”的概念。

③ 参见靖飞：《论罪刑法定原则及其在我国刑法中的发展》，华东政法学院2002年硕士学位论文。

种‘契约’，用于表明什么应当作为犯罪受到处罚和通过怎样的程序加以处罚”①。作为公民来讲，这一契约在割舍了自己部分自由的情况下达成，公民违约便受到国家惩罚。但这种惩罚必须是事先同公民约定好的，是双方在各得其所的情况下自愿达成的共同协议，且这种协议应当是平等的、合理的。可以说，这正是刑法确立或刑法学存在的重要前提和基础，也即刑法学的基本原理。当然这也就必然在国家的权力与公民的自由之间划分出一条严格的界线，而“罪刑法定”正是这条界线的界标牌。我们曾经称之为“特殊契约观”，甚至认为是刑法中罪刑法定原则的根基性原理所在。②

显然，在刑法制定的立法原理中始终存在“意志论”和“契约论”的争议。本书认为，这或许与一个国家的文化或历史发展阶段有关，在一个政权的建立或成立初期，为了巩固刚刚诞生的新政权，在刑法立法中加大或强调“国家意志”或“统治阶级的意志”本没有错。但在一个国家的刑法确立“罪刑法定”原则之后，就必须从观念上深刻认识“特殊契约观”原理的根基性和指导性意义，以便更好地建构合理的刑法结构和刑法运行机理，甚至阐释和注解好“罪刑法定”这一基本原则，更好地为国家的刑事立法、刑事司法及刑法学的科学建构提供理论支撑。

二、国家与公民的“特殊契约”

其实立法的“契约观”不仅表现在民法中，甚至也表现在宪法中。众所周知，人类早期的宪法也用民法中的“社会契约论”来解释国家权力与公民权利之间的关系，以及相互制约的合理性，甚至此种理念下宪法都被视为最高的国家与公民之间订立的契约，包括人类历史上第一部成文宪法《美利坚合众国联邦宪法》也在理论上被视为各州之间、公民与国家之间的“妥协产物”。美国 13 个州的代表在“联邦宪法”4 个月的讨论过程中，就众议院、参议院席位是按各州的人口比例分配还是按照每个州的固定名额进行分配，以及总统如何选举、可否连任、任职具体时间等一系列细节问题争论不休，一直到会议即将结束仍有些州的代表不同意，甚至拒不签字。当时参会的“资深元老”富兰克林在 1787 年 9 月 14 日最后一次代表会议中说，他虽然对宪法的部分还有意见，但是他没有把握永远不会同意，“相反，活了这么大年纪，深知没有人能够一贯正确。因此，年纪越大，越倾向于怀疑自己的判断，而更尊重别人的意见……为此，我同意这部宪法，因为我不指望还有更好，也没有把握说它就不是最好的”③。为了美利坚合众国的公众利益，富兰克林这番话充满了人生智慧，而且有理想且非常务实，有主张

---

① ［斯洛文尼亚］卜思天·儒潘基奇、杨忠民：《关于比较刑事法的若干法哲学思考》，载《比较法研究》1995 年第 1 期。

② 参见李晓明：《罪刑法定原则的确立与刑法观念的变革》，载人大复印资料《刑事法学》2001 年第 3 期。

③ 易中天：《费城风云：美国宪法的诞生及其启示》，浙江文艺出版社 2014 年版，第 5 页。

且可以妥协,在他的带动下所有人在协议上签了字,完成了美国联邦宪法的制定。

美国联邦宪法的制定充满着契约与妥协,刑法作为一个剥夺公民权利甚至生命的最为严厉的法律,更应该具备和考虑契约精神及其实施。契约(contractus;conventio)产生于古罗马时期,契约精神的本质特征是自由与平等。查士丁尼时期将其定义为:契约是由双方意思表示一致而产生相互法律关系的一种约定。① 在罗马法中,不仅私法上有契约,公法和国际法上也有契约,当时的《学说汇编》中把协议分为国际协议、公法协议和私法协议三种。② 众所周知,理论上刑法有国权刑法和民权刑法之分,尤其是后者更体现出刑法契约的味道与理念。尤其是现代刑法理论,更多强调的是人权(自由)保障机能和法益保护机能。在违法性认识上更是承认"结果无价值论",在重视法益保护的情况下,刑法必须对法益保护机能与人权保障机能进行调和。③ 比如,在被害人承诺或同意的违法性阻却事由问题上,也即被害人对自身法益的放弃会导致刑法对其权利不再保护。再如,安乐死的问题也是如此,这里虽然有伦理和法律操作技术极其复杂的冲突问题,但人有放弃生命的权利,尤其是他们想有尊严地活着。这也涉及宪法、民法、刑法对"人格权"的保护,似乎在这些方面都已达成共识。甚至古老的刑法格言也一直得到公认,"得到承诺的行为不违法"(volenti non fit infuria;scientient consentienti fit infuria)④。这也为契约刑法、民权刑法的制定提供了最有效的支撑,但对于不能表示自身痛苦和有尊严活着的病患者,其亲属同意就可实施安乐死吗?这显然是个争论甚大、不能确定的问题。因此,对于契约刑法原理的研究,有助于我们对这些问题予以深刻认识,并最终推进契约刑法的发展。

不可否认,刑法主要是围绕"刑罚"展开的。为了表明国家对待"刑罚"的态度,刑法将"刑罚"的目的直接写入法典中,如《苏俄刑法典》第 20 条规定:"刑罚不仅是对所犯罪行的惩罚,而且还改造和教育被判刑人,……以及预防被判刑人重新犯罪和其他人实施犯罪为目的。"⑤另外,《罗马尼亚刑法典》第 52 条、《蒙古刑法典》第 16 条、《朝鲜刑法典》第 27 条均有类似规定。我国刑法虽未对刑罚目的作出明确规定,但并不说明它不重要。古今中外的刑法学,无论何种学派或观点,基本上都是围绕报应、防卫及其并合命题展开的,报应的核心内容就是刑罚。当然,在表述刑法规范时,还存在究竟是国家意志还是统治阶级意志抑或全民意志的问题,是国家在制定刑法还是国家在和

---

① 参见[罗马]查士丁尼:《法学总论:法学阶梯》,商务印书馆 1989 年版,第 159 页。

② 参见周枏:《罗马法原论》(下册),商务印书馆 1994 年版,第 654 页以下。

③ 参见张明楷:《刑法学》(第 4 版),法律出版社 2011 年版,第 25 页。

④ 张明楷:《刑法格言的展开》(第 2 版),法律出版社 2003 年版,第 243 页。

⑤ 高铭暄编著:《中华人民共和国刑法的孕育和诞生》,法律出版社 1981 年版,第 58 页。

公民制定契约的问题,①以及是否真正存在罪刑关系及刑罚功能等诸多问题。

三、自由与秩序的“辩证统一”

个人自由来自古典自然法主张“天赋人权”的神圣性和绝对性,显然其过分强调了个体的自由性,忽视了个人自由只有在一定的社会关系和秩序中才能够生存。按照马克思主义的观点,自由就是从事一切对别人没有害处的活动的权利。② 而秩序则意味着按照一定的规范和准则,对社会系统进行有效控制,使社会按其特定的秩序与轨道正常运行。③ 因此,就自由与秩序的本性而言,二者并不是截然对立的,而是一种有机的、相互包容的关系。正如美国学者库利指出的那样,自由只有通过社会秩序或在社会秩序中才能存在,而且只有当社会秩序得到健康发展时,自由才可能增长。④ 如今虽然经历过19世纪到20世纪个人本位向社会本位价值观的嬗变,甚至有矫枉过正之嫌,但从根本上讲,其并没有彻底否认前者,只是在两种价值观的选择上更偏重于后者罢了。既然个人自由与社会秩序能够统一,那么刑法的社会保护与人权保障均不可偏废,因为法律的任务就是要在两者之间保持一种相对的平衡。当然这里的关键是,罪刑法定能否容纳社会保护的价值内容,或社会保护的价值内容能否接受罪刑法定的人权保障实质。我们的回答是肯定的,如前所述,个人自由和社会秩序不是完全对立的,人权保障与社会自由也并非不可两立。事实上,两者的撞击,最终才使罪刑法定由最初的绝对主义发展到相对主义。具体表现在,罪刑法定由完全取消司法裁量权到限制司法裁量权,由完全否定类推到允许有限制地适用类推(在有利于被告时才可适用类推,如“从旧兼从轻原则”等)。而社会保护的价值观虽是后来者,但也没有完全彻底取代罪刑法定,甚至直至今日罪刑法定仍是世界刑事立法的一大潮流或趋势。正像有的学者评价的那样,“罪刑法定主义从绝对到相对的变化,并非自我否定,而是自我完善。尤其是经过第二次世界大战纳粹法西斯践踏法制、侵犯人权的血的洗礼,人们更加认识到罪刑法定主义的重要价值”⑤。可见,自由与秩序、罪刑法定与类推在一定条件下是可以相对统一的,树立个人自由与社会秩序的“辩证统一”观对于深刻理解“罪刑法定”是十分有益的,更是可行的。

---

① 参见李晓明主编:《中国刑法基本原理》(第3版),法律出版社2010年版,第9页。

② 参见《马克思恩格斯全集》(第1卷)(第2版),中共中央马克思恩格斯列宁斯大林著作编译局编译,人民出版社1995年版,第438页。

③ 参见陈兴良:《罪刑法定的当代命运》,载《刑法问题与争鸣》第2辑,中国方正出版社2000年版,第122页。

④ 参见[美]库利:《人类本性与社会秩序》,包凡一、王源译,华夏出版社1989年版,第278页。

⑤ 陈兴良:《罪刑法定的当代命运》,载《刑法问题与争鸣》,中国方正出版社2000年版,第124页。

第八章　刑法的基本原则

刑法基本原则是刑法立法与司法中一项重大且带有根本性的问题。正确理解和坚持刑法的基本原则，对于贯彻刑法的基本精神、正确适用刑法及推进国家的法治化进程具有重要意义。

一、刑法的基本原则概述

应当说，刑法基本原则是刑法所秉持的贯穿整个刑法立法与司法的基本准则。它是刑法及其学科的一项基本遵循和底线，包括刑法立法与司法都必须严格遵守和执行。

（一）刑法基本原则的定义

对刑法基本原则的界定，是深入研究刑法基本原则理论的重要前提和基础。在这一点上，我国在很长一段时间里并未取得一致和共识。1997 年以前的我国刑法中未曾规定刑法的基本原则，包括在 1997 年《刑法》修订时也还对罪刑法定基本原则是否确立存在分歧和争论。

早在 20 世纪 50 年代，我国刑法学界就对刑法的基本原则进行过讨论。当时提出的刑法基本原则有无罪不罚原则、罪刑相适应原则、改造罪犯成为新人原则、社会主义人道主义原则、个人负责原则（罪责自负原则）等，也仅限于简单命题的提出。我国在 1949 年之后的 30 年时间里没有颁布过刑法，更没能规定刑法的基本原则。1979 年《刑法》颁布后，虽然没有明确刑法的基本原则，但第 79 条规定有“类推”制度：“本法分则没有明文规定的犯罪，可以比照本法分则最相类似的条文定罪判刑，但是应当报请最高人民法院核准。”尤其随着 1997 年《刑法》的修订，刑法基本原则的讨论成为热点，也相继补充了国家主权原则、法制原则、民主原则、罪刑法定原则、刑罚轻重必须依法适时原则、惩罚与教育改造相结合原则、区分两类不同性质的犯罪原则、主观与客观相一致原则等，并逐步展开了深入研究。

当然，学界也对刑法基本原则的概念进行了讨论。主要观点有：(1)“刑法基本原则是指我国刑法中的犯罪与刑事责任、刑罚的种类和具体运用、罪名的分类、分则的体系等问题所据以确定的原则。”①(2)“刑法基本原则是指我国刑法这个部门法所特有的、贯穿全部刑事立法和刑事司法工作的准则，它们应当体现我国刑法的制定根据。”②(3)“刑法基本原则是指刑法本身所固有的、贯穿刑法始终并在适用刑法时必须严格遵守的、具有全局性和根本性意义的原则。”③(4)认为上述观点只表述了其外部特征，还没有真正揭示其内在的本质特征，故提出了“刑法的基本原则就是以调整犯罪与刑罚的关系为己任的，确切地说，是调整刑法中的报应与功利的关系的基本准则”④。(5)刑法基本原则“是指反映犯罪、刑事责任和刑罚的根本规律，贯穿于全部刑法规范，指导和制约刑法适用的具有全局性和根本性意义的准则”⑤。(6)刑法基本原则“是指贯穿全部刑法规范、具有指导和制约全部刑事立法和刑事司法意义的、并体现我国刑事法制的基本性质与基本精神的准则、规则”⑥。(7)刑法基本原则“是指刑法本身所具有的，贯穿于刑法始终，必须得到普遍遵循的具有全局性、根本性的准则”⑦。(8)刑法基本原则“是指制定和适用刑法所必须遵守的基本准则”⑧。(9)“刑法基本原则是立法者制定和司法者适用刑法过程中必须严格遵循的刑法所固有的，全局性的裁判准则。”⑨(10)“刑法基本原则是贯穿于刑法立法、司法全过程，具有普遍遵守的，为刑法所独有或为刑法对法制原则的重申，具有全局性、根本性准则。”⑩(11)“刑法的基本原则是指刑法所特有的，贯穿于刑法始终具有全局性和根本性意义，指导和制约刑事立法、刑事司法和刑罚执行活动的准则。”⑪(12)“以调整罪刑关系为己任，带有全局性、根本性，充分体现刑法独立的法治精神，并贯穿于整个刑法的制定与适用过程中，为刑法立法与司法所普遍遵守的根本原则。”⑫(13)“刑法的基本原则是指在刑事法律活动

---

① 杨春洗等：《刑法总论》，北京大学出版社1981年版，第24页。

② 王作富主编：《中国刑法适用》，中国人民公安大学出版社1987年版，第19页。

③ 何秉松：《试论我国刑法的基本原则》，载《河北法学》1985年第6期。

④ 高铭暄主编：《刑法学原理》(第3卷)，中国人民大学出版社1994年版，第163页。

⑤ 赵长青主编：《中国刑法教程》(修订版)，中国政法大学出版社1997年版，第27页。

⑥ 赵秉志主编：《新刑法教程》，中国人民大学出版社1997年版，第46页。

⑦ 张明楷：《刑法学》，法律出版社1997年版，第36页。

⑧ 周道鸾主编：《中国刑法》(修订本)，中国政法大学出版社1996年版，第9页。

⑨ 曲新久主编：《刑法学》，中国政法大学出版社2008年版，第22页。

⑩ 苏惠渔主编：《刑法学》(修订2版)，中国政法大学出版社2007年版，第22页。

⑪ 侯国云主编：《刑法学》，中国政法大学出版社2007年版，第9页。

⑫ 李晓明：《刑法学总论》，北京大学出版社2016年版，第73页。

中必须严格遵守与贯彻的具有全局性、根本性和直接指导性的特殊法律规范。”①(14)“我国刑法的基本原则,就是确定刑法关于犯罪与刑罚等一系列基本问题时所遵循的原则。”②(15)“刑法的基本原则就是协调刑法体系内部犯罪和刑罚相互关系所依据的原则。”③(16)“刑法的基本原则,就是刑法理论上根据我国刑法的性质、我国的基本刑事政策以及现行刑法的具体规定抽象、概括出来,贯穿刑法始终并为刑事立法和司法工作必须遵守的基本准则。”④

上述定义均有其合理性,有些观点也表述得非常清晰。观点(1)(5)是建立在“罪责刑”基础上来讨论的,具有一定的合理性,但其中“责”的含义,容易同犯罪后果的“刑事责任”相混淆。观点(2)(3)(6)(8)(9)(10)(16)显然具有立法和司法的双重理解,超越了刑法基本原则只属于实体法的传统认识,具有可取性。观点(4)(14)(15)是从刑法内部特征来认识刑法基本原则的,明确提出了以调整“罪刑关系”为己任。观点(7)(11)(12)强调的是刑法基本原则的全局性和根本性,具有很好的借鉴意义。总之,我们在认真梳理和吸收上述观点的基础上,经过思考将刑法基本原则的定义表述为:以调整罪责关系为己任,具有全局性、根本性,充分体现与反映刑法独特精神,并贯穿于整个刑法的制定、适用与解释过程,且为刑法立法与司法普遍遵守的基本准则。

(二)确立刑法基本原则的意义

刑法基本原则既然是贯穿于整个刑法的基本准则,是刑法精神的核心体现,那么其对刑法的制定与适用所具有的重大指导意义是毋庸置疑的。主要表现在:

第一,有利于刑法立法的科学化。如果整个刑法体系由基本原则作指导,那么将进一步增强刑事立法的系统性、科学性和一体化。这不仅表现在对刑法的创立上,而且也表现在对今后刑法的修改与完善上。由刑法基本原则作指导,不仅使今后的刑法修订工作有章可循、有则可依,也使量刑规范更加明确和具体。不仅有利于刑法的修改和补充,而且有利于保护社会、保障人权。立法的科学化还表现在规范的制定上,再不会出现1979年《刑法》中所谓“罪刑法定原则”与“类推原则”并存的情况,以加快刑法的规范化、科学化进程。

第二,有利于保障人权和公平公正。刑法不仅是国家的强制力和意志的体现,也是公民与国家达成的“契约”,也即公民让渡部分权利给国家,国家也应讲求信誉,即具有法律的明文规定和约束准则。刑法基本原则的确立,使整个司法有章可循,既有利于打击犯罪又有利于保障人权,努力做到司法的公开透明,使刑法立法的科学化和刑

① 薛瑞麟、杨书文:《论新刑法的基本原则》,载《政法论坛》1997年第5期。

② 林准主编:《中国刑法教程》(修订本),人民法院出版社1994年版,第10页。

③ 杜波:《试论刑法的基本原则》,载《河北法学》1990年第4期。

④ 李希慧:《试论我国刑法基本原则的几个问题》,载《河北法学》1993年第4期。

事司法的公正化保持一致,进一步开拓和创造依法治国的环境与局面,最终推动我国刑事法治建设向纵深发展。

第三,有利于严密刑事法网和发挥刑法威力。由于立法的科学化和司法的公正化,刑法规范在立法与司法确有保障的情况下,能够充分发挥作用。在刑法基本原则的统一指导下,无论是刑法的最初制定还是刑法的修改与补充,均可更系统、更科学地逐步严密刑事法网,以充分发挥刑法的巨大威慑力,为社会的安宁与稳定、祖国的繁荣与昌盛贡献力量。

第四,有利于提高立法技术,推动刑法理论的发展与进步。无疑,刑法基本原则的确立对提高我国的刑法立法技术是十分有益的,无论是对刑法体系的规范,还是对刑法内容的完善,均起着理顺、修整和补充的作用。刑法立法技术的提高,不仅完成了整个刑法体系与内容的系统化、科学化,而且最终必将推动整个刑法理论研究的发展,以及刑事司法的进步。

(三)确立刑法基本原则的标准

在刑法基本原则问题上之所以出现分歧、争论,其根本原因就在于没有一个统一的确立标准,也即无法使研究建立在同一平台或参照系里,故需要明确确立刑法基本原则的标准。

第一,该原则调整的必须是罪刑关系,这是刑法基本原则的功能标准。"罪刑关系"是刑法学的重要理论①,它是研究已然之罪与报应之刑因果关系和未然之罪与预防之刑功利关系辩证统一规律的一种学说。其被视为刑法学的学科主线,故科学、准确地反映刑法罪刑关系辩证运动的一般规律,是刑法功能对其基本原则的必然要求,也是其确立的核心标准。

第二,该原则体现的必须是刑法独特的法治精神,这是刑法基本原则的本质标准。也就是说,刑法基本原则必须是刑法独特或独有的原则,且反映和体现的是刑法独特和独有的法治精神,这也是由刑法的本质特征所决定的。相反,那些同其他法律或全部法律共有的原则,那些未能充分体现刑法独特或独有法治精神的原则,均不能作为刑法的基本原则。

第三,该原则必须带有全局性和根本性,这是刑法基本原则的静态标准。也就是说,刑法基本原则必须贯穿于整个刑法体系的始终,且具有全局性和根本性,这也是由刑法的静态量化标准所决定的。相反,那些不能指导全局或不能解决根本问题,只能涉及刑法局部问题的原则,是不能作为刑法基本原则的。当然,全局性和根本性也充分体现了其应具有的指导性。

---

① 参见陈兴良、邱兴隆:《罪刑关系论》,载《中国社会科学》1987年第4期。

第四,该原则必须贯穿整个刑法的制定与适用过程,这是刑法基本原则的动态标准。也就是说,刑法的基本原则不仅要符合全局性和根本性这一静态规范要求,而且要符合刑法制定与适用这一动态规范要求,这也是由刑法的动态运作规律要求所决定的。不管是立法活动还是司法活动,不管是立法解释还是司法解释,不管是制定《刑法》还是制定单行刑法或附属刑法,均应普遍遵循,且这是一个动态、变化和发展的过程。

上述四项标准是相互联系、相互依存、辩证统一、缺一不可的关系,只有四者同时具备,才能符合确立刑法基本原则的基本标准。

(四)域外刑法的基本原则及不同观点

刑法的基本原则理论最早是资产阶级在反对封建社会的"罪刑擅断"时提出的,即"罪刑法定主义""罪刑等价主义""刑罚人道主义"等。这三大原则的提出俨然针对的是封建社会的罪刑擅断、刑法等差和酷刑主义等。尽管如此,资本主义国家也并未明确刑法的三大基本原则,而是对其进行分别研究、分别阐述,尤其重视对"罪刑法定主义"的研究。

在当时的资产阶级看来,罪刑法定主义是指何为犯罪以及应科处什么刑罚事先都应由法律明确规定。其内涵包括:(1)除刑法外,一切习惯、命令、政策等均不能作为定罪量刑的根据;(2)定罪量刑不适用类推;(3)不得采用不定期刑、无限制刑;(4)刑法效力原则上不溯及既往;(5)在刑法解释和适用上采取有利于犯罪人的原则,如"疑罪从无""从旧兼从轻"等均是"罪刑法定主义"精神的引申与阐发。所谓罪刑等价主义,是指行为者身份不是量刑的尺度,刑罚轻重由罪之大小所决定,两者等价等量。其内涵包括:(1)不因人而异(针对具有特权之人),不论身份等级均实行同罪同罚;(2)刑罚的性质和量刑轻重与犯罪的性质及其程度相适应,不能畸重畸轻。所谓刑罚人道主义,是指取消封建时代那种残酷野蛮之刑,建立以自由刑为中心的刑罚体系。其内涵包括:(1)废除或限制死刑的适用;(2)废弃残废刑和身体刑;(3)以自由刑为中心构建刑罚等级体系;(4)改良监狱给犯人以人道待遇。为了更好地研究,首先对域外刑法的基本原则做些梳理。

对于域外刑法基本原则的概念并无太多争议,只是个别学者略有不同见解。如俄罗斯学者库兹涅佐娃等称刑法基本原则为"刑事立法的原则",认为"刑事立法的原则——这就是立法、执法机关和公民在与犯罪作斗争方面必须遵循的基本原则"[①]。同时根据《俄罗斯联邦刑法典》第3条至第7条的规定,学者马克昌等认为刑事立法的原

① [俄]H. Ф. 库兹涅佐娃、[俄]И. М. 佳日科娃主编:《俄罗斯刑法教程(总论)》(上卷·犯罪论),黄道秀译,中国法制出版社2002年版,第67页。

则包括法制原则、公民在法律面前一律平等原则、罪过原则、公正原则和人道原则。[①]德国学者耶塞克将"刑法的基本原则"称为"刑事政策的基本原则"，并指出，"刑事政策探讨的问题是，刑法如何制定，如何描述犯罪构成要件特征，如何确定在刑法上适用的制裁措施等"[②]。不过，在认定刑法基本原则的内容上，不同学者的主张存在较大差异。如德国学者耶塞克认为，刑法基本原则具体包括罪责原则、法治国家原则和人道主义原则，[③]但德国学者克劳斯·罗克辛仅提出了"法治原则"，等等。

韩国学者金日秀等认为，刑法的基本原则有罪刑法定原则、责任原则、比例原则、行为刑法的原则。[④] 日本学者的观点接近一致，如中山研一认为有罪刑法定主义、行为主义、责任主义；浅田和茂在上述原则的基础上增加了"三原则的关系与谦抑主义"；川端博则以"谦抑主义"取代了中山研一的"行为主义"，认为刑法的基本原则是罪刑法定主义、谦抑主义和责任主义；另有学者如团藤重光、大塚仁、西原春夫、前田雅英、大野真义、山中敬一等仅对"罪刑法定主义"予以论述而不提及其他原则。[⑤] 意大利学者杜里奥·帕多瓦尼也仅支持"罪刑法定主义"原则，可见该说基本上属于世界潮流的刑法学说。

（五）我国刑法基本原则的确立及其梳理

有了确立刑法基本原则的标准，即为正确地选择刑法基本原则奠定了基础，也创造了条件。对于上述众多的刑法基本原则，理应进行梳理和分析，以供在立法和司法实践中准确应用。

1. 三原则说。其认为，"我国刑法的基本原则是罪刑法定、罪刑相适应和罪责自负三原则"[⑥]。可以说，这是世界范围内（包括我国在内）的一种刑法通说。

2. 四原则说。有三种观点：（1）"我国刑法的四基本原则是：罪刑法定原则、罪刑相适应原则、罪责自负原则和惩罚与教育相结合原则。"[⑦]（2）"罪刑法定、罪刑相适应与刑罚个别化相结合、公民在法律面前一律平等、罪责自负是我国刑法的四个基本原

---

① 参见马克昌、卢建平主编：《外国刑法学总论（大陆法系）》（第 2 版），中国人民大学出版社 2016 年版，第 28 页。

② ［德］汉斯·海因里希·耶塞克、［德］托马斯·魏根特：《德国刑法教科书（总论）》，徐久生译，中国法制出版社 2001 年版，第 28 页。

③ 参见［德］汉斯·海因里希·耶塞克、［德］托马斯·魏根特：《德国刑法教科书（总论）》，徐久生译，中国法制出版社 2001 年版，第 29 页。

④ 参见［韩］金日秀、［韩］徐辅鹤：《韩国刑法总论》，郑军男译，武汉大学出版社 2008 年版，"目录"。

⑤ 参见马克昌、卢建平主编：《外国刑法学总论（大陆法系）》（第 2 版），中国人民大学出版社 2016 年版，第 28 页。

⑥ 杨春洗、杨敦先主编：《中国刑法论》，北京大学出版社 1994 年版，第 15 页。

⑦ 高铭暄主编：《中国刑法学》，中国人民大学出版社 1989 年版，第 32 页。

则。”[①](3)“是指罪刑法定原则、罪刑相适应原则、罪及个人原则和改造罪犯成为新人原则。”[②]

3. 五原则说。有两种观点:(1)“罪刑法定原则、罪刑相适应原则、罪责自负原则、主客观相统一的刑事责任原则,以及行政惩罚与教育相结合的原则是我国刑法的五个基本原则。”[③](2)“法制原则、刑罚公正原则、主客观要件相统一的刑事责任原则、罪责自负原则和惩罚与教育相结合的原则。”[④]

4. 六原则说。有三种观点:(1)“法律面前人人平等的原则;以罪刑法定为基础,以有严格控制的类推为补充的原则;罪刑相适应原则;惩罚与教育改造相结合的原则;罪责自负、反对株连的原则;社会主义人道主义原则。”[⑤](2)“罪刑法定、罪刑相适应、法律面前人人平等、罪及个人、改造罪犯成为新人、革命人道主义等六项原则为我国刑法的基本原则。”[⑥](3)“以罪刑法定为基础、以类推为补充的原则,罪刑相适应原则,原则性与灵活性相结合的原则,定罪量刑的主客观相统一原则,罪责自负原则,惩罚与教育、改造相结合原则。”[⑦]

我国 1997 年《刑法》颁布实施后,《刑法》第 3 条至第 5 条规定了刑法的三大基本原则,即罪刑法定原则、罪刑(罪责刑)相适应原则和适用刑法人人平等原则。这也是目前国内的通说,多数学者赞同三大基本原则。[⑧] 在此框架下,有学者对某些原则的称谓作出修改。如笔者在《刑法学总论》中指出,“将罪刑法定原则与罪刑相适应原则修改为罪责法定与罪责相适应,旨在强调‘责’的表述更加的科学合理”[⑨]。周光权教授将“罪刑相适应原则表述为罪刑均衡原则”[⑩]。陈兴良教授在《本体刑法学》、《刑法学》

---

① 何秉松主编:《刑法教程》,法律出版社 1987 年版,第 9 页。

② 杨敦先、张文:《刑法简论》,北京大学出版社 1986 年版,第 16-19 页。

③ 王作富:《中国刑法研究》,中国人民大学出版社 1988 年版,第 24-34 页。

④ 廖增昀:《我国刑法应明确规定基本原则》,载《中国法学》1990 年第 1 期。

⑤ 张尚鷟编著:《中华人民共和国刑法概论 · 总则部分》,法律出版社 1983 年版,第 32-38 页。

⑥ 杨春洗等:《刑法总论》,北京大学出版社 1981 年版,第 24-31 页。

⑦ 曹子丹主编:《中华人民共和国刑法教程》,中国政法大学出版社 1988 年版,第 12-15 页。

⑧ 参见高铭暄、马克昌主编:《刑法学》(第 7 版),北京大学出版社、高等教育出版社 2016 年版,第 26-32 页;齐文远主编:《刑法学》(第 3 版),北京大学出版社 2016 年版,第 23-33 页;陈忠林主编:《刑法总论》(第 5 版),中国人民大学出版社 2016 年版,第 25-36 页;刘艳红主编:《刑法学(上)》(第 2 版),北京大学出版社 2016 年版,第 37-52 页;黎宏:《刑法学总论》(第 2 版),法律出版社 2016 年版,第 17-26 页;姚建龙主编:《刑法学总论》,北京大学出版社 2016 年版,第 37 页;苏惠渔主编:《刑法学》(第 6 版),中国政法大学出版社 2016 年版,第 27 页;叶良芳:《刑法总论》,法律出版社 2016 年版,第 29 页。

⑨ 李晓明:《刑法学总论》,北京大学出版社 2016 年版,第 89 页。

⑩ 周光权:《刑法总论》,中国人民大学出版社 2015 年版,第 54 页。

(第3版)中也称“罪刑均衡原则”①。何秉松、曲新久教授称“罪刑相当原则”②。还有学者从罪刑相适应原则中独立出利益平衡原则,并强调“利益平衡原则也是我国量刑的基本原则,法官量刑时必须在罪责刑适应原则的基础上,对各方利益进行衡量,实现利益平衡”③。也有学者称“刑罚的个别化”④。随着研究的不断深入,更有学者提出,刑法基本原则也并非仅限于刑法的明文规定。但无论如何,1997年《刑法》明确的三大基本原则似乎平息了长期以来存在的所谓四原则说、五原则说和六原则说等的争论,故本书就以刑法确立的三大基本原则为主线讨论刑法的基本原则问题。

当然,国外也有学者认为刑法的基本原则包括罪刑法定原则、法益保护原则和责任主义原则。⑤ 国内也有学者提出,谦抑性原则也是刑法的基本原则。⑥ 还有学者指出,比例原则也应植入刑法基本原则之中。⑦ 其中的阐述甚至还颇有道理,但本书将其视为与刑法基本原则相关的刑法原则理论,并在刑法三大基本原则之后进行专门讨论。

二、罪刑法定原则

在刑法理论中,罪刑法定被称为“刑法的铁则”⑧和刑法的理论基石,它的价值功能与地位是其他原则无法替代的。所谓罪刑法定是指何种行为是犯罪或何罪,以及应承担何种刑事责任或刑罚,都必须由法律明文规定,即“法无明文规定不为罪,法无明文规定不处罚”。

(一)罪刑法定原则的思想渊源与发展

“罪刑法定”是近现代刑法的产物,也是一个反封建的重要原则。该原则从思想产生到学说形成,经历了较为漫长的历史发展过程,具有久远的思想、社会和历史渊源。

据考证,古罗马法中就有过这种意喻的法律规定,被称为“适用刑罚必须依据法律

---

① 陈兴良:《本体刑法学》,商务印书馆2001年版,第101页;陈兴良主编:《刑法学》(第3版),复旦大学出版社2016年版,第11页。

② 何秉松:《试论新刑法的罪刑相当原则(上)》,载《政法论坛》1997年第5期;曲新久:《刑法学》(第3版),中国政法大学出版社2012年版,第42页。

③ 刘胜超、李光辉:《论我国量刑司法中的利益平衡原则》,载《江苏警官学院学报》2016年第2期。

④ 曲新久:《试论刑罚个别化原则》,载《法学研究》1987年第5期;翟中东:《刑罚个别化研究》,中国人民公安大学出版社2001年版;马荣春:《论罪刑相适应原则之刑法地位》,载《河北法学》2008年第5期。

⑤ 参见黎宏:《日本刑法精义》(第2版),法律出版社2008年版,第26页。

⑥ 参见熊永明:《论刑法谦抑性宜为刑法的基本原则》,载《河南省政法管理干部学院学报》2006年第6期。

⑦ 参见陈晓明:《刑法上比例原则应用之探讨》,载《法治研究》2012年第9期;姜涛:《追寻理性的罪刑模式:把比例原则植入刑法理论》,载《法律科学(西北政法大学学报)》2013年第1期。

⑧ 陈兴良:《本体刑法学》,商务印书馆2001年版,第89页。

实体”。但由于当时犯罪构成要件并不明确，故谈不上严格意义上的罪刑法定原则。一般认为，罪刑法定的早期思想渊源是公元1215年英王约翰（1167—1216年）签署的《英国大宪章》第39条，其规定：“对于任何自由人，不依同一身份的适当的裁判或国家的法律，不得逮捕、监禁、剥夺领地、剥夺法的保护或放逐出境，不得采取任何方法使之破产，不得施加暴力，不得使其入狱。”①从其内容来看，还不能说是完整意义上的罪刑法定，只能说奠定了“适当法定程序”的思想基础。之后，英国1628年《权利请愿书》、1688年《人身保护法》等进一步巩固了罪刑法定的思想。② 从不同角度充实和完善了上述类似制度抑或接近近代意义的罪刑法定主义思想，甚至影响整个英联邦及其殖民地。此后，罪刑法定思想传播到了美国，在1774年费城的《权利宣言》中，对此予以明确规定。在欧洲，罪刑法定原则也被法国1789年《人权宣言》采用，并在1810年的《拿破仑刑法典》第4条中明确规定：“没有在犯罪行为时以明文规定刑罚的法律，任何人不得被处以违警罪、轻罪和重罪。”③法国的这一做法对大陆法系国家产生重大影响，德国、日本、苏联纷纷效仿。1880年《日本刑法典》继承《法国刑法典》的这一原则，在第2条中规定：“法律无正条者，无论何种行为，均不得罚之。”“二战”之后，1949年《德意志联邦共和国基本法》取消了类推制度，1975年联邦德国刑法典明文规定了罪刑法定主义，1960年《苏俄刑法典》第3条也规定了罪刑法定主义。④

其实，17、18世纪资产阶级启蒙思想家们也在其著作中阐述过有关罪刑法定主义的思想，并由此形成一种思潮，同封建社会的罪刑擅断主义相抗衡。像英国哲学家、政治思想家和古典自然法学派代表人物洛克（1632—1704年）在《政府论》（下篇）中指出：“处在政府之下的人们的自由，应有长期有效的规则作为生活的准绳。这种规则为社会一切成员所共同遵守，并为社会所建立的立法机关所制定。”至于这些规则应采取何种形式，洛克认为：“制定的、固定的、大家了解的、经一般人同意采纳和准许的法律，才是是非善恶的尺度。”⑤洛克虽未提及“罪刑法定”一词，但其以固定的规则为生活准绳与是非善恶尺度的思想，无疑蕴含着罪刑法定的思想和精神。法国启蒙思想家、法

① 张明楷：《罪刑法定与刑法解释》，北京大学出版社2017年版，第1页。当然，由于翻译文本不同，也有人将《英国大宪章》第39条翻译为：“凡是自由民除经其贵族依法判决和遵照国内法律之规定外，不得加以扣留、监禁、没收其财产、褫夺其法律保护，或加以放逐、伤害、搜索或逮捕。”

② 参见张明楷编著：《外国刑法纲要》（第2版），清华大学出版社2007年版，第19页。

③ 周光权：《刑法总论》（第3版），中国人民大学出版社2016年版，第39页；黎宏：《日本刑法精义》（第2版），法律出版社2008年版，第47页。

④ 参见马克昌、卢建平主编：《外国刑法学总论（大陆法系）》（第2版），中国人民大学出版社2016年版，第30页。

⑤ ［英］洛克：《政府论：论政府的真正起源、范围和目的》（下篇），叶启芳、瞿菊农译，商务印书馆1964年版，第16页。

学家、古典自然法学派代表人物孟德斯鸠(1689—1755年)在1748年出版的《论法的精神》一书中指出:“专制国家是无所谓法律的。法官本身就是法律;法律明确时,法官遵守法律;法律不明确时,法官则探求法律的精神。在共和国里,政制的性质要求法官以法律的文字为依据;否则,在有关一个公民的财产、荣誉或生命的案件中,就有可能对法律作有害于该公民的解释了。”①孟德斯鸠充分阐述了法制内容需要由法律明确和法官判案需要以法律文字为依据的必要性,以及对罪刑法定主义的追求与希望。意大利刑事古典学派创始人贝卡里亚(1738—1794年)在《论犯罪与刑罚》中指出:“只有法律才能规定惩治犯罪的刑罚,……超出法律范围的刑罚是不公正的,因为它是法律没有规定的另一种刑罚。”“当法典中含有应逐字适用的法律条文,而法典加给法院的唯一职责是查明公民行为并确定它是否符合成文法的时候;当所有的公民——由最无知识的人一直到哲学家——都应当遵循的关于什么是正义的和不正义的规则是毫无疑义的时候,国民将免受许多人的微小的专制行为。”②其十分明确地阐述了罪刑法定主义的基本精神和思想内容,对后来罪刑法定原则的立法化及其普及均起到巨大推动作用。

由此,罪刑法定主义的思想是在长期的反对封建社会“罪刑擅断”中逐步产生和发展起来的,它是建立在社会契约论及平等、自由、博爱等思想基础上的理论,是资产阶级革命反对封建“罪刑擅断主义”的产物。当然,反对封建擅断和限制刑罚权的滥用,并非指古代、中世纪的擅断,那时无法律或法律不完备,而是指有法不依仍肆意定罪判刑的擅断。

关于罪刑法定原则的思想基础,历史上以孟德斯鸠相关学说与作为刑事政策思想的费尔巴哈的“心理强制说”为基础。③ 根据孟德斯鸠学说,立法机关依照正当的立法程序制定法律;司法机关正确适用法律作出合法判决;行政机关认真执行司法机关的最后判决,不得非法变更。④ 如上,费尔巴哈根据其心理强制说,最先在自己的教科书中以拉丁文形式将罪刑法定主义表述为“法无明文规定不为罪,法无明文规定不处罚”。同时将罪刑法定原则表述为三个具体原则:没有刑罚法规就没有刑罚,没有法定的犯罪就没有刑罚,没有法定的刑罚就没有法定的犯罪。现代意义上罪刑法定主义的思想基础一般认为是民主主义与尊重人权主义,或者说民主与自由。⑤ 由此也充实了

---

① [法]孟德斯鸠:《论法的精神》(上册),张雁深译,商务印书馆1962年版,第76页。

② [意]切萨雷·贝卡里亚:《论犯罪与刑罚》,黄风译,中国大百科全书出版社1993年版,第10-14页。

③ 参见[日]川端博:《刑法总论讲义》,成文堂1995年版,第43页;大塚仁:《刑法概说(总论)》(第3版),有斐阁1997年版,第56页。

④ 参见[法]孟德斯鸠:《论法的精神》(上册),张雁深译,商务印书馆1962年版,第153-166页。

⑤ 参见张明楷:《罪刑法定与刑法解释》,北京大学出版社2009年版,第18页。

罪刑法定的思想内容。

我国最早的“罪刑法定”思想产生于“五帝时期”，“慎徽五典，五典克从”①。到了后来的商、周开始实行“罪刑法定”，“有旨无简不听”②，“无简不听，具严天威”③。晋代张斐的《注律表》中有“皆求之作本名”“则求罪于此”④的表述。中华人民共和国成立后罪刑法定的理论在我国的发展经历了三个阶段：第一阶段是1949年至1979年，司法实践主要依靠政策和经验。第二阶段是1979年至1997年，首部刑法颁行，虽然未规定罪刑法定原则，但部分体现了罪刑法定精神。第三阶段是1997年至今，刑法明文规定了罪刑法定原则并在实务中逐步推行。⑤

目前国内不同学者对罪刑法定原则的思想基础认定都有各自的见解。有学者认为，罪刑法定主义产生的思想基础有启蒙的自由主义思想和费尔巴哈的心理强制说⑥。也有学者认为，心理强制说存在不尊重人，仅仅将人作为威吓对象看待的嫌疑，所以今天，人们一般认为，罪刑法定原则的思想基础是民主主义和自由主义⑦。还有学者认为，价值理念是罪刑法定主义的理论基础，罪刑法定主义的价值蕴含可以从三个方面理解：形式理性、权力制衡和人权保障⑧。再有学者认为，罪刑法定原则的基本精神就在于对个人自由的保障，使人们免于任意刑杀的恐惧，保持作为人的尊严⑨。更有学者从人性的角度探讨了罪刑法定原则的思想基础，“认为对司法权的限制与对人权的保障，构成了罪刑法定原则的人性基础”⑩。可见，罪刑法定的思想渊源众多而深远，纷繁而广阔，着实需要缜密梳理。

我国台湾地区学者林山田认为，罪刑法定原则是指哪些行为属于刑法上的犯罪，以及对于这些犯罪应该如何加以处罚，均必须在行为之前透过法律明确加以规定，该原则包括以下五大含义：刑罚权的内容与范围必须经由法律明确，习惯法不得作为刑事判决的依据，刑法对于罪与刑的规定应力求明确，禁止类推适用刑法，禁止溯及既往。⑪ 可见，罪刑法定是近现代刑法的一个极其重要的原则。该原则从思想产生到学说形成再到立法化，经历了较漫长的历史发展过程，具有久远的思想沉积和社会渊源。

---

① 《尚书·虞书·舜典》。

② 《礼记·王制》。

③ 《尚书·吕刑》。

④ 《注律表》。

⑤ 参见周光权：《刑法总论》（第3版），中国人民大学出版社2016年版，第41页。

⑥ 参见马克昌：《比较刑法原理——外国刑法学总论》，武汉大学出版社2002年版，第61-65页。

⑦ 参见周光权：《刑法总论》（第3版），中国人民大学出版社2016年版，第42页。

⑧ 参见陈兴良：《罪刑法定主义》，中国法制出版社2010年版，第31-39页。

⑨ 参见罗翔：《冲出困境的罪刑法定原则》，中国法制出版社2007年版，第15页。

⑩ 参见姜涛：《论罪刑法定原则的人性基础》，载《江苏科技大学学报（社会科学版）》2005年第1期。

⑪ 参见林山田：《刑法通论》，台北，元照出版有限公司2008年版，第74-85页。

(二)罪刑法定原则的理论基础

罪刑法定原则的产生、发展与最终形成,不仅有着深刻的社会背景,而且有着坚实的理论基础作支撑。一般认为,罪刑法定原则的理论基础包括以下内容。

1. 古典自然法学说

在17、18世纪反封建的启蒙运动和革命斗争中,该学说代表新兴资产阶级利益,是以强调自然法为特征的法学派或理论。代表人物有荷兰的格劳秀斯和斯宾诺莎、英国的霍布斯和洛克、意大利的贝卡里亚、德国的普芬多夫和沃尔夫、法国的孟德斯鸠和卢梭。美国独立战争以及法国大革命时的许多政治活动家,如杰弗逊、潘恩、孔多塞·罗伯斯庇尔等人也都信仰古典自然法学说。① 可见,古典自然法学说在历史上的地位及其影响力。

当然,古典自然法学说也有其历史的局限性,它是建立在私有制基础上的。马克思曾评论说:“这个理性的王国不过是资产阶级的理想化的王国;永恒的正义在资产阶级的司法中得到实现;平等归结为法律面前的资产阶级的平等,而理性的国家、卢梭的社会契约在实践中表现为而且也只能表现为资产阶级的民主共和国。18世纪的伟大思想家们,也和他们的一切先驱者一样,没有能够超出他们自己的时代所给予他们的限制。”②可见,阶级局限性使其必然被后来者——无产阶级及其时代所超越,如今的罪刑法定赋予民众更多的民主、自由和人权。

2. 心理强制说

心理强制说又称心理强制论,是由德国的刑事古典学派代表人物费尔巴哈倡导的。他认为,所有违法行为的根源都在于趋向犯罪行为的精神动向,它驱使人们违背法律。因此,国家制止犯罪的第一道防线便应该是道德教育。然而,教育远非万能,总会有人不服教育而产生违法的精神动向,这就决定了国家还须建立以消除违法精神动向为目的的第二防线,即求助于心理强制。

该说认为,人之违法精神动向的形成并非无中生有,而是受潜在于违法行为中的快乐及不能得到该快乐所带来的不快所诱惑与驱使。这样,费尔巴哈就转向功利主义的“趋利避害”原则中寻找理论根据了。他指出,使违法行为中蕴含某种痛苦,则已具有违法精神动向的人就不得不在违法行为可能带来的乐与苦间进行细致的权衡,当违法行为所蕴含的苦大于其中的乐时,主体便会基于舍小求大的本能,回避大于不违法之苦的苦,而追求大于违法之乐的乐,自我抑制违法的精神动向,使之不发展为犯罪行为。这是费尔巴哈心理强制说的全部内涵。

---

① 参见刘艳红:《实质刑法的体系化思考》,《法学评论》2014年第4期。

② 《马克思恩格斯选集》(第3卷),人民出版社2012年版,第57页。

宾丁将其称为“权衡论”。他认为,人不仅能区分善恶,分清是非,而且还有“权衡”利弊、进行选择的本能。因此权衡利弊后,为了免受痛苦,他可能放弃实施犯罪的想法,这是受心理强制的结果。那么,怎么才能实现心理强制呢?费尔巴哈认为,刑罚与违法的精神动向相联系必须借助于一定的中介,这就是市民对痛苦与犯罪不可分的确信,即确信一定的违法行为必将招致一定的刑罚制裁。① 没有这种确信,市民就不可能认识到违法行为含有痛苦,更不可能出于回避这一痛苦的动机而放弃违法的精神动向。而建立痛苦与犯罪不可分确信的唯一途径就是用法律进行威吓。法律明确规定各种犯罪应受的刑罚,同时宣布任何犯罪都必将受到惩罚。在这样的基础上,费尔巴哈主张罪刑法定,认为刑法应该具备确定性与绝对性双重属性。确定性就是法律要明确,而不能含糊其词、捉摸不定。绝对性就是刑法要做到有罪必罚,且具有权威性。只有罪刑法定才能做到这两点,因此费尔巴哈极力倡导罪刑法定原则。可见,罪刑法定是心理强制说的必然结论。

(三)罪刑法定原则的价值

所谓价值,是指一个事物的积极功用和意义。② 罪刑法定的价值当然是指其积极功用和意义。由于罪刑法定产生于反对封建擅断的时代背景,这也就决定了其主要功用和价值是限制国家权力。然而,限制国家权力的实质意义与核心价值是什么呢?当然是反对国家的专制与专权,保护个人自由和保障公民的基本人权。也有学者指出:“以刑法价值论考察,刑事古典学派宣扬的罪刑法定主义是以个人自由为价值取向的,体现的是刑法的人权保障机制。”③这种以个人本位为核心的刑法基本原则,在世界各国产生了广泛而深远的影响,直至现在仍然占据主导与统治地位,从而显示出其强大生命力。其价值表现在:

第一,对刑事司法权的严格限制。从根本上说,罪刑法定是对司法权的限制,这是刑事古典学派为杜绝罪刑擅断,防止国家利用司法权侵犯个人自由的一种绝妙设计,它是资产阶级同封建势力长期斗争的结果,是资产阶级革命的重要胜利果实之一。贝卡里亚在《论犯罪与刑罚》中写道:为了不使刑罚成为某人或某些人对其他公民施加的暴行,从本质上来说,刑罚应该是公开的、及时的、必要的,在法定条件下尽量轻微的同犯罪相对称的并由法律规定的。④ 并认为,“当一部法典业已厘定,就应逐字遵守,法官惟一的使命就是判定公民的行为是否符合成文法律”⑤。费尔巴哈也认为,刑法“与行

---

① 参见李晓明主编:《刑法学》(上),法律出版社 2001 年版,第 194-195 页。
② 参见《辞海》(缩印本),上海辞书出版社 1998 年版,第 249 页。
③ 陈兴良:《本体刑法学》,商务印书馆 2001 年版,第 87 页。
④ 参见[意]切萨雷·贝卡里亚:《论犯罪与刑罚》,黄风译,中国大百科全书出版社 1993 年版,第 109 页。
⑤ [意]切萨雷·贝卡里亚:《论犯罪与刑罚》,黄风译,中国大百科全书出版社 1993 年版,第 13 页。

使国家司法权官吏相关联。刑法要求官吏对犯罪应当根据刑法处罚这一完全的拘束"①。这就明确了"罪刑法定"是一种裁判规范,也是国家对公民个人的承诺和约定,国家只能在法律规定的范围内认定与处罚犯罪。明确划清了国家司法权与公民个人自由间的界限,意味着对前者的严格限制与约束。

第二,对公平正义的体现与追求。这当然是经过社会契约实现的,公民既然将自己可能受到刑罚处罚的权利让与国家,那么相应地也应从国家那里获得该处罚权必须是经公民或其代表者的同意之对价,并需要法律明确规定,不得随意施刑,即"刑事法律作为公法的一个分支,相当于政府与公民之间的一种'契约',用于表明什么应当作为犯罪受到处罚和通过怎样的程序加以处罚"②。这就是所谓的"特殊'契约'观",也是刑法理论中罪刑法定的基本原理所在。在确立了罪刑法定基本原则后,必须从理念上深刻认识"特殊'契约'观"的基本原理,以便更好地理解和运作罪刑法定原则,更好地为刑事立法与司法的实践服务。

第三,对公民行为的引导与威慑。既然刑罚是一种行为规范,罪刑法定要求这种规范必须明确、固定。一是它以法律的形式告诉人们该做什么,不该做什么,从而对公民的行为起到规制与引导作用;二是它又为公民提供或开列了一张罪刑价目表,警示公民不要去触犯刑律,尤其震慑那些可能犯罪的人不要去犯罪,否则就将受到法律的制裁。正如费尔巴哈指出的,"刑法与作为就违法行为应予威吓的可能的犯罪者在刑罚权之下的所有的人相关联"③,从而起着一种一般性的预防效用,这也是罪刑法定基本原则的功能所在。

当然,时代的变迁导致个人本位向社会本位的嬗变,使得罪刑法定的那种僵硬死板的缺陷日益明显。此时,刑事实证学派所确立的社会防卫论恰好体现了社会本位的价值取向,甚至个别实证学派学者由此提出了松弛、批判甚至取消罪刑法定的主张。如日本学者牧野英一就曾指出,"刑法是为保卫社会才规定对犯罪人予以处罚的,所以,行动受刑法限制的不是法官,只能是犯罪人,这是不言自明的"④。甚至认为,"这种通过罪刑法定而制约的形式上的法律关系的要求,将起阻碍作用,乃至成为桎梏"⑤。当然,反对牧野英一观点的也大有人在,如日本学者佐伯千仞就认为,罪刑法定主义反

---

① 马克昌主编:《近代西方刑法学说史略》,中国检察出版社 1996 年版,第 87 页。

② [斯洛文尼亚]卜思天·儒潘基奇、杨忠民:《关于比较刑事法的若干法哲学思考》,载《比较法研究》1995 年第 1 期。

③ 马克昌主编:《近代西方刑法学说史略》,中国检察出版社 1996 年版,第 87 页。

④ [日]牧野英一:《刑法学的新思潮和新刑法》,1909 年版,第 15 页。转引自[日]中山研一:《刑法的基本思想》,姜伟、毕英达译,国际文化出版公司 1988 年版,第 17 页。

⑤ [日]牧野英一:《刑法学的新思潮和新刑法》,1909 年版,第 15 页。转引自[日]中山研一:《刑法的基本思想》,姜伟、毕英达译,国际文化出版公司 1988 年版,第 7 页。

映了近代法国资产阶级革命自由民主的刑法要求,而“教育刑主义必须受罪刑法定原则的制约。绝对不定期与类推解释尽管有其一定的积极意义,但也必须予以彻底否定”[①]。在19世纪末20世纪初,围绕罪刑法定的肯定与否定,体现出人权保障与社会保护决然不同价值取向的斗争。结果是,罪刑法定并没有因为有人反对而退出历史舞台,当然刑事实证学派也用不定期刑、扩大解释、类推解释、缓刑、假释、保安处分等,对罪刑法定进行了一定程度的修正。尽管如此,如今的罪刑法定仍然起着刑法核心和理论重要基石的作用。故把握其价值取向也就成为现代刑法的最根本任务与诠释。

首先,要树立人权保障“优先”观。罪刑法定是反封建的产物,是罪刑擅断的对立物,其确立的是个人本位的价值观,以人权保障为己任。如果说刑法是国家与公民间订立的特殊“契约”,那么该“契约”是否公平、实质内容怎样,均不是“契约”形式自身所能够解决的,即“契约”形式自身尚不足以支撑罪刑法定原则的全部内涵,需要人权保障观念作补充。刑法的人权保障观,尤其是人权保障“优先”观是罪刑法定原则的重要内容和根本理念,可以说前者是后者的前提和基础,后者是前者的重要保障。刑法的机能,一是社会保护,二是权利保障。前者来自刑法的自身功能,是社会利益的捍卫者;后者来自古典自然法的“天赋人权”及“契约自由”,是公民自由的大宪章。

其次,要树立自由与秩序“统一”观。个人自由来自古典自然法学派主张“天赋人权”的神圣性和绝对性,显然其过分强调了个体的自由性,忽视了个人自由只有在一定的社会关系和秩序中才能够生存。按照马克思主义的观点,自由就是从事一切对别人没有害处的活动的权利。[②] 而秩序则意味着按照一定的规范和准则,对社会系统进行有效控制,使社会按其特定的秩序与轨道正常运行。[③] 就自由与秩序的本性而言,二者并非截然对立,而是一种有机的辩证统一。如今虽然经历过19世纪到20世纪个人本位向社会本位价值观的嬗变,甚至有矫枉过正之嫌,但从根本上讲,并没有彻底否认前者,只是在两者的选择上更偏重于后者罢了。因为只有秩序才能够真正实现每个人的自由,当然秩序也不能走向极端和“异化”,而最终妨碍到个人自由。

综上,“个人与社会、自由与秩序是辩证统一的。人既具有个体性,又具有社会性。……不仅个人与社会是统一的,而且自由与秩序也具有其内在同一性。因为秩序意味着按照一定的规范和准则,对社会系统进行有效的控制,使社会按照一定的轨道

---

① ［日］牧野英一:《刑法学的新思潮和新刑法》,1909年版,第15页。转引自［日］中山研一:《刑法的基本思想》,姜伟、毕英达译,国际文化出版公司1988年版,第94页。

② 参见《马克思恩格斯全集》(第1卷)(第2版),中共中央马克思恩格斯列宁斯大林著作编译局编译,人民出版社1995年版,第438页。

③ 参见陈兴良:《罪刑法定的当代命运》,载《刑法问题与争鸣》第2辑,中国方正出版社2000年版,第122页。

正常运用。因此,秩序是自由的前提或基础,同时秩序本身也包含着自由。自由与秩序就其本性而言,并不是截然对立的,而是存在着一种有机的、相互包含的关系"①。"社会和个人之间的关系是一种有机的关系。""只有糟糕的社会秩序才是和自由对立的。""自由只有通过社会秩序或在社会秩序中才能存在,而且只有当社会秩序得到健康的发展,自由才可能增长。"②二者能够统一。

(四)罪刑法定原则的立法化及其类型

罪刑法定思想传入美国后,不仅产生了1774年13个殖民地代表会议的宣言,也于1776年产生了弗吉尼亚州的权利宣言。1787年美国宪法就有了"不准制定任何事后法"的规定,即不准制定有溯及力的法律,各州也有同样规定。这说明,即使是实行判例法的英美法系,也在"正当法律程序"的形式下实行罪刑法定原则。不过,最终完成罪刑法定由学说到立法是在法国资产阶级革命胜利后。1789年法国的《人权宣言》第5条规定:"法律仅有权禁止有害于社会的行为。凡未经法律禁止的行为既不得受到妨碍,而且任何人都不得被迫从事法律所未规定的行为。"第8条也规定:"法律只应规定确实需要和显然不可少的刑罚,而且除非根据在犯法前已经制定和公布的且系依法施行的法律以外,不得处罚任何人。"在此指引下,1791年法国制定了刑法典,对各种犯罪都规定了具体的犯罪构成和绝对确定的法定刑,丝毫不允许审判官有根据犯罪情节酌情科刑之余地,这在刑法理论上称为"绝对罪刑法定"。当然,将罪刑法定真正作为刑法基本原则提出,当属近代德国刑法学之父保罗·约输安塞尔姆·费尔巴哈(P. J. A. Feuerbach,1775—1833年),他在1799年和1800年出版的《对实定刑法原理与基本概念的反省》(上、下卷)中指出:"每一应判刑的行为都应依据法律处刑",尤其是"对公民的刑罚,只能是忠于并根据一种刑法科刑。哪里没有法律,哪里就没有对公民的处罚"③。这一精湛表述,更加精准地描述了罪刑法定的精神实质与内容。值得注意的是,费尔巴哈在其1801年出版的《德国现行普通刑法教科书》中首次使用了"罪刑法定原则"的法律用语,将其概括为"无法无罪,无法不罚",即"罪刑法定"的经典定义:"法无明文规定不为罪"(nullum crimen sine lege)和"法无明文规定不处罚"(nulla poena sine lege)。④后被明确地规定在费尔巴哈主持草拟的1813年《巴伐利亚刑法典》中。

然而,1791年《法国刑法典》规定的绝对罪刑法定根本行不通,故1799年拿破仑政权建立后又重新制定了举世闻名的1810年《法国刑法典》。该法典除对少数犯罪规定

---

① 陈兴良:《本体刑法学》,商务印书馆2001年版,第90页。

② [美]查尔斯·霍顿·库利:《人类本性与社会秩序》(第2版),包凡一、王源译,华夏出版社1999年版,第26、300-301页。

③ 刘彦磊、刘江格:《"罪刑法定"的提出》,载《河北法学》1999年第2期。

④ 张明楷:《罪刑法定与刑法解释》,北京大学出版社2009年版,第7页。

绝对确定的法定刑外,其余法定刑均规定有一定幅度,供审判官自由裁量,被称为“相对罪刑法定”。该法典一经颁行,就成为世界各国效仿的范本,遂使“罪刑法定”成为大陆法系国家通行的刑法基本原则。1976 年《德意志联邦共和国刑法典》第 1 条规定:“行为之处罚,以其可罚性于行为前明定于法律者为限。”1968 年《意大利刑法典》第 1 条规定:“行为非经法律明文规定犯罪及刑罚者,不得定罪科刑。”1880 年《日本刑法典》有“无论何种行为,法无明文规定者不罚”的规定。我国清末修律时罪刑法定思想由日本传入,光绪三十四年(1908 年)颁布的《宪法大纲》规定:“臣民非按照法律规定,不加以逮捕、监察、处罚。”宣统二年(1910 年)颁布的《大清新刑律》也规定:“法律无正条者,不问何种行为,不为罪。”社会主义国家苏联的第一部刑法和我国 1979 年《刑法》,均未规定罪刑法定,而是规定了“类推原则”。

罪刑法定原则从产生之日起发展演变至今,已经历了 200 多年的历史。在此历史长河中,世界各国的政治、经济、文化、社会状况都发生了巨大变化。这些变化必然反映到立法上,使法律不断修改和完善,以适应社会生活的需要。罪刑法定原则也完成了从绝对罪刑法定到相对罪刑法定的转变,两种类型罪刑法定内容上的差别,也集中反映了刑法立法由较为严格到灵活多变的发展趋势,这些均是刑法基本原则不可忽视的动态特点。其类型有两个:

一是绝对罪刑法定原则,即严格、不容任意选择和变通,它要求犯罪和刑罚的规定必须是绝对确定的。司法机关及其人员只能被动地执行法律,而没有任何自由裁量权。具体内容为:(1)绝对禁止适用类推和扩大解释,把刑法条文对犯罪种类、犯罪构成要件的明文规定作为定罪的唯一根据。对法律没有明文规定的行为,不论其危害性大小,一概不能通过类推和扩大解释以犯罪论处。(2)绝对禁止适用习惯法,把成文的刑法典和刑法规范作为唯一渊源。(3)绝对禁止刑法溯及既往,把从旧原则作为解决刑法溯及力的唯一原则。(4)绝对禁止法外施刑和不定期刑,要求刑罚的名称、种类、幅度等都必须由法律加以明确规定,且刑期必须是绝对确定的,即不容许存在绝对的不定期刑,也不容许规定相对的不定期刑。

二是相对罪刑法定原则,即较为灵活,是对绝对罪刑法定的修正。具体内容为:(1)在定罪根据上,允许有条件地适用类推和严格限制扩大解释。当然,适用类推必须以法律明确规定类推制度为前提,以有利于被告人为原则,不允许任意类推,扩大解释必须以不超越解释权为限,以符合立法精神为原则,不允许越权解释或违背立法本意的解释。(2)在刑法渊源上,允许习惯法成为间接渊源,但必须以确有必要或不得已而用之为前提,即只有在对行为的违法性、有责性和构成要件符合性的确定必须借助于习惯法加以说明时,习惯法才能成为对个案定性处理的根据。(3)在刑法的溯及力上,允许采用从旧兼从轻原则,作为禁止刑法溯及既往的例外。[①] (4)在刑法种类上允许采用相对不定期刑,即刑法在对刑种作出明文规定的前提下,可以设置最高刑和最低刑的幅度,在量刑幅度内选择适当的刑种和刑期。

从世界各国的刑事立法和司法现状看,早期的绝对罪刑法定原则已受到严峻挑战,代之而起的相对罪刑法定原则已成为各国刑法改革的方向。

(五)罪刑法定原则的理论分歧

罪刑法定原则的内容包括哪些,这在理论上也存在争议。国外主要观点有:德国学者罗克辛提出的"罪刑法定"四项传统派生原则,即排斥习惯法、刑罚法规不溯及、禁止绝对的不确定刑和禁止类推。[②] 意大利学者帕多瓦尼认为有三项原则:狭义的法制原则、明确性和确定性原则、不得溯及既往原则。[③] 韩国学者金日秀等虽赞同四项原则,但其论述的是其中三个(禁止不确定刑法的原则除外),另加"法律明确性的要求"和"适正性原则"。[④] 日本学者之间有分歧,起初将其派生内容概括为四个:一是成文法主义或法律主义,二是禁止事后法,三是禁止类推解释,四是禁止不定刑与绝对不定期刑。[⑤] 这是日本的通说。后有不少学者主张五项派生原则,如大谷实认为,"罪刑法定主义包括排除习惯法,刑罚法规妥当,刑法不溯及既往,禁止类推和禁止绝对不确定刑"[⑥]。西田典之认为,"罪刑法定主义包括法律主义,禁止事后法,禁止类推,明确性和刑罚规范正当性"[⑦]。山口厚的主张形式上是三项派生原则,即法律主义、禁止事后法和刑罚法规适正,但最后一项中又分立三项(明确性、内容适正和罪刑均衡)[⑧],也即五项派生原则。也有学者提出,"罪刑法定主义有七项派生原则,除传统的四项派生原则外,还有明确性原则、实体的适当原则和禁止不利判例变更的溯及"[⑨]。这些分歧是在研究和应用"罪刑法定"过程中出现的,表现为理解和界定上的差异点。研究其不仅有利于对不同国家、学者包括刑法理论的不同认识,而且有利于对罪刑法定在理论与实

---

① 这也可能涉及我国《刑法》第 90 条规定的民族自治地方"刑法变通"问题,由此可见我国采用的是相对罪刑法定。

② 参见[德]克劳斯·罗克辛:《德国刑法学总论:犯罪原理的基础构造》(第 1 卷),王世洲译,法律出版社 2005 年版,第 79-80 页。

③ [意]杜里奥·帕多瓦尼:《意大利刑法学原理》(注评版),陈忠林译评,中国人民大学出版社 2004 年版,第 15-34 页。

④ 参见[韩]金日秀、[韩]徐辅鹤:《韩国刑法总论》,郑军男译,武汉大学出版社 2008 年版,第 54 页以下。

⑤ 参见[日]大塚仁:《刑法概说(总论)》,有斐阁 1997 年版,第 56 页。

⑥ [日]大谷实:《刑法讲义总论》(第 2 版),黎宏译,中国人民大学出版社 2008 年版,第 48 页。

⑦ [日]西田典之:《日本刑法总论》,刘明祥、王昭武译,中国人民大学出版社 2007 年版,第 32 页。

⑧ 参见[日]山口厚:《刑法总论》(第 2 版),中国人民大学出版社 2011 年版,第 9-21 页。

⑨ [日]立石二六:《刑法总论》,成文堂 1999 年版,第 35、36 页。

践中的深刻认识。

1. 刑事古典学派与刑事实证学派所主张的"罪刑法定"之不同

资本主义发展初期,贝卡里亚在反对封建罪刑擅断的斗争中提出了"罪刑法定"。他指出:"经验和理性告诉我们:人类传统的可靠性和确定性,随着逐渐远离其起源而削弱。如果不建立一座社会契约的坚固石碑,法律怎么能够抵抗得住时间和欲望的必然侵袭呢?"①显然,这里的"社会契约的坚固石碑"就是法典,也即贝卡里亚所讲的"罪刑法定"。可见,刑事古典学派最初的"罪刑法定",既反对类推适用又反对法律的扩张解释,可以说是一种彻底的"罪刑法定",不允许有任何的例外。贝卡里亚将"罪刑法定"视为"刑法之公理",当其对封建的"罪刑擅断"进行猛烈抨击之后,引申出"罪刑法定"的四个著名论断:

一是"只有法律才能为犯罪规定刑罚。即只有代表根据社会契约而联合起来的整个社会的立法者才拥有这一权威,任何法官(他是社会的一部分)都不能自命公正地对该社会的任一成员科处刑罚。超越法律限度的刑罚不再是一种正义的刑罚。因此,任何一个司法官员都不得以热忱或公共福利为借口,增加对犯罪公民的既定刑罚"②。显然,这一论断集中阐述了贝卡里亚对司法权必须严格限制的基本思想。

二是"代表社会的君主只能制定约束一切成员的普遍性法律,但不能规定某个人是否触犯了社会契约。由于国家可能成为两方:君主所代表的一方断定出现了对契约的侵犯,而被告一方则予以否认。所以需要一个判定事实真相的第三者。这就是说,需要一个做出终极判决的司法官,他的判决是对具体事实做出单纯的肯定或否定"③。显然,这一结论集中阐述了贝卡里亚对立法权也必须严格限制的基本思想。当然,这一限制是以"社会契约"为前提的,实质上是在利用严格意义上的司法权来对立法权进行限制。也就是说,除司法机关外,其他任何机关包括立法机关均无权判定某个人有罪或给予刑罚处罚。立法机关只能严格按照"社会契约"规定普遍性的法律,而不能针对具体个人来制定法律,否则也是一种越权或专制。

三是"严酷的刑罚也违背了公正和社会契约的本质"④。显然,这一结论集中阐述了贝卡里亚对立法权自身内容也必须严格限制的基本思想。当然,这一限制是以"人类文明""司法文明"为前提的,实质上是在利用人类的善良、开明等理念来对立法权的内容进行限制。也就是说,立法机关虽然有权制定立法,但这种立法权也是有一定限制的,不能把一切行为都规定为犯罪,也不能规定过于残暴的刑罚。否则,仍属于越权

---

① [意]切萨雷·贝卡里亚:《论犯罪与刑罚》,黄风译,中国大百科全书出版社 1993 年版,第 15 页。

② [意]切萨雷·贝卡里亚:《论犯罪与刑罚》,黄风译,中国大百科全书出版社 1993 年版,第 11 页。

③ [意]切萨雷·贝卡里亚:《论犯罪与刑罚》,黄风译,中国大百科全书出版社 1993 年版,第 11 页。

④ [意]切萨雷·贝卡里亚:《论犯罪与刑罚》,黄风译,中国大百科全书出版社 1993 年版,第 12 页。

或专制。

四是“刑事法官根本没有解释刑事法律的权力,因为他们不是立法者”。显然,这一结论集中体现了贝卡里亚否定法官拥有法律解释权的基本思想。在他看来,“‘法律的精神需要探询’,再没有比这更危险的公理了。采纳这一公理,等于放弃了堤坝,让位给汹涌的歧见”①。可见,贝卡里亚认为自由解释法律是擅断和徇私的源泉,因此断然否定法官的司法解释权。这种观点表面看来似乎极端,但却反映出贝卡里亚对“罪刑法定”理解的基本思想。

如果说贝卡里亚是罪刑法定主义思想的奠基人,那么费尔巴哈则是罪刑法定原则的真正创造者,故被尊称为“近代刑法学之父”。正如有学者指出的:“在孟德斯鸠、贝卡里亚的刑法思想中,都包含着罪刑法定主义的内容,但他们都没有明确提出罪刑法定的原则。正是费尔巴哈,使罪刑法定主义从思想转化为实定刑法的原则。”②费尔巴哈是基于对道德与法律的严格区分,提出了“道德责任”与“法律责任”的范畴,并建立了“法定责任论”。从而在罪刑法定原则的指导下,逐步建立了“犯罪认定标准的法定化”,即“犯罪构成”理论,也使得“罪刑法定”原则真正在刑法立法与刑事司法活动中得以切实贯彻与落实。

虽然刑事实证主义学派的相当一部分人极力反对“罪刑法定”原则,认为,“应从罪刑法定主义绝对禁止类推的‘死框框’的束缚中解脱出来,实行有限制的慎重的类推”③。理由是:“当今的作为法律国家制度的法官不能与封建专制的法官相提并论……即使有恣意违法擅断,也是个别‘执法人’本身的问题,而不是类推制度的问题。”④甚至包括个别刑事古典学派的学者(如宾丁)也否认罪刑法定,但绝大多数刑事实证学派的学者还是拥护罪刑法定的,只不过也试图完善和修正刑事古典学派罪刑法定的某些观点。如日本学者木村龟二指出的:“实证主义与罪刑法定主义的冲突在于实证主义派生原则之一的绝对不定期刑。因此,要贯彻罪刑法定主义原则的理念,就要在相对不定期刑范围内寻求政治性妥协的立足点。”⑤德国著名刑法学家李斯特也坚持赞同罪刑法定。李斯特曾指出:“刑法是保护犯罪人的大宪章”,“刑法是刑事政策不可逾越的界限”⑥。显然,在这里他也充分强调了罪刑法定主义和客观主义的刑法立场。

---

① [意]切萨雷·贝卡里亚:《论犯罪与刑罚》,黄风译,中国大百科全书出版社1993年版,第12页。

② 陈兴良:《刑法的启蒙》,法律出版社1998年版,第102页。

③ 侯国云:《罪刑法定原则在中国的时代命运》,载《刑法问题与争鸣》第2辑,中国方正出版社2000年版,第40页。

④ 甘雨沛、何鹏:《外国刑法学》(上册),北京大学出版社1984年版,第220-225页。

⑤ 马克昌主编:《近代西方刑法学说史略》,中国检察出版社1996年版,第194页。

⑥ 马克昌主编:《近代西方刑法学说史略》,中国检察出版社1996年版,第194页。

两派斗争的最终结果是使“绝对罪刑法定”和“相对罪刑法定”得以区别，并使后者得以产生。如上，这也正是刑事古典学派与刑事实证学派在罪刑法定问题上的根本区别点。

2. 大陆法系和英美法系所主张的“罪刑法定”之不同

大陆法系在近代法治原则的驱使下，充分发挥制定法传统的优势，明确确立罪刑法定原则，为刑法学的成熟与发展奠定了坚实的理论基础；同时充分强调立法权的上位作用，相应严格限制处于从属地位的司法权，尤其不允许利用法律解释代替立法，更不允许依照判例进行审判。这些均与罪刑法定相契合，是罪刑法定的核心内容所在。在大陆法系法官适用解释时，随意扩张或增添法条的含义和内容，就等于在创制新法律，也就不是真正意义上的罪刑法定。

英美法系在近代虽然也受法治原则的影响，但由于它最初由习惯性实践使然，故传统上被说成“不成文法”（与大陆法系“成文法”相对应），其实在它的发展过程中也出现了许多经过整理的“成文法”。在英美法系的发展历程中，应当说最有影响的是法律改革家边沁，由于英美法系法律改革的推动，促进了英美法系法典化的形成，也为法律法定化和罪刑法定化奠定了基础。表面上看，英美法系似乎与罪刑法定格格不入，因为其是判例法的传统，允许法官造法，然而这不是罪刑法定的本意所在。如今的英美法系，并不全部依照判例判案，包括刑法。如美国，早已在20世纪60年代就将各州刑法法典化，许多州的审判都是制定法和判例法并用，且制定法的效力要高于判例法。除制定法外，真正在审判实践中突破原判例而形成新判例的情况并不多，且这种新判例的创造又不可任意进行，不仅有一定程序且有一定条件，甚至有一定的法院级别。由此决定英美法系在实质上并不排斥罪刑法定，相反许多英美法系国家非常赞同罪刑法定，且在立法与司法实践中应用的正是罪刑法定。以美国为例，虽然各州的实体刑法互有差异，但就其发展看大体均经历有五个阶段：（1）“殖民地”时期；（2）从美国革命到南北战争“形成”时期；（3）经济、政治和法律“稳定”时期；（4）工业化、城市化社会和“福利国”时期；（5）“现代法典化”时期。① 由美国法学会（American Law Institute）于1962年公布的《模范刑法典》（Model Penal Code），对各州刑法的法典化进程起到了巨大推动作用。当然，美国刑法的渊源，除宪法、制定法和普通法判例外，还有行政条例和地方法规。甚至美国刑法中的有些犯罪定义是在联邦及州政府和地方当局制定的条例和法规中规定的，这正是美国刑法复杂性的一面。尽管如此，美国刑法照样规定和体现着罪刑法定的基本精神，且这种精神具体体现在美国宪法对刑法的诸多限制上，甚至美国宪法中直接规定有叛国罪、弹劾、海盗案和违反国际公法及国际法之罪

① 参见储槐植：《美国刑法》，北京大学出版社1987年版，第19页。

等。由此,英美法系中对罪刑法定原则的使用及其严谨程度也很高,有些方面甚至超过大陆法系。

大陆法系与英美法系在罪刑法定上的不同:(1)大陆法系的罪刑法定规定在刑法中,英美法系的罪刑法定规定在宪法中。(2)大陆法系的罪刑法定内容相对系统、集中、全面,英美法系的罪刑法定内容相对凌乱、分散、不甚全面。(3)大陆法系的罪刑法定主要限制的是司法权,英美法系的罪刑法定对立法权与司法权均有限制。(4)大陆法系的罪刑法定规定实体法的内容,英美法系的罪刑法定既有实体法内容又有程序法内容。(5)在各自罪刑法定的直接影响下,大陆法系法官的社会地位相对较低,英美法系法官的社会地位相对较高等。

3. 我国古代与现代所主张的"罪刑法定"内容之不同

有学者认为,中国古代就有"罪刑法定"的早期思想,最早发生在春秋战国时期。当时儒家以德礼为刑法的渊源,主张刑法的多元化,必然导致非法定主义;而法家强调刑罚的威慑力量,主张法的明确性、安定性、一元化、罪刑法定、罪刑明定。尤其在汉初,法律规定"法无正条不为罪、法不溯既"①。晋代的刘颂说过:"律法,断罪皆当以法律令正文;若无正文,依附名例断之。其正文、名例所不及,皆勿论。"②《唐律》规定:"诸决罚不如法者,笞三十;以故致死者,徒一年。"③从形式上看,唐代实行的是严格意义上的罪刑法定,且为保证罪刑法定的贯彻,法律还规定司法官违反法律为枉法裁判。"诸制敕断罪,临时处分,不为永格者,不得引为比。若辄引,致罪有出入者,以故失论。"④当然,中国古代是建立在封建或君主专制"人治"上的"罪刑法定",不同于西方资产阶级革命"法治"意义上的"罪刑法定",甚至在中国古代尚不能算完整意义上的"罪刑法定",因为除"罪刑法定"外,还有"决事比""比罪""比附""例推""比附援引"等"类推"制度。因此,中国古代只能说拥有"罪刑法定"的思想。我国最早学习西方"罪刑法定"原则的,当属清末大改革家沈家本(1804—1913年)。他不仅在《大清新刑律》第10条中引入"罪刑法定"原则"凡律例无正条者,不论何种行为不得为罪",且阐述其理由时说:"本条所示一切犯罪需有正条乃为成立,即刑律不准比附援引之大原则也。"⑤包括南京临时政府和北洋军阀政府时期,甚至南京国民党政府时期,继续援用的《大清新刑律》及删修成的《中华民国暂行新刑律》和后来制定的《中华民国刑法》等均在形式上规定了"罪刑法定"。当然,这些"罪刑法定"基本上是照抄照搬西方的法律条

① 李晓明主编:《刑法学》(上),法律出版社2001年版,第37-38页。

② 戴炎辉:《中国法制史》,台北,三民书局1995年版,第20页。

③ 长孙无忌等:《唐律疏议》,中华书局1983年版,第557页。

④ 长孙无忌等:《唐律疏议》,中华书局1983年版,第562页。

⑤ 沈家本:《历代刑法考(附寄移文存)》(一),中华书局1985年版,第1820页。

文,有的是有名无实,有的是形同虚设。新中国成立后,我国在《惩治反革命条例》和1979年《刑法》中均是“类推”,1997年修订《刑法》时才确定了“罪刑法定”原则。

我国刑法确立罪刑法定原则的过程,的确经历了一番波折和坎坷。1979年《刑法》没有规定罪刑法定原则,相反在第79条规定有“类推制度”。当时在理论上,对我国刑法是否采用罪刑法定原则,也曾存在不同的认识和理解。有人认为,既然规定有类推制度,就不可能存在罪刑法定原则,因为二者是对立和矛盾的。也有人认为,当时我国刑法虽然规定有类推制度,但并不能完全否认罪刑法定原则的基本精神,也即当时采用的是不彻底的罪刑法定原则,也即以罪刑法定为主、以类推为补充的原则。[①] 如今绝大多数人已认识到罪刑法定应成为我国刑法的基本原则。随着刑事立法的不断完善,1997年《刑法》在第3条确立了罪刑法定原则。甚至该原则的基本精神在刑法其他条文中也得以更全面、更系统地体现:

第一,如同原《刑法》一样,修订后的《刑法》实现了犯罪的法定化和刑罚的法定化。前者表现在:(1)《刑法》第13条明确规定了犯罪概念;(2)《刑法》第14条至第18条明确规定了犯罪构成的共同要件;(3)刑法分则明确规定了各种犯罪的具体构成要件,为司法机关正确定罪提供了依据。后者表现在:(1)明确规定了刑罚的种类;(2)明确规定了量刑原则,即对犯罪裁量决定刑罚必须以事实为根据、以法律为准绳,不容许滥用刑罚;(3)明确规定了各种具体犯罪的法定刑,为司法机关正确量刑提供了具体的法定标准。

第二,修订后的《刑法》取消了原《刑法》第79条规定的类推制度,这是罪刑法定原则得以全面贯彻执行的重要前提。

第三,修订后的《刑法》重申了原《刑法》中第9条关于刑法在溯及既往问题上的从旧兼从轻原则,并作了进一步明确、具体的规定。

第四,在分则罪名规定上,修订后的《刑法》已相当完备。条文由原来的103条增至350条,罪名由原来的151个增至450多个,目前罪名达490个。

第五,在具体犯罪成立要件或罪状及各种罪的法定刑上,修订后的《刑法》增强了法条的可操作性。许多条文详细列举了具体犯罪行为,以及犯罪情节和量刑情节等内容。

(六)罪刑法定原则的基本内容和要求

我国《刑法》第3条规定:“法律明文规定为犯罪行为的,依照法律定罪处刑;法律没有明文规定为犯罪行为的,不得定罪处刑。”虽然从正反两方面反复强调了罪刑法定原则的内容,但与西方“罪刑法定”的经典定义:“法无明文规定不为罪,法无明文规定不处罚”有着明显的差异。表现在:(1)我国的“罪刑法定”是“两点论”,一是“要”定罪处罚,二是“不”定罪处罚;而西方的“罪刑法定”是“一点论”,即“不”定罪处罚。(2)我

---

① 参见高铭暄主编:《刑法学》,法律出版社1982年版,第20页。

国的“罪刑法定”是“要”定罪处罚在先,“不”定罪处罚在后,倾向的还是“要”定罪处罚(强调的还是要打击犯罪);而国外唯一强调的是“不”定罪处罚。具体内容是:

(1)罪之法定,即犯罪之法定化,是刑之法定的重要前提,也是罪刑法定原则的根本要求。表现在:一是对犯罪概念的界定,如《刑法》第13条明确规定有犯罪的概念,认为犯罪是危害社会的、触犯刑律的、应当受到刑罚惩罚的行为。二是对犯罪成立要件的规定,体现在《刑法》第14、15条关于故意和过失犯罪的规定,第16条关于意外事件和不可抗力的规定,第17、18条关于刑事责任能力的规定等。三是对具体犯罪的规定,体现在《刑法》分则关于各罪名罪状的规定上。

(2)刑之法定,即刑罚之法定化,没有刑之法定仍不可能有效地保障公民的合法权益,故其也是罪刑法定原则的重要内容。表现在:一是明确规定了刑罚的种类,具体分为死刑、无期徒刑、有期徒刑、拘役、管制、没收财产、剥夺政治权利、罚金、驱逐出境等。二是明确规定了量刑原则和量刑制度,不容许滥用刑罚。三是明确规定了各种具体罪的法定刑。

(3)刑法解释之法定。由于刑法条文具有一定的抽象性,而现实生活又是千姿百态的,为便于大家理解和执行,有关部门对刑法规范进行了解释,其中包括立法解释和司法解释。那么如何才能正确地进行刑法解释呢?一是要确立刑法解释的标准,如采用综合解释论,以及形式解释论等,使之既符合立法者的立法原意,又符合适用法条时的法律意思;二是应明确刑法解释应当遵循的原则,如恪守立法解释权、司法解释权及符合立法宗旨等。

(4)犯罪成立规格之法定。定罪是司法机关依法认定被审理行为是否成立犯罪或成立何种犯罪的活动过程。要真正贯彻罪刑法定原则,就必须高度重视定罪这一重要司法活动。具体来讲,一是明确定罪原则,即坚持依法定罪和疑罪从无的原则;二是严守定罪根据,即坚持以证据为根据、以法律为准绳;三是要正确确定罪名,即使用和表述罪名要以《刑法》分则条文中关于具体罪状的规定为根据,这是罪刑法定原则在罪名上的必然要求。

罪刑法定原则的内容是其内在的容量和具体指向的方面,而罪刑法定原则的基本要求是指其要达到的基本高度与标准。表现在:(1)法定性,也即犯罪和刑罚必须事先由法律作出明文规定,不容许法官自由擅断。显然,这样的要求排斥事后法、习惯法、任意解释、行政规章“罚则”等。(2)实定性,也即对于什么行为是犯罪和犯罪所产生的法律后果,都必须作出实体性规定。(3)明确性,即刑法条文必须文字清晰,意思确切,不容含糊其词或模棱两可。(4)合理性,即刑法认定犯罪的范围必须合理,对犯罪所规定的刑事责任承担必须合理。(5)禁止类推和扩大解释,即对于法律没有明文规定的行为,无论其危害性大小,都不能通过类推、扩张解释或扩大解释予以犯罪化。(6)禁止刑罚溯及既往，即把从旧原则作为解决刑法溯及力问题的唯一原则，当然不排除从旧兼从轻原则以及有利于被告原则的适用。（7）禁止法外施刑和不定期刑，刑罚以及刑事责任的名称、种类、幅度等，都必须由法律予以明确规定，包括刑期的确定，不容许存在绝对的不定期刑。只有具备这些内容和达到这些要求，才是真正的“罪刑法定”，或称刑法中标准的罪刑法定原则。

（七）罪刑法定原则与类推制度

1997 年《刑法》规定的罪刑法定原则，意味着对 1979 年《刑法》体现的“类推制度”的放弃，同时标志着我国刑法对法官自由裁量权的限制，以及不溯及既往的社会主义法治精神。

众所周知，类推制度在我国源远流长，尤其以唐朝的“决事比”为甚，贯穿于我国封建王朝法制史的始终。我国封建统治者极力维护其统治地位，惧怕劳动人民反抗，公然宣称“法不可知，则威不可测”，漠视个人自由和基本权利保护。“欲加之罪，何患无辞”，于是类推制度被广泛运用。从理论上讲，古代社会本位的价值观也决定了以个人本位价值观为基础的罪刑法定原则难以成为法律文化主流的应有之义，相反“类推”有着根深蒂固的思想基础。

显然，类推制度与罪刑法定是背道而驰的，其表面的益处无非是弥补一点刑法的空白，但因这点蝇头小利而付出的代价却是极其沉重的。根据 1979 年《刑法》第 79 条的规定，类推的方式是比照《刑法》分则中“最相类似的条文定罪判刑”，而“最相类似”又无明确的范围规定与限定，这提供了任意裁量的可能性。况且，凡适用类推的案件都要逐级上报至最高人民法院，其程序非常烦琐，且实践中又运用极少。从公民个人角度讲，类推制度的存在也可能侵犯公民自由。尤其是在改革开放和进行社会主义市场经济建设的背景下，不利于改革创新和大胆实践。

当然，在类推制度的存废问题上历来存在争论。主张类推制度的人认为：使用类推制度符合我国国情，使那些将来可能出现的犯罪都规定在一部刑法中；实行类推制度不仅可以保持刑法的稳定性，同时能够有效地保护国家利益和公民权益；另外在法律文化渊源上也符合我国的历史传统，并在一定程度上顺应了世界刑法的威慑潮流（类推制度的灵活性特点，正在日益受到世界各国的重视）。甚至认为，在 1979 年《刑法》执行期间，“从 1980 年刑法实施至今，十多年来全国使用类推定罪量刑的案件只有 70 多件，在类型上也不过就十来种，而且主要案件在破坏婚姻家庭罪上”①。问题不在于办案的数量，而是任意扩大司法权的性质问题，只要在法律性质上允许这么做，数量

① 侯国云：《市场经济下罪刑法定与刑事类推的价值取向》，载《刑法问题与争鸣》第 2 辑，中国方正出版社 2000 年版，第 46 页。

不是问题,能做少就能做多,完全可以突破已有的数量。正如有学者继续指出的,“假若不存在上述几个人为的因素,假若司法机关重视对类推的适用,那么可以肯定地说,从 1980 年至今,司法实践中类推定罪的案件决不会只有 70 多件,恐怕 7000 件还不止,类推定罪的种类也决不只限于十来种,至少也会有几十种”①。反对类推制度的人认为,类推制度是封建社会“罪刑擅断”的残余与延续,实行类推有悖于罪刑法定原则的真正推行与实现,违背了法治化的基本要求。由此可见,类推制度和罪刑法定原则的博弈还是十分激烈的。

尽管我国在 1997 年《刑法》中才明确规定了罪刑法定原则,但对该原则的研究自 20 世纪 50 年代就展开了,甚至 1988 年 3 月全国人大常委会将刑法修改列入立法规划时,学界对于罪刑法定原则就展开了深入讨论,发表了大量学术论文,也有不少以罪刑法定为题的博士论文。在 1996 年四川乐山举行的“中国刑法改革研讨会”上,绝大多数学者主张“在确定罪刑法定原则后,应当取消 1979 年刑法规定的类推制度”,当年陈兴良教授在《法学研究》上发表了长达 38 页的学术论文《罪刑法定的当代命运》,并指出“我们坚信,存活了数千年的刑事类推制度在中国将寿终正寝,我们将迎来一部明文规定罪刑法定主义的新刑法典,从而使我国刑法进入一个罪刑法定主义的黄金时代”②。可以说,这些都为罪刑法定原则在 1997 年《刑法》中的明确规定和类推制度的废除奠定了坚实的理论基础。在随后的 20 多年里,研究成果除论文外还有专著。如李洁著《论罪刑法定的实现》(清华大学出版社 2006 年版),张明楷著《罪刑法定与刑法解释》(北京大学出版社 2009 年版),陈兴良著《罪刑法定主义》(中国法制出版社 2010 年版),张军主编《刑法基本原则适用》(中国人民公安大学出版社 2012 年版),孟红著《罪刑法定原则在近代中国》(法律出版社 2011 年版),李国如著《罪刑法定原则视野中的刑法解释》(中国方正出版社 2001 年版),等等。

马克昌教授认为,“罪刑法定主义的内容过去曾经形成通说,现在又增加了新的内容,传统的罪刑法定包括四个方面的:排斥习惯法;刑法无溯及力;禁止类推;否定绝对不定期刑。新增的罪刑法定包括三个方面:(1)明确性原则;(2)实体的适当原则;(3)判例不溯及的变更”③。陈兴良教授认为,“罪刑法定主义具有四个派生原则:一是禁止类推及类推解释;二是禁止习惯法;三是禁止事后法;四是禁止不确定的刑法”④。笔者曾认为,“罪刑(责)法定包括四个方面:罪之法定、责之法定、法律解释之法定和犯

① 侯国云:《市场经济下罪刑法定与刑事类推的价值取向》,载《刑法问题与争鸣》第 2 辑,中国方正出版社 2000 年版,第 46 页。

② 陈兴良:《罪刑法定的当代命运》,载《法学研究》1996 年第 2 期。

③ 马克昌:《比较刑法原理——外国刑法学总论》,武汉大学出版社 2002 年版,第 73-78 页。

④ 陈兴良:《罪刑法定主义》,中国法制出版社 2010 年版,第 42 页以下。

罪成立规格之法定”①。张明楷教授将罪刑法定区分为“形式的侧面”和“实质的侧面”，他认为“法律主义、禁止事后法、禁止类推、禁止不定期刑是罪刑法定原则的传统内容，属于形式的侧面；刑罚法规的明确性原则和刑罚法规内容的适正原则是罪刑法定实质的侧面”②。陈忠林教授指出，“如果从我国1997年《刑法》第3条的具体规定来看，它主要包括两个方面的内容：一是罪之法定；二是刑之法定”③。周光权教授将罪刑法定总结为四个方面：“溯及既往的禁止（事前的罪刑法定）、排斥习惯法（成文的罪刑法定）、禁止类推适用（严格的罪刑法定）和刑罚法规的适当（确定的罪刑法定）。”④还有学者认为，“罪刑法定原则的基本精神在于限制刑罚权，保障公民的自由，为了实现这个精神，罪刑法定又有诸多具体要求，包括制定法原则、禁止溯及既往、明确性原则、保安处分及不定期刑、禁止不利于行为人的类推解释、对于善法的要求等六个方面”⑤。由此可见，对于罪刑法定的理解，无论国外还是国内，均存在不同认识，也正因此才需要深入研究。

（八）由“罪刑法定”到“罪责法定”

我们主张“罪责法定”的称谓，是因为传统的“罪刑法定”只强调刑罚是犯罪的后果。事实上，刑法条文中存在大量的非刑罚处罚方式，故用“责”替代“刑”或把“刑”解释为“刑事责任”更能与刑法条文相吻合，也较准确地表达出刑事责任作为犯罪后果的应然承担方式和内容含义。与此同时，古老的“心理强制说”等并不能全面、系统地契合我国刑事立法的内在逻辑与基本精神，难以作为“罪责法定”的思想基础。

罪责法定原则的内容包括四个方面：（1）罪之法定。其与罪刑法定要求的“罪”之法定内容是完全吻合的，只不过对刑法之外的“微罪”，包括刑事行政违法行为的确认，也要适用“罪责法定原则”。（2）责之法定。其与罪刑法定要求的“责”之法定内容也是完全吻合的，只不过对刑法之外的“责”，也即行政罚的确认，也要适用“罪责法定原则”。（3）法律解释之法定。（4）犯罪成立规格之法定。这些，同“罪刑法定”的要求一样。当然，由于传统刑法最初是针对自然人追究刑事责任的，刑罚的单一性是传统刑法的基本特征，集中体现在“刑”字上，就连罚金刑也相对出现得较晚，在法人或单位犯罪出现以后，罚金刑才被更多地运用于惩罚法人或单位犯罪，因为法人或单位不可能被关进监狱里服刑，只能被判处罚金。对法人或单位犯罪，除罚金刑外还大量采用资格刑和其他非刑罚方法，即在刑事责任中不只是具有传统的刑罚方法，此外还有大量

---

① 李晓明：《刑法学总论》，北京大学出版社2016年版，第103页。

② 张明楷：《刑法学》（第5版），法律出版社2016年版，第48页。

③ 陈忠林主编：《刑法（总论）》，中国人民大学出版社2003年版，第33页。

④ 周光权：《刑法总论》（第3版），中国人民大学出版社2016年版，第42-47页。

⑤ 罗翔：《冲出困境的罪刑法定原则》，中国法制出版社2007年版，第49页以下。

的非刑罚方法,甚至通过有罪宣告来实现刑事责任。可见在刑法中,“责任”的概念显得更加突出,包括在内容范围上也远远超出“刑”的范畴。故法定的不仅仅是罪和刑,更重要的是罪和责。所以,相对于刑法规范中的基本原则来说,罪责法定比罪刑法定更适宜,罪责相当也比罪刑相当更准确。

三、罪刑相适应原则

又称罪责刑相适应原则、罪刑相当原则、罪刑相称原则、罪刑均衡原则、罪责相适应原则等,也是源自形式古典学派的一个重要刑法原则。具体是指犯多大罪就应承担多大的刑事责任,以及依据其承担的刑事责任给予相应的刑罚处罚,也即重罪重罚,轻罪轻罚;刑当其责,罚当其罪;罪责相称,罪责相应。这一原则虽然也是在资产阶级革命胜利后确立的,但其基本思想却源远流长,与“罪刑法定”相比,其经历了一个更为漫长的历史发展过程。

(一)罪刑相适应原则的思想渊源与发展

考察罪刑相适应原则的早期思想,可追溯到原始社会的同态复仇和奴隶社会的等量复仇,其也是从更加原始的本能攻击和血亲复仇逐渐演变和发展而来的。人们在这一漫长的历史发展过程中,不断追求和实现着等价与公正的各种形式的缓慢演变。“以血还血,以眼还眼,以牙还牙”均是罪刑相当思想最原始、最粗糙的表述形式。恩格斯在《家庭、私有制和国家的起源》一书中清楚地描述了原始社会的血亲复仇:“个人依靠氏族来保护自己的安全,而且也能做到这一点;凡伤害个人的,便是伤害了整个氏族。假使一个氏族成员被外族人杀害了,那么被害者的全氏族必须实行血族复仇。”①在理论上对罪刑相适应进行的早期研究,首推西方古希腊哲学家亚里士多德和古罗马哲学家西塞罗。亚里士多德在其《伦理学》中指出:“击者与被击者,杀人与被杀者,行者与受者,两方分际不均,法官所事,即在施刑罚以补其利益而遂之。”②西塞罗在其著作《法律篇》中指出:“对违反任何法律的惩罚应与犯罪行为相符合。”③中国古代也有“罚必当暴”之说。甚至荀子还把刑罚和罪过视为一种对等的报偿关系,指出:“刑当罪则威,不当罪则侮。”④上述均十分明确地表述了其关于罪刑相当的最古老、最原始思想,这是最早的“罪刑相适应”法律精神。据考证,该原则值得一提的是,在奴隶社会初期,同态复仇的习俗残存下来已被早期的法律所认可。如《汉谟拉比法典》第 196 条规定:“倘自由民损毁任何自由民之子之眼,则应毁其眼。”第 197 条规定:“倘断自由民

① 《马克思恩格斯选集》(第 4 卷),人民出版社 2009 年版,第 83 页。

② 《西方法律思想史资料选编》,北京大学出版社 1983 年版,第 62 页。

③ 《西方法律思想史资料选编》,北京大学出版社 1983 年版,第 83 页。

④ 《荀子·君子》。

(之子)之骨,则应斩其骨。"《十二铜表法》第8表第2条也规定:"如果故意伤人肢体,而又未与(受害人)和解者,则他本人亦应遭受同样的伤害。"这些既是典型的同态复仇思想,也是罪刑相适应的原型。然而,同态复仇不可能完全实现"以血还血,以牙还牙"。随着私有制的出现,赔偿制度便逐渐产生。美国学者摩尔根曾经描述了易洛魁人的情形:双方氏族的成员分别举行会议,为对杀人犯罪行为从宽处理而提出一些条件。通常采取的方式是赔偿相当价值的财物并道歉。可见,以相当价值的财物作为赔偿也可满足其对公正的追求,只不过抚恤金的价值是依据对人伤害的程度来衡量的。尽管奴隶社会和封建社会的刑罚均是维护特权的法律,但人类社会并没有因此而停止对等价与公正的追求与探索。

在我国,最早论及罪刑相适应的思想家是墨子和荀子。荀子指出:"刑当罪则威,不当罪则侮。"①周朝的刑律初步划分了故意和过失、侵犯和偶犯的区别,西周在"明德慎罚"思想的指导下,确立了中刑、中罚原则,主张在刑罚运行中坚持罪刑相适应。② 后来的《法经》也有了所谓"具其加减",即根据犯罪的不同情况有区别地进行处罚。《唐律》不再简单地采用杀人者死的原则,而是将杀人区分为谋杀、故杀和戏杀三种,分别予以不同的处罚,还规定了诬告反坐的原则。在没有法定罪名的情况下,找到罪刑相适应体现的刑罚轻重基点,"诸断罪而无正条,其应出罪者,则举重以明轻。其应入罪者,则举轻以明重"③。

真正使罪刑相当成为刑法原则的,是17、18世纪资产阶级思想家针对封建刑法中的特权和刑罚残酷、滥施重刑而提出的一条刑法基本原则。④ 他们从公平、公正的角度,深入探讨了犯罪与刑罚的关系。如孟德斯鸠指出:"刑罚应有程度之分,按罪大小,定惩罚轻重。"⑤贝卡里亚认为:"犯罪对公共利益的危害越大,促使人们犯罪的力量越强,制止人们犯罪的手段就应该越强有力。这就需要刑罚与犯罪相对称。""刑罚不但应该从程度上与犯罪相对称,也应从实施刑罚的方式上与犯罪相对称。""刑罚应尽量符合犯罪的本性,这条原则惊人地进一步密切了犯罪与刑罚之间的重要联接,这种相似性特别有助于人们把犯罪的动机同刑罚的报应进行对比,当诱人侵犯法律的观念竭力追逐某一目标时,这种相似性能改变人的心灵,并把它引向相反的目标。"⑥这些都是

---

① 罗翔:《冲出困境的罪刑法定原则》,中国法制出版社2007年版,第83页。

② 参见冯红:《中华法系罪刑相适应原则探源——试论西周中刑原则》,载《河北大学学报(哲学社会科学版)》2009年第2期。

③ 《唐律·名例律》。

④ 参见周凤琴、孙大雄:《刑事古典学派对罪刑相适应原则的历史贡献》,载《中南民族学院学报(人文社会科学版)》2000年第4期。

⑤ [法]孟德斯鸠:《波斯人信札》,许明龙译,商务印书馆1962年版,第141页。

⑥ [意]切萨雷·贝卡里亚:《论犯罪与刑罚》,黄风译,中国大百科全书出版社1993年版,第57-58、65、116页。

国外关于该原则最早的理论创设，也只有有了理论创设，最终该原则才能真正走向立法并进入法典。

对罪刑相适应原则进行逻辑论证的主要有两大学派："以康德、黑格尔为代表的思辨哲学派力主报应主义；以贝卡里亚、边沁等为代表的实用哲学派力倡功利主义。两种观念相互对立，内容悬殊，但殊途同归，共同得出罪刑相适应的逻辑结论。"①随着资本主义的深入，以报应刑为代表的旧刑法体制已越来越对日益严重的犯罪力不从心，教育刑论者龙勃罗梭、菲利、李斯特等提出刑罚个别化、处遇个别化和社会化的新的罪刑相适应主张。② 当然也有学者将龙勃罗梭、菲利、李斯特等人归为"行为功利主义者"③，但其基本理念仍是强调通过刑罚手段的运用，隔离、教育、感化犯罪人，使之复归社会，以收到刑罚特别预防的功效。

虽然我国1979年《刑法》没有明文规定"罪刑相适应"原则，但罪刑相适应作为我国刑法的基本原则之一，在理论界已达成共识。当年不乏代表性论文：曲新久的《试论刑罚个别化原则》（《法学研究》1987年第5期）、陈兴良的《论我国刑法的发展完善——关于罪刑法定、罪刑相适应原则的思考》（《中国法学》1989年第3期）、廖增昀的《我国刑法应明确规定基本原则》（《中国法学》1990年第1期）、李华平的《罪刑相适应与中国刑法观念的更新》（《法学》1990年第12期）、胡学相的《罪刑相适应原则所面临的困境与出路》（《法学评论》1994年第3期），等等。1997年《刑法》第5条将"罪刑相适应"规定为基本原则，从而使之拥有立法地位。

（二）罪刑相适应原则的理论基础

罪刑相适应原则的理论基础有两种学说，一是报应主义，二是功利主义。两种观点虽大相径庭，但各自从自己的前提出发得出了罪刑相适应的共同结论。研究之，具有重要意义。

1. 报应主义

所谓报应主义是指基于某事物本身的性质决定对该事物的反应。原始社会的血族复仇、血亲复仇、同态复仇等均反映了报应的演化过程。报应观念一经出现和形成后，便具有强大的生命力，甚至成为主宰人们行为的思维定式，后来又很快被神化，进而形成神意报应论。如中国古代的"天罚""替天行罚"之说。国外像古罗马基督教思想家奥古斯丁所描述的："罪是奴役制度之母，是人服从人的最初原因"，"只有最高的

---

① 李永升：《论罪刑相适应原则的理论基础》，载《贵州民族学院学报（哲学社会科学版）》2005年第2期。

② 参见甘雨沛：《比较刑法学大全》（上），北京大学出版社1997年版，第531-536页。

③ 罗翔：《冲出困境的罪刑法定原则》，中国法制出版社2007年版，第36页。

上帝才最明白怎样对人的犯罪施行适当的处罚"①。神意报应论用神的旨意来诠释世俗社会的刑罚目的,其荒诞不言而喻。更应注意的是,神意报应论将刑罚权的来源与行使归之于神意,掩盖了刑罚的真实来源及根据,显然缺乏科学性。康德针对这种伪科学,提出了道义报应论和等量报应论。他先从个人自由出发,解释了国家与法的起源。其认为,法是那些使任何人的选择意志按照普遍的自由法则能够与其他人的选择意志相协调的条件全体。可见,法不是上天的旨意,也不是神的命令,而是为最大限度地保障个人自由而形成的社会秩序。康德指出,在法治的社会状态下个人权利的表现形式,是对他人的选择意志的占有。在否定了神意报应论的基础上,康德创立了道义报应论的刑罚哲学,将报应刑的思想推向了极端。康德认为,人是现实上创造的最终目的。以尊重人为目的的价值处罚,对人的行为的反应便只能以其行为的性质为根据,而不能另立根据和另有所求,否则便否定了人作为目的的普遍价值。他指出:"人的行动,要把你自己人身中的人性,和其他人身中的人性,在任何时候都同样看作是目的,永远不能只看作是手段。"②康德的道义报应论剔除了报应论中的神学内容,使之世俗化,并以此论证刑罚的根据,使报应主义完成了从愚昧到理性的转换。在刑罚理论上,康德不仅追求刑罚与犯罪在严重性上的等同性,甚至追求同态报应——一种等量的报应,这就是康德的等量报应主义。他指出:"公共的正义可以作为它的原则和标准的惩罚方式与尺度是什么？这只能是平等的原则。根据这个原则,在公正的天平上,指针就不会偏向一边的,换句话说,任何一个人被人民当中的某个个别人所作的恶行,可以看作是他对自己作恶。因此,也可以这样说:'如果你诽谤别人,你就是诽谤了你自己;如果你偷了别人的东西,你就是偷了你自己的东西;如果你打了别人,你就是打了你自己;如果你杀了别人,你就是杀了你自己。'这是报复的权利。"③可见,康德把等量报应视为支配社会公共秩序的唯一原则,甚至主张以牙还牙式的报应。当然,以牙还牙虽然确切地表达了康德绝对的等量报应思想,但他还不至于回到同态复仇的原始习俗中去,而是表示犯罪与刑罚的一种对等性。

黑格尔反对康德等量报应主义的观点,主张等质报应主义。他认为,"犯罪的基本规定在于行为的无限性,所以单纯外在的种的性状消失得更为明显,而等同性则依然是唯一的根本规则,以调整本质的东西,即罪犯应当受到什么刑罚,但并不规定这种科罚的外在的种的形态。单从这种外在的种的担心形态看来,一方面盗窃和强盗,他方面罚金和徒刑等等之间存在着显著的不等同,可是从它们的价值即侵害这种它们普遍

① 《西方法律思想史资料选编》,北京大学出版社 1983 年版,第 93 页。

② [德]康德:《道德形而上学原理》,苗力田译,上海人民出版社 1986 年版,第 81 页。

③ [德]康德:《法的形而上学原理——权利的科学》,沈叔平译,商务印书馆 1991 年版,第 165 页。

的限制看来,彼此之间是可以比较的"①。故黑格尔主张从犯人的行为中去寻找刑罚的概念和尺度,以便做到罪刑相适应。

尽管康德的等量报应与黑格尔的等质报应存在差别,但他们所主张的罪刑相适应都是指刑罚与已然的犯罪相适应。同时,黑格尔对当时流行的理论进行了深刻的批判,并提出了法律报应主义。他指出:"犯罪总要引起某种变化,事物便在这种变化中获得实存,但是这种实存是它本身的对立物,因而在本身中是虚无的。其虚无性在于作为法的法被扬弃了,但是作为绝对的东西是不可能被扬弃的,所以实施犯罪其本身是虚无的,而这种虚无性便是犯罪所起作用的本质。虚无的东西必然要作为虚无的东西而显现出来,即显现自己是易遭破坏的。犯罪行为不是最初的东西、肯定的东西,刑罚是作为否定加于它的,相反地,它是否定的东西,所以刑罚不过是否定的否定。现在现实的法就是对那种侵害的扬弃,正是通过这一扬弃,法显示出其有效性,并且证明了自己是一个必然的被中介定在。"②这段话集中体现了黑格尔的法律报应观。根据这种观点,犯罪是对法的否定,而刑罚是对犯罪的否定,这是一个否定之否定的辩证过程。刑罚通过否定犯罪,使法获得了肯定。虽然黑格尔没有论及康德的道义报应主义,但从理论上看,显然是扬弃了道义报应。黑格尔的法律报应论是对康德道义报应论的发展,更具科学性。黑格尔的法律报应论立足于法的神圣性,尤其是他将对犯人的惩罚看作犯人自己的法,是对犯人的理性的尊重等,体现了一种理性法的思想。在这一点上,是与康德一脉相承的,都抽象地承认人的尊严。对此马克思作了这样的评价:"毫无疑问,这种说法有些地方好像是正确的,因为黑格尔不是把罪犯看成是单纯的客体,即司法的奴隶,而是把罪犯提高到一个自由的、自我决定的人的地位。"③显然黑格尔的观点,与专制制度下的野蛮法相比具有历史进步意义。但黑格尔的法律是以赞同现存法律为前提的,其法哲学思想中具有将现行法神圣化的意蕴,被认为是为当时的普鲁士法涂脂抹粉。

法律神圣化以后,被视为一种圣物,然后把犯罪看作对圣物的亵渎,应予以扬弃。

2. 功利主义

在报应主义理论中,没有涉及刑罚预防之目的的观念。贝卡里亚首倡刑罚目的的功利观,并以双面预防理论(一般预防和特殊预防)而著称。他指出:"我们看到:刑罚的目的既不是要摧残折磨一个感知者,也不是要消除业已犯下的罪行。""刑罚的目的仅仅在于:阻止罪犯再重新侵害公民,并规诫其他人不要重蹈覆辙。因而,刑罚和实施刑罚的方式应该经过仔细推敲,一旦建立了确定的对应关系,它会给人以一种更有效、

① [德]黑格尔:《法哲学原理》(中译本),范扬、张企泰译,商务印书馆1991年版,第10页。
② [德]黑格尔:《法哲学原理》(中译本),范扬、张企泰译,商务印书馆1991年版,第100页。
③ 《马克思恩格斯全集》(第8卷),第579页。

更持久、更少摧残犯人躯体的印象。”[①]如果说以上关于刑罚目的在于预防犯罪的论述还只是只言片语的话，那么贝卡里亚的双面预防主义已成一家之说，其刑罚目的观是建立在其功利主义法律观的基础之上的。他指出：“我们翻开历史发现，作为或者本应作为自由人之间公约的法律，往往只是少数人欲望的工具，或者成了某种偶然或临时需要的产物。这种法律已不是由冷静地考察人类本质的人所制定的了的，这种考察者把人的繁多行为加以综合，并仅仅根据这个观点进行研究：最大多数人分享最大幸福。”[②]这里“最大多数人分享最大幸福”是功利主义的一句名言，它为贝卡里亚所信奉，并成为他考察刑罚的理论出发点。在贝卡里亚看来，刑罚的及时性能够减少对犯人精神和肉体上的折磨，因而是公正的，且刑罚的及时性还是有益的，因为“犯罪与刑罚之间的时间隔得越短，在人们心中，犯罪与刑罚这两个概念的联系就越突出、越持续，因而，人们就很自然地把犯罪看作起因，把刑罚看作不可缺少的必然结果”[③]。可见，刑罚的及时性确实是发挥刑罚效益的必要条件之一。

边沁是功利主义哲学的创始人，且主要从法律分析中得出这种功利主义原则。甚至可以说，边沁的功利主义是以行为的目的和效果衡量行为价值的一些伦理学说中最具影响力的学说之一。边沁认为，趋利避害是人的自然天性，由此可引申出功利主义原则。“所谓功利，意指一种外物给当事者求福避祸的那种特性，由于这种特性，该外物就趋于产生福泽、利益、快乐、善或幸福（所有这些，在目前情况下，都是一回事），或者防止对利益攸关之当事者的福患：痛苦、恶或不幸（这些也都是一回事）。假如这里的当事者是泛指整个社会，那么幸福就是社会的幸福；假如是指某一个人，那么幸福就是那个人的幸福。”[④]从这种对功利的理解出发，边沁得出了功利主义的一般结论。功利主义指的是：当我们对任何一种行为予以赞成或不赞成的时候，我们是看该行为是增多还是减少当事者的幸福；换句话说，就是以该行为是增进或违反当事者的幸福为准。

（三）罪刑相适应原则的立法化及内容

资产阶级革命胜利后，罪刑相适应思想在资产阶级的立法中得以充分体现。如1789年法国的《人权宣言》第8条规定：“法律只应当制定严格的、明显地必需的刑法。”1793年法国宪法所附的《人权宣言》第15条规定：“刑罚应与犯法行为相适应，并应有益于社会。”然而，刑法上最先确立罪刑相适应原则的当推1810年的《法国刑法

---

① ［意］切萨雷·贝卡里亚：《论犯罪与刑罚》，黄风译，中国大百科全书出版社1993年版，第42页。

② ［意］切萨雷·贝卡里亚：《论犯罪与刑罚》，黄风译，中国大百科全书出版社1993年版，第5页。

③ ［意］切萨雷·贝卡里亚：《论犯罪与刑罚》，黄风译，中国大百科全书出版社1993年版，第57页。

④ 周辅成编：《西方伦理学名著选辑》（下卷），商务印书馆1987年版，第212页。

典》，这一法典成为后世刑法立法的楷模，此后罪刑相适应原则为众多国家刑法所确立。[①] 从1791年到1810年制定中的《法国刑法典》，虽然由绝对确定的法定刑改为相对确定的法定刑，但无疑均贯彻了罪刑相适应原则。虽然世界各国对罪刑相当理解得还不尽一致，有严格意义上的罪刑相当和相对意义上的罪刑相当，甚至各国在刑法中对犯罪与刑罚的规定也不尽相同，但总体上讲罪刑相当的刑法基本原则地位是不可动摇的，各国刑法典中均规定了“罪刑相适应”原则。

就罪刑相适应原则的内容而言，早期的教科书并不区分立法与司法的不同之处，而是笼统总结为在刑法总则中罪刑相适应需要做到哪些，而在刑法分则中罪刑相适应原则又要做到哪些；抑或只是强调在立法上，该原则应当区分——犯罪性质和情节的不同影响刑罚的轻重，危害结果的大小影响刑罚轻重，犯罪形态不同影响刑罚轻重。[②] 但实际上，罪刑相适应“不仅限于刑事立法方面的问题”[③]，“罪刑相适应原则，绝不仅仅是量刑原则，在刑事立法、刑事审判与刑罚执行阶段，都必须坚持罪刑相适应原则。”[④]因此，现在的学者专著或论文已经对该原则在立法与司法中区别对待。有学者认为，“刑事立法上的罪刑相适应原则要求：刑法关于犯罪的规定要适当，刑罚的规定要适当；刑事司法中则要求：定罪要适当，量刑要适当，刑罚运用要适当”[⑤]。有学者提出，“罪刑相适应在立法与司法中应当体现在罪刑关系的相对性、相当性和相称性”[⑥]。有学者更是尖锐地指出，“只有刑事立法上的罪刑相适应而没有刑事司法中的罪刑相适应，这一原则也还是不可能最后实现”[⑦]。“罪刑相适应原则在我国刑罚权中存在现实缺陷，必须重构我国刑罚权中的罪刑相适应原则。”[⑧]有学者对罪刑相适应原则在司法实践中存在的问题进行分析，认为“刑罚观念上的认识误区，法定标准不明确，司法统一平衡机制未有效建立，司法体制弊端的干扰因素”是阻碍罪刑相适应司法化的因素，并重新构建罪刑相适应的司法化体系。[⑨] 有学者通过将“罪之要素”与“刑之要素”整合，得出“罪刑相适应是犯罪和刑罚从内中要素或其本体侧面的均衡对应中走出来

---

① 参见邓小刚、朱桂莲：《罪刑相适应与现代刑法》，载《湖北大学学报（哲学社会科学版）》1998年第5期。

② 参见苏惠渔主编：《刑法学》（修订2版），中国政法大学出版社2007年版，第27页；侯国云主编：《刑法》，中国政法大学出版社2007年版，第13页。

③ 马克昌：《罪刑法定主义比较研究》，载《中外法学》1997年第2期。

④ 陈洪兵：《罪刑相适应原则在解释论中的贯彻》，载《法学论坛》2012年第2期。

⑤ 甘雨沛：《比较刑法学大全》（上），北京大学出版社1997年版，第785-788页。

⑥ 李永升：《罪刑相适应原则的内涵解读》，载《甘肃社会科学》2005年第4期。

⑦ 陈兴良：《刑法适用总论》（上卷），法律出版社1999年版，第70页。

⑧ 贾颖博：《论罪刑相适应原则的重构》，载《人民论坛》2015年第23期。

⑨ 参见张屹：《罪刑相适应原则的司法实现》，载《法学》2004年第1期。

的整体上的等质等量或质量对等”①。赵秉志教授指出,“罪责刑相适应原则在立法上表现为:确立了科学严密的刑罚体系,规定了区别对待的处罚原则,设置轻重不同的法定刑幅度;司法上,纠正重定罪轻量刑的错误倾向,把量刑与定罪置于同等地位,纠正重刑主义的错误思想,强化量刑公正的执法观念,纠正不同法院量刑轻重悬殊的现象,实现执法中的平衡与协调”②。齐文远教授与赵秉志教授的观点基本一致,只是在司法上,认为还应当“改变片面注重惩罚的思路,树立宽严相济的刑罚惩罚”③。周光权教授将罪刑相适应在立法中的体现概括为:刑法总则确立合理的刑罚方法,刑法总则规定了区别对待的刑罚裁量原则和执行方法,刑法分则根据不同的犯罪行为对应各自罪名,刑法分则根据罪的具体情况设立法定刑幅度;在司法中则表现为:妥善处理刑罚个别化,将量刑与定罪置于同等地位,防止重刑主义,追求司法均衡和统一。④ 陈忠林教授指出,“罪刑相适应原则在立法和司法上均应有所体现。在立法中,具体表现又可分为总则与分则两方面。在刑法总则中主要表现为三点:一是刑法总则规定了一个科学的刑罚体系;二是刑法总则规定了科学的处罚原则;三是刑法总则规定了一系列科学的量刑制度和行刑制度。在刑法分则表现为个罪排列和各类罪名体系的建立。在司法中,该原则体现为定罪准确和适当量刑两方面”⑤。刘艳红教授的观点与上述观点类似,但她指出,“罪刑相适应原则在司法中应做到:纠正重定罪轻量刑的错误倾向;把量刑置于与定罪同等重要的地位;纠正重刑主义的错误思想;强化量刑公正的执法观念;纠正不同法院量刑悬殊的现象”⑥。由此可见,学界对刑法罪刑相适应原则研究的细化。

我国 1997 年《刑法》第 5 条规定:“刑罚的轻重,应当与犯罪分子所犯罪行和承担的刑事责任相适应。”实际上,这句话的意思是“应当与犯罪人所犯罪行及其应承担的刑事责任相适应”。当然,为了与“罪刑法定”范畴相一致,其被称作“罪刑相适应”,也有人称之为罪刑均衡、罪刑相当、罪责刑相适应、罪责相适应或刑罚个别化。所谓罪刑相适应,是指“犯多大的罪就应当承担多大的刑罚”,显然与“刑罚个别化”相互对立,即对特殊人群的从轻判处或减轻处罚将无法执行。我们曾称其为“罪责刑相适应”⑦,这当然与“罪刑相适应”的情况完全不同,是指犯相同的罪未必承担相同的刑罚,而应与

---

① 马荣春:《罪刑相适应的形成机理:整合与应对》,载《中国人民公安大学学报(社会科学版)》2008 年第 1 期。

② 赵秉志:《刑法学》,高等教育出版社 2007 年版,第 32-34 页。

③ 齐文远主编:《刑法学》,北京大学出版社 2007 年版,第 31 页。

④ 参见周光权:《刑法总论》(第 3 版),中国人民大学出版社 2016 年版,第 56-57 页。

⑤ 陈忠林主编:《刑法总论》(第 5 版),中国人民大学出版社 2016 年版,第 34-35 页。

⑥ 刘艳红主编:《刑法学(上)》(第 2 版),北京大学出版社 2016 年版,第 52 页。

⑦ 李晓明:《刑法学总论》,北京大学出版社 2016 年版,第 89 页。

其应承担的刑事责任相适应,显然就不是单纯的“罪”与“刑”的“相适应”,而是“罪”与“责”的相适应,完全符合《刑法》第 5 条的原意。也就是说,刑罚轻重不仅与犯罪人所犯的罪行有关,而且与犯罪人所应承担的刑事责任有关。一般情况下,罪行重则刑事责任重,罪行轻则刑事责任轻。另外还将受到犯罪主体(包括刑事责任年龄和能力)及犯罪人的人身危险性(包括再犯的可能、是否有自首立功情节等)之制约,刑罚应与犯罪人的人身危险性相适应。

所谓人身危险是指犯罪人具有不直接犯有犯罪行为的社会危害性,却可以表明其对社会潜在威胁程度及其消长的本身情况,包括犯罪前后的情况。当今世界刑罚思想的潮流,很注重对犯罪人未来再犯可能的遏制。犯罪人的罪前品行和有无劣迹、是否累犯及罪后自首或逃避罪责、积极退赔或隐藏赃款赃物等,虽然对其所实施的犯罪本身没有直接影响,但预示着其改造的难易程度和可能性大小。把人身危险情况作为决定刑罚轻重的根据,也是符合刑法目的需要的,故刑罚应当与犯罪人的人身危险性相适应。

至于“罪刑相适应原则”的基本要求,主要有:(1)有罪当罚,无罪不罚。刑罚对象只能是犯罪人,而不能罚及无辜。(2)轻罪轻罚,重罪重罚。刑罚的轻重应与犯罪的轻重及应承担的刑事责任相适应,不能轻罪重判,也不能重罪轻判。(3)一罪一罚,数罪并罚。(4)同罪同罚,罪刑相当。同一性质、情节相近的犯罪应当处以轻重相近的刑罚,不能因犯罪人的地位、身份不同而给予轻重悬殊的特别待遇。(5)刑罚的性质应当与犯罪的性质相适应。

(四)由“罪刑均衡”到“罪责刑相适应”,再到“罪责相适应”

众所周知,刑法理论发展史经历了刑事古典学派与刑事实证学派的对立、纷争与进程,罪刑关系也经历了从罪刑均衡或罪刑相适应到“人”刑对应的演绎脉络,也即由于原始的罪刑均衡或罪刑相适应受到“人格刑法”的冲击与挑战,所犯罪行不仅要与刑法所规定的刑罚相适应,而且也要与行为人应承担的刑事责任相适应。毋庸置疑,这是历史的进步,包括我国刑法理论也确定了“罪责刑相适应”的原则与主张。正如有学者指出的,“借由刑事责任论的建构和充实,较为完美地实现了罪刑关系范畴中行为考察和行为人评价的统一。梳理从罪刑均衡到罪责刑相适应的发展历程,可以看出,伴随刑法理论的发展,犯罪人逐渐实现从消隐到凸显的地位变迁”①。所谓罪责刑相适应,当然是指刑罚与犯罪性质、犯罪情节、刑事责任和犯罪人的人身危险相适应。审判机关对任何罪犯决定刑罚时,都要坚持这四个适应,全面衡量,不可偏废,缺一不可,也

① 郑延谱:《从罪刑均衡到罪责刑相适应——兼论刑法中“人”的消隐与凸显》,载《法律科学(西北政法大学学报)》2014 年第 6 期。

即犯罪行为与其应承担刑事责任及刑罚间保持相对应的均衡关系,并以此来保持刑法的公正性。

“罪责刑相适应”原则中的一个“应”字就基本反映出不同犯罪主体承担的刑事责任会有所差别,如未成年人、怀孕的妇女等。该条文实际规定的就是“罪责相当或相适应”,而非简单的“罪刑相当或相适应”,如果非要使用“罪刑相当或相适应”,就应对其中的“刑”赋予新的内容含义或解释,也即解释为“刑事责任”,而非“刑罚”。如此使用“罪责相适应”的称谓,既符合现行《刑法》第5条所规定的确切含义与内容,又与“罪责法定”的表述相一致。当然,一是从刑法理论和范畴上讲,尤其是考虑到刑事责任理论的发展,以及“罪责关系”论的刑法学主线,不仅传统的“罪刑关系”理论无法自圆其说,而且传统的“罪刑相适应”或“罪责刑相适应”理论也需重新解释。二是从我国《刑法》的具体规定来看,除在第32、33、34条规定有“主刑”和“附加刑”等刑罚方法外,还在第35条规定了“驱逐出境”,以及在第36条规定了“赔偿经济损失”,同时在第37条规定了“训诫、责令具结悔过、赔礼道歉、赔偿损失,或者由主管部门予以行政处罚或行政处分”等非刑罚方法,甚至在第17条规定了“责令家长管教”或“专门矫治教育”。这些也都是实现刑事责任的重要形式,除这些外还包括有罪宣告、刑事附带民事诉讼等。也就是说,如果不把“罪刑相适应”改为“罪责相适应”,就无法解释我国刑法目前的这些规定。

当然,这里的“责”要具体划分为两部分内容或阶段。一是依据行为人的主体特征或人身危险性来具体确认从轻、减轻或免除处罚的刑事责任大小及有无。二是在此基础上,包括在准确认定罪名和选择应受刑罚处罚内容的基础上,最终确定行为人应承担的刑事责任。可见,后来的罪责刑相适应不仅与过去的罪刑均衡或罪刑相适应不同,也赋予了其根据行为定罪、根据行为主体确责、根据刑法规定的刑罚确认最终刑事责任的过程。一字之多,所包含的意义竟区别甚大。然而,考虑到刑罚只是承担刑事责任的方式之一,故既然很好地解释了“罪责刑相适应”中“责”之双层含义,那么“罪责刑相适应”是否应表述为“罪责相适应”?因为不仅要考虑到责与犯罪人的行为、主体的相适应,还应考虑责(包括刑)与罪的相对称。也就是说,量刑轻重既要看所犯客观罪行的轻重,又要考虑行为人犯罪行为本身的具体客观情况和其他各种可能影响刑事责任大小的因素,既要考虑罪的大小,又要考虑应承担刑事责任的种类及其大小等,以此来定罪、量刑和确责。如果像过去那样,单纯以罪行的轻重来决定刑罚的轻重,而不考虑犯罪者的个人情况、客观行为的具体情况及影响刑事责任的其他因素,就难以准确有效地定罪量刑,也难以达到应有的刑罚目的与效果。也就是说,它是一个由罪刑均衡到罪责刑相适应,再到罪责相适应的历史发展进程或过程,这就是我们对该原则的新解。另外,之所以主张“罪责相适应”也是立足于前述中的“罪责法定”,在逻辑上自洽或一致。具体表现为立法和司法两方面。

在立法上表现为:刑法不仅将罪法定,而且将责法定,只讲“罪刑相适应”显然是不全面的,也没有立法根据。这是因为,刑事责任不仅包括刑罚,还包括有罪宣告、非刑罚处罚、赔偿经济损失等。

在司法上表现为:全面把握定罪的基本内容,如罪与非罪、此罪与彼罪、重罪与轻罪等;注意纠正重定罪、轻量刑的倾向,定罪与量刑是刑事审判的两大环节,二者同等重要,不可偏废;尽快完善行刑的司法应用,如减刑、假释都是罪责相适应原则下不可缺少的重要环节;坚持强化量刑公正的司法观念,尤其避免重刑主义思想,推行重刑主义,罪责相适应原则就必然遭到破坏;努力实现量刑中的平衡与统一,加速量刑制度的规范化、科学化和现代化。

总之,过去所讲的罪刑均衡或罪刑相适应只是“犯罪与刑罚相适应”或“犯罪与刑罚相当”,不包括刑事责任与罪质相当、与犯罪情节部分相当,以及刑事责任与犯罪人的人身危险相当,更未考虑刑罚只是刑事责任承担的方式之一。也就是说,审判机关对任何犯罪决定刑事责任时,都要坚持对刑事责任这两个方面的全面衡量,不可偏废,而且缺一不可。换句话说,犯罪人的行为与其应承担的刑事责任及刑罚和其他刑事责任间应当保持全面相对应或相当的均衡关系,并以此保持刑法的公正性。我们之所以称之为“罪责相适应”,亦是考虑到刑法不仅讲罪的法定而且要讲责的法定,如此只讲“罪刑相适应”是不全面的,因为责中不仅有刑罚,还有有罪宣告、非刑罚处罚、专门矫治教育和赔偿经济损失等。

四、适用刑法人人平等原则

该原则的称谓学界尚未统一,概括起来大致有 9 种:“法律面前人人平等”①、“刑法面前人人平等原则”②、“罪刑平等原则”③、“刑法平等原则”④、“适用法律人人平等

① 何秉松:《试论新刑法中法律面前人人平等原则》,载《法律科学(西北政法学院学报)》1997 年第 6 期;周振想主编:《中国新刑法释论与罪案》(第 2 版),中国方正出版社 1998 年版,第 45 页。

② 赵秉志主编:《新刑法教程》,中国人民大学出版社 1997 年版,第 55 页;侯国云:《刑法总论探索》,中国人民公安大学出版社 2004 年版;辛科:《论“刑法面前人人平等原则”》,载《政法论丛》1997 年第 5 期。

③ 陈兴良:《刑法适用总论》(上卷),法律出版社 1999 年版,第 38 页。

④ 赖早兴:《刑法平等论》,法律出版社 2006 年版;李邦友:《论刑法平等原则的理论基础》,载《现代法学》2002 年第 3 期。

原则"[1]、"刑法适用平等原则"[2]、"适用刑法人人平等原则"[3]、"平等适用刑法原则"[4]、"罪刑平等原则"[5]。本书认为,"适用刑法人人平等原则"的表述更加符合《刑法》第4条的立法原意。其本不属于刑法原则,而是宪法原则。我国1997年《刑法》第4条又对此进行了重申,说明了该原则在刑法适用中也是极其重要的。

(一)适用刑法人人平等原则的思想渊源与发展

作为一种思想,法律面前人人平等的主张已具有很长的历史。早在公元前5世纪古希腊政治家伯里克利斯就说过:"我们的制度之所以被称为民主政治,因为政权在全体公民手中,而不是在少数人手中。解决私人争执的时候,每个人在法律上都是平等的。"[6]我国古代也有"王子犯法与庶民同罪""刑无等级""法不阿贵""刑过不避大臣,赏善不遗匹夫"等说法。但这些均不是现代意义上的法制原则,只能是人们在法律面前要求平等的社会思潮。欧洲文艺复兴时期,新兴资产阶级思想家的先驱们提出了"人权""平等"思想。17、18世纪英国古典自然法学派代表人物洛克,以及资产阶级启蒙思想家卢梭等人针对封建贵族和僧侣们的特权和神权,系统地提出了"天赋人权"学说。洛克认为,人类在自然状态中是自由、平等的,但每个人的权利经常会受到他人的侵犯,于是人们互相订约建立国家,将由自己执行自然法和惩罚违反自然法者的权利交给国家。卢梭也认为,每个人都是生而自由平等的,放弃自己的自由就是放弃做人的资格,就是放弃人类的自身权利。在他们看来,自然法的本质是理性,制定法必须以自然法为基础,国家应该以正式公布的和被接受的法律进行统治,对富人和穷人、权贵与平民应一视同仁,并强调只有法律才是识别善与恶的真正标尺。这些理论不仅为当时的资产阶级革命奠定了思想基础,也为资本主义法制建设提供了理论基础,甚至为法律面前人人平等原则的制定提供了依据。

当然,最初提出"法律面前人人平等"是在资产阶级革命时期,其法制的核心是确认私有制神圣不可侵犯,因而所谓法律上的平等掩盖着实际存在的人们在经济上和社会地位上的不平等。也就是说资产阶级的"法律面前人人平等"是建立在资本主义私有制基础上的,而私有制也是产生一切不平等的社会根源。因而资产阶级的法律面前人人平等原则是有其历史局限性的,虽然其摧毁了封建专制与特权是有历史进步性的,但其实际只是形式上的,掩盖着经济上和事实上的不平等。法律面前人人平等是

① 赵长青主编:《中国刑法教程》(修订版),中国政法大学出版社1997年版,第22-32页。
② 周光权:《刑法总论》(第3版),中国人民大学出版社2016年版,第58页。
③ 李晓明:《刑法学总论》,北京大学出版社2016年版,第110页。
④ 张明楷:《刑法学》(第5版),法律出版社2016年版,第43页。
⑤ 陈兴良:《刑法适用总论》(上卷),法律出版社1999年版,第38页。
⑥ [古希腊]修昔底德:《伯罗奔尼撒战争史》,谢德风译,商务印书馆1960年版,第130页。

近代资产阶级为反对封建特权等级制度而提出来的一个口号,它的哲学基础是:人是理性动物,人人皆有平等自由之意志,因此人人在法律面前是平等的。后来发展为:人之为人,在法律上是平等的,应平等地受到尊严的对待。理论上讲,只有在建立了社会主义公有制的社会主义国家,法律面前人人平等才能名副其实地实现。

中国2000多年的封建社会中,所主张的法律平等基本上就是刑法平等。但古代中国刑法平等的目的是树立皇权至上,保障统治阶级的利益,它以公开承认和维护封建等级特权为前提,和对人民权利的维护是背离的。① 直到新民主主义革命时期,《中华苏维埃共和国宪法大纲》第4条才规定了现代意义上的法律平等,即"劳动人民在苏维埃法律面前,一律平等"。中华人民共和国成立初期的《中国人民政治协商会议共同纲领》(已失效)规定了"男女平等、民族平等",1954年《宪法》规定了"中华人民共和国公民在法律上一律平等",1975年、1978年《宪法》不知因何删除了该原则,1982年《宪法》又重新规定"中华人民共和国公民在法律面前一律平等","任何组织或者个人都不得有超越宪法和法律的特权"。

(二)适用刑法人人平等原则的立法化及其内容

法律面前人人平等作为完整意义上的法制原则提出,是资产阶级革命取得胜利后的事情。1789年法国《人权宣言》正式确认了该原则,明确规定"法律是公共意志的体现","在法律面前,所有的公民都是平等的",即"在权利方面,人们生来是而且始终是自由平等的"。这种平等的具体表现为:(1)全体公民"都有权亲身或经由其代表去参与法律的制定";(2)"法律对所有的人,无论是实行保护或者处罚都是一样的";(3)他们可以按其能力担任一切官职、公共职位和职务,除德行和才能上的差别外不得有其他差别。1791年的法国宪法以根本法的形式肯定了这些原则。该原则有利于反对封建专制和等级特权,促进资本主义经济关系的发展,适应当时历史发展的客观需求,后被欧美等资本主义国家广泛采用,成为资本主义法制的一项重要内容。意大利刑法学家贝卡里亚指出:"法律认为,所有臣民都平等地依存于它,任何名义和财产上的差别要想成为合理的,就得把这种基于法律先天的平等作为前提。""伟人和富翁都不应有权用金钱赎买对弱者和穷人的侵犯。否则,受法律保护的,作为劳动报酬的财富就变成了暴政的滋补品。"②他还指出刑罚是犯罪的必然结果,不论是谁犯罪都应当受到法律制裁。要维护刑罚的肯定性,即要使罪犯不可避免地受到刑罚,从而在观念上建立起犯罪与刑罚的必然性因果关系。他写道:"对于犯罪最强有力的约束力量不是刑罚的严酷性、而是刑罚的必然性。"③这些理论和思想为推动各国确立该原则为刑法原则

---

① 参见薛瑞麟、陈吉双:《刑法上的人人平等原则》,载《政法论坛》1998年第5期。

② [意]切萨雷·贝卡里亚:《论犯罪与刑罚》,黄风译,中国大百科全书出版社1993年版,第72-73页。

③ [意]切萨雷·贝卡里亚:《论犯罪与刑罚》,黄风译,中国大百科全书出版社1993年版,第59页。

奠定了基础。

在法律面前人人平等不仅是宪法的基本原则之一,如今也已成为刑法的基本原则之一,它基本反映了社会主义经济和政治的客观要求。当然,主张适用刑法平等原则,追求的不是多数人在刑法面前的平等,而是一切人、任何人在刑法面前的平等。古今中外,对绝大多数人适用刑法都是平等的,具有超越刑法特权的人总是极少数。但这种极少数的不平等,极大地破坏着法制,冲击着社会心理的平衡,妨害着经济与社会发展,阻碍着社会进步。正因如此,绝大多数人一直在为一切人在法律面前平等而奋斗。基于同样的理由,我们不能因为绝大多数人已在刑法面前平等而感到满足,要为适用刑法人人平等原则的目标而努力。

首先,对实施犯罪的任何人,都必须严格依照刑法定罪量刑。一是在定罪上必须平等,即不能将有罪认定为无罪,也不容许将重罪认定为轻罪。行为人地位高低、权力大小、金钱多少等,不能影响其是否有罪与罪之轻重。二是在量刑上必须公正。该判重刑的不得判轻刑,该判轻刑的不得判重刑或免除。社会地位高低、职务大小、金钱多少,都不能影响量刑。

其次,对无罪的任何人,都不能定罪量刑。适用刑法人人平等原则,主要强调的是司法适用,《刑法》第4条的规定也集中反映了这一点,这是从实际出发的。但适用刑法平等同时意味着任何人不能随意动用刑法侵犯他人的合法权益,这是对无罪的人不受刑事追究的人权保护。

最后,对具有从轻、减轻或免除处罚及缓刑、减刑或假释等情节的,在适用标准与程序上也都必须严格依法办事。不容许任何人搞双重标准,更不容许任何人有超越法律的特权。

法律面前人人平等是否可以成为刑法的基本原则在理论界曾有争议。反对者认为,“法律面前人人平等原则属于宪法基本原则,宪法是所有法律的母法,那么它的原则就是所有法律共有的原则,自然不能成为刑法的基本原则”①。甚至有学者质疑道:“平等与公正是法律的题中应有之义,如果法律丧失了平等与公正,就失去了存在的基础和价值。刑法属于法律,所以,自然应具备适用的平等性,但应当具备并不等于要将其作为刑法的基本原则。”②还有学者从“和部门法基本原则确认的独别性标准相矛盾,和部门法基本原则的司法性要求不契合,和其他刑法基本原则的价值取向不协调”三个方面论证了法律面前人人平等原则不适宜作为刑法的基本原则。③ 不过,一般认为

① 高铭暄主编:《刑法学原理》(第1卷),中国人民大学出版社1993年版,第16页。

② 胡学相:《对新刑法基本原则的理性思考》,载《开放时代》1997年第5期。

③ 参见熊浩:《刑法基本原则拷问——试论“法律面前人人平等”不适为刑法的基本原则》,载《学术探索》2006年第3期。

可以将其作为刑法基本原则对待,只是措辞不同。

关于该原则的具体内容有几种具有代表性的观点:(1)依据平等的理论基础进行分析,如有学者认为,“刑法平等包括:权利意义上的人人平等,形式与机会平等,而不是结果平等和平均主义,追求实质平等”①。(2)以三大基本原则的关系为依据进行分析,如有学者认为,“对任何犯罪的人都必须严格依照法律定罪处刑,对任何没有犯罪的人都不得定罪处罚”②。(3)从司法适用的角度进行分析,如有学者认为,“刑法面前人人平等原则的具体内容是定罪平等、量刑平等和行刑平等”③。也有学者认为,“法律面前人人平等只包括适用法律上的平等,即司法平等,不含有立法平等,适用法律的平等具体是指把刑事法律作为统一的尺度毫无例外地、一视同仁地适用于一切实施犯罪行为的人,不因其民族、种族、性别、身份、宗教信仰、文化教育、社会地位、财产状况等等的不同而有所区别,同时反对特权与歧视,但也要注意区别对待原则”④。有学者指出,“想要在司法上实现适用刑法的平等,需要坚持反对特权,严禁变通执法,坚持司法公正,严惩渎职犯罪”⑤。还有学者建议,“在司法适用的过程中,为了社会正义,可以将倾斜保护原则植入刑法面前人人平等”⑥。(4)从刑法的功能角度进行分析,如有学者将“刑法面前人人平等原则归纳为一视同仁地依法惩处任何犯罪分子和一视同仁地保护一切公民免受犯罪的侵害”⑦。(5)从法理学角度进行分析,如有学者认为,“平等,在本体论意义上是一种作为个体的人认识到自己与他人的共同性之后激发的一种本能性需要;在法学意义上是一种以法律的手段来确认、平衡现实生活中那些反映历史必然的以实质不平等为内容的平等;对任何人犯罪,在适用法律上人人平等,这是宪法基本原则在刑法适用中的具体体现”⑧。(6)从立法与司法两个方面对法律面前人人平等的内涵进行分析,认为“刑法面前人人平等不仅包括司法平等,也应当包括立法平等”⑨。可谓是众说纷纭,但笔者认为,该原则只能做到适用刑法人人平等,不可能做到

---

① 李邦友:《论刑法平等原则的理论基础》,载《现代法学》2002 年第 3 期。

② 张明楷:《刑法学》(上),法律出版社 1997 年版,第 48 页。

③ 陈兴良:《刑法适用总论》(上卷),法律出版社 1999 年版,第 46 页;周光权:《刑法总论》(第 3 版),中国人民大学出版社 2016 年版,第 58 页。

④ 何秉松:《试论新刑法中法律面前人人平等原则》,载《法律科学(西北政法学院学报)》1997 年第 6 期。

⑤ 李晓明:《刑法学总论》,北京大学出版社 2016 年版,第 113 页。

⑥ 姜涛:《为了社会正义:将倾斜保护原则植入刑法理论》,载《江淮论坛》2013 年第 2 期。

⑦ 全国人大常委会法工委研究室编写组编著:《中华人民共和国刑法释义》,人民出版社 1997 年版,第 6 页。

⑧ 陈忠林:《刑法面前人人平等原则——对〈刑法〉第 4 条的法理解释》,载《现代法学》2005 年第 4 期。

⑨ 熊瑛、张凤彬:《关于刑法面前人人平等原则的再思考》,载《昆明理工大学学报(社会科学版)》2009 年第 6 期。

立法平等。

（三）我国适用刑法人人平等原则的确立

在刑法中使用"法律面前人人平等"原则确实可能产生理解上的歧义，实际上，这里的"法律面前人人平等"是指刑法之内的"人人平等"，而并非指宪法或其他部门法范围内的"人人平等"。故为了能够准确界定"人人平等"的实质内容，本书主张称"适用刑法人人平等"。

我国《刑法》第4条规定："对任何人犯罪，在适用法律上一律平等。不允许任何人有超越法律的特权。"其含义是：对任何人犯罪，不论犯罪人的家庭出身、社会地位、职业性质、财产状况、政治面貌、才能业绩等如何，都应追究刑事责任，一律平等地适用刑法，依法定罪、量刑和行刑，不容许任何人有超越法律的特权。其具体含义包括：

一是适用刑法上的一律平等，而非制定刑法上的一律平等。曾有个时期，我国学界对"法律面前人人平等"的具体指向展开激烈争论。有人认为"法律面前人人平等"的提法不符合现代宪制的要求，应改为"法律上人人平等"，因为前者只包括适法上的人人平等，而后者还包括立法上的人人平等。当然，也有人坚决否定之。争论的结果是，我国现行宪法确立了"法律面前人人平等"的提法。当然，如果从应然角度上讲，我国法律面前人人平等应包括立法上的平等，所谓法律是一般意义上的法律，既包括各部门法，也包括宪法和立法法。既然立法法上人人平等，那么在立法上为什么不能做到人人平等呢？法不是静止的法，法是动态的法，它是一个包括立法、司法、执法等全过程的流水线，任何一个环节上不平等，法律面前人人平等也就失去了应有的价值意蕴。不过，在谈论法律面前人人平等时，也应尊重中国的现实国情，应坚持一切从实际出发，实事求是地看问题，尤其注重其操作性。

二是适用刑法平等的重要保证是法外无特权，无人不受法律的约束。只要有一人不受法律的约束，享有法外特权，我国刑事法治的大厦就会坍塌，民主制度将遭受致命打击，社会主义的法治也就无从谈起。前些年学界有人提出"能人犯罪"，要求在刑法适用上给"能人"网开一面，表面上看似乎有几分道理，但细细思量，就会发现"能人犯罪"背后暗藏的就是封建特权思想。从周代开始沿袭几千年的封建"八议"中就有"议能"，即国家对有才干的人在法律上给予一定的特权。故"能人犯罪"的提法是封建特权的复萌。因此必须坚持刑法上的平等原则，坚持"法不阿贵，法不阿能"的理念，使公民行为"一断于法"。

三是适用刑法平等是保障人权的需要，使人人受到尊严的平等待遇。人权的重要标志是一国政府要对它的全体公民平等地对待，以保证每个公民触犯刑法都要毫无例外地受到刑法制裁，不管地位多高、权力多大、能力多强。在适用刑法上实现平等原则后，公民的在法律上平等对待的要求就得到了满足，从而产生一种平等感和作为一国公民的尊严感,而不会觉得低人一等。因此,现代宪制理念中的人权要求不但体现在保护公民权益上,而且体现在公民构成犯罪一律要受到制裁上,人权既是"赏"上人权,更是"罚"上人权。

四是适用刑法平等是刑法自身生存的保障,维护的是刑法的威严。平等是法的最高价值意蕴,同时是法之所以为法的生命维系(法平如水),是法得以生存的价值保障。平等是法追求的千年梦魂,是法生存的价值保障和精神依傍。刑法作为重要的部门法更是如此,如果刑法在适用对象上失去普适性,则刑法作为维护社会安定、保障人权之法的价值与功能将大打折扣。如果出现有人能享有法外特权,那么刑法就是在自我戕害。刑法的普遍性是刑法作为一般法而具有的一般性必然要求和现实保障,如果有人凌驾于刑法之上,那么刑法也就变成徒具形式的一纸空文,这比没有刑法还要坏。

适用刑法人人平等的原则具体体现在定罪、量刑和行刑三个方面:

1. 定罪上一律平等。任何人犯罪,无论其身份、地位等如何,一律平等对待,适用相同的定罪标准。不能因为被告人地位高、功劳大而使其逍遥法外、不依法定罪,也不能因为被告人是普通百姓就妄加追究、出入人罪。

2. 量刑上一律平等。犯相同的罪有相同的犯罪情节和刑事责任的,应做到同罪同罚。虽然触犯相同的罪名,但犯罪情节或刑事责任不同,从而同罪不同罚,便是合理的、正常的,并不违背量刑平等原则。但如果考虑某人权势大、地位高或财大气粗而导致同罪异罚的,则是违背适用刑法人人平等原则的,因为这等于承认某人享有超越法律的特权。

3. 行刑上一律平等。也就是在刑罚执行时,对所有的受刑人平等对待,凡罪行相同、主观恶性相同的,刑罚处遇也应相同,而不能考虑其身份地位、富裕程度对部分人搞特殊,而对另一部分人加以歧视。尤其在掌握法律规定的减刑、假释条件标准时更应体现平等,谁符合条件,谁不符合条件,都要严格依法律办事,不能搞亲疏贵贱。

(四)我国适用刑法人人平等原则的实现

常言道,徒法不足以自行。刑事立法无论如何完善,如果不付诸实施,也只能是白纸空文。那么,如何才能真正做到刑法面前人人平等呢?

第一,坚持反对特权。决不能对领导干部甚至其子女、亲朋好友定罪轻,或者只给予党纪、政纪处分或经济处罚,而对普通公民就处罚很重,或对有钱人犯罪以罚代刑。这些均严重违背了适用刑法人人平等原则,使刑事司法的民主性受到了严重损害。只有严格依法办事,坚决反对特权,才能真正做到刑法面前人人平等。

第二,严禁变通执法。少数司法工作人员对法制与经济的关系不能正确对待,认为特殊情况下对一些犯罪加以处罚不利于经济发展,因而对经济领域的犯罪实行变通方法或网开一面。笔者认为,该主张是不符合"刑法面前人人平等"原则的,也难以体现刑法公正性。如果为了一时一地或某个单位眼前的利益,而不依法办事或搞变通,势必导致整个刑事司法活动受损,不仅严重违反了刑法面前人人平等的原则,而且会放纵罪犯,最终破坏社会主义法治。

第三,坚持司法公正。具体内容包括定罪公正、量刑公正、行刑公正。定罪公正又包括两方面,一是定罪只能依据行为本身的性质来确定,对性质相同的犯罪,只能做出相同的定罪结论,决不能因人而出入其罪;二是在坚持依法办事的前提下,要在全国范围内力争协调统一,不能此时此地有罪,它时它地无罪。量刑公正是指依据犯罪事实、情节等公正地适用刑法,不能以罚代刑、以言代法、以党纪政纪处分代替刑事处罚。行刑公正是指刑罚执行中要依法办事、一视同仁,尤其在办理减刑、假释时必须统一标准、条件和程序,不能因人而异。

第四,严惩渎职犯罪。国家工作人员是人民的公仆,拥有人民赋予的权力,不应有任何特权。《刑法》专章规定了渎职罪,贯彻了对渎职犯罪从严惩处的立法精神。如果官员犯罪不与民同罪,广大群众便不会信仰法律。因此,加强同国家工作人员渎职犯罪的斗争,本身也是为了树立国家法律的形象和权威,使适用刑法人人平等原则得以切实地贯彻落实。

总之,"适用刑法人人平等"原则不仅在立法上要明确,在司法执行上更应严格。与罪责法定原则相比,适用刑法人人平等原则的实现会更艰难。要真正实现适用刑法人人平等,尚需改革司法体制,保证执法人员具有较高素质;也需要改革刑事审判方式,保证审判程序有利于查清案件事实;还需要改变司法观念,保证用平等的司法主张指导刑法适用;更需要全社会的支持与配合,以保证刑事案件能够顺利、及时地移送司法机关;甚至要坚决杜绝地方保护主义,保证刑法能够适用于任何地方的任何人。

五、其他与刑法基本原则相关的理论

本部分是除刑法三大基本原则以外的准刑法基本原则,由于其刑法基本原则的地位尚未得到学界的一致认可,故称其为准刑法基本原则,也可以称作与刑法基本原则相关的理论。

(一)法益保护原则与责任主义

大陆法系通常将法益保护与责任主义列为刑法的基本原则。法益保护作为刑法基本原则源自法益保护主义。"法益"的词源是德语中的"法律性财货",其不仅本身实际存在,而且因对人有用而被赋予某种价值。[①] 法益保护主义要求:刑罚的手段有助于实现保护法益这一目的,其他手段无法实现该目的,保护该法益所获得的利益超出包

---

① 参见[日]松原芳博:《刑法总论重要问题》,王昭武译,中国政法大学出版社2014年版,第12页。

含制约国民自由在内的禁止及处罚的成本。[①] 当然,在德国和日本对于是否将法益保护作为基本原则也是有争议的,赞同者认为刑法的目的或任务是保护法益,而反对者认为刑法的目的是保护基本的社会伦理。如德国的韦尔策尔指出:"刑法的任务在于保护基本的社会伦理的心情价值。"而当时德国不少青年学者反对刑法的伦理化。目前德国支持法益保护主义的学者占大多数,有著名的罗克辛教授、金德霍伊泽尔教授等[②]。在日本,反对者认为,"刑法维持、形成和发展国民的人伦文化秩序即道德秩序"[③],"社会生活所必要的最小限度的道德规范,必须由法律去强制推行,在此限度内,道德规范就规化为法规范"[④]。支持者平野龙一教授则强调,只有在行为造成了对他人的严重侵害或者危险时才适用刑法。可见,在德国和日本对此问题也是争论甚大。

针对国外法益保护原则和责任主义原则理论,我国有学者指出:"从刑法的规定来看,刑法总则第 1 条、第 2 条、第 13 条的规定,以及刑法分则条文的具体规定,共同体现了法益保护原则。"[⑤]"从刑法是司法法而不是行政法这种理念出发,完全可以认为刑法任务属于基本原则范畴,只是由于对刑法任务的强调才将其与其他基本原则单列,因此,刑法第 2 条的规范地位是原则,即法益保护原则。"[⑥]"通过对 1997 年刑法第 3 条前半段规定的重新解读,认为法益保护原则是我国刑法的基本原则。"[⑦]当然,法益保护原则并没有得到学界的公认,其中涉及的主要问题是法与伦理的关系及由此带来的问题,不管是早期的英国还是大陆法系的代表德国和日本,都有过激烈的争论。[⑧] 将责任主义原则作为刑法基本原则的学者也有不少。张明楷教授曾指出,"刑法总则有关故意、过失、责任能力等规定标明了责任主义原则"[⑨]。北京社科院研究员张苏指出,"应当在刑法中规定责任主义,并在审判中贯彻责任主义"[⑩]。也有学者通过对"责任主义"的提炼,将其表述为"罪责原则或罪责自负原则",经典表述是"人只能为他自己能

---

① 参见熊瑛、张凤彬:《关于刑法面前人人平等原则的再思考》,载《昆明理工大学学报(社会科学版)》2009 年第 6 期。

② 参见[德]克劳斯·罗克辛:《德国刑法总论教科书》,王世洲译,法律出版社 2005 年版;[德]金德霍伊泽尔:《法益保护与规范效力的保障 论刑法的目的》,陈璇译,载《中外法学》2015 年第 2 期。

③ [日]小野清一郎:《刑法总论讲义》,有斐阁 1950 年版,第 14 页。

④ [日]团腾重光:《刑法纲要总论》(第 3 版),创文社 1990 年版,第 28 页。

⑤ 张明楷:《刑法学》(第 5 版),法律出版社 2016 年版,第 44 页。

⑥ 刘远:《〈刑法〉第 1 条:刑法的具体概念与根本原则》,载《北方法学》2016 年第 4 期。

⑦ 苏永生:《论我国刑法中的法益保护原则——1997 年〈中华人民共和国刑法〉第 3 条新解》,载《法商研究》2014 年第 1 期。

⑧ 参见张明楷编著:《外国刑法纲要》(第 2 版),清华大学出版社 2007 年版,第 34 页。

⑨ 周光权:《刑法总论》,中国人民大学出版社 2015 年版,第 54 页。

⑩ 张苏:《德日刑法中的责任理论及对我国量刑的启示》,载《河北法学》2014 年第 9 期。

够做到的事受到谴责”①。还有学者对其进行讨论后，从责任主义框架下的某一方面入手进而得出“个人责任原则”②。

在国内，很少有学者在基本原则范畴对法益保护展开分析。主流观点基本上将法益保护放置在“刑法目的、任务或者机能”中探讨，周光权教授曾指出，“刑法的法益保护将成为最终的刑法目的”③；还有学者指出，“面向未来与面向社会：法益保护目的之实现逻辑”④，“刑法具有两方面的重要机能，一是法益保护的机能，二是自有保障的机能”⑤。也有观点将“法益保护”放在犯罪论中探讨，如王永茜的《论现代刑法扩张的新手段——法益保护的提前化和刑事处罚的前置化》（《法学杂志》2013 年第 6 期），姚贝、王拓的《法益保护前置化问题研究》（《中国刑事法杂志》2012 年第 1 期），姜涛的《基于法益保护位阶的刑法实质解释》（《学术界》2013 年第 9 期），吕英杰的《风险刑法下的法益保护》（《吉林大学社会科学学报》2013 年第 4 期），等等。还有学者虽然赞同法益保护原则，但并未将其放在刑法基本原则中讨论，而是强调对分则中各罪研究时应当重视法益保护，如杨春然的《冒犯型犯罪的根据：伤害原则对法益保护原则的一次超越——兼论犯罪的本质》（《中国刑事法杂志》2010 年第 2 期），米铁男的《基于法益保护的计算机犯罪体系之重构》（《河南大学学报（社会科学版）》2014 年第 4 期），黄旭巍的《污染环境罪法益保护早期化之展开——兼与刘艳红教授商榷》（《法学》2016 年第 7 期）等，均是从刑法分则角度进行研究。

最早将法益保护作为刑法基本原则引入的，是张明楷教授 2007 年出版的《外国刑法纲要》，随后在其第 4 版、第 5 版《刑法学》教科书中，也比较系统地论证了法益保护原则。张教授同样以法益保护是刑法的目的，即以《刑法》第 2 条的规定作为逻辑起点展开分析，进而讨论有关法益保护原则的争论：“过去是社会伦理主义与法益保护主义之争，现在是规范保护主义与法益保护主义之争”。其得出“适用法益保护比其他概念要理想得多”的结论，最后提出“虽然刑法的目的与任务是保护法益，但是这并不意味着任何侵犯法益的行为都必须规定或者认定为犯罪，严格地说只能采取谦抑性的法益保护原则”⑥。刘远教授同样从《刑法》第 2 条“刑法的任务”入手展开分析，他认为：“常识认为第 2 条是‘刑法的任务’，这并没有错，但‘刑法的任务’只是该条的规范内

---

① 王钰：《罪责原则和客观处罚条件》，载《浙江社会科学》2016 年第 11 期；郑延谱：《罪责自负原则——历史演进、理论根基与刑法贯彻》，载《北京师范大学学报（社会科学版）》2014 年第 4 期。

② 詹红星：《个人责任原则再研究》，载《求索》2008 年第 3 期。

③ 周光权：《论刑法目的的相对性》，载《环球法律评论》2008 年第 1 期。

④ 冀洋：《法益保护目的不能甄别不法论的立场》，载《政法论坛》2016 年第 5 期。

⑤ 张苏：《以法益保护为目的的刑法解释论》，载《政治与法律》2011 年第 4 期。

⑥ 张明楷：《刑法学》（第 5 版），法律出版社 2016 年版，第 66 页。

容,并不是该条的规范地位。在原则—规则—标准这一刑法规范谱系中,第 2 条不是原则又是什么呢!"①苏永生教授从"法益保护原则具有刑法规范性质上的基本依据;法益保护原则具有刑法社会机能上的基本依据;法益保护原则具有刑事立法上的基本依据;法益保护原则具有刑法解释上的基本依据"四方面论证法益保护作为基本原则的理论依据,且进一步认为,"法益保护原则来源于《刑法》第三条前半段的规定,即传统观点的罪刑法定原则条文,并非张明楷教授所指的来源于《刑法》第二条'刑法的目的与任务'"②。王充教授借助犯罪论体系的合理性价值判断分析指出,"根据主体间性和法律论证理论,如果能够以法益保护原则、责任原则和罪刑法定原则作为犯罪论体系中价值判断的前提,并且遵循一定的程序要求就可以最大限度地实现犯罪论体系合理性要求"③。但他并没有将法益保护以"基本原则"冠之,且通篇也未对此提出论证。争论之大,非一般刑法理论所能盖之。

在介绍法益保护原则表现时,有些学者通过立法与司法两方面予以论证。张明楷教授指出,"在立法上:不能将单纯违反伦理的行为规定为犯罪,对于没有被害人或者自己是被害人,也没有侵犯可以还原为个人法益的国家或者社会法益的行为不得规定为犯罪,对于参与有处分权的自我损害行为不能规定为犯罪,对于单纯有损某个国家机关的权威性但没有侵犯相关法益的行为不得规定为犯罪;在司法上,对犯罪构成要件的解释论必须以保护法益为指导,侵犯法益同时又保护另一法益时需要通过法益的比较衡量,以具体法条的保护法益是否受到侵害为标准判断犯罪的既遂与未遂,还需要以法益为标准认定罪数、数额等"④。苏永生教授指出,无论是在我国的刑事立法中还是在司法实践中,法益保护原则获得了普遍承认,立法上表现为增设新罪、加重法定刑、限制有利于犯罪人的刑罚制度的适用;司法实践的具体表现是以实质解释论为核心内容的实质刑法观。⑤ 有的学者则认为,"法益保护原则虽然在立法上得到贯彻,但是具体实现则依靠司法逻辑"⑥。还有学者指出,"法益保护不再仅仅是限制司法权启动的阀门,也成为向立法者提出要求的标尺。法益保护原则从过去的'处罚禁止'转化为立法驱动"⑦。由此可见,国内学界对法益保护原则的研究也比较深入。

---

① 刘远:《〈刑法〉第 1 条:刑法的具体概念与根本原则》,载《北方法学》2016 年第 4 期。

② 苏永生:《论我国刑法中的法益保护原则——1997 年〈中华人民共和国刑法〉第 3 条新解》,载《法商研究》2014 年第 1 期。

③ 王充:《论犯罪论体系中合理性价值判断的实现》,载《法制与社会发展》2006 年第 3 期。

④ 张明楷:《刑法学》(第 5 版),法律出版社 2016 年版,第 65 页。

⑤ 参见苏永生:《论我国刑法中的法益保护原则——1997 年〈中华人民共和国刑法〉第 3 条新解》,载《法商研究》2014 年第 1 期。

⑥ 刘远:《〈刑法〉第 1 条:刑法的具体概念与根本原则》,载《北方法学》2016 年第 4 期。

⑦ 周光权:《转型时期刑法立法的思路与方法》,载《中国社会科学》2016 年第 3 期。

在日本刑法学界，责任主义通常是指“要将刑罚予以正当化，仅凭行为人实施侵害行为这一点还不够，还要求行为人对该行为负有责任，行为人若无责任就不能受处罚”①。在德国，责任主义往往是宪法上的原理，如联邦德国宪法法院 1966 年 10 月 25 日的判决指出：“对刑法上的不法行为的刑罚以及对其他不法行为的类似刑罚的制裁等一切刑罚均以存在责任为前提的原则，具有宪法的价值。”②“有责任就有刑罚”是积极的责任主义，“没有责任就没有刑罚”是消极的责任主义，当今刑法理论通说采取的是消极责任主义。③

一直以来认为，责任主义的根据在于责任报应思想，据此凡行为人有责任的，就应受到处罚。“行为人的责任虽然是处罚的必要条件，但并非充分条件。”④另外，主张从预防目的中推导出责任主义的观点也曾是有力学说，其内部又可分为“改善刑论”、“抑制刑论”和“积极的一般预防论”⑤。另有观点试图从保障国民自由的视角为责任主义奠定基础，“责任主义原则是法治国国民自由保障之基石，现代社会的刑法要恪守刑事责任基本原则，以保障国民自由与安全”⑥。还有观点从刑罚目的角度寻找责任主义的根据，“因为处罚没有责任的行为，不可能抑制在将来的同样状况下发生相同的‘犯罪’行为（不存在预防犯罪的效果）”⑦。当今大陆法系国家通常在宪法上寻找责任主义的根据，如内藤谦在《日本宪法》第 13 条有关尊重个人的规定中寻找责任主义的宪法根据；⑧萩原滋在《日本宪法》第 31 条有关实体的正当程序的规定中寻找责任主义的根据。⑨ 责任主义历经百年发展，不仅成为德日刑法的基本原则，还被其宪法规定为基本原则。⑩ 然而，在我国尚未把责任主义正式列为刑法的基本原则。

责任主义虽然在我国的刑法理论中也有研究，但大都把它与犯罪构成或量刑问题挂钩。如劳东燕教授的《责任主义与违法性认识问题》（《中国法学》2008 年第 3 期），梁根林的《责任主义原则及其例外——立足于客观处罚条件的考察》（《清华法学》2009 年第 2 期），张明楷的《责任主义与量刑原理——以点的理论为中心》（《法学研究》2010 年第 5 期），姜涛的《责任主义与量刑规则：量刑原理的双重体系建构》（《政治

① ［日］松原芳博：《刑法总论重要问题》，王昭武译，中国政法大学出版社 2014 年版，第 18 页。

② 张明楷编著：《外国刑法纲要》（第 2 版），清华大学出版社 2007 年版，第 37 页。

③ 参见张明楷：《刑法学》（第 5 版），法律出版社 2016 年版，第 67 页。

④ 刘远：《〈刑法〉第 1 条：刑法的具体概念与根本原则》，载《北方法学》2016 年第 4 期。

⑤ 刘远：《〈刑法〉第 1 条：刑法的具体概念与根本原则》，载《北方法学》2016 年第 4 期。

⑥ 梁根林：《责任主义原则及其例外——立足于客观处罚条件的考察》，载《清华法学》2009 年第 2 期。

⑦ 张明楷编著：《外国刑法纲要》（第 2 版），清华大学出版社 2007 年版，第 38 页。

⑧ 参见［日］内藤谦：《刑法总论讲义（下）》，有斐阁 1991 年版，第 738 页以下。

⑨ 参见［日］萩原滋：《实体的正当程序理论研究》，成文堂 1991 年版，第 180 页以下。

⑩ 参见张苏：《德日刑法中的责任理论及对我国量刑的启示》，载《河北法学》2014 年第 9 期。

与法律》2014 年第 3 期)。当然,张明楷教授在其第 5 版《刑法学》中明确了责任主义的基本原则地位,主张贯彻该原则要正确认识和处理以下几方面:“刑法没有明文规定的责任要素也要引起重视,如违法性认识的可能性和期待可能性;在单位犯罪的情况对直接责任的处罚;对结果加重犯的认定与处理要符合责任主义;确保原因自由行为的处罚不违背责任主义;妥当确定刑法分则条文所规定的具体犯罪的责任形式;对于法定刑升格的适用也要遵循责任主义的原则。”①

近年来,有学者从责任主义中提炼出“罪责自负原则”作为刑法的基本原则。代表性观点有郑延谱的《罪责自负原则——历史演进、理论根基与刑法贯彻》(《北京师范大学学报(社会科学版)》2014 年第 4 期)。从责任主义源头即“个人责任还是连带责任”展开分析,探讨罪责自负的历史渊源,认为坚守罪责自负原则既有法律之内的深刻法理根基,更有法律之外如社会管理创新、个人权利意识觉醒等多重因素的综合作用,最终得出罪责自负原则必须在刑法中彻底贯彻。还有学者从责任主义中提炼出“个人责任原则”也是刑法的基本原则。②

自法益概念引入国内以来,对刑法理论和司法实务均产生不可忽视的影响,导致在犯罪本质、违法性判断及个罪认定等方面发生深刻变化,甚至在某些刑法理论上产生对立观点。如法益侵害说与规范违反说、行为无价值与结果无价值、不能犯是否处罚等。③ 那么,法益概念涉及面广,法益保护是否可以成为一项基本原则呢? 本书认为,还是将法益保护定位成刑法的机能或者目的更加合适。正如目前学界形成的共识,犯罪的本质是侵害法益,那么刑法的机能或者目的自然是保护法益,如果将其定位成基本原则,至少从逻辑上对犯罪本质是什么会产生疑问。另外,我国刑法制定的蓝本是 20 世纪的苏联刑法,法益概念却源自德国,尽管近些年也逐步发展并融入中国元素,但直接将法益引入刑法作为基本原则来定位恐怕为时过早。根据我国罪刑法定原则条文的表述,前半段的内容是法律有规定的要处罚,实际上已体现了对法益的保护,即对犯罪的惩处,如果再将法益保护作为基本原则来对待可能导致重合。

责任主义发源于报应主义,目前的定位是对行为人责任的判定,实际上是一种归责原则,最新提法是“罪责自负”。本书认为,同样不宜将责任主义定位为刑法基本原则,充其量只能作为刑法的局部原则,即表现在:在行为产生违法性时,如果行为人具备责任的要素,如故意、过失、达到责任年龄等,则行为人应当承担责任;在行为已经认定为犯罪时,仅由行为人本人承担责任,而不殃及他人。

---

① 张明楷:《刑法学》(第 5 版),法律出版社 2016 年版,第 68 页。

② 参见詹红星:《个人责任原则再研究》,载《求索》2008 年第 3 期。

③ 参见赵运锋:《刑法法益的认识定位与功能分析——兼论法益分析对以刑制罪的影响》,载《北方法学》2017 年第 1 期。

（二）谦抑性原则

刑法的谦抑性源于15、16世纪欧洲文艺复兴中产生的一种人文主义思潮及近代刑法思想，它强调人的主体性，关注人的价值和人所应受到的人道对待方式，从而在刑罚观上反对刑罚擅断，主张轻缓刑罚。当时许多法学家都提出了含有刑法谦抑内容的思想观点，如格劳秀斯、斯宾诺莎、洛克、孟德斯鸠和卢梭等。尽管刑法谦抑思想在上述学者的观点中已有所体现，但刑法谦抑价值属性到了18世纪中叶后才得到普遍认可，最先提出"刑法谦抑性"概念的是日本刑法学者平野龙一。他指出，刑法谦抑性有三方面含义："第一是刑法的补充性，第二是刑法的不完整性，第三是刑法的宽容性。"①中国刑法学著作中最早出现该提法的，则是1984年甘雨沛和何鹏合著的《外国刑法学》一书。

刑法的谦抑性仅仅是一种慎重刑罚的态度还是可以在"谦抑思想""谦抑主义""谦抑原则"含义上来使用，这在刑法学界仍有不同看法。日本学者小暮得雄将谦抑法理作为贯穿刑事法的基本理念来理解，他认为在刑事立法、刑法解释及量刑、行刑甚至搜查、起诉阶段都应坚持谦抑主义思想。② 大塚仁教授明确指出，不仅刑法立法，而且刑法解释及其刑法适用均应考虑刑法的谦抑主义。③ 德国学者罗克辛立足于罪之谦抑角度进行谦抑性的分析。④ 陈兴良教授从刑法价值层面探讨了刑法谦抑性，将刑法谦抑性定位于"现代刑法追求的价值目标"⑤。张明楷教授把刑法谦抑与刑法公正和人道一同作为我国刑法的三大价值目标，认为关系到刑法存在之合理性的刑法谦抑是刑法生命的内在生成因素之一。⑥ 由此可见，各国学者对刑法谦抑性研究的视角不同，认识也不同。

我国学者对什么是刑法的谦抑性有多种界定。归纳起来主要有：(1)认为"谦抑就是意味着缩减或压缩"⑦，"所称谦抑主义是指'慎重'从事，扩大解释为压缩、简化的含义"⑧。(2)认为"刑法的谦抑性，是指立法者应当力求以最小的支出——少用刑罚甚至不用（而用其他刑罚替代措施）获取最大的社会效益——有效地预防和控制犯罪"⑨。

---

① ［日］平野龙一：《现代法Ⅱ——现代法之刑罚》，岩波书店1965年版，第21页。

② 参见李海东主编：《日本刑事法学者》（上），中国·法律出版社、日本国·成文堂1995年版，第253页。

③ 参见［日］大塚仁：《刑法概说》（总论），冯军译，中国人民大学出版社2003年版，第24页。

④ 参见［德］克劳斯·罗克辛：《德国刑法学总论》（第1卷），王世洲译，法律出版社2005年版，第23页。

⑤ 陈兴良：《刑法的价值构造》，中国人民大学出版社1998年版，第352页。

⑥ 参见张明楷：《论刑法的谦抑性》，载《法商研究（中南政法学院学报）》1995年第4期。

⑦ 甘雨沛、何鹏：《外国刑法学》（上册），北京大学出版社1984年版，第1750页。

⑧ 甘雨沛：《比较刑法学大全》（下），北京大学出版社1997年版，第794页。

⑨ 陈兴良：《本体刑法学》，商务印书馆2001年版，第76页。

(3)认为刑法的谦抑性“指刑法应依据一定的规则控制处罚范围与处罚程度,即凡是使用其他法律足以抑制某种违法行为,足以保护合法权益时,就不要将其规定为犯罪,凡是使用较轻的制裁方法足以抑制某种犯罪行为时,足以保护合法权益时,就不要规定较重的制裁方法”①。(4)主张刑法谦抑性是指刑法应秉持谦让、抑制的立场,在必要及合理的最小限度范围内予以使用的属性。② 这些学者的观点都是将谦抑性作为刑法的性质进行探讨,同时与刑罚处罚相挂钩。

近年来,不少学者提出“谦抑性原则”的概念,并在各自的论著中运用,如黎宏的《对风险刑法观的反思》(《人民检察》2011 年第 3 期),米铁男的《非法获取计算机信息系统数据罪中刑法谦抑性原则之考量》(《学术交流》2012 年第 6 期)。当然,这些学者的论著中并未提及“谦抑性”是刑法的基本原则。真正明确“谦抑性”可作为刑法基本原则的是南昌大学的熊永明教授,他先后发表论文《论刑法谦抑性宜为刑法的基本原则》(《河南省政法管理干部学院学报》2006 年第 6 期)和《论刑法谦抑性与刑法基本原则之间的契合》(《云南大学学报(法学版)》2007 年第 3 期),并出版《刑法谦抑性研究》一书,对谦抑性原则进行了全面的分析。他对刑法谦抑性如何能成为刑法基本原则作了论证:“刑法谦抑性理论能够体现刑法的指导思想、性质和基本精神;刑法谦抑性具有对整个刑法立法、司法和理论解释的全方位指导功能。”③

本书认为,刑法谦抑性可作为刑事法理念或准则贯穿于整个立法与司法。因为,刑法谦抑既有收缩、内敛、自我克制之意,又不能突破必要性的最低限制,这样才符合现代刑法的精神和刑法的本位角色。刑法的谦抑性实质上是指基于刑法的补充性和刑法的经济性的内在规定,④刑法对自身介入人们生活、发挥功效的必要性、适度性和有效性的一种自我约束和限制机制,是刑法及一切相关刑法行为所必须遵循的基本理念。⑤ 当然原则与理念总归有相通之处,确切地讲,都对刑事立法产生指引作用。故主张,谦抑性可为刑法的基本原则。

也有学者认为,谦抑性原则也是刑法的基本原则,“刑法谦抑性在刑法理论上应占有一席之地,其不仅是刑事立法的基本原则,而且还指导着刑事司法。无论在刑事立法的制定、刑事司法的运作方面,还是在刑事解释的维护方面,刑法谦抑性的理念都深入其中,刑法谦抑性宜视为刑法的基本原则”⑥。同时该学者提出,“谦抑性原则与目前

① 张明楷:《论刑法的谦抑性》,载《法商研究(中南政法学院学报)》1995 年第 4 期。

② 参见游伟、谢锡美:《非犯罪化思想研究》,载陈兴良主编:《刑事法评论》(第 10 卷),中国政法大学出版社 2002 年版,第 305 页。

③ 熊永明:《论刑法谦抑性宜为刑法的基本原则》,载《河南省政法管理干部学院学报》2006 年第 6 期。

④ 参见陈兴良:《刑法的价值构造》,中国人民大学出版社 1998 年版,第 353 页。

⑤ 参见冯爱玲:《刑法的谦抑性研究》,中国政法大学 2005 年硕士学位论文。

⑥ 熊永明:《论刑法谦抑性宜为刑法的基本原则》,载《河南省政法管理干部学院学报》2006 年第 6 期。

三大刑法基本原则具有天然的契合性”①。与上述观点接近的还有几种,只是他们仅仅将谦抑性原则视为刑事立法的基本原则。如张明楷教授在《刑法的基础观念》一书中以专门篇幅“刑事立法原则与技术”探讨了谦抑性原则、明确性原则和协调性原则。②甘雨沛教授也有类似阐述,他在《比较刑法学大全》中从“根本性地位”角度对刑法谦抑性问题进行总体论述,同时以“刑事立法的谦抑原则”为章名整章探讨了刑法谦抑性问题。③另有观点将谦抑性原则视为刑事司法的原则,如有学者指出“刑法谦抑性原则是刑事司法裁判中值得认真思考的议题”④。储槐植教授等也指出,“对刑法谦抑性原则最原始的解读当然是该原则既包括处罚范围的谦抑,又包括处罚程度的谦抑”⑤。由此可见,在刑法谦抑性上许多学者认同其是刑法基本原则的观点。

(三)比例原则

比例原则源自1215年《英国大宪章》中关于犯罪与处罚应具有衡平性的规定,即人民不得因为轻罪而受到重罚。后来在社会契约论,特别是在法治国和宪法基本权保障等理念的影响下,逐渐成为具有客观规范性质的行政法上的比例原则,进而发展到宪法层面,成为具有宪法位阶公法领域的根本原则。因此,近年也引起刑法学界对比例原则的兴趣与重视。

近年来,有学者提出将比例原则植入刑法基本原则之中。如陈晓明教授指出,“比例原则是公法领域的根本原则,也是刑法的基本原则,它对刑法的运用至关重要,因为它为评判刑法运用的正当与公平提供了一个客观标准,不仅在规范刑事立法和刑事司法方面发挥重要作用,而且对保护公民基本权更具重要意义”⑥。他以比例原则的内涵作为论证起点,得出比例原则在刑法中的应用应包括“适当性——解决犯罪的适格问题;必要性——决定动用刑罚的条件;相当性——确定合理的罪刑关系”。最后得出结论:“比例原则在法治国家的作用是不可替代的。它在限制国家回应犯罪方面扮演了非常重要的角色,保证了民众对国家反应的可预测性。同时,它也为刑罚权的运用是否正当与公平提供了一个较为客观、容易把握的判断标准,使国家权力运用中的大量现实问题得以解决,最大程度上弥补了成文法制度难以避免的法律漏洞。”⑦他认为,“比例原则在西方国家已成为刑法领域的最高原则,成为罪刑法定、罪刑均衡等原则的

① 熊永明:《论刑法谦抑性与刑法基本原则之间的契合》,载《云南大学学报(法学版)》2007年第3期。

② 参见张明楷:《刑法的基础观念》,中国检察出版社1995年版,第143页。

③ 参见甘雨沛:《比较刑法学大全》(下),北京大学出版社1997年版,第794页。

④ 高壮华:《简论刑法谦抑性原则》,载《河南警察学院学报》2017年第2期。

⑤ 储槐植、何群:《刑法谦抑性实践理性辨析》,载《苏州大学学报(哲学社会科学版)》2016年第3期。

⑥ 陈晓明:《刑法上比例原则应用之探讨》,载《法治研究》2012年第9期。

⑦ 陈晓明:《刑法上比例原则应用之探讨》,载《法治研究》2012年第9期。

上位原则”。由此引起学界对比例原则能否成为刑法基本原则的讨论。

南京师范大学姜涛教授先后发表《追寻理性的罪刑模式：把比例原则植入刑法理论》（《法律科学（西北政法大学学报）》2013 年第 1 期）和《比例原则与刑罚积极主义的克制》（《学术界》2016 年第 8 期）两篇论文，对比例原则植入刑法基本原则进行了更加深入的论证。他认为，“在中国当下，由于刑法知识上与其他部门法之间的鸿沟，比例原则的真义及其存在价值完全被遮蔽住了，这就无法为刑事立法与刑事司法中的罪刑规范建构提供合理边界及标准，以至于造成了刑事立法泛滥和刑法解释中的公权力扩张化趋势，严重影响到刑法之人权保障机能的发挥”。因此，“刑法学目前面临的尴尬处境只有基于比例原则的分析范式才能从理论上予以消解，我们应该把比例原则植入中国刑法理论”。他首先从引入比例原则的必要性分析，认为“罪刑法定原则、罪责刑相适应原则和刑法面前人人平等原则虽然对于从观念上防止司法恣意具有重要意义，但并不能对立法泛滥具有强制的约束力，也无法对不符合法治国家原则的刑事立法有所纠正”。进而得出比例原则的引入有其必要性与合理性的结论，“比例原则比刑法的基本原则具有更高效力；比例原则弥补了刑法的谦抑性之局限性”。随后对如何引入比例原则展开分析，他认为“如何将比例原则植入刑法理论，不仅涉及刑法理论与刑法规范两个基本维度，而且还关联着刑事立法与刑事司法两大基本领域”，最后得出“把比例原则作为罪刑关系配置的基本原则，刑事立法应该考虑刑法上的可罚的违法性，在刑法解释中强化合目的的法律解释方法”。从中可见，对其又有引申之意。姜涛教授进一步认为，“比例原则能够弥补刑法的基本原则无法防止立法泛滥及刑法的谦抑性所不具有的硬约束力之缺陷，因此，刑法学有必要引入比例原则分析范式，并以其三项子原则——妥当性原则、必要性原则和禁止过度原则的建构为突破口，追寻一种理性的罪刑规范，并形成把比例原则作为罪刑关系配置的基本原则”①。

中国政法大学张祥宇博士通过对比例原则与刑法基本原则的比较研究，得出如下结论：“通过对比例原则与刑法基本原则之间的比较，比例原则无论是立法还是在司法过程中，无论是整体上的公正还是在实现个案正义上都应当具有更为重要、更为全面的作用。”②因此，比例原则与目前主流的基本原则相比，更有资格成为刑法基本原则。但是张博士并没有进一步对比例原则如何在刑事立法与刑事司法上实现进行分析，这也给后来的学者指明了比例原则深入研究的方向。由此可见，刑法基本原则也大有扩张之势。

---

① 姜涛：《追寻理性的罪刑模式：把比例原则植入刑法理论》，载《法律科学（西北政法大学学报）》2013 年第 1 期；姜涛：《比例原则与刑罚积极主义的克制》，载《学术界》2016 年第 8 期。

② 张祥宇：《比例原则与刑法基本原则比较研究——以刑事立法为视角》，载《北华大学学报（社会科学版）》2016 年第 1 期。

综上,刑法学界对于比例原则是否应当作为刑法基本原则的研究并不多,但仅有的一些研究也足够引起学界的深入思考。本书主张,将比例原则作为行政法的基本原则引入刑法领域,其基本内涵可分为适当性原则、必要性原则、均衡性原则。适当性原则的本质体现为罪刑相适应,必要性原则体现为谦抑性,唯有均衡性原则不能完全被现有基本原则所包括。就比例原则而言,只有部分内容体现基本原则的范畴,均衡性体现了司法中刑罚适用的均衡。

第九章　刑法的效力规范及管辖范围

刑法效力，又称刑法的适用范围和实际约束力。包括：一是指刑法的规范效力，即实际约束力。二是指刑法的管辖效力，即在什么地方、对什么人和在什么时间或具备什么条件下具有约束力，也即刑法的空间效力、时间效力及总则效力、追诉效力和告诉才管辖的效力等。

一、刑法的规范效力：一切罪刑规范及刑法典

刑法规范是法律规范的一种，它是规定犯罪及其刑事责任的刑法规则。刑法规范有着自身的结构组成，即假定、处理和制裁。假定是刑法规范的必要条件，任何刑法规范都在一定条件下才能适用，而这一条件即称假定。如我国《刑法》第302条规定："盗窃、侮辱、故意毁坏尸体尸骨、骨灰的，处三年以下有期徒刑、拘役或者管制。"在该规范中，"盗窃、侮辱、故意毁坏尸体尸骨、骨灰的"就是假定。处理是指刑法规范中对行为规范本身的要求，即规定人们可以做什么（授权性规范）、必须做什么（义务性规范）、禁止做什么（禁止性规范）。如《刑法》第19条规定："又聋又哑的人或者盲人犯罪，可以从轻、减轻或者免除处罚。"此即授权性规范。再如《刑法》第14条第2款规定："故意犯罪，应当负刑事责任。"此即义务性规范。《刑法》第102条第1款规定："勾结外国，危害中华人民共和国的主权、领土完整和安全的，处无期徒刑或者十年以上有期徒刑。"此即禁止性规范。制裁是指违反刑法规范将导致的法律后果，即判处的刑罚，如上述第302条中的"处三年以下有期徒刑、拘役或者管制"就是刑法规范中的制裁。

至于刑法规范与刑法条文的关系，二者既有联系又有区别。其联系：刑法规范体现在刑法条文之中，是刑法条文的内

容,而刑法条文则是刑法规范的文字表述,是刑法规范的表现形式。其区别:规范和条文不是一回事,一个是形式,一个是内容,并非所有条文都是规范。

刑法的规范效力是指对其所指向的单位或个人的强制力和约束力。刑法规范之所以能够禁止人们实施某种行为、命令人们实施某种行为、允许人们实施某种行为,正是因为它是一种有效力的规范,也即它具有强制力或约束力。如果刑法规范是无效的,则其设定的授权、义务和禁止的内容就毫无意义,人们也就不会照着去做。当然,刑法的效力与刑法的实效又是两回事。前者是刑法应当或想要具有的效能或约束力,后者是具体某一部刑法在社会上或生活中所具有的实际效能或实际约束力。就刑法立法的初衷而言,必然想达到刑法效力和刑法实效的高度统一,以便使该部刑法在社会上或人们生活中充分发挥其规范行为、稳定秩序的最终效用。而要达到二者的高度统一和充分发挥其效用,一要靠立法的严密性和公正性,二要靠良好的司法环境。其实,刑法的约束力不是目的而是手段。换句话讲,立法者制定刑法,司法者执行刑法,不是一种单纯的约束,而是为了保护合法权益。途径有两个:一是通过惩罚犯罪者来保护,二是通过规范行为来保护,也即惩罚和规制两种方式。

既然刑法约束力是刑法效力的核心,且刑法的约束力是通过具体规范来实现的,那么我们有必要进一步明确刑法规范的分类和内容。按其自身特点划分如下:

首先,按刑法规范处理的内容的不同性质分为授权性规范、义务性规范和禁止性规范,如上述。但应注意的是:(1)有些刑法规范既是一种授权性规范又是一种义务性规范,尤其是对于国家机关或司法人员的授权性规范,既是可做的行为又是应做的行为,只能行使不能放弃,否则就是失职。(2)有些规范,既是一种义务性规范又是一种禁止性规范,如前述《刑法》第 14 条第 2 款规定的“故意犯罪,应当负刑事责任”。(3)有些刑法规范,既是针对一般人而言的又是针对司法人员而言的。如我国《刑法》第 277 条第 1 款规定:“以暴力、威胁方法阻碍国家机关工作人员依法执行职务的,处三年以下有期徒刑、拘役、管制或者罚金。”这里,一是禁止任何人实施抢劫行为(禁止性规范);二是要求司法人员对抢劫行为依法定罪量刑(义务性规范),授权司法人员可以在一定幅度内量刑(授权性规范)。故应全面理解,综合考量。

其次,按刑法规范本身的确定性可分为确定性规范和非确定性规范。前者是指明确地规定某行为规则的内容而不必援引其他规范来说明,后者是指没有明确规定某行为规则的内容而是指出由某专门机关或法律予以规定。

最后,按照刑法规范的强制性程度可分为强制性规范和任意性规范。前者是指对于权利、义务的规定十分明确,不允许以任何方式变更或违反。上述禁止性和义务性规范均属强制性规范,且刑法规范大多数是强制性规范。如《刑法》第 100 条第 1 款规定:“依法受过刑事处罚的人,在入伍、就业的时候,应当如实向有关单位报告自己曾受过刑事处罚,不得隐瞒。”此即强制性规范,当然是必须履行的义务。后者是指允许在法定范围内自行确定其权利和义务。任意性规范主要是指授权性规范,且刑法中的任意性规范极其有限。

无论刑法规范的内容如何,其约束力必然体现在刑法的权威性、强制性和规范性上。权威性指刑法具有使人遵守的威望。强制性指刑法具有国家强制力做后盾来保证实施。规范性指刑法向人们提供了行为模式及遵循这些模式与否的法律后果。这一规范性,一靠立法者在技术与本质内容上的精密和公正的设计,二靠司法者的公正执法,三靠全体公民的认同和自觉遵守。如是,才能够使刑法规范真正具有效力和约束力。

二、刑法的空间效力:属地、属人、保护、普遍管辖

刑法的空间效力是一个国家的主权所在,核心是解决在一定空间范围内的刑事管辖权问题,包括其主权所享有的、在其主权范围内所发生的对犯罪的起诉、审判和处罚的权力。

(一)刑法空间效力的一般理论

刑法空间效力是指刑法在什么地方、对什么人具有法律效力。它是刑法效力范围最主要的组成部分之一。每个主权国家除受到国际法和国际条约的限制外,均有权采取其认为最好的、最合适的空间管辖原则来行使自己的刑事管辖权。当然,随着跨国交流和不同国家公民之间交往的频繁,在考虑刑法对人和对地域生效的时候,也会介入国家利益甚至国际公共利益的考量。也就是说,作为国际法的主体,国家在国际公约的范围内必然要承担相应的国际义务,以便与国内刑法的空间管辖权相配合,协调好国际国内的主权与管辖关系。

刑法空间效力是针对“人”和“地”的管辖。虽然经常需要将“人”和“地”结合起来,但对“人”和“地”的管辖是刑法空间效力两个最重要的内容,由此产生了刑事管辖权方面两个最主要的原则,即属地原则和属人原则。前者以地域为标准,凡是在本国领域内的犯罪都适用本国刑法;后者以国籍为标准,凡是具有本国国籍的公民,无论在何地犯罪,都适用本国刑法。属地原则直接维护国家主权,但遇到在本国领域外对本国及公民犯罪就无法适用本国刑法;属人原则直接行使对本国公民的管辖权,但遇到外国人在本国领域内犯罪就无法适用本国刑法。因此,两个原则虽然都有明显的缺陷,但可以互补。随着各国间交流的日益扩大,国际合作与协助增多,国家主权意识增强,同时为弥补上述两原则的缺陷,两个新的刑事管辖权原则应运而生,这就是保护原则和普遍管辖原则。前者以保护本国利益为标准,凡侵犯本国利益的犯罪,都适用本国刑法;后者以保护国际社会的共同利益为标准,凡侵犯本国认同的国际社会共同利

益的犯罪都可适用本国刑法。另外还有“永久居所或营业地原则”作补充。

1. 属地原则。又称领土原则或地域管辖，即以地域为标准确定刑法的生效范围，凡是发生在地域内的犯罪，无论是本国人还是外国人，也无论侵犯何种利益，都适用本国刑法。[①] 它是刑事管辖权最早的原则之一，英美法系早期多采用此原则。该原则以一国领域为标准，凡在本国领域内犯罪，无论犯罪者是本国人还是外国人，侵害的是本国利益还是外国利益，受害人是本国人还是外国人，都一律适用本国刑法。反之，凡在本国领域外犯罪，一律不适用本国刑法。各国对本国刑法生效的地域管辖，一般以国家主权所能管辖的地域为限，超出本国主权管辖地域的不能适用本国刑法。属地原则是最基本也是最有效的管辖原则，因为一国主权是国家独立存在的最基本权利，管辖本国主权范围内的事务是一国独立存在的根本；同时一国在主权范围内管辖犯罪最便捷、最有效，其他国家不能在本国主权范围内管辖犯罪。

2. 属人原则。又称国籍原则，是以犯罪人的国籍为准则，凡具有本国国籍的人，无论在国内或国外犯罪及侵犯哪国或其公民利益，都适用本国刑法。凡非本国公民，无论在国内或国外犯罪，侵犯哪国或其公民利益，都不适用本国刑法。属人原则是根据国家来确定犯罪主体，即作为本国刑法效力所及的刑罚对象。[②] 该原则也是刑事管辖权最早的原则之一，起源于日耳曼，大陆法系国家多采用此原则，目前世界各国均采用此原则。该原则确认刑法对本国公民的效力，但如果单独采用该原则，则当本国及公民的权益遭受到不具有本国国籍的外国人侵害时，本国刑法就无能为力。该原则显然与国家主权原则相悖，同样存在明显的缺陷。

对于本国人的范围，各国法律大都有明确的规定。对于具有双重国籍的人，两国各自依据属人原则适用本国刑法。如果犯罪时是外国人，在诉讼时其国籍变为本国，则应按诉讼时的国籍，依属人原则，适用本国刑法。如果犯罪时是本国人，诉讼时是外国人，同样应根据属人原则适用诉讼时犯罪人国籍的本国刑法。但希腊刑法是以犯罪时为标准的，按属人原则应适用犯罪时犯罪人国籍的本国（希腊）刑法。按属人管辖，在本国内犯罪的公民适用本国刑法。但本国人在国外犯罪的管辖范围有所不同，一种是对所有本国公民在外国的犯罪都实行管辖，如德国、奥地利和丹麦刑法均属此种管辖，我国刑法也属于这种管辖形式。另一种是对于重罪和轻罪有不同规定，重罪无限

---

① 参见李晓明主编：《中国刑法总论》，清华大学出版社 2013 年版，第 156 页。

② 该原则争议甚大。有人认为，属人管辖应包括对犯罪人国籍的管辖和对被害人国籍的管辖。参见林欣：《国际法中的刑事管辖权与中华人民共和国刑法》，载《中国社会科学》1982 年第 6 期。也有人认为，属人管辖仅仅是指犯罪人国籍管辖，不包括被害人国籍管辖，后者应成为独立的刑事管辖原则。参见赵维田：《论三个反劫机公约》，群众出版社 1985 年版，第 38 页。还有人认为，对犯罪人管辖为积极的属人主义，对被害人管辖为消极的属人主义。参见甘雨沛、何鹏：《外国刑法学》（上册），北京大学出版社 1984 年版，第 244 页。

地适用本国刑法,轻罪限于一定条件或限于特定犯罪适用本国刑法。

关于外国刑罚轻重的不同规定。由于政治、经济、文化、风俗习惯等的不同,各国刑法的规定必不相同。本国公民在外国犯罪,如果本国刑法认为是犯罪,而犯罪地的法律不认为是犯罪,本国自当适用犯罪地的法律。但当本国和犯罪地的刑法都认为是犯罪,在本国适用属人原则时又该如何处理呢?首先,为避免犯罪人受到双重处罚,通常采取国际上的"相互性原则",就是说犯罪者的本国适用国内刑法是在"代理别国(犯罪地国)的刑事司法"名义下,取得属人的管辖根据。[①] 其次,为解决刑罚轻重的不同,各国又有不同的规定。如果犯罪地国刑罚比本国轻,一般应考虑适用轻法,当然也有国家明确规定用轻法。如《瑞士联邦刑法典》第 6 条第 1 款规定:"瑞士人在外国实施之重罪或轻罪,根据瑞士法律允许引渡的,如果该行为在犯罪地也被认为是犯罪,适用本法,但以行为人在瑞士或因该行为被引渡给联邦者为限。如果犯罪地法律对行为人的处罚较轻的,适用犯罪地的法律。"

虽然各国采用"属人原则"的依据和文化背景不同,但大都以"本国人忠诚关系"作为"属人原则"政治依据,而该种关系从国家角度来讲意味着不轻易向外国引渡犯罪的本国人,这也势必与属地原则相冲突。如德国、奥地利等国刑法都以属人原则为遵守,由此被批评为"对他国主权来说,采取这种措施,是国际法所不允许的"[②]。然而这种批评并非正确,如果本国采用属人原则,外国也采用属人原则,是对等关系,有冲突时可依国际习惯法或国际司法互助协定解决之。包括对于具有双重国籍的外国人,也有属人原则管辖的冲突问题。

3. 保护原则。也叫安全管辖和自己管辖,是指无论犯罪行为发生在何处,无论犯罪人是何国籍,凡侵犯本国或本国公民利益的犯罪均适用本国刑法。[③] 从彻底保护利益的观点来看,保护原则填补了属地原则和属人原则的漏洞,其实质意义在于彻底保护外国人在外国实施犯罪所侵害的本国利益。保护原则起源于中世纪《伦巴底法典》(Lombardy law)。14 世纪以来,曾遭到严厉批判。有些法学者为了本国的安全,认为在国外的犯罪,也应作为国内的犯罪来考虑。据此理由,称其为"准属地主义"。所称保护主义又应理解为本国的正当防卫。

关于保护原则处罚的对象。作为保护原则处罚对象的犯罪分为侵犯国家利益之罪和侵犯国民利益之罪。前者是关于保卫国家安全、信用方面的犯罪。大多数国家把

① 采用属人管辖的国家与采用属人管辖与属地管辖兼并的国家,都有否定这一"相互性原则"的倾向。

② 甘雨沛、何鹏:《外国刑法学》(上册),北京大学出版社 1984 年版,第 244 页。

③ 又可分为国家保护说、国民保护说和综合说。国家保护说认为,保护管辖原则仅是指保护国家利益;国民保护说认为,保护管辖原则仅是指保护国民利益,同上述消极的属人原则相同;综合说认为,保护管辖原则既保护国家利益又保护国民利益。

内乱、背叛及伪造货币、国债证券等作为保护原则处罚的对象。如《意大利刑法典》第7条规定:“公民或者外国人在外国实施下列犯罪之一的,依照意大利法律处罚:(1)国事罪;(2)伪造国家印章,使用伪造的国家印章;(3)伪造在国家领域合法流通的货币、印花或者意大利公共信用票据罪;(4)为国家服务的公务员滥用职权或者违反其职责义务而实施的犯罪;(5)根据法律的特别规定或者国际条约可以适用意大利刑法的其他任何犯罪。”此外,德国、希腊、瑞士、日本刑法及法国刑事诉讼法等都有类似的规定。但也有的国家关于保护国家利益方面的犯罪,没有在刑法典中规定。后者是关于保护国民利益方面的犯罪。大多数国家对犯罪的种类不加考虑,只是在是否有必要考虑犯罪地国家的法律也认为是犯罪上有不同。如《瑞士联邦刑法典》第5条规定:“1.在外国实施针对瑞士国民的重罪或轻罪,如该行为在犯罪地也被认为是犯罪的,适用瑞士法律,但以行为人在瑞士且未被引渡给外国,或者行为人被引渡给瑞士联邦者为限。犯罪地法律对行为人的处罚较轻的,适用犯罪地之法律。2.如果行为人在外国所受之处罚已经执行完毕、被赦免或时效期限已经经过的,其同一之重罪或轻罪不再处罚。3.如行为人在外国未执行刑罚或只执行刑罚之一部分的,则在瑞士执行刑罚或余刑。”德国、意大利、希腊刑法等都有类似规定。但日本刑法例外,其将上述两方面犯罪全部放在一起,作为所有的国外犯,规定在刑法第2条。法国、荷兰、奥地利等国的刑法与日本的立法例相同。

4.普遍原则。也叫世界性原则,是指无论犯罪发生在何处,犯罪人与被害人是何种国籍,也无论被害利益归属如何,只要实施犯罪,世界上任何国家就均有管辖权。普遍原则是基于人类社会在世界范围内同犯罪作斗争的需要而提出的,该原则以保护国际社会共同的利益为目标,是人类社会为共同打击犯罪而合作的典范。关于普遍原则适用的对象范围:(1)在航空器内的犯罪和针对航空器的犯罪;(2)贩卖麻醉药品和精神药品的犯罪;(3)种族隔离、种族灭绝和贩卖人口的犯罪;(4)恐怖活动的犯罪;(5)海盗的犯罪;(6)侵犯外交代表的犯罪;(7)伪造货币的犯罪;(8)破坏环境资源保护的犯罪;等等。

随着人类社会通信和交通的高速发展,人类社会在发展规律和安全两大问题上显示出越来越多的共同利益。我们只有一个地球,为维护世界的和平和繁荣,国际刑法的任务将任重而道远。随着刑法管辖原则的不断发展,理论上又出现了永久居所或营业地原则。具体是指如果犯罪人或受害人在某国有永久居所或营业处所,那么,该国即可行使刑事管辖权。依据确立管辖权的依据,该原则又可具体划分为犯罪人主义、被害人主义和犯罪人兼被害人主义。甚至出现折中原则,又可称为混合原则或结合原则。一般折中原则是以属地为主,以属人、保护、普遍原则为补充的。折中原则兼采各种原则的优点,堵塞各原则的矛盾或漏洞。属地原则的实质是领土,领土是国家最基本的基础条件。自古以来,无主、臣、国土,即无国家可言。从国家主权和刑罚权观点出发,首先是领土问题。因此各国一般以属地为主,其他为辅。如单纯采用属地原则,则无法解决国内犯、国外犯及国际性的犯罪,故各国均采取折中原则。

(二)刑法空间效力的规定

鉴于现代刑法在空间效力上的高度一致性,这里以我国为例讨论。我国刑法在空间效力上采用折中原则,即以属地原则为主,以属人原则、保护原则、普遍原则为补充的原则。

1. 刑法的属地原则

我国《刑法》第 6 条规定:"凡在中华人民共和国领域内犯罪的,除法律有特别规定的以外,都适用本法。凡在中华人民共和国船舶或者航空器内犯罪的,也适用本法。犯罪的行为或者结果有一项发生在中华人民共和国领域内的,就认为是在中华人民共和国领域内犯罪。"这是我国刑法空间效力中属地原则的体现。依据该规定,无论犯罪人是我国公民还是外国人,无论侵害的是我国利益还是外国利益,只要是在我国领域内的犯罪都适用我国刑法。

这里的"领域"是个立体概念,是我国行使主权的空间,包括领陆、领水和领空及底土。空间效力的领域范围,仅限于本国主权范围的领域。领域要根据国内法和国际法上的概念来确定,当然也有少数国家例外,如意大利、葡萄牙等国家。领海的范围,多从 3 海里说。到 18 世纪后半叶,各国的惯例多从"国土支配权止于武力"的说法,其终极意思是"着弹距离说"。后来逐渐归于 3 海里说。随着军事科学的发展,着弹点可达地球的任何地方,因而各国多数主张扩延领海的限度。国际法学会主张定为 6 海里,也有的主张 12 海里。

(1)领陆,是指一个国家国境线以内的陆地领土,它是领域的主要和基本部分。我国 1992 年 2 月 25 日颁布的《领海及毗连区法》第 2 条第 2 款规定:"中华人民共和国的陆地领土包括中华人民共和国大陆及其沿海岛屿、台湾及其包括钓鱼岛在内的附属各岛、澎湖列岛、东沙群岛、西沙群岛、中沙群岛、南沙群岛以及其它一切属于中华人民共和国的岛屿。"这就是我国的领陆范围,也是我国刑法的管辖范围。

(2)领水,是指在陆地疆域内或与陆地疆域相邻接的一切水域。具体分为:①内水,是指我国陆地疆域内的水域。包括内湖、内河、内海及界水的一部分。[①] ②领海,是指与一国海岸或内水相连的一定范围的海域。根据 1958 年 9 月 4 日我国政府关于领海的声明和我国《领海及毗连区法》第 3 条的规定,我国的领海是 12 海里,测定领海范

---

① 所谓界水是指分属于沿岸国家的内水。按照国际惯例界水划分的原则是,对不可航行的河流以河道中心线为界;对可航行的河流以河流的主航道中心线为界。

围的起点是直线基线法,即中国大陆及其沿海岛屿的领海以连接大陆岸上和沿海岸外缘岛屿上各基点之间的各直线为基线,从基线向外延伸 12 海里的水域是中国的海域。

(3)领空,一般是指领陆、领水的上层空气空间。但在领空范围上,也有领空无限说的观点,而且这一观点得到 1919 年巴黎公约和 1944 年芝加哥公约的承认。1919 年在巴黎签订的《航空管理公约》第 1 条规定:"每一个国家对其领土(陆地、水域)上的空间具有完全的排他的主权。"因此,随着航天技术的快速发展,制定太空法已成为国际立法的一个重要课题。而现代国际社会将领空划分为空气空间和外层空间两部分,各国普遍承认国家对其领土之上的空气空间拥有主权,而对外层空间则没有主权。因此,实际上领空是指领陆、领水之上的空气空间。即便如此,领空的刑法效力也会受到航空器的国际制约,故非常复杂。

(4)关于在我国船舶、航空器、领使馆内的犯罪。我国《刑法》第 6 条第 2 款规定,凡在我国船舶、航空器内犯罪的,都适用我国刑法。根据 1961 年《维也纳外交关系公约》的规定,各国驻外大使馆、领事馆不受驻在国的司法管辖,而受本国的司法管辖。故在我国驻外领使馆内的犯罪应适用我国的刑法。关于船舶和航空器。挂有本国国旗的船舶、航空器,是属地主义的一种主要特征。因此,称这样的属地主义为"旗国主义",即国际法所说的双重领土。基于该论点,挂有本国国旗的航行中船舶、航空器,视为本国领土,在其中实施犯罪的,根据属地原则,适用本国刑法。这一主张一般为各国所承认,并在刑法典中得以规定。但反对的意见认为,应把挂有本国国旗的船舶、航空器称为"浮动领土",因为它不是"实质领土",而是"想象领土",把它确定为犯罪地,成为刑法效力所及的范围是不正确的。然而,这种批判终究是少数。国际上绝大多数国家都承认"浮动领土"或"想象领土",认定其主张是正确的。这里所称"想象领土"是相对"实质领土"而言的,它把驻外国领事馆,本国军队驻外国军事区或占领地,挂有本国国旗的船舶、航空器均视为本国领土。

(5)关于犯罪地。我国采用的是综合说,即犯罪的行为和结果有一项发生在我国领域内的,就认为是在我国领域内犯罪,适用我国刑法。犯罪地又分为行为地说、结果地说和混合说三种情况。行为地说是指对那些始于本国领土而终于别国领土的犯罪拥有刑事管辖权的主张,对于不作为犯罪,以义务发生地作为行为地。因此,也称"主观领土管辖"或"主体领土管辖"。结果地说是指对那些始于别国领土而完成或实现于本国领土的犯罪,或对本国造成有害后果的犯罪拥有刑事管辖权的主张,因此也称"客观领土管辖"或"客体领土管辖"。混合说是指无论行为地还是结果地,只要有一项在本国领土内发生就拥有对该犯罪的刑事管辖权的主张,因此也称"折中主义"或"行为与结果择一说"。行为地说不考虑行为的结果发生地,结果地说不考虑犯罪的实施和未遂,二者都具有一定的片面性。针对这一情况,就有了另一种主张,即在一定的国土内,哪怕犯罪行为只实施了一小部分,也可确定为犯罪地。一般把该观点称为"偏在说"。[①] 有的学者认为"偏在说"更不妥当,并提出两点批判,一是扩大主权、刑罚权倾向的典型,二是拟制的犯罪地。因而,偏在说在法学界未获得充分认可,但至今并未提出足以克服此缺点的论点来,故当前许多国家把偏在说的主张用明文规定下来。[②] 有些国家的刑法典中虽没有规定,但实际上也承认。另外,共同犯罪地的确定是十分困难的。目前有两种观点:一是根据共同犯罪独立说来确定共同犯罪地,二是根据共同犯罪的从属说来确定共同犯罪地。前者是最狭义解释论,认为只有共犯的共同行为地才是共同犯罪地。后者为广义解释论,认为正犯的行为地就是共同犯罪地。从世界各国刑法规定的情况来看,采用第二种观点的国家占绝大多数。如德国、日本和法国的刑法均持此观点。

这里的"法律有特别规定的"主要包括以下五种规定:

(1)我国《刑法》第11条规定:"享有外交特权和豁免权的外国人的刑事责任,通过外交途径解决。"所谓外交特权和豁免权是根据国际公约,国与国之间在相互平等的基础上,为保证驻在本国的大使馆、公使馆和其他外交机构及其工作人员正常执行职务而给予的一种特殊权利和优遇。这与殖民主义的治外法权完全是两码事。我国于1975年加入《维也纳外交关系公约》,并于1986年9月5日颁布实施《外交特权与豁免条例》。该条例涉及内容广泛,与刑事有关的是:使馆馆舍不受侵犯;使馆的档案和文件不受侵犯;使馆通讯不受侵犯;外交代表的人身不受侵犯,不受逮捕或拘留,与外交代表共同生活的配偶及未成年子女,如果不是中国公民,享有与外交代表相同的那些特权与豁免权;使馆行政技术人员和与其共同生活的配偶及未成年子女,如果不是中国公民且不是在中国永久居留的,享有外交特权和豁免权;来我国访问的外国国家元首、政府首脑、外交部长及其他具有同等身份的官员也享有外交特权和豁免权。此外,依照外交程序出席国际会议的代表、各国政府或联合国的特派员也享有外交特权和豁免权。应强调的是,享有外交特权和豁免权的人员当然不能随意违法犯罪,如果一旦出现违法犯罪情况,我国决不能也不可能听之任之,应通过外交途径予以解决。通常是要求派遣国召回,或宣布为"不受欢迎的人""不可接纳的人"以至武装送其离境。

(2)我国《刑法》第90条规定:"民族自治地方不能全部适用本法规定的,可以由自治区或者省的人民代表大会根据当地民族的政治、经济、文化的特点和本法规定的基本原则,制定变通或者补充的规定,报请全国人民代表大会常务委员会批准施行。"我国是多民族的国家,由于历史等诸多原因,其政治、经济发展不平衡,尤其文化传统、风

---

① 参见甘雨沛、何鹏:《外国刑法学》(上册),北京大学出版社1984年版,第242页。

② 如《德国刑法典》第3条第3款,《意大利刑法典》第6条第2款,《瑞士联邦刑法典》第7条,《法国刑事诉讼法》第693条等都明确规定了"偏在说"。

俗习惯存在差异。国家考虑到这些特殊情况,在刑事立法中采取了变通措施。主要表现在侵犯公民人身权利、民主权利领域的犯罪中。需注意的是:刑法的效力在某些少数民族中部分受到限制,同外交特权和豁免权不同。它不是完全不适用,仅仅是几种或个别犯罪不适用。不适用的部分要根据法律要求,通过法律程序制定出替代的地方法律,并报全国人大备案。

(3)我国《刑法》颁布实施后国家立法机关制定了特别刑法,其中包括单行刑法和附属刑法。我国1979年颁布《刑法》后颁布了许多特别刑法,我国现行《刑法》吸收了大部分特别刑法。1997年系统修改《刑法》后,也颁布过一些特别刑法和刑法修正案,均具有刑法效力。

(4)《香港特别行政区基本法》第2条规定:“全国人民代表大会授权香港特别行政区依照本法的规定实行高度自治,享有行政管理权、立法权、独立的司法权和终审权。”由此可见,我国对香港地区恢复行使主权后,除外交、国防统一由中央政府管理外,其他事务管理包括司法均按“一国两制”、港人治港、高度自治的政策处理。这也属于刑法属地管辖的特别规定。澳门特别行政区根据其基本法的规定,也享有与香港相同的特殊的刑事管辖权。但当我国宣布处于战争状态或特别行政区内发生自身不能控制而又危及国家统一与安全的动乱时,可决定特别行政区进入紧急状态,此时我国刑法在这一区域内就可以适用了。

(5)《香港国安法》的特别管辖权。《香港国安法》是作为《香港特别行政区基本法》附件三公布的,显然其效力同基本法一样,而非缩限在香港特别行政区的法律,故其当然也属于全国性的单行刑法性质,也即香港既可公诉香港本地有关国家安全方面的犯罪,也可公诉发生在内地、澳门、台湾地区以及中国境外有关国家安全方面的犯罪,只要犯罪行为或者结果有一项发生在香港特别行政区内的,均可由该法管辖。

2. 刑法的属人原则

根据《刑法》第6条规定,除在上述属地管辖中谈及的例外,无论是国人还是外国人在我国领域内犯罪的都适用我国刑法。对于国人无须解释,对外国人是依据国际公认的国家主权原则。

我国《刑法》第7条第1款规定:“中华人民共和国公民在中华人民共和国领域外犯本法规定之罪的,适用本法,但是按本法规定的最高刑为三年以下有期徒刑的,可以不予追究。”据此,我国公民在国外犯罪的原则上都适用我国刑法。这属国家主权,我国公民尽管居住在国外,但根据属人原则有义务遵守国家刑法,也有权利享受国家刑法保护。同时考虑到所在国的主权,尊重所在国法律,故规定最高刑不超过3年的可以不予追究。“可以不予追究”是以适用为前提,当然,“可以不予追究”意味着也可以追究。该条第2款规定:“中华人民共和国国家工作人员和军人在中华人民共和国领域外犯本法规定之罪的,适用本法。”显然,并没有“最高刑不超过3年的可以不予追究”的规定。这是因为,这些人员享有外交特权和豁免权,既然不受外国法律管辖,也就必然应受我国法律管辖,否则就会形成法律的真空地带。

关于单位(法人)的效力。我国《刑法》总则关于空间效力的规定,同样适用于单位犯罪。当然我国刑法对单位犯罪的效力范围有特别规定:(1)关于单位的国籍。对单位要区分中国单位或外国单位。凡是在我国批准登记设立的单位即属中国单位,凡不在我国批准登记设立的单位属外国单位,对中国单位的效力与对中国公民的效力完全相同。(2)在单位犯罪中,往往存在两个犯罪主体,即单位和作为单位构成要素的自然人。而刑法对两种主体的效力有时会有所不同,如单位是中国单位,自然人是外国人,或者相反。此种情况下,刑法对这两类犯罪主体的效力应分别确定,根据不同情况分别适用《刑法》总则有关空间效力的规定。

关于外国法院判决的效力。我国《刑法》第10条规定:“凡在中华人民共和国领域外犯罪,依照本法应当负刑事责任的,虽然经过外国审判,仍然可以依照本法追究,但是在外国已经受过刑罚处罚的,可以免除或者减轻处罚。”该规定说明我国独立行使审判权和主权原则的神圣不可侵犯性,外国判决对我国无约束力,但我国也要充分考虑不使犯罪人受到双重处罚,这是我国刑事法律原则性和灵活性的具体体现。对于该问题,多数国家主张承认他国判决的事实,但不承认其效力。如果承认其效力,就不能对该罪适用国内法,再进行审判,否则违反一事不再理原则。根据我国属人或保护原则,仍对该罪有审判权。如果在外国已执行其全部或一部分刑罚的,可免除或减轻处罚。特殊情况下本国法院可重新判决,以利于被告。

另外,我国《刑法》第11条规定:“享有外交特权和豁免权的外国人的刑事责任,通过外交途径解决。”这一规定,也是基于“外交对等”的原则和国际法的规定做出的妥善处理。

3. 刑法的保护原则

我国《刑法》第8条规定:“外国人在中华人民共和国领域外对中华人民共和国国家或者公民犯罪,而按本法规定的最低刑为三年以上有期徒刑的,可以适用本法,但是按照犯罪地的法律不受处罚的除外。”据此,外国人在我国领域外侵犯了我国及其公民合法权益时,我国拥有刑事管辖权,即依据我国刑法予以惩处,但须是3年以上有期徒刑和犯罪地也应处罚的行为。

4. 刑法的普遍原则

我国《刑法》第9条规定:“对于中华人民共和国缔结或者参加的国际条约所规定的罪行,中华人民共和国在所承担条约义务的范围内行使刑事管辖权的,适用本法。”据此,凡我国缔结或参加的国际条约所规定罪行,即采用普遍管辖原则,行使刑事管辖权。经全国人大批准,1979 年《关于在航空器内的犯罪和其他某些行为的公约》(《东京公约》)对我国生效,1980 年《关于制止非法劫持航空器的公约》(《海牙公约》)、《关于制止危害民用航空安全的非法行为的公约》(《蒙特利尔公约》)对我国生效,1987 年《关于防止和惩处侵害应受国际保护人员包括外交代表的罪行的公约》对我国生效,1989 年《联合国禁止非法贩运麻醉药品和精神药品公约》对我国生效,2005 年《联合国反腐败公约》对我国生效。

我国 1979 年《刑法》没有规定普遍管辖。后来根据国际犯罪的态势,以及打击国际严重犯罪的需要,全国人大常委会于 1987 年颁布了《关于对中华人民共和国缔结或者参加的国际条约所规定的罪行行使刑事管辖权的决定》,从此确定了刑事普遍管辖权的原则。1990 年 12 月 28 日全国人大常委会在《关于禁毒的决定》第 13 条中详细规定,外国人在中华人民共和国领域外走私、贩毒、运输、制造毒品进入我国领域的,我国司法机关有管辖权,现行刑法把上述规定作为刑事管辖权原则之一纳入其中。这无疑对维护国际社会秩序,加强国际共同打击危害人类的犯罪行为,有着重要意义。

三、刑法的时间效力:刑法的溯及力

刑法的时间效力是指刑法的管辖期间,主要涉及刑法的生效、效力终止的时间,以及刑法对它生效前的行为是否有溯及力的问题。下面也以我国为例,讨论刑法的时间效力。

(一)刑法的生效和效力终止时间

刑法的生效是刑法开始生效时间的简称,是指刑法开始具体执行的时间。刑法的效力终止时间是指刑法停止执行的具体时间。

1. 刑法的生效时间

有两种情况:一是刑事法律一经公布即生效。如中华人民共和国成立初期颁布的《惩治反革命条例》(已失效)、《惩治贪污条例》(已失效)等,20 世纪 80 年代颁布的全国人大常委会《关于严惩严重破坏经济的罪犯的决定》(已失效),20 世纪 90 年代颁布的全国人大常委会《关于惩治破坏金融秩序犯罪的决定》,1997 年《刑法》修订后颁布的四个刑法修正案等都是从公布之日起生效。二是公布后经过一段时间再行生效,世界上多数国家采用这种方法。我国 1979 年颁布的《刑法》和 1997 年修订的《刑法》及后来的几个修正案均采用该方法。这是从修法内容较多、较难全面理解出发的,经过一段时间的教育、宣传,不仅使公民有一个熟悉、了解的过程,也使司法人员在熟悉掌握的基础上为严格执法作好准备。

2. 刑法的效力终止时间

目前世界各国刑事法律失效的方式有多种,如立法机关宣布废除某种法律,新法公布实施则同一性质的旧法自然失效,或者在颁布某一法律时就明文规定其有效期限等。我国刑法的失效有四种形式:(1)立法机关明确宣布某种法律失效。如第六届全国人大第二十三次会议曾宣布1978年年底以前颁布的111件法律失效,其中就有刑事单行条例《惩治反革命条例》和《惩治贪污条例》等。第八届全国人大第五次会议通过的1997年《刑法》附件一,明文规定《惩治军人违反职责罪暂行条例》等15个有关刑事条例、决定和规定自修订后的《刑法》实施之日起予以废止,也属此种失效方式。(2)新法实施后取代了同类内容的旧法。如1983年严厉打击严重刑事犯罪以来,先后颁布了多个决定、规定或补充规定,有些是对现行刑法的修改,原来刑法某些条款与新规定相抵触者,就自然失效。(3)自然失效,即原来制定的法律是根据某一特殊历史条件,当这种条件已消失不复存在时,该法律效力就自然消失。如新中国成立初期制定的《土地改革法》即是如此。(4)刑事法律与宪法相抵触者。我国《宪法》第5条第3款规定:"一切法律、行政法规和地方性法规都不得同宪法相抵触。"如果与宪法相抵触就因违宪而失去效力。但在实践中,在我国尚未出现此类情况。

(二)刑法的溯及力

也称溯及既往的效力,是指刑法生效后对其生效以前发生的未经判决或者判决尚未确定效力的犯罪行为是否适用的问题。如果适用,则有溯及力;如果不适用,则没有溯及力。有关溯及力问题,各国刑法的规定不尽相同,理论界也存在不同意见,概括起来有下列四种:

(1)从旧原则。对新法生效以前的行为,一律适用行为时法律。新法只能适用于生效后的行为,对其生效前的行为一律没有溯及力,有利于行为人。但如果某行为依据旧法已构成犯罪,而新法不认为是犯罪,依从旧原则再判处显然有悖刑罚目的,可见此原则的不足之处。

(2)从新原则。对新法生效前未经判决或判决尚未发生法律效力的行为,一律适用新法,即新法对生效前的行为有溯及力。该原则强调新法的适用,在特定情况下有利于遏制犯罪。但依新法可认定为犯罪,而旧法则不认为是犯罪时,如按新法定罪也有失公平,显属不妥。

(3)从旧兼从轻原则。对新法生效前的行为原则上适用行为时法律,新法原则上没有溯及力。但如果新法不认为是犯罪或处罚较轻则按新法处理,即新法有溯及力。该原则弥补了从旧原则之不足,既能满足变化了的情况,又符合罪刑法定原则,目前多数国家采用此原则。

我国1997年修订后的《刑法》第12条第1款规定:"中华人民共和国成立以后本法施行以前的行为,如果当时的法律不认为是犯罪的,适用当时的法律;如果当时的法律认为是犯罪的,依照本法总则第四章第八节的规定应当追诉的,按照当时的法律追究刑事责任,但是如果本法不认为是犯罪或者处刑较轻的,适用本法。”修订后的《刑法》有关溯及力的规定与 1979 年《刑法》比较,只将“如果当时的法律、法令、政策认为是犯罪的”,改为“如果当时的法律认为是犯罪的”,仅去掉其中的“法令、政策”,没有实质改变,即采用的是从旧兼从轻原则。

(4)从新兼从轻原则。对新法生效前未经判决或判决未发生法律效力的行为,原则上适用新法,新法原则上具有溯及力。但旧法不认为是犯罪或处刑较轻时,则按旧法处理。该原则避免了从新原则的缺陷,较从新原则优越,有利于被告,但易放纵犯罪。

(三)刑法时间效力的法律适用

刑法的时间效力归根结底是解决新、旧刑法如何选择适用的问题,其核心是对行为人有利还是不利。从旧兼从轻原则的价值取向是有利于行为人的,这与罪刑法定原则的保障人权精神是一致的,我国《刑法》第 12 条体现的也是这个精神。但从司法实践看,新、旧刑法的选择适用所涉及的不只是 1997 年《刑法》第 12 条规定的有罪无罪和处罚轻重问题,还包括其他问题,故最高人民法院于 1997 年 9 月 25 日作出《关于适用刑法时间效力规定若干问题的解释》。

根据《刑法》第 12 条规定的精神和上述司法解释,在刑法时间效力上应注意:

1. 对于行为人在 1997 年 9 月 30 日前实施的犯罪,在人民检察院、公安机关、国家安全机关立案侦查或在人民法院受理案件后,行为人逃避侦查或者审判,超过追诉期限或者被害人在追诉期限内提出控告,应当立案而不立案超过追诉期限的,适用 1979 年《刑法》第 77 条的规定。

2. 对于酌定减轻处罚、累犯的认定、自首的认定、立功的认定、缓刑的撤销、假释的适用与撤销等问题,应坚持从旧兼从轻的原则进行处理。

3. 对于根据旧刑法需类推处理而未处理的,无论现行刑法是否规定为犯罪,都不得定罪。

4. 对于法律规定中间有变化的溯及力问题,要具体情况具体分析。如国有公司、企业、事业单位工作人员玩忽职守的犯罪,1979 年《刑法》规定为犯罪而 1997 年《刑法》没有规定为犯罪,1999 年 12 月 25 日刑法修正案又规定为犯罪的情况,应以行为时法律是否规定为犯罪确定溯及力。如果行为发生在 1997 年 10 月 1 日后 1999 年 12 月 25 日前,应适用当时法律不构成犯罪。如果行为发生在 1997 年 10 月 1 日前 1980 年 1 月 1 日后,则应执行 1979 年《刑法》。

5. 如果当时的法律不认为是犯罪,现行刑法认为是犯罪,而行为连续或继续到 1997 年 10 月 1 日后,对 1997 年 10 月 1 日后的行为适用现行刑法追究刑事责任。如对该行为当时的法律和现行刑法都认为是犯罪则适用现行刑法,但现行刑法比当时刑法所规定的构成要件和情节较为严格或者法定刑较重的,在提起公诉时应当提出酌情从轻的处理意见。

6.《刑法》第12条规定的"处刑较轻"是指刑法对某种犯罪规定的法定刑比修订前轻。法定刑较轻是指法定最高刑较轻,如果法定最高刑相同则指法定最低刑较轻。如果刑法规定的某罪只有一个法定刑幅度,则最高刑或者最低刑是指该法定刑幅度的最高刑或者最低刑。如果刑法规定的某罪有两个以上的法定刑幅度,则最高刑或者最低刑是指具体犯罪行为应当适用的法定刑幅度的最高刑或者最低刑。如果新旧刑法对犯罪的规定没有变化,只是罪名发生变化,原则上适用哪个法律规定就按该法律规定适用的罪名,如果犯罪行为处于连续或持续状态,一直到新刑法生效以后,则应按行为终了时的刑法规定的罪名定罪,不分别定罪。

此外,最高人民检察院对《刑法》第12条的理解和适用在《关于检察工作中具体适用修订刑法第十二条若干问题的通知》中也作出了具体解释:

1. 如果当时的法律(包括1979年《刑法》及《惩治军人违反职责罪暂行条例》,全国人大常委会关于刑事法律的决定、补充规定,民事、经济、行政法律中"依照""比照"刑法有关条款追究刑事责任的法律条文等,下同)、司法解释认为是犯罪,修订刑法不认为是犯罪的,依法不再追究刑事责任。已经立案、侦查的撤销案件;审查起诉的作出不起诉决定;已经起诉的建议人民法院退回案件,予以撤销;已经抗诉的撤回抗诉。

2. 如果当时的法律认为是犯罪,修订刑法也认为是犯罪的,按从旧兼从轻的原则依法追究刑事责任:(1)罪名、构成要件、情节以及法定刑没有变化的,适用当时的法律追究刑事责任;(2)罪名、构成要件、情节以及法定刑已经变化的,根据从轻的原则,确定适用当时的法律或者修订刑法追究刑事责任。

3. 如果当时的法律不认为是犯罪,修订刑法认为是犯罪的,适用当时的法律;但行为连续或继续到1997年10月1日以后的,对之后构成犯罪的行为适用新刑法追究刑事责任。

四、刑法的其他效力:追诉时效、自诉效力

刑法的其他效力是指除空间和时间效力外的其他刑法效力,包括刑法总则的效力、刑法的追诉时效和告诉才处理案件的效力。下面也以我国刑法规定为例,进行分述。

(一)刑法总则的效力

我国《刑法》第101条规定:"本法总则适用于其他有刑罚规定的法律,但是其他法律有特别规定的除外。"也就是说,除刑法外如果还有其他法律或在其他法律中规定有承担刑事责任规范的,那么刑法总则规定的一切规则、原则和规定均适用于该法律。

此种情形有两种：

一是刑法总则效力涉及的单行刑法问题。单行刑法是指国家立法机关就某个方面进行单独立法或对刑法进行补充、修改或废除的单行刑法规范。1997年《刑法》实施后，全国人大常委会通过了两个单行刑法和11个刑法修正案，均适用该条规定。

二是刑法总则效力涉及的附属刑法问题。附属刑法是指规定在民法、经济法、行政法等法律中的有关犯罪及其刑事责任的附属性刑法规范的总称。据统计，1979年《刑法》之后我国在民法、经济法、行政法等非刑事法律中颁布的附属刑法多达130多个。1997年后更多，但都是"构成犯罪的追究刑事责任"等表述，几乎没有规定具体的罪名和法定刑，无实质意义。

(二)刑法的追诉时效

也称起诉时效、求刑权时效，是指刑法所规定的追诉的时间效力。[①]《刑法》第87条规定："犯罪经过下列期限不再追诉：(一)法定最高刑为不满五年有期徒刑的，经过五年；(二)法定最高刑为五年以上不满十年有期徒刑的，经过十年；(三)法定最高刑为十年以上有期徒刑的，经过十五年；(四)法定最高刑为无期徒刑、死刑的，经过二十年。如果二十年以后认为必须追诉的，须报请最高人民检察院核准。"这就是我国刑法关于追诉时效的规定，也就是说，在法定时效之内有权追诉，超过法定时效的追诉权就趋于失去效力。

关于追诉时效的计算。我国《刑法》第89条第1款规定："追诉期限从犯罪之日起计算；犯罪行为有连续或者继续状态的，从犯罪行为终了之日起计算。"具体计算方法有两种：(1)从实施犯罪日起计算追诉时效的起始时间。显然，这种方法针对的是犯罪行为没有持续或连续性情形下的情况。但在"隔时犯"[②]的情况下，是以犯罪行为实施时还是结果发生时作为追诉时效的起算时间就发生了争议。我国通常采用犯罪行为时作为追诉时效的起始时间，但对于结果犯而言，应当以结果出现即犯罪成立时作为追诉时效的起始时间。实际上对于行为犯而言，犯罪行为发生时就是结果时，道理是一样的。(2)从犯罪行为终了之日起计算追诉时效的起始时间。显然，这种方法是针对有持续或连续性犯罪行为的情况。一方面从主观恶性上来讲，犯罪行为在持续或连续进行，追诉时效必然从其犯罪结束或终了时开始计算其起始时间；另一方面从时效中断理论上来讲，第二次作案是对第一次作案时效的中断。

追诉时效的中止、中断、延长和截止。追诉时效的中止是指追诉时效在进行期间

---

① 参见陈兴良：《本体刑法学》，商务印书馆2001年版，第877页。

② "隔时犯"在刑法理论上有行为主义、结果主义和折中主义三种观点，我国一般采用行为主义观点，即以犯罪行为时为诉讼时效起始时间。参见陈兴良：《刑法哲学》(第2版)，中国政法大学出版社2000年版，第332页。

因发生法律规定的特定事由或基于法律的特定保护而使追诉时效不能开始或中止计算,当事由或法律特定保护消除后继续计算追诉时效的制度。我国刑法对此未作规定,从国外立法例看,这些事由或法律规定主要包括自然灾害、战争、疾病、外交特权和豁免权的特殊保护、特殊群体的特殊保护(如妇女、儿童、种族等)、域外服刑、证据或案件事实以其他案件为前提等。

追诉时效的中断是指在追诉时效进行期间因发生法律规定的事由或已经经过的追诉时效期间归于失败,从而引起追诉时效重新计算的制度。根据司法实践,导致追诉时效中断的主要因素是被追诉者重新犯罪。我国《刑法》第89条第2款规定:“在追诉期限以内又犯罪的,前罪追诉的期限从犯后罪之日起计算。”也就是说,只要在追诉期限内又犯罪的,前罪诉讼时效就中断,从而追诉时效从犯后罪之日起开始计算。然而,这里的“又犯罪”是指的同种罪还是异种罪?甚至是否还要求达到一定刑罚?这些我国法律均没有明确规定。当然,根据我国《刑事诉讼法》第16条的规定,犯罪已过追诉时效期限的,不追究刑事责任,已经追究的,应当撤销案件,或者不起诉,或者终止审理,或者宣告无罪。这些规定足以说明,中断了追诉时效的就可以继续追究刑事责任,没有中断追诉时效的就不能再追究。

延长追诉时效是指在追诉时效进行期间因发生法律规定的事由而导致追诉时效的延长,从而允许超过追诉时效期间进行追诉的制度。如我国《刑法》第88条规定:“在人民检察院、公安机关、国家安全机关立案侦查或者在人民法院受理案件以后,逃避侦查或者审判的,不受追诉期限的限制。被害人在追诉期限内提出控告,人民法院、人民检察院、公安机关应当立案而不予立案的,不受追诉期限的限制。”显然延长追诉时效的条件是:(1)立案或受理案件后“逃避侦查或者审判”。但不能理解成侦查“立案”后或人民法院受理案件后就必然延长追诉时效,否则就不需要设定“逃避侦查或者审判”的前提条件了。(2)“被害人在追诉期限内提出控告”。也就是说在追诉时效内被害人提出控告,人民法院、人民检察院、公安机关应当立案而不予立案的,可以不受限制而延长追诉期限继续追诉。

截止追诉时效是指最终追诉时效的结束,也即追诉时效的截止日,或称哪一天就不再追究一个犯罪人的刑事责任。司法实践中,对于追诉时效的截止日究竟是立案时还是宣判时存有不小的争论,而引起该争论是由于我国刑法对追诉时效的停止没有明确规定。从我国《刑法》第87、88、89条的规定看,没有涉及对截止追诉时效的相关规定。从法理上讲,在追诉时效内一旦启动侦查立案的追诉程序,其后的程序即不在时效计算之内。理由是:(1)追诉时效本质上是对追诉权行使时间的限制,然而在追诉权得到顺利行使时,也即犯罪行为已被司法机关发现并采取立案等追诉措施后,诉讼时效的期限就应中断而不再计算。(2)如果追诉时效没有明确的终止时间点,而是包括在立案侦查、审查起诉和审判的全过程中，则容易造成执法办案中的混乱或对办案人不作为难以追究的现实困境。[1] 当然，认为诉讼时效及于追诉各个阶段的理由之一，是担心立案后不受时效限制会造成案件久拖不决侵犯人权，实际上办案是否会因时间过长而侵犯人权自有刑事诉讼法办案期限的严格限制与规定，违者必然被追究相应责任。但如果追诉时效在立案后仍然予以计算，则可能造成另外更为严重的问题，也即办案人员完全可以借由时效期限来人为操控案件结果，甚至出现故意或失职等消极不作为，等待追诉时效的到来而或撤案或不起诉或宣判无罪的情况。[2] 故本书认为，尽快以立法或司法解释形式明确规定我国刑法的截止追诉时效，将是急需解决的一件事情。当然，在没有立法或司法解释予以明确的情况下，无论如何不能枉加使用或按照法理定案。这是因为，除《刑法》第 87 条外，我国《刑事诉讼法》第 16 条也没有明确以立案为限。故根据现在刑法和刑事诉讼法的规定，就应当宽大性或有利于被告地理解为审判时才可截止诉讼时效，即立案不能中止或截止。

可见中止、中断、延长和截止追诉时效都将直接影响继续追诉，故一定以法为据。

(三)告诉才处理案件的效力

告诉才处理的案件是《刑事诉讼法》第 210 条规定的自诉案件的一种类型，此外还有被害人有证据证明的轻微刑事案件，以及被害人有证据证明对被告人侵犯自己人身、财产权利的行为应当依法追究刑事责任，而公安机关或者人民检察院不予追究被告人刑事责任的案件。所谓告诉才处理的案件必须是刑法分则中法律明确规定告诉才处理的案件。根据《刑法》第 246、257、260、270 条的规定，涉及侮辱罪、诽谤罪、暴力干涉婚姻自由罪、虐待罪、侵占罪五个罪名。其中，侮辱、诽谤严重危害社会利益和国家利益的不属于告诉才处理的范围，暴力干涉婚姻致人死亡和虐待致人死亡等不属于告诉才处理的案件。当然，从广义上讲没有被提起公诉的轻微刑事案件，以及对被告人侵犯自己人身、财产权利的行为应当依法追究刑事责任的案件，也应当属于告诉才处理的案件，因为这些自诉案件不经"告诉程序"人民法院不会受理。因此，研究告诉才处理的案件应当把这些案件纳入视野。

所谓告诉才处理案件的效力是指对于刑法规定告诉才处理的案件和刑事诉讼法规定自诉才受理的案件通过"告诉程序"才会发生追诉效力的制度。除我国《刑法》第 246、257、260、270 条规定的侮辱罪、诽谤罪、暴力干涉婚姻自由罪、虐待罪、侵占罪五个罪名外，还有我国《刑事诉讼法》第 210 条规定的三类案件，这些案件只有当事人到人民法院自行起诉，也就是"告诉"，才能发生追诉效力。

---

① 参见郑东：《应自立案之日停止计算追诉时效期限》，载《检察日报》2012 年 1 月 20 日，第 3 版。

② 参见郑东：《应自立案之日停止计算追诉时效期限》，载《检察日报》2012 年 1 月 20 日，第 3 版。

关于告诉主体问题。所谓告诉主体是指有权向人民法院直接提起诉讼并提出控告的人。根据《刑法》第98条的规定:"本法所称告诉才处理,是指被害人告诉才处理。如果被害人因受强制、威吓无法告诉的,人民检察院和被害人的近亲属也可以告诉。"我国《刑事诉讼法》第114条规定:"对于自诉案件,被害人有权向人民法院直接起诉。被害人死亡或者丧失行为能力的,被害人的法定代理人①、近亲属②有权向人民法院起诉。人民法院应当依法受理。"可见,告诉主体有两种:一是一般告诉主体,即被害人自己;二是特殊告诉主体,即假如被害人受到强制或威吓不能告诉,检察机关或被害人近亲属及法定代理人等也可代其告诉。另外,根据相关司法解释的规定,限制行为能力人以及由于年老、患病、盲、聋、哑等原因不能亲自告诉的,其法定代理人、近亲属和律师等也可代为告诉。当然,代为告诉人应当提供与被害人关系的证明,以及委托和关于被害人不能亲自告诉的原因的证明。

(四)行刑时效

行刑时效是指刑事法律规定的对被判刑的人执行刑罚有效期限的制度。通常情况下,犯罪人被科处刑罚后,行刑机关都会在行刑时效期间内对犯罪人执行所判处的刑罚。但由于特殊情况,行刑机关在行刑时效期间内未能对所判刑罚实施执行,也即超过了行刑时效的期间,便不能再对犯罪人执行所判处的刑罚。行刑时效完成,是刑罚执行权消灭的一项重要事由。然而,我国刑法没有规定此项制度,通常情况下行刑时效的期间可以适当长于追诉时效的期间,根据世界各国的立法例,一般行刑时效的期限最长可确定为30年。

---

① 法定代理人是指被代理人的父母、监护人和负有保护责任的机关、团体的代表。

② 近亲属是指夫、妻、父、母、子、女、同胞兄弟姐妹。

第十章　刑法规范的体系及其类型化

刑法体系也是刑法本体论及其规范的重要内容,包括刑法体系的基本范畴,刑法的形式体系,刑法典的体系,刑法的本质体系,以及刑法之外的“准刑法体系”等。

一、刑法体系的范畴

学界有五种观点:(1)刑法体系是由刑法典、单行刑事法律、附属刑法三大部分组成的体系,是一个以刑法典为核心的庞大的体系。① (2)刑法体系是由《刑法》和单行刑事法律、其他刑事规范组成的。② (3)刑法体系是指刑法的各种渊源及其相互关系。③ (4)刑法的体系是指刑法的组成和结构。④ (5)刑法的体系,是指各种刑法规范按照一定的规律、顺序、联系,有机地排列组成统一的整体。⑤ 显然,第一、二种观点是对刑法渊源列举式的定义,第三种观点虽然没有具体列举,但基本上也是根据刑法渊源或表现形式来阐述的。第四种观点从刑法的组成和结构来表述刑法体系,大致也是从刑法的组成形式及其结构关系来描述的。第五种观点是说不同的刑法规范,按照一定的规律、顺序和联系有机地排列和组合刑法体系。可谓众说纷纭,极不统一,可见刑法体系在学界是个颇具争议的话语。

---

① 参见何秉松主编:《刑法教科书》(修订版),中国法制出版社 1997 年版,第 105 页。

② 参见金凯、章道全主编:《中华人民共和国刑法简明教程》,山东人民出版社 1987 年版,第 16-17 页。

③ 参见张明楷:《刑法学》(上),法律出版社 1997 年版,第 29 页。

④ 参见李晓明主编:《中国刑法基本原理》(第 3 版),法律出版社 2010 年版,第 149 页。

⑤ 参见陈兴良:《本体刑法学》,商务印书馆 2001 年版,第 9 页。

其实,就刑法体系的具体类型或表现形式而言,还可以从不同角度对刑法体系作出不同的分类。如就刑法体系涵盖的范围大小而言,可分为狭义、广义和最广义。狭义的刑法体系仅指刑法典的体系。广义的刑法体系是指刑法的各种渊源或表现形式的刑法体系及其相互间的关系。包括刑法典的体系、单行刑法的体系、附属刑法的体系及其互相之间的关系等。最广义的刑法体系是指除上述狭义和广义刑法体系之外的一切与刑法相关的具有刑事违法性或处以人身自由罚等的法律规范及其表现形式。也应包括具有违反刑法性质,但根据《刑法》第 13 条"但书"的规定暂且未能纳入刑法视野进行评价的一切"刑事性行政违法行为"及其相关刑事性处罚措施的法律规范,尤其是涉及人身自由罚的法律规范。从刑法体系的涵盖内容来分,可以将其划分为刑法的形式体系、刑法典体系和刑法的实质体系。

当然从理论上讲,刑法体系指的是组成刑法的各种要素及其形成的结构,由这些要素相互联系、相互制约而构成的一个有机整体。应当说,不同国家的刑法其体系均有所不同。自从刑法产生以来,刑法的体系经历了从粗疏到严密的历史演变过程。我国先秦时期,刑法内容庞杂,除继承对原始社会某些习惯的认可外,还包括国王和诸侯制定的刑、法、誓、诰、命,甚至礼仪典章等。到春秋时期,李悝的《法经》改"以刑统罪"为"以罪统刑",使刑法罪名不再受制于五刑,形成以罪名为纲领的刑法体系,为刑法总则的出现创造了条件。[①]《唐律》不仅规定有刑法原则,而且规定有犯罪认定和科刑的标准,虽然《唐律》有诸法合体特征,但就各种违法行为都引起刑事责任而言,其更接近于一部刑法。[②] 世界刑法史上,现代意义上的刑法典,首推 1810 年的《法国刑法典》,该法典彻底废除了诸法合一的立法模式,奠定了刑事立法的独立地位。从体例上看,它首创了总则与分则分立的模式,为他国的立法树立了典范。1871 年的《德国刑法典》在继承《法国刑法典》的基础上,体例上进一步完备,成为各国刑法典的蓝本。[③] 了解其体系,对于全面掌握刑法理论和正确适用刑法意义重大。

二、刑法的形式体系

也称外部结构体系,是指刑法渊源的外在表现形式。在名称上,我国历史上第一

---

① 以刑统罪是指将罪名归属于刑种之下,如《周礼·秋官·司刑》注:"夏刑大辟二百,膑辟三百,宫辟五百,劓墨各千。"其是指在大辟这种刑种下有二百个罪名,以下类同。夏刑三千即指将三千个罪名系于五个刑种之下。以罪统刑是指以罪名为刑法之纲,使刑种归于一定罪名。如李悝在《法经》中以具法的形式,将刑名与应加减的事项予以规定。参见鲁嵩岳编著:《慎刑宪点评》,法律出版社 1998 年版,第 88-89 页。

② 参见张晋藩主编:《中国刑法史稿》,中国政法大学出版社 1991 年版,第 222 页;梁治平:《法意与人情》,海天出版社 1992 年版,第 99 页;转引自李晓明、李洪欣、陈珊珊:《中国刑法基本原理》(第 4 版),法律出版社 2013 年版,第 147 页。

③ 参见李晓明主编:《中国刑法基本原理》(第 3 版),法律出版社 2010 年版,第 150 页。

部官员治罪条例称《伊训》,第一部礼刑合一法典称《周礼》,第一部诉实合一法典称《吕刑》,第一部封建刑法称《法经》[①],唐朝称律、令、格、敕、例等。现今广义刑法体系的渊源虽是刑法典、单行刑法和附属刑法,但其组成形式又有所不同,一般分混合式、编纂式和典籍式。

(一)混合式

混合式是指刑事实体规范与其他性质的法律规范或法律内容同时存在于一部法律典册中。[②] 如《周礼》,从内容看其是一部带有根本性、综合性的法典,其中刑法内容也非常丰富。再如《吕刑》,是周穆王的司寇吕侯(又名甫侯)奉命制定的。《吕刑》不但规定有刑法的指导思想,定罪量刑的制度和原则,而且还规定有诉讼制度和程序,同时规定有对司法人员的要求。[③] 我国封建刑律基本上"以刑为主,诸法合体",内容涉及社会方方方面,包括刑法、民事和诉讼程序等。现代刑法通常将实体和程序分别规定,但包括我国在内,经常是刑法之中有程序,程序法中有实体。尤其在单行刑法和附属刑法中,通常都是融合一体、混合编排。

(二)编纂式

编纂式是指刑法规范由阐述性的条文编辑而成。自秦以降,虽然在内容上仍然是刑民不分,但在体例上有新的编纂形式,如对刑法规范进行阐述的条文及援引成案作为判处的根据。早期有秦的《法律答问》、晋的《注律表》和唐的《唐律疏议》。比较来看,《法律答问》偏重于罪名解释,《注律表》偏重于名词概念界定,《唐律疏议》最为全面详尽。包括:(1)对条文进行理论阐述;(2)对条文进行法理解释;(3)举例明律设为问答。《唐律疏议》的这些阐述、解释和问答都是有权解释,具有法律效力。[④] 国外刑法,如美国法典第18编就是专门的"刑法编",每年修订完善,年初出版发行,供学习、研究和律师、司法人员使用。[⑤] 从这一角度讲,我国刑法也应对历史上或他国的刑法编纂方式予以借鉴,以方便使用。

(三)典籍式

典籍式是指刑法规范由专门规定刑事实体法律的刑法典册组成。这是目前最为典型的刑法体系的表现形式,世界各国的刑法规范大多由刑法典、单行刑法组成。如美国虽然是典型的判例法国家,但在20世纪60年代完成了各州的刑法典籍化进程。

---

① 参见高绍先:《中国刑法史精要》,法律出版社2001年版,第33、35、39、45页。

② 参见李晓明、李洪欣、陈珊珊:《中国刑法基本原理》(第4版),法律出版社2013年版,第148页。

③ 参见高绍先:《中国刑法史精要》,法律出版社2001年版,第35-45页。

④ 参见李晓明主编:《中国刑法基本原理》(第3版),法律出版社2010年版,第153页。

⑤ 参见李晓明:《从中美IP/WTO第一诉谈我国的轻罪体系建构重在两国IP保护力度的分析》,载《中国法学》2007年第6期。

欧洲国家更是法典化的楷模,如法国、德国。英国虽然从来没有过刑法典,但判例法体系日益瓦解,自20世纪中叶起一直在不断地制定单行刑法的制定法文本。故世界各国刑法典、单行刑法都是专门规定刑事实体法律的典册,刑法规范也主要由这些刑事法律典册组成。

刑法的渊源和类型是研究刑法的重要基础。了解和掌握刑法从何而来以及以什么形式和类型出现,对于深刻理解刑法及其适用,包括进行刑法立法或制定刑法,以及进行刑法理论研究和刑事司法实际工作,甚至进行刑法学科建设等均具重要意义。

三、刑法的渊源体系

也叫刑法源,是指刑法创制的方式和表现形式,即刑法是何种国家机关依照什么方式和程序创制出来的,并表现为何种形式或类型的法律文件。当然,有时候理论上或学者也将刑法的起源或来源及其发展称为刑法渊源,这需要甄别和区分,但大都将刑法的渊源视为刑法的表现形式。刑法的渊源体系也叫刑法立法模式体系,研究之有助于严密立法法网,防止立法形式的混乱;也有助于正确认识和掌握各种刑法立法模式,保证刑法体系的完整性。

(一)刑法典

刑法典是最重要的刑法渊源或表现形式,是指国家以典籍的名义颁布的、系统规定犯罪及其刑事责任的完整或完备的法律文本形式。这是刑法最核心也是最重要的渊源或表现形式,其制定机关和法律效力或规格也最高。我国1979年7月1日第五届全国人大第二次会议通过并于1997年3月14日第八届全国人大第五次会议修订的《刑法》。当人们说,"根据刑法的有关规定"或"刑法第××条"时,均是指上述法,但目前来看也未必是部完备的法典。

(二)单行刑法

又称特别刑法、例外刑法、刑法特别法等。其是指在刑法典之外,为了弥补刑法典之不足,立法机关针对特定的行业、领域或区域,以及特定的犯罪人群,特定的时间、地点或特定的事项而制定的刑法,通常是对一个国家刑法典的补充、修改或完善,其也是一个国家整个刑法体系的重要组成部分。故单行刑法也是刑法典外的各种特别刑法的总称,不仅形式不同,而且内容也不同。其特征为:(1)形式上的独立性。单行刑法是以刑法典外的特别刑法形式规定的,如2020年6月30日第十三届全国人大常委会第二十次会议通过的《香港国安法》等就是我国单行刑法或特别刑法的表现形式。(2)内容上的补充性。1998年12月29日第九届全国人大常委会第六次会议通过的《关于惩治骗购外汇、逃汇和非法买卖外汇犯罪的决定》,就是对1997年《刑法》的重要补充。(3)适用范围上的专门性。如《香港国安法》就是专门用于维护我国香港特别行政区的国家安全。(4)在法律效力上的优越性。一般而言,单行刑法在法律效力上均优于一般法。

(三)附属刑法

附属刑法是指附带规定于经济法、行政法、民事或商事等法律中的刑法规范。如规定"构成犯罪追究刑事责任",并有"参照""比照"等字样。有学者评价我国的"附属刑法"是"附而不属"①,是指这些条款只讲罪状不规定法定刑,确切些说不是一个完备的刑法条文。但也有例外,如 1990 年 9 月 7 日第七届全国人大常委会第十五次会议通过的《铁路法》中就规定了"携带危险物品进站上车罪",其中也规定了单独适用的法定刑,这是非常少有的。

(四)省级民族自治地方人大制定的变通或补充规定

这种变通或补充规定只能由民族自治地方省级人民代表大会根据当地民族的政治、经济、文化特点和刑法的基本原则来制定。但根据我国《刑法》第 90 条的规定,需报经全国人民代表大会常务委员会批准,且只能在特定地域使用,没有普遍约束力,本书不再深入讨论。

四、刑法典的体系

也称刑法的结构体系或内部结构体系,是指刑法典内部的整个排列顺序和构造。现代刑法典的内部结构,尤其是欧洲国家及受其影响国家的刑法典,大都由总则和分则组成。但在奴隶制和封建制社会的刑法结构只有分则而没有总则,刑法分则从人类社会进入到资本主义社会后,一些资产阶级刑法学家将刑法分则条文中的共性或共同点提炼出来,放在刑法条文的最前面,从而形成了刑法的总则。如上,最早创立刑法总则的是 1810 年的《法国刑法典》。

(一)刑法典的结构

刑法典的结构即指刑法典的内部构造或篇章。如上,现代刑法大都由总则和分则两部分构成。总则一般规定刑法的任务和目的、基本原则、具体制度、刑罚体系及相关概念的阐述和解释。而刑法分则规定的是具体罪名和法定刑。也有国家的刑法典没有将刑法分为总则和分则,而是直接将刑法分为若干章,如《加拿大刑法典》将刑法条文分为 28 章。还有我国 1997 年《刑法》增加了附则。附则规定了刑法的施行时间和对修订前施行的单行刑法的效力。

刑法的总则和分则是一般与特殊的关系,或者称抽象与具体的关系。总则指导分

---

① 储槐植教授于 2016 年 6 月 18 日在中国社科院召开的"网络犯罪的刑事立法与刑事司法前言问题"研讨会上提出我国附属刑法的"附而不属"。

则,分则是总则某些原理原则的具体体现,二者相辅相成,缺一不可。没有总则,分则的内容,尤其是一些共性内容,就没有统一的规定和标准。没有分则,总则的一些规定与内容就没有任何用武之地了。也就是说,只有把总则和分则紧密地结合起来,才能正确地认定犯罪、确定其刑事责任,以及选择适用的刑罚及其他承担刑事责任的形式与方法。

(二)刑法典的编章节

刑法典的编章节是指刑法的总体构造与排列。一般刑法典都会将刑法总则、分则分为若干编,编下面设若干章,章下面设若干节,章或节之下是具体的条、款、项等内容。如《意大利刑法典》将总则作为一编,设 8 章;分则设为两编,第一编为重罪分则,设 13 章;第二编为违警罪分则,设 3 章。《日本刑法典》第一编为总则,设 16 章;第二编为分则,设 41 章。《瑞士联邦刑法典》没有按编来划分,直接分总则、分则和本法的施行与适用,总则下面分两部分,第一部分为重罪与轻罪,下设 5 章,第二部分为越轨;分则下面设 19 章;本法的施行与适用下面设 11 章。我国《刑法》第一编为总则,下设 5 章;第二编为分则,下设 10 章;附则下面没有设章,设第 452 条;在编下设章、节,在章、节下设条、款、项等。

我国《刑法》第一编总则规定的是犯罪、刑事责任和刑罚的一般原理、原则的规范体系,是认定犯罪和适用刑罚必须遵守的共同规则。① 第二编分则规定的是具体犯罪及其法定刑的规范体系,主要解决具体犯罪的定罪量刑。②

我国 1997 年《刑法》附则部分仅一个条文,即《刑法》第 452 条。该条规定:"本法自 1997 年 10 月 1 日起施行。列于本法附件一的全国人民代表大会常务委员会制定的条例、补充规定和决定,已纳入本法或者已不适用,自本法施行之日起,予以废止。列于本法附件二的全国人民代表大会常务委员会制定的补充规定和决定予以保留,其

① 第一章刑法的任务、基本原则和适用范围;第二章犯罪;第三章刑罚;第四章刑罚的具体运用;第五章其他规定。其中第二章包括:第一节犯罪和刑事责任,第二节犯罪的预备、未遂和中止,第三节共同犯罪和第四节单位犯罪。第三章包括:第一节刑罚的种类,第二节管制,第三节拘役,第四节有期徒刑、无期徒刑,第五节死刑,第六节罚金,第七节剥夺政治权利和第八节没收财产。第四章包括:第一节量刑、第二节累犯、第三节自首和立功、第四节数罪并罚、第五节缓刑、第六节减刑、第七节假释、第八节时效。共 101 个条文。

② 第一章危害国家安全罪;第二章危害公共安全罪;第三章破坏社会主义市场经济秩序罪;第四章侵犯公民人身权利、民主权利罪;第五章侵犯财产罪;第六章妨害社会管理秩序罪;第七章危害国防利益罪;第八章贪污贿赂罪;第九章渎职罪;第十章军人违反职责罪。其中第三章包括:第一节生产、销售伪劣商品罪,第二节走私罪,第三节妨害对公司、企业的管理秩序罪,第四节破坏金融管理秩序罪,第五节金融诈骗罪,第六节危害税收征管罪,第七节侵犯知识产权罪和第八节扰乱市场秩序罪。第六章包括:第一节扰乱公共秩序罪,第二节妨害司法罪,第三节妨害国(边)境管理罪,第四节妨害文物管理罪,第五节危害公共卫生罪,第六节破坏环境资源保护罪,第七节走私、贩卖、运输、制造毒品罪,第八节组织、强迫、引诱、容留、介绍卖淫罪和第九节制作、贩卖、传播淫秽物品罪。共 350 个条文,涉及 470 个罪名。

中,有关行政处罚和行政措施的规定继续有效;有关刑事责任的规定已纳入本法,自本法施行之日起,适用本法规定。”①

(三)刑法典的条款项

刑法典的条款项是指刑法具体条文的构造、排列与犯罪和刑事责任的具体规范或描述。刑法典条文一般设在节的下面,但有的也直接设在章的下面。如何设置,一般视章的大小而定。章大则分节,节下设条,章小则直接在章下设条。刑法典的条是表达刑法规范最基本的单位与要素,是刑法规范的基本构成元素。设置在章、节下面的条文内容全部用统一的顺序进行编号,统一整齐,便于引用和查阅。条文下设款。如何设款视条所表达的内容而定,如果内容简单则只需设一款,如果内容丰富或有层次则可设若干款。如我国《刑法》第 26 条规定:

“组织领导犯罪集团进行犯罪活动的或者在共同犯罪中起主要作用的,是主犯。

三人以上为共同实施犯罪而组成的较为固定的犯罪组织,是犯罪集团。

对组织、领导犯罪集团的首要分子,按照集团所犯的全部罪行处罚。

对于第三款规定以外的主犯,应当按照其所参与的或者组织、指挥的全部犯罪处罚。”

这里共有 4 段,分别为四款。款一般不进行编号。项为款下所设单位,主要是表达多项同类的事项。如我国《刑法》第 75 条规定:

“被宣告缓刑的犯罪分子,应当遵守下列规定:

(一)遵守法律、行政法规,服从监督;

(二)按照考察机关的规定报告自己的活动情况;

(三)遵守考察机关关于会客的规定;

(四)离开所居住的市、县或者迁居,应当报经考察机关批准。”

这里“(一)(二)(三)(四)”均为项。

我国《刑法》总共有 452 个条文,全部用统一的顺序号码进行编号,在每一个条文下均设有款,有的条文在款之下还设有项,方便查阅和引用。在刑法的全部条文中,有的条文属于内容较少且单一的类型,即只有一段文字。

五、刑法之外的准刑法体系

我国之所以存在刑法之外的“准刑法体系”,原因是多方面的。

目前在刑法之外的“准刑法体系”或“刑法边缘族”主要有五种情况。

一是有些人身自由罚或相关涉及人身自由的保护性措施没能按照立法法要求进

① 李晓明主编:《中国刑法总论》,清华大学出版社 2013 年版,第 148 页。

行相应的立法和规制。

二是有些较长“限制人身自由”的措施虽然有法律的授权或明确规定,但依然由行政机关最终决定,缺乏司法或法律层面的监督。如我国《禁毒法》第 38 条规定的“强制隔离戒毒”等限制人身自由的措施。

三是有些较短“限制人身自由”的措施如“行政拘留”,虽然有法律的授权或明确规定,但缺乏必要的司法程序或必要监督。包括治安处罚法、交通法、海关法、环境保护法和网络安全法等中的“行政拘留”也是限制人身自由的处罚,一方面并未纳入我国刑法之中进行规制或规范,另一方面如今仍然是由行政机关予以最终决定。具体内容为:(1)治安管理处罚法中的“行政拘留”。我国《治安管理处罚法》第 50 条第 1 款第 2 项和第 4 项规定:“阻碍国家机关工作人员依法执行职务的”和“强行冲闯公安机关设置的警戒带、警戒区的”,“处警告或者二百元以下罚款;情节严重的,处五日以上十日以下拘留,可以并处五百元以下罚款”,“阻碍人民警察依法执行职务的,从重处罚。”(2)道路交通安全法中的“行政拘留”。我国《道路交通安全法》分别在第 88、91、96、99 条共四处,针对违反交通法规行为也规定了行政拘留。(3)海关法中的“行政拘留”。我国《海关法》和《海关行政处罚实施条例》第 6 条赋予海关公安机关根据治安管理处罚决定进行“行政拘留”的权力。(4)环境保护法中的“行政拘留”。《环境保护法》第 63 条规定有“行政拘留”的处罚措施。(5)网络安全法中的“行政拘留”。《网络安全法》分别在第 63、67 条规定有“行政拘留”。

四是有些较短“限制人身自由”的措施如“司法拘留”,虽然有法律的授权或明确规定,但缺乏必要的正当程序或必要监督。如三大诉讼法,包括民事诉讼、行政诉讼和刑事诉讼中的“司法拘留”也是限制人身自由的处罚,目前也尚未纳入刑法之中进行规制或规范。具体包括:(1)民事诉讼法中的“司法拘留”。《民事诉讼法》在第 112 条至第 116 条规定有“司法拘留”。(2)行政诉讼法中的“司法拘留”。《行政诉讼法》在第 59、96 条规定有“司法拘留”。(3)刑事诉讼法中的“司法拘留”。《刑事诉讼法》在第 193、199 条规定有“司法拘留”。

五是在性质上违反了“刑法”,但尚未达到《刑法》第 13 条“但书”规定的数额、情节及其危害程度的标准,没能进入刑法视野进行评价的“刑事性行政违法行为”,也应当视为刑法之外的“准刑法体系”或刑法规范。如 3 万元以下的“受贿”,从理论上说也应当是“刑事性质”的违法甚至犯罪,只不过不属于刑法之罪,只能算作刑法之外的“微罪”。

综上所述,目前我国刑法之外类似于“准刑法体系”及其刑事性法律规范的不下十种。研究这些内容,无论是对于立法、司法还是刑法理论均具有重要意义。

第十一章　世界各国的刑法典及其特色

各国刑法典是重要的刑法学研究内容，许多比较刑法研究都来自各国刑法典及相关立法例。另外，刑法典也是各国法律文化的象征，从刑法典规定的内容可欣赏和透析出不同国家、民族及社会的刑法文化底蕴，故刑法典及其文化是刑法研究不可缺少的核心内容。

一、亚洲主要国家的刑法典及其特色

（一）中国刑法及其特色

我国1949年后的30年里并未公布刑法，一直用单行刑法和刑事政策调整我国的社会关系与秩序。1979年7月6日颁布了《刑法》，1997年3月14日对该刑法进行系统修改。目前由2编15章以及节、条、款、项和附则构成，第一编为总则，第二编为分则，第452条是附则，上述均有介绍。我国刑法规定了三大基本原则，即罪刑法定原则、罪刑相适应原则和适用刑法人人平等原则，其分别规定在第3、4、5条。在刑法的效力方面，对内采取属地管辖原则，对外则以属人原则为主，兼顾保护管辖和普遍管辖原则。对外国刑事判决采取消极承认主义。在刑法的溯及力方面，采取从旧兼从轻原则。我国对犯罪的概念采取混合式的规定，并采取定性加定量的模式，即情节显著轻微危害不大的，不认为是犯罪。在犯罪认定上，只有主观上是故意或者过失的才构成犯罪，不可抗力和意外事件无罪。

在刑事责任能力上，只有年满16周岁才负刑事责任，已满14周岁不满16周岁的，对8种犯罪负刑事责任，同时对未成年人犯罪的处罚应当从轻或者减轻，年满75周岁的，亦可从轻或者减轻处罚。精神病人原则上不负刑事责任，但在没有完全丧失辨认或控制能力时犯罪的,应当负刑事责任,间歇性精神病人在精神正常时负刑事责任。法定的正当化事由只有正当防卫和紧急避险。犯罪形态包括犯罪预备、犯罪中止、犯罪未遂和犯罪既遂。在共同犯罪上,只有二人以上共同故意才构成犯罪,同时区分主犯、从犯、胁从犯和教唆犯。单位也是犯罪主体,对单位的惩罚以双罚制为原则,以单罚制为例外。中国刑罚包括主刑和附加刑两类。主刑有 5 种:管制、拘役、有期徒刑、无期徒刑和死刑;附加刑有 3 种:罚金、剥夺政治权利和没收财产。此外,刑法还规定了驱逐出境、赔偿经济损失、非刑罚处罚、从业禁止等制裁手段。在量刑上,存在从重、从轻、减轻处罚等情节,并且有累犯、自首、立功、缓刑、假释、减刑等制度,数罪并罚的也有明确规定。刑法规定有追诉时效,没有行刑时效,同时规定了追诉时效的期限计算。总体上看,该刑法的文化特征是舶来品,来自苏联 20 世纪 50 年代的刑法立法与刑法理论,相对缺乏中华民族刑律文化传统的基础,需要重新制定。

(二)日本刑法典及其特色

现行《日本刑法典》于 1907 年颁布,1908 年 10 月 1 日起施行,在一个多世纪里总共修改了 22 次,最近一次修改是在 2017 年 6 月。《日本刑法典》分总则和罪两编,共计 264 个条文。第一编总则下设 13 章:通则、刑罚、期间计算、缓刑、假释、刑罚的时效和刑罚的消灭、犯罪的不成立和刑罚的减免、未遂罪、并合罪、累犯、共犯、酌量减轻、加重减轻的方法。第二编罪包括:第 1 章"删除",第 2 章内乱罪,第 3 章外患罪,第 4 章有关国交罪,第 5 章妨害执行公务罪,第 6 章脱逃罪,第 7 章藏匿犯人和隐灭证据罪,第 8 章骚乱罪,第 9 章放火和失火罪,第 10 章关决水和水利罪,第 11 章妨害交通罪,第 12 章侵犯居住罪,第 13 章侵犯秘密罪,第 14 章鸦片烟罪,第 15 章有关饮用水的犯罪,第 16 章伪造货币罪,第 17 章伪造文书罪,第 18 章伪造有价证券罪,第 18 章之二有关支付用磁卡电磁记录罪,第 19 章伪造印章罪,第 20 章伪证罪,第 21 章诬告罪,第 22 章猥亵、奸淫和重婚罪,第 23 章赌博和彩票罪,第 24 章礼拜场所和坟墓罪,第 25 章渎职罪,第 26 章杀人罪,第 27 章伤害罪,第 28 章过失伤害罪,第 29 章堕胎罪,第 30 章遗弃罪,第 31 章逮捕和拘禁罪,第 32 章胁迫罪,第 33 章掠取和诱拐罪,第 34 章名誉罪,第 35 章信用和业务罪,第 36 章盗窃和强盗罪,第 37 章诈骗和恐吓罪,第 38 章侵占罪,第 39 章赃物罪,第 40 章毁弃和隐匿罪。就体系而言,主要借鉴德国的刑法典及理论,比较稳定。

日本刑法典并未明文规定基本原则,但罪刑法定主义在学界得到普遍认可。刑法效力上日本采取属地管辖、有限制的属人和普遍管辖。溯及力采用从旧兼从轻原则。对外国刑事判决的效力,采取消极承认方式,即同一行为已在外国受到确定判决的,不妨碍另行处罚,但犯罪人在国外已经全部或者部分执行了所宣告的刑罚的,减轻或者免除其刑罚的执行。[1] 构成犯罪必须出于故意,对于过失行为,有特别规定的才认为是犯罪。刑事责任年龄规定为14周岁,精神病分为心神丧失和心神耗弱,前者完全无刑事责任能力,后者的刑事责任能力减弱。排除犯罪事由包括正当行为、正当防卫和紧急避难。犯罪形态有未遂和既遂,犯罪中止包括在未遂中,称为中止未遂。犯罪未遂的比照既遂减轻处罚,具体以分则罪名为处罚依据,中止未遂的减轻或免除处罚。二人以上共同实行犯罪的,都属于正犯,另外的共犯还有教唆犯和帮助犯,教唆犯是正犯,帮助犯是从犯。刑罚包括:死刑、惩役、监禁、罚金、拘留、科料和没收,前面六种是主刑,没收属于附加刑。惩役就是要在监狱内服劳役,分为无期惩役和有期惩役;监禁分为有期和无期;罚金和科料性质相同,但罚金的数额较多。最后,还规定了行刑时效。由于日本的刑法典源于德国,二者类同,故称德日刑法。

(三)韩国刑法典及其特色

现行《韩国刑法典》1953年颁布。随着韩国政治、经济、社会等发生的结构性变化,刑法最近几十年经历了多次修改,最新一次是在2016年5月29日。目前《韩国刑法典》分为总则和分则两编,共计372个条文。总则编有四章:第1章刑法的适用范围、第2章犯罪、第3章刑罚和第4章期间,其中第2、3章又下设节。分则编有42章,每1章一类罪名。42章分别是:内乱罪,外患罪,侵害国旗罪,妨害国交罪,妨害公共安全罪,关系爆炸物的犯罪,公务员职务犯罪,妨害公务罪,脱逃、违法收留罪,伪证与湮灭证据罪,诬告罪,关于信仰的犯罪,纵火与失火罪,决水与妨害水利罪,妨害交通罪,妨害饮用水罪,鸦片罪,妨害通货罪,妨害有价证券、邮票与印花罪,妨害文书罪,妨害印章罪,妨害风化罪,赌博与彩券罪,杀人罪,伤害与暴行罪,过失致死致伤罪,堕胎罪,遗弃罪,非法逮捕与监禁罪,胁迫罪,诱拐罪,侵害贞操罪,侵害名誉罪,妨害信用、业务与拍卖罪,妨害秘密罪,侵入住宅罪,妨害权利行使罪,窃盗与强盗罪,诈欺与恐吓罪,侵占与背信罪,赃物罪,毁损罪。这些章中也掺杂了总则内容,如第1章规定有未遂犯的内容,第6章规定有预备的内容,等等。

韩国刑法典并未规定刑法基本原则,但该原则在学界已达成共识。刑法效力采取属地管辖、属人管辖和保护管辖,在溯及力上采取从旧兼从轻原则,对外国刑事判决的效力采取消极承认原则,即"因犯罪,在外国已经受过全部或者部分刑罚处罚的,可以减轻或者免除处罚"。刑事责任年龄为年满14周岁,对于精神病的刑事责任能力分为完全无刑事责任能力和具有部分刑事责任能力。构成犯罪必须主观上具有故意或过失,受胁迫作出的行为不予处罚。排除犯罪事由包括正当行为(法令行为、业务行为以

---

① 参见冯军、吴卫军:《透析与前瞻:外国刑事判决效力研究》,载《西南民族大学学报(人文社科版)》2005年第6期。

及其他符合社会常规的行为)、正当防卫、紧急避险、自救行为和被害人承诺。犯罪形态包括犯罪预备、犯罪中止、犯罪未遂和犯罪既遂。共同犯罪是“两人以上共同实施犯罪的”,共同犯罪未必以故意为前提,共同过失也能成立共同犯罪,共同犯罪分为正犯、教唆犯、帮助犯和间接正犯。刑罚种类包括:死刑、徒刑、监禁、资格丧失、资格停止、罚金、拘留、罚款和没收。徒刑指拘禁在刑务所从事劳役;监禁指拘禁于刑务所执行刑罚。资格丧失是指永久性地剥夺某种资格身份;资格停止是指暂时性地剥夺某种资格身份。罚金和罚款的区别是数额不同。规定有追诉时效和行刑时效。

(四)新加坡刑法典及其特色

《新加坡刑法典》于1871年由海峡殖民地立法委员会制定。1965年新加坡摆脱殖民统治后,1871年刑法典继续有效。作为基础法典,为保持其有效性和生命力对其多次修订。2007年和2008年修改较大,共计527个条文。分总则和分则,总则共6章:序言、一般解释、刑罚、排除责任、教唆和犯罪共谋;分则共18章:国事罪,海盗罪,与武装力量有关的犯罪,破坏公共秩序罪,公务员或与之有关的犯罪,藐视公务员法定权力罪,伪证及破坏公正司法罪,与货币及政府印花票有关的犯罪,与度量衡有关的犯罪,危害公共卫生、安全、便利、礼仪和道德的犯罪,与宗教有关的犯罪,侵犯人身罪,侵犯财产罪,与文件、流通券及银行票据有关的犯罪,与婚姻有关的犯罪,诽谤罪,恐吓、侮辱和骚扰罪,未遂罪。[①]

新加坡刑法典源于英国法,对犯罪的规定采取概括式,即犯罪指依据法典规定应处罚的行为。刑事责任年龄为7周岁,属世界最低的刑事责任年龄,已满7周岁不满12周岁对部分具有理解能力的行为承担刑事责任,12周岁以上是完全刑事责任年龄。该法典特色是具体、全面规定了排除责任事由:依法应当实施的行为或因事实错误而确信是依法实施的行为;司法审判中的审判行为;依照法院判决或者命令实施的行为;依法实施正当行为或者因事实错误而确信是依法实施的正当行为;实施合法行为过程中的意外事件;为防止其他伤害,非出于犯罪故意而实施可能造成伤害的行为;不满7周岁儿童的行为;缺乏足够理解判断能力的7周岁以上不满12周岁儿童的行为;智力缺乏者的行为;醉酒者的抗辩;基于权利人的同意,且不是出自故意或者不知道可能引起死亡或重伤害的结果而实施的行为;经同意为其利益而善意实施的并非故意引起死亡的行为;为了儿童或智力缺陷者的利益,由监护人或征得监护人同意而善意实施的行为;未经同意为其利益而善意实施的行为;善意交流行为;受胁迫而实施的行为;引起轻微伤害行为;自我防卫权的行为。刑种包括:死刑、徒刑、没收财产、罚金和鞭刑。

① 参见《新加坡刑法》,刘涛、柯良栋译,北京大学出版社2006年版,第28页以下。

二、欧洲主要国家的刑法典及其特色

(一)俄罗斯刑法典及其特色

现行《俄罗斯联邦刑法典》是1996年6月13日颁布的,1997年1月1日正式生效。该法典分总则和分则两部分,总计360个条文。总则有6编15章,章下设条,总计104个条文。第一编刑事法律,第1章任务和原则,第2章时间和空间效力。第二编犯罪,6章依次为:犯罪的概念及种类、应当承担刑事责任的人、罪过、未完成的犯罪、共同犯罪和排除行为有罪性质的情节。第三编刑罚,2章依次为刑罚的概念、目的、种类和处刑。第四编免除刑事责任和免除刑罚,3章依次为:免除刑事责任,免除刑罚和大赦、特赦、前科。第五编未成年人刑事责任,设1章即未成年人刑事责任与刑罚。第六编设1章即医疗性强制措施。

分则有6编19章,共计256个条文。第七编侵害人身犯罪,5章依次为侵害生命和健康犯罪,侵犯自由、名誉和人格犯罪,侵犯性不受侵犯权和个人性自由犯罪,侵犯任何公民的宪法权利和自由犯罪,侵犯家庭和未成年人犯罪。第八编经济领域犯罪,3章依次为侵犯所有权犯罪,经济活动领域犯罪,商业组织和其他组织中侵犯服务利益犯罪。第九编危害公共安全和社会秩序犯罪,5章依次为危害公共安全犯罪,危害居民健康和公共道德犯罪,生态犯罪,危害交通安全和交通运输运营安全犯罪,计算机信息领域犯罪。第十编反对国家政权犯罪,4章依次为侵害宪法制度基本原则和国家安全犯罪,侵害国家政权、侵害国家公务利益和地方自治机关公务利益犯罪,妨碍司法公正犯罪,妨碍管理秩序犯罪。第十一编军职罪和第十二编破坏人类和平和安全犯罪,各设一章内容。①

基本原则包括法制原则、法律面前人人平等原则、过错原则、公平公正原则和人道主义原则。效力上采取地域管辖、国籍管辖、保护管辖和普遍管辖原则。溯及力上采取从旧兼从轻原则。对犯罪的规定是,过错地实施本法典以刑罚震慑予以禁止的社会危害行为,其中过错包括故意和过失。完全刑事责任年龄限定在16周岁,年满14周岁不满16周岁为不过当行为人,应承担杀人、故意的身体健康重度伤害和中度伤害、人身绑架、强奸、抢夺、抢劫、敲诈勒索、无盗窃目的不法侵占汽车或其他交通运输工具、故意损毁财产的加重行为、恐怖主义活动、劫持人质、故意举报虚假的恐怖主义活动、流氓行径的加重行为、野蛮行径及盗窃或敲诈勒索武器、弹药、炸药和爆炸装置等的刑事责任。精神性障碍疾患者和行为人在醉酒状态下实施犯罪应承担刑事责任。排除行为包括:必要防卫、拘捕犯罪实施者致害、紧急避险防卫、身体或心理强制、理由充分

① 参见《俄罗斯联邦刑法典》,黄道秀译,中国法制出版社2004年版,第48页以下。

的风险、执行命令或指令。犯罪形态包括犯罪预备、犯罪中止、犯罪未遂和犯罪既遂。在共同犯罪上,必须出于故意,具体分为组织犯、教唆犯和帮助犯。刑罚种类:罚金刑,剥夺担任一定职务或从事一定活动权利刑,剥夺专门称号、荣誉称号、军衔、职衔和国家奖励刑,义务性劳动刑,矫正性劳动刑,限制性军役刑,限制自由刑,拘禁刑,军事惩戒营禁闭刑,定期剥夺自由刑,终身剥夺自由刑,死刑。其他刑事处罚性措施包括医疗性强制与没收财产。还细化了减轻情节、轻于法定刑、陪审员裁决从宽、未完成犯罪、共同犯罪等刑罚裁定。该法典还专编规定有未成年人的刑事责任和刑法特点。

(二)法国刑法典及其特色

现行《法国刑法典》于 1994 年 3 月 1 日生效,之后又经历巨大发展变化,增加了新罪名和刑种。该法典共分 7 卷:第一卷总则,第二卷侵犯人身之重罪与轻罪,第三卷侵犯财产之重罪与轻罪,第四卷危害民族、国家及公共安宁之重罪与轻罪,第四副卷战争之重罪和轻罪,第五卷其他重罪和轻罪,第六卷违警罪(已删除),第七卷适用于海外领土新克里多尼亚岛与马约特岛领地之规定。在卷下设编,第一卷有 3 编:总则、刑事责任和刑罚;第二卷有两编:反人类罪和侵犯人身罪;第三卷有两编:欺诈据有财产罪和其他侵犯财产罪;第四卷有 5 编:危害国家基本利益罪、恐怖主义罪、危害国家权威罪、妨害公共信任罪和参加坏人结社罪;第四副卷没有编,直接设章节;第五卷有两编:公共卫生领域之犯罪和其他条款;第六卷被废除;第七卷独立成卷,无编章节的设置。第一卷到第五卷根据内容多少在编下设章节。法国刑法典的条文设置独具特色,不同于大多数国家按顺序连续排序,而是以卷编章来命名。如第一卷第一编第 1 章的第 3 条,则表示为“111-3”,整部刑法典共计 753 条。[①] 法国不仅民法典著名,而且刑法典也很著名,尤其 1810 年《法国刑法典》史称第一部资本主义国家刑法典,为各国参照。

该法典规定有罪刑法定原则,并从中推导出“严格解释”原则,还规定有刑法个别化原则。刑法效力采取属地管辖和属人管辖,溯及力上采取从旧兼从轻原则。对于外国刑事判决的效力采取积极承认主义。该法典按照犯罪的严重性,分为重罪、轻罪和违警罪。主观上要求具有故意或过失,责任年龄采取“三分制”,即未满 13 周岁的完全不负刑事责任,年满 13 周岁不满 16 周岁的具有相对责任能力,年满 16 周岁则具备完全刑事责任能力,但对未满 18 周岁的犯罪人应当减轻处罚。在行为时丧失辨别是非或控制行为能力的精神障碍或神经性精神障碍者不负刑事责任。犯罪阻却事由有两类:一类是依法律命令或有权限的官宪的指令的事由;另一类是法律允许的事由(正当防卫、紧急避险和被害者承诺)。明确规定有法人刑事责任,除分则规定的处罚各种法人犯罪外,还散见在其他处罚法人规定中,与处罚法人的规定相适应,还对追诉法人作

① 参见《最新法国刑法典》,朱琳译,法律出版社 2016 年版,第 1 页。

了规定。犯罪形态包括犯罪中止、未遂和既遂。在共犯制度上,规定有正犯的一般定义,即犯罪的实行者(既遂犯)与意图实行重罪或轻罪者(未遂犯),处罚共犯要以正犯行为为前提。正犯与从犯的区分标准是该行为是否为犯罪构成所必要,若属必要则为共同正犯,反之就是从犯。刑罚分为对自然人适用的刑罚和对法人适用的刑罚,对自然人适用的刑罚又分为重罪之刑罚、轻罪之刑罚和违警罪之刑罚。10 年以上有期徒刑或拘押是重罪刑罚,当然也不排除附加罚金及其他附加刑;轻罪之刑罚包括 2 个月以上的监禁、刑事强制、罚金、日罚金、公民素质培训、公益劳动、剥夺或限制权利、第 131-10 条规定的附加刑和惩罚赔偿;违警罪之刑罚就是判处一定数额的罚金或者剥夺、限制权利。对法人适用的刑罚也分为重罪、轻罪和违警罪的刑罚,大多以罚金的数额来区分,当然也可对相关法人代表处以监禁刑。另外,还规定有刑罚个别化的执行方式以及刑罚加重、减轻和免除的条件。最后,规定有诉讼时效和行刑时效制度。

(三)意大利刑法典及其特色

现行《意大利刑法典》于 1930 年 10 月 19 日颁布,1931 年 7 月 1 日生效,最新一次修订是在 2006 年 3 月 16 日。分为三编:第一编总则,第二编重罪分则和第三编违警罪分则,共计 734 个条文。总则有 8 章:第 1 章刑事法律,第 2 章刑罚,第 3 章犯罪,第 4 章犯罪和犯罪被害人,第 5 章刑罚的变革、适用和执行,第 6 章犯罪和刑罚的消灭,第 7 章民事制裁,第 8 章行政保安处分。重罪分则有 13 章:第 1 章国事罪,第 2 章侵犯公共管理罪,第 3 章侵犯司法管理罪,第 4 章侵犯宗教感情和对死者怜悯罪,第 5 章危害公共秩序罪,第 6 章危害公共安全罪,第 7 章侵犯公共信义罪,第 8 章妨害公共经济、工业和贸易罪,第 9 章侵犯公共道德和善良风俗罪,第 9 章—2 侵犯对动物的感情罪,第 10 章危害血统健全罪,第 11 章妨害家庭罪,第 12 章侵犯人身罪,第 13 章侵犯财产罪。违警罪分则有 2 章:第 1 章治安违警罪,第 2 章有关公共管理的社会活动的违警罪,第 2 章—2 保护隐私权的违警罪。①

该法典将罪刑法定作为在总则中论述的基础原则,把罪过原则、责任自负原则放在制度中阐述。刑法效力上采取以属地原则为主,以属人、保护和普遍原则为辅。对待外国刑事判决方面,以积极承认为原则。犯罪分重罪和违警罪,且主观上必须出于故意或者过失,意外事件和不可抗力不构成犯罪。不满 14 周岁为完全不具有刑事责任能力,已满 14 周岁不满 18 周岁根据法官判断具有有限的刑事责任能力,年满 18 周岁为具有完全的刑事责任能力。精神病人分为完全丧失和部分丧失辨认能力和控制能力,前者完全无刑事责任能力,后者有一定的刑事责任能力。对于醉酒和麻醉品中毒者,区分不同类型:意外醉酒的,排除或降低刑事责任能力;自愿或过失醉酒的,具有

① 参见《最新意大利刑法典》,黄风译注,法律出版社 2007 年版,第 38 页。

刑事责任能力;预设醉酒和惯常醉酒的,不仅完全具有刑事责任能力,同时是加重处罚情形之一;酒精或麻醉品慢性中毒的,适用精神病人的规定。该法典列举的排除行为有正当防卫、紧急避险、履行义务和行使权利、权利人同意、合法使用武器。犯罪形态上有犯罪未遂、犯罪中止(自愿中止和自愿阻止)、犯罪既遂。对自愿中止的犯罪中止形态,免除处罚;对自愿阻止的犯罪中止形态,比照未遂减轻三分之一或一半处罚。共同犯罪一般存在故意犯罪中,在过失犯罪中,只有当危害结果是数人合作造成时,才对每人处以刑罚。刑法理论把共同犯罪的人区分为实施犯、参与犯、共同实施犯,并把精神共犯分为怂恿犯和指使犯。刑罚分主刑、附加刑和替代刑。主刑有无期徒刑、有期徒刑、拘役、罚金和罚款;附加刑分重罪的附加刑和违警罪的附加刑,前者有褫夺公职、禁止从事某一职业或技艺、法定禁治产、禁止担任法人或企业的领导职务、剥夺与公共行政部门签约的权能、剥夺或停止行使父母权,后者有停止从事某一职业或技艺、停止担任法人和企业的领导职务,重罪和违警罪共同适用的一项附加刑是公布刑事处罚判决;替代刑包括半日监禁、限制自由和财产刑三种。还规定有保安处分,具体分为:人身保安处分和财产保安处分,人身保安处分又分为监禁性保安处分和非监禁性保安处分。监禁性保安处分有:送往农垦区或劳动场、收容于医疗看守所、收容于司法精神病医院、收容于司法教养院;非监禁性保安处分有:监视自由、禁止在一个或数个市镇或者一个省或数省逗留、禁止去酒店和出售含酒精饮料的公共店铺、驱逐出境;财产保安处分有:善行保证金和没收。①

(四)德国刑法典及其特色

现行《德国刑法典》于 1998 年 11 月 13 日颁布,经 2002 年 8 月 22 日最新修改。该法典分为总则和分则,共计 358 条。总则有 5 章:第 1 章刑法,第 2 章行为,第 3 章行为的法律后果,第 4 章告诉、授权和要求判刑,第 5 章时效。章下设节,第 1 章有两节:效力范围,本法之用语;第 2 章有 5 节:可罚性之基础,未遂,正犯与共犯,正当防卫与紧急避险,议会言论及报道不受处罚;第 3 章有 7 节:刑罚,量刑,触犯数法规的量刑,缓刑交付考验,刑罚保留的警告与免除处罚,矫正与保安处分,追缴和没收;第 4 章不设节,主要包括请求期限、互相实施的行为、请求的撤回、授权和刑罚要求等内容;第 5 章有 2 节:追诉时效和执行时效。分则有 30 章:第 1 章危害和平、叛乱、危害民主法治国家,第 2 章叛国和外患,第 3 章针对外国的犯罪行为,第 4 章妨害宪法机关及选举和表决的犯罪,第 5 章危害国防,第 6 章抗拒国家权力,第 7 章妨害公共秩序的犯罪,第 8 章伪造货币和有价证券,第 9 章虚伪的未经宣示的陈述和伪誓,第 10 章诬告,第 11 章有关宗教和世界观的犯罪,第 12 章妨害身份、婚姻和家庭,第 13 章妨害性自决权,第 14 章侮辱,

① 参见徐铭:《保安处分制度立法研究》,东北师范大学 2017 年硕士学位论文。

第 15 章侵害私人生活和秘密，第 16 章侵害他人生命，第 17 章伤害，第 18 章侵害他人人身自由，第 19 章盗窃和侵占，第 20 章抢劫和敲诈勒索，第 21 章包庇和窝赃，第 22 章诈骗和背信，第 23 章伪造文书，第 24 章破产，第 25 章应处罚的利己行为，第 26 章妨碍竞争，第 27 章损害财物，第 28 章危害公共安全，第 29 章危害环境，第 30 章职务犯罪。此外还有《德意志联邦共和国经济刑法》，于 1975 年 6 月 3 日颁布，经 2001 年 12 月 13 日的法律修正，共有 3 章 23 条。第 1 章违反经济刑法的处罚，第 2 章补充规定和第 3 章过渡和终结规定。再有《德意志联邦共和国军事刑法》，于 1974 年 5 月 24 日颁布，经 2001 年 12 月 20 日的法律修正，共有 2 章 48 条。第 1 章一般规定，第 2 章军事犯罪行为，下设 4 节：违反军事勤务义务的犯罪，违反下级义务的犯罪，违反长官义务的犯罪，违反其他军事义务的犯罪。[①] 德国刑法典对日本等均影响很大。

该法典第 1 条规定有罪刑法定原则，即"行为之处罚，以行为前之法律有明文规定者为限"。效力上采取以属地管辖为主，以有限制的积极属人管辖、保护管辖和普遍管辖为辅。在溯及力上，采取从轻原则。对于外国的刑事判决采取积极承认主义。该法典将犯罪分为重罪和轻罪，且犯罪以主观有故意或过失为前提。未满 14 周岁为无刑事责任能力者，精神病人完全无辨认能力的亦不承担罪责。犯罪形态包括犯罪未遂、中止和既遂。重罪的未遂犯具有可罚性，轻罪未遂犯有特别规定才处罚，犯罪中止原则上不处罚。共同犯罪分正犯、教唆犯和帮助犯三种，且专门规定有共同犯罪的停止形态。排除犯罪事由包括正当防卫和紧急避险，同时紧急避险细分为阻却违法的紧急避险和阻却责任的紧急避险。刑罚的种类包括徒刑、罚金、财产刑、附加刑和附随效果，附加刑是指禁止驾驶，附随效果是指褫夺公权。除刑罚外，该法典还规定有矫治与保安处分，具体包括：收容于精神病院、收容于戒治所、保安监禁、行为监督、剥夺驾驶许可、执业禁止，同时规定有适用保安处分应遵循比例原则。最后，该法典还规定有诉讼时效制度和行刑时效制度。

(五) 葡萄牙刑法典及其特色

现行《葡萄牙刑法典》于 1982 年 9 月 23 日颁布，进行过 23 次修正，最近一次是在 2008 年 10 月 31 日。该法典分为总则和分则，共计 386 条。总则有 6 编：第一编刑法基本原则，第二编行为，第三编行为的法律后果，第四编告诉与自诉，第五编刑事责任的消灭，第六编对犯罪所造成的损失与损害的赔偿。其中第二、三、五编内容较多，编下设章，而第三编内容最多，有 9 章，章下又设节。分则有 5 编：第一编侵犯人身罪，第二编侵犯财产罪，第三编种族、宗教、性别歧视罪，第四编妨害社会生活罪，第五编危害国

---

① 参见《德国刑法典》，徐久生、庄敬华译，中国方正出版社 2004 年版，第 235 页。

家罪,除第三编不再下设章节以外,其余各编都进一步下设章节。[①]

该法典规定的罪刑法定原则既包括刑罚的法定化也包括保安处分的法定化。在刑法效力上采取以属地管辖为原则,以有限制的属人管辖、有限制的保护管辖和有限制的普遍管辖为补充。刑法溯及力上采取区别对待的做法:以有利于被告人主义为一般原则,对限时法采取从旧原则。在犯罪的认定上,主观上必须出于故意或者过失。将刑事责任年龄限定在16周岁,未满16周岁的不可归责。精神病的刑事责任能力分为应当宣布为不可归责和可以宣布为不可归责两种。规定法人可以成为犯罪主体。犯罪形态的规定与我国规定相同,也是规定了犯罪预备、中止、未遂和既遂,同时犯罪预备原则上不处罚,犯罪中止原则上也是不追究刑事责任。在共同犯罪上将共犯人分为正犯和从犯两类,非身份犯可以构成身份犯的共同犯罪,但对非身份者可以减轻处罚,专属于部分共同犯罪人的量刑情节之效力不能及于其他共犯人,还规定了共同犯罪的停止形态。在罪数上该法典第30条规定了罪数标准、犯罪竞合和连续犯。刑罚包括主刑和从刑:主刑包括监禁和罚金,从刑包括禁止执行公共职务、中止执行公共职务、禁止驾驶机动车。[②] 特别之处是,葡萄牙既无无期徒刑,也无死刑。除刑罚外,还规定有保安处分措施,分为剥夺自由的保安处分和不剥夺自由的保安处分。剥夺自由的保安处分是收容,不剥夺自由的保安处分包括禁止从事业务、吊销或者禁止授予机动车驾驶资格和遵守行为规范。最后规定有追诉时效和行刑时效制度,且规定有时效中止和时效中断。

(六)西班牙刑法典及其特色

现行《西班牙刑法典》共分为三卷,共计639条。第一卷关于犯罪和过失罪的总规定、刑事责任人、刑罚、保安处分及其他触犯刑法的结果,具体内容为:总规定,犯罪及过失罪的刑事责任人,刑罚,保安处分,由犯罪和过失罪引起的民事责任和诉讼费用,刑事责任的消灭及其效力。第二卷犯罪及其刑罚,具体内容为:杀人罪,堕胎罪,伤害罪,伤害婴儿罪,与基因操作相关的犯罪,侵犯自由罪,实施精神摧残罪,侵犯性自由及贞操罪,不作为援助义务罪,侵犯隐私、公开隐私和侵入住宅罪,侵犯名誉罪,侵犯家庭关系罪,侵犯财产和扰乱社会经济秩序罪,侵犯国家财政和社会保险罪,侵犯劳动者权利罪,侵犯外国公民权利罪,破坏国土资源、历史遗产和环境罪,危害公共安全罪,伪造罪,破坏公共管理罪,涉外商务买卖中的贿赂罪,违反司法管理罪,违反国家根本法律罪,破坏公共秩序罪,叛国和危害国家和平、独立罪与国防相关罪,侵犯国际社会罪。第三卷过失及其处罚,具体内容为:过失侵犯他人,过失侵犯财产,过失侵犯公共利益,

---

① 参见《葡萄牙刑法典》,陈志军译,中国人民公安大学出版社2010年版,"前言"第2-3页。

② 参见陈博雅:《论刑法中的从业禁止》,山东大学2017年硕士学位论文。

过失侵犯公共秩序，过失罪的一般规定。[①] 第一卷的内容类似于世界上大多数国家刑法典中的总则部分，第二、三卷则是分则部分的内容。

该法典第 4 条第 1 项规定有罪刑法定原则，即“刑法只适用于条文明文规定的案件”。在刑法的溯及力上采取有利于罪犯原则，并且规定“在确定最有利的法律时应听从罪犯的意见”。犯罪行为包括作为与不作为，主观上需具有故意或过失才受处罚，犯罪分为重罪、较重罪和轻罪，但未满 18 周岁的不承担刑事责任。该法典规定有具体的免除刑事责任情形：精神异常导致缺乏违法性认识，饮酒、吸毒、麻醉处于药性发作时而缺乏违法性认识，自出生或年幼起理解能力发展迟缓、认识低下，正当防卫，紧急避险，履行义务或者依法行使权利、公职或职务。明确列举了刑事责任减轻或加重的情形，尤其对亲属间犯罪的减轻或加重处罚。在犯罪形态上，只有既遂和未遂两种。故意或过失均能构成共同犯罪，共同犯罪人分为主犯、从犯、合谋犯、建议犯和煽动犯。该法典第 32 条规定了刑罚，包括主刑和从刑。主刑有剥夺自由刑：监禁、周末监禁和未缴罚金的折抵刑；剥夺权利刑：完全剥夺权利；特别剥夺从事任务、公职、职业、职位、生产、经营的权利，或者是父权、亲权、保护权或者监护权，以及选举权；暂停任务或者公务；剥夺驾驶汽车、摩托车或者机动车执照；剥夺持枪权利；剥夺在某地定居或者去往某地的权利，禁止接触被害人、其家属、法院或者法官认定的其他人，禁止与上述人交往；公共劳动。[②] 从刑是指在宣布刑罚时与其他刑罚共同执行的剥夺权利刑。除刑罚之外，该法典还规定了保安处分，具体包括剥夺自由的保安处分和非剥夺自由的保安处分。此外，还专章规定了民事责任制度。最后，规定了追诉时效制度和行刑时效制度。

三、美洲主要国家的刑法典及其特色

（一）美国刑法典及其特色

美国各州都有自己的刑法典，但三分之二的州都以 1962 年美国法学会通过的《模范刑法典》为蓝本，该法典不仅在犯罪部分对各州产生重大影响，而且在判刑和执行上的改革也具积极作用。该法典由四部分组成：（1）总则，共 7 条。第 1 条序言，包括目的、结构原则、犯罪分类、时效、空间效力、责任证明原则、一般定义。第 2 条能力的一般原则，包括犯罪行为、四种犯罪心态、因果关系、错误、绝对责任、共犯、法人犯罪、醉酒、被迫行为、军事命令、被害人同意、警察圈套等。第 3 条合法辩护的一般原则，包括执行公务、紧急避险、合法防卫、财产犯罪中的合法辩护等。第 4 条责任，包括排除责任的精神病、精神病证据、精神病鉴定、未成年等。第 5 条不完整罪，包括未遂、教唆、

---

① 参见《西班牙刑法典》，潘灯译，中国政法大学出版社 2004 年版，第 55 页以下。

② 参见贾宇、舒洪水：《论行政刑罚》，载《中国法学》2005 年第 1 期。

共谋、持有犯罪工具,未遂、教唆、共谋的处罚等级。第6条对犯罪的处理,包括重罪等级、罚金、法人犯罪的刑罚、青少年罪犯、对重罪的监禁刑、对轻罪和微罪的监禁刑、假释、监禁场所、减轻定罪、民事处罚。第7条法院的判刑权,包括阻止叛监禁刑和缓刑的标准,判处罚金的标准,对重罪犯、轻罪犯和微罪犯判加重刑的标准,数罪并罚,判刑程序,交付观察,行刑矫正,专员提请重新判决。(2)具体犯罪,共16条,98个罪。对具体罪的量刑制度采不定期刑,只规定犯罪等级而没有规定具体刑罚幅度。(3)处遇和矫正,共6条。第1条暂缓监禁和暂缓监督,第2条罚金,第3条短期监禁刑,第4条长期监禁刑,第5条假释,第6条与执行监禁刑相连的权利的丧失和恢复。(4)矫正机关,共5条,第1条矫正局,第2条假释委员会,第3条监所机构的管理,第4条假释管理处,第5条缓刑监督管理处。[①]

该法典未规定基本原则,而是由宪法规定,即法无明文不为罪,法无明文不处罚。刑法效力采取以属地管辖为原则,这里的地是指各个州,地的范围包括州具有立法权限的地域、水域和该地域、水域的上空。溯及力采取从旧兼从轻原则。犯罪分为重罪、轻罪和微罪,犯罪必须出于蓄意、明知、轻率或疏忽,尽管有的州规定有严格责任犯罪,但《模范刑法典》对其持否定态度。对于刑事责任年龄不同州规定不同,内华达州规定为8周岁,科罗拉多州规定为10周岁,阿肯色州规定为12周岁,明尼苏达州规定为14周岁,得克萨斯州规定为15周岁,其他大多数州规定为13周岁。对精神病人责任能力的认定采取从严限制,不能一概作为无罪辩护事由。醉酒只有在非自愿情况下才认定为不具有责任能力,"非自愿"包括被迫、受骗、遵照医嘱、无辜的错误和病理性原因。正当化事由包括:受胁迫下实施犯罪,执行军事命令或公务,被害人同意,警察圈套,紧急避险,正当防卫和合法使用武器。犯罪未遂、共谋、教唆属于不完整罪。犯罪未遂和既遂同等处罚,教唆既遂的认定标准很低,只要求行为人有教唆他人实施犯罪的行为,而不要求被教唆者实施被教唆的犯罪,且教唆任何犯罪都构成教唆罪,教唆罪未必从轻。共谋要求主观上知道共谋内容,且有实现共谋内容的目的,客观上有共谋行为。对于自然人的刑罚有监禁、罚金、缓刑和暂缓宣告刑罚。对于法人还可判处吊销执照和取消营业资格。该法典关于时效的规定为:谋杀罪无追诉时效的限制,从重罪到微罪的追诉时效各不相同。

(二)加拿大刑法典及其特色

1892年《加拿大刑事法典》是一部实体法与程序法合二为一的法典,大体上说,前半部分主要是实体法,后半部分主要是程序法。特点是,这部法典没有一般原则性的

---

① 参见美国法学会编:《美国模范刑法典及其评注》,刘仁文、王祎等译,法律出版社2005年版,第223页以下。

规定,共 28 章,849 条。具体为:第 1 章一般规定,第 2 章违反公共秩序的犯罪,第 2 章之一恐怖主义,第 3 章火器和其他武器,第 4 章妨碍执法和司法的犯罪,第 5 章性犯罪、公共道德与妨害治安行为,第 6 章侵犯隐私,第 7 章扰乱社会治安的场所、赌博和打赌,第 8 章侵害人身和名誉的犯罪,第 9 章侵犯财产权的犯罪,第 10 章涉及合同与贸易的欺诈性交易,第 11 章关于某些财产的故意与禁止行为,第 12 章货币犯罪,第 12 章之一违法药品使用的工具与出版物,第 12 章之二犯罪的收益,第 13 章未遂、共谋、从犯,第 14 章管辖,第 15 章特殊程序和权力,第 16 章强制被告人到庭和暂时释放,第 17 章被告人的语言,第 18 章预审程序,第 19 章可诉罪——没有陪审团的审理,第 19 章之一努纳武特法院,第 20 章陪审团审理的程序和一般规定,第 20 章之一精神失常,第 21 章上诉——可诉罪,第 21 章之一申请行政审查——审判不公,第 22 章促使出庭,第 23 章量刑,第 24 章危险犯和长期犯罪,第 25 章具结书的效力和执行,第 26 章特殊救济,第 27 章简易罪,第 28 章其他规定。①

法治原则在加拿大刑法中表现为"法无明文不为罪",亦可称为罪刑法定原则。加拿大刑事法典将全部犯罪区分为可诉罪和简易罪,可诉罪是较为严重的犯罪,应处的刑罚较重,审理的程序较为复杂严格;简易罪是较轻微的犯罪,应处的刑罚轻微,可适用简易程序。构成犯罪的核心要素是犯罪行为和犯罪过错,犯罪行为可以是作为和不作为,就犯罪过错而言,无犯意即无犯罪,以故意为主,过失为辅。对于精神病而言,以不负刑事责任为原则,除非有优势证据证明存在相反的情况。该法典将主体责任年龄规定在 12 周岁,不满 12 周岁的不负刑事责任。法定刑的种类主要是罚金、定期监禁和终身监禁,特点是刑罚只规定最高刑,最低刑只在少数条文中规定。另一特点是,反映科学技术的最新发展:有关太空飞行的犯罪作为或不作为,以及管辖权;滥用 DNA 分析样本构成犯罪;对计算机系统的犯罪;远程通信对犯罪的作用;等等。

(三)巴西刑法典及其特色

现行《巴西刑法典》于 1940 年 12 月 7 日公布,于 1942 年 1 月 1 日起施行。经历多次修正,最近一次是在 2007 年 11 月 29 日。该法典分总则和分则,共 361 个条文。总则有 8 编:第一编刑法的适用、第二编犯罪、第三编刑事责任、第四编共同犯罪、第五编刑罚、第六编保安措施、第七编刑事起诉和第八编刑罚消灭。分则有 11 编:第一编侵害人身罪、第二编侵犯财产罪、第三编侵犯无形财产罪、第四编破坏劳动秩序罪、第五编侵犯宗教感情和对逝者的尊重罪、第六编妨害风化罪、第七编破坏家庭罪、第八编危害公共安全罪、第九编危害公共治安罪、第十编破坏公共信用罪和第十一编妨害公共管理罪。编下设章和节,在总则中只有第五编下设 7 章,其中只有第 1 章设 3 节内容。

---

① 参见《加拿大刑事法典》,罗文波、冯凡英译,北京大学出版社 2008 年版,"导言"第 2-4 页。

分则除了第四编和第九编不设章,其余各编均设章,但仅有第一编第6章下设节。可见该法典以总则主编、分则主章的模式编排。需要指出的是,巴西系拉丁法系,法典条文结构与他国有很大区别:一是需要在条文中表达多层次时设置多款,但排列方法第一段称为首部,不在编号范围之内,其他款按照顺序编号排列。二是分则条文的罪状和法定刑大多隔开分段表述。三是不少条还设立独立款。①

巴西刑法以属地管辖为原则,以有限的属人管辖、保护管辖和普遍管辖为补充,对外国刑事判决的效力采取有限制的积极承认主义,在溯及力上采取区别对待的做法,以有利于被告人为一般原则,对特别法和限时法采取从旧原则。明文规定犯罪时间和地点,犯罪行为包括作为和不作为,且规定有不作为的义务来源。特色是,明文规定了因果关系这一客观的构成要素以及认识错误这一主观责任要素,这在全球范围内是罕见的。构成犯罪应具备主观故意或者过失,刑事责任年龄段分为不满18周岁为完全无刑事责任能力,已满18周岁为完全刑事责任能力,这在全球也是比较少见的。精神病人的刑事责任能力分为完全不负刑事责任和减轻刑事责任。犯罪形态分为犯罪既遂、未遂、中止和不能犯,犯罪未遂减轻三分之一或三分之二处罚,犯罪中止一般免除处罚。共同犯罪的处理:按照责任大小处刑原则,将实行犯达到未遂以上程度作为对共犯人追究刑事责任的原则;专属于部分共同犯罪人的量刑情节之效力不能及于其他共犯人,有关共同犯罪的加重处罚情节。该法典连续3个条文规定有实质数罪、形式数罪和连续犯,此外还有关于加重犯的规定。刑罚种类:剥夺自由、剥夺权利和罚金。剥夺自由包括监禁和拘役,监禁采取关押、半开放和开放三种方式,拘役采取半开放和开放方式。剥夺权利包括以现金缴纳社会福利金、没收财物或者罚金、为社区或者公益机构服务、暂时剥夺权利和周末限制。罚金采用罕见的日罚金制度。除刑罚外,还规定有保安处分,包括接受住院监管和精神病治疗,接受不住院治疗。该法典规定有刑罚消灭制度,包括犯罪行为人死亡,大赦、特赦或赦免,溯及既往后不认为是犯罪,已过时效、法律时效或诉讼终止,自诉犯罪中权利放弃或宽恕等9种情形。

(四)哥伦比亚刑法典及其特色

现行《哥伦比亚刑法典》于2000年7月24日公布,同日生效。该法典分总则和分则,共计476个条文。总则有4编:第一编哥伦比亚刑法的指导原则,第二编刑法的适用,第三、四编当罚行为的法律后果。分则有19编:第一编侵犯生命和人身安全罪,第二编侵犯受国际人道法保护的人员和财产罪,第三编侵犯个人自由和其他保障罪,第四编侵犯性的自主、完整和成长罪,第五编危害精神完整罪,第六编危害家庭罪,第七编侵犯财产罪,第七编A危害水下文化遗产罪,第七编B危害信息和数据保护罪,第八

---

① 参见《巴西刑法典》,陈志军译,中国人民公安大学出版社2009年版,“前言”第2-3页。

编侵犯著作权罪,第九编危害公共信用罪,第十编破坏社会经济秩序罪,第十一编危害自然资源与环境罪,第十二编危害公共安全罪,第十三编危害公众健康罪,第十四编妨害民主参与机制罪,第十五编危害公共管理罪,第十六编危害司法的效力与公正罪,第十七编危害国家的存立与安全罪,第十八编危害宪法与法律制度罪,第十九编一般条款。①

该法典规定有罪刑法定原则、适用刑法平等原则和禁止重复追诉原则。刑法效力上采取以属地管辖为原则,以有限的属人管辖、保护管辖和普遍管辖为补充的刑事管辖权体制。在对外国刑事判决的效力上,采取区别对待的做法:积极承认和消极承认。溯及力上采取彻底的有利于被告人原则,效力及于生效判决。犯罪的认定上主观上有故意或过失,客观上既包括作为也包括不作为。规定有 6 种正当行为:基于被害人承诺的行为,严格地履行法律义务的行为,执行上级命令的行为,法令行为,正当防卫和紧急避险。犯罪形态上规定有障碍未遂与中止未遂,但没有犯罪预备的规定。共同犯罪上分正犯与共犯,在罪数认定上规定有想象竞合犯、连续犯、聚众犯及其处罚原则。同时规定有刑罚与保安处分,刑罚包括主刑、替代刑和非作为主刑适用之剥夺其他权利这一附加刑三大类。主刑是监狱监禁、罚金和分则中规定为主刑的剥夺其他权利的刑罚。家中监禁是监狱监禁的替代刑,可转化成连续监禁的周末监禁是罚金的替代刑。保安处分包括收容于适当的精神病院或诊所、收容于教育之家或者劳动之家和监督下释放三种。还规定有刑事追诉时效和刑事制裁时效制度,且规定有时效中止和时效中断制度,此外还规定灭绝种族罪、反人类罪等的刑事追诉,不因时效而消灭。

(五)古巴刑法典及其特色

现行《古巴刑法典》于 1987 年 12 月 29 日颁布,1988 年 4 月 30 日生效。该法典共经历四次修正,分总则和分则,共 348 条。总则有 11 编:第一编基本条款,第二编刑法的效力,第三编外国判决的执行,第四编犯罪,第五编犯罪人,第六编刑罚,第七编假释,第八编刑事责任的消灭,第九编前科消灭,第十编犯罪引起的民事责任的宣告与执行,第十一编危险状态与保安措施。分则有 15 编:第一编危害国家安全罪,第二编危害行政管理与司法权力罪,第三编危害公共安全罪,第四编危害治安罪,第五编危害国民经济罪,第六编危害文化遗产罪,第七编危害公共信用罪,第八编危害生命与身体罪,第九编侵犯个人权利罪,第十编侵害劳动权利罪,第十一编危害正常的性关系和家庭、儿童、青少年罪,第十二编损害名誉罪,第十三编侵犯财产罪,第十四编危害公共财政罪,第十五编危害正常的移民制度罪。各编根据内容多寡又设章和节,如总则第五编下设三章,第 3 章下设三节。分则每一编均设章,章表示类罪名,节表示个罪,如第一编第 1 章危害国家外部安全罪下设 6 节内容,表示 6 种不同的个罪。有些章直接表

① 参见《哥伦比亚刑法典》,陈志军译,中国政法大学出版社 2015 年版,“前言”第 2 页。

示个罪,不再下设节,如第二编第5章至第10章。①

古巴刑法奉行罪刑法定原则,刑法效力上采取以属地管辖为原则,以有限制的属人管辖、保护管辖和普遍管辖为补充,在外国刑事判决效力上采取积极承认主义。溯及力上采取区别对待:以有利于被告人主义为一般原则,对保安处分措施适用从新原则。该法典规定犯罪是指规定刑事制裁的法律所禁止的具有社会危害性的作为或者不作为,这种规定与我国刑法对犯罪的规定类似,都属于实质的犯罪概念。构成犯罪主观上必须具有故意或者过失,且主体年龄应当达到16周岁。精神病人的刑事责任分为完全不具有和减轻两种能力。正当行为包括正当防卫、紧急避险,以及履行义务,行使权利,履行职业、职务或职责的行为。犯罪形态分为犯罪未遂、预备、中止未遂、不能犯和既遂。共同犯罪人分为主犯和从犯,还规定有间接正犯的处罚原则,共同犯罪的停止形态。在罪数上规定有牵连犯、想象竞合犯和连续犯。刑罚种类包括主刑和从刑,适用于自然人的主刑有死刑、剥夺自由、拘禁下的矫正劳动、不拘禁的矫正劳动、限制自由、罚金和训诫;适用于法人的主刑有解散、暂时关闭、暂时或永久地禁止许可从事某些活动或业务的资格、罚金。从刑适用于自然人的有剥夺权利、剥夺或者暂停亲权或者监护权、禁止从事职业或担任职位、暂停驾驶证、禁止使用某些工具或进入某些场所、驱逐、没收、接受预防和社会教养委员会的监督、驱逐出境;适用于法人的从刑有没收和没收财产。保安处分分为事前和事后两类,事前保安措施包括治疗、再教育和由国家革命警察机关监督。最后,刑法典规定了追诉时效和行刑时效制度,并且对法定刑为死刑的犯罪和危害人类罪不适用追诉时效的规定,对危害人类罪也不适用行刑时效的规定。

四、非洲主要国家的刑法典及其特色

(一)尼日利亚刑法典及其特色

《尼日利亚刑法典》不区分总则和分则,共有8编55章,总计521条。包括:第一编序言,第二编侵犯公共秩序的犯罪,第三编妨害法律、司法实施和政府权力的犯罪,第四编普通的公共侵害行为,第五编侵犯人身以及与婚姻权、父母权责相关的犯罪及侵犯个人名誉的犯罪,第六编关于财产和合同的犯罪,第七编杂罪和第八编犯罪预备、共谋、事后从犯。从各编的具体内容来看,第一、八编为总则内容,如第一编规定了解释、犯罪当事人、刑法的适用、刑罚和刑事责任5章,中间6编则是分则的具体罪名。其中第六编设置较为特殊,由于涵盖的罪名较多,立法者又将其分为四个部分,其中第一部分盗窃罪和类似犯罪下设7章,第二部分毁坏财产下设2章,第三部分伪造罪和类似犯

① 参见《古巴刑法典》,陈志军译,中国人民公安大学出版社2010年版,“前言”第2页。

罪——冒充罪下设 4 章，第四部分商业犯罪和毁约罪下设 3 章。[①] 该法典在条文的设置上比较特殊：直接用阿拉伯数字表示某条，如果该条的并列内容较多则再以加括号的阿拉伯数字排序，如果其下的内容仍比较复杂，则再以小写英文字母加括号排序。

该法典没有规定刑法基本原则，但散见在各条文中，具体归纳起来包括罪刑法定原则、刑法适用人人平等原则、罪责刑相适应原则、从旧兼从轻原则和一罪不二罚原则。以刑罚轻重为标准将犯罪分为三类：被法律宣布为重罪、应当判处死刑、3 年或 3 年以上监禁为重罪，被法律宣布为轻罪或者应当判处 6 个月以上 3 年以下监禁为轻罪，重罪和轻罪之外的所有犯罪都是轻微罪。刑罚种类包括死刑、监禁、罚金、没收、鞭刑、惩役等。监禁刑有绝对确定的监禁刑、相对确定的监禁刑、参照监禁刑以及选择监禁刑。罚金分为绝对确定的罚金刑、相对确定的罚金刑、比例罚金刑、自由裁定的罚金刑等。鞭刑作为残酷的、不人道的行刑方式还保留在刑法中，且大多针对少年犯。没收作为剥夺再犯能力的有效手段在该法典中被广泛运用，没收的方式有没收犯罪所得收益、没收犯罪工具、没收与犯罪有关的其他物品，如果不能没收或者未发现前述物品的，可以没收法庭评估与前述物品价值相当的金额等。该法典继承了英美法的双层控辩模式，只要存在法定抗辩事由就能阻却犯罪成立，包括两类抗辩事由：一般的和特殊的。前者适用于任何犯罪，主要有对事实诚实合理但错误的认识，不依赖于行为人意志的行为及意外事件，正当防卫，紧急避险等。后者是指某一个或某几个犯罪中的犯罪阻却事由，散见于各条文中。该法典的特征：(1)程序和实体规定的结合，体现英美刑法传统的影子。(2)法网严密，体现泛犯罪化之刑事政策。(3)用语明确，有利于更好地体现罪刑法定原则。(4)体现对未成年人、怀孕的妇女以及家庭信赖关系的特别保护。(5)体现特殊的民情与国情，尤其是在这样一个宗教派别林立、部族众多的国家。

(二)喀麦隆刑法典及其特色

现行《喀麦隆刑法典》于 1966 年 3 月 15 日实施，分为两编，共 370 条。第一编刑法有四部分。第一部分刑法的适用范围，设 4 章：序言、刑法典适用的时间效力、刑法典适用的空间效力和外国刑法及其判决。第二部分刑罚和预防性措施，设 8 章：序言、主刑、附加刑、预防性惩罚措施、保证金、刑罚的吸收和合并、刑罚的暂缓执行和减刑制度、刑罚的消灭制度。第三部分刑事责任，设 6 章：序则、刑事责任的免除和减轻事由、刑事责任的加重事由、刑罚的减轻和选择、未遂与共谋、共犯。第四部分是各州法律。第二编特定犯罪也有四部分。第一部分危害国家利益的重罪和轻罪，设 5 章：危害国家安全的犯罪、宪法、公务员所实施的犯罪行为、公共权力机构和侵害国家信誉罪。第

① 参见《尼日利亚刑法典》，孙万怀、龙丽蓉译，中国方正出版社 2007 年版，第 5 页以下。

二部分危害一般利益的重罪和轻罪,设6章:危害公共安全罪、危害公共安宁罪、危害公共经济罪、危害公共卫生罪、妨害风俗罪和干涉公众信仰罪。第三部分危害私人利益的重罪和轻罪,设5章:危害身体健康的犯罪、侵犯公民自由和安宁罪、危害信誉罪、侵犯财产罪、针对儿童妇女的犯罪。第四部分轻微犯罪,设一章一般规定。[①] 其实第一编刑法是指刑法总则,第二编特定犯罪是刑法分则。在条文设置上与《尼日利亚刑法典》类似,也是直接用阿拉伯数字表示具体某一条,其他也相同。

该法典第1条规定有刑法的无例外原则,即任何人应没有例外地遵守刑法。效力上采取以属地管辖为原则,以有限制的属人管辖、保护管辖和普遍管辖为补充。不承认刑法的溯及力,即采取从旧原则。原则上不承认外国判决的效力,但有例外:由共和国法律根据普通法界定为轻罪和重罪的作为和不作为,以及对刑事裁判规则,终审裁判以及其是否符合共和国的公众政策。刑事责任能力:不满10周岁不具有刑事责任能力,10周岁以上不满14周岁的可判处法律规定的特殊措施,即具有相对的刑事责任能力,14周岁以上的具有完全责任能力,但不满18周岁的应减轻处罚。精神病人分为完全丧失和部分丧失责任能力,对于非自愿性的醉态按照精神病处理。排除犯罪事由:意外事件、物理性强制行为、依法令实施行为、正当防卫、紧急避险。犯罪形态包括犯罪未遂和既遂。共犯需要具备故意,分为从犯(帮助和教唆)、共谋和事后从犯。刑罚种类:主刑、附加刑和预防性惩罚措施。主刑有死刑、剥夺自由刑(监禁和拘留)、罚金;附加刑包括剥夺权利、公布判决、禁止营业和没收财产;预防性惩罚措施包括禁止担任公职、预防性监禁、刑罚后的保护观察和帮助、限制在特定的康复机构和没收财产。可见,喀麦隆的预防性惩罚措施类似于大陆法系中的保安处分措施。

(三)埃及刑法典及其特色

现行《埃及刑法典》以《意大利刑法典》为蓝本制定,于1937年8月5日公布,1937年10月15日生效。该法典经历70余年的不断修正,至今仍在施行。其分四编。第一编总则,包括11章:第1章一般原则,第2章犯罪类型,第3章刑罚,第4章共犯,第5章未遂,第6章犯罪共谋,第7章累犯,第8章缓刑,第9章正当化事由和刑罚阻却事由,第10章未成年人犯罪,第11章特赦和大赦。第二编危害公共利益的重罪和轻罪,设18章:危害国家外部安全的重罪和轻罪,危害国家内部安全的重罪和轻罪,爆炸物罪,贿赂罪,贪污、侵夺、挪用公共基金罪,公务员僭越职权或者懈怠履行职责罪,公务员强制或者虐待个人罪,抵制公务员、不服从其命令或者侮辱公务员罪,脱逃罪和窝藏罪,破坏封条和窃取档案或者公文罪,篡夺头衔或者职位罪,与宗教有关的轻罪,毁坏建筑物、纪念物或者其他公用物品罪,妨碍通讯罪,以报纸或者其他类似手段实施的犯

① 参见《喀麦隆刑法典》,赵书鸿译,中国方正出版社2007年版,第19页以下。

罪,伪造纸币或者硬币罪,伪造罪,交易违禁物品罪和伪造邮政或者电报戳印罪。第三编危害个人的重罪和轻罪,设16章:杀人罪、伤害罪和殴打罪,纵火罪,堕胎罪和生产、销售有害健康的伪劣药品罪,猥亵罪和败坏道德罪,非法逮捕、羁押罪和偷盗儿童罪、绑架女性罪,伪证罪,诽谤罪、辱骂罪和泄露隐私罪,夺取罪和侵占罪,破产罪,诈骗罪和背信罪,妨碍拍卖罪和商业交易欺诈罪,赌博罪和销售彩票罪,故意破坏罪和损毁罪,侵犯他人财产罪,公用事业单位罢工罪和侵害劳动自由罪,恐吓罪和胁迫罪。第四编违警罪,不再设章。① 编纂体例上,第一编是总则,其他是分则。

五、大洋洲主要国家的刑法典及其特色

(一)澳大利亚刑法典及其特色

首部《澳大利亚联邦刑法典》于1995年制定,分10章,章下依次设部分、节、条、款、项、目等,共480条。首卷部分规定有刑法典的名称、生效和管辖。第1章法典编纂,主要是对违反联邦法律的犯罪定义。第2章刑事责任的一般原理,是总则性规定,包括目的与适用、犯罪要素、不负刑事责任的情况、刑事责任的一些特殊规定(如未遂、共犯等)、刑事责任的证明、属地管辖以及一些补充性规定。第3章被废止,从第4章开始是分则的规定,其中第4章国际社会和外国政府的完整和安全,规定向外国公职人员的行贿罪、对于联合国人员的人身性和财产性犯罪、国际恐怖主义犯罪和一些跨国犯罪(人口走私及与非法进入有关的证件犯罪)。第5章联邦的安全,规定最严重的犯罪,如叛国罪、间谍罪及相关犯罪、恐怖主义犯罪及伤害澳大利亚人的犯罪。第6章被废止,第7章政府的适当管理,规定侵财性犯罪(如盗窃、抢劫),还包括侵害政府适当管理权的犯罪,如向联邦公职人员或由联邦公职人员提出不适当要求,伪造罪及相关犯罪,伤害、假冒或妨碍联邦公职人员犯罪。第8章反人道罪及相关犯罪,将国际刑法中的犯罪加以规定,包括灭绝种族罪、反人道罪、针对国际刑事法院的犯罪以及一些奴役性犯罪。第9章对社会的危险,规定两类危害社会安全及利益的犯罪:跨国运输武器犯罪和污染货物罪。第10章国家的基础,规定严重危害国家秩序的犯罪,包括洗钱罪、电信犯罪、计算机犯罪及金融信息犯罪。②

该法典规定有罪刑法定基本原则,刑法效力上采取属地管辖,并增加了几类属地管辖原则的扩张适用范围。规定犯罪由行为要素和过错要素构成,行为要素包括行为、结果、行为或结果时的环境、意识、不作为等,过错要素包括蓄意、明知、轻率和疏忽,近似英美法系国家的规定。还规定有严格责任和绝对责任。不负刑事责任的情形

① 参见《埃及刑法典》,陈志军译,中国人民公安大学出版社2011年版,“前言”第2页。

② 参见《澳大利亚联邦刑法典》,张旭等译,北京大学出版社2006年版,“序”第2-3页。

包括:一是缺乏行为能力的情形,包括不满10周岁的未成年人实施的行为,10周岁以上不满14周岁的未成年人实施的其认知以外的行为,精神错乱实施的行为。二是醉态,但必须是无意识的。三是错误或者不知的情形,既包括事实上的错误或不知,也包括制定法上的错误或不知。四是外部介入因素,包括介入行为或事件,胁迫,突发或者特别的紧急情况,自卫,合法权限。未遂、共犯、无罪代理属于刑事责任的扩展,其中共犯包括帮助、教唆、劝诱。澳大利亚刑法认为法人可以构成任何犯罪,包括应处以监禁的犯罪。最后,刑法还规定了程序性的内容,即刑事责任的证明标准问题。刑罚部分规定在各个具体的罪名中,这又是该国刑法的一大特色。

(二)新西兰刑法典及其特色

《新西兰刑事法典》于1961年公布,实施至今经历了多次修正,是一部实体与程序相结合的法典,其中第1章至第11章规定实体法内容,第11A章至第14章规定程序法内容,整部法典共412条。第1章管辖(第5—12条),第2章刑罚(第13—19B条),第3章正当事由和免责事由(第20—65条),第4章实施犯罪的当事人(第66—72条),第5章危害公共秩序的犯罪(第73—98F条),第6章影响法律和司法行政的犯罪(第99—122条),第7章危害宗教、道德和公共福利的犯罪(第123—150条),第8章侵害个人利益的犯罪(第150A—210条),第9章侵犯名誉的犯罪(第211—216条),第9A章侵犯个人隐私的犯罪(第216A—216F条),第10章侵犯财产权利的犯罪(第217—305条),第11章威胁、共谋、犯罪未遂(第306—312条),第11A章通过窃听器材获得的证据(第312A—312Q条),第12章诉讼程序(第313—378条),第13章上诉(第379—399条),第14章其他规定(第400—412条)。①

---

① 参见《新西兰刑事法典》,赵书鸿译,中国方正出版社2007年版,第8页以下。

第三编　功能原理：报应、预防、并合抑或规制

本编主要围绕刑法是干什么的及其本身所能发挥的功用展开，包括刑法的报应、预防、并合及规制功用等。历史上依次出现过以康德、黑格尔为代表的报应刑论，以菲利、李斯特为代表的预防刑论，以及现代刑法学的“并合主义”，应当说三者均在其特定历史时期起到过维护社会稳定和为人类保驾护航的功用，都具有重要的历史地位与理论价值。但随着历史的推演和社会新情况的出现，尤其在新时期和新阶段的历史进程中，社会要进步，刑法要发展，本书提出规制刑法的功能原理，以平衡历史上报应与功利的争论，也避开并合的机械与中庸。根据历史上讨论过的刑法与刑罚的基本功能与机能的论述，报应的根基性是不可动摇的，否则就失去了刑法学科存在的基础，而易为犯罪学或刑事政策学，且报应也好预防也罢，最终追求的均是规制人们行为和社会秩序，故规制刑法的功能升级是必要和可行的。

第十二章　刑法的性质及其功能

刑法是国家法律体系中重要的法律部门,是国家维护社会秩序不可缺少的基本法律。任何国家要维护社会秩序或法律秩序都离不开刑法做后盾。刑法虽然是部门法,但其是除宪法外最重要的部门法之一,在国家治理中占有重要位置,故本章就刑法的性质及其功能作分析。

一、刑法的定义及特征

研究任何事物都必须先给该事物下定义,也即选择一个独特的视角或边界进行研究。无法确定该事物的研究范围,也就没有讨论问题所依托的平台,甚至会产生不必要的争论。

(一)刑法的定义

同刑法学一样,由于立足点不同,故对“刑法”的界定或解释也不尽相同。

首先,从阶级本质上讲。主要观点如下:一是认为,“刑法就是掌握国家权力的统治阶级,为了维护本阶级在政治和经济上的统治,根据自己的意志,以国家名义颁布,规定什么行为是犯罪和如何惩罚犯罪的法律”①。二是认为,“刑法是掌握政权的阶级,为了维护其阶级利益,根据本阶级的意志,以国家名义颁布的,规定犯罪及其刑事责任的法律规范的总和”②。三是认为,“刑法就是掌握了国家权力的阶级即统治阶级,为了维护本阶级政治上的统治和经济上的利益,根据自己的意志,规定哪些行为是犯罪,并给犯罪人以何种刑罚处罚

---

① 赵长青主编:《中国刑法教程》,中国政法大学出版社 1997 年版,第 7 页。

② 张明楷:《刑法学》(上),法律出版社 1997 年版,第 11 页。

的法律"①。四是认为,"刑法是掌握国家政权的统治阶级,为了维护其阶级利益和统治秩序,以国家的名义,规定什么是犯罪和对犯罪处以什么刑罚的法律"②。五是认为,"刑法是掌握政权的阶级即统治阶级,为了本阶级的统治和经济上的利益,根据自己的意志,规定哪些行为是犯罪和应负刑事责任,并给犯罪人以何种刑罚处罚的法律"③。六是认为,"刑法是掌握政权的统治阶级为维护其自身利益和统治秩序,凭借国家强制力规定何种行为是犯罪和对犯罪判处何种刑罚的法律规范的总和"④。这些定义大同小异,是马克思主义法学观和刑法观的产物,揭示的均是刑法的阶级和国家本质。

其次,从刑法规范上。主要观点如下:一是"刑法是国家的重要法律之一,是国家对罪犯定罪判刑的大法"⑤。二是"刑法就是规定犯罪与刑罚的法律"⑥。三是"这种规定犯罪和刑罚的法律规范的总和,就是刑法"⑦。四是"刑法是规定犯罪、刑事责任和刑罚的法律"⑧。五是"规定犯罪及其刑事责任的法律规范的总和"⑨。六是"刑法是规定犯罪及其法律后果(刑罚)的法律的总称"⑩。七是"与其说刑法是规定犯罪与刑罚的法律,不如说刑法是规定犯罪与刑罚的关系的法律"⑪。八是"刑法是规定犯罪和刑罚的法律"⑫。虽然在界定刑法定义时学者们各抒已见,甚至争论激烈。但共识还是明确的,这就是刑法是关于犯罪和刑罚的法律。当然,如同前述刑法学的定义一样,认为刑法是关于犯罪和刑事责任及其相互关系的法律,相信也应该是我们研究刑法问题的一贯思维。

再次,从表现形式上讲。主要观点如下:一是刑法典;二是单行刑法;三是附属刑法,也即非刑事法律中的刑法规范。由此可将刑法划分为狭义、广义和最广义,狭义刑法只包括刑法典;广义刑法包括刑法典、单行刑法和附属刑法;最广义刑法是指刑法之外的具有刑法性质的准刑法,如我国目前存在的特殊教育、强制医疗、强制戒毒、行政拘留、司法拘留等。当然,也有人称狭义刑法为普通刑法,称单行刑法为特别刑法;称刑法典为主刑法,称特别刑法和附属刑法为辅助刑法;认为普通刑法是常典,属于原则

---

① 高铭暄主编:《中国刑法学》,中国人民大学出版社 1989 年版,第 11 页。

② 周道鸾主编:《中国刑法》(修订本),中国政法大学出版社 1995 年版,第 1 页。

③ 赵秉志主编:《新刑法教程》,中国人民大学出版社 1997 年版,第 25 页。

④ 王金彪主编:《新刑法通论》,警官教育出版社 1997 年版,第 15 页。

⑤ 高铭暄主编:《刑法学》,法律出版社 1982 年版,第 17 页。

⑥ 周道鸾主编:《中国刑法》(修订本),中国政法大学出版社 1995 年版,第 1 页。

⑦ 杨春洗等:《刑法总论》,北京大学出版社 1981 年版,第 8 页。

⑧ 赵秉志、吴振兴主编:《刑法学通论》,高等教育出版社 1993 年版,第 10 页。

⑨ 苏惠渔主编:《刑法学》,中国政法大学出版社 1994 年版,第 13 页。

⑩ 何秉松主编:《刑法教科书》,中国法制出版社 1995 年版,第 13 页。

⑪ 陈兴良:《刑法哲学》,中国政法大学出版社 1992 年版,第 673 页。

⑫ 曲新久:《刑法学》,中国政法大学出版社 2009 年版,第 1 页。

刑法;特别刑法是特典,属于例外刑法。[①] 可见,刑法的表现形式是极其复杂的。从刑法体系上看,刑法典、单行刑法、附属刑法和准刑法的划分是比较符合逻辑的,也是切合社会实际的。

最后,从类型或法律部门上讲。将刑法分为刑事法(相对于民事法)、实体法(相对于程序法)、子法(相对于母法宪法)、强行法(相对于任意法)、公法(相对于私法)、固有法(相对继受法)、司法法(相对于行政法)、基本法(相对于根本法和条例、法规)等。在国外也有人称犯罪法、罪刑法、刑罚法、犯罪与刑罚法,我国古代称刑律、刑事律例等。

刑法如何界定?是依据特定的研究对象还是寻求独特的研究视角,一直是争论甚大的问题。本书倾向于二者的结合,尤其重视结合下的后者。这是因为对任何事物的认识都有一个角度或立足点,在此基础上必然形成一定的视野范围与认识标准(可称之为选择的象限、坐标或参照物),否则将无法进行一定视野的描述,也无从阐述该定义。这既是思维问题,也是方法问题。

应当说,上述刑法定义均有其合理的成分,尤其是其共同揭示了刑法多方面的本质含义。如刑法是规定犯罪的法律,刑法是规定刑事责任的法律,刑法是规定刑罚的法律,刑法是定罪判刑的大法,刑法是规定罪刑关系的法律等。这些定义在我国的刑法理论与实践中具有重要影响。不可否认,上述定义中的观点在当时看来是正确的,甚至是无懈可击的,但随着时间的推移、研究和认识的深入以及理论的进步,其中的有些观点在今天看来值得推敲。尽管如此,也无法否认其历史作用及贡献。鉴于此,本书斗胆简要评述,旨在对刑法定义进行深入研究以推动刑法理论的发展与进步。上述刑法规范定义中的第一种观点使用"罪犯"一词欠妥,因为在正式定罪判刑之前只能称"犯罪嫌疑人",而非"罪犯"或"犯罪人"。第二、三、八种观点的缺陷在于:(1)只将刑法定义为犯罪与刑罚的法律尚不够全面;(2)缺少对"刑事责任"范畴的关注;(3)缺少罪刑关系的动态表述。第四种观点中犯罪、刑事责任与刑罚不是同一层级的概念,严格讲,"刑罚"是"刑事责任"的属概念,此外还有有罪宣告、非刑罚处罚、赔偿经济损失等。第五、六种观点也欠缺刑法规定的其他内容及罪刑关系的动态表述。第七种观点显然不是对"刑法"的专门定义,即非刑法定义的完整表述,但也是一种很有价值的观点,列此以示重视。

本书认为,刑法是规定犯罪和刑事责任及其辩证关系的法律规范总和,具体是指专门规定什么是犯罪,以及犯了罪应承担何种刑事责任或者应受到何种处罚的法律。显然,该定义揭示了刑法的基本内涵或实质内容。从静态方面讲,其表述了犯罪与刑

---

① 参见林山田:《刑法通论》,台北,三民书局 1995 年版,第 10-13 页。

事责任是刑法的特定研究对象;从动态方面讲,其表述了犯罪与刑事责任及其辩证关系的综合规范。该定义从特定对象、研究视角和动态开放系统等方面对刑法的基本内涵与实质内容进行了阐述,简单明了地告知人们刑法是干什么的。

(二)刑法的特征

为深刻认识刑法的内涵与本质,有必要认真研究和把握刑法的基本特征。主要表现如下。

第一,它针对的法益侵害程度最大。刑法是后盾法,其所针对或规制的侵害行为是犯罪行为,而犯罪行为都是严重法益侵害行为,也即法益侵害性或称社会危害性的程度最大。如有学者指出的:"犯罪现象危害程度是指犯罪现象所蓄含的社会破坏性能量的总量或总体水平,它是社会犯罪现象严重程度和犯罪现象质的特征的一个重要标示。"①正因如此也才值得动用刑法调整,使得这种严重的危害社会性行为得以遏制,从而保护前置法的法益不受到危害。

第二,它处罚的法益侵害力度最强。一切法律都具有强制力,这是法律的共性。一切违法行为都应受到法律的制裁,这也是法治的原则。但在所有的法律制裁中,刑法的处罚力度最大,强制性程度最强,措施与手段也最为严厉。一般来讲,民法的强制方式主要有赔偿损失、支付违约金、消除影响、赔礼道歉、返还财产、恢复原状等;行政法(如治安管理处罚条例)的强制方式主要是行政拘留、罚款、勒令停业等;而刑法的强制手段(即刑罚)包括生命刑、财产刑、自由刑、资格刑等,其严厉程度既可剥夺财产权利,还可剥夺人身自由,甚至于剥夺人的生命权利,这是其他任何法律的强制手段所不能比拟的,所以表现为后盾法(或称保障法)。

第三,它保护的法律关系范围最广。众所周知,各个部门法所调整的法律关系是不一样的,这当然是法律部门的分工决定的,不同的法律部门所调整的法律关系截然不同,如民法调整平等主体间的人身和财产关系,婚姻法调整婚姻家庭关系,经济法调整横向和纵向的经济关系等。在部门法律体系中,唯独刑法所调整的法律关系最为广泛,既调整财产关系,又调整人身关系,还调整经济关系或特殊人群的社会关系等,其后盾法的英名也是因此而得的。

第四,它是调整侵害与被侵害关系的最后手段。如上,刑法调整的范围几乎涉足各个部门法的法律关系,从此角度上讲,刑法是调整侵害与被侵害关系的最后手段。如婚姻法中的虐待,轻微虐待只是违法,严重侵害了就构成虐待罪,就需要动用刑法来制裁。应当说,刑法是专门调整侵害与被侵害关系的,而且是调整这一关系的最后手段或最后一道堤坝,调整的力度非常大。

---

① 赵宝成:《犯罪现象危害程度的测量》,载《人民检察》2005年第15期。

把握上述特征,对于我们深刻认识刑法的内涵和本质是十分有益的,也是十分必要的。

二、刑法的属性及类型

刑法的属性,也即刑法的性质或本质,认识刑法的本质对深刻理解刑法的价值意义重大。研究刑法的类型对深刻认识刑法也具有重要作用,故这里将深入分析刑法的性质与类型。

(一)刑法的性质

我国传统的观点认为,刑法的性质是阶级性、政治性和法律性。当然,也有学者提出"鲜明的革命性""广泛的人民性""严格的平等性""历史的进步性"等。[①] 然而,刑法的属性是由刑法的本质所决定的。根据刑法的制定基础,理应考虑其社会性、经济性、文化性、平等属性,尤其在和平建设时期,原有的阶级性和政治性应淡化,法律性、文化性及其效能等应加强。

第一,刑法的阶级属性。表现在:(1)刑法是一个历史范畴,不是自古有之的,依据马克思主义的观点,它是阶级社会的产物,是随着阶级和国家的出现而出现的。(2)刑法反映的是占统治地位的阶级意志和利益,这种意志是通过国家的形式表现出来的。(3)刑法的阶级性是由国家的阶级性所决定的,由此划分出奴隶制社会的刑法、封建制社会的刑法、资本主义社会的刑法和社会主义社会的刑法等,或称之为奴隶主阶级的刑法、封建主阶级的刑法、资产阶级的刑法和无产阶级的刑法。从历史范畴来看,尤其从马克思历史唯物主义的观点来分析,就是这样一个结论。

第二,刑法的政治属性。政治性实际上是与阶级性相互联系的,从一定意义上讲,阶级性就是政治性。表现在:(1)它是统治阶级实现自己统治的有效工具,在某种程度上起着阶级压迫或阶级镇压的作用;(2)它是一个国家统治和管理社会的合法有效方式,许多社会管理活动需要靠刑法来实现或做后盾。

第三,刑法的经济属性。依据马克思主义学说,经济基础决定上层建筑。因此,我国现实的经济结构决定了我国的政治基础,二者是密切联系的。刑法作为国家上层建筑的一个重要组成部分,它不仅反映着一定的经济基础,而且是国家政治的集中表现,同时反过来为其经济基础服务。另外,现代刑法的经济性质还体现在立法技术层面,除刑法表现出来的对某些经济关系的保护外(如公有制经济和国有企业的特殊保护),还体现在刑法的经济成本与经济效益方面以及对公有财产与私有财产保护关系的处理上,包括经济刑法的立法内容和刑法的经济效益等。

---

① 周道鸾主编:《中国刑法》(修订本),中国政法大学出版社 1995 年版,第 3-4 页。

第四,刑法的文化属性。法律本身是一种文化,刑法也是国家和民族价值观的文化折射物,是国家和民族文化底蕴的真实体现,这就是刑法文化性的具体内涵。如在一夫多妻制的文化背景下肯定不存在重婚罪,再如我国刑法在少数民族地区允许变通,正是考虑到少数民族地区的社会文化背景。目前我国的刑法文化与价值观,是多重价值观或多元文化价值的集中体现,这本身就是我国政治、经济、文化和哲学思想等国情的真实反映。当然,多元化的价值观有其好的一面,可以兼收并蓄,但也有负面作用,那就是可能造成法律规范与制度设置上的矛盾与混乱,甚至影响刑法的执行。故整合多元文化的刑法价值观,是刑法文化建设的必然选择。

第五,刑法的法律属性。也称刑法立法的技术属性,体现着刑法在国家立法中的规范定位。表现在:(1)刑法在整个法律体系中具有特殊地位,它规制的不是一般性的违法行为,而是严重的违法行为——犯罪行为,该行为对社会的核心秩序具有极大的破坏性。(2)为有效地规制社会秩序,刑法的强制性最为严厉,包括处分经济财产、资格名誉、人身自由等权利,甚至可以剥夺生命权。(3)刑法所保护的社会关系最为广泛,尤其是违法行为达到极其严重程度时,其他法律管不了的,均可用刑法作为最后手段来治理,也即后盾法,是规制社会秩序的最后一道防线。

深刻认识刑法上述五个方面的属性,对于全面正确地理解和深刻认识我国现行刑法,乃至今后进行新的刑法立法和司法及其理论研究,都是十分有益的,也是极其重要的。

(二)刑法的类型

刑法类型是指刑法以一定形式表现出的具体种类。从不同角度可以对刑法作出不同分类:

第一,根据刑法规定的范围大小可划分为狭义刑法、广义刑法和最广义刑法。狭义刑法单指刑法典,具体是指把规定犯罪及其应承担的刑事责任等一切刑法规范加以条理化和系统化,并以法典形式表现出来的刑法规范。广义刑法是指与规定犯罪及其应承担的刑事责任有关的一切刑法规范的表现形式,包括刑法典、单行刑法和附属刑法等。最广义刑法是指一切与刑法性质有关的刑法规范与处罚措施,不仅包括广义刑法,还包括一些"准刑法",如现存的行政拘留(我国刑法学界经常将"治安管理处罚法"称为"小刑法")、特殊教育、强制戒毒、强制医疗、司法拘留等。由于这些都是有关"人身自由"方面的处罚,在刑法理论上"人身自由罚"肯定是刑法的内容,故这些"准刑法"也必然是最广义刑法应当包含或研究的内容与范围。

第二,根据刑法适用范围的大小可划分为普通刑法与特别刑法。普通刑法是指具有普遍适用性与效力的刑法规范,也即其效力及于一国领域内任何地区和个人的普及性刑法规范。通常刑法典便是普通刑法。但也有人认为,作为刑法典补充的并具有相同效力范围的单行刑法也属于普通刑法的范围。[①] 特别刑法也称单行刑法，是指适用于特定行业或区域、特定人员、时间和事项等而制定的刑法规范。除 1998 年 12 月 29 日《关于惩治骗购外汇、逃汇和非法买卖外汇犯罪的决定》外，还有 2020 年 6 月 30 日生效的《香港国安法》。

第三，根据刑法形式上的独立与否可划分为单独刑法和附属刑法。单独刑法是指其法律规范全部是某一行业或领域单一的刑法内容所构成的刑法性规范或文件，包括刑法典和单行刑法。而附属刑法是指附带规定于经济法、行政法、民商事法律等非刑事法律中的刑法规范。这些附属刑法在法律中不是主体部分，始终处于一种附属地位，故称其为附属刑法。

第四，根据名称是否与刑法有关可划分为实质刑法与形式刑法。实质刑法是指虽法律名称上不属于刑法，但实质内容规定有什么是犯罪、犯什么罪及应承担的刑事责任与处罚的规范性文件，附属刑法就是这种情况。由于实质刑法容易被人忽视或轻视，故较严重的犯罪不宜规定在实质刑法中，最好规定在刑法典和单行刑法中。形式刑法也即刑法典和单行刑法。

第五，根据刑法规范是否完备可划分为完备刑法和空白刑法。完备刑法是指刑法条文对于犯罪成立要件等规范有明确、完备的规定，适用时不需要再参照其他法律，因此称其为完备刑法。空白刑法是指刑法条文对于犯罪成立要件等规范未作出完备规定，适用时需要参照其他法律或委托其他法律作出规定，故称其为空白刑法。如行政犯罪，有些就是空白刑法。

之所以进行上述分类，旨在引起大家对刑法类型化研究的足够重视与兴趣，以促进刑法理论研究和司法实际工作的深入开展，也更加有利于刑法学的学科建设与发展。

三、刑法的机能与功能

刑法机能与功能一直是学界讨论的热点。有学者认为，“刑法机能，又称为刑法功能，是指刑法在其运行过程中产生的功效和作用”[②]。既然如此，刑罚功能呢？就此展开分析。

刑法功能也是中外刑法学界争论的永恒话题，更是刑法的基础理论和基本原理问题，不弄清其缘由也就难以阐释刑法基础理论的全部，甚至无法诠释刑法基本原理的全貌。储槐植教授曾指出，“刑法功能亦称刑法机能，我国刑法学中关于刑法的任务就其内容而言，大体类似于刑法功能”[③]。如此，刑法机能不仅等同刑法功能，甚至还与刑

① 参见康树华等主编：《新刑法教程》，中国民主法制出版社 1997 年版，第 10 页。

② 陈兴良：《刑法机能的展开》，载《北京市政法管理干部学院学报》1999 年第 1 期。

③ 储槐植：《市场经济与刑法》，载《中外法学》1993 年第 3 期。

法的目的与任务有关。当然,反对者则认为,“刑法的任务是指立法者赋予刑法的职能或者责任,因而不同于刑法的机能和目的”①。甚至有学者认为将机能与功能视同是一种误解,并指出“尽管它们都包含着‘对事物所产生的影响’的意思,但是就其产生作用的方式与机理来看,却有着相当大的区别”②。张明楷教授明确指出,“尤其不能以《刑法》第2条表述的刑法的任务只涉及保护法益,而没有涉及刑法机能中的规范机能、保障机能,就得出刑法的任务不能等同于刑法的机能的结论”③。由此可见,学界在此问题上争论的激烈程度。本书认为,从机能与功能的汉语词意表达上看,二者确实含义不同。机能与功能的主要区别如下:一是机能重内,而功能重外;二是机能重在自身的机体与机制所释放的部分能量,而功能重在对外所显示的综合功效与作用;三是机能侧重于静态,而功能侧重于动态。从法律意义上讲,我国刑法深受德日刑法的影响,德语中“funktion”和日语中“機能”通过翻译统一为“机能”,而英美法系中使用的“function”也有被翻译为“功能”的,故在用语称谓和词义上有交叉和混用之嫌。所谓刑法机能是指刑法内部机制或有机整体自身产生的效能,所谓刑法功能是指刑法所产生的外部综合功效与作用。前者针对的是刑法本身的机制与效能而言,后者针对的是刑法所输出的功效与作用而言。虽然站位和意义不同,但就刑法的价值意义而言,“机能”与“功能”可视为相近概念,但本书认为最好统一使用“功能”,因为其属外部效用,可防止不同称谓或视角导致的不同看法或歧义。

就刑罚的功能而言,其始于报应,后来发展至功利和预防,甚至经历过“并合”的折中,或许是因为人类的认识及其价值观是在不断变化和进步的,它是一个动态发展的过程。开始人们只注意到对犯罪的回应,你祸害别人也应得到被祸害的报应,接下来才认识到,让犯罪者得到报应是为了防止他再犯或警示他人不犯。当然,任何走向“报应”或“预防”的极端都是错误的,故二者的争论必然导致“并合主义”的出现。但古今中外在争论百年的古老话题上,刑罚功能始终不能定位也是一种现实。因此,最终能否转向“规制”,的确是一个值得认真研究和思考的问题。如此,刑法的功能是规制,刑法的任务是保护法益和保障人权,刑法的目的是打击犯罪和保护人民,这样就形成了刑法功能、任务和目的的统一体。

(一)刑罚目的与功能的中外梳理

1. 国外古代刑罚目的与功能的理论渊源

国外古代刑罚目的与功能发展经历了以报复犯罪、安慰和补偿受害人为主到以纠正犯罪为主,再到以报复和预防并重,最后回到以安慰和补偿受害人为主的反复流变

---

① 张小虎:《刑法的基本观念》,北京大学出版社2004年版,第56-57页。

② 李永升:《刑法学的基本范畴研究》,重庆大学出版社2000年版,第25页。

③ 张明楷:《刑法学》(第2版),法律出版社2003年版,第32页。

过程。

无论外国还是中国，人类社会刑罚的目的大都以报复、同态复仇为起步或主要功能，也即早期的以命偿命、以伤抵伤，受害者给对方以同等的报复，受害者死亡则受害者近亲属有权进行复仇。楔形文字法时期以《汉谟拉比法典》为代表，保留了同态复仇的原汁原味与风貌。

雅典法中规定，允许杀人、诱拐妇女、纵火犯罪私了；允许直接复仇；执行死刑要在受害人亲属面前进行；受害人临死前答应赦免加害者，他人不得对其进行报复。可推定刑罚是以安慰受害者为主要目的。[①] 可预想，那时拥有全面报复权的是受害者，而非国家惩罚。

罗马法对于侵犯公民财产犯罪多适用经济补偿，日耳曼法对杀人的处罚多为支付赔偿金，伤害赔偿金的多少以受伤部位在人体中的重要程度来衡量。可见此时期的刑罚也多以补偿受害人为目的，诚然是一种进步，它超越了“以血还血”“以牙还牙”的同态复仇。

教会法时期的刑罚理论认为：单纯的严刑峻法很难伸张正义，基督教之爱的最终关怀是以纠正为手段来拯救。只有在反复告诫无效时，教会才可诉诸刑罚。其刑罚一般也不会包括死刑和造成严重伤残的肉刑；可见教会刑罚的目的也是纠正，而不是报复或毁灭。

中世纪城市法和商法的刑罚带有威吓色彩，城市法大量采用肉刑且在一定程度上保留了同态复仇；可见该时期刑罚是以预防犯罪为目的的，此外，封建社会时期的日本、20 世纪中叶以前的美国也都采取威吓主义。[②] 当然，威慑刑法既是刑法类型，也反映了刑法功能。

2. 国外近现代刑罚目的与功能的理论现状

人权思想的产生和发展使刑罚转向轻刑化，至今大多数国家已基本废除死刑。随着法治进程的现代化，还规定了无罪推定、罪刑法定、辩护原则等保障人权的措施。另外，再社会化改造制度的确有利于服刑人员回归社会，并成为现代刑罚的重要组成部分。如美国《爱尔密拉教养院法》对犯人进行分类管理、区别对待，并给予职业训练和就业机会，都是回归措施。

总之，现代刑罚以预防犯罪、矫正罪犯和改造犯罪为目的，对刑事案件受害人给予经济补偿，多以民事赔偿的形式判决给付，而在刑罚中给予保障。可见，刑罚包含了被害人和被告人以及他们所抚养人的利益。“现代监狱和行刑必须同时满足三项基本要

---

① 参见王珏莹：《从刑法的目的出发——服刑人员劳动报酬问题研究》，载《群文天地》2011 年第 2 期。

② 参见王珏莹：《从刑法的目的出发——服刑人员劳动报酬问题研究》，载《群文天地》2011 年第 2 期。

求:一是传统的执行刑罚,惩罚和改造犯人;二是保护犯人的各项合法权益不受非法侵害,特别是保障犯人的人权不受来自行刑机关的侵害;三是有利于罪犯实现再社会化,为将来顺利回归社会做准备"①。这当然也提出了另外一个问题,即宣判刑罚功能与执行刑罚功能的分离问题,二者虽有联系或交叉,但二者并不完全是一回事儿,后者更多是在为预防再犯做工作和准备。

3. 我国古代刑罚目的与功能的纵横流变

我国古代刑罚目的与功能深受儒家思想和法家思想的影响,儒家主张德主刑辅,法家强调法的一般预防,提倡重法威慑。纵观古代法律发展史,法家思想和儒家思想对古代社会发展均具有重大影响,也为刑罚的功能和目的提供了丰富的理论基础和思想根基。法家思想和儒家思想在不同时期表现出的对立,也正是一般预防与道义报应间的对立统一,由此形成中华法系在刑罚目的与功能上的特色。

源自儒家的道义报应思想是根据罪犯的主观恶性程度对其进行的惩罚。"儒家的传统道德不仅是每个人日常生活中的行为准则,而且也是认定犯罪、决定刑罚的重要依据"②。根据道义报应的观点,"对犯罪人发动刑罚,应以其道德罪过为基础,使刑罚与道德充分保持一致,道义报应的本质是将刑罚奠基于主观恶性之上,它作为对已然之罪的一种回顾,着眼于对犯罪人主观恶性予以否定的伦理评价"③。源自法家文化的刑罚目的,即一般预防是指通过对犯罪人适用一定的刑罚,对社会上不稳定分子产生阻止犯罪的作用。一般预防作为刑罚目的之一,在理论上存在消极的一般预防与积极的一般预防,消极的一般预防强调刑罚的威慑力使人不敢犯罪,积极的一般预防强调刑罚的感召功能使人不愿意犯罪,由此与西方犯罪预防理论有共通之处。

一般预防与道义报应在我国古代经历了此消彼长和结合统一的过程,应该说春秋时期开始的儒家与法家之争,到后世的法治与德治之辩,再到清末法律改革中的"礼教派"与"法理派"之抗,都反映出我国历史上法家与儒家不同思想不同观念自始至终的两根主线,但无论法家思想抑或儒家思想占统治地位之不同时期,一般预防与道义报应作为刑罚的目的与功能都是客观存在的。我国古代的刑罚目的既关注道义报应又强调正义价值,也强调一般预防追求刑罚的功利精神,一般预防与道义报应两者在古代从对立到统一的过程中使儒家思想更居主导地位。这是因为,历史上的法家与当今的法治不可同日而语,一方面人治之下的法治并非真正的法治,另一方面没有民主的法治更不是建立在公平基础上的法治。故相对而言,儒家的教化解决的是人类内心的向善,虽然古代的教化未必像今天"德法关系"中"法律是道德的重要支撑",但由于犯

① 王珏莹:《从刑法的目的出发——服刑人员劳动报酬问题研究》,载《群文天地》2011 年第 2 期。

② 张明楷:《新刑法与客观主义》,载《法学研究》1997 年第 6 期。

③ 陈兴良:《刑法哲学》,中国政法大学出版社 2000 年版,第 339 页。

罪首先发动于人的内心，只要控制住人们内心不去违法和犯罪，当然就可以起到预防犯罪的最终目的。

4. 我国近现代刑罚目的与功能的理论发展

在我国历史长河中，关于刑罚目的与功能主要有三大观点，也即预防主义刑罚目的说、报应主义刑罚目的说和合并主义刑罚目的说。我国学者对刑罚目的的界定众说纷纭，而通说认为，“刑罚的目的是指人民法院代表国家对犯罪分子适用刑罚所要达到的目的或效果，它就是预防犯罪”①。由此，通说将刑罚的目的定位于预防，甚至是一般预防。但陈兴良教授认为，“刑罚目的主要在于预防犯罪，也兼有报应的目的”②。可见，刑罚的目的不应是一元的，而应是二元的，即报应和预防的辩证统一，这诚然是合并主义观点的典型代表。李永升教授也认为，“刑罚的目的在于报应与一般预防，且报应在刑罚目的中的地位高于一般预防”③。刑罚目的论不仅偏离了刑罚的初衷，即“报应”体现出的刑罚的“公正性”，也没能关注到被害人的直接感受及其权利。

清末以来，中国不断引进西方法律思想，但对于刑罚功能的概念，国外的刑法学者鲜有涉及，往往都是直接论述其内容。④ 国内对于刑罚功能的概念也是百家争鸣，有观点认为，“刑罚功能是指国家制定、适用和执行刑罚所直接产生的社会效应”⑤。也有观点认为，“刑罚的功能指的是刑罚在同犯罪作斗争中对社会可能发挥的积极作用”⑥。应当说刑罚功能不应该限制于刑罚在被制定和适用、执行中直接产生的作用，对其界定应遵循刑法两大机能即惩罚犯罪和保障人权的方法论，从刑罚对社会和个人直接产生的积极作用着手，对于刑罚功能的概念不应有不利作用，因此刑罚功能可被看作国家制定、适用与执行刑罚对社会直接产生的与预防犯罪相契合的积极有利作用。

（二）刑法机能的中外学说

众所周知，刑法是特定社会环境下的产物，刑法机能的内容与形式自然也以社会现实为基础，在不同的历史时期有不同的表现。在古代，由于社会生产力水平低下，神权思想和宗教统治盛行，法律始终与道德义务纠缠在一起，个人的主体地位被淹没在普遍的义务之下，“个人权利得不到尊重（即使有针对个体权利保护的刑法条款，也是作为维护统治秩序的手段而运用的），因而古代社会刑法机能的基本理念表现为社会保护机能”⑦。一般认为，社会保护机能主要表现为统治性、干涉性、刑法与伦理道德及

---

① 高铭暄、马克昌主编：《刑法学》，北京大学出版社、高等教育出版社 2011 年版，第 245 页。

② 陈兴良：《刑法适用总论》，中国人民大学出版社 2006 年版，第 50 页。

③ 李永升、陈伟：《和谐社会语境下的刑法观沉思》，合肥工业大学出版社 2009 年版，第 175 页。

④ 参见高铭暄、赵秉志：《刑法论丛》（第 6 卷），法律出版社 2002 年版，第 393 页。

⑤ 高铭暄主编：《新编中国刑法学》，中国人民大学出版社 1999 年版，第 304 页。

⑥ 何秉松主编：《刑法教科书》，中国法制出版社 2000 年版，第 530 页。

⑦ 逄锦温：《刑法机能研究》，法律出版社 2014 年版，第 46 页。

宗教不可分性、刑罚的残酷性四个方面。到了近代,随着生产力的发展和社会的进步,强调维护专制统治秩序而漠视个人尊严与价值的古代刑法受到猛烈抨击,欧洲启蒙思想家们提出民主、平等、天赋人权等口号,使近代刑法机能的发展获得了充分的理论支持,在刑法的社会保护和人权保障机能的关系上,古典学派与近代学派展开了20多年的争执。① 以贝卡里亚、费尔巴哈为核心的古典学派在理论上主张罪刑法定主义、罪刑相适应原则、刑罚人道主义、意志自由论、道义责任论、客观主义。② 因此,在刑事古典学派刑法机能的理念中,特别强调刑法的人权保障机能。在这种理念影响下的刑法立法也都凸显着人权保障机能,如法国的《人权宣言》、1871年《德国刑法典》、英美法系的《英国大宪章》和《权利法案》等。以菲利、李斯特为代表的近代学派关于刑法学的观点可归纳为犯罪原因论、决定论、社会责任论、主观主义、目的刑主义、保安处分论。③ 在近代学派刑法机能的理念中,虽然不排斥人权保障机能,但特别强调刑法的社会保护机能。此种理念影响下的刑法立法也都凸显着社会保护机能,如1925年意大利的《罗科法典》、1935年纳粹德国宣告废除的1871年《德国刑法典》中的"罪刑法定原则"。"二战"后,基于人权与人道主义的自然法思想再次受到重视,新的刑法理论应运而生,刑法的人权保障机能再次恢复。德国刑法、意大利刑法、俄罗斯刑法等在刑法改革中,将刑法的人权保障作为首要任务。随后,深受德国等欧洲大陆国家的影响,刑法机能说在日本得到了长足发展。

1. 日本。在日本有关刑法机能的讨论,并非新鲜话题,在平野龙一提倡机能考察以前,传统刑法学对刑法机能似乎已经不屑一顾。④ 平野龙一对刑法机能的阐述是:刑法的机能是规制机能,这种规制机能同时起着两种作用,一是保护法益机能,二是保障自由机能。显然,这一传统机能考察方法(刑法规范考察方法)是以德国的观念论哲学为基础的"刑法教义学"的考察方法,具有形式地重视规范的倾向。⑤ 平野龙一的考察集中体现在其1965年发表的论文《现代刑法的机能》之中:首先,是对刑法机能研究现状的考察;其次,是对刑法和价值观的考察;再次,是对父权主义和道德主义的考察;复次,是对市民的安全要求的考察;最后,是对民事控制替代的考察。⑥ 最终结论是:将"根据经验事实能够验证的现实机能"即"保护法益机能"和"保障自由机能"作为刑法机能,而将观念的、形而上学的"规制机能"从刑法机能中拿掉。在此基础上,日本刑法

① 参见逄锦温:《刑法机能研究》,法律出版社2014年版,第52页。

② 参见马克昌主编:《近代西方刑法学说史略》,中国检察出版社1996年版,第35-38页。

③ 参见马克昌主编:《近代西方刑法学说史略》,中国检察出版社1996年版,第142-146页。

④ 参见黎宏:《平野龙一及其机能主义刑法观——〈刑法的基础〉读后》,载《清华法学》2015年第6期。

⑤ 参见黎宏:《平野龙一及其机能主义刑法观——〈刑法的基础〉读后》,载《清华法学》2015年第6期。

⑥ 参见[日]平野龙一:《刑法的基础》,黎宏译,中国政法大学出版社2016年版,第73、74-78、90-96、97-100页。

学界形成了各种刑法机能学说。具有代表性的观点主要有：

两机能说。认为刑法有两大机能，由于内容不同又分化出三种观点：一是认为，“刑法具有维持秩序和保障自由两个机能”①；二是认为，“刑法具有保护和保障两个机能”②；三是有人称“刑法机能就是刑法的社会机能，分为规制机能和维持社会秩序机能两种”③。

三机能说。认为刑法有三个机能，因具体内容不同又分化出四种观点：其一认为，“刑法的机能包括限制机能、秩序维持机能和保障自由机能”④；其二认为，“刑法的机能包括限制机能、保护机能和保障机能”⑤；其三认为，“作为刑法机能特别可以考虑的是规制机能、秩序维持机能及自由保障机能”⑥；其四认为，“刑法有三大机能，即规律机能、保障机能、保护机能”⑦。

四机能说。支持者内田文昭认为，“报复的机能、预防的机能、保护法益的机能、社会伦理的机能，是刑法应有的机能”⑧。四机能说似乎更加全面，但分类标准也更加浅显和混乱。

此外，还有学者对刑法的机能进行分层次研究，首先揭示刑法的本质机能，具体分两类三种，一类是为了国家派生的抑止犯罪和维持秩序机能；另一类是为了国民派生的保护机能和保障机能。⑨ 板仓宏更将刑法机能分为三部分和三种：(1)作为社会统制手段的刑法；(2)刑法的具体机能：维持秩序机能、保护法益机能、保障自由机能；(3)作为裁判规范的刑法。⑩ 在日本占据通说地位的是三机能说，即保障机能、保护机能、规范机能。保障机能是指通过限制国家刑罚权的任意行使来保障国民的自由的机能(“作为犯罪人的大宪章”的机能)；保护机能是指保护法益即受法律保护的利益机能；规范机能是指通过明确规定犯罪和刑罚，给公民以明确的行为准则，控制国民的行为的机能。⑪ 三机能说在日本影响很大，故被学界公认为刑法机能的通说。

2. 中国。刑法学界对于刑法机能的认知主要源于德国和日本刑法，并结合我国立法特色深入研究，尤其与刑法的任务与目的相挂钩。在日本也有学者将刑法的机能与

---

① [日]吉川经夫：《改订刑法总论》，法律文化社 1974 年版，第 5-7 页。
② [日]正田满三郎：《刑法体系总论》，良书普及会 1979 年版，第 2-3 页。
③ [日]大谷实：《刑法总论》，黎宏译，法律出版社 2003 年版，第 3 页。
④ [日]川端博：《刑法总论讲义》，成文堂 1997 年版，第 2-3 页。
⑤ [日]山中敬一：《刑法总论》，成文堂 1999 年版，第 15-17 页。
⑥ [日]大塚仁：《刑法概说》(总论)(第 3 版)，冯军译，中国人民大学出版社 2003 年版，第 22-23 页。
⑦ [日]野村稔：《刑法总论》，全理其、何力译，法律出版社 2001 年版，第 39 页。
⑧ 转引自马克昌：《刑法的机能新论》，载《人民检察》2009 年第 8 期。
⑨ 参见[日]西原春夫：《刑法总论》(上)，成文堂 1995 年版，第 8-11 页。
⑩ 参见[日]板仓宏：《新订刑法总论》，劲草书房 1998 年版，第 4-8 页。
⑪ 参见黎宏：《刑法的机能和我国刑法的任务》，载《现代法学》2003 年第 4 期。

目的作为同等使用,如西田典之教授从“刑法是为何而制定”问题出发思考刑法机能,对是把保护法益理解为刑法的第一机能、目的,还是把保护成为国家社会秩序之基础的社会伦理或刑法规范作为刑法的机能、目的这一问题进行了探讨。[①] 刑法的任务,能否等同刑法机能和刑法目的?肯定说认为,刑法机能就是指刑法的作用,也即刑法所要实现的任务[②];也有学者认为,“刑法功能亦称刑法机能,我国刑法学中关于刑法的任务就其内容而言,大体类似于刑法功能”[③]。否定说认为,刑法的任务是指立法者赋予刑法的职能或者责任,因而不同于刑法的机能和目的。[④] 陈兴良教授认为,“如果从文字本身来理解,刑法的任务、机能与目的这些概念之间确实存在一定的区别,但就实现任务的方法而言,离不开刑法的机能;而就确定任务的目的而言,又离不开刑法的目的。因此,刑法的任务、机能与目的,都属于同一层次的概念,可以在互相联系中理解”[⑤]。张明楷教授认为,“刑法究竟有几种机能,学界认知颇不一致,但以下三种机能为多数人承认:规范机能(或称规制机能或规律机能)、保护机能和保障机能,这在德国、日本的刑法理论中,也是通说”[⑥]。但也有学者指出,“上述三大机能并不是同一层面上的。其中,规范机能是本体意义上的刑法机能,或称本质机能;[⑦]而保护机能和保障机能则是刑法价值论意义上的机能”[⑧]。陈兴良教授在《本体刑法学》一书中将刑法机能概括为“规范机能”和“社会机能”,在此基础上又细分出各自具体的机能——规范机能包括评价机能和裁判机能,社会机能包括保护机能和保障机能。[⑨] 也有学者指出:“刑法的规制机能是指把刑法作为手段看它本身有什么作用、能力;而刑法的社会机能是指刑法在社会生活中实现的职能、作用,即从刑法调整目的方面、从刑法对社会生活的影响后果所观察的机能。因此,刑法的规制机能与社会机能之间存在手段与目的的关系。”[⑩]马克昌教授认为,“刑法的机能有根本机能和派生机能之分,根本机能是规制机能,规制机能又可具体分为行为规制机能和裁判规制机能,派生机能应为惩罚犯罪

---

① 参见[日]西田典之:《日本刑法总论》,刘明祥、王昭武译,中国人民大学出版社 2007 年版,第 22-23 页。

② 参见赵秉志、吴振兴主编:《刑法学通论》,高等教育出版社 1993 年版,第 14 页。

③ 储槐植:《市场经济与刑法》,载《中外法学》1993 年第 3 期。

④ 参见张小虎:《刑法的基本观念》,北京大学出版社 2004 年版,第 56-57 页。

⑤ 陈兴良:《刑法机能的话语转换——刑法目的论的一种探讨路径》,载《环球法律评论》2008 年第 1 期。

⑥ 张明楷:《外国刑法纲要》,清华大学出版社 1999 年版,第 6 页。

⑦ 参见[日]西原春夫:《刑法的根基与哲学》,顾肖荣等译,法律出版社 2004 年版,第 44 页。

⑧ 陈兴良:《当代中国刑法的新理念》,中国政法大学出版社 1996 年版,第 100 页。

⑨ 参见陈兴良:《本体刑法学》,商务印书馆 2001 年版,第 37-54 页。

⑩ 刘志远:《二重性视角下的刑法规范》,中国方正出版社 2003 年版,第 123 页。

和保障人权两机能”[①]。此外，刘艳红教授也认为，刑法机能包括“人权保障、安全保护和行为规制”[②]。还有学者主张两机能说，如秩序保护机能和人权保障机能[③]，又如社会保护机能和人权保障机能[④]；也有学者称保护机能和保障机能[⑤]；再如保护法益机能和保障人权机能[⑥]，张明楷教授也从原先的三机能说进一步提炼出两机能说，即法益保护和人权保障[⑦]。可见争执观点的激烈，故有必要对刑法的机能、目的与任务进行深入研究。

（三）我国刑法机能的具体内容

刑法机能一直以来在德日刑法理论中争论不断，没能形成定论。我国在学习德日刑法中虽也有研究，但不够深入，更未形成一致认识，尤其在刑法与刑罚机能与功能的表述上较乱。

1. 刑法机能的含义

由于学界对刑法机能的研究与刑法的目的、任务挂钩，故有必要首先弄清刑法机能的概念。德国著名的机能主义刑法学家格吕恩特·雅科布斯曾指出：“机能是一个系统——单独或者与其他事物共同——具有的功效，功效所涉及的，在这里是刑法的全体。”[⑧]日本学者大谷实认为所谓刑法的社会机能，“是指刑法在社会上应当具有的机能和固有的作用，分为规制机能和维持社会秩序机能”[⑨]。马克昌教授认为，“刑法的机能或称刑法的功能，是指刑法所起的积极作用”[⑩]；何秉松教授认为，“所谓刑法的功能，是指刑法作为一个有机整体可起的作用或发生作用的能力，西方刑法学者把它称为刑法的机自能”[⑪]；张小虎教授则认为，“刑法机能，是指刑法在其结构与运作中所表现出的有利作用”[⑫]；周少华教授指出，“刑法机能，亦称刑法功能，是指刑法以其结构和运作

---

① 马克昌：《刑法的机能新论》，载《人民检察》2009年第8期。

② 刘艳红主编：《刑法学》（上），北京大学出版社2016年版，第17页。

③ 参见潘庸鲁、付媛媛：《刑法双重机能之关系检讨》，载《广西大学学报（社会科学版）》2010年第4期。

④ 参见周少华：《罪刑法定与刑法机能之关系》，载《法学研究》2005年第3期。

⑤ 参见左勇：《罪刑法定原则与刑法的双重机能》，载《社会科学家》2008年第4期；臧冬斌：《刑法保障机能与保护机能的立法调整和司法实现》，载《法学家》2002年第3期。

⑥ 参见黎宏：《刑法学总论》，法律出版社2016年版，第6-7页。

⑦ 参见张明楷：《刑法学》（第5版），法律出版社2016年版，第22页。

⑧ ［德］格吕恩特·雅科布斯：《行为责任刑法》，冯军译，中国政法大学出版社1997年版，第102页。

⑨ ［日］大谷实：《刑法总论》，黎宏译，法律出版社2003年版，第3页。

⑩ 马克昌：《比较刑法学原理》，武汉大学出版社2002年版，第10页。

⑪ 何秉松主编：《刑法学教科书》，中国法制出版社2000年版，第17页。

⑫ 张小虎：《刑法的基本观念》，北京大学出版社2004年版，第130页。

所能产生的功效"[①]；黎宏教授认为，"刑法的机能也称刑法的功能，就是刑法在社会生活中应当具有的作用，它是实现刑法目的的手段"[②]；刘艳红教授认为，"刑法的机能是指刑法作为一个系统所具有的作用与功效，它是从刑法的基本理念与目的出发反映呈现的"[③]。上述学者对刑法机能的定义，不外乎将其视为刑法的功能（或功效、作用）。我们认为，机能与功能虽然基本指向相同，但也存在细微差别，下面进行分析。

2. 刑法的"三机能说"

关于刑法机能的内容，我国学者申夫早在 20 世纪 90 年代就提出了"十大机能说"：规律机能、保护机能、保障机能、预测机能、惩罚机能、威慑机能、感化机能、改造机能、安抚机能和财政机能。随后一些学者又相继提出"四机能说""三机能说""两机能说""分层机能说"等。[④] 通说主张"三机能说"，即行为规制机能、法益保护机能和人权保障机能。当然，这一通说观点主要也是源于日本刑法理论的通说，但在我国同样存在极大的争论。

在我国，最早研究刑法"三机能说"的是李泽龙教授。他借鉴日本刑法，把刑法的机能概括为：规律机能、保护机能和保障机能。并认为，"对刑法机能的研究导源于对刑法价值的探寻。一般认为，决定刑法内在的、实质性的价值的法秩序理念具有三要素，即正义、法的安定性和公共福祉"[⑤]。他进而推导出刑法应具有公正地规制公民行为的规律机能，保障个人权利与自由的保障机能和保护法益、保护秩序的保护机能。[⑥] 并明确指出，"刑法之规律机能即指刑法通过规定一定的行为是犯罪，并对之科以特定的刑罚，给公民确定行为之准则，指出不得做出刑法规定的无价值的犯罪行为，从而对公民的行为加以规制。它含评价机能与决定意志机能两方面"；"刑法的保护机能即指刑法作为保护性规范，通过惩罚侵害一定社会关系的犯罪行为，达到保护社会关系的目的，维护国家与社会利益，维护法律所调整的社会秩序，即法律秩序。这一机能与保障机能相对应，从国家与社会的角度提出，服务于法的重要价值之——秩序"；"刑法的保障机能即指罪刑法定，无罪不罚，以此限制国家刑罚权之动用，保障公民的自由、生命、财产等各项权利免受任何机关、团体和个人的非法限制与剥夺。这是从公民个体的角度提出的，服务于法的内在价值之——个人权利与自由"。最后提出，"刑法之总

---

① 周少华：《刑法机能产生的制度基础》，载《法律科学（西北政法学院学报）》2005 年第 3 期。

② 黎宏：《刑法学总论》，法律出版社 2016 年版，第 6 页。

③ 刘艳红主编：《刑法学》（上），北京大学出版社 2016 年版，第 16 页。

④ 申夫：《我国刑法的机能刍议》，载《中南政法学院学报》1990 年第 1 期。

⑤ 李泽龙：《论刑法的机能》，载《法律科学（西北政法学院学报）》1995 年第 1 期。

⑥ 参见李泽龙：《论刑法的机能》，载《法律科学（西北政法学院学报）》1995 年第 1 期。

体效果并非三机能的孤立发挥,而是取决于它们之间的相互联系与相互影响"[①]。由此可见,刑法机能问题是一个非常复杂的问题,牵涉因素较广。

深受日本刑法理论影响的黎宏教授,也赞同对刑法机能的探寻源于正义、共同幸福、法的安定性三方面,并对保障机能、保护机能、规律机能展开论述。[②] 张小虎教授同样主张"三机能说",他认为,"刑法的规律机能包括:犯罪评价机能、刑罚基准机能和行为引导机能。犯罪评价机能,是指刑法所具有的评价判断行为是否构成犯罪及其社会意义的作用,具体包括两个方面:判断行为是否构成犯罪;评价行为的社会意义。刑罚基准机能,是指刑法具有规定了刑罚适用的基本原理原则,并且依据犯罪的事实、性质、情节和对于社会的危害程度设置了与具体犯罪相应的法定刑,以作为对具体犯罪裁量决定刑罚的标准的作用。行为引导机能,是指刑法具有作用于公民的意志,促使公民实施合法行为,避免违法犯罪的意思决定的作用。刑法的这一机能,是刑法的犯罪评价机能与刑罚基准机能的自然引申,是刑法对社会生活的间接调整"[③]。"刑法的保障机能,又称人权保障机能,是指刑法所具有的防止国家滥施刑罚权,以及维护公民自由权利不受剥夺的积极作用。该机能奠基于以民主政治为核心的法治国家的罪刑法定原则;其基本内容是,刑法禁止国家滥施刑罚权,禁止国家任意剥夺公民自由"[④];"刑法的保护机能,又称法益保护机能,它具有惩罚犯罪,维护社会秩序,体现各种有价值的利益的积极作用。刑法的这一机能奠基于刑法的工具属性,具体表现为:社会秩序的维护和各种法益的保护"[⑤]。陈兴良教授在早期的著作《本体刑法学》中提倡的是分层模式的机能说,后来转为"三机能说",他认为:"刑法的规制机能是评价机能与指引机能的统一;刑法的保护机能就是指刑法对法益的保护,法益保护的理论为现代刑法确立了存在根据,使刑法机能进一步收缩,维护规范的有效性;刑法的保障机能是指刑法对人权的保障,这里的人权是指犯罪嫌疑人、被告人和犯罪人的人权,刑法的人权保障机能主要是通过罪刑法定原则实现的。"[⑥]张明楷教授在其《刑法学》(第3版)和《外国刑法纲要》(第2版)之前,都主张"三机能说",即行为规则、法益保护和自由保障。他认为,"行为规制机能,是指使对犯罪行为的规范评价得以明确,从而对公民的行为进行规范、制约的机能。其具体内容是,刑法将一定的行为规定为犯罪并给予刑

① 李泽龙:《论刑法的机能》,载《法律科学(西北政法学院学报)》1995年第1期。

② 参见黎宏:《刑法的机能和我国刑法的任务》,载《现代法学》2003年第4期。

③ 张小虎:《刑法机能探究》,载《社会科学》2004年第4期。

④ 张小虎:《刑法机能探究》,载《社会科学》2004年第4期。

⑤ 张小虎:《刑法机能探究》,载《社会科学》2004年第4期。

⑥ 陈兴良:《刑法机能的话语转换——刑法目的论的一种探讨路径》,载《环球法律评论》2008年第1期。

罚处罚,表明该行为在法律上是无价值的(评价的机能)。同时命令行为人作出不实施这种犯罪行为的内心意思决定(决定的机能)”。“法益保护机能具体表现为:通过对抽象地侵害一定法益的行为设定刑罚,防止一般国民侵害法益(一般预防);通过对现实已经发生的犯罪科处刑罚,防止犯罪人重新侵害法益(特殊预防)”。“自由保障机能,由来于罪刑法定主义原则,是指刑法具有通过制约国家刑罚权的行使,保障行为人不受国家滥用权力的侵害,进而保障国民的个人自由及其他利益的机能”①。申纯博士也支持“三机能说”,但他认为,“刑法的机能可分为本体机能和目的机能,刑法的本体机能是指行为规制机能,而刑法的目的机能则是指人权保障机能和社会保护机能”②,实际上,申博士的观点类似于分层模式机能说。

3. 刑法的“二机能说”

主张“二机能说”的学者大体有三种。

首先,以黎宏、张明楷为代表的“二机能说”是保护法益和保障人权。③ 张明楷教授指出,“行为规制机能基本上只是法益保护机能的反射效果,另一方面,行为规制机能与法益保护机能、人权保障机能并非并列关系,因为规制国民的行为,是为了保护法益,而不是为了单纯地限制国民的自由,所以,仅将刑法的机能归纳为法益保护机能与人权保障机能即可”④。黎宏教授认为,“所谓保护法益机能,就是刑法具有通过惩罚犯罪,保护刑事犯罪被害人的利益不受犯罪的侵害与威胁的机能。从刑法是使用这种最为严厉的手段来保护法益的现实,以及刑法属于只有在使用其他手段都难以奏效的情况下才能使用的补充法的特点来看,刑法上所保护的法益,只能是从维持社会秩序来看,极为重要、不能放弃不管的利益”;“保障人权机能,是指在不违反刑法,就不会受到处罚的意义上,刑法具有限定国家刑罚权的发动,保障人们的行动自由的机能”⑤。至于两大机能的关系,似乎两位教授均侧重于保障人权。

其次,逄锦温博士也赞成“两机能说”,概括为社会保护机能和人权保障机能。⑥ 并指出,“要阐释刑法的社会保护机能,必先明确其所保护的社会。社会并非个人的简单聚合,它在本质上要求社会具有秩序性、集权性和公共性”,进而对刑法的社会保护机能作出界定,即其“是指刑法通过运用国家刑罚权惩治犯罪实现刑法保护个人法益、社会法益和国家法益目的的机能,体现了刑法对社会秩序的维护与控制”,且认为,“秩序

---

① 张明楷:《外国刑法纲要》(第2版),清华大学出版社2007年版,第6-7页。

② 申纯:《刑法保护机能的扩张与限制》,武汉大学2014年博士学位论文,第6页。

③ 参见黎宏:《刑法学总论》(第2版),法律出版社2016年版,第6-8页;张明楷:《刑法学》(第5版),法律出版社2016年版,第22页。

④ 张明楷:《刑法学》(第5版),法律出版社2016年版,第22页。

⑤ 黎宏:《刑法学总论》(第2版),法律出版社2016年版,第6-8页。

⑥ 参见逄锦温:《刑法机能研究》,法律出版社2014年版,第91、129页。

价值对刑法的社会保护机能具有基础性意义，刑法社会保护机能的协调与发展离不开秩序价值的指导与制约，社会保护机能的实现是刑法秩序价值实现的重要保障”。最后他总结道：“刑法对国家法益的保护体现在对国家安全法益的保护，对国家国防法益的保护，对国家军事法益的保护和对国家管理活动的保护；刑法对社会法益的保护体现在对公共安全法益的保护，对市场经济秩序的保护和对社会管理秩序的保护；刑法对个人法益的保护体现在对公民人身权利的保护，对公民民主权利的保护，对婚姻家庭权利的保护和对公民财产权利的保护；刑法对国际社会法益的保护体现在普遍管辖原则的确立和部分国际犯罪国内立法化。”对于刑法的人权保障机能，逄锦温博士首先从“人权”展开论述，进而得出刑法的人权保障机能是指“刑法通过限制国家刑罚权的适用使犯罪人免受国家刑罚权恣意行使的侵害从而实现刑法保障公民个人权利目的的机能，体现了刑法对公民自由的保障”，并认为，“自由价值是刑法人权保障机能的源泉和基础，人权保障机能是实现刑法自由价值的重要保证”。其具体体现为：(1)刑法基于原则；(2)犯罪及其成立；(3)刑罚及其裁量；(4)刑罚执行制度；(5)刑罚消灭事由。对于社会保护与人权保障的关系问题，他也说“人权保障机能处于优先地位”①。周少华教授也认为，“刑法的双重机能是社会保护机能与人权保障机能，并借助罪刑法定主义予以论证，社会保护机能是通过对犯罪的惩治来实现的，因而属于罪刑法定的积极机能或曰扩张机能；而人权保障机能是通过限制国家的刑罚权而实现的，因而属于罪刑法定的消极机能或曰限制机能”②。

最后，主张“两机能说”的还有学者潘庸鲁、付媛媛。他们认为，“秩序保护机能与人权保障机能是刑法的双重机能”③。指出，“刑法秩序保护机能是指刑法通过惩罚犯罪以达到修复被破坏的社会秩序并对社会成员进行指引与评价以实现预防犯罪的社会效果；人权保障机能，又称为自由保障机能，是指刑法具有限制国家刑罚权滥用、维护公民自由不受非法侵犯和保障犯罪人权利不受过度剥夺的机能。并且，刑法秩序保护机能与人权保障机能之间的关系不是非此即彼的取舍关系，而是表象冲突、实质一致的并重关系”④。“在刑法双重机能的关系中，秩序保护是刑法机能的基础，它体现了刑法的基本属性；而人权保障刑法机能的关键，它体现了现代刑法的人性。重视人权保障机能而轻视秩序保护机能，或者重视秩序保护机能而轻视人权保障机能，都会削弱现代刑法的人文内涵，降低国民对刑法的信赖，招致人权依附的载体社会秩序难以

---

① 逄锦温：《刑法机能研究》，法律出版社 2014 年版，第 92、97、105、113－128、137、154、165－192、213 页。

② 周少华：《罪刑法定与刑法机能之关系》，载《法学研究》2005 年第 3 期，第 50 页。

③ 潘庸鲁、付媛媛：《刑法双重机能之关系检讨》，载《广西大学学报(社会科学版)》2010 年第 4 期。

④ 潘庸鲁、付媛媛：《刑法双重机能之关系检讨》，载《广西大学学报(社会科学版)》2010 年第 4 期。

维持的后果。因此,刑法双重机能作用发挥与和谐相处应建立在二者互动基础上"①。我们赞同此观点,但秩序保护机能是根基、是基础,而人权保障机能是方向、是目标,二者不可没有根基,也不可没有动力。

纵观主张"二机能说"的学者,基本上将大陆法系通说中的"行为规制机能"剔除,保留另外两个机能,即"保护机能"和"保障机能",在措辞上要么使用"法益保护机能",要么使用"社会保护机能"或者"秩序保护机能",对于"人权保障机能"的表述则并无异议。主张"社会保护机能"的学者在具体内容的论述上,其实就是"法益保护机能",而主张"秩序保护机能"的学者,显然没有认清犯罪的本质是侵害法益,刑法的目的是保护法益这一事实,况且"秩序"不可能等同刑法需要保护的所有社会关系。在两者争执不下的时候,我们主张应当升级或恢复至规制说。

通过梳理,究竟刑法有哪些机能,其实分歧还是较大的,这些分歧可能源于学者在该问题上理解的差异,也可能源于标准和立场不同。然而如何看待这些观点及应有主张呢?

首先,"三机能说"是理论通说。即规制机能、保护机能和保障机能。规制机能表现为对犯罪行为的规制,保护机能表现为对受害人、社会或国家的保护,保障机能表现为对社会一般人自由的保障。本书认为,这种观点并不合理。一是其思路是混乱的,保障机能中对人权的保障本身即属于刑法保护机能中对个人法益的保护。陈兴良教授曾针对此指出:"社会保护机能是通过对犯罪的惩治而实现的,属于刑法的积极保护主要是扩张机能,而人权保护机能是通过限制国家刑罚权(包括立法权与司法权)而实现的,属于刑法的消极保护或曰限制机能。"②因此,无论实现方式有何不同,殊途同归,都是刑法对法益的保护机能。刑法是保护人权的,不同的实现方式并不成立两种机能,对一种机能也不能进行两次评价。二是规制机能也存在与保护机能一体两面的情形。对犯罪行为的规制,一定程度上也是对受害人或国家的保护,只不过是一种消极保护,是建立在对犯罪人惩罚基础上的保护。然而,刑法除公布时的威慑规制外,其本身就是一种事后罚,也即被动或消极的一种刑法规制功能与机制,这也是无可指责的。三是三种机能的层次也存在问题。规制机能是第一层次的,除立法规制外,犯罪行为只要出现,国家公权力必然介入,此时就直接体现了刑法对犯罪的规制机能,至于在规制基础上建立起来对受害人以及其他一般公民的保护与保障则是后发的,属于第二层次的内容,或称之为辐射机能与功能。

其次,"二机能说"是主流说。这些学者看到了规制机能与保护、保障机能存在

① 潘庸鲁、付媛媛:《刑法双重机能之关系检讨》,载《广西大学学报(社会科学版)》2010年第4期。

② 参见陈兴良:《刑法机能的展开》,载《北京市政法管理干部学院学报》1999年第1期。

层次上的不明确及内容上的交叉，于是将“规制机能”排除在外，认为刑法的机能仅有保护机能和保障机能。其理由是：规制机能的最终落脚点依然是通过对犯罪的规制实现对法益的保护以及人权的保障，规制机能所要实现的终极目的就是法益保护和人权保障。所以，“二机能说”的大部分学者都认为，刑法的机能就是法益保护和人权保障。我们认为，这种论断或许也是比较片面的，尽管规制机能的最终落脚点是“二机能说”的内容，但刑法对犯罪行为的规制是刑法任务最直接的体现，是显而易见的东西，我们不能为了追求刑法的最终目的而忽略刑法的基本功能与作用。另外，“二机能说”实际上是“三机能说”的缩略版，很多内容与后者相似，但缩略的东西或许更加正宗。

那么，我国刑法的机能到底应当包括哪些内容呢？需要指出的是，在讨论刑法机能的时候，无论如何也不应当脱离我国刑法的规定，只有如此，我们对刑法机能的探讨才会更具意义和价值。基于此，我们认为，我国刑法所具有的机能是“两面三机”，详言之，我国刑法的机能可分为规制机能和维护社会秩序的机能两个方面，维护社会秩序的机能又可进一步分为保护机能和保障机能。这里的规制机能表现为：一是指刑法作为行为规范，通过立法规定犯罪，这本身就在规制人们使其不去犯罪。二是通过执法或司法认定该行为是犯罪，也是告诉人们不要实施此行为，当然也是一种规制。前者表现为告知机能，后者表现为评价机能，通过这两个方面，以达到规制人们行为、维持社会秩序的机能。另外，刑法的保护机能或者保障机能与维护社会秩序的机能间都不存在紧张对立关系，无论是作为刑法的保护机能还是保障机能都是刑法维护社会秩序的具体表现，“重视保障人权而轻视保护法益，或者相反轻视保障人权而强化法益保护，都会使国民对秩序失去信赖，招致难以维护社会秩序的结果”①。因此，如何协调保护机能和保障机能的关系以达到最佳地维护社会秩序才是问题的关键所在。处于紧张对立关系的不是保护机能或保障机能与维护社会秩序，而是保护机能和保障机能，因为在如何协调二者的关系才能达到最佳地维护社会秩序上才体现了保护机能和保障机能的矛盾对立关系。故把维护秩序与保障机能对立起来，或者是把维护秩序作为保护机能具体内容的认识都不恰当，均未能正确认识和处理好二者间的关系。

我们之所以主张刑法的机能“两面三机”，是因为：(1)其内容的逻辑关系更具有合理性，也更有利于刑法机能的最佳发挥。关于此，在上述刑法机能具体内容的分析中已有论述，在此不赘。(2)既照顾了刑法规制机能、保障机能和保护机能三者的平衡，

---

① 以上对国外学者根据法理念来探讨刑法机能的论述主要参考了黎宏、甘雨沛、何鹏教授的研究成果，特此致谢。黎宏：《刑法的机能和我国刑法的任务》，载《现代法学》2003年第4期，第113-114页；黎宏：《日本刑法精义》，中国检察出版社2004年版，第5页以下。又见甘雨沛、何鹏：《外国刑法学》(上册)，北京大学出版社1984年版，第194页以下。

又分别与刑法正义性、合目的性、安定性的法理念相契合。故该主张也就有了更深层次的法理支撑,也有了深厚的理论基础。(3)其把刑法保障机能和保护机能作为刑法维护社会秩序的表现,有利于正确地理顺刑法机能之间的关系。无论是保障机能还是保护机能都是刑法维护社会秩序的表现,因此二者之间并不存在紧张对立的关系,真正需要解决的问题则是如何处理刑法的保障机能和保护机能之间的关系,从而更好地维护社会秩序。(4)该种主张与我国刑法的规定也相一致,这是由于国外刑法典与我国《刑法》的规定不同。我国《刑法》在第2条规定了刑法的任务,国外刑法典则没有这样的规定(如德日刑法),因此,该种主张是否与我国刑法的规定相一致则是问题的关键。过去,我国刑法理论往往只讲刑法的任务不谈刑法的机能,如上述有些学者即使在谈刑法的机能时也往往是把我国关于刑法任务的规定等同刑法的机能。再加上我国1997年《刑法》修改以前规定了类推制度,这在主张刑法的保障机能上至少是存在疑问的。而在1997年《刑法》修改之后,虽然我国仍然规定了刑法的任务,但取消了类推而规定了罪刑法定,故此主张刑法的保障机能则应当没有疑问了。我国刑法之所以如此,最终还是为了能够维护正当的社会秩序,故把维护正当社会秩序作为刑法机能是应有之义。

规制机能又称向导机能,是指刑法规范、制定或约束人们能做什么或不能做什么,维护法律尊严,以及引导人们正确实施自身行为,使之规范化、合法化的机制与功能发挥的立法与司法实施过程。当然,刑法对人们行为的规范、制约与引导,不是从正面而是从反面进行的。也即郑重地告诫人们,假如实施了违反刑法的行为就要承担刑事责任,也即从反面规劝人们不要去实施违反刑法的行为。如上所述,刑法的规制机能不仅体现在立法上,还体现在司法上,包括对刑法的立法解释、司法解释、典型判例等,均是对刑法导向功能的极好宣扬,具有极大的宣传力和影响力。可见,刑法的规制机能或功能是由立法和司法两个层面决定的,最终达到刑法机能的目标。

保护机能是指通过刑法的威慑力量来保护社会和公民的权利不受侵害,同时保护被害人和被告人在内的一切公民的权利不受侵犯,使刑法的实际效能与作用得以正常发挥。表现在:保护社会和公民的人身安全和其他合法权益不受侵犯;保护公民的一切合法利益及社会管理秩序;保护国家和民族利益;保护社会主义社会关系不受侵犯。这都是刑法的基本机能,也是刑法的目的或任务。

保障机能表现在:保障公民合法正当权利的实现;保障正常秩序,维护社会安定;保障无罪的人不受刑事追究及有罪的人不受法外制裁;保障其他法律的贯彻执行;保障社会主义现代化建设的顺利进行。由此其也统一到保护社会秩序总目的上来,此即保障机能的丰富内涵。

在我国通说看来,刑法的三种机能是相辅相成、缺一不可的。规制机能是基础,追求社会秩序安定是目标,保护机能是目的,保障机能是最终追求的效果。

(四)刑法与刑罚的机能与功能区分

根据本书对刑法机能的界定,刑法的机能也即刑法的功能,这里重点讨论刑罚的机能与功能。当然也有学者称刑罚机能为刑罚功能,故有必要关注刑罚的机能与刑罚的功能的区分。

关于刑罚机能有 2 种观点:(1)刑罚机能是指刑罚在其结构与运作中所表现出的有利作用。① (2)刑罚的机能是指适用刑罚所具有的社会效应。② 关于刑罚功能有 10 种观点:(1)刑罚的功能是指国家制定、适用与执行刑罚对人们可能产生的有利作用。③ (2)刑罚的功能是指国家制定、适用、执行刑罚所直接产生的社会效应。④ (3)刑罚的功能是指国家制定、适用与执行刑罚对人们可能产生的积极作用。⑤ (4)刑罚功能是指国家制定、适用、执行刑罚能够对犯罪人和社会其他成员产生的积极的、有价值的社会效应。⑥ (5)刑罚的功能是指刑罚的创制、适用和执行对社会可能产生的积极效应。⑦ (6)刑罚的功能是国家创制、适用和执行刑罚所可能产生的积极的社会作用或社会效应。⑧ (7)刑罚的功能是指刑罚在社会生活中所发挥的积极作用。⑨ (8)刑罚功能是指国家制定、适用和执行刑罚所直接产生的社会效应。⑩ (9)刑罚的功能是指国家创制、适用和执行刑罚所可能产生的积极的社会作用。⑪ (10)刑罚的功能是指国家创制、适用与执行刑罚的过程及其结果,对犯罪分子的作用及整个社会及社会相关人士所能够带来的效用和影响。⑫ 也有人认为,刑罚功能又称刑罚机能,是指刑罚的制定、提请、裁量和执行可能产生的积极作用。⑬

通过上述对刑罚机能或刑罚功能的梳理,可以将其分为两大阵营:刑罚机能或功能的社会作用说和社会效应说。当然也如刘艳红教授所言,称社会作用或社会效应均

---

① 参见张小虎:《刑法学》,北京大学出版社 2015 年版,第 308 页。

② 参见黎宏:《刑法学总论》(第 2 版),法律出版社 2016 年版,第 339 页。

③ 参见高铭暄、马克昌主编:《刑法学》(第 7 版),北京大学出版社 2016 年版,第 221 页。

④ 参见张明楷:《刑法学》(第 5 版),法律出版社 2016 年版,第 518 页。

⑤ 参见齐文远主编:《刑法学》(第 3 版),北京大学出版社 2016 年版,第 228 页。

⑥ 参见曲新久主编:《刑法学》(第 3 版),中国政法大学出版社 2014 年版,第 199 页。

⑦ 参见陈忠林主编:《刑法总论》(第 5 版),中国人民大学出版社 2016 年版,第 212 页。

⑧ 参见刘艳红主编:《刑法学》(上)(第 2 版),北京大学出版社 2016 年版,第 354 页。

⑨ 参见姚建龙主编:《刑法学总论》,北京大学出版社 2016 年版,第 295 页;徐松林主编:《刑法学》,华南理工大学出版社 2016 年版,第 151 页;严励主编:《刑法总论》,中国政法大学出版社 2017 年版,第 271 页。

⑩ 参见叶良芳:《刑法总论》,法律出版社 2016 年版,第 260 页。

⑪ 参见苏惠渔主编:《刑法学》,中国政法大学出版社 2016 年版,第 176 页。

⑫ 参见屈学武:《刑法总论》,中国社会科学出版社 2015 年版,第 372 页。

⑬ 参见黄明儒:《刑法总论》,北京大学出版社 2014 年版,第 361 页。

可。本书更加倾向于社会效用说,也即刑罚功能是指国家创制、适用和执行刑罚在社会生活中发挥的积极效用。[①] 理由在于,一方面,"功能"一词源于英文中的"function",而在做中英翻译时,"function"主要有这样几种意思:作用、功能、职能、机能,因此将"刑罚的功能"解释为"……的作用"从词源的角度上更加契合或贴切。另一方面,"效应"一般是指由于某一种动因或原因而产生的因果现象,包括自然现象和社会现象,而刑罚的功能只能产生社会现象,如若使用"效应"的表述可能使词语的范畴扩大,这与立法力求严谨的宗旨并不吻合。

由于不同学者对刑罚机能或功能的不同界定,学界在认定刑罚具体的功能上也有较大分歧。有学者将刑罚的功能分为三个方面:对犯罪人的功能、对被害人及其家属的功能和对社会其他成员的功能,进而对每一种分类展开论述。[②] 也有学者借助刑罚目的将刑罚功能分为两个方面:赖以实现特殊预防和一般预防的刑罚功能。[③] 还有学者不再对刑罚功能进行分类,而是直接列明刑罚功能的具体内容。[④] 但总体而言对刑罚功能的具体内容也有多种说辞:"四功能说"、"五功能说"、"六功能说"、"七功能说"、"八功能说"和"九功能说",不过具体每一种学说的内部仍有分歧。徐松林教授主张的"四功能说"包括剥夺功能、威慑功能、改造功能和安抚功能;[⑤]黎宏教授则认为,刑罚的具体机能包括赎罪机能、预防机能、缓和机能和保安机能。[⑥] 黄明儒教授主张的"五功能说"包括剥夺功能、教育改造功能、安抚功能、威慑功能和教育鼓励功能;[⑦]陈忠林教授将刑罚的具体功能概括为五种:特殊预防功能、改造功能、安抚功能、一般预防功能和教育鼓励功能。[⑧] 高铭暄、马克昌和叶良芳教授主张的"六功能说"大致相同,包

---

① 参见李晓明:《刑法学总论》,北京大学出版社 2016 年版,第 428 页。

② 参见齐文远主编:《刑法学》(第 3 版),北京大学出版社 2016 年版,第 228-229 页;黄明儒:《刑法总论》,北京大学出版社 2014 年版,第 361-363 页;陈忠林主编:《刑法总论》(第 5 版),中国人民大学出版社 2016 年版,第 212-213 页;刘艳红主编:《刑法学》(上)(第 2 版),北京大学出版社 2016 年版,第 355-356 页;姚建龙主编:《刑法学总论》,北京大学出版社 2016 年版,第 295-297 页;等等。

③ 参见张明楷:《刑法学》(第 5 版),法律出版社 2016 年版,第 519-520 页;叶良芳:《刑法总论》,法律出版社 2016 年版,第 261-262 页;苏惠渔主编:《刑法学》,中国政法大学出版社 2016 年版,第 177-178 页。

④ 参见高铭暄、马克昌主编:《刑法学》(第 7 版),北京大学出版社 2016 年版,第 221-222 页;曲新久主编:《刑法学》(第 3 版),中国政法大学出版社 2014 年版,第 220-221 页;徐松林主编:《刑法学》,华南理工大学出版社 2016 年版,第 152-153 页;屈学武:《刑法总论》,中国社会科学出版社 2015 年版,第 372-373 页;黎宏:《刑法学总论》(第 2 版),法律出版社 2016 年版,第 339 页。

⑤ 参见徐松林主编:《刑法学》,华南理工大学出版社 2016 年版,第 152-153 页。

⑥ 参见黎宏:《刑法学总论》(第 2 版),法律出版社 2016 年版,第 339 页。

⑦ 参见黄明儒:《刑法总论》,北京大学出版社 2014 年版,第 361-363 页。

⑧ 参见陈忠林主编:《刑法总论》(第 5 版),中国人民大学出版社 2016 年版,第 212-213 页。

括剥夺功能、威慑功能、改造功能、教育功能、安抚功能和鼓励功能。[①] 张小虎教授则认为，刑罚的六种具体机能包括隔除再犯条件机能、个别威慑机能、矫正机能、一般威慑机能、规范机能和安抚机能。[②] 屈学武教授的“六功能说”包括剥夺功能、感化功能、矫治功能、威慑功能、安抚功能和鉴别功能。[③] 齐文远教授主张的“七功能说”是在高铭暄教授提的“六功能说”基础上再增加一种感化功能。[④] 苏惠渔教授的“七功能说”包括剥夺或限制再犯能力功能、个别教育功能、个别威慑功能、改造功能、一般威慑功能、安抚功能和一般教育功能。[⑤] 实际上，苏惠渔教授的“七功能说”本质上与“五功能说”并无太多区别，只是区分了一般威慑与特殊威慑，一般教育与个别教育。张明楷教授的“七功能说”包括限制、消除再犯条件的功能，个别威慑功能，教育感化功能，一般威慑功能，法制教育功能，安抚补偿功能和强化规范意识功能。[⑥] “八功能说”的内部主张没有太多分歧：惩罚功能（剥夺功能）、个别威慑功能、感化功能、教育改造功能（矫正功能）、安抚功能、补偿功能、一般威慑功能、教育鼓励功能。[⑦] 实际上，刘艳红教授主张的“九功能说”本质上和“八功能说”完全一致，她只是把最后一个教育鼓励功能拆分为教育功能和鼓励功能。[⑧] 曲新久教授主张的“九功能说”则与刘艳红教授的主张有所不同，具体包括报应功能、预防功能、威慑功能、改造功能、谴责功能、安抚功能、感化功能、鼓励功能和教育功能。[⑨] 由此可见，对刑罚具体功能的认定仍是众说纷纭。

通过对不同学者所持观点进行梳理，本书认为，之所以存在内容各具特色的“功能说”，主要有两点原因。第一，正如笔者前文提到的，有的学者将刑罚的功能所指的对象先进行第一层次的分类，进而对具体的内容作二次梳理；而有的学者则按照刑罚的目的作第一层次的分类；更有学者不作第一层次分类，直接列明具体内容，故而出现刑罚功能的具体内容不同。第二，不同学者在措辞上的使用也导致刑罚的具体功能不同，如有学者使用“改造”，而有学者使用“矫正”，再如有学者将“教育改造”“教育鼓励”合并使用。为尽可能地消除这些原因带来的影响，笔者认为没必要对刑罚功能做

---

① 参见高铭暄、马克昌主编：《刑法学》（第7版），北京大学出版社2016年版，第221-222页；叶良芳：《刑法总论》，法律出版社2016年版，第261-262页。

② 参见张小虎：《刑法学》，北京大学出版社2015年版，第309页。

③ 参见屈学武：《刑法总论》，中国社会科学出版社2015年版，第372-373页。

④ 参见齐文远主编：《刑法学》（第3版），北京大学出版社2016年版，第228-229页。

⑤ 参见苏惠渔主编：《刑法学》，中国政法大学出版社2016年版，第177-178页。

⑥ 参见张明楷：《刑法学》（第5版），法律出版社2016年版，第519-520页。

⑦ 参见严励主编：《刑法总论》，中国政法大学出版社2017年版，第272-273页；姚建龙主编：《刑法学总论》，北京大学出版社2016年版，第295-297页；李晓明：《刑法学总论》，北京大学出版社2016年版，第428-429页。

⑧ 参见刘艳红主编：《刑法学》（上）（第2版），北京大学出版社2016年版，第356页。

⑨ 参见曲新久主编：《刑法学》（第3版），中国政法大学出版社2014年版，第220-221页。

第一层次分类,直接列明具体内容即可。以威慑功能为例,既能对犯罪人产生作用,也能对一般人产生作用,故区分一般和特别实无必要。故刑罚功能应当包括:剥夺功能(惩罚功能)、威慑功能、教育功能、改造功能(矫正功能)、安抚功能、补偿功能、保护功能等。

不排除刑法与刑罚、机能与功能的混用,但刑法机能与刑罚功能在定义或内容上均存有区别。甚至本书认为,两者之间还存在包容的关系。根据本书所述,刑法机能的定义是刑法在调整社会关系时产生的效用,而刑罚功能的定义是国家创制、适用和执行刑罚在社会生活中发挥的积极效用。实际上,刑法如何调整社会关系主要依赖于国家创制、适用和执行的刑罚,但同时非刑罚措施的运用也在刑法的执行中大量存在,同样对调整社会关系产生积极作用,故两者有交叉或包容。

执行刑法本身就是对国家、社会、个人合法利益的保护,不仅是对被害人权益的保护,也是对社会正常运行秩序的维护。对犯罪人执行刑罚,使被犯罪人破坏的社会关系得以愈合、修复。此外,刑法还具有保护犯罪人合法权益的功能,有利于防止国家对刑罚权的滥用。

因此,刑法功能是指刑法在公布和使用后对社会关系调整所产生的功效与作用。表现在:

一是规诫功能。也称规范功能,是指通过刑法立法所展现的规范人们行为和社会秩序的功效和作用。在日本,刑法的"规范机能是指通过明确规定犯罪和刑罚,给公民以明确的行为准则,控制国民的行为的机能"①。日本学者西田典之甚至从"刑法是为何而制定"问题出发思考刑法机能或功能,对是把保护法益理解为刑法的第一机能、目的,还是把保护国家社会秩序之基础的社会伦理或刑法规范作为刑法的第一机能、目的进行了探讨。② 陈兴良教授在其《本体刑法学》一书中将刑法机能概括为"规范机能"和"社会机能",在二者之下又细分出各自的具体机能——规范机能包括评价机能和裁判机能,社会机能包括保护机能和保障机能。③ 可见,立法规范的机能也好,功能也好,无论如何都是客观存在的,所以本书把刑法立法规范中的规范和告诫或劝诫功能视为刑法的第一大功能和重要功能之一是必要的,也是显而易见的。

二是惩罚功能。也称制裁功能或打击功能,是指刑法本身通过运作或执行对犯罪人实施的惩罚或制裁的功效与作用。也即通过惩罚和制裁犯罪,告诫犯过罪的人自己应当受到的报应或者回报,并通过惩罚措施的具体执行,使犯罪人亲身体验到犯罪后

---

① 黎宏:《刑法的机能和我国刑法的任务》,载《现代法学》2003 年第 4 期。

② 参见[日]西田典之:《日本刑法总论》,刘明祥、王昭武译,中国人民大学出版社 2007 年版,第 22-23 页。

③ 参见陈兴良:《本体刑法学》,商务印书馆 2001 年版,第 37-54 页。

果的痛苦和难受,从而显示刑法之巨大威力。可以说,这也是刑法的最原始功能,或称之为最基本的功能。

三是评价功能。也称主持正义功能或正义宣告功能,是指根据刑法规定经过法院合法程序审判最终对社会和犯罪人公开宣告对其犯罪行为的结果评价。它是一种以司法结论或宣告刑对犯罪人或社会其他公民进行刑法规诫或规制的过程,具有权威性和公正性以及评价犯罪人之行为和事件的效果和作用,不仅使有罪之人无可逃脱,无罪之人不受追究,甚至具有公正司法、主持正义的国家与社会评价功能。当然,公平正义不仅需要立法来推动、宣传,更需要司法来示明、阐释、标榜,甚至需要其他措施和条件来配合,如较高的公民素质和司法人员素质,高尚的司法职业道德,科学合理的司法体制,有效的司法监督机制等。另外,由于有刑法规范的明文规定,评价的主体可由司法人员来进行,也可由社会上的任何一位公民或团体来宣讲,只是效力和对社会的效果不尽相同而已,但这丝毫不影响刑法的公正性评价及社会舆论的监督与评判。

四是规制功能。也称导向功能,是指通过立法或执法及司法判决引导或约束人们行为的效能与作用,具体导引或告知人们什么行为可以做,什么行为不可以做,以威慑或约束人们的行为,要求人们在法律规定的范围内进行活动。如有学者认为,“刑法的规制机能是指把刑法作为手段看它本身有什么作用、能力;而刑法的社会机能是指刑法在社会生活中实现的职能、作用,即从刑法调整目的方面、从刑法对社会生活的影响后果所观察的机能。因此,刑法的规制机能与社会机能之间存在手段与目的的关系”①。而张明楷教授则认为,“行为规制机能,是指使对犯罪行为的规范评价得以明确,从而对公民的行为进行规范、制约的机能”②。当然,刑法对人们行为的规制、威慑、导引和约束,不是从正面鼓励而是从反面警告,如告诫人们违反刑法就必然承担刑事责任,从而规制告知人们可以做什么,不可以做什么。当然,这种威慑、规制和告知不仅表现在立法上,尤其表现在司法上,包括对刑法的立法解释、司法解释、典型判例等均是对人们行为的规制、导向和劝阻,甚至具有极大的威慑作用。

上述刑法的四大功能是相辅相成、缺一不可的。应当说,规制功能是基础,评价功能是标准,规诫功能是手段,惩罚功能是根本,后三者都是为了最终追求规制效果。梳理上述机制与功能对于提升刑法或刑罚的效能十分有益,尤其是刑法的规制功能将专章讨论。

---

① 刘远:《二重性视角下的刑法规范》,中国方正出版社 2003 年版,第 123 页。

② 张明楷:《外国刑法纲要》(第 2 版),清华大学出版社 2007 年版,第 6-7 页。

第十三章 刑罚的根基性原理:报应、惩罚与正义

刑罚是刑法的重要概念,或称"半壁江山",所以谈刑法原理首先是刑罚原理,在此基础上加上犯罪理论体系及其原理,才能称得上刑法的全部或整体性原理。

一、报应、惩罚与正义概述

正如有学者明确指出的,"报应观念之所以深入人心,是因为它贴近人性要求和生物本能,是最原始、最基本、最直觉和最具渗透力的正义反应"①。无论在中国还是在西方,报应观念都是随人类社会共同在各自的土地上产生和发展起来的。《周易》说,"积善之家必有余庆,积不善之家必有余殃"。《尚书·商书》说,"作善降之百祥,作不善降之百殃"。可以说,之所以要实施刑罚,目的之一就是报应和报复。如我国著名思想家荀况也指出:"凡刑人之本,禁暴恶恶。……凡爵列官职,庆赏刑罚,皆报也,以类相从也。……夫德不称位,能不称官,赏不当功,刑不当罪,不详莫大焉。"②可以说,西方历史上关于刑罚目的的学说也源远流长,最早将刑罚目的归结为报应的学派,当推古希腊哲学家亚里士多德。他认为,刑罚的目的正在于它的报应性,即抵消犯罪所引起的罪恶;并明确指出:"以刑罚惩治罪恶,就某一意义(如给人痛苦)而言,仍旧只是一件可以采取的坏事,相反,人就惩恶的目的在于消除罪

---

① 徐昕:《通过私力救济实现正义——兼论报应正义》,载《法学评论》2003年第5期。

② 《荀子·正论》。

恶而言，善施恰恰是可以开创某些事业而成为善德的基础。”[①]中世纪后，西方的神意报应更是占据上风。古罗马著名思想家圣·奥古斯丁（Aurelius Augustinus，354—430年）指出：“只有最高的上帝才最明白怎样对人的犯罪施行适当的惩罚。”[②]近代德国著名哲学家康德（Immanuel Kant，1724—1804年）还创立了“道义报应”的刑法哲学，进一步将报应刑的思想推向极端。他指出：“违背道德上之原则，加害恶于他人者，须受害恶之报应（刑罚），此理有固然者也。”[③]康德甚至还主张刑罚要实行等量报应，“如果你诽谤了别人，你就是诽谤了你自己；……如果你杀了别人，你就是杀了你自己”[④]。这种观点虽然较“神意报应”有进步，但也存有缺陷。一是“同态报复”论的影子挥之不去，很显然残留着“同态复仇”的痕迹；二是以道德罪来诠释刑罚的本质，显然已把刑罚和道德混为一谈。与之相对应的是，德国著名的哲学家黑格尔（Georg Wilhelm Friedrich Hegel ，1770—1831年）在否定康德“道义报应”的基础上，将其辩证法中的否定之否定规律运用其中，提出了著名的“法律报应”。显然，黑格尔不仅主张从犯人的客观行为中去寻求刑罚的概念和尺度，而且还反对“道义报应”的主观罪过根据。

当然，古今中外以报应为主题的各种故事更是数不胜数，应当说，这在很大程度上不仅反映出了人性，更是反映出了人类的规律和原理。所谓报应，一言以蔽之，即“以直报怨，以德报德”[⑤]。报应论认为，恶有恶报，善有善报，这是一种人类社会的公理。这就是报应的规则，也是伦理的要求，更是人类和世界的轮回或回馈，其中必有理，其中必有律，其中必有报。犯罪是一种恶行，从公正立场出发，它理应受到恶的报应。这种报应以惩罚罪犯、回加害于犯罪人为主要表现。但绝对排斥道德罪过在确定刑罚中的意义也是不足取的，因为道德和法律之间毕竟存在十分密切的联系，二者间的关联性也是难以绝对分离和荡除的。

论及惩罚，人们往往想到中国所谓的“杀人者死，伤人者刑”，以及西方所谓的“以眼还眼，以牙还牙”等俗语，这也都是对犯罪者进行报应与惩罚的概括性表述。尽管这些表述可能与现代法治精神不甚相符，但是它们都精准地概括出了刑罚的根基之一——惩罚之规律、之回馈、之理缘。众所周知，犯罪是严重危害社会的行为，而作为其否定面的刑罚，自然应主持正义，更应矗立于惩罚（而非奖励或其他既无利也无害的中性手段）的根基之上，或起到应有的预防和制止犯罪的效果。

---

① ［古希腊］亚里士多德：《政治学》，吴寿彭译，商务印书馆1965年版，第383页。

② 法学教材编辑部《西方法律思想史编写组》编：《西方法律思想史资料选编》，北京大学出版社1983年版，第93页。

③ 王觐：《中华刑法论》（上卷），北平朝阳学院1933年版，第20-21页。

④ 王觐：《中华刑法论》（上卷），北平朝阳学院1933年版，第20-21页。

⑤ 《论语·宪问》。

正义是一个自然法学的概念,古往今来,无数先哲提出了各种各样的正义理论或诠释,使本就扑朔的正义概念增添了无数的神秘或太多的迷离。美国学者博登海默感叹:“正义具有一张普洛透斯似的脸,变化无常,随时可呈现不同形状,并具有极不相同的面貌。”①斯言诚哉!事实上,正义是一个绝对与相对相统一的“圣洁”概念与范畴,一方面正义具有流变性和差异性,如人们的正义观会随着时代的变迁而流变,不同地域的正义观也有差异;另一方面正义又具有恒定性和同一性,正义作为社会的道德标准在随社会改变而嬗变的同时,保持了维持社会存在的根本价值。② 例如,禁止无故杀人、抢劫、偷盗等就是正义的不变内容,同样,对犯罪者的报应与惩罚也是正义不变的内容。易言之,刑法所规定的刑罚也受制于正义的评价,民谚道“老百姓心里有杆秤”,这杆秤时时刻刻在掂量刑罚的分量,甚至也在判断惩罚的轻重,说到底这就是正义。

所以本书认为,刑法也好刑罚也罢,其根基就在于“报应”、“惩罚”和“正义”。没有了这些就谈不上刑法,没有了这些就会使刑法这座大厦轰然倒塌,没有了这些就不叫刑法学,而是刑事政策学、犯罪学、预防学等,人类社会也就完全没有了公理和规则。

二、作为刑罚根基的渊源

“报应”、“惩罚”与“正义”既然是刑罚的根基,那么我们首先需要对该方面进行梳理。

1.“报应”、“惩罚”与“正义”作为刑罚根基的社会渊源

邱兴隆教授曾指出,人的报复欲望是天然正当的,因为受害者受痛苦心理的驱使会对犯罪人产生憎恨心理,并进而出于本能地对其产生报复欲望,这与出于本能的性欲一样,“带有自发的惯性,因而具有天然的正当性”③。同样,日本学者西原春夫教授也认为,“人的复仇心理……或许是出于恢复原状的本能。刑罚这一制度就是从这种人的愤怒和因此而产生的复仇心理出发,然后以禁止复仇并由国家来代行复仇这种形式发展起来的”④。因而,通过刑罚使犯罪者遭受报应和惩罚,也是为社会观念所认可的。换言之,这是基于人们对犯罪的天然报复欲望而形成的一种社会公正准则或正义观念。例如,20世纪20年代美国电影界自行设立了海斯工作室(Hays' Office),⑤凡是

① [美]E.博登海默:《法理学》,邓正来、姬敬武译,华夏出版社1987年版,第238页。

② 参见周永坤:《法理学——全球视野》,法律出版社2000年版,第223页以下。

③ 邱兴隆:《刑罚理性导论——刑罚的正当性原论》,中国政法大学出版社1998年版,第8页。

④ [日]西原春夫:《刑法的根基与哲学》,顾肖荣等译,法律出版社2004年版,第122页。

⑤ 海斯工作室,即“美国电影制片人暨发行人协会”(Motion Picture Producers and Distributors of America,MPPDA),是好莱坞片商行业工会为避免联邦政府的干预而成立的电影行业协会,聘请美国邮政部部长威尔·哈里森·海斯(Will Harrison Hays,1879-1954年)担任会长,因此这个协会也称海斯工作室。参见王生智:《美国电影检查制度兴废的宗教动因》,载《贵州大学学报(艺术版)》2019年第6期。

美国电影剧情中的犯罪行为没有受到应得的惩罚，都会遭到海斯工作室的禁演。[①] 这说明，人类的所谓“报应”、“惩罚”与“正义”都是相通的。我们追溯刑罚根基的社会渊源，就是为了寻找该方面的规律性，使之成为根基性原理。

众所周知，如果由受害人自行实施对犯罪者的报应和惩罚，则很可能会出现一报接一报的连锁报复；同时，由于被害人对同样的犯罪行为的报复方式不同，这也会显失公平；甚至在某些情形下，还可能会出现有罪无报的情况。因而，为顺应对犯罪者进行惩罚的社会公正准则或正义观念，国家代表全社会意志对犯罪者进行统一的报应与惩罚，从而，刑罚作为一种制裁方式也就应运而生。同时制止了社会秩序的混乱和恶斗，从而追寻社会的公平。

2. “报应”、“惩罚”与“正义”作为刑罚根基的道义渊源

道义上的评价，强调的是人的主观恶性，包括由人的行为所反映出的动机、目的、意志等。人们常说“罪有应得”“恶有恶报”就是此种规律和原理，我们认为，这两个词语恰可以用来阐述“报应”、“惩罚”与“正义”作为刑罚根基的道义渊源。

所谓“罪有应得”，词典解释为“干了坏事或犯了罪得到应得的惩罚”[②]。从道义评价的角度而言，犯罪人的犯罪行为体现了他的主观恶性，针对其主观恶性，一定的谴责是其所“应得”。那么应当如何谴责犯罪人？一则由于犯罪是犯罪人在其自由意志支配下实施的最严重的社会危害行为或法益侵害行为。因而，像对一般的越轨行为一样仅对其实施单纯的道德谴责是不够分量的，必须要用严厉性程度最高的刑罚对其加以惩罚。二则犯罪多表现为侵犯他人生命、自由、财产的行为。因此，对犯罪人施以剥夺生命、自由、财产等刑罚手段以对其谴责正是犯罪人罪之“应得”，也是社会公平正义观的充分体现。

“恶有恶报”原本是佛教用语，“恶报”是“佛教指做坏事得到的受惩罚的报应”[③]。而第一个“恶”字应取“很坏的行为；犯罪的事情”[④]之意。现在人们一般用“恶有恶报”来形容人做坏事或犯罪必然得到受惩罚的报应。从道义评价的角度来看，犯罪就是犯罪人实施的“恶”，而刑罚作为惩罚手段正是这里的“恶报”。换言之，犯罪是一种“恶”，犯罪人通过犯罪这种“恶”而否定了道德秩序这种“善”，对犯罪人报以刑罚之

---

① 参见[美]艾伦·德肖维茨：《法律创世纪：从圣经故事寻找法律的起源》，林为正译，法律出版社2011年版，第47页。

② 中国社会科学院语言研究所词典编辑室编：《现代汉语词典》（第7版），商务印书馆2016年版，第1753页。

③ 中国社会科学院语言研究所词典编辑室编：《现代汉语词典》（第7版），商务印书馆2016年版，第341页。

④ 中国社会科学院语言研究所词典编辑室编：《现代汉语词典》（第7版），商务印书馆2016年版，第341页。

“恶”从而否定其犯罪之“恶”,“使被恶所否定的善得到肯定,被犯罪所破坏的道德秩序得到恢复。因此,以刑罚之恶否定犯罪之恶,是维护道德秩序的必然要求”①。

3.“报应”、“惩罚”与“正义”作为刑罚根基的文化渊源

有学者指出,“从文化的角度看,刑法是特定文化母体的产物”②。本书赞成这一观点,作为刑法里的一个重要范畴,刑罚同样脱胎于特定的文化母体。正如美国学者伯尔曼所认为的,“讲西方法律传统,旨在以这样一种法律概念为出发点:法律不是作为一个规则体,而是作为一个过程和一种事业,在这种过程和事业中,规则只有在制度、程序、价值和思想方式的具体关系中才具有意义。从这种广阔的前景出发,法律渊源不仅包括立法者的意志,而且也包括公众的理性和良心(reason and conscience),以及他们的习俗和惯例”③。

站在文化视角,我们会看到,以复仇内容为核心的习俗文化,以报复刑为核心的制度文化,以及以报应说为核心的观念文化,千百年来一直浸润着刑罚的根基。文化是源远流长的,它们负载着沉重的信息,流传在生生不息的人类血液之中,影响着人们的刑罚观念。若要问这种影响有多大?试看汉高祖刘邦进入关中后,尽废秦朝严刑苛法,只与父老约法三章,即“杀人者死,伤人及盗抵罪”④,从而获得百姓的热烈拥护;再试看中华人民共和国成立后的30年内,我们并没有刑法典,但是也可以较为顺畅地解决犯罪问题。可见,“杀人者死,伤人者刑”的刑罚文化观念在我们这个民族以及社会中从未停止过其巨大作用的发挥。正如霍存福教授一针见血指出的那样,“在百姓那里,它们是当然的、不必借助逻辑再去做任何说明或证明的东西”⑤。质言之,刑罚以“报应”、“惩罚”与“正义”为根基有着深厚的文化渊源。

4.“报应”、“惩罚”与“正义”作为刑罚根基的法律(规范或秩序)渊源

众所周知,规则性、秩序性在自然界中占有支配地位,大到“寒来暑往”“日月盈昃”,小到“生老病死”“新陈代谢”,自然界始终在有秩序地、合乎规律地运行着。“如同在自然界中一样,秩序在人类生活中起着重要作用”⑥。“历史表明,凡是在人类建立了政治或社会组织单位的地方,他们都曾力图防止不可控制的混乱现象,也曾试图确立某种适于生存的秩序形式”⑦,甚至在偶然凑成的人类聚集群体中,如遭遇海难并登上一个荒岛的人们,也会很快建立某种临时性的“法律”制度以使该群体免于溃散。古

① 邱兴隆:《刑罚理性导论——刑罚的正当性原论》,中国政法大学出版社1998年版,第10页。
② 任喜荣:《伦理刑法及其终结》,吉林人民出版社2005年版,第2页。
③ [美]哈罗德·J.伯尔曼:《法律与革命》,中国大百科全书出版社1993年版,第13页。
④ 《史记·高祖本纪》。
⑤ 霍存福:《复仇·报复刑·报应说》,吉林人民出版社2005年版,第6页。
⑥ [美]E.博登海默:《法理学》,邓正来、姬敬武译,华夏出版社1987年版,第212页。
⑦ [美]E.博登海默:《法理学》,邓正来、姬敬武译,华夏出版社1987年版,第207页。

罗马格言谓之，“只要有社会就会有法律”（*ubi societas, ibi ius*）。由此可见，法律秩序、规则秩序等都是人们自觉的向往，从这个角度讲，法律渊源、规范渊源、秩序渊源都是刑罚根基的统一体。

犯罪在任何社会环境中都是破坏秩序、违反规范的行为，具体来说，一则犯罪表明了犯罪者对规范与秩序缺乏必要的尊重，二则犯罪会引起其他公民对规范与秩序的尊重与尊严价值的侵害和破坏，三则犯罪会导致处于正常秩序中的被害人的权利被侵犯等。而被破坏的秩序和规范必须通过刑罚来修复是一种自然选择。正如有学者指出的：“正如回赠的礼物是对收到的礼物的一种补偿，损害赔偿是对他人之财所受损害的补偿一样，刑罚是对已经发生的规范违反的补偿。”①质言之，刑罚的根据是建立于已经发生的规范违反之上的。

三、刑罚的根基及预防目的

有学者认为，犯罪具有双重属性，即已然之罪与未然之罪。与之相应，作为对犯罪的扬弃的刑罚也具有二元性，即报应与预防。② 这种二元的思维方式着眼于犯罪与刑罚的整体，有其合理之处。然而，无论多远的将来都会成为历史，同样，未然之罪终将转变为已然之罪，而此时，与之相应的预防之刑也会转变为报应之刑。质言之，无论何时，受到惩罚的都是已然之罪，从而，这些犯罪所受的刑罚也都是报应之刑。这不是所谓循环，而是规律使然。

然而，刑罚以报应为根基并不排斥其以预防为目的，正如对于一座宏伟的宫殿而言，我们追求其华美的外表、扎实的结构、宽敞的空间，这并无不妥，但这些都必须立于宫殿的地基之上，正所谓“不怕楼房高，只要根基牢”，缺少了地基，这一切的追求便只能是空中楼阁，经不起风吹雨打，更禁不起地震。这就好比刑罚之目的之于刑罚之根基，根基愈牢，目的就愈加能够达到。刑罚追求预防目的是正当的，但其须立足于报应的根基之上。

对于刑罚的报应根基与预防目的的辩证关系，有学者认为，两性可以生育为目的，但须有婚姻之正当基础；同理，刑罚可以预防为目的，但也须有报应之正当基础。③ 这是一脉相承的，也是符合刑罚根基性原理的。

---

① ［德］米夏埃尔·帕夫利克：《人格体 主体 公民 刑罚的合法性研究》，谭淦译，中国人民大学出版社2011年版，第11页。

② 参见陈兴良：《刑法哲学》，中国人民大学出版社2017年版，第441页；邱兴隆：《刑罚理性导论——刑罚的正当性原论》，中国政法大学出版社1998年版，第3页以下。

③ 参见邱兴隆：《刑罚理性导论——刑罚的正当性原论》，中国政法大学出版社1998年版，第80页。

四、刑罚的根基与刑法原理

刑法,顾名思义,就是关于"刑"的法。这里的"刑"指的就是刑罚,陈忠林教授在《意大利刑法学原理》一书中评注道:"意大利刑法学界认为,'刑法'得名于其特有的制裁措施——'刑罚',内容是否与适用'刑罚'有关,即是区别刑法规范和其他法律规范的根本标志。因此,意大利的刑法教科书多以刑罚为核心,从刑罚的适用范围、适用对象以及刑罚的作用等角度来界定刑法的概念,揭示刑法的内涵。"①诚如斯论,虽然犯罪与刑罚同为刑法的基本范畴,但是犯罪是刑法规定的行为,而这些行为不过是由刑法条文所规定的"刑罚"的相对适用条件构成的对犯罪的最终描述。因此,"刑法学"是建立在"刑"之基础上的"法"的一门科"学",②而刑法也是建立在"刑罚"基础上的"法",或者说,刑法的最核心问题就是刑罚,刑罚是刑法之本。

而本书坚持认为刑罚以"报应"、"惩罚"与"正义"为根基,也即刑法离不开"报应"、"惩罚"和主持"正义",此乃刑法之根,也是刑法之本,更是之所为刑法的核心。易言之,没有了"报应"、"惩罚"和"正义",刑法就难逃纯粹预防之窠臼,其与刑事政策及犯罪学的界限将趋于模糊。同样,这也是刑法区别于其他法的本质特征,否则刑法就不能被称为刑法。

---

① [意]杜里奥·帕多瓦尼:《意大利刑法学原理》(注评版),陈忠林译评,中国人民大学出版社 2004 年版,第 3 页。

② 参见陈愿峰:《刑罚论:刑法学理论的根基》,载《湖北警官学院学报》2013 年第 10 期。

第十四章　刑罚的功利性原理：报应与防卫的博弈

刑罚的功能理论是一古老话题，报应与防卫的长期斗争已经有两三百年的历史，而且是各不相让、你死我活的斗争。思考与研究这一演化过程，不仅有着刑罚立场及其功能选择的效用，更有着坚实的刑法基础理论思考与刑法哲学的思辨逻辑的产生。

一、功利刑的最早渊源

如上所述，围绕刑法或刑罚的功能历来有报应论与防卫论的长期争论及其博弈。报应论坚持主张恶有恶报，善有善报，这是一种人类社会的公理。犯罪是一种恶行，从公正立场出发，其理应受恶的报应。这种报应以惩罚罪犯、回加害于犯罪人为主要表现。我国历史上许多人认为，之所以要实施刑罚，目的之一就是报应和报复。本书第十三章已论及，此处不再展开。在我们看来，绝对排斥道德罪过在确定刑罚中的意义也是不足取的，因为道德和法律之间毕竟存在十分密切的联系，二者间的关联性也是难以绝对分离和荡除的。

报应论之后的防卫论认为，国家之所以制定刑法、设置刑罚是为了追求刑罚之害的更大功利，即预防犯罪的发生，保护社会的正常秩序，特别是法律秩序。古代中国一些思想家就曾认为，刑罚“去其为恶之具，使夫奸人无用复肆其志”，如“亡才刖足”“盗者截手”“淫者割其势”等，正如晋代思想家刘颂所说：“除恶塞源，莫善于此。”①西方预防再犯的思想也可追溯到古希腊哲学家普罗塔哥拉（Protagoras，公元前490—前

---

① 《晋书·刑法志》。

420年)那里,他指出:"刑罚应该为着未来而处罚,因此再不会有其他的人,或者被处罚者本人,再犯同样的不法行为。"①这些均得到后来的古希腊著名哲学家柏拉图(Plato,公元前427—前347年)和格劳秀斯(HugoGrotius,1583—1645年)的肯定。直到1764年近代刑法之父贝卡里亚《论犯罪和刑罚》一书出版,才使双面预防主义蔚然成为一家之说,当然其由于英国法理学家边沁的进一步发挥才最终形成完整体系。应当说,这是功利刑的最早渊源,它走出了单一报应的极端泥潭,并逐渐实现刑罚的应有功能。

二、功利刑的演变发展

贝卡里亚认为:"刑罚的目的,只是阻止有罪的人再使社会遭受到危害并制止其他人实施同样的行为。"②显然,其中已经包括个别预防和一般预防的双重目的。尽管如此,两位巨匠又对一般预防格外垂青,边沁毫不掩饰地指出:"无论如何,刑罚的主要目的都是一般预防。"③然而,当一般预防占据长期统治地位后,西方的犯罪率包括再犯率却大幅度增加,刑罚的威慑作用普遍受到质疑。加之当时欧洲大陆兴起一股实证主义之风,故以实证为思想方法的个别预防理论也应运而生。一是以意大利的犯罪学家龙勃罗梭为首的"天生犯罪人"理论,主张对生来犯罪人的不同情况采取不同措施;二是以意大利的犯罪学家菲利为代表的"犯罪饱和"理论,主张根据造成犯罪人不同的社会情形,用不同的救治方法取代刑罚,即刑罚替代论;三是以德国的刑法学家李斯特为代表的"社会防卫"理论,主张教育刑,以达到保卫社会的目的。我国学者何秉松教授提出了以"人权防卫论"取代传统的"社会防卫论"的观点。④ 由此可见,不仅报应与防卫的观点争议很大,甚至在防卫问题上也有社会防卫和人权防卫之分。

在人权防卫论中,我国学者何秉松教授试图架构一个"人权防卫论"的刑法学学科体系,彻底抛弃长期以来的"刑法工具论",重新审视和考察刑罚种类、刑罚制度、刑罚执行等一系列理论与实践问题。⑤ 显然何秉松教授不仅要摆脱刑法的"统治工具"学说,而且要建立一个以"人权防卫"为立法根据和基础的新型刑法典及其理论体系。甚至我们认为,在传统的追求公平正义(报应)和防卫社会(功利)的基础上,不仅要保护

---

① 林山田:《刑罚学》,新北,台湾商务印书馆1983年版,第64页。

② [意]切萨雷·贝卡里亚:《论犯罪与刑罚》,黄风译,中国大百科全书出版社1993年版,第12篇。

③ Jeremy Bentham, *Theoretical Basis Penalty*: *A Bentham Reader*, Pegasus Press of New York, 1843, p. 396.

④ 参见何秉松主编:《新时代曙光下刑法理论体系反思与重构》,中国人民公安大学出版2008年版,第67页。

⑤ 参见何秉松主编:《新时代曙光下刑法理论体系的反思与重构》,中国人民公安大学出版社2008年版,第70-76页。

被害人和全社会的权益和法益，而且要体现对犯罪嫌疑人和被告人的权益和法益，包括对其最基本人权（人性）的保护。对于报应、防卫及并合主义的评价，显然前面二者均过于极端或功利，并合主义虽然具有折中的调和，但无论如何也摆脱不了其“和稀泥”的形象与立场。针对此种境况，我们更加倾向的是根据社会不同的发展阶段，以及刑法立法的技术水平和法治环境状况，对刑法功能的选择与定位应与刑法的演化与进步及其相应的发展阶段相匹配。比如在刑事古典学派所处的社会历史发展阶段和法治环境下，刑法的功能在整体上更多倾向的是报应主义刑法观；在实证学派和社会防卫学派所处的社会发展阶段和历史时期，刑法的功能在整体上更多倾向的是社会防卫主义刑法观；在后刑事古典学派所处的社会发展阶段和历史条件下，刑法的功能在整体上更多倾向的是并合主义刑法观；而在当今现代刑法学派的社会条件与法治环境下，刑法的功能在整体上应更多地倾向于“人权防卫”的刑法观。而相对应地刑法所保护的法益，也应当冲破只保护被害人或社会法益的藩篱，从而大胆迈入保障人权或人权保障优先的未来走向。这说明，刑法功能不是固定不变的，而是随着社会的不同阶段和历史需求，不断选择新的刑法功能与刑法观。它是一个动态的演化过程，是一个不断更替和发展的过程。

三、功利刑的功能分层

无论如何防卫都是一种近似功利的追求，从特殊预防到一般预防再到保护被害人和被告人，整个过程无不弥漫着功利的味道，甚至不时地改变着刑罚功能。正确认识各个不同立场和角度的刑罚功能，对于深刻揭示刑罚的本质，科学地设立刑罚，以及正确区分刑罚功能与刑罚目的、刑罚效果具有重要的意义。针对不同的对象，刑罚具有以下基本功能。

首先表现在对犯罪人的功能上。主要包括：（1）剥夺功能。剥夺功能又称惩罚功能。从本质上讲，刑罚意味着对犯罪人某种权益的剥夺，如剥夺生命、剥夺自由、剥夺财产等，使之丧失再次犯罪的能力和条件，并遭受到生理上和精神上的痛苦。剥夺功能是刑罚固有属性的外在表现，是刑罚的基本功能，是实现特殊预防目的的必要前提和条件。（2）威慑功能。一个人因恐惧刑罚制裁而不敢实施犯罪行为。对犯罪人来说，刑罚的威慑功能是特殊威慑，是指那些受过刑罚制裁的犯罪人因恐惧再次受到刑罚制裁而不想实施犯罪行为。刑罚根据犯罪人的心理、生理等特征有针对性地采取各种防止其重新犯罪的措施，这种手段营造的恐惧感不是目的，感化教育才是目的。（3）矫正功能。矫正功能又称改造功能，是指刑罚具有拘束、规范犯罪人的行为方式，改变犯罪人的犯罪意识，使之成为社会守法公民的作用。刑罚的矫正功能以自由刑最为突出。刑罚不仅仅是对罪犯的惩罚，更重要的是对罪犯的矫正。剥夺、限制、否定、威慑本身就是逆向教育,在惩罚的前提下,实施各种教育改造制度,使犯罪分子为其犯罪行为感到耻辱,形成良心上的自责、自怨、自悔,认识到法律禁止的行为及后果,树立正确的人生观和价值观,成为守法公民。

其次表现在对被害人的功能上。主要包括:(1)安抚功能。安抚功能是指国家通过对罪犯适用和执行刑罚,在一定程度上满足受害人及其家属要求惩罚罪犯的强烈愿望,可以平息或缓和犯罪给被害人以及其他社会成员造成的激愤情绪,使他们在心理上、精神上得到安慰。刑罚的安抚功能也是刑罚的基本功能之一,具有积极的社会意义。一方面,在被害人及社会成员中树立了刑罚公正正义的形象,使社会各方面明白刑罚是国家公平解决犯罪问题的重要措施。另一方面,强化了社会公众对刑罚权威的信任和对国家司法机关的支持,有助于恢复、保持社会心理的平衡秩序。(2)补偿功能。刑罚的补偿功能是指刑罚要求犯罪人对因其犯罪而给被害人造成的物质损失给以补偿的功能。犯罪往往会给被害人造成身体上或者物质上的伤害等,这些损害后果,一定程度上可以用金钱来衡量,因而通过对犯罪人使用刑罚责令其赔偿,可以尽可能地弥补被害人遭受的损害。刑罚的补偿功能,既可从经济上惩罚犯罪人,又利于被害人得到经济补偿。

再次表现在对社会其他人的功能上。主要包括:(1)威慑功能。对社会其他人来说,刑罚的威慑功能是一般威慑功能,是指因恐惧被逮捕、被起诉以及受到刑罚制裁而不敢从事刑法禁止的行为。国家立法机关创制具体的犯罪及刑罚制度,司法机关对犯罪人具体适用和执行刑罚,意在晓谕潜在犯罪人,使其望而生畏,使潜在犯罪人不敢从事犯罪行为。(2)教育功能。通过适用和执行刑罚,表明国家对犯罪的否定性评价及道义谴责,显示国家有罪必究、有罪必罚的决心,从而教育、鼓励公民,使之认识到何为法律允许、何为法律禁止,加深法律意识和权利意识,增强法制观念。(3)保护功能。适用执行刑罚本身就是对国家、社会、个人合法利益的保护,其不仅是对被害人权益的维护,也是对社会正常运行秩序的保护。对犯罪人执行刑罚,使被犯罪人破坏的社会关系得以愈合、恢复、正常运转。此外,还具有保护犯罪人合法权益的功能,以防止国家刑罚权的滥用。

最后表现在对于全社会的功能上。主要包括:(1)保护功能。是指通过刑法的威慑力量来保护社会和公民的权利不受侵犯,同时保护包括被害人和被告人在内的一切人的权利不受侵犯的实际效能与作用。具体表现在:保护社会和公民的人身安全和其他合法权益不受侵犯;保护公民的一切合法利益及社会管理秩序;保护国家和民族利益;保护社会主义社会关系不受侵犯。可以说,这些也都是刑法最基本的功能,也是刑法的目的功能,根本目标就在于保障公民权利、维护社会秩序,使整个社会和公民个人得到切实保护。(2)保障功能。是指刑法对全社会最终效果上的维护。具体表现在:

保障公民合法正当权利的实现；保障正常秩序，维护社会安定；保障无罪的人不受刑事追究及有罪的人不受法外制裁；保障其他法律的最终贯彻执行；保障社会主义现代化建设的顺利进行。认识这些功能，无疑对公民和社会树立对刑法和刑事司法的信心十分有益。法律规定了，但实际运行的效果怎么样呢？主要还是通过刑罚的社会保障功能来实现。

第十五章　刑法的功能性原理：从报应、防卫、并合走向规制

经过长达两三百年的争论，报应与防卫似乎各有道理，甚至谁也说服不了谁。虽然后来又有了阶段论的折中方案，但归根结底还是价值与立场上的选择问题，折中方案根本无法解决二者的根本性冲突。作为矛盾的调和方式与思路，二者并立或"并合主义"理论出现，此时有人就讲：这不是和稀泥吗？难道刑罚作为功能性理论经历两三百年的演化就真正发展到顶峰了吗？答案当然是否定的，由此本书提出超越并合的规制刑法理论。

一、报应与防卫的评判及阶段论分析

不可否认，人类刑法主要是围绕"刑罚"展开的。为了表明国家对待"刑罚"的态度，刑法典一般将"刑罚"的目的直接写入刑法条文中，如《苏俄刑法典》第 20 条规定："刑罚不仅是对所犯罪行的惩罚，而且还改造和教育被判刑人……以及预防被判刑人重新犯罪和其他人实施犯罪为目的。"①另外，《罗马尼亚刑法典》第 52 条、《蒙古刑法典》第 16 条、《朝鲜刑法典》第 27 条均有类似规定。我国刑法虽然没有对刑罚目的作出明确规定，但并不说明它不重要。古今中外的刑法学，无论何种学派或观点，基本上都是围绕报应、防卫两大命题展开的，报应的核心内容就是刑罚。尤其是围绕刑罚功能进行的长期争论，可谓倾尽刑法学界近 200 年历史的博弈长河。当然，在表述刑法规范时，还存在其究竟是国家意志或统治阶级

① 高铭暄编著：《中华人民共和国刑法的孕育和诞生》，法律出版社 1981 年版，第 58 页。

意志抑或全民意志的问题,以及公民行为的规制等诸多问题。

如上所述,报应论与防卫论各有道理①,但各自又都存在难以克服的片面性。面对报应论与防卫论的根本对立,学界又出现了一种折中主张,即"刑罚一体化"的观点,也称"并合主义"刑罚观。② 该观点认为,报应与防卫都是刑罚赖以存在的根据。因此,刑罚既回顾已然之罪,也前瞻未然之罪。对已然之罪刑罚以惩罚为目的,对未然之罪刑罚以预防为目的。在预防未然之罪上,刑罚目的既包括个别预防也包括一般预防。当然,各国的犯罪学家们也从不同角度阐述了自己对"一体论"的认识与看法。以美国学者帕克为代表的"一体论"者认为,刑罚具有报应与预防双重目的,且根据犯罪性质区分了以道义为渊源的报应目的(如杀人、抢劫、盗窃犯罪等)和以非道义为渊源的防卫目的(如非法停车及其他犯罪等)。以美国学者赫希为代表的"一体论"者认为,刑罚既蕴含痛苦也潜藏谴责,且刑罚的痛苦性以防卫为根据,谴责性以报应为根据。以英国学者哈特为代表的"一体论"者认为,刑罚根据应视刑事活动的立法、审判、行刑等阶段而定,立法阶段应以一般预防为根据,审判阶段应以报应为根据,行刑阶段应以个别预防为根据。

在该问题上我国代表性的观点主要有:(1)惩罚说,认为惩罚是刑罚的本质属性;(2)改造说,认为刑罚最终的目的不是惩罚,而是达到改造犯罪人成为新人的目的;(3)预防说,主张刑罚的目的是预防犯罪,包括个别预防和一般预防;(4)双重目的说,主张既惩罚又改造;(5)三目的说,主张惩罚与改造罪犯、教育和警戒社会,以及号召群众积极同犯罪作斗争;(6)预防和消灭犯罪说,主张刑罚最终达到的是预防和最终消灭犯罪的目的;(7)根本目的和直接目的说,根本目的是预防犯罪,直接目的是惩罚犯罪、威慑犯罪和改造罪犯。③

我们曾经认为,"报应和防卫应当是辩证的统一"。这是因为,"犯罪具有双重属性——已然之罪和未然之罪。已然犯罪主要表现为主观恶性与客观危害相统一的社会危害性,未然犯罪主要表现为再犯可能与初犯可能相统一的人身危险性"。因此,"犯罪是社会危害性与人身危险性的辩证统一"④。从一定意义上讲,报应体现了刑罚目的的正当原则,预防体现了刑罚目的中的效率原则。正当原则要求某一事物的存在具有其内在的根据,表现在刑罚上就是建立罪有应得的基础;效率原则要求即使一些

---

① "因为有犯罪而科处刑罚"是报应刑论的经典表述,"为了没有犯罪而科处刑罚"是防卫刑论的经典表述。

② "因为有犯罪并为了没有犯罪而科处刑罚"是并合主义刑罚观的经典表述。参见张明楷:《新刑法与并合主义》,载《中国社会科学》2000 年第 1 期。

③ 参见高铭暄主编:《新中国刑法学研究综述》(1949—1985),河南人民出版社 1986 年版,第 408-411 页。

④ 李晓明主编:《中国刑法基本原理》(第 3 版),法律出版社 2010 年版,第 13 页。

人(至少一个)状况变好又不使其他人(至少一个)状态变坏,表现在刑罚上就是谋取“最大多数人的最大幸福”。离开了报应的制约,预防犯罪就会成为实行严刑苛罚的借口;而离开了防卫的导引,惩罚犯罪又会变得僵死呆板、毫无生气和意义。然而从另一侧面看,在报应与防卫的选择上与刑法学的发展阶段不无关系,比如在刑事古典学派或刑事古典的历史阶段,刑法本身就源于报应,从一定意义上说,那个时候没有报应就没有刑罚,“以血还血,以牙还牙”就是对这种报应刑的生动描述。之后在实证学派探讨犯罪原因的催化下,发现了行为人与犯罪的某种关系,于是惩罚理论由“行为主义”发展到了“行为人主义”,加之随着对刑罚功效的进一步拓展与认识,刑罚在体现着报应的同时,的确不失有防卫或预防犯罪的功效。显然,这个时候报应在刑罚中所占的空间自然受到防卫的挤占或压缩,甚至随着这种防卫理论的日渐加强,双方的比例在日渐争夺和博弈。到了实证主义学派或刑事实证的历史发展阶段,报应与防卫几乎各占半壁江山。而到了后刑事古典学派或后刑事古典的历史阶段,报应论的主张者似乎通过坚守又夺回了部分阵地。而到了现代社会学派或刑事社会学阶段,防卫论者似乎又占领了上风。由“阶段论”可以看出,似乎“报应”与“防卫”的主张与效应之间一直面临“钟摆”的重复与纠偏,这里我们将此种现象称作“钟摆效应”或“纠偏效应”,此时彼占上风,彼时此占上风。然而,无论如何,任何走向报应和防卫两个极端的主张都是错误的,此乃现代刑法的基本原理之一,即报应和防卫的高度统一。或许在某历史阶段或时期双方比例可能会调整或互换,但无论如何一方也永远替代不了另一方。

二、报应与防卫的博弈走向并合主义

实际上,兼顾报应与防卫的“一体论”就是所谓的“并合主义”,即兼顾两派的合理成分而消解其对立,从此形成并合或者折中的刑法学理论体系。表面上看其似乎比较全面,但是有些问题依然存在。实际上,“刑罚的轻缓化是刑罚发展的必然趋势,极度轻缓化的刑罚已经无法与严重的犯罪对应,也就无法再体现其报应性,因此刑罚的正当性不能再从报应性方面去寻找,兼顾报应的并合主义刑罚观是无法存在的”①。这就说明,报应论和防卫论不可调和,二者不可能兼顾,各自存在的问题在并合主义观点下依然无法解决。当然也有人认为,并合主义理论就是人格责任论,由毕克迈耶首创,麦兹格和鲍克尔曼予以发展,在日本得到团藤重光等人的大力支持。② 该学说站在道义责任论的立场上,以决定论的自由意志为前提,认为行为人主体的人格及其表现的行为才是责任的基础。“责任第一位的是行为责任,应着眼于作为行为人的人格主体现

① 龙腾云:《刑罚本质理论的重构——以刑罚进化论为视角》,载《河北法学》2014 年第 7 期。

② 参见张文、刘艳红:《人格刑法学理论之推进与重建》,载《浙江社会科学》2004 年第 1 期。

实化的行为，在行为的背后，还受到人的素质和环境制约，并存在经过行为人主体的努力而形成的人格，对行为人这一过程中所表现的人格态度也可以加以谴责，因此，我们把它叫作第二位形成人格的责任。这第一位的责任与第二位的责任，在现实中是不可分割的，应把二者合二为一体称作人格责任"①。总之，在人格责任论看来，最重要的是犯罪行为及其背后潜在的人格体系；人们如何决定其行为，取决于其人之人格，行为者的人格与其行为之间有着密不可分的关系，行为者所表现之行为是该行为人人格之显现，行为人背后的人格才是责任非难的对象。因此，日本学者大塚仁随团藤重光采取了人格责任论，并受人格责任论的启发，在这一理论的基础之上进一步深化拓展，系统地提出了人格刑法学的理论。针对此，我国也有学者认为，大塚仁人格刑法学的最大特点在于，它同时使用行为、人格解释和考察刑法理论，但是，也仅仅是考察和解释。因为，根据大塚仁人格刑法学的思想，定罪仍然实行的是单一的行为中心论，人格在这里的作用不过是说明作为犯罪构成的行为，符合犯罪构成的行为是体现了行为人人格的行为。也就是说，它仍然只是如同新派一样，揭示了行为背后所隐藏的东西——人格，但并没有让这种隐藏的东西从行为这一遮盖物后面浮现出来，发挥其在定罪方面的作用。"真正吸收新旧两派刑法之长的刑法理论，当然是引入行为人刑法所考虑的犯罪人的危险性或者说犯罪人人格因素，建立起真正意义上的人格刑法学。此乃彻底消解行为刑法与行为人刑法矛盾的途径。"②然而我们认为，无论国外学者主张的所谓"准"人格刑法学，还是国内学者主张的所谓"真正"人格刑法学，尤其在定罪问题上"太过主观"，甚至接近于龙勃罗梭的"天生犯罪人论"。当然，如果在"保安处分"的认定中，更多参考"人格刑法学"的一些观点，也许更具其本身的价值性。也就是说，人格刑法学或许更适合"未然犯罪"或"危险犯"，而不适合"已然犯罪"或"实害犯"。

如上，在报应论和防卫论之后，包括并合论的双方撮合与强调，并没能从根本上解决长达数百年的古老话题。因此，我们提出了一种新的尝试，即在刑法功能中能否明确地提出"规制功能"或"规制刑法"的概念，以超越"报应刑"、"预防刑"以及所谓"并合主义"范畴和层级。"规制"一词，在中国古代汉语中原指器具、建筑物的规模形制。③ 而后发展至现代汉语，有"国家根据相应的规则对微观主体行为实行的干预"之本义。如上所述，刑法本身就具有规制功能，但鲜有人提出刑法的"规制功能"或"规制刑法"，本文所提出的"规制功能"或"规制刑法"主要是相对于"预防功能"或"预防刑法"的功利主义与防卫价值观之追求而言的，相对于后者，前者坚守的是理性主义及其

---

① ［日］福田平、［日］大塚仁编：《日本刑法总论讲义》，李乔等译，辽宁人民出版社 1986 年版，第 112－113 页。

② 张文、刘艳红：《人格刑法学理论之推进与重建》，载《浙江社会科学》2004 年第 1 期。

③ 参见《农政全书》（卷三三），"夫南簇蚕少，规制狭小，殆若戏技，故获利亦薄"。

立法与司法导向价值观之追求。具体是指通过立法的指引和司法的导向之双向强化,使得国民对业已颁布实施的刑事法律规范产生认识、接受、遵守,并认同据已作出司法判决的公正性。其立足点在于立法程序的正当性维护国家立场上刑法对于社会生活的正面干预,与此同时,司法过程中通过公正的判决维护这一行为准则,强化国民立场上对行为规范的认同和遵守。

"规制功能"或"规制刑法"的提出揭示了风险社会下,现代刑法的一个重要转向或面向——刑法作为防卫风险与秩序管制的主要手段。其核心功能是规制或引导人们的社会行为准则,从而起到社会稳定器的作用。其核心特性有:(1)明确性:"规制功能"或"规制刑法"是国家立法机关经过严格的立法程序制定和认可的、含义确定的行为规范;(2)稳定性:"规制功能"或"规制刑法"的颁布和实施在一定的社会经济条件下保持一致,不得任意更改和废止;(3)公正性:"规制功能"或"规制刑法"制定的行为规范不是随意的,而应当是公正的,符合打击犯罪、保障人权原则的;(4)普遍性:"规制功能"或"规制刑法"确立的行为规范及法律后果为国民普遍认同和接受,并能进一步促进国民的自觉遵守。符合上述标准的"规制功能"或"规制刑法"可谓国民立场与国家立场之间协调的桥梁,既满足了国家管理风险社会的需要,又兼顾了国民对新颁布的行为规范的认同和接受;既积极地引导和推动了良性社会规范的形成,又坚守了罪刑法定和保障人权的刑法传统。

诚如德国刑法学者费若哈西(Frehsee)曾经提出的颇具省思的批判:近代风险社会形态的持续变动,同时影响了法系统功能的转变,刑法作为"国家的干预法"的作用逐渐显露。[①] 换句话说,综合安全意识、国家任务扩张、新的法文化兴起等诸多因素,传统的刑法理论体系似乎也无法回避规范结构及功能的适时调整。但事实上,结合安全思维的刑法理论却又明显表现出国家权力扩张的现象,刑法的"最终手段性"规范逻辑亦被迫重新调整。就在世界各国都曾出现或正在经历刑法快速扩张的情形下,我国的刑事立法陆续出现大量抽象危险犯的规定,其内容多是针对"环境污染、金融管控、经济行为、毒品、食品卫生、信息网络,以及恐怖主义活动等",这亦引起我们适时的理性思考。

三、并合主义的全面提升及回归规制

基本上,现代刑法代表的理论趋势乃是当代刑法理论走向"后预防式"的危险防卫或秩序管制思维。为了积极排除社会日益增加的不安全感,现代刑法不仅应成为纯粹

---

① See Vgl. Detlev Frehsee, Die Strafe auf dem Pruefstand, StV 1996, S. 223. 转引自陈金林:《刑罚的正当化危机与积极的一般预防》,载《法学评论》2014 年第 4 期。

象征意义的号召人们行为走向的规范宣誓,更应成为或发展为一种规制人们社会行为的规范指引,也就是所谓的“规制刑法”。现在初步看来,这或许就是一个不可逆的时代趋势,对目前的刑事立法产生全面且深远的影响。但是这一理论也饱受学界争议,对此的批判性分析主要有五点:(1)因顺应当代的重大社会问题,往往轻率扩张刑事立法;(2)过度高估刑事立法的实证成效;(3)过度高估成效结果导致实际上难以期待刑法的任务可以获得实现;(4)立法者本无意处理成效问题,对因此衍生的立法与执行能力不足导致刑法规范的选择性适用,亦无意调整;(5)立法者意在获得政策上的(象征性)利益,如对于社会问题的快速响应与行动能力,从而希冀进一步让刑法的适用具有全面性。①

“规制功能”或“规制刑法”是否真的如反对者的观点只是国家意志的单方面强化?本文持否定态度,并试图从以下三个角度作出进一步阐述。

1. “规制功能”或“规制刑法”的争论

如上所述,大陆法系的通说中有“行为规制机能”,日本学者对刑法的“规制机能”有过激烈争论,甚至否定刑法的“规制机能说”②。我们也曾经主张刑法的“规制功能说”③,但更多学者却主张刑法的“规制机能说”④,甚至认为,“规制机能又可具体分为行为规制机能和裁判规制机能”⑤。本书认为,刑法具有“规制功能”(或曰“引导功能”),通常是指刑法引导人们积极学法、懂法、守法,维护法律尊严,引导人们应当或者不应当实施何种行为以规范国民的日常行为,使之合法化、规范化。但值得注意的是,“刑法对国民行为的规制与引导,不是从正面而是从反面进行的”⑥。即实施了违反刑法的犯罪行为就要负刑事责任,从而反面告诫人们,不要实施违反刑法的行为,即立法规制。此外,还可通过判决告知人们遵守刑法,即司法规制。“规制功能”或“规制刑法”就是如此发挥其推动和引导社会生活规范化的积极作用的。

除此之外,“规制刑法”在刑法功能与刑法机能的整体运作中也起到了关键性的作用。所谓功能也叫效能,一般是指事物或者方法所发挥的有利的作用。⑦ 所谓机能也

---

① 参见萧宏宜:《风险社会与刑事立法》,载《辽宁大学学报(社会科学版)》2015 年第 6 期。

② [日]大谷实:《刑法总论》,黎宏译,法律出版社 2003 年版,第 3 页。

③ 李晓明:《刑法学总论》,北京大学出版社 2016 年版,第 49 页。

④ 李泽龙:《论刑法的机能》,载《法律科学》1995 年第 1 期。刘志远:《二重性视角下的刑法规范》,中国方正出版社 2003 年版,第 123 页。陈兴良:《刑法机能的话语转换——刑法目的论的一种探讨路径》,载《环球法律评论》2008 年第 1 期。张明楷:《外国刑法纲要》(第 2 版),清华大学出版社 2007 年版,第 6 页。刘艳红主编:《刑法学》(上),北京大学出版社 2016 年版,第 17 页。

⑤ 马克昌:《刑法的机能新论》,载《人民检察》2009 年第 8 期。

⑥ 李晓明:《刑法学总论》,北京大学出版社 2016 年版,第 49 页。

⑦ 参见中国社会科学院语言研究所词典编辑室编:《现代汉语词典》,商务印书馆 1979 年版,第 376 页。

叫机体能动,一般是指细胞组织或器官等的作用和活动能力。[①] 刑法功能当然是指刑法在治理社会中发挥的有利功用与作用,一般是就刑法本身规制人们行为(包括立法规制与司法规制)的整体功能与效用而言的。而刑法机能通常是指"刑法的各种构成要素相互作用所产生的刑法的运作能力,即保护机能与保障机能的对立统一"。[②] 由此可见,刑法功能与刑法机能有一个有机的分工,前者负责规制人们的行为,知道人们的行为准则;后者保护社会,保护人们的应有权益。重申刑法的功能与机能有助于明确"规制刑法"的理性,以及正确区分或合理把握规制人们行为与保障人们权益的界限,在此意义上,认真区分刑法功能和刑法机能就显得尤为必要。"规制刑法"的机能是人权保障与社会保护的统一,人权保障代表了国民对个人自由、权利等利益的要求,社会保护代表了国家为公共利益而行使权力的动因。"规制刑法"的功能是通过刑法的整体制度制定社会运行的规则与准则,知道人们能做什么不能做什么,从而约束自己的行为,进而维持社会的应有秩序和安定。"刑法无论是惩治侵害个人利益的犯罪还是侵害国家利益的犯罪,都是有利于社会的整体利益的,具有同样的社会价值"[③]。因此,在刑事立法中,"无论是规定犯罪还是设立刑罚,都应当从人权保障和社会保护的统一性出发,尽可能少地限制个人自由,最大限度地保护社会秩序"[④]。

当然,"规制刑法"功能的一味拓展有可能导致国家"仅视刑法为把刀子,强调刑法的功利"[⑤],因而在发挥"规制刑法"功能的同时也要注意"规制刑法"机能的发挥,加强对人权及国民权益的全面保护,不能一味扩大刑法的处罚范围或加重不合目的理性的刑罚。也即在发挥"规制刑法"功能的同时,要注重刑法作为一个整体在所有法律部门以及社会治理方法中的特殊地位,即刑法作为人权保障法的应有地位及其机能。协调国民立场与国家立场的关系,在规范和引导国民社会生活的同时注重人权保障,是为"规制刑法"的应有之义。

2."规制功能"或"规制刑法"的效果

一部法律除应具备形式正当性之外,更应特别兼顾实质正当性,而所谓的实质正当性就是立法本身必须是以"合理目的为导向的"[⑥]。换句话说,任何一部法律被赋予的功能意义即在于,立法者试图让法规范目的发挥其所预设的规制效果,又在此法规

---

① 参见中国社会科学院语言研究所词典编辑室编:《现代汉语词典》,商务印书馆1979年版,第541页。

② 周少华:《罪刑法定与刑法机能之关系》,载《法学研究》2005年第3期。

③ [日]西原春夫:《刑法的根基与哲学》,顾肖荣等译,法律出版社2004年版,第34-35页。

④ 陈兴良:《刑法的价值构造》,中国人民大学出版社2006年版,第223页。

⑤ 储槐植:《市场经济与刑法》,载《中外法学》1993年第3期。

⑥ [美]E.博登海默:《法理学》,邓正来译,中国政法大学出版社2004年版,第298页。

范目的背后赋予政策的考量。符合上述条件的立法结果则是积极影响特定的社会活动，让社会导向正面的发展趋势。正如有学者早就指出的立法的核心价值在于"法律应作为塑造理性社会的工具"①，而整个立法过程本质上就是理性解决纠纷之方法产生的程序，又称"工具性立法"。

当然，"规制刑法"较之于"工具性立法"也有不同之处，两者的规范目的均是在国家与国民之间形成一定的合法与不法的意识，但是"工具性立法"更像是一份"规范声明"，如若刑法走进了"象征刑法"②的具象内，就失去了其作为司法法、矫正法与沟通法的意义。所以，刑法更应当在创设条文时就考虑到将要对全体国民行为选择产生必然的影响力。也就是说，"规制刑法"的刑事立法模式带来的效果，除刑法本身预设将要发生的规制效果外，还有在历经实际适用之后展现出的规范宣誓和规制导向功能。举例来说，纯粹的德行指导作用（第120条之六"非法持有宣扬恐怖主义、极端主义物品罪"）、积极管控公共交通秩序（第133条之一"危险驾驶罪"）、维护国家考试公正性（第248条之一"考试作弊罪"）的规定均属于"规范刑法"的范围之内。由此可见，"规制刑法"还是有其独到功能的。

3."规制功能"或"规制刑法"的理性

为了避免刑法沦为安抚社会风险恐惧的手段，必须明确"规制刑法"的理性界限。传统法治国刑法一定程度上代表了刑事立法的"国民立场"，要求刑法将保护法益、保障人权作为首要任务和主要目的，即使现代社会刑法成为了风险抗制的首选，规范结构上仍应坚守法治国家的这一基础原则。换句话说，当国家选择刑法作为抗制风险手段时，也有必要同时考虑到以片面"国家立场"为基础推进的相关刑事立法极有可能产生侵蚀国家法治及其原有的刑法基础，以及不当干预个人自由的危险，因此也需要进行理性把握与限制。

对此，"规制刑法"应当作出包容两种立场的协调性解释。首先，为防止国家过度地将轻微犯罪视为敌人，对于轻微犯罪，不仅要有实质的法益侵害或危险，此外，还要求该侵害或危险必须达到使得规范秩序产生急剧动摇的程度时，才可以认定违法性的存在。这也就是在风险社会的语境下，不可过分扩张刑法规制的范围之原则。其次，对于较为抽象的危险犯（特别是侵害社会法益的犯罪），虽然其法益可能只是抽象的"稳定的规范秩序"，除非是一见即明的秩序紊乱，不然于解释上必须寻找出一个成立犯罪时的标准，借以表明规范秩序的具体动荡程度。这个标准可以是传统社会法益犯罪立法模式中的个人法益，例如，放火罪中的"财产的烧毁"。至于在新型社会法益犯

---

① [美]E.博登海默：《法理学》，邓正来译，中国政法大学出版社2004年版，第299页。

② 古承宗：《风险社会与现代刑法的象征性》，载《科技法学评论》2013年第1期。

罪的立法选择中,因为越来越多找不到实际承担个体的法益侵害行为的出现,必须借助法律解释创设出认定公共危险发生的客观物理环境变化,此为明确抽象危险犯的构罪标准之原则。

由此可见,刑法的规制功能和刑罚的谦抑性亦是不相冲突的,它们只是刑法的整体机制内的不同侧面。“规制刑法”所秉持的是刑事立法的谦抑性,既不使规范论的要求过度膨胀,又不破坏法益论的传统,而是强调规制人们社会行为的导向功能,从而稳定整个社会秩序与规范公民之行为,显然这是协调国民立场与国家立场的行之有效的手段之一。所以在我国现实法治环境下,不应当对规制刑法的发展作过多的限制,而应该在理性的思考下将之发扬光大。不仅在立法层面,而且在司法层面上也要运用包括立法解释、司法解释、典型判例等,进行全面的、立体的、全方位的指引或导向人们的行为规制,这对于刑法规范人们的行为导向,以及宣传规范和规制人们的社会行为将起到十分积极的推动和引导作用。

通过分析上述“报应”的根基性原理、“防卫”的功利性原理、“意志”与“契约”的立法性原理和“规制”的功能性原理等一系列的讨论,我们基本掌握了刑法及刑法学的基本原理和基础性理论,并从理论、立法及司法实践上对刑法学科进行了整体性、系统性的研究与思考,尤其是在回答为什么国家制定一部刑法,以及为什么刑法能够规制社会秩序,甚至怎样规制社会秩序等许多方面不仅具有理论意义,甚至具有实践支撑。

第四编　解释原理：认识论、发展论与实践论

刑法解释也是重要的刑法范畴和基本原理，一部刑法典的执行离不开对法律的准确理解和适用，因此立法与司法解释是法律运行不可缺少的重要工具。然而，为达到对刑法科学准确的理解，人类社会经历了认识的起步、发展的接力和实践的积累与提升。

第十六章　刑法解释认识论：范畴的界定与价值的拓展

法律解释应该能够为公正裁决提出建议或者说明理由，而解释学、辩证法和修辞学密切关联，试图将它们分开的古典做法会把人引入歧途。① 刑法的解释同样“事关重大”，刑法学的主要任务是解释和适用刑法，刑法解释学可以说是全部刑法教义学的核心，或者说，刑法学就是刑法解释学。② “刑法之解释不啻予刑法以生命，无解释则刑法等于死文，毫不发生作用。”③然而，纵观我国所有刑法学教材，鲜有将刑法解释单列为一章的情形。本书破例将其作为独立的一章进行全面介绍和论述，目的在于彰显刑法解释问题的重要性、理论性和争论性，也是本书对刑法解释客观现实的一种回应和解读。

一、刑法解释及其溯源

刑法解释在学界和实务界争论不断，不仅兼具热点、重点和难点，且论辩一直围绕刑法解释的概念、观念、立场、主体、方法、分类等进行，因此有必要对其基本范畴进行梳理。

（一）刑法解释的界定与特征

对于刑法解释的含义，不同学者给出了不同的答案。比较常见的有五种观点：(1)是指“对刑法规范含义的阐明”④。(2)是“国家机关、组织或个人，根据相关法律规定、法学理论

---

① 参见［德］卢曼：《社会的法律》，郑伊倩译，人民出版社2009年版，第191页。

② 参见刘艳红：《刑法解释原则的确立、展开与适用》，载《国家检察官学院学报》2015年第3期。

③ 蔡墩铭：《刑法总论》(第3版)，台北，三民书局1977年版，第23页。

④ 高铭暄、马克昌主编：《刑法学》，北京大学出版社、高等教育出版社2000年版，第13页。

或自己的理解，对刑法规范的含义等所作的说明”①。（3）是指“对刑法规定意义的说明”②。（4）是指“对刑法条文含义的阐释”③。（5）是指“人们为了保证刑法规范的正确适用而理解、选择、决定刑法规范含义的过程”④。

显然，上述五种观点都是围绕对“刑法规范”或“刑法规定”作出说明或阐释展开的。当然，第一种观点没有明确刑法解释的主体，也没有阐明刑法解释目的，甚至缩小了刑法解释的对象和范围。实事求是地讲，刑法解释的对象不仅涵盖刑法的规范性内容，也涵盖刑法的非规范性内容，后者也存在适用困难和需要解释的情形。如我国《刑法》第 90 条至第 101 条系刑法总则的其他有关规定，就属于非规范性内容，2000 年全国人大常委会就对国家工作人员的范围作了有关立法解释。第二种观点也没有明确刑法解释的真正目的，甚至将刑法的非规范性内容直接排除在刑法解释的对象与范围之外。第三种观点也没有阐明刑法解释的主体和目的。第四种观点甚至认为刑法条文是解释对象，实际上刑法条文和刑法规定是不同的，两者是形式和内容的关系，刑法条文只不过是一个载体而已。第五种观点同样人为地缩小了刑法解释的对象与范围。我们曾认为，刑法解释是指为了正确理解或者运用刑法，国家机关、有关组织或者个人对刑法规定的阐释和说明。⑤ 刑法解释有三个大特征：

1. 刑法解释主体的广泛性。既包括有权解释主体，也包括无权解释主体。前者是全国人大常委会、最高人民法院、最高人民检察院，后者是各级法院和检察院、其他国家机关、有关组织、专家学者，甚至包括犯罪嫌疑人、被告人、辩护人、被害人、诉讼代理人等。由此可见，我国刑法解释的主体非常广泛，可以说包括了一切国家机关、有关组织、单位和个人。

2. 刑法解释的目的性。也即为了正确理解或者更好地执行好刑法。全国人大常委会作出的刑法解释即立法解释，是从立法者的角度对刑法文本所做出的说明，立法解释当然对刑事司法和审判具有拘束力。最高人民法院和最高人民检察院作出的司法解释是针对刑法个案所作出的阐释或理解，也是为了帮助各级司法机关或民众准确理解和适用刑法，以保证刑法的正确执行与实施。无权解释主体对刑法作出的阐释，也是为了准确认识和理解刑法，尤其把自己或他人的行为对号，研究其行为究竟符合刑法的哪一条款以及适用是否正确或妥当。

3. 刑法解释对象的特定性。也即刑法规定。刑法规定不仅包括刑法的规范性内

---

① 赵秉志、陈志军：《论越权刑法解释》，载《法学家》2004 年第 2 期。

② 张明楷：《刑法学》（上），法律出版社 1997 年版，第 31 页。

③ 蒋熙辉：《刑法解释限度论》，载《法学研究》2005 年第 4 期。

④ 林山田：《刑法通论》（上册），北京大学出版社 2012 年版，第 82 页。

⑤ 参见李晓明：《刑法学总论》，北京大学出版社 2016 年版，第 123 页。

容,也包括刑法的非规范性内容,不仅包括《刑法》的规定(如2013年最高人民法院和最高人民检察院发布的《关于办理利用信息网络实施诽谤等刑事案件适用法律若干问题的解释》,就是对《刑法》相关内容的解释),还包括单行刑法(如1998年全国人大常委会颁布的《关于惩治骗购外汇、逃汇和非法买卖外汇犯罪的决定》等)、附属刑法及国际条约中的相关刑法规定。

另外,刑法解释还具有解释形式多样性的特点。[①] 其既可是由全国人大常委会、最高人民法院或者最高人民检察院就刑法的某些条文内容进行解释所形成的规范性文件,如全国人大常委会2000年《关于〈中华人民共和国刑法〉第九十三条第二款的解释》(已失效),也可以是由其他国家机关、相关组织或个人撰写的宣传材料、教科书、案例分析、学术专著及论文等,甚至还有司法判例或者检例等。当然,这些不同形式的刑法解释的效力和地位不能等量齐观。

(二)刑法解释的渊源与发展

1. 我国刑律解释的古老起源

基于法律文本的特质,中国的法律解释古已有之。如若要廓清刑法解释滥觞问题,对古代法律解释的研究不可或缺。主流观点认为,我国古代法律刑民交织、诸法合一。[②] 在中国人的观念习惯中,"法"与"刑"也是合一的,中国古代的法律就是刑法。直到20世纪初,至"刑部"改名为"法部"才终结"法"与"刑"事实上合一的情形。以致在对脱胎于法律解释的刑法解释历史脉络予以梳理时,很难拓开以整个法制体系为讨论背景。刑法解释在中国古代法制发展的进程中一直有迹可循,中国古代的法律解释脉络比较清晰地呈现在释法成就比较突出的汉、唐、清等历史朝代。

夏商法律制度是中国传统法律制度的初创,但由于统治阶级崇尚"刑不可知,威不可测"的法律秘密主义原则,当时的法律并不向社会公开,统治者随心所欲地断罪施行,镇压反抗统治者的行为,并无规范意义上的法律解释可言。春秋时期,至郑国子产铸刑书以来,陆续出现晋国铸刑鼎等行为。成文法的制定和公布使刑法解释成为可能。"问答"是中国古代法律解释的传统形式,现有的史料表明,法律问答最早在战国社会的法律生活中已经出现:"诸官吏及民有问法令之所谓也于主法令之吏,皆各以其故所欲问之法令明告之。各为尺六寸之符,明书年、月、日、时、所问法令之名,以告吏民。"[③]

---

① 参见李晓明主编:《中国刑法基本原理》(第3版),法律出版社2010年版,第654页。

② 这在人类法律的起始阶段尤为常见,如古埃及《汉谟拉比法典》同样诸法合体、民刑不分。有学者并不认同该观点。如唐代的"诸法"未"合体"于刑律之证,在整个立法上并不是"民刑不分"。参见钱大群:《唐律与唐代法制考辨》,社会科学文献出版社2013年版,第21-27页。

③ 高亨注释:《商君书注译》,中华书局1974年版,第186页。

秦朝的“法律答问”已经成为正式的法律形式之一。“这或许可被视为立法解释之滥觞”①。秦时，法律的解释权专属国家官吏，严禁私家解律。法律答问是朝廷和地方主管法律的官员对律令所作的权威性解释，它们与法律条文一样具有普遍的约束力。这些法律问答对秦律的某些条文、术语以及律文的意图做出了明确解释，是对秦代律令条文的重要补充。②

汉朝对法律未作统一的解释。既有经皇帝认可的官僚学者或专任司法要职官吏所作的有权解释，也有私家注释。乃至西汉后期，出现了以注律为业的注律世家，并由此开创了私家授律的时尚，反映了司法实践的紧迫需求。③ 如著名的杜周、杜延年父子，世人将他们解释的法律分称为《大杜律》《小杜律》。东汉时期私人解释更为盛行，形成不同流派，推动律学走向兴盛。如叔孙宣、郭令卿、马荣、郑玄等，他们以注解经书的方法，逐章逐句解释律文，造成“言者益繁，览者亦难”的局面。故三国时期，魏明帝下诏以郑玄的注释为标准，“不得杂用余家”④。

唐代在经文解释中也用“答问”的体例写作。《唐律疏义》中的“问答”也是沿用古代经典及法律解释的传统方式的表现。“问答”相比于“议”的特征之一就是善用举实例以作解。唐代的《律疏》（《唐律疏义》或《唐律疏议》），是由律文、注文及疏文组成，它们的关系是注文说明律文，疏文（“义疏”）说明注文和律文。⑤ 即注文的作用是解释律文，对律文中罪名的罪状、律文的适用等作具体的解释说明。唐律中的注文并不是在编写“义疏”时才产生，而是在《律疏》制订前的刑律中就已使用。这从残存的《永徽律》及《贞观律》中都可以得到证明。⑥ 在对律文进行解释时，凭借融合合理性、知识性和权威性的依据，方能使律文广为人知并接受。在对唐律律文进行的研究和解释中，使用的解释依据有多种，包括儒家经句、令格式、公理和专业知识等。如《名例》在规定杖刑时，就引用了《尚书》里的经句来解释设立杖刑的合理性和权威性，“疏议”说：“书云：‘鞭作官刑。’犹今之杖刑者也。”唐律中引用的儒家经句还来自《春秋》《周礼》《礼记》《易经》《孝经》《尔雅》等儒家经典。唐律的律文解释中，大量使用儒家经句、令格式、公理和专业知识等作为解释的依据，针对不同需求，采取不同的依据，有的放矢，取

---

① 刘军平：《浅析中国古代立法解释的几个特征》，载《法律文化研究》2005年第0期。

② 参见王云庆、杜玥：《秦朝律法档案的组成及保管利用刍议》，载《档案学通讯》2007年第2期。

③ 参见张晋藩：《中国法制史》，商务印书馆2010年版，第98页。

④ 曾宪义、赵晓耕主编：《中国法制史》，北京大学出版社2018年版，第88页。

⑤ 宋人在《新唐书·刑法志》中把唐代的律、令、格、式统称为“刑书”之后，就有了唐代的律、令、格、式皆为刑法的主张。事实上，“除了‘律’相当于近代的‘刑法’外，令、格、式全都不是或基本不是‘刑法’”。参见钱大群：《唐律与唐代法制考辨》，社会科学文献出版社2013年版，第9页。

⑥ 参见钱大群：《唐律与唐代法制考辨》，社会科学文献出版社2013年版，第43-45页。

得了较好效果,至今仍有借鉴价值。[①]

在明朝,据《明史·刑法志》记载,朱元璋"恐小民不能周知(大明律),命大理卿周祯等取所定之律令,自礼乐、钱粮、制度、选法外,凡民间所行之事类,取类成编,训释其义",是为《律令直解》。由于朱元璋这一方便吏民知法执法守法的初衷,提倡法律解释,为律学的复兴提供了强大的动力。《律令直解》是具有很高权威性的钦命释律之作,对于司法实践中准确地适用法律,起着指导作用,开明代注释律学的风气之先。[②]

及至清朝,注释律学很快取得了远超明人的更大成就。纵使在为数不多的西方人研究中国法的著作中,都对此有专门的详细记述与评析。譬如,布迪(Derk Bodde)与莫里斯(Clarence Morris)合著的《中华帝国的法律》一书在第二章第三、四节分析了清朝法律制度中的律、例、注的基本情况,在第四节以注的两种分类开篇:官注和私注;文间注和文后注。该书作者指出,文间注都是官注,而文后注并有官、私。以沈之奇《大清律辑注》为代表的私注虽然很有影响,但仍不具备官注的权威。而陈张富美指出,确定私注在清律发展中所起作用的两种办法之一便是考察私注在司法判决中是否作为一种法源存在,或者是否作为一种阐明和适用法律的辅助工具。[③] 闵冬芳进一步从立法和司法两个角度分析了私注对清代法制的影响,认为私注对清代法制的影响范围广且程度深。清代注释律学的兴起,一是律例制度完善的直接要求,复杂的律例体系只有通过注释的方式才能更好地为官员乃至百姓所理解;二是汉学注重考据的思想倾向反映在律例研究的领域,也促进了注释律学的兴盛;三是刑名幕友阶层在地方政府广泛出现,成为了推动注释律学发展的专业化人才。在此背景之下兴起的注释律学深深影响着清代法律实践,甚至突破"注释"的范畴而成为律例本身的一部分。[④] 此处的"官注"与"私注"事实上与现代法律观念中依据解释主体和法律效力的不同,将法律解释分成的"有权解释"和"无权解释"[⑤]大致形成了某种对应。总的来讲,清代律学家摆脱了明人注律的影响,注重解决司法实践中的疑难问题,适应司法实践的需要,走上了独立创新的道路。其中,私家注律对立法的影响主要的是将其观点上升为《大清律例》的律注。在司法实践中,地方司法机关审断案件时,多参照名家律注。清代律学是中国注释律学发展的高峰,不仅剖解了律例中的疑难问题,丰富了司法解释。而且从理

---

① 参见王立民:《法律史与法治建设》,法律出版社2017年版,第31-32页。

② 参见张晋藩:《中国法制史》,商务印书馆2010年版,第334页。

③ 参见陈新宇:《比附援引:罚当其罪还是"罪"当其罚?——从两个具体案例入手》,载《清华法学》2003年第2期。

④ 参见陈新宇、杨同宇主编:《中华帝国的法律》,清华大学出版社2019年版,第63-75页。

⑤ 或称正式解释和非正式解释。前者是指被授权的国家机构(或国家授权的社会组织)在其职权范围内所作的具有法律效力的解释,后者是指未经授权的国家机关、社会组织或公民个人对法律规范所作的没有法律效力的解释。孙国华主编:《法理学教程》,中国人民大学出版社1998年版,第453-456页。

论上对于传统的刑法学、刑事诉讼法学进行了综合论断,体现了中国古代法学的重要成就。①

总之,纵览我国古代秦汉以来对法律的解释历史,历朝历代对立法解释的重视,就刑法解释而言,主要围绕对刑事立法的解释展开。在解释主体上,既有政府官员的解释,也有私人注述的解释,同时伴随立法机构的解释。在解释方法上,既有设案问答,又有文义解释、目的解释、经义解释等。在解释内容上,既有对律文中的字、词和句子进行的解释,也有对律文中的指导思想、原则、罪名、犯罪主体、刑罚等刑法内容进行的解释。② 这些特点在现代刑法解释活动中仍然清晰可观,并得以延续和完善。尽管中国古代的法律注释未能学科化,与当代法律解释学存在差异,③但显而易见的是,中国古代的法律解释为当代中国法学提供了宝贵的法律和法学资源。解释活动中对实质合理性的追求,成为我国一项宝贵的法治本土资源,并推进了制定法的巨大发展。

中国近代意义上的刑事立法从清末沈家本修法、1910 年颁布短命的《大清新刑律》开始,在很大程度上借鉴了日本和德国的大陆法系体制,标志着中国近代法制的诞生,对中国此后的刑事立法具有深远意义。紧随其后,1928 年颁布了中华民国的第一部刑法,1935 年颁布了中华民国的第二部刑法。20 世纪 50 年代初,苏联刑法知识开始传入中国。此后 20 多年,我国的法学理论研究和刑法解释研究则有所停滞。及至当代,在改革开放全面恢复法制建设以来,我国的刑法建设取得了有目共睹的辉煌成就,举其要者,共颁布了两部《刑法》,即 1979 年《刑法》和 1997 年《刑法》,刑法解释理论研究工作从此得以一直稳步推进,取得了丰硕成果。尤其近年来,刑法学界的主流研究范式已经逐渐从立法论转换为解释论。其中,张明楷教授特别提出"法律不是嘲笑的对象",对学界影响很大。陈兴良教授近年来也高举刑法教义学的大旗,甚至深入展开对刑法判例的研究。

当代刑法解释的研究内容包括对刑法解释的主体、对象、原则、方法、立场等。如解释主体范围上非常广泛,包括立法者、最高人民法院、最高人民检察院和从事法学理论研究的学者。在刑法解释对象上主流观点是处于静态下的各种法律文本。在刑法解释原则上,包括整体性原则、明确原则、具体原则、体系解释原则、形式逻辑原则、辩证逻辑原则、解释权专属原则、及时性原则、公开原则、程序性原则、形式规范化原则。除上述原则外,还有合法性原则、以政策为指导原则、合理性原则、合目的性原则、正当原则、罪刑法定原则、人权保障原则。④ 在刑法解释的方法上,目前学术界已经有了一

① 参见张晋藩:《中国法制史》,商务印书馆 2010 年版,第 380-382 页。

② 参见王立民:《法律史与法治建设》,法律出版社 2017 年版,第 28-31 页。

③ 参见曾坚:《中国古代法律注释与当代法律解释学的差异》,载《贵州社会科学》2008 年第 12 期。

④ 参见吴丙新:《刑法解释研究学术报告》,载《刑事法评论》2009 年第 2 期。

定的学术积淀,并对刑法的解释工作有了更高的认识。如张明楷教授早就指出:“刑法解释学不是低层次的学问,对刑法的注释也是一种理论,刑法的适用依赖于解释。”而陈兴良教授也指出:“在定罪当中的问题,仅仅靠刑法条文是没办法解决的,在很多情况下都是靠刑法理论来支撑的,这种理论支撑主要是规范刑法的支撑。”从此理论刑法学开始启航,并与注释刑法学并行不悖,互相推动和促进。同时,回归后的注释刑法学也摆脱了当初就事论事的思维,更多地上升到思辨和方法论高度来阐述法条。

当然,我国目前的刑法解释存在司法解释远多于立法解释的现状。同时,当代的刑法解释正处在宏观的刑法知识转型与微观的刑法解释理论变迁之中,一些曾经固化的机制不断迎接新的质疑:立法机关可否成为刑法解释的主体?检察机关是否享有对实体法的解释权?法官是否享有解释权?学理解释是否法律解释?刑法解释的对象仅局限于静态的法律文本吗?……早有学者从法律解释的高度进而提出法律解释学的几个转向:由解释主体类别的多元化向一元化的方向转向;由法律限制解释向创造性解释的转向;由法官的独断解释向整合解释的转向;由解析规范、制度型解释向构建审判规范、说明判决理由型解释转向。① 无疑,这些问题的提出将为我国刑法解释创造新的繁荣契机。

2. 外国法律解释的追寻钩考

现有文献资料等表明,和中国一样,域外的法律制度同样经历了从无到有的历程,在法律起始阶段呈现诸法合体、民刑不分的特征。与此同时,已知的古代法之大全有别于成熟法的体系,它们有个特点,即刑民之比大异。在日耳曼法中,较诸刑法,民事法律部门之维度不足道。换言之,古代法对刑事法律的重视超过了现代法。② 综上,以地理位置和文化传统等为标准,域外古代的刑法解释发展脉络仍得从古埃及法、楔形文字法、印度法、希伯来法、古希腊法、罗马法、日耳曼法、教会法、伊斯兰法、英国法、美国法、法国法、德国法、日本法、俄罗斯法、非洲法等整个法律制度的发展史中寻得端倪。受各种因素制约,在法律起始阶段的法律解释同样不发达。如古希腊各城邦颁布的成文法大都缺乏抽象的概括与分析,未能形成体系化的法典,导致在适用中无须更多的解释,难以产生专门的法学家群体。③

罗马帝国初期,法学家对法律发表的见解并没有法律效力,在奥古斯都统治时期,其赋予若干法学家“公开解释法律的特权”。此后,对罗马法的研究蔚然成风,职业法

① 参见陈金钊:《法律解释学的转向与实用法学的第三条道路》(下),载《法学评论》2002 年第 2 期。

② 参见[英]亨利·梅因:《古代法》,郭亮译,法律出版社 2019 年版,第 235-236 页。古代法中的刑法与现代法中的刑法有所不同。如《〈十二表法〉评注》表明,现代社会视为犯罪行为的盗窃行为,当时被视为侵权行为。但文明社会的法统不约而同地将对国家和个人的侵害行为区分开来,即犯罪行为和不法行为。

③ 参见林榕年、叶秋华主编:《外国法制史》,中国人民大学出版社 2017 年版,第 49 页。

学家阶层逐渐形成,他们把解释法律当作对社会公共生活的贡献,把精通法律看作一种荣耀和体面。[①] 他们对各种法律问题持不同见解,纷纷著书立说,现在我们看到的许多罗马法学家的论著,实质上都是对当时法律的解释和评论。如作为罗马帝国时期最大注释法学集团——普罗库鲁士学派的先驱安第斯蒂·拉贝奥撰写的《关于祭司法》和关于《十二表法》的评论,保罗的26编《问题》《论贵族营造司告示》等。[②] 这些法律解释中观点相同或接近的日趋形成学派,并催生了法律解释领域备受推崇的罗马五大法学家:盖尤斯、保罗士、乌尔比安、伯比尼安、莫迪斯蒂努斯。公元426年颁布并在东、西罗马帝国同样生效的《引证法》正式确认五大法学家的法律解答和著述成为罗马法的渊源之一,同时促使罗马法从此转向注释与整理,并在相当长的历史中不再具有创造性。[③] 同时,注释法学派的兴起很快就扩展到西欧各国。

伊斯兰法学体系形成于伍麦叶王朝后期和阿拔斯王朝前期,当时的人们兴起追求知识的热潮,甚至认为"知识"就是对法律的研究。在此期间,在一些比较发达的城市,出现了一大批专门从事案件裁判和法律解释的研究人员,他们被称为"富格哈",即法学家。他们采取在清真寺讲学或其他方式,回答人们提出的各种法律问题。对于经训明文未作规定的问题,他们援引经训的精神,或在不违背经训原则下依照国家的行政法规、司法实践和民俗习惯提出自己的见解,逐渐形成口头相传的判例。[④] 对《古兰经》中相对含义节文的理解不同、对圣训取舍的标准各异、在无经训明文时以什么为法律创制的根据,以及所处的社会、地理环境和文化背景的差别,导致法律创制模式的不同,从而形成了法学史上的诸多学派。8—9世纪,先后出现了裁德、贾法尔、艾巴德、扎希里等10多个法学派。这些法学家们非常重视对法学定义和概念的制定和解释工作,他们制定了一系列的法学术语,并对其特定含义作了解释。当翻开任何一部阿拉伯文法学著作,无论是哪一章总是以解释概念开始。[⑤] 法学术语的确定和统一,为各地研究者的深入研究与交流奠定了必要基础。

英美法系国家在制定法的表现形式上与大陆法系国家明显不同,英美法系以判例法为主要渊源,法官的判决具有立法的意义,对制定法的理解与适用离不开法官的解释,以至于一项制定法一经颁布本身就已失去实际意义,只有在法官依据制定法作相

---

① 参见何勤华、李秀清主编:《外国法制史》,复旦大学出版社2010年版,第62页。

② 参见苗延波:《法治的历程》,新华出版社2016年版,第246页。

③ 在罗马法复兴时期,针对罗马法加以注释说明形成的前期注释法学派与后期注释法学派或评论法学派,则是后话。

④ 参见马明贤:《近现代伊斯兰法研究》,西北大学2005年博士学位论文。

⑤ 参见何勤华、李秀清主编:《外国法制史》,复旦大学出版社2010年版,第149-150页。

应判决以后,人们才能理解并运用它。① 因此,英美法系素有"法官造法"之说。② 当然,英美法系国家的法学家们在适用或解释法律出现空缺或疑难时同样发挥了重要作用,一些著名法学家的法律学说成为了权威的法律渊源。比如,美国的汉密尔顿、马歇尔、肯特、斯托里等。英美法系的法官、法学家们在适用和解释法律时,非常善于从大量的判例中抽象、概括、归纳出包含于判决中的法律原则,由律师、法官和法学研究者共同完成"法律重述"。譬如,在美国制定法的解释中,在一些情形下,法官基于基本正义的要求会突破含义明确解释原则,其目的解释方法优于文义解释方法的特点突出。③

以法国为例,封建时代的法国刑法具有较强的日耳曼法色彩,1789 年法国大革命后,《人权宣言》确定了罪刑法定、罪刑相应和刑罚人道化等刑法原则。在 1791 年刑法典中,为防止法官通过解释任意出入人罪,法典对大量刑法术语和基本概念作了解释。19 世纪法国私法学的发展,导致注释法学派的诞生,其创始人为梅兰、图利埃、普鲁东、迪兰顿等人,使法国注释法学达到顶峰的是奥普利和劳。与中世纪西欧注释法学派、法国 16 世纪人文主义法学派及德国 19 世纪"潘德克顿法学派"(《学说汇纂》注释学派)相比,19 世纪法国注释法学派具有自己的特点:只承认法律尤其是成文法的法源性;在解释法律时,唯条文及立法者原意是问;采用大前提小前提式的形式逻辑演绎方法。④ 此学派统治了法国法学界近一个世纪,也对刑法解释产生了深远影响。在 1994 年刑法典中,为更好地贯彻罪刑法定原则,防止法官任意解释法律,从而扩大罪名,法国 1994 年刑法典明确规定对刑法条文的解释适用严格解释规则。⑤

总体而言,大陆法系国家力图兼顾刑法保护法益与保障人权的两大机能,在刑法解释上持严格的立场,即不允许一般的类推解释,以防止侵犯人权。同时将有利于被告人的类推解释、扩张解释及限制解释限制在狭小的范围之内,以防止放纵犯罪。而英美法系国家在这两种机能发生冲突时,更倾向于支持保障人权。当然,在两大法系相互融合的今天,这种区别已不再那么明显。

二、刑法解释的目标及其类型

(一)刑法解释的目标

刑法解释的目标就是作出刑法解释时所持有的基本思想,在刑法立法原意和客观

---

① 参见高平:《英国遵循先例原则的历史考察》,西南政法大学 2002 年硕士学位论文。

② 参见王云霞等:《外国法制史》,商务印书馆 2014 年版,第 284 页。

③ 参见〔美〕E. 博登海默:《法理学:法律哲学与法律方法》,邓正来译,中国政法大学出版社 1999 年版,第 537-538 页。

④ 参见何勤华:《西方法学史读本》,上海交通大学出版社 2010 年版,第 271-281 页。

⑤ 参见王云霞等:《外国法制史》,商务印书馆 2014 年版,第 329-333 页。

意思之间孰轻孰重作出权衡和选择。对于刑法解释的目标,学界有不同的观点,主要有主观说、客观说、主观为主客观为辅说、客观为主主观为辅说(后二者皆属折中说)等。主观说认为,刑法解释应当探求刑法立法原意,超出立法原意的解释属于违法。客观说认为,刑法解释应当顺应时势,适应社会变化发展作出相应的解释。主观为主客观为辅说和客观为主主观为辅说都是主张以一种为主而兼顾另一种的学说,只不过有所侧重和倾向罢了。

1. 主观说。主观说风靡于19世纪资本主义形成和发展时期,目的在于为资本主义生产方式扫清封建国家法律随意性、任意性的障碍。主观说的特点在于强调明确性和稳定性,恪守立法原意和罪刑法定,重视刑法的安全价值和保障人权功能,总体而言,和严格解释具有较大的关联和相通之处,但是有时也可能根据立法原意作扩大解释。主观说不仅在欧洲,而且在我国也具有一定的市场,为一部分学者所主张,代表性的学者有李国如、董邦俊等。① 在有关有权解释中,主观说也有迹可循,如2004年全国人民代表大会常务委员会《关于〈中华人民共和国刑法〉有关信用卡规定的解释》,该解释将所有银行卡都解释为信用卡,原因在于1997年刑法修订时,我国银行发行的全是借记卡而无国际通行意义上的信用卡,易言之,立法机关当时的意图是明确的,只要是针对银行和金融机构发行的电子支付卡都应当解释为信用卡。② 实际上,这里的信用卡有权机关就是作了扩大解释,而且还是扩大解释这样一个特例。

2. 客观说。客观说于19世纪末在世界范围内取得优势地位并保持至今。客观说认为,立法原意是虚无缥缈的东西,很多时候根本就不存在,或者非常难以探寻,法律一经制定,就分离为一种客观存在,具有独立的意义。该学说强调刑法解释不能墨守成规,必须与时俱进,主张刑法的客观意思表示,重视刑法的正义价值和保护社会功能。客观说的理论基础是伽达默尔的哲学诠释学,根据诠释学,只要有理解,理解就会不同,解释法律更重要的是对文本含义的重构。③ 该学说在我国支持者众多,代表性的学者有赵秉志和周光权等。

3. 折中说。折中说主张同时使用主观解释和客观解释,反对单纯采用主观主义,或者单纯采用客观主义,将主观和客观一并考察,实际上是主观说和客观说的一种博弈、协调和综合,强调刑罚秩序价值和正义价值的并重。然而,在折中说内部,也有分歧。

一是以主观解释为主、客观解释为辅的折中说。“刑法之解释宜采主观与客观之综合理论,即原则上采主观理论,对于刑法条款之解释仍应忠实地停留在立法者立法

① 参见董邦俊:《刑法解释基本立场之检视》,载《现代法学》2015年第1期。

② 参见林维:《刑法司法解释的真实逻辑》,载《南京师大学报(社会科学版)》2013年第1期。

③ 参见魏东主编:《刑法观与解释论立场》,中国民主法制出版社2011年版,第77页。

时之标准原意,惟如有足够之理由证实立法当时之价值判断,显因时过境迁而与现阶段之公平、正义、社会情状与时代精神不相符合时,则应例外地采客观理论”。“采主观与客观之综合理论,则时间之因素在刑法之解释上亦扮演一重要角色,对于新近公布施行之刑法条款,则以主观理论为主,就法律条文之实体内容,以事解释。反之,对于公布施行已久之‘刑法’条款,则因‘法律’诞生至‘法律’适用,已经过一段长时间,故应着重客观意思,以为解释。”①以上是我国台湾地区著名刑法学者林山田主张以主观解释为主、客观解释为辅的论断。概括而言,林山田主张对新近规定采用主观解释,对施行已久规定采用客观解释。另外,李希慧也主张以主观解释为主、客观解释为辅的折中说,认为一般需要揭示刑法立法原意,只有在“在绝对必要的情况下”,才转而适用客观解释。② 遗憾的是,对什么是“绝对必要的情况”,李教授却语焉不详。

二是以客观解释为主、主观解释为辅的折中说。“刑法解释的目标应是存在于刑法规范中的客观意思,而不是立法者制定刑法规范时的主观意思或立法原意……不过,在根据文字的客观含义只能得出荒谬的结论时,则应根据相关资料探求立法原意,使解释结论明确、正当、符合刑法目的。总之,刑法解释应以客观解释为基础,只有当客观解释的结论荒谬时,才应采取主观解释”③。这是以客观解释为主、主观解释为辅的折中说的代表性论述。该说认为刑法解释原则上应采用客观解释,但如果根据客观解释得出的结论明显属于荒谬时,则应当采用主观解释。该说之所以持这种观点,主要是基于主观说的缺点而作出的选择,认为主观说仅仅考察立法原意,但是绝大多数情况下,立法原意存在与否和具体内容毕竟是令人倍感困惑的事情。④ 同时该说认为,客观说也不是完美无缺的,有时得出的结论是有些荒唐可笑的,这就需要主观说来进行调整和修正。

4. 阶段说。本书主张,在我国法治进程的现阶段应采取以主观解释为主、客观解释为辅的阶段说或折中说,未来或许再采取以客观解释为主、主观解释为辅。因为在现阶段,我国处于法治建设关键时期,需要营造严格依法的氛围,强调罪刑法定的坚守,关注人权保障的落实,所以刑法的主观解释应当成为重点和主导。对于立法原意的探寻有时确实是存在难度,但绝对不是乌托邦,是完全能够可以通过努力获取和知晓的,在刑法的创制和发展过程中,产生了大量丰富的立法文献和资料,该类原始资料和文献常人确实不易获得,但是相关出版物还是比较多的,只要是有心人就能够搜集到,同时借助文义解释方法以一般人的一般理解得出的解释结论通常也就是立法原

① 参见林山田:《刑法通论》,台北,台湾兴来印刷有限公司 1986 年版,第 35 页。

② 参见李希慧:《刑法解释论》,中国人民公安大学出版社 1995 年版,第 82 页。

③ 张明楷:《刑法学》(第 2 版),法律出版社 2003 年版,第 41、42 页。

④ 参见林维:《刑法司法解释的真实逻辑》,载《南京师大学报(社会科学版)》2013 年第 1 期。

意。而客观解释作为辅助和补充，适用的前提必须是非常紧迫的需要，比如男性卖淫日益给社会带来危害，“卖淫”一词不能再局限于组织女性卖淫的传统认识，组织男性进行卖淫的行为当今也应当成立组织卖淫罪。

我们曾经认为，当法治发展到比较健全和完善的阶段，适宜采用客观解释为主、主观解释为辅的折中说，因为那个时候人们往往具有较高的素质和辩证的法治思维，会强调正义、开放、多元，不需要再拘泥于主观解释，可以与时俱进对立法原意进行大胆的突破。① 但是之所以还要主观解释作为补充，也是为了弥补客观解释的不足，因为客观解释并不总是能够得出合理的结论。例如，如果那个时候重婚罪和信用卡诈骗罪仍然像现在规定的一样，就不适合坚持客观解释，而应当适用主观解释，具体地说，我国《刑法》第 258 条规定了重婚罪，根据客观说，结婚应该仅指登记结婚，如果行为人只是与他人以夫妻名义非法同居，则不能构成重婚罪，这显然不利于保护我国一夫一妻的婚姻制度，而且事实上，在健全、规范的婚姻登记系统前提下，重复登记结婚是不可能完成的。所以，对重婚罪的理解适应采用主观解释，与他人以夫妻名义非法同居就可能涉嫌重婚罪。又如，我国《刑法》第 196 条规定的信用卡犯罪，根据客观说，信用卡的理解应当是银行发行的借记卡以外的具有透支功能的支付工具，这显然是不合适的，大大缩小了刑法规制的范围，借记卡将会受到“不公平对待”，也违背了我们可以寻觅到的立法原意，故这个时候适宜采纳主观说。

（二）刑法解释的类型

所谓分类是指许多相同或者相似事物的集合或者综合，即通过比较对象之间的相似性，并根据其相互之间存在的共同点或相似特征，将他们归于一个确定集合的工作过程。② 根据不同的标准，我们可以对刑法解释做不同的分类。

如上文所说，按照刑法解释通说观点，按照刑法解释的方法可以将刑法解释分为文理解释和论理解释两种，而且通说认为论理解释包括当然解释、扩大解释和缩小解释。当然，在此种两分法的情况下，也有学者对论理解释所包含的内容提出不同观点，比如有观点认为，论理解释仅仅包含扩大解释和缩小解释两种，将当然解释排除在外面。③ 还有观点认为，论理解释又可分为限制解释、扩张解释、穷尽解释、反正解释、补正解释、体系解释、背景解释、比较解释和目的解释九种。④ 鉴于我们在刑法解释方法中不赞同通说的态度，同时结合该标准进行分类的模糊性、争论性和不确定性，故而不主张和提倡该分类方法。

---

① 参见李晓明：《刑法学总论》，北京大学出版社 2016 年版，第 127 页。

② 参见李晓明：《中国犯罪学论纲》，中国审计出版社 1996 年版，第 200 页。

③ 参见刘艳红主编：《刑法学总论》（第 2 版），北京大学出版社 2006 年版，第 12 页。

④ 参见李希慧：《刑法解释论》，中国人民公安大学出版社 1995 年版，第 110-113 页。

根据刑法解释的效力不同可将刑法解释分为有效解释和无效解释。有效解释也称有权解释,是指由特定的国家机关依照宪法和法律赋予的职权,对刑法规定的含义及具体应用中遇到的问题所做出的具有法律效力的解释与说明。根据我国宪法和全国人民代表大会常务委员会《关于加强法律解释工作的决议》,有权解释刑法的国家机关有全国人民代表大会常务委员会、最高人民法院和最高人民检察院。无效解释也称无权解释,是指未经授权的国家机关、其他组织或者个人对刑法规定所作的阐释和说明。全国人民代表大会常务委员会对刑法的解释通常称作立法解释,最高人民法院和最高人民检察院对刑法的解释通常称作司法解释。根据解释主体的不同,无效解释还可以分为学理解释和任意解释。任意解释又可划分为诉讼参与人解释和非诉讼参与人解释。诉讼参与人解释又可进一步划分为当事人解释、辩护人解释和其他诉讼参与人解释。① 从实用性出发,本书主要介绍刑法立法解释和刑法司法解释,对于学理解释和任意解释不作详细阐述。

刑法任意解释是无效解释的另一种类型。通常是指普通公民依据自己的理解和感悟,从各自利益和角度出发,对刑法做出的认识、评价和解释。② 与有效解释和刑法学理解释相比,刑法任意解释具有以下特征:(1)解释结论的无效性。作为无效解释,刑法任意解释与刑法学理解释一样,不具有法律约束力,也不能作为处理刑事案件的法律依据。(2)解释活动的倾向性。③ 由此可见,刑法任意解释主要是刑法司法过程中当事人特别是辩护人对法律的理解,所以更多考虑地是根据自身的利益和现实的需要对刑法规定进行选择、解释和适用的过程,具有极强的倾向性。当然,与刑法学理解释一样,刑法任意解释虽然不具有法律约束力,但对于提高公民的法律素质,加快我国法治建设的步伐具有重要的意义。具体表现在:一是可以扩大公民知法、懂法的群体,使更多的人对刑法的规定有更深入的理解;二是当事人在了解法律对其合法权益的保障的同时,也可以监督司法机关滥用权力的违法行为。

三、刑法解释的原则及其方法

(一)刑法解释的原则

刑法解释原则是指贯穿于刑法解释过程中,指导全部刑法解释活动,解释刑法时所必须遵循的基本准则。对于刑法解释原则的具体内容,学界有不同的观点,第一种观点是刑法解释原则有政策指导原则、合理性原则、整体性原则和明确具体原则。④ 第

① 参见李晓明主编:《中国刑法基本原理》(第3版),法律出版社2010年版,第662页。

② 参见陈春龙:《中国司法解释的地位与功能》,载《中国法学》2003年第1期。

③ 参见李晓明主编:《中国刑法基本原理》(第2版),法律出版社2007年版,第675页。

④ 参见李希慧:《刑法解释论》,中国人民公安大学出版社1995年版,第82-95页。

二种观点是刑法解释原则有合法性原则、合理性原则和合目的性原则。[①] 第三种观点是把刑法解释的原则确立为关于刑法解释的目标上的原则和关于解释方法上的原则，前者包括合法性原则、立法原意与社会现实相统一原则、刑法解释与刑法理论相结合原则；后者包括明确具体性原则、方法上的合法性原则、整体性原则。[②] 第四种观点是刑法解释原则包含文义性原则、目的性原则、社会性原则、谦抑性原则。[③]

上述观点都在试图对刑法解释原则作出全面、科学、准确、系统的阐述，都做出了很多努力，其间不乏真知灼见。但是我们认为这几个观点都存在一些不足之处，对于第一种观点认为政策具有重要性的同时还具有随意性和变化性，这实际上是对法律安定性的否定和排斥，刑法解释原则作为指导和制约刑法解释活动的基本准则，讲政策指导作为基本原则不合适，另外，整体性原则实际上就是系统解释方法，将方法作为原则具有有意拔高的意味，这也是第一种观点问题之所在。第二种观点认为合目的性应该指的是立法原意，这和刑法解释的目标混淆在了一起。第三种观点的错误在于混淆了刑法基本原则和刑法解释目标以及刑法解释方法之间的区分和界限，而且将刑法解释原则进行了人为的分割，刑法解释原则本来应当是高度概括、统领全局的。第四种观点将文义性原则引入刑法解释基本原则，混淆了刑法解释原则和刑法解释方法；将目的性原则引入刑法解释基本原则，则混淆了刑法解释基本原则和刑法解释目标。刑法解释的原则主要有合法性原则、合理性原则和利益衡量原则。

1. 合法性原则

合法性原则是指刑法的解释必须和宪法、法律相符合，这实际上是对刑法解释的形式规制，关注的是刑法解释形式合法性的问题。首先，刑法解释的主体必须合法。虽然任何国家机关、其他组织或者个人都可以根据自己的理解对刑法做出自己的解释，甚至“品头论足”一番，但是有权解释只能归为全国人民代表大会常务委员会、最高人民法院和最高人民检察院，全国人民代表大会常务委员会作出的刑法解释是立法解释，最高人民法院和最高人民检察院单独或者联合发布的刑法解释是司法解释，只有立法解释和司法解释具有法律拘束力，其他任何组织、个人对刑法的解释没有法律效力。

其次，刑法解释的内容必须合法。刑法的解释不能脱离法律文本，不能违反宪法以及刑法的具体规定，否则就是对罪刑法定原则的践踏。司法解释如果行“造法”之实，实际上就属于刑法解释内容的违法。

---

① 参见齐文远、周详：《论刑法解释的基本原则》，载《中国法学》2004 年第 2 期。

② 参见向朝阳、洛桑：《论刑法解释的原则》，载中国法学会刑法学研究会编：《中国刑法学年会文集》（2003 年度），中国人民公安大学出版社 2003 年版。

③ 参见陈兴良主编：《刑事司法研究》，中国方正出版社 1996 年版，第 345-363 页。

最后,刑法解释的程序必须合法。全国人民代表大会常务委员会在进行刑法立法解释的时候必须符合立法法有关程序规定,最高人民法院进行司法解释时也必须遵守相关程序性规定。

2. 合理性原则

合理性原则是指对刑法的解释必须符合刑法公理、必须尊重常规、常理、常情和常识。刑法解释的合理性原则是对刑法解释的实质规制,这里的合法性关注的是刑法解释的实质合法性问题。合法性原则是保守的、封闭的、稳定的,而合理性原则则是开放的、多元的、灵活的,合理性原则必须受到合法性原则的限制和拷问。[①] 2000 年最高人民法院发布的交通肇事罪司法解释突破共同犯罪"两人以上共同故意犯罪"的藩篱,将两人以上共同过失交通肇事解释为共同犯罪,一定程度上就是根据合理性原则作出的司法解释。还有解释曰:已婚妇女确实因为家乡遭受重大自然灾害无法生活流落他乡与他人公开以夫妻名义生活的案件,可以不作为重婚罪处理,这个解释可以说是情、理、法的有机结合,也可就是我们常说的刑法必须具备同情心、怜悯心,同时是合理性原则有效使用的典范。当然,常规、常理、常情和常识甚至包括公理也不是一成不变的,相应地,合理性原则的运用也应当与时俱进,比如对"信用卡"、"婚内强奸"以及"组织卖淫"等刑法专业术语的解释和适用。

3. 利益衡量原则[②]

利益衡量原则是指在刑法解释过程中,有可能得出两个完全相反结论时,在人权保障和法益保护两者之间进行权衡和选择。矛盾和冲突时时存在,处处存在,我们必须对矛盾和对立进行整合,其整合的基本原则就是结合当时的经济条件、文化观念、社会发展水平、政治需要、面临的犯罪形式和样态,以及大众、立法者所持的犯罪观和对犯罪的反应等历史环境来思考这个问题。[③] 人权保障和刑法的谦抑性相关联,基于刑法谦抑性和人权保障的考虑,常常做出有利于被告人的解释,尽量不动用刑法,尽可能使用民事或者行政手段予以解决。法益保护和刑法的妥适性相关联,基于法益保护和刑法妥适性的考虑,往往会对刑法规定作出一定的扩张解释,从而使刑法得以适用。但是扩张解释是有风险的,法益保护的同时人权保障有可能会付出一定的代价和牺牲,而且,类推解释和扩大解释的界限并不那么清晰可辨,有时一不小心就有可能陷入类推解释的漩涡和嫌疑。

---

① 参见齐文远、周详:《论刑法解释的基本原则》,载《中国法学》2004 年第 2 期。

② 参见李晓明、李洪欣、陈珊珊:《中国刑法基本原理》(第 4 版),法律出版社 2013 年版,第 164、165 页。

③ 参见齐文远、周详:《论刑法解释的基本原则》,载《中国法学》2004 年第 2 期。

（二）刑法解释的方法

通说认为，刑法解释方法分为两类：一是文义解释；二是论理解释。通说同时认为，论理解释又可以分为当然解释、扩大解释和缩小解释。① 可遗憾的是，人们耳熟能详的历史解释、体系解释和目的解释在该分类中找不到它们的"踪影"，丧失了其应有的地位。更不用说有学者主张的刑法合宪性解释。② 张明楷教授另辟蹊径，认为刑法解释方法分为刑法解释技巧和刑法解释理由，并认为，在对某一特定法条进行解释时，刑法解释技巧不可能是多种多样的，只能是一个，而刑法解释理由却可以是一个或者多个。③ 现结合理解分述如下。

1. 刑法解释技巧

一是平义解释，是指按照刑法条文最平白的字义进行解释的刑法解释技巧。平义解释和其他解释方法相比是最简单的，但往往也是不可靠的，容易得出不合情理的结论性解释。

二是扩大解释，又称为扩张解释，是指同时结合立法原意和社会现实需要，将刑法用语的字面含义作更广范围理解，作进一步引申，从而探寻出真实含义的刑法解释技巧。区分类推解释和扩张解释是刑法学无法回避、绕不开的永恒课题。有学者认为，刑法扩张解释和刑法类推解释的区别在于前者能够纳入刑法条文解释的范围，后者无法纳入刑法条文解释的范围。④ 有学者认为，在外国刑法规范供给不足或曰供不应求前提下，适宜立足刑罚积极主义立场，根据社会一般人是否会对某种解释结论产生"明显突兀感"来区分类推适用和扩大解释。⑤ 有外国学者认为，类推解释，是先将从国家社会的立场出发决不能被允许的行为挑选出来，然后寻找类似的法条的思考方法；相反地，扩张解释是从法条的论理解释出发，考虑该行为是不是属于该法条所规定的内容，并从此出发，考虑社会生活上的各种行为的思考方法。⑥ 这些观点都作出了努力和贡献，都有一定的新意和创新，但是在我国实践中是否具有科学性、操作性和可行性尚需时间的检验。

三是缩小解释，又称为限制解释，是指对刑法用语作小于字面解释的刑法解释技巧。与扩大解释不同，扩大解释往往意味着扩大处罚范围，缩小解释则意味着缩小追究刑事责任范围。

---

① 参见高铭暄、马克昌主编：《刑法学》，北京大学出版社、高等教育出版社 2000 年版，第 24 页。

② 参见时延安：《刑法规范的合宪性解释》，载《国家检察官学院学报》2015 年第 1 期。

③ 参见张明楷：《刑法分则的解释原理》（第 2 版），中国人民大学出版社 2012 年版，第 43 页。

④ 参见冯军：《扩张解释和类推解释的界限》，载梁根林、［德］埃里克·希尔根多夫编：《中德刑法学者的对话：罪刑法定与刑法解释》，北京大学出版社 2013 年版，第 156 页。

⑤ 参见付立庆：《刑罚积极主义立场下的刑法适用解释》，载《中国法学》2013 年第 4 期。

⑥ 参见［日］曾根威彦：《刑法学基础》，黎宏译，法律出版社 2005 年版，第 14 页。

四是反对解释，是指根据刑法条文字面含义，推断出其反面所蕴含意思的刑法解释技巧。如《刑法》第 270 条规定侵占罪告诉才处理，我们可以得出反面的推理，即不告诉刑法不处理。

五是补正解释，是指刑法条文发生错误时，联系刑法全文，阐述刑法条文正确意思的刑法解释技巧。如《刑法》第 191 条规定，犯洗钱罪的，应当没收犯罪所得和产生的收益，这里的“没收”并不准确，因为对于贪污罪和金融诈骗罪的所得，应当返还被害人，而非统统上交国库，《刑法》第 64 条就有没收或者返还的相关规定，所以这里的“没收”应当解释为没收或者返还被害人。① 这种理解是正确的、科学的。

六是当然解释，是指当刑法条文并没有明示一种情况时，但根据逻辑推理，将某事项当然性地包含在该刑法条文适用范围内的刑法解释技巧。当然解释的经典概括和表述是“举重以明轻”和“举轻以明重”。前者的功能在于出罪，后者的功能在于入罪。适例就是认为非法制造大炮根据“举轻以明重”的原理应当构成《刑法》第 125 条非法制造枪支罪。

2. 刑法解释理由

一是文理解释，又称为字面解释，是指按刑法的字面意义或词语、语句含义来解释和说明刑法规定的刑法解释理由。由于刑法用语可能具有多个意思或者表达的意思比较模糊，所以文理解释往往说服力不强。

二是体系解释，又称为系统解释、整体解释，是指将刑法置于整个刑法系统，联系其他相关法条阐明刑法条文含义的刑法解释理由。体系解释在所有刑法解释理由中显得格外重要和“耀眼”。

三是历史解释，又称为背景解释，是指根据某一刑法制定和修改时的历史背景、资料、渊源以及以往同类规定的发展的情况阐明刑法条文含义的刑法解释理由。由于历史材料有时难以寻觅和搜集，这给历史解释平添障碍和困难。

四是比较解释，是指将刑法的相关规定或者外国的立法和判例作为参考，借以阐明刑法规定含义的刑法解释理由。该方法具有一定的说服力，因为我国刑法必须放眼全球，和国际接轨，必须借鉴和吸收外国刑法优秀成果，刑法解释亦不例外。

五是目的解释，是指根据刑法立法原意，阐明刑法规定含义的刑法解释理由。有学者将该解释方法提升到了一定高度，建议尝试开展以目的论解释为核心，以文义解释、体系解释以及目的论解释为主干的刑法解释方法体系构建。② 进行刑法目的解释时，不仅要考虑刑法整体目的，也要考虑刑法条文具体目的，这是马克思主义哲学整体

---

① 参见张明楷：《刑法学》（第 4 版），法律出版社 2011 年版，第 46 页。

② 参见李凯：《刑法解释方法的体系建构——以目的论解释之限定为视角》，载《中国刑事法杂志》2014 年第 1 期。

和部分关系原理在目的解释时所要求和必须的。

四、刑法解释的价值及其拓展

法律的任务在于:帮助人类将正义实现到其共同生活中。① 该功能的落地依托法律适用,而法律适用离不开法律解释、法律补充等准备工作,法律解释是法律适用的前提。刑事法律的功能亦不例外,刑法解释是适用刑事法律于具体案件时的准备工作,用以萃取该具体案件所该当之法律。这种解释工作如此重要,以致有学者直言:刑法学的本体是解释论。②

刑法解释是法律解释的下位概念,对刑法解释概念的界定必然追溯至法律解释的概念界定。关于法律解释的概念,西方学者对此主要有以下四种用法或理解:(1)解释性活动说或者"泛解释论";(2)执法活动说或者司法活动说;(3)司法技术说;(4)学理解释说。其中,第二种和第三种学说是主流见解。而我国法理学界关于法律解释的见解,经历了一个从与上述西方法理学见解不一致到接近一致的过程。中国刑法解释学者对刑法解释的概念界定也有一个逐步摸索、逐步借鉴吸纳中西方的法律解释学,尤其是西方刑法解释学原理,逐步臻于完善的发展过程。③ 中国刑法学者关于刑法解释的概念界定,逐步舍弃了刑法解释的主体、依据、目标以及刑法解释方法等部分,总体上经历了由繁复、肥大逐渐走向简明、科学的过程。目前刑法学者对刑法解释的内涵界定基本可以分为两种主张:一种主张刑法解释是对刑法规范含义的阐明。④ 另一种主张刑法解释是对刑法规定意义的说明。易言之,学界在概念界定上已存在很多共识,但目前的主要分歧在于刑法解释对象,即刑法解释的对象是刑法规范还是刑法条文。⑤ 当然,这些解释对象所包含的具体内容中,则不仅包含了规范性内容,还包含了非规范性内容。后者如单选刑法、附属刑法及国际条约中的相关刑法规定等。⑥

(一)刑法解释的必要性

早期西方国家的法学家们禁止法官解释刑法。他们认为,法官需要的只是眼睛,法官本人仅是"宣告及说出法律的嘴巴而已",是一种无意志的生物;法官的权力"在某

---

① 参见黄茂荣:《法学方法与现代民法》(第5版),法律出版社2007年版,第442页。

② 参见张明楷:《刑法学》(第5版),法律出版社2016年版,绪论。

③ 参见魏东:《刑法解释学基石范畴的法理阐释——关于"刑法解释"的若干重要命题》,载《法治现代化研究》2018年第3期。

④ 参见高铭暄、马克昌主编:《刑法学》(上编),中国法制出版社1999年版,第20-25页;赵秉志主编:《刑法学教程》,中国人民大学出版社2001年版,第25页。

⑤ 参见牛克乾:《刑事审判视野中的刑法解释与适用》,法律出版2010年版,第4-8页。

⑥ 参见李晓明:《刑法学总论》,北京大学出版社2016年版,第12页。

种形式上等于零"[①]。但是人们很快发现,法律解释的必要性是不言而喻的。

无论刑法解释中设定的解释主体为何,也无论刑法解释对象是刑法规范还是刑法条文,抑或法律规范的"条文"和它的附随情况,刑法解释都不是个伪命题,极具解释的必要性。

首先,刑法法律文本自身的语言功能限制。法律文本必须现实化,刑事法律文本也不例外。刑法内容由文字表达,用语虽然核心意义明确,时而可能外延模糊,需要解释来重新明确其边界;除数字外,大多数用语总是有引申义的,需要解释来明确其实质含义;用语也会随着时代与社会的发展而产生新的含义,故也需要解释说明其新的含义;许多用语也存在"言不尽意"的情况,更需要解释来尽其含意。此外,刑法中有许多开放的构成要件、规范的概念及规范性构成要件要素,必须通过解释明确其含义。

其次,刑事法律具有为反复适用之立法要求的抽象性。"徒法不足以自行",法律规范在适用上要有高度统一性和完整性,但法律文本不会也不可能自动对应案件事实。比如,刑法规范的构成要件具有类型化特点,不是具体的案件事实。法律规范中不可能直接规定解决个案纠纷的详细法律,故也就没有与个案完全吻合的现成法律,反映事物共性的法律不可能与具有个性特点的案件自动结合。[②] 共性的法律与个案结合,规范的关联性与事实的关联性的寻找必须经由司法人员的法律解释等活动才能完成。

最后,刑事法律的相对稳定与社会生活的瞬息万变。立法者的有限理性在千变万化的案件事实面前捉襟见肘,然而,"法律并非嘲笑的对象"。人类生活演进式的发展,使文字的原有含义不断被发现与激活,得以与时俱进地匹配日益变化的社会现实。例如,对故意毁坏财物罪中的"毁坏"行为的解释,传统教义学前期采用对物品物理外形进行破坏的"物理毁损说"的解释。随着"故意放飞他人的名贵鸟""把别人贵重的结婚戒指投入大海"等行为的出现,对"毁坏"行为的解释由"物理毁损说"发展至包括使物品丧失原来功效的"效用侵害说"。如此,既挖掘了"毁坏"的文字含义,也使新的法益侵害行为得以由故意毁坏财物罪进行规制。从该角度而言,刑法解释同样节约了立法资源。

需要解释本身并不是一种——最后应借助尽可能精确的措辞来排除的——"缺陷",只要法律、法院的判决、决议或契约不能全然以象征性的符号语言来表达,解释就始终必要。[③] 刑法解释的必要性说明了刑法解释的重要意义:刑法解释有助于人们正

---

① [德]阿图尔·考夫曼:《法律哲学》,刘幸义等译,法律出版社 2011 年版,第 60 页。

② 参见张心向:《目的性限缩与空缺刑法规范的创造性适用——以不作为的故意杀人罪为分析视角》,载《中国刑事法杂志》2008 年第 5 期。

③ 参见[德]拉伦茨:《法学方法论》,陈爱娥译,商务印书馆 2003 年版,第 86 页。

确理解刑法的规定含义与精神,有利于刑法的正确实施,有利于克服刑法某些缺陷,有利于刑法的发展和完善。

需要警惕或探讨的是,刑法解释是否由此具备了批判法条的功能。比如,在理论中,刑法学者对实质解释论持有不少质疑(这在下面章节中专门讨论)。在实践中,也不乏激进的前例。比如,日本学者在相当长时间里将《日本刑法典》第109条第1项中的"或者"解释为"并且"即"而且"。[①] 此时是适当的刑法补正解释还是借解释之名行立法之实,确实值得商榷。总之,如何为刑法解释装上原则、规则、立场等科学的"枷锁"性约束装置,预留恰当的空间、张力,经由规范的管道,实现其正义品性的初心,尤为重要。

(二)刑法解释与漏洞补充

传统中的法律解释即狭义法律解释,专指国家授权一定机关对法律作出的有相对普遍约束力的解释。但这不是法律解释的全部,而主要是指司法机关在解决纠纷时因法律规定不明确所使用的法律范围内的解释方法。广义的法律解释不仅包括狭义的法律解释,还包括价值衡平和法律漏洞补充两个部分。由于法律的滞后性,在现实中,有时法律不仅不明确,还会发生与社会现实的价值取向相矛盾或者出现没有法律规定的情况,这时就需要价值衡平和漏洞补充等方法来解决。[②] 实质解释论者面对法律漏洞通常首推法律解释去填补,当法律解释力有不逮时方会考虑通过立法来进行。

何为法律漏洞?其实是一个颇有争议的概念。我国台湾地区学者黄建辉认为,法律漏洞是"指法律体系上违反计划之不圆满性状态",并具有"违反计划性、不圆满性的特性"[③]。法律漏洞的不圆满性特征是指从理论上讲不适合归属法外空间,但法律解释未涵盖此应当涵盖的事实类型这种不完全的状态;违反计划性特征是指超越法律计划或与立法计划相违背。法律漏洞的常见分类包括:自始的漏洞与嗣后的漏洞,认知的漏洞与无认知的漏洞,明显的漏洞与隐藏的漏洞,真正的漏洞与不真正的漏洞等。[④] 此外,根据一个国家的法律体系、部门法学、法律语言的构成要素等不同标准还可以将法律漏洞进行其他种类的划分。

法律漏洞的产生有如下几个原因:首先,立法者由于主观局限性对法律考虑本身就不够周详细致;其次,立法者立法时所依据的社会现实发生了变更,使得当时的立法

---

① 参见[日]团藤重光:《刑法纲要各论》,创文社1985年版,第194页;[日]平野龙一:《刑法概说》,东京大学出版会1977年版,第247页;[日]大塚仁:《刑法概说(各论)》,有斐阁1992年版,第365页。转引自冯军:《刑法教义学的立场和方法》,载《中外法学》2014年第1期。

② 参见李同民:《法律解释与漏洞解决》,载《河北学刊》2007年第1期。

③ 黄建辉:《法律漏洞·类推适用》,台北,蔚理法律出版社1988年版,第21页。

④ 参见黄茂荣:《法学方法与现代民法》(第5版),法律出版社2007年版,第428-439页。

无法适用于新的社会形势;再次,就是在现实中,立法者为了缓解立法的僵化保守,故意使得法律弹性限度过大,从而产生了“网大漏鱼”的现象;①最后,部分立法者对拟规范案情了解不够,不加以规范地有意为之。

从法理学角度而言,存在法律解释与漏洞补充问题。关于法律解释与法律补充之界限的划分,通说以“可能的文义”为其标准。② 延展至刑事法领域,同样存在刑法解释与漏洞补充问题。刑法解释与漏洞补充本质迥异,尤其在罪刑法定原则下具有完全不同的遭遇。因此,区分刑法解释与漏洞补充问题实属必要。

首先,从法权角度看,刑法解释与漏洞补充的区分,事关法治国背景下司法权与立法权的边界,同时涉及刑罚权或许不当扩张之控制与审查,更关系国民基本人权与自由之保障。

其次,二者性质不同。关于法律漏洞补充的性质,黄茂荣在其《法学方法与现代民法》中将其界定为“(一)法律解释活动的继续;(二)造法的尝试”③。在刑事法领域,刑法解释活动应恪守罪刑法定原则,在刑事法律文本的范围内进行解释活动;而漏洞补充是狭义法律解释活动的继续,是在法律可能的文义范围外对法律作的填补和深化。杨仁寿认为,“漏洞补充一言以蔽之,实即‘法官造法’,此在英美法系国家殆视为当然,在大陆法系国家,其判例的效力虽不若英美各国所具权威,为无可否认,其亦具造法的功能”④。而黄茂荣则认为,法官所作之法律补充,只是造法的一种尝试。根据法律漏洞的具体性质,法律补充对法律漏洞的填补方法主要有四种,即类推适用、目的性限缩、目的性扩张,以及创造性的补充。⑤ 在刑事法领域,因罪刑法定原则的存在,类推适用、目的性扩张、创造性的补充等漏洞补充方法在通说中被严格禁止。

(三)刑法解释的未来遐想

关于刑法解释的未来遐想有三:一是在我国法治化水平达到一定高度后,循序渐进地由权威解释发展为中立解释,所谓权威解释是指立法解释和司法解释,所谓中立解释是指无利益关系的第三方解释。在这一渐进过程中,最先取消的是司法解释,以避免功利性和不中立性。因为立法解释具有立法的最初目的性和初衷性权威,且这种权威往往是事前解释而非事后解释,因此不具有功利性的追求。二是在取消司法解释后,实行判例解释,也即用最终确定或有效的典型判例作为重要的法律解释来源,因为一方面保持了司法及其理解的统一性,另一方面经千锤百炼后司法具有了公正性。三

① 参见李同民:《法律解释与漏洞解决》,载《河北学刊》2007 年第 1 期。

② 参见张宝羊、时进刚:《行政规则及其效力外部化初探》,载《江南社会学院学报》2004 年第 4 期。

③ 黄茂荣:《法学方法与现代民法》(第 5 版),法律出版社 2007 年版,第 444-451 页。

④ 杨仁寿:《法学方法论》,中国政法大学出版社 1999 年版,第 188 页。

⑤ 参见黄茂荣:《法学方法与现代民法》(第 5 版),法律出版社 2007 年版,第 491 页。

是在我国法治化水平再上一个台阶时,包括法官素质、司法环境、社会监督等完全达到法治强国水平时,个案公正不需要再有司法解释,而是将立法和判例紧紧结合在一起,对新发生的案件完全信赖法官根据新的形势判案。

五、影响刑法解释的诸多因素

刑法解释是一个将法律文本转化为现实的过程。刑事法律在具体化、明确化及体系化的过程中,必须兼顾法律之安定与理想,其功能方能充分发挥。为达致这一目的,刑法解释可以参考法律解释中的一般妥当性、现在性、创造性及社会性等指导理念。① 与刑法解释相关的、不可跨越且富有争议的问题包括刑法解释立场、解释方法、解释位阶,以及指导和制约全部刑法解释活动的解释原则等问题。在一些国家,刑法解释的过程还受到法院对刑法的认识、解释的概念和实践以及解释机构对其作用的认识等诸多因素的影响。② 这倒是像从中观角度看刑法解释的影响因素。从微观上讲,与刑法解释直接相关的是各种影响因素:文义因素、体系因素、历史因素、比较因素、目的因素、合宪性因素等。有学者在方法论的层面上讨论法律解释的因素时,将一切与法律解释相关的观点或因素按其在解释上的主要功能,分为范围性因素、内容性因素及控制性因素。③ 这对于把握它们在解释上所扮演的角色及它们相互间的关系很有帮助,但这种划分并非绝对的。多数学者将这些影响刑法解释的因素直接称为解释方法:文义解释、体系解释、历史解释、比较解释、目的解释、合宪性解释等。当然,影响解释的因素不限于以上几种,比如,还包括社会学解释因素等。

事实上,一个解释标的通过不同解释方法可能得出不同解释结论,与此同时,刑法解释中存在针对一个解释标的并用多种解释方法的常态。这与解决问题通过多重方法得出同一结论的日常习惯有所背离,易给人以误导。而解释同一标的同时考虑多重因素并不存在这一障碍,因此,本书采用影响刑法解释因素的说法展开。

(一)文义因素

文字是制定法、习惯法等诸多法源的规范文本载体,也是诸多解释方法的出发点。刑法规范文本必须借助语言来表达,意义亦蕴含其中。脱开法律文本解释的内容是无源之水、无本之木,易流入捏造与荒诞。文义因素的作用在于界定法律解释的范围,因此属于范围性因素。

法律上的文义,除在特定领域或行业已形成约定俗成的意涵外,通常是指该用语

---

① 参见杨仁寿:《法学方法论》,中国政法大学出版社 1999 年版,第 125-128 页。

② See Simeneh Kiros Assefa, *Methods and Manners of Interpretation of Criminal Norms*, Mizan Law Review, Vol. 11, 2017.

③ 参见黄茂荣:《法学方法与现代民法》(第 5 版),法律出版社 2007 年版,第 333 页。

或用词的一般语言习惯上的含义。[①] “由一般的语言用法获得的字义，其构成解释的出发点，同时为解释的界限”[②]。文义因素在刑法解释中举足轻重的影响一目了然。

立法语言既朴实、节制，又富有概括、模糊性，存在不言而喻的解释必要。只有对立法条文中的字、词、句子、段落甚至标点符号等进行精细的分析，充分运用词义分析法、语法分析法、语义分析法及部分与整体充分互动的语篇原则，[③]才能准确把握规范文本的含义，使静态的文字承担践行法治的重任。

某种角度而言，刑法中的法律规范用语本身与日常用语通常有所区分，甚至产生“大众话语”与“精英话语”的区隔。[④] 但法律规范用语抽象于日常用语，文字的通常含义内容容易恰当地落入国民预测范围，从而更好地发挥法律指引功能。

文义因素在刑法解释应用中的影响结果通常表现为平义解释、扩大解释、缩小解释。顾名思义，分别指依据立法语言做出文字字面含义的解释、超出文字通常含义的解释、小于文字通常含义的解释。平义解释是指刑法条文追求的法律文字习惯和通常的含义，这是刑法解释中文义因素影响的通常结果。然而，语言的意义是人赋予的，这就意味着语言的意义会流变。语词不仅有历时的变化，还有共时的变化。[⑤] 因此，纵使是平义解释，其含义也不是固定不变的。扩大解释是指刑法条文所使用的文字过于狭窄，不足以表明刑法的真实意义，从而对用语的解释比其通常含义更宽泛。通常采用对象扩张、行为方法扩张、主体扩张等具体方法。扩大解释与类推之间表面上看来并不存在逻辑上的区别，都要进行相似性的比较，因此通常容易混淆。虽然学界对二者之间的区分有过一定的梳理，但其实践功能并不明显，仍然值得进一步研究。缩小解释的特点是对刑法用语作出比起通常含义要窄的解释，往往是由于刑法条文所使用的文字过于宽泛，不足以表明刑法的真实含义。比如，我国《刑法》第 232 条所规定的故意杀人罪中的“人”，就不包括行为人本身。如果将其解释为包含行为人自身，则并不符合本条款的真实含义。三种解释结果的区分从哲学阐释学上看是相对的，但三种解释的结果不可能并存，即不可能既作平义解释，又作扩大解释；也不可能既作平义解释，又作缩小解释；更不可能既作扩大解释，又作缩小解释。

事实上，饶有争议的是，鉴于众所周知的文字传达的误差可能、意义歪曲可能及个体差异性等局限，文义因素在刑法解释中面临的最大困境即“可能的文义范围”。“可能的文义范围”成为主流学说中解释的限度，但该“可能的文义范围”如何获得？

---

① 参见黄茂荣：《法学方法与现代民法》（第 5 版），法律出版社 2007 年版，第 335 页。

② ［德］拉伦茨：《法学方法论》，陈爱娥译，商务印书馆 2004 年版，第 219、221 页。

③ 参见陈兴良主编：《刑法方法论研究》，清华大学出版社 2006 年版，第 60–113 页。

④ 参见车浩：《阶层犯罪论的构造》，法律出版社 2017 年版，第 59 页。

⑤ 参见苏力：《解释的难题：对几种法律文本解释方法的追问》，载《中国社会科学》1997 年第 4 期。

将他人贵重的戒指投入大海、在他人名贵的餐具中投入粪便……是否符合故意毁坏财物罪中的“毁坏”的文义?毁坏,通常的文义是指毁损和破坏。物理性的价值全部或部分的丧失或降低是毁坏在日常用语中的含义,但是否包括案例情形中的含义则是有争议的。一些学者认为,以上行为若作故意毁坏财物罪中的“毁坏”理解时,则对“毁坏”的理解过于宽泛,已经超出“毁坏”的字面含义①;如果将餐具投入粪便或放走他人池塘的鱼称为损坏,则明显无视了语言的本意。而另有学者认为,将他人贵重的戒指投入大海的行为并未超出故意毁坏财物罪中“毁坏”的文义。② 由此可以看出,一个文字的范围可以扩张到什么地步,这并不存在特别清晰的边界,这事实上源于法律解释与法律补充的界限并不清楚。雅格布斯认为,超越原文文字界限在四个条件下是允许的:(1)符合概念发展的连续性;(2)否则就会发生任性评价;(3)根据同等适用的需要;(4)具有解决问题的适当性。③ 但此观点逻辑漏洞明显,混淆解释和类推的界限,遭到了学界的有力反驳。文义边界问题的重要性不言而喻,有学者也尝试提出过一些可行的方案④。

需要澄清的是,刑法条文中出现的利用法律拟制作出规定的情形,通常已与文义因素影响下的解释情形断绝了关联,但出于某种法定目的而做了相同处理。比如,我国《刑法》第 267 条第 2 款、第 269 条、第 289 条均是因法律拟制而准用了《刑法》第 263 条,以抢劫罪论处。但事实上,前者规定的情形已经与后者规定的“抢劫”文义内涵几乎没有规范意义上的关联性。

(二)体系因素

体系因素在刑法解释中产生影响力的合理性基础是基于诠释学上“部分”与“整体”之间相互联系、相互制约的关系,以及构建理论体系确保体系内无冲突矛盾的要求,谓之诠释学上的循环。刑法解释中体系因素的另一个功能在于避免或排除法秩序中的“体系违反”,他们通常以“规范矛盾”或“价值判断矛盾”的形态表现出来。前者能够而且必须避免或排除,而后者则未必。⑤ 规范矛盾因为其在刑事法律规定中有数个不同的刑法规范对同一个法律事实加以规定,并赋予不同的法律效果而产生。该矛盾应当运用法条竞合理论进行解决,若能圆满解决的矛盾,一般被称为可化解的规范矛盾,否则为不可化解的规范矛盾。价值判断矛盾,一般主张在目的因

---

① 参见陈兴良:《形式解释论的再宣示》,载《中国法学》2010 年第 4 期。

② 参见张明楷:《罪刑法定与刑法解释》,北京大学出版社 2009 年版,第 96 页。

③ 参见[德]克劳斯·罗克辛:《德国刑法学总论》(第 1 卷),王世洲译,法律出版社 2005 年版,第 89 页。

④ 参见杜宇:《刑法上之“类推禁止”如何可能?一个方法论上的悬疑》,载《中外法学》2006 年第 4 期。

⑤ 参见黄茂荣:《法学方法与现代民法》(第 5 版),法律出版社 2007 年版,第 345 页。

素项下进行处理。

体系因素介入刑法解释的目的在于，在阐明刑事法律规范意旨的解释过程中避免断章取义，以便刑法整体协调。刑法是存在于法律体系中的一个整体，法律体系本身应当是一个完整、自洽的体系，刑法也应当如此。这种内外统一性，具体表现为：对外要与宪法协调、与刑法有密切关联的其他法律相协调，对内自身也应当协调。刑法解释对宪法的协调性被称为合宪性解释，即刑法解释的内容不能与宪法的规定相抵触。刑法解释自身的协调性体现在只有将刑法作为一个整体，才能理解各个条文的含义；对于各个条文的理解，又依赖对刑法这一整体的理解。毕竟，一部制定法的含义并不是个别语词含义的总和。即刑法总则与分则之间、分则条文之间、罪与罪之间、刑罚适用之间等，均作为一个整体来解释，避免不协调乃至相互矛盾的解释内容出现。如《刑法》第 273 条规定："挪用用于救灾、抢险、防汛、优抚、扶贫、移民、救济款物，情节严重，致使国家和人民群众利益遭受重大损害的，对直接责任人员，处三年以下有期徒刑或者拘役；情节特别严重的，处三年以上七年以下有期徒刑。"孤立的解读很难确定其中的"挪用"是否限于归个人使用，一旦联系《刑法》第 384 条即可得出"挪用"并不要求归个人使用。再如《刑法》第 328 条第 1 款规定了盗掘古文化遗址、古墓葬罪，其中第 4 项将"盗掘古文化遗址、古墓葬，并盗窃珍贵文物或者造成珍贵文化严重破坏"规定为法定刑升格情节。据此，所谓盗掘并不要求非法占有目的，只要未经批准而进行挖掘即为盗掘。

体系因素在刑法中大量的概括性条款解释过程中影响尤其突出。比如，立法者为堵塞、拦截行为人逃漏法网而在列举相关具体行为方式、方法或手段之后所作的概括性规定——兜底条款，刑法中的兜底条款在解释中务必注意警惕解释的不当扩张。同质性解释规则于兜底条款中的适用可以充分发挥例示法的优势，而当同质性解释规则失灵时，应该回溯到特定类型所蕴含的规范目的，通过目的解释限定兜底条款的适用范围，同时警惕以目的解释为途径将刑事政策"扩充"为刑法规范之目的。① 除此之外，区分刑法中的兜底性条款与想象竞合犯的适用原则，倡导兜底条款"最后适用"原则也比较合理。②

不得不注意的是，体系因素未必能投射到所有的刑法解释活动中，刑法用语的相对性直接导致了这种例外。刑法用语的相对性是指，一个相同的刑法用语，在不同的条文或者同一条文的不同条款中，具有不同的含义。③ 至于同一用语可能作出不同解

① 参见李军：《兜底条款中同质性解释规则的适用困境与目的解释之补足》，载《环球法律评论》2019 年第 4 期。

② 参见刘涛：《区分刑法中的兜底性条款与想象竞合犯的适用原则》，载《法律适用》2014 年第 10 期。

③ 参见范莉：《刑法用语多义性探析》，载《江南论坛》2005 年第 4 期。

释的理由,则存在不同观点。有学者认为,之所以对同一用语在不同场合作出不同解释,是为了实现刑法的正义理念,使值得科处刑罚的行为,置于刑法规制之内,使不值得科处刑罚的行为,置于刑法规制之外;使相同的行为得到相同处理,不同行为得到不同处理。[①] 另有学者认为,实现刑法的正义理念这个理由未必充分、合理,这种观点的前提是,在作为实在法的刑法之上,还有更高的自然法存在,为了打击犯罪,需要在实在的成文法之外寻求更高级别的法律渊源,即正义理念。这显然会导致对罪刑法定原则的破坏。进而指出,之所以同一词语可能作出不同解释,是由文理解释方法中的语篇原则决定的。[②]

(三)历史因素

所谓历史因素主要是指立法文献。它包括"立法过程中的一切记录、文件,如预备资料、预备草案、草案、立法理由书,参与起草部会的有关记录,立法机关之大会及审查委员会的记录"[③]。这些资料已公布作为被引用的前提,主要目的在于寻求制定刑法时的历史背景以及刑法发展的源流,梳理某一个刑事法律概念是如何产生、被接受并使用到刑事法律规范当中去的,探求立法者在立法时的意思。立法者基于哪些价值考量制定了该法律规范,从而根据其历史参考资料,帮助把握该刑事法律规范的规范意旨所在,得出符合时代的结论。[④]

历史因素与解释目标关系密切,历史因素在此处通常被理解为"立法者的原意"。法律解释的目标存在主观解释论与客观解释论的对立,后述部分对此将展开论述。主观说认为法律解释的目标在于探求立法者于立法当时的主观意思;客观说则认为法律解释的目标在于探求法律所具有的当下意思。历史因素与"主观解释说"具有近缘性,曾经在19世纪解释历史上扮演重要的角色,占据支配地位,被认为是罪刑法定主义原则的题中之义。但是20世纪以后则以客观说为通说。与其说历史因素在终局性地决定法律的内容,不如说是在划定法律解释的活动范围。历史因素的当今功能是对一般的可能文义进一步予以限制或扩张式调整,以符合刑事法律规范的规范意旨。换言之,应该在经历史因素参与决定的文义范围内从事刑事法律解释的活动。如我国《刑法》第170条规定的伪造货币罪:"伪造货币的,处三年以上十年以下有期徒刑,并处罚金;……。"有人认为"伪造"包括变造,而有人认为并不包括。此时除前述的解释因素外,还可通过历史方法解释"伪造"二字。从立法渊源看,伪造货币罪可追溯至1951年4月19日政务院(已变更)颁布的《妨害国家货币治罪暂行条例》(已失效),其中第4

① 参见张明楷:《刑法分则的解释原理》,中国人民大学出版社2004年版,第327页。

② 参见陈兴良主编:《刑法方法论研究》,清华大学出版社2006年版,第67页。

③ 黄茂荣:《法学方法与现代民法》(第5版),法律出版社2007年版,第341页。

④ 参见梁慧星:《论法律解释方法》,载《比较法研究》1993年第1期。

条对伪造货币和变造货币均作了规定，后在刑法历次草稿中均沿袭该内容，这说明“伪造”与“变造”自一开始就是并列的，不存在前者包含后者的问题。再从现行刑法看，之所以仅规定“伪造货币罪”而未规定“变造货币罪”，并不是因为立法者认为“变造”是“伪造”的表现形式之一，将“变造”包含在“伪造”中，而是由于考虑“变造”一般数量很小、危害不大，故没有规定这个罪名。参加刑法制定的学者也如是说。故得出结论，《刑法》第 170 条中“伪造”不包括“变造”内容。[①]

从我国当前的司法实践来看，历史因素影响刑法解释的“缺位”现象比较普遍，裁判结果的形成都是要基于现行有效的法律规范，这成为历史解释因素直接进入裁判理由的巨大障碍，指导性案例也不例外。在目前所有指导性案例的裁判要点和裁判理由部分，在涉及对特定法律规范进行解释时，几乎没有对相关历史上各种立法资料进行引述的表现。造成这一现象的具体原因较多，但这并不意味着历史因素在指导性案例中没有任何影响。[②] 最高人民法院以往以公报形式整理发布指导性案例，就是历史因素运用的典型代表。该结论的前提条件是，最高人民法院实际是立法者。从比较视野看，其他国家的判例制度中，最高司法机关都在实质意义上“造法”，这一形式就是最高司法机关所拥有的判例权，这在全球也是不容置疑的。

历史因素也包含价值决定，如果这些价值决定已经不合时宜，在刑事法律规范的解释过程中，只要不超出一般可能文义的范围，纵使基于其他解释因素的考虑，认为有调整历史因素所参与决定之文义范围的必要，便可调整。因此，千万不要认为，与立法原意不符的解释就是违反罪刑法定原则的解释。罪刑法定原则，是指罪刑由“刑法”确定，但不是由“立法者的意图”确定，“刑法”与“立法者的意图”并非一体，具有法律效力的是用文字表达出来的、具有外部形式的刑法，而不是存在于立法者大脑中的内心意思。[③]

但历史因素终究主要是一种解释范围控制性的功能因素，而不是一个检验解释结论正确与否的控制性因素，更不是一概以历史因素为优先考虑的因素，尤其在历史因素的解释不利于实现刑法保护法益的目的时。比如，对于行为人遗弃非家庭成员的行为，如果依据我国 1979 年《刑法》第 183 条规定，认为行为人不构成遗弃罪，则可能是不正确的。虽然我国 1979 年《刑法》将遗弃罪归入妨害婚姻、家庭罪章节，但我国 1997 年《刑法》已经调整了遗弃罪的保护法益及罪名归类，此时如果僵化地恪守遗弃罪的旧的立法原意，将背离新的立法者意思，也稀释了法律的实效性。因此刑事法律解释内容的最终确定，不能逸出其范围性功能的根本，即用于印证“依其他解释因素获得之结

---

① 参见李希慧：《刑法解释论》，中国人民大学 1993 年博士学位论文，第 125 页。

② 参见孙光宁：《法律解释方法在指导性案例中的运用及其完善》，载《中国法学》2018 年第 1 期。

③ 参见张明楷：《刑法分则的解释原理》，中国人民大学出版社 2004 年版，第 31 页。

果的正确性”或排除“依其他解释因素无法排除的疑义”这种工具不能由历史因素担当,以免以古害今。[①] 这种看法无疑是合理的。

(四)比较因素

比较因素在理解中实际上存在广义与狭义之分。广义上的比较因素不仅包括刑法条文的某项规定与刑法其他条文进行比较所得出的解释结论,还包括该规定与国外或其他地区的立法例进行比较所得出的解释结论,以此阐明该项规定的含义和其具体内容。[②] 而狭义上的比较因素仅指后者,即该刑法规定与国外或其他地区的立法例进行比较所得出的解释结论。[③]

比较的方法是诸多学科的重要研究方法之一,刑法学也不例外。将本国刑法的相关规定或外国立法与判定作为参考资料,从而阐明刑法规定的真实含义,是一种合理而有效的解释方法。因为不考察一个国家与其他国家的区别,是不可能真正了解这个国家的,以此推断,若只了解中国刑法,那么实际上连中国刑法也不了解。[④] 广义上的比较因素对刑事解释直接作用的表现形式有二:一是将刑法的某一规定与其他相关规定进行比较,即将其他规定作为一项参照因素,以阐明该规定的含义与内容。这种将刑法条文某项规定与本国刑法其他条文进行比较的做法实际上可以纳入体系因素的内容中去。二是将刑法的某一规定与外国刑法的有关规定进行比较,即将外国刑法中的规定作为参照因素,以阐明该规定的含义和内容。[⑤]

如我国《刑法》第 267 条第 2 款使用了“凶器”的概念,但并没有对其进行任何解释。如果考察德国、日本、法国等国家的刑法典及判例中有关“凶器”的解释与分类,就能合理地界定凶器的概念。当然很多国家和地区都规定有公然猥亵罪,但不能就此得出公然猥亵行为在我国也成立犯罪的结论。再如,国外不少国家规定有贩卖人口罪,而我国对被贩卖的成年男性尚没有提供刑事法律保护。这些现象提示我们,比较因素在刑法解释中发挥作用时,必须遵守罪刑法定主义原则。前述两个案例的比较分析,对我国的刑事立法不无启示意义,但并不能因此而直接得出入罪的结论。毕竟,比较因素只是一种参考因素,不具有独立意义,经由比较因素考量的解释结论也必须遵循罪刑法定原则。

在刑法解释中引入比较因素时,要注意到中外刑法在实质、内容、体例上的差异,

---

① 参见黄茂荣:《法学方法与现代民法》(第 5 版),法律出版社 2007 年版,第 341 页。

② 参见李希慧:《刑法解释论》,中国人民大学 1993 年博士学位论文,第 126 页;陈兴良主编:《刑法方法论研究》,清华大学出版社 2006 年版,第 58 页。

③ 参见张明楷:《刑法分则的解释原理》,中国人民大学出版社 2004 年版,第 32 页。

④ 参见张明楷:《刑法分则的解释原理》,中国人民大学出版社 2004 年版,第 32 页。

⑤ 参见李希慧:《刑法的论理解释方法探讨》,载《法商研究》1994 年第 5 期。

注重规定某种犯罪的条文在刑法体系中的地位,从而了解相同用语在不同国家的刑法中所具有的不同含义。① 比较因素的运用切忌生搬硬套,这事实上与法律移植本土化不无关系。在对待本土资源这个问题上宜采取“规则的多元主义”之价值取向,“规则的多元主义”是指我们在法治化进程中处理本土资源时应当坚持自决原则为前提,以国际化为基本取向,并在对本土资源进行认真识别的基础上,对之分别进行保存、倡扬或革除、重构。②

(五)目的因素

目的是所有法律的创造者。目的因素在刑法解释中的考量是从法律规范的目的出发,阐释模糊或者冲突规范的含义。目的因素考量的重要性已经受到了普遍肯定。③一般认为,任何解释都多少包含有目的因素,尤其当使用不同解释方法得出不同结论时,在结合其目的时能够得到更好的解释说明。诚如有些学者所言:“解释方法之桂冠当属于目的论之解释方法,因为只有目的论的解释方法,直接追求所有解释之本来面目,寻求出目的观点和价值观点,从中最终得出有约束力的重要的法律意思;而从根本上讲,其他的解释方法只不过是人们接近法律意思的特殊途径。”④

目的因素中的目的可以基于对原意的考察,也可以是当前解释者的新构建。人类的一切法律活动都具有目的性,目的成为固定的法律文本与不断发展的现实需要进行沟通的管道,在目的之下展开的司法解释也一直很受学者、法官的青睐。当刑法应当予以适当保护的两个利益发生冲突时,该法律之目的必须升级,以更为宏观的视野合理兼顾它们。于是,首先导出以“利益的权衡”为说明重心的利益法学,紧接着为了要做出合理的决定,又发现在利益权衡中需要有一套价值标准作为依据,因而导出价值法学,法律所追求的目的被“价值取向化”,即立法和司法者不得进行盲目或恣意的价值取向选择。⑤ 换言之,尽量避免前述体系因素中的“价值判断矛盾”。

目的因素的考量会不会导致“法律不被信仰”?法律是世俗的科学,不仅应关注体系的建构,更应关注问题的解决。除形式理性外,现实主义、目的性因素、实质合理性的介入成为一种必要。“信仰”绝非套着神秘主义光环、高高在上的神旨,而应当是对于人们来讲,至少可以期望通过法律获得世俗公平正义。这种效果只有在诉诸法律的结果符合民众基本生活经验和逻辑预设的“理所当然”“顺理成章”“理当如此”时才会

---

① 参见张明楷:《罪刑法定原则与法律解释方法》,载《华东刑事司法评论》2003年第1期。

② 参见黄金兰:《法律移植研究》,山东大学2006年博士学位论文,第191页。

③ 参见孙光宁:《法律解释方法在指导性案例中的运用及其完善》,载《中国法学》2018年第1期。

④ [德]汉斯·海因里希·耶赛克、[德]托马斯·魏根特:《德国刑法教科书》,徐久生译,中国法制出版社2001年版,第193页。

⑤ 参见黄茂荣:《法学方法与现代民法》(第5版),法律出版社2007年版,第347页。

产生。[①] 此外,目的因素的考量界限是有限制的,不同于目的性扩张。刑法中的目的性限缩与目的性扩张均与目的因素关联密切,但带来的法律后果却大相径庭。就目前刑法学界的主流观点而言,刑法解释中允许目的性限缩,却禁止目的性扩张。目的因素在服务于目的性限缩时,具有优先考虑性。但何时采用目的性限缩排除行为的构成要件符合性,是一件容易引起争议的事情。2006 年发生的"许霆案"中,该案的原审法院以盗窃罪判处许霆无期徒刑。在《刑法修正案(八)》之前规定的盗窃金融机构罪的立法原意主要是指行为人主动潜入银行、储蓄所等金融机构实施盗窃行为,由于该行为社会危害性极大,因此《刑法修正案(八)》之前将其刑罚规定为死刑或无期徒刑。而在"许霆案"中,是由于自动存取款机出现故障,许霆本人未经得起诱惑而顺道实施了取款行为,这不应当被包括在处理社会危害性极大的立法原意中,原审法院做了不当的目的性扩张解释。这也是该案在当年引发较大争议的原因之一。从这个案例中,不仅能看到目的因素对于刑法解释出现分歧时的统筹安定作用,还能追溯出刑事政策在刑法解释中经由目的因素的管道,注入刑法解释肌体的过程。这源于刑事政策的有效性与目的的天然联系。但近年来,学界也不乏坚守"李斯特鸿沟"的呼吁与警惕刑法过度功能主义转向的提醒。[②]

一个必要的讨论是,当解释者难以得出合理的解释结论时,能否认为有利于被告的解释就是符合刑法目的的解释?有学者提出,只有对事实存在合理怀疑时,才能适用该原则;对法律存在疑问时,应根据解释目标与规则进行解释,不能适用该原则。[③] 这不无道理。当然,亦有学者持不同看法。

此外,目的的确定、对目的解释的制约一直常谈常新。目的因素在司法案件中的运用效果不仅突出法律目的,而且对部分规则的含义进行创造性推演或明确,甚至在特定情况下创造了新的规则,这是否突破了罪刑法定值得思考,此为目的因素考量中未竟的困惑。

(六)"合宪性"因素

作为法律方法的"合宪性"因素乃刑法解释的控制性因素,"合宪性"因素在于确保刑法解释的结果,不逸出宪法所宣示之基本价值决定的范围。"合宪性"因素的主要功能是对由别处引出的价值决定进行控制。也就是说,它只能审查价值决定而无法生成价值决定。

法律解释应当取向于一定的价值,蕴含这些价值的原则中有些已纳入宪法体系中。如平等原则等。我国《宪法》第 5 条明确规定:"一切法律、行政法规和地方性法规

① 参见陈兴良主编:《刑法方法论研究》,清华大学出版社 2006 年版,第 125-126 页。

② 参见李勇:《坚守"李斯特鸿沟"》,载《检察日报》2016 年第 2 期。

③ 参见张明楷:《"存疑时有利于被告"原则的适用界限》,载《吉林大学社会科学学报》2002 年第 1 期。

都不得同宪法相抵触。一切国家机关和武装力量、各政党和各社会团体、各企业事业组织都必须遵守宪法和法律。”法律规范的“合宪性”要求再次获得实证法上的依据,刑法解释的“合宪性”概莫能外。

“合宪性”因素基于“宪法为最高法”的规范事实,在刑法解释中的考量有两个方面:一是如果个别刑事法律规范解释的结果不合宪法的规定,该解释结果是无效的;二是一个刑事法律规范在可能的文义范围内,无法做成合宪性的解释结论,则该刑事法律规范由于违宪性也归于无效。由于“宪法”本身是实证法体系的一个阶层,同时是法律所追求之重要价值的宣示所在,因此,“合宪性”因素事实上与体系因素及目的因素同时适用的情形并非罕见。①

关于“合宪性”因素考量的界限可归纳为:(1)文字和意义都非常清晰,不得以“合宪解释”作出相反解释。(2)疑问性解释必须由明确的规范文本产生。一是防止滥用回避宪法的方法,二是明确可以使立法机关胜任立法职责。(3)基于权力分工不得逾越立法者原来的判断范围,防止侵涉立法权。(4)在涉及基本权利限制时,“合宪性”因素的考量往往以此为限。总之,“合宪性”因素的考量在很大程度上是司法权或宪法审查权与立法权间的动态沟通。司法者的使命很大程度上在于尊重立法者,并尽量将本属立法者的任务交还给其。②

从司法实践来看,“合宪性”因素的考量在刑法解释中实际运用的概率远远低于民法解释。这大抵是因为,一方面,基本权利的冲突问题多发生在民事领域;另一方面,“合宪性”因素在刑法解释中的考量无论是趋于扩张还是限缩,多涉及法律漏洞的填补,填补法律漏洞在刑事法律领域中被禁止,而在民法领域,法官造法的情形则大为不同。

六、刑法解释学与刑法教义学

通常认为,注释刑法学,是对一国现行刑法从文字上、语义上、逻辑上、理论和实践结合上进行系统分析、阐述和解说的科学,也称解释刑法学,是刑法学中最为常见、最基础的学科。③ 而何为刑法教义学,见仁见智,学界并无统一的概念。

德语中的“教义”一词来自古希腊文,希腊语中的“教义”一词富有多种含义,如“固定的想法”“指示”“有拘束力的原理”等。按照学界通说,至少从莱布尼茨之后,普遍认为在学术史上“教义”的概念源于神学而波及法学。但这种观点忽视了里彻尔在

① 参见黄茂荣:《法学方法与现代民法》(第5版),法律出版社2007年版,第359页。

② 参见王书成:《论合宪性解释方法》,载《法学研究》2012年第5期。

③ 参见孙道萃:《善待刑法学通说与刑法解释学:一种刑法信仰与权威的生成之道》,载《南都学坛》2012年第5期。

20世纪20年代对于“医学教义学”的研究,同时忽视了莱布尼茨同样承认医学教义学,并力图在科学理论领域定位医学教义学的渊源。据考证,古希腊文“教义”其实最早出现于医学文献。① 抛开教义观念缘起的正本清源问题不说,在德国,人们说到刑法教义学时,主要就是指以体系构成为目的,对刑法规定以及其中的构成要件特征所进行的概念性分析。从某种角度而言,刑法教义学既指刑法的共识性知识体系,又指刑法理论的研究方法。由此导出刑法教义学的特征如下:一是刑法教义学以已经存在的法律文本为研究对象;二是刑法教义学注重刑法知识的体系性;三是刑法教义学强调刑法理论研究的精确化与精细化。刑法教义学的突出功能主要有二:首先,维护了刑法的安定性,有利于人权保障的实现。其次,增强了刑法规范的可操作性。②

刑法解释学与刑法教义学的关系基本上存在“一体说”与“区别说”。“一体说”认为,刑法教义学就是刑法解释学,不要以为刑法教义学有别于刑法解释学,不要试图在刑法解释学之外再建立一门刑法教义学。③ 对那种以法律规范为研究对象的方法,本来已经有“规范法学”“法解释学”等现成的称谓,一些学者却引入了源自德国的“法教义学”这一洋名词。④ 德国学者金德霍伊泽尔认为刑法教义学就是刑法解释学。解释是动态过程,而教义是静态结果。刑法教义学便是“有条理的科学的刑法解释的结果”⑤。“区别说”认为,刑法解释学与刑法教义学虽然存在很多共同点,比如,都是以已经存在的刑事法律文本为研究的出发点,但二者依然有明显不同点,分属两个不同的概念。目前持“区别说”的学者在刑法学界占绝大多数,本书亦采“区别说”,理由诚如下所言。

在没有实定法可供直接解释和适用的情况下,创造出在逻辑上相关联的概念和理论,进而连接到实定法中,与直面法条本身的解释工作一起构成法教义学的知识内容。由此可见,从刑法注释学(或狭义上的刑法解释学)向刑法教义学的转变,在方法论层面上,意味着超越法条注释,创造法理概念,从而丰富法之形态,拓展法之范围。在研究方法上,法教义学以法律文本为出发点,它包括狭义上的解释,但是不止于解释。在没有法律明文规定之处,它更加依靠学者创造出能够在逻辑上被包含于法律规定之中的概念和理论。⑥

---

① 参见雷磊:《法教义学观念的源流》,载《法学评论》2019年第2期。

② 参见孙国祥:《刑法教义学与刑事一体化关系论要》,载《法治现代化研究》2017年第4期。

③ 参见张明楷:《也论刑法教义学的立场与冯军教授商榷》,载《中外法学》2014年第2期。

④ 参见陈瑞华:《法学研究方法的若干反思》,载《中外法学》2015年第1期。

⑤ 董邦俊:《教义学发展、功能与内涵之刑法学揭示》,载《环球法律评论》2014年第4期。

⑥ 参见车浩:《学术开放与刑法教义学》,载《法商研究》2017年第6期;车浩:《理解当代中国刑法教义学》,载《中外法学》2017年第6期。

第十七章　刑法解释发展论：方法的位阶与类型的发展

我国学者张明楷教授旗帜鲜明地提出他不主张、不赞同立法机关对自己制定的刑法进行解释。① 但是作为一种客观存在，而且是一种非常重要的有权解释形式，刑法解释的理论基础和内在机理是什么？有什么价值和意义？又该何去何从？这一系列问题引导我们去深入探索其中的各项奥秘、原理和内涵，下面择要介绍和讨论。

一、刑法解释方法的位阶性

（一）位阶性存在与否之争

在刑法解释过程中应当斟酌的因素很多，但解释因素并不等于解释方法。而学界习惯于将解释因素与解释方法等同使用。如前所述，解释方法容易给人以可以单独使用其中一种方法解释即告完成的错觉，而解释因素则不然，即在刑法解释过程中可以同时掺入几种解释因素。因此，事实上"因素"说似乎更合理。但必须承认的事实是："因素"也好，"方法"也罢，都无法解决实质性问题，即解释"因素"或解释"方法"的位阶问题。因此，既然理论界大多数学者将之称为解释"方法"，也围绕其产生了诸多的学术讨论，为表达的方便，不妨仍沿用解释"方法"一说展开探讨。讨论刑法解释方法，就无法绕开各种解释方法之间究竟有无位阶性的问题。

传统观点认为，刑法解释的方法包括文义解释、体系解释、历史解释、目的解释与合宪性解释。这些解释方法关系如

---

① 参见张明楷：《刑法分则的解释原理》（第 2 版），中国人民大学出版社 2012 年版，第 1 页。

何？人们在解释刑法时是否可以随意选择解释方法？运用刑法解释方法是否需要遵循一定的先后顺序？当不同解释方法得出的结论不同甚至相互冲突时如何解决？这就是刑法解释方法的位阶问题，也即刑法各种解释方法之间的关系与次序。[①]

"位阶"概念产生于对西方国家法律方法文献的翻译，字面看"位阶"应当表达的是"地位"和"等级"之意。在阿列克西看来，"不同形式的论述之关系问题就作为解释规准的一个分层目录或一个位阶排序难题来加以讨论"。"为了确保这个论辩受现行有效的法之约束，就必须要求那些表达这个约束的论述优先具有更大的分量"[②]。可见，位阶是指某种论证方式的优先性。

法学界对于刑法解释方法的位阶存在不同认识。多数学者认为刑法解释方法存在位阶关系，尽管它并非固定不变，或者各种具体解释方法间并非都是并列关系，具有层次上的高低[③]；少部分学者对解释方法间存在位阶性表示质疑，乃至否定其存在。比如有学者将法律适用的位阶与医学文献对感冒治疗方案排列的先后顺序相类比，从而否认位阶性的存在：建议医生先让病人试着吃点药，如果吃药的结果很糟糕就给病人打针，如果打针还不解决问题就打点滴。你会如何评价这个医学文献的专业水准呢？尽管是外行，你也会认为此文献对临床医学几乎没有贡献什么知识和经验，因为无论是医生还是病人都不清楚在何种情况下应当选择何种治疗方案，其专业水准根本没有超出普通医学常识的范围。将治疗方案的排序与解释方法的排序做类比，似乎暗示着，对各种解释方法先后排序无非是用深奥理论和复杂术语包装了一个傻瓜都能明白的道理。解释方法的排序也可以被看作一个程序性的操作指南。换言之，解释方法的排序还没有形成一条规则，它是指导性的，而不是指令性的。[④] 前者为位阶"肯定说"，后者为位阶"否定说"。此外，还有学者并未明确肯定刑法解释方法的位阶性，而是主张解释方法的"决定性"[⑤]。持"肯定说"的学者有陈兴良、李希慧、梁根林、吴学斌、苏彩霞、程红等，持"否定说"的学者有苏力、周光权、桑本谦、温登平、张志铭等。有趣的是，德国的阿列克西、拉伦茨的阵营归属在中西学者中有争议[⑥]，这说明中西方对位阶理解不尽相同。

---

① 参见苏彩霞：《刑法解释方法的位阶与运用》，载《中国法学》2008 年第 5 期。

② ［德］罗伯特·阿列克西：《法律论证理论》，舒国滢译，中国法制出版社 2002 年版，第 305、307 页。

③ 参见李希慧：《刑法解释论》，中国人民公安大学出版社 1995 年版，第 132-133 页。

④ 参见桑本谦：《法律解释的困境》，载《法学研究》2004 年第 5 期。

⑤ 参见张明楷教授认为，刑法解释方法没有明确的位阶性，但目的解释具有决定性。

⑥ 苏彩霞教授认为拉伦茨持肯定说，但周光权教授认为拉伦茨持否定说；德国学者拉伦茨认为阿列克西持肯定说，但周光权教授认为阿列克西对此并未确定固定之序。

（二）位阶性存在论的不同学说

1. 位阶性存在论

位阶“肯定说”的赞同者在承认刑法解释的主体性和主观性的基础上，重视法的安定性与正义性，并认为解释方法的位阶关系与人的思维特点相吻合。① 适用解释规则，能够约束法官的自由裁量权。② 确立位阶关系，能够更容易检验法律适用的结果。③ 解释方法的位阶性在“肯定说”看来具有方法论的意义，能够影响刑法解释结论的妥当性及合理性。④ 位阶“肯定说”的基本共识在于，为了保证刑法解释的有序性、客观性，存在并应当确定刑法解释方法间的位阶关系，尽管这种关系并非固定不变的。但在“肯定说”阵营之内，各种具体刑法解释方法的排序主张又各有不同。

在已经确立的刑法解释方法的排序中，大多数肯定论者认可文义解释处于绝对优先性的地位，论理解释处于补充地位。如有学者认为，“在一般情况下，语义解释当然是应当优先考虑的，在语义是单一的、确定的情况下，不能进行超出语义可能范围的解释。但在语义非单一的、非确定的情况下，应根据立法沿革进行历史解释以符合立法精神。在这种背景下，沿革解释具有优于语义解释的效力”⑤。有学者认为，刑法解释的各种具体方法间并非都是并列关系，而具有层次上的高低。其方法运用应遵循以下原则：（1）文理解释运用为先；（2）单一规则：如果通过文理解释不存在歧义，就无须运用论理解释方法；（3）综合规则：在解释刑法规定时，既运用文理解释，又运用论理解释；（4）论理解释优势规则：对刑法规定的同一用语进行解释时，如文理解释的结论与论理解释的结论相冲突时，应取论理解释的结论。⑥ 有学者认为，刑法解释方法之间肯定存在一定的位阶关系，其表现为两个层面：一方面，刑法解释方法间的“适用位阶”，应遵循“文理解释—体系解释—目的论解释”的序列。首先，进行文理解释，客观地认识刑法条文的语言意义；其次，联系相关法条的含义，进行体系解释；最后，在上述解释仍不能释疑时，才可以进行目的论解释。另一方面，刑法解释方法间的“效力位阶”，仅存在于最终的目的论解释结论与文理解释结论发生冲突时；对此，应优先适用文理解释结论。但是，如果最终的目的论解释结论并未与之前的文理解释结论相冲突，那么，

---

① 参见苏彩霞：《刑法解释方法的位阶与运用》，载《中国法学》2008 年第 5 期。

② 参见［德］汉斯·海因里希·耶塞克、［德］托马斯·魏根特：《德国刑法教科书》，徐久生译，中国法制出版社 2001 年版，第 190 页。

③ 参见［德］伯恩·魏德士：《法理学》，丁小春、吴越译，法律出版社 2003 年版，第 314 页。

④ 参见梁根林：《罪刑法定视域中的刑法适用解释》，载《中国法学》2004 年第 3 期；陈兴良、周光权：《刑法学的现代展开》，中国人民大学出版社 2006 年版，第 78 页。

⑤ 陈兴良：《判例刑法学》（上册），中国人民大学出版社 2009 年版，第 65 页。

⑥ 参见李希慧：《刑法解释论》，中国人民公安大学出版社 1995 年版，第 132-133 页。

应该当然地选择最终的目的论解释结论,此时不存在效力上的位阶问题。[①] 有学者认为,"刑法适用解释应当以文义解释为原则、以论理解释为补充,按照先文义解释、后体系解释、历史解释、目的解释并最终诉诸合宪解释的方法与顺序展开"[②]。另有学者认为,刑法解释应遵循文义解释—体系解释—历史解释—目的解释—合宪性解释的运用顺序;在可能文义的界限点上,文义因素绝对优先,在可能文义的界限内,目的解释则为解释之冠;解释刑法时应运用与遵循这种位阶关系。[③] 司法人员认为:文义解释的优先地位应当给予确认;文义解释结论为复数或者严重背离公平正义之时,始得进行论理解释;论理解释方法中,对各种解释方法进行排序并无更多的意义。哪一种解释方法得出的结论更能符合公平公正,就应该采用哪一种结论。从此角度看,目的解释的重要性比较突出。[④] 刑法解释位阶包含次序位阶与效力位阶,刑法解释位阶所要寻找的就是解释方法的方法,而非具体的解释方法。[⑤]

不难看出,"肯定说"的主张者充分肯定刑法解释方法之间能够确定一定的位阶关系,突出文义解释的优越性,同时强调了目的解释的重要性。

2. 位阶性存在论面临的诘问

位阶"肯定说"的证成必须建立在对否定论的成功反驳之上。首先,位阶肯定论者必须对否定论者提出的问题作答,如将法理学者及民法学者们创立的解释方法排列直接借鉴到刑法学领域是否恰当。毕竟由于罪刑法定原则的存在,在民事领域适用的类推及目的性扩张等解释方法并不能适用于刑法解释领域。其次,由于文义解释的适用边界模糊不清,肯定论者并不能明确在何种情况下处于前位阶的解释方法可以取代处于后位阶的解释方法。如果承认刑法解释方法的适用位阶和效力位阶是固定不变的,则无法诠释复杂的刑法条文和应对多变的社会现实,如果其不是固定不变的,则位阶问题演变为伪命题。最后,固定的刑法解释方法位阶关系未必是能保证得出合理妥当的解释结论的可靠途径,是否符合人类思维规律尚存在疑问,是否具有方法论上的意义十分可疑。[⑥]

具体而言:第一,文义解释的方法不具有绝对最高位阶性。位阶"肯定说"迷恋文义解释,认为在单独运用文义解释可以得出明确结论的情况下,就不需要再采取其他解释方法。但如前面章节对文义因素的论述,"可能的文义范围"并非清晰,从而文义

---

① 参见程红:《论刑法解释方法的位阶》,载《法学》2011 年第 1 期。
② 梁根林:《罪刑法定视域中的刑法适用解释》,载《中国法学》2004 年第 3 期。
③ 参见苏彩霞:《刑法解释方法的位阶与运用》,载《中国法学》2008 年第 5 期。
④ 参见刘延和:《刑法解释与适用研究》,法律出版社 2016 年版,第 83-84 页。
⑤ 参见薛妮、朱润生:《裁判思维在刑法解释中的取向及统一》,载《中国检察官》2019 年第 8 期。
⑥ 参见刘俊杰:《刑法解释方法位阶性否定论》,载《刑事法评论》2016 年第 2 期。

解释的界限也很模糊。同时，当有多种文义解释的结论时，即使辅以目的解释，也常常难以判明该目的解释是否真的与文义解释相抵触或相吻合，必须动用其他解释方法来印证或反证，此时，文义解释的优先性荡然无存。第二，目的解释也并非总是解释之冠。① 目的解释存在自身价值不明的缺陷，同时受制于文义解释，尤其是不能随意地扩大处罚范围，文义解释好比风筝的线，牵制着大致的解释范围。否则，断线的风筝必将解释结论引向越矩。目的解释和体系解释的关系也难以厘清，如果肯定目的解释处在最高位阶，在一定意义上就等于承认体系解释也处于最高位阶。② 总之，"对于解释方法的优先顺位，虽然通常认为目的解释比文理解释或者论理的、体系的解释更为优先，但是，一般的序列关系是不存在的"③。

显然，诘问是有力的。事实上无法确定刑法解释方法间的位阶关系，位阶性的肯定并不能保障得到合理妥当的解释结论，并不具有方法论上的意义。其法理根源在于，法律解释并非简单的三段论的推理过程，常常需要各种解释方法同时协调作用、重叠适用。④ 法律解释的过程也是一个解释和反复论证的过程，同时需要考虑解释方法以外的因素。这在司法实践中得以印证，在处理案件时，即使同是"肯定说"，仍无法得出一致的案件结果。如对《刑法》第 318 条组织他人偷越国(边)境罪一案的解释中，被告人何某等组织多省农民工以组团出国旅游名义骗取签证出境，被判组织偷越国境罪。位阶肯定论者有人认为，持有形式上合法的出境证件出境的行为不符合偷越的意思，因此认为组织他人使用骗取的证件出境的不属于"偷越"⑤；也有人得出相反结论，认为此时目的解释优于文理解释，组织他人使用骗取证件出入境也属组织他人"偷越"国(边)境，应构成组织偷越国(边)境罪。⑥ 显然，位阶性肯定论者所追求的方法论指导意义等并不能实现。

当然，位阶性否定论者同样面临质疑：否定论者重视解释主体主观能动性的发挥，以寻求解释结论的客观性和妥当性，这是否会导致法官自由裁量权过大，从而并不利于维护法的安定性？有学者对于这种误解予以了回应，认为"解释主体本身主观能动性的发挥，并非游离于刑法条文'可能的文义范围'之外，相反，解释主体的素养和解释

---

① 诚如有些学者所言："解释方法之桂冠当属目的论之解释方法，因为只有目的论的解释方法，直接追求所有解释之本来面目，寻求出目的观点和价值观点，从中得出有约束力的重要的法律意思；而从根本上讲，其他的解释方法只不过是人们接近法律意思的特殊途径。"参见[德]汉斯·海因里希·耶赛克、[德]托马斯·魏根特：《德国刑法教科书》，徐久生译，中国法制出版社 2001 年版，第 193 页。

② 参见周光权：《刑法解释方法位阶性的质疑》，载《法学研究》2014 年第 5 期。

③ [日]井田良：《讲义刑法学总论》，有斐阁 2008 年版，第 53 页。

④ 这也是前述将解释方法称为解释因素的主要原因。

⑤ 参见陈兴良：《刑法教义学方法论》，载《法学研究》2005 年第 2 期。

⑥ 参见苏彩霞：《刑法解释方法的位阶与运用》，载《中国法学》2008 年第 5 期。

能力在此范围内、在获取解释结论的过程中发挥着至关重要的作用”①。

总之,赞同刑法解释方法之间存在位阶顺序的主张既不准确,也没有实际意义。相比而论,位阶性“否定说”更有优势。但问题的关键不在于谁更有优势,而在于否定位阶性之后,怎样处理不同方法之间的关系。诚如学者所言,“对于刑法学者而言,远比刑法解释方法的位阶性更为要紧的问题可能是:如何立足于法条用语的通常含义,将犯罪论体系、规范保护目的、国民的规范认同、处罚必要性等内容一并考虑,并且坚持实践理性,选择对个案最为合适的解释方法,将实质解释的结论限定在特定时代能够接受的范围内,从而平衡好惩罚犯罪和保障人权的关系”②。总体而言,刑法解释者需要将具体的案件事实与刑法规范条文反复对照,协调运用各种刑法解释方法,参照各种解释因素,在遵循罪刑法定主义的铁则下,通过反复论证和试错,最终得出妥当而合理的解释结论。

二、主观解释与客观解释

(一)主观解释与客观解释基本内涵

有关法律解释目标的选取,在法理学上存在“主观说”与“客观说”。“主观说”认为法律解释的目标应在探求历史上的立法者的看法、企图和价值观;“客观说”认为法律解释的目标在于探求内在于法律本身的意旨。在刑法解释领域,关于刑法解释的基本立场,各国刑法理论与实践也相应产生了主观解释论和客观解释论之分,甚至还有学者提出了兼采两者长处的“折中说”观点。这些观点充分展示了指导刑法解释的不同方向。

主观解释论,又称立法者意思说,强调按照立法原意来解释刑法,任何对法律的解释都是根据处在特定历史时期的立法者当时的意图进行解释;而客观解释论不要求解释者去探寻立法者的原意,而是追求法律文本自身的意义,认为法律可能已经变化了的含义是最重要的,偏好按照当下社会发展的客观需要来解释刑法。通过对刑法解释立场的历史考察可以发现,主观解释论由刑事古典学派提出,在整个 19 世纪和 20 世纪初期在西方占据支配地位,是概念法学的产物。在那个数学和自然科学的成功使整个世界熠熠生辉的时代,当时的启蒙思想家们手持理性主义利刃,直指专制、残酷、罪刑擅断的封建刑法制度,他们以民主、自由、平等为口号,倡导人权、法治,为资产阶级民主制度奔走呐喊,迎合了当时民众的内心需求。人们认为,由理性、万能的立法者制定出明确的法律,限制法官解释法律的权力,防止司法擅断,维护法的安定性,这样人们

---

① 刘俊杰:《刑法解释方法位阶性否定论》,载《刑事法评论》2016 年第 2 期。

② 周光权:《刑法解释方法位阶性的质疑》,载《法学研究》2014 年第 5 期。

就可以保护自己了。概念法学的形式主义打上了普赫塔烙印，重视逻辑的概念构建的说服力在当时被无限放大，我们的法律制度也的确正是依赖其清晰的概念才维持到今天。然而概念法学将法与社会及政治的现实割裂开来的副作用被人忽视，法似乎是纯粹的概念逻辑的产物。但我们毕竟不能够从概念中逻辑地推导出规范。[①] 概念法学因概念的封闭性而使法律规范形成对司法者的某种限制，并使法远离社会现实，概念法学的幻想和逻辑上的恶性循环论证后来备受学者抨击，也成为主观解释论被反驳的法理根源之一。

客观解释论是随着理性主义的破灭而由刑事实证学派提出的。19 世纪以后，随着自然科学和技术的发达，思想史也不断发展，哲学首先被自然科学的光辉掩盖了。尽可能用精确的数学语言、用纯粹的试验方法成功地确定行为的合法性，这种实证主义被视为新认识论的理论。理性主义发生了深刻危机，科学主义和非理性主义成为时代的主流。[②] 循着这一历史背景，立法者的理性能力也不再被无限信仰，而被证实是不切实际的。立法者的立法意图固然恪守了法的安定性，但无法很好适应现实社会的发展变化。尤其 19 世纪中期，工业革命后出现了社会的彻底变革，资本主义经济高速发展，很多新的犯罪现象由于法律的滞后性不能得到及时的处理，由于刑法活力和弹性的呼唤迫切，刑事实证学派提出新的解释论以适应社会的需要。基于此，人们又开始寄希望于作为解释者的法官，将概念法学下机械的法官解放为积极的法律解释者，激活其能动的面相，以使法官适用下的法律更好地适应现实社会，从而从实质上实现公平正义。换言之，该历史阶段的人们已经不再仅仅满足于法律的安定性，更要求法律实质意义上的公平正义。因此联系社会发展以揭示法律内涵，遵守成文法不囿于文字本身的刑法解释客观论，遂成为刑法解释论上的特色。[③] 如宾丁提出，“最好是别去描述立法者的意思，而是表述法的意思，法的意思表现在作为整个法的体系的一个环节的某一条法律原则里，根据内容、权威和企图达到的作用，把法的意思称之为解释这条原则的目标”[④]。

主观解释论的法理意蕴在于，法律是不同于自然法则的人为创设的法则，故而服务于创设它的立法者，表现立法者的价值追求和意向；客观解释论的法理意蕴在于，法律一旦被创设完成，在适用中就会逐渐发展出适应当下社会的独立品性，被赋予新的含义。从这个角度对于解释者而言，诚如有学者指出，主观解释论是客观的，而客观解

---

① 参见[德]魏德士：《法理学》，丁晓春、吴越译，法律出版社 2005 年版，第 206 页。

② 参见马荣春、王超强：《刑法自然科学主义：内涵、根据与意义》，载《南昌大学学报（人文社会科学版）》2012 年第 1 期。

③ 参见许发民：《刑法的社会文化分析》，武汉大学出版社 2004 年版，第 51 页。

④ [德]科殷：《法哲学》，林容远译，华夏出版社 2002 年版，第 210 页。

释论则是主观的。[①]

(二)主观解释与客观解释之争

主观解释论与客观解释论的刑法观要解决的问题是立法者、法律文本以及解释者之间的关系,这是解释学中最为古老的争端。主观解释与客观解释之间的对立主要体现为在解释目标的对立中,并由此引发在价值选择、解释方法偏好等具体方面的不同。

主观解释论忠诚于对立法原意的探求,主张主观解释应当优于客观解释。其立论的基本依据包括:第一,立法行为是立法者的意思行为,也只有立法者自己知道得最清楚他们所要的是什么,立法者所追求的社会目的应当在刑法解释中表现出来;第二,立法者的意思虽然是一种历史事实,但可以通过立法者[②]、解释共同体[③]或借助立法文献被探知,只要每个人取向于这种被探知的意志,法的安定性便可以得到维护;第三,从权力区分的原则来看,法律只能由立法机关来制定,"司法创造性生来就是对权力的篡夺",司法机关应当依据法律裁判或决定。因此,在刑法的适用上,立法者的意思应是决定性的因素,刑法解释应当探求立法者的意思为其目标。

客观解释论认为法律解释的目标不在于探求历史上立法者的意思,而从被颁布时起便有了自己的意旨。其立论的基本依据包括:第一,法律自从颁布之时起,便与立法者脱离关系,法律思想是固定在法律内而不是法律之外;第二,依客观解释论的立场去做,可以提高法的安定性。[④] 其理由在于,保障法的安定性,以文义解释为必要。起初正是由于习惯法的不确定性才颁布了法律。立法者的原意难以查询,不但问询立法者通常之不可能,而且立法者往往是指一个团体,即使有条件问询,立法原意未必可以获得一致的答案。最后不得不求助于一堆一般人接触不到的庞杂烦琐的立法资料。法律规范的遵守义务以人人认知法律的意旨为前提,但事实上这种立法者原意的获取并非人人可得。

由此,主观解释倚重对立法原意的追求,客观解释强调同时代的解释;主观解释重视刑法的安全保障价值,追求刑法的安定性和可预测性,客观解释重视刑法的公正价值及实用主义,侧重于追求刑法的灵活性和实质正义。主观解释与客观解释均承认从解释的文本出发,其争论的核心在于:当文本模糊不清或者有争议时,如何确定该文本的含义。主观解释论者主张回顾立法意图后,在文义解释因素的范围内考虑实质正义

---

① 参见李琪:《主观解释论下的刑法解释模式研究》,郑州大学 2016 年博士学位论文。

② 在加利福尼亚州,可以传唤立法者作为证人来为某成文法的预期含义作证。参见[美]理查德·波斯纳:《法理学问题》,苏力译,中国政法大学出版社 1994 年版,第 341 页。

③ 解释共同体,即从 1787 年至今由律师、法官和政治家所组成的共同体。参见[美]理查德·波斯纳:《法理学问题》,苏力译,中国政法大学出版社 1994 年版,第 337 页。

④ 参见黄茂荣:《法学方法与现代民法》(第 5 版),法律出版社 2007 年版,第 328 页。

的主张并遵循逻辑体系性的要求作出解释。而客观解释论者则强调立法者和文本之间的相互独立性，主张对文本在当下国民可预测、可接受的范围内进行有较好社会效果的解释。二者各自的风险在于：主观解释依托于带有虚无性色彩的立法者原意，同时难免陷入历史主义的泥潭而罔顾当下。而客观解释则脱离了立法原意，有丧失解释的正当性基础、伤害罪刑法定原则的危机，同时因重视适应社会的发展变化有陷入漫无边际或牵强附会解释的危险。

值得一提的是，文义因素、近于立法者原意的历史因素等不是刑法解释所涉及的唯一因素，它们所斟酌的都只是解释刑法时所应当考虑的一部分因素，以至于它们中任何一个都无法真正地被修正到能兼顾一切解释因素的境地。因此，正是由于主观解释和客观解释各自不能圆满地解决问题，相互之间又存在对立，为调和二者的矛盾，对两者取长补短，折中解释论应运而生。① 诚如前一章节所述，作为法律规范与生活事实间之媒介活动的法律解释应受诸多解释因素的制约，不应只偏颇地考虑其中的一部分，因此有学者指出，传统的主观说与客观说就是这种偏向下的产物。② 另有学者提出于理论上将二者融合：刑法解释正确的解决办法应当处在主观解释与客观解释理论之间。③ 亦有学者提倡于司法实践中将二者融合，成就所谓“主观的客观解释论”学说。“针对网络空间层出不穷的新型违法犯罪行为，应警惕客观解释论的过度使用；结合主观解释论的法治基因优势，宜以‘主观的客观解释论’重新塑造网络时代刑法的客观解释论”④。折中解释的尝试或许是有益的，但是，由于二者之间存在许多不可调和的矛盾，对两者的调和最终必将走向主观解释或者客观解释。⑤

必须强调，主观解释与客观解释的立论无论如何应经受住对各自不同的反驳。比如，主观解释必须正视以下几点：第一，立法者的意思是一个高深莫测的东西，解释者不是考古者或文物收藏者，无法对其看透、认知，它只是主观说的一种拟制。第二，只有过去所作的价值判断还适合于适用它时（如现在）的具体情况时，才能一成不变地依从过去所作的价值判断，从而提高法的安定性。但具体的情况在变，价值标准也在变，因而主观说中提高法的安定性的主张在该限度下就不为真。⑥ 恰如西方学者的看法，即使在传统假设下（在一个运作良好的代议制民主中，立法机构是主要的立法主体，在

---

① 参见熊伟：《主观解释论之提倡》，载《中国人民公安大学学报（社会科学版）》2013 年第 5 期。

② 参见黄茂荣：《法学方法与现代民法》（第 5 版），法律出版社 2007 年版，第 324 页。

③ 参见［德］克劳斯·罗克辛：《德国刑法学总论》（第 1 卷），王世洲译，法律出版社 2005 年版，第 86 页。

④ 刘艳红：《网络时代刑法客观解释新塑造：“主观的客观解释论”》，载《法律科学（西北政法大学学报）》2017 年第 3 期。

⑤ 参见熊伟：《主观解释论之提倡》，载《中国人民公安大学学报（社会科学版）》2013 年第 5 期。

⑥ 转引自黄茂荣：《法学方法与现代民法》（第 5 版），法律出版社 2007 年版，第 328 页。

许多情况下,法定语言将足以确定解决某一案件),最初的立法期望也不应总是控制法定意义。特别是当规约已经过时且措辞笼统,并且规约的社会或法律背景已发生重大变化时,情况就更是如此。①

换言之,坚守主观论的观点强调了提高刑法的安定性,但忽略或低估了立法者的价值追求及意向的历史性,毕竟,人们的远见总是有限的,就一些立法者当初没有考虑到的问题提供解决方案,必然会超越立法者的意图。② 法律是应历史上某一个时间断面上的具体情况所产生的,法律一经制定,便已落后于时代。因此,当立法之时的评价及意向与现代的社会环境仍然恰好相符时,自然可以完成对立法原意的延续;当现代的适法环境发生变化或完全是新环境而脱逸于立法之时的适法环境范畴时,当下的法律适用者要么选择"刻舟求剑",要么选择当下同时代的解释。而"刻舟求剑"通常一无所获,转而求助于新的立法。此外,法律不需要回应现实社会吗?法律并不是一些没有生命的符号,而是活生生的仍然在发展的精神。③ 而且,依权力区分的原则来看,立法机关固然享有立法的优先权,但准确来讲,司法机关对立法已予以具体化的部分应予尊重,对立法机关未具体化或未充分具体化的部分,法院应有所作为。而有所作为的空间,即是客观解释的张力所在。而客观解释必须正视以下几点:第一,刑事法律条文只是一个外壳,若没有法律思想贯注其中,则毫无意义,因此它没有应当优先于立法者的意思被考虑的理由。第二,客观解释主张以文义解释为必要来保障法的安定性,但由于文义常常是多重含义并变动不居,并不比主观说更能提高法的安定性。第三,不重视立法者的原意,可能导致法律意旨的根本改变,因为客观解释的结论通常是解释者基于各自不同的观点所作的偶然性决定,极具主观性,可能危害法的安定性。

三、形式解释与实质解释

(一)形式解释与实质解释的基本内涵

"形式"与"实质"在法学的不同场域显然被赋予不同内涵。在法理学中,"法律形式主义"被用来概括一种凸显逻辑作用的法律思想。它认为法律适用与数学中的"数字""抽象的记号"并无不同,并不需要关联价值因素。随着利益法学和自由法运动的发展,这种形式主义的法律思想日趋没落,价值因素在法律适用中的影响在其后的法律思想中日益被强调。在我国刑法中,"形式"与"实质"之分出现在对犯罪概念、违法

---

① See William N. Jr. Eskridge, *Dynamic Statutory Interpretation*, University of Pennsylvania Law Review, Vol. 135, 1987.

② 参见周光权:《刑法解释方法位阶性的质疑》,载《法学研究》2014 年第 5 期。

③ 参见[德]克劳斯·罗克辛:《德国刑法学总论》(第 1 卷),王世洲译,法律出版社 2005 年版,第 87 页。

性及罪刑法定原则等的描述上，依次为：形式的犯罪概念与实质的犯罪概念、形式违法性与实质违法性、罪刑法定原则的形式侧面与实质侧面。①

“形式”“实质”与刑法解释的勾连拓不开德日刑法理论关于构成要件理论的发展。以贝林为代表的古典犯罪学派认为，构成要件是中性无色、与价值无涉的纯粹形式记述要素，是与主观内容无关、与价值判断相离的行为类型；后来在新康德主义价值哲学的指导下，越来越多的新古典学派学者对主观违法要素和规范要素予以承认。②

形式解释与实质解释这场争论的源起并非在一般意义上德日刑法学意义上展开的，而是从日本开始，从日本如何对构成要件进行妥当的解释开始。这个问题，最初发生在大谷实教授和前田雅英教授之间。大谷实教授坚持形式的构成要件解释论，而前田雅英教授比较前瞻性地提出了实质的构成要件解释论。前者主张以犯罪的本质来解释刑法规定的构成要件，后者主张对构成要件进行形式的解释。由此形成了刑法解释学领域的形式解释与实质解释之争。传统维度的形式解释论与实质解释论双方争执的焦点在于构成要件符合性的认定究竟是纯事实的判断，还是可能同时涉及价值判断。③ 形式解释论坚持对构成要件的解释只是事实判断，不涉及价值判断；实质解释论认为对构成要件的解释同时包括价值判断。这种对立严格说来并不涉及刑法的基本立场之争，而只限于构成要件层面。也就是说，传统意义上形式解释与实质解释之争可谓事实论与价值论之争，也是构成要件解释要不要价值判断之争。

当代意义上形式解释与实质解释之争始于 20 世纪中期，其争议“发生在价值论内部，涉及的不是是否需要填充价值判断，而是究竟如何适用价值判断的问题”。有学者认为，此时的形式解释体现对古典自由主义价值立场的坚守，而实质解释是刑法日益迎合社会保护的倾向表现，这归因于刑法学体系由本体主义向功能主义的转变。④ 而另有学者尖锐地指出，当代意义上的形式解释与实质解释之争事实上已不再是形式与实质的问题，而是实质内部的争论问题，即实质的理解应该围绕着规范目的来展开。但构成要件的规范目的到底是什么，是雅各布斯意义上的维护规范的统一性，还是罗克辛意义上的把刑事政策的价值指导注入到对构成要件理解之上，使构成要件成为实现刑事政策的工具（这种工具在罗克辛看来就是一种法益保护的机能，在构成要件阶层主要是贯彻法益保护的机能）？因此，此时的争议实际上围绕着价值判断应如何填

① 参见罗世龙：《形式解释论与实质解释论之争的出路》，载《政治与法律》2018 年第 2 期。

② 参见罗世龙：《形式解释论与实质解释论之争的出路》，载《政治与法律》2018 年第 2 期。

③ 参见［日］小野清一郎：《犯罪构成要件理论》，王泰译，中国人民公安大学出版社 2004 年版，第 22 页。

④ 参见劳东燕：《刑法解释中的形式论与实质论之争》，载《法学研究》2013 年第 3 期。

充刑法规范目的具体内涵而展开,这实际上并不是实质解释与形式解释之争。[①] 可见,不承认现代意义上的实质解释与形式解释之分的观点认为,现代意义上的争议是在传统维度的实质解释内部展开的,故否定存在形式与实质之争。无论是否承认真正存在当代意义上的形式解释与实质解释之争,学者们在当代维度的相关争议发生在价值论内部,涉及的不再是是否需要价值判断,而是如何适用价值判断上已具有共识。

德日刑法理论对我国刑法学的发展产生重要影响大致从20世纪90年代中后期才开始,因而,传统维度的形式解释与实质解释之争未在我国刑法学中引起纷争。从学术源流上来说,张明楷老师是受日本刑法学者前田雅英的影响,从而把当代意义上的实质解释论引入中国,由此开始与以陈兴良老师为形式解释论代表的实质解释与形式解释之争。[②] 值得注意的是,形式解释与实质解释的对立不仅表现在构成要件的解释上,在我国已是一种方法论的对立,并推演至阶层论犯罪论体系之下犯罪论立场的对立,同时是刑法观的对立。[③]

以张明楷老师为代表的实质解释论者对实质解释的诠释主要针对构成要件的解释,基本内容(或要求)可归纳为如下三点:第一,对构成要件的解释必须以法条的保护法益为指导,而不能仅停留在法条的字面含义上。第二,犯罪的实体是违法与责任。必须将字面上符合构成要件、实质上不具有可罚性的行为排除于构成要件之外。第三,当某种行为并不处于刑法用语的核心含义之内,但具有处罚的必要性与合理性时,应当在符合罪刑法定原则的前提下,对刑法用语作扩大解释。[④] 以陈兴良老师为代表的形式解释论提倡,基于罪刑法定原则所倡导的形式理性,通过形式要件,将实质上值得科处刑罚但缺乏刑法规定的行为排斥在犯罪范围之外。[⑤] 事实上,我国的形式解释论与实质解释论之争已经蔓延至对整个犯罪论体系的解释立场上来。当然,纵使在实质解释论者与形式解释论者各自内部,其在若干观点上仍存在分歧。

(二)形式解释与实质解释之争

形式解释与实质解释的具体对立内容可归结为这样几个方面:[⑥](1)对构成要件的形式判断与实质判断的关系观点不同;(2)对何为刑法漏洞以及如何填补刑法漏洞观点不同;(3)对罪刑法定的理解有所不同,并由此影响对不利于被告人的扩大解释的态

---

① 参见杜宇:《刑法解释的另一种路径:以"合类型性"为中心》,载《中国法学》2010年第5期。

② 实质解释论者:张明楷、刘艳红、苏彩霞等;形式解释论者:陈兴良、邓子滨;中间立场者:劳东燕、周详、杜宇;其他观点:本书主张阶段论立场——因刑事法治发展的不同阶段,分别选择不同的立场。

③ 参见刘艳红:《形式与实质刑法解释论的来源、功能与意义》,载《法律科学(西北政法大学学报)》2015年第5期。

④ 参见张明楷:《实质解释论的再提倡》,载《中国法学》2010年第4期。

⑤ 参见陈兴良:《形式解释论的再宣示》,载《中国法学》2010年第4期。

⑥ 参见劳东燕:《刑法解释中的形式论与实质论之争》,载《法学研究》2013年第3期。

度；（4）对刑法规范性质的界定有所不同，对构成要件机能的理解也存在相异之处；（5）存在偏向主观解释论还是偏向客观解释论的区别；（6）在解释方法的选择或偏好上有所区别；（7）对疑难案件在司法中的地位有不同认识，在解释的重要性的判断上也存在差异；（8）对解释者的自由裁量权的看法有所不同。

形式解释与实质解释的对立首先直观体现在对"可能的文义"范围的界定上。关于构成要件的形式判断与实质判断的关系，当代形式解释与实质解释的争执已演化为承认实质判断与形式判断同时需要的情况下，在逻辑顺序上如何安排的问题。也就是说，二者发生冲突时，哪种判断优先的问题。形式解释论主张形式判断对实质判断的制约，而实质论者对此位阶问题大多未做过明确论述。该类问题事实上也与二者在解释方法的选择或偏好上相关联，即形式解释论者更为看重文义解释，而实质解释论者更推崇目的解释。例如对于"使他人鱼塘里的鱼流失""将他们贵重的首饰扔入大海""在餐具中投入粪尿"等行为，形式解释论与实质解释论对"毁坏"的解释发生文义解释与目的解释的冲突，在处理结果上大相径庭。① 这实际上是一种扩张的实质理性和形式理性发生冲突的情形。二者最大的分歧所在是解释的限度问题，形式判断和实质判断谁先谁后的问题在此并不重要，它不是宣称形式解释论还是实质解释论立场就可以解决的问题，该问题是由法文字本身的特性所带来的。这导致我们对"可能的文义"范围的追问，如前所述，"可能的文义"边界在哪里？

与此同时，形式解释论者颇受概念法学之强调逻辑一贯性的影响，恪守罪刑法定主义原则，加持刑法的客观性和稳定性。在一以贯之的逻辑指导下，形式解释论者主张严格解释，只承认有利于被告人的扩大解释；选择舍弃对当下生活的刑法及时观照而"不能将立法的缺陷转嫁给被告人承担"②，将经由形式解释得出的结论与实质正义相悖的场合都视为刑法的漏洞，势必导致其界定出的刑法漏洞区域大于实质解释论者所确认的范围；在刑法漏洞的填补方式选择上，立法填补是其不二之选；出于对权能界分的考虑，形式解释论警惕解释者自由裁量权的扩大，主张严格限制法官的自由裁量权；形式解释论者一般认为刑法规范首先是利于国民预测可能性的行为规范，解释的内容通常居于国民容易预测的可能文义的核心；形式解释论在处理疑难案件上表现得相对克制并保守。实质解释论者多少受刑法功能主义转向的影响，强调刑法适用主体的价值需求，具有一定的主观性和易变性。在此面相下，实质解释论者主张灵活解释，容许对不利于被告人的扩大解释；充分重视刑法解释功能的发挥，在刑法漏洞的填补

① 形式解释论的代表陈兴良教授认为不成立故意损害财物罪。参见陈兴良：《教义刑法学》（第2版），中国人民大学出版社2014年版，第53页。而实质解释论的代表张明楷教授则认为成立故意毁坏财物罪。参见张明楷：《罪刑法定与刑法解释》，北京大学出版社2009年版，第96页。

② ［日］曾根威彦：《刑法学基础》，黎宏译，法律出版社2005年版，第18页。

上优先选择刑法解释的方法,主张能够通过刑法解释解决的问题就不属于真正的漏洞,立法填补是退而求其次的选择;实质解释论强调解释者的能动性,为达到规范目的之正义,通常倚重法官在刑法解释中的自由裁量权;实质解释论者一般认为刑法规范首先是针对法官的裁判规范,不排除在个别案件中解释的内容偏离可能文义的日常含义;实质解释论在处理疑难案件上通常积极作为。

从对具体案件的处理中可以发现,实质解释论者法益保护主义的倾向明显,而形式解释论者更重视保障古典刑法优先保护的个人自由。因此,实质解释常常被怀疑是一种入罪的扩张性解释,而形式解释常常被攻击的问题之一即对法益保护力有不逮。

四、刑法解释的阶段性抉择

(一)刑法解释与立法质量

有法可依是法治国家的应有之义,立法是保障有法可依的前提,也是法律运行和操作的初始环节。尽管我国的立法质量在不断提升,也逐步建立了完备的具有中国特色的社会主义法律体系,但立法质量仍有提升空间,应逐步转变无法可依状态下"宜粗不宜细"的立法思想①,从全局出发,有计划、有步骤地开展立法工作,吸收公众参与立法并适时修改和完善法律,保证立法的科学性和现实性。立法的真正困难与其说是形式或解释规则,不如说是立法在社会中的作用这一更为根本的问题。但立法质量问题没有简单或单一的解决办法:必须对机构进行修改,改革必须采取广泛路线,必须增加各种立法前的活动,必须从机构外面引进各种专家,起草人必须受到更专业的培训等。② 作为刑法基本原则之一——罪刑法定原则的实质侧面内容之中,针对所谓"恶法非法"的讨论、对刑法合理性、人道性等要求,包含对适正刑法的筛选与对善法的呼唤,也是对刑法立法质量的间接要求。

就目前我国刑事立法的现状而言,相比较 1979 年《刑法》,我国刑法立法及修订情况的新转向突出表现在三个方面:一是罪名的增加——由 1979 年《刑法》的 129 个罪名扩展至 414 个罪名;二是犯罪圈的膨胀——刑法修正案是 1997 年《刑法》颁布后修正刑法的基本方式,十一个刑法修正案以增加新罪名与扩大原有个罪的犯罪圈为主要修订内容;三是司法解释明显的立法化倾向。总体而言,"罪刑构造呈现'四化'发展态

① 针对转变"宜粗不宜细"的立法思想要注意到,这里不是指立法要特别详细,而是指应试图规范我们生活的每一部分,力求阐明规则和司法裁决能够适应个别案件需要的原则。

② See Alec Samuels, *Improving the Quality of Legislation*, Anglo-American Law Review, Vol. 3, 1974.

势，又使法教义学出现‘五新’发展特色”[①]。

“科学立法保证良法善治，严格执法维护法律权威，公正司法确保公平正义，全民守法提振社会文明”[②]。2019年10月31日中国共产党第十九届中央委员会第四次全体会议通过的《中共中央关于坚持和完善中国特色社会主义制度　推进国家治理体系和治理能力现代化若干重大问题的决定》中，从党和国家事业发展的全局和长远出发，就完善立法体制机制作出了战略部署：“坚持科学立法、民主立法、依法立法”。足见“良法”作为“善治”的利器在国家治理中举足轻重的地位。不言而喻，立法质量是法治国家与社会的关键所在，是国家治理体系和治理能力现代化的重要保障。

尽管评价立法质量、构建评估制度是一个高难度工作，但从近年来刑法适用实践中疑难案件的现状（如许霆案、陆勇案、于欢案、王力军案、赵春华案、于海明案等）可以看出，我国当前《刑法》及立法技术尚不完备，尚存在需要改进的地方。这直接导致刑法解释中对我国“但书”的理解出现不同看法，如“但书”是否可以作为出罪的直接依据，在实践中如何把握“情节轻微”“危害不大”，如何对“正当防卫”中“正当性”进行评价，部门法之间规范的边界如何界定等问题。笔者主张建立刑法“二元立法机制”，实行刑法和行政刑法的并立体例，从根本上解决行政执法与刑事司法衔接难的问题，以推动我国刑法的科学立法。[③]

总之，高质量的刑事立法有利于国民理解刑法条文及精神，进而更容易发挥刑法的指引功能；高质量的刑事立法同样容易减少刑法漏洞与解释分歧，使刑法及时发挥保障公民合法权益的功能，为刑法解释工作“减负”。反之，滞后及质量不高的刑事立法无疑会增加刑法解释的困难，影响刑法功能及效益的展开。

（二）刑法解释与法官素质

法官是司法适用的主体，在法律适用过程中通过各种方法完成事实与规范的融合。在我国，法官是否拥有解释法律的权利并不明确。依据我国当下的法律规定，法律的有权解释包括立法解释、行政解释和司法解释。有权解释主体分别为立法机关、行政机关和司法机关，即全国人大及其常务委员会、国务院、最高人民法院和最高人民检察院。从我国现有法律规定中并不能直接得出法官可以进行法律解释的结论。但

① “四化”是指刑法实践上体现为罪刑构造的“四化”态势：刑法介入的早期化、入罪标准的模糊化、保护范围的扩大化和刑法作用的工具化；“五新”是指风险刑法的模式转变中呈现五种新的理论特色：呈现新理念、引入新工具、出现新策略、发挥新功能和发展新取向。姜涛：《社会风险的刑法调控及其模式改造》，载《中国社会科学》2019年第7期。

② 张文显：《中国法治40年：历程、轨迹和经验》，载《吉林大学社会科学学报》2018年第5期。

③ 参见李晓明：《行政刑法新论》，法律出版社2019年版，再版“序言”第7页；李晓明：《论刑法与行政刑法的并立》，载《法学杂志》2017年第2期。

我国法官进行案件审理工作,也拥有事实上较大的司法自由裁量权。故无论从理论逻辑还是审判实务的实际出发,我国的法官事实上、也应当享有法律解释权。只不过,如果说上述立法解释、行政解释和司法解释是一种“抽象解释”,法官在具体个案中适用法律时对法律的解释就是一种“具体解释”[①]。

“法官素质,指的是作为居中裁决者的法官在处理具体案件时所表现出的各种能力的综合体,具体可分为政治素质、专业知识、实践经验、专业能力、道德素质和性格特征六个方面的要求。”[②]另外,对于法官职业共同体而言,德性、知识、理性和经验是法官素质结构的重要部分,也是作为正义实现过程的司法对法官的特殊要求。[③] 显然,法官素质影响着刑法解释,进而影响司法效果。如若法官的刑法解释不规范或主观性过强,对同一个刑法条文的解释结果个体差异性较大,势必会影响刑法的权威。

对于作为“社会最后一道防线”的刑法,法官解释确定性的影响力更大。因此,法官在刑法解释的实现路径上应接受法律文本的规范性约束、遵守刑法解释的基本规则,甚至必要的制度约束。在具体的刑法解释立场选择上,也有学者建议结合整体法官素质现状,对解释立场做出选择。

(三)刑法解释与司法环境

有权刑法解释是一项具体的刑事司法活动,而任何司法活动都需要在一定的社会、经济、政治、文化、法律环境之中开展,离开了司法环境,刑法解释就成为“无源之水,无本之木”。刑事司法环境,是指与法院刑事司法活动有关的各种因素的总和,它包括刑事司法依据、司法主体、传统文化心理社会体制和价值观念等一系列影响刑事司法活动的因素。[④] 从另一侧面,司法环境可分为司法内部环境及司法外部环境。其中,司法内部环境包括法院内部职权设置、法院的层级设置、法院的司法行政化等;而外部司法环境是指与司法活动密切相关的,由政治、经济、社会、文化等若干因素构成的有机体系。刑事司法环境与社会环境、经济环境、政治环境、文化环境有着密切的联系,它因这些环境因素的改变而改变。刑事司法环境、刑事司法活动和人民法院刑事司法权威之间存在互相影响、互相作用的关系。

法官素质是刑事司法环境中影响司法公正的首要环境要素。[⑤] 法官是重要的司法主体,恰如第二部分所述,德性、知识、理性和经验是法官素质结构的重要部分,法官的素质影响着刑法解释效果,进而影响司法公正的实现。司法公正包括实体公正和程序

---

① 参见刘延和:《刑法解释与适用研究》,法律出版社 2016 年版,第 18 页。

② 孙洪坤、王春梅:《法官素质与司法公正》,载《中共长春市委党校学报》2004 年第 1 期。

③ 参见冯军、刘涛:《德性、知识、理性、经验——法官的素质解读》,载《学习与探索》2004 年第 1 期。

④ 参见张东方、吴林轶:《刑事司法环境问题初探》,载《铁道警官高等专科学校学报》2010 年第 1 期。

⑤ 参见马贵翔:《论司法环境对司法公正的影响及其制度构建》,载《杭州商学院学报》2004 年第 2 期。

公正。无论是在准确认定事实、正确适用法律的实体公正方面,还是在接受和审理案件方法的程序公正方面,法官的专业素养、职业道德素质都会直接影响司法公正的最终效果。

除此之外,如第一部分所述,刑事立法的质量同样影响刑法解释的效果。而外部环境中相应部门的监督是否缺位,部分专家学者个人的倾向性评判,媒体、舆论、受传统文化和价值观念影响的民意,甚至"案多人少"的客观人力资源配置现状,都可能从个案层面上影响刑事司法的过程和效果,增强或消解刑法解释的整体效果,影响刑法解释的立场选择。

(四)刑法解释与法治进程

"法治"在不同时期、不同场域具有不同含义。古希腊哲学家亚里士多德关于"法治"的著名论断为:"法治应包括两方面的含义,一是已制定的法律得到普遍的服从,二是大家所服从的法律又应该是制定得良好的法律。"①作为一种与人治相对立的治国方略,法治主要就是指依靠良法来治理国家,法治国家就意味着法律至上,依法而治、依法治权。刑法解释与法治、法治进程之间就此产生某种互动与关联。

我国自1978年改革开放以来的40多年也是法治建设的40多年。这其中,中国法治建设历经法制建设新时期(1978—1997年)、依法治国新阶段(1997—2012年)、全面依法治国新时代(2012年至今)三个历史阶段,发生三次历史性飞跃。② 中国法治的这40多年进程,取得了辉煌的法治建设成就,为实现法治现代化、建成社会主义法治强国打下了坚实基础。

如前所言,从近年来刑法适用实践的现状来看,有学者主张,不能盲目地跟风德日法治国家,盲目采取实质解释论,应根据各自所处的法治阶段做出选择。③ 更有学者进一步主张,刑法解释应契合当下的社会需求与法治环境。在需要营造严格依法治国的氛围、坚守罪刑法定原则、关注人权保障落实的现阶段采取以主观解释为主、客观解释为辅的折中说;当将来法治发展到更为健全和完善的阶段时采取以客观解释为主、主观解释为辅的折中说。④

在刑事法治建设的初期,为配合建设真正的刑事法治环境,就必须选择刑法的形式解释方式,而不能够为了所谓的打击犯罪或追求刑法的立法目的一味地进行实质解释。当国家的刑事法治的司法环境与氛围已经形成,尤其是国家的刑法制度以及立法技术已经较为完备,为了追求刑法的执行效果或防止有人利用刑法的形式解释漏洞而

---

① [古希腊]亚里士多德:《政治学》,吴寿彭译,商务印书馆1965年版,第199页。

② 参见张文显:《中国法治40年:历程、轨迹和经验》,载《吉林大学社会科学学报》2018年第5期。

③ 参见劳东燕:《刑法解释中的形式论与实质论之争》,载《法学研究》2013年第3期。

④ 参见李晓明:《刑法学总论》,北京大学出版社2016年版,第127页。

逃避法律制裁,此时可以更多地选择刑法的实质解释方法。客观理性地认识我国刑事法治的历史进程和发展阶段,不能不说对刑事司法解释方法的选择具有重要影响和密切关联。[①]

因此,将刑法解释的方法分阶段推进,更加符合刑法的发展阶段与规律,同时符合我国的现实状况。在我国树立刑事法治环境阶段,为了建设刑事法治环境和落实罪刑法定原则,应坚持刑法的形式解释论。这个阶段的公民对"法"的理解尚不透彻,若依照实质解释论的观点,要求其对刑法进行实质上的探求,难免有"强人所难"之嫌;此时坚持形式解释论有利于保障公民的自由及法治建设的长足、健康发展。在刑法法治环境已经完善的阶段,包括《刑法》及立法技术也更为完备时,可以适用刑法的实质解释方法。此时公民已经对法律条文有一定的理解并树立了理性的思考方式,从立法目的和实质上来解释刑法,有利于对法益的保护以及对罪刑法定原则的贯彻落实。[②]

这种刑法解释的阶段性抉择论不无道理。但也许有学者会提出:社会的发展是线性的还是非线性的?法治进程与法律解释之间到底是什么样的关系?……这些问题都还有待进一步探讨。

---

① 李晓明:《司法解释中不可缺少的元素:刑事判例——从英美法系和大陆法系趋于融合说开去》,载《苏州大学学报(哲学社会科学版)》2014 年第 6 期。

② 参见李晓明:《刑法学总论》,北京大学出版社 2016 年版,第 147、148 页。

第十八章　刑法解释实践论：立法解释、司法解释与学理解释

刑法解释的理论发展必然影响立法和司法实践，下面我们从立法、司法、学理三个方面讨论。

一、刑法解释的症结：法律漏洞的填补与刑法坚守

（一）法律漏洞的填补

由于英美法系的法官造法构造，法律漏洞这一概念事实上是在大陆法系中建立的，而英美法系国家与此相对应的情形常被称为疑难案件。当法律漏洞的客观存在被确定后，随之而来的就是法律漏洞的填补问题。显然，法律漏洞的认定是进行法律漏洞填补的前提。

当概念法学向我们展示它在法律外在体系建构中的逻辑优势后，其显然更多地要依赖对立法的适用等司法过程来发现与认定法律漏洞，这一工作往往直接由法官来完成：法官在面对一个具体案件时，他首先需要根据案件证据及大量相关资料提炼、归纳出规范性的案件事实，然后从归纳出的案件事实去寻找对应的法律规范（法官找法的过程）。如若法官在此过程中，找到了可以适用于案件裁判的规范，则不会出现法律漏洞的认定；如若法官在现行法律规范中未能找到可以恰当适用的法律规范（比如，没有相应的规范、现有规范之间相互矛盾或者现有规范明显不妥当），但本案中又出现了“值得保护的利益”并必须裁判时，通常就认定此时出现了法律漏洞。例如，我国现行《刑法》中规定的强奸罪，指已满14周岁的男性对女性的一种性侵害。但事实上在社会中存在女性强奸男性、同性之间的强奸情况，这种现象超越了当下立法，但其法益侵害程度及社会后果与男性强奸女性相比并无二致。

此时,是否存在刑事法律规范的漏洞,是法官应考虑的漏洞认定问题。当然,法律漏洞的认定既对认定主体有一定的要求,同时认定活动本身也应保持应有的克制。需要指出的是,并不是所有的法律漏洞都是真正的法律漏洞,也不是所有的法律漏洞都需要或能够填补的。[①]

在法学方法论的场域下对法律漏洞进行填补具有多种路径与多种方式。法律漏洞填补的基本路径大体有四种:一是立法填补,是指国家通过立法机关的制定新法、修订旧法、废止法律等活动对法律漏洞进行填补;二是司法填补,是指由司法机关在适用法律的过程中,通过对法律的解释、修改与补充取得对法律漏洞的填补功效;三是法官的自由裁量,是指法官在案件审理的过程中,经由被赋予的或大或小的自由裁量权的行使,有意或无意地促成对法律漏洞的填补;四是学理填补,是指非公权力主体对法律漏洞进行的填补,通常表现为专家、学者、科研机构、社会组织等非官方主体的行为。[②]相比于前三种路径,学理填补不具有法律效力,但对前三种路径的发展与纠偏显然不无价值。

法律漏洞的补充,或为法律内法律解释活动的继续,或为超越法律的法外续造活动。法律漏洞填补的通常方法有类推、目的性扩张、目的性限缩及创制性补充。所谓类推是指对于系争案件法律没有明文规定时,比照法律已有明文规定的案件类型、因二者之间具有案件类型重要特征的相似性,进而依照该法律规定进行处理。对类推适用的精要描述为"类似事物得以类似处理"。当然,类推适用的关键在于如何判别拟处理案件类型与法律明文规定案件类型具有规范意义上的一致性。目的性扩张盖因法律规定的立法意旨过于狭窄,不能将应当涵盖案型包括进去,故而将适用范围扩张至应当涵盖而原未涵盖之案型。它与目的性限缩相同,均以立法意旨作为调整适用范畴的依据,因此学说上称为"目的性扩张"。目的性扩张与扩张解释不同,扩张解释是指系争案型本就在规范"可能的文义范围"之内,只不过处于非核心范围而作超出通常理解的解释;目的性扩张是指系争案型不在规范"可能的文义范围"涵盖之内,出于规范意旨的考虑将其纳入进去。与目的性扩张相反,目的性限缩源于有时法律规定的立法意旨过广,将不同案型置于同一法律规定之下,以致造成"不同案件作相同处理"的后果。为消除这一缺憾,可将不符合该规定立法意旨的部分排除在适用范围之外,恰如花盆底部之设计必须有洞以便能够排水,以使盆栽能够生生不息。创制性的补充,是指当拟处理的案型在法理上有加以规范的必要,但依据前述类推适用、目的性扩张、目的性限缩均无法找到可以依据的规范时,便有了拟规范的必要。这种做法即为"创制

① 参见李秀芬:《法律漏洞的特征与填补路径》,载《华东政法大学学报》2019 年第 6 期。
② 参见李秀芬:《法律漏洞的特征与填补路径》,载《华东政法大学学报》2019 年第 6 期。

性的补充”[①]。有学者还提出了法律漏洞的其他补充方法，比如，依指导性案例补充、依习惯补充、依民法原则补充、依比较法补充、依法理学说补充等，[②]甚至依据德沃金的原则理论引出的法律原则对法律漏洞的填补方法也不无道理。以上方法没有优劣之分，不同的方法适用的范围也不一样，这需要根据案件类型的不同作出不同的选择。而我国对法律漏洞的填补事实上主要在司法实践中进行，借助指导性案例及司法解释完成，二者共同致力于法律解释及漏洞填补工作。

当然，关于上述法律漏洞填补的方法中，就司法能动性与法律安定性的衡平上，有学者做过反思性梳理。在现有法律漏洞填补方法中，无论是原则解释、法学方法论、法官续造还是程序主义的进路，既存在各自的优势，也均有这样或那样的局限。纵使是我国学者青睐的法学方法论范式，也缺少为什么要适用这些补充方法的本体论依据。其就此提出，法律漏洞填补“在主观能动性与法律安定性之间，在司法与社会之间，在法官与其他主体之间，最终能够达到多元统一、中庸和谐的司法艺术境界”的“能动平衡”的司法进路。[③] 这不无道理，在法律漏洞填补的研究中，此种反思值得重视。

（二）刑法的坚守

上述法律漏洞的填补是在法学方法论的场域下进行的探讨，而法律漏洞的填补存在边界。从部门法的角度而言，如前面章节所述，在刑事法领域，既包括犯罪构成方面漏洞的填补，也包括刑罚方面漏洞的填补。类推适用、目的性扩张、创造性的补充等漏洞补充方法通常被禁止，目的性限缩被保留。

1. 类推适用、目的性扩张、创制性补充的通常禁止

在刑事法领域，类推适用与罪刑法定原则相互抵牾。我国1979年《刑法》由于立法经验不足，根据实际情况规定了类推制度，1997年《刑法》废除了类推制度，进行了关于刑法基本原则的重大修改，确立了罪刑法定原则。作为罪刑法定原则形式侧面内容之一的类推适用禁止，体现了刑事法律限制司法权行使的目的及保障人权的需要。建立在民主主义与预测可能性等现代法治共识上的类推禁止，纠偏了在刑事法活动中“刑不可知，则威不可测”的传统认识。传统中国还产生了比附和运用情理等制度和方法，都曾在整个法律适用场域发挥过积极作用，但不足以证明其在现代刑法适用中的正当性。总之，类推因瓦解罪刑法定、对个人自由形成威胁而作为常识被视为刑法学理上的“禁止”。在刑法适用实务中，尤其提倡警惕借扩大解释、实质解释之名行类推适用之实。比如，有学者以“两高”“网络诽谤”司法解释为例，指出不应直接将对“公共场所”的解析扩大至“网络空间”，我国刑法中没有“虚拟空间”中“公共场所”的立法

---

① 参见黄茂荣：《法学方法与现代民法》（第5版），法律出版社2007年版，第492-503页。

② 参见曹磊：《法律漏洞司法填补研究》，山东大学2017年博士学位论文，第82-98页。

③ 参见唐健飞：《法律漏洞填补的司法进路》，载《社会科学》2014年第9期。

先例和根据。[①] 也有学者建议,在具体标准上根据社会一般人是否会对某种解释结论产生“明显突兀感”来区分类推适用和扩大解释。[②]

需要注意的是,“罪刑法定原则分形式侧面和实质侧面,形式侧面禁止一切类推解释。实质侧面以及法治原则,决定了禁止类推解释只是禁止不利于被告人的类推解释,应允许有利于被告人的类推解释”[③]。至少,有利于被告人的类推适用在刑事法理论中已达成共识。

关于目的性扩张,因其超出了规范“可能的文义范围”不能轻易落入国民预测可能性而在刑法解释活动中通常被禁止。对于该通说,有学者持不同意见,认为目的性扩张同样可以作为刑法解释方法之一对刑法漏洞进行填补。比如,“非真正刑法漏洞主要指刑法规范实际存在,只是概念过于抽象、模糊或存在疑义,需要采用解释方法或价值判断的方法使其明确化、具体化的情形。对于非真正刑法漏洞一般可以通过采用目的性扩张、目的性限缩、当然解释以及合类型性解释等方法进行填补”[④]。该学者以案例引出应如何理解刑法条文关于遗弃罪中“对年老、年幼、患病或者没有其他独立生活能力的人有扶养义务而拒绝扶养,情节恶劣的”中的“扶养义务”,除亲属之间的法定扶养义务外,是否还包括职业、职责要求所须履行的扶养义务(如养老院、福利院等机构是否是该义务的主体),并得出根据客观解释论赋予扶养义务适当含义(将扶养义务解释为既包括亲属间的扶养义务,也包括因职责等的要求必须履行的扶养义务)的结论,展示目的性扩张解释方法对非真正刑法漏洞的填补过程。但本书认为,案例中的“扶养义务”毕竟只限定于亲属之间,作扩大解释只是超出了法律规定的范围。目的性扩张本身能否作为刑法解释方法暂且不论,但该观点是目的性扩张的解释方法,故理解为扩张解释更恰当。

与目的性扩张在刑法解释中备受争议不同,目的性限缩作为降低刑法入罪概率的解释方法因饱含实现人权保障机能、有利于被告人等理念较容易被学者认可而在刑法解释中几乎毫无争议地被保留。此外,创制性的补充因明显被归类为“法外续造”而不能为刑事法领域的漏洞填补方法所接纳。

2. 难寻的答案

尽管上述漏洞填补方法的允许与禁止表明了刑法中的一般坚守,并在目前取得了主流学说的地位,但针对这种通说中的禁止是否全部当然合理,不少理论界学者与司

---

① 李晓明:《刑法:“虚拟世界”与“现实社会”的博弈与抉择——从两高“网络诽谤”司法解释说开去》,载《法律科学(西北政法大学学报)》2015 年第 2 期。

② 参见付立庆:《刑罚积极主义立场下的刑法适用解释》,载《中国法学》2013 年第 4 期。

③ 张明楷:《罪刑法定与刑法解释》,北京大学出版社 2009 年版,第 94 页。

④ 任彦君:《论我国刑法漏洞之填补》,载《法商研究》2015 年第 4 期。

法实践者从未停止过有益质疑。这些质疑主要集中于类推到底在刑事法领域该不该被禁止？逻辑上能否被真正禁止？类推与扩大解释等诸多解释方法之间有清晰的操作标准吗？同时，也有对其他漏洞填补方法的质疑，包括但不限于以下问题：目的性扩张、创造性补充方法在刑事法领域真的没有运用的可能性吗？

这些问题显然不单是中国的，也是世界的。[①] 考夫曼也曾指出，法天生带有类推的性质，法律发现、法的适用其实就是类推的过程，解释和类推没有任何性质与本质上的差异，只是程度有所不同而已。因此，考夫曼认为，"刑法上根本或从来不曾有过严格的禁止类推，亦即禁止任何一种创设或加重刑罚的类推"[②]。我国学者随后极富洞见地指出，作为区分刑法解释与类推标准的"可能的文义范围"，因着语言本身非单义性的特性，二者的区分在技术与方法上既不可行也不可靠。我们虽然试图在刑法中禁止类推，却并不对目的性限缩予以压制。然而目的性限缩与扩张性的类推相似，同样可能损害法的安定性价值。"解释与类推并不形成对立，法律解释如果不以类推为基本思考方式，根本无法实现。经由文义的、体系的、历史的、目的论的或其他种类的解释来澄清法律的意义，只有在类推操作的程序中方有可能"[③]。也有越来越多的学者认识到了该问题，如"扩张解释与类推解释是否有分界线，笔者认为他们之间是没有严格意义上的界分"[④]。对"禁止类推"命题的讨论并非旨在进行结构性的颠覆，而是寻求如何合理地进行类推，即界定"允许的类推"与"禁止的类推"、类推论证与类推适用才是需要解决的真问题。

"类推适用的解释方法以不与刑法总则原则性规定、整个刑法体系和保障人权机能冲突为合法性的界限"；目的性限缩的解释方法的界限"应当在于其在不违背刑法总则的原则性规定、不造成整个刑法体系矛盾基础上有利于被告人"[⑤]。目的性扩张的方法有其合理性和存在的必要，创造性补充方法因相对罪刑法定而同样有其存在的空间和可能。

总之，这些逆向的反思至少指出了类比推理思维是前述涉及的所有具体解释方法

---

① 关于"类推解释"的性质：一是认为，类推解释与类推适用是同一概念，两者没有区别；二是认为，类推解释与类推适用存有极大的差别，前者属于狭义的法律解释之范畴，后者则是一种法律漏洞之补充技术，两者应严格区分；三是认为，在狭义之法律解释观念下，类推是一个外在于解释的范畴，因而类推解释概念本身就自相矛盾，根本无成立之余地。参见杜宇：《刑法上之"类推禁止"如何可能？一个方法论上的悬疑》，载《中外法学》2006 年第 4 期。

② ［德］考夫登：《类推与事物本质——兼论类型理论》，吴从周译，学林文化事业有限公司 1999 年版，第 11、153、155 页。

③ 杜宇：《刑法上之"类推禁止"如何可能？一个方法论上的悬疑》，载《中外法学》2006 年第 4 期。

④ 赵润林：《论刑法扩张解释的界限与方法》，云南大学 2012 年硕士学位论文，第 27 页。

⑤ 包健、蒋涛：《刑法解释是否可以适用"漏洞补充"方法》，载《政治与法律》2008 年第 4 期。

的共通内核,学者在对类推解释与类推适用是否为同一概念这一预设产生争议的基础上,衍生出种种与通说对峙的观点。无疑,这对于深化问题的认识是有益和必要的。

二、刑法解释的立场:类型思维与法律论证

(一)场域的区分

就刑法解释而言,解释立场是其最基本的问题。所谓立场,是指人们在认识和处理问题时所处的地位和持有的态度。刑法解释中的立场,是指刑法解释者在适用刑法时对法律的态度和持有的价值取向。刑法解释立场决定着法律适用者在解决具体案件时的法律思路,不同的立场会导致对同一案件得出不同的处理结论,甚至虽然得出同样的处理结果,但其论证的过程也会大相径庭。关于刑法解释立场,学界同样存在不同的观点。如前面章节所述,以刑法解释的目标为标准,将刑法解释的立场区分为主观主义与客观主义甚至综合主义,主观解释论主张从立法原意来解释刑法,客观解释论主张对刑法文本进行同时代的解释,而综合主义是主观主义与客观主义相互综合的产物。以刑法解释中价值判断的限度为标准,将刑法解释的立场区分为形式解释与实质解释,形式解释论主张维护刑法的安定性,强调刑法解释主体与刑法解释文本之间的符合性,实质解释论主张寻求刑法的实质正义性,强调刑法解释主体一定的解释创造性。甚至以刑法解释具体方法的位阶为标准,在位阶性"肯定说"阵营内将刑法解释的立场界定为"文义解释优先性的地位、论理解释补充性的地位"。当然,如前所述,位阶性是否存在尚且有待商榷。

形式解释与实质解释及主观解释与客观解释之间的关系目前尚未有清晰的厘定,在主观解释与客观解释、形式解释与实质解释的立场中,有必要澄清两对解释立场概念的场域。不少学者将主观解释等同于形式解释,将客观解释等同于实质解释,这里需要进行非常必要的纠偏。如有学者认为,"客观解释立场往往导出实质解释结论,主观解释立场往往得出形式解释结论。于是,以客观解释论为立场的形式论者和以主观解释论为立场的实质论者都可能犯下钻冰取火、南辕北辙的错误"①。实践证明并非如此,形式解释论者也可能是客观解释论的支持者②。主观解释与客观解释、形式解释与实质解释两对范畴之间并非一一对应关系。

在法哲学或法学方法论意义上讨论法律解释的目标时,出现了主观论与客观论,即主观主义的解释和客观主义的解释这两种基本立场。前者以探究立法者的立法原意为目标,后者以解析法律内存的意义为目标。③ 主观主义的解释立场,实际上强调的

① 胡月军:《简评实质刑法观与形式刑法观之争》,载《中国图书评论》2010年第9期。

② 如陈兴良教授提倡形式解释论,但实际上偏向了客观主义的解释立场。

③ 参见[德]卡尔·拉伦茨:《法学方法论》,陈爱娥译,商务印书馆2004年版,第197页。

是一种立法者的主观，立法者在条文当中的规范意旨、规范目的是什么，我们在解释时要遵循立法者的立法原意；客观主义的解释立场，是说法律的解释应该是一种同时代的解释，应当考虑的是在一个不断变迁的社会背景下，法律规范放到一个新的变化的社会情势下，它要面临的问题是什么，在这样的问题中，法律应该具有什么样的客观含义。所以，客观主义的解释立场强调的是法律解释不一定要遵循立法者在制定规范的时候所试图通过规范去实现的目的，而要关注规范和它当下试图所要解决的问题之间的适应性。因此，它强调法律的解释可以随时代进行变迁，强调法律解释要对当下问题的解释带来的妥当性。

因此，如果从以上意义上去分析主观解释与客观解释立场之争，它跟刑法解释当中的形式解释和实质解释有相当大的区别。首先，从源流上来说，如果认为刑法上的形式解释和实质解释是源于日本刑法学对构成要件解释的这一职能，显然主观解释与客观解释的这种解释立场要远远早于刑法学界有关形式解释与实质解释之争。所以，在它们的产生之初，并没有太多今天中国刑法或日本刑法意义上的这种形式解释和实质解释立场之争意思。其次，从实际的内涵来说，形式解释与实质解释之争并不在于说是否要遵循立法者的原意，还是说能否适度地偏移立法的原意而面向当代来进行解释、面向当前必须解决社会问题来进行解释，是否强调法律解释的变迁性、回应性，所以在内涵上也与主观解释与客观解释有相当大的区别。所以，不能把形式解释论看作一种主观解释，而实质解释论就是一种客观解释。但是，毫无疑问，虽然两者之间不能进行一种绝对地等同，实际上，实质解释论在立场上偏向于客观解释。换言之，它是一种相对比较务实的、以强调问题的妥当解决为方向的一种解释论。所以，当前问题出现后，为妥当解决问题，为了社会需求，实质解释论比较容易或倾向于赞同实质解释论，它不太会受到立法原意的影响。所以，即便有学者做历史变迁的考察，他往往是要考察规范目的的变迁脉络，通过脉络的探寻来考虑面对当下的问题，从而对当下问题的解答进行方向定位。所以，就此很容易得出这样的结论：实质解释论更容易偏向于客观解释。

而形式解释论也并不是说强调对主观的立法意图的追寻，它强调的是基于形式理性的判断优先。这种基于形式理性的判断优先是不是就能够理解为立法者的一种规范目的？从理想类型的角度去看，当然存在一种可能性，即因为立法文字本身与立法语言的表述是立法者选择的，当人们追寻立法者所选定的这种语言并且尊重这种语言的通常含义时，在某种意义上就是表达了一种对立法原意的一种尊重。也就是说，在理想状况下，立法者是一个理性的立法者，他在选择立法语言的时候，是选择一种准确传达立法原意的立法语言，适用法律的人尊重了立法者的立法表述，在某种程度上就是尊重了在立法表述背后所试图传达的规范目的。但事实上，这种规范的表述和规范的目的之间发生偏移的现象反而常常存在。立法语言所表述的范围大于、小于或者偏移规范目的范围的情形都有可能出现。当立法语言和规范目的发生偏离时,如果按照真正的形式解释论表达出来的观点,形式解释显然强调的是对基于形式理性判断的尊重。这种形式理性是通过立法语言所表现出来的形式理性,因此,此时从它们逻辑一致的立场来讲,应该会放弃立法原意而倾向于对立法语言及通常含义的解释。从这个意义上说,事实上,形式解释论与实质解释论都不太倾向于主观主义的解释立场,或者说都比较倾向于这种客观主义解释立场。因此,不应当将法理学或一般方法论上的法律解释基本立场与作为一个特定场域的刑法方法论上的或刑法解释场域上的形式解释论与实质解释论立场完全等同起来,把两对法律解释问题相关的立场不当地化繁为简。①

(二)问题的厘清

1. 形式解释与实质解释命题的证伪②

一方面,并不存在纯粹意义上的形式解释。

在形式判断与实质判断的争议中,对形式判断优先还是实质判断优先的问题,有学者阐述得非常清楚。该问题又包括两个子问题:一是效力位阶问题,是指当两种判断发生冲突的时候哪种判断优先的问题。二是次序性问题,是指在时间上是先进行形式判断还是先进行实质判断;③对形式判断与实质判断哪个优先问题的理解,要基于什么是形式判断、有没有形式判断来展开。形式判断也有两层可能的含义。第一种可能的含义:形式判断就是文义解释,就是字面意义,文义解释中又必然青睐于所谓的平义解释,而不是扩大解释或缩小解释。第二种可能的含义:形式判断是形式理性。形式的解释论认为罪刑法定主义的核心是形式的侧面,强调的是罪刑法定主义当中的自由保障机能、界限机能,强调的是罪刑法定主义带来的所谓形式理性对司法冲动的一种限制。所以,即使具有罚的必要性,但由于没有法律的明文规定就不能够惩罚。形式判断偏向于这种价值立场的宣示,从这个意义上来说,形式判断强调的是形式理性。当然,它对罪刑法定主义实质的侧面也没有完全地放弃。

形式判断与实质判断优先性问题中的形式判断,实际上指的是第一种可能的含义:字面意义的判断,或者说平义解释。事实上,没有任何解释是完全以平义的方式展开,如果完全以平义的方式展开解释,基本上都不算一种解释,或根本就不存在一种解释的必要性。因为,通常含义就可以适用的案件,根本不需要进行解释。所以,纯粹的形式解释是不存在的,所有的解释过程必然在某种意义上蕴含实质判断。这种实质的

---

① 参见杜宇:《刑法解释的另一种路径:以"合类型性"为中心》,载《中国法学》2010年第5期。

② 参见杜宇:《刑法解释的另一种路径:以"合类型性"为中心》,载《中国法学》2010年第5期。

③ 参见劳东燕:《刑法解释中的形式论与实质论之争》,载《法学研究》2013年第3期。

判断意指解释当中必然会涉及目的论的考虑。纯粹的实质解释只考虑处罚的必要性和妥当性,只考虑规范目的,不考虑文义问题、不考虑形式理性的限制问题,这也是不可能的。在解释过程当中我们不能脱离文义解释和目的解释这两个因素,这两个因素总是同时在起作用。不可能只是文义在起作用,也不可能只是目的在起作用,这两个因素总是并驾齐驱,同时起作用。从这个意义上来说,在任何解释中都没有什么纯粹意义上的形式解释,也没有什么纯粹意义上的实质解释。形式解释论在具体的观点上从来不承认:一个事项符合法文义的表述,但该事项其实并不属于规范目的的涵摄范围之内、缺乏处罚的必要性和妥当性。此时的形式解释论也赞同实质的解释,认为在这种情形下不需要对这个事项进行处罚。比如,住在山区的某个人在一年之内六次盗窃邻居家的鸡蛋,每次盗窃四五颗鸡蛋。对于这种案件事实,无论是形式解释论者还是实质解释论者,均不赞同将该行为按"多次盗窃"的类型以盗窃罪处理。所以,从这个意义上来讲,形式解释是纯粹的形式解释吗?它当然考虑了实质的部分。只不过通常形式解释论者认为,在作为一个出罪考量时可以考虑实质的目的,而反过来却不承认那种实质目的的功能。当一个事项可能并不属于通常的文义范围内,但却有实质处罚的必要性,在法益保护的意义上来说与规范目的是一致的,此时,往往是形式解释论和实质解释论发生分歧的焦点所在。在实质解释论看来,在这种情况下不能一概认为这种行为不能够处罚,要看能否通过扩大解释的方式,把这个并不处于通常文义范围之内但可能还处于文义可能的最大射程之内的这种行为解释进来,即使这样规范的扩张可能会产生不利于被告人和犯罪嫌疑人的后果,但是实质解释论还是倾向于考虑在这种情况下能不能作扩大解释。而形式解释论在这种情况下可能会做相反的判断:认为该行为虽然具有处罚的必要性,在规范目的范围之内,但是由于超越了文义的通常范围,超越了形式理性的限制,此时,能不能作扩大解释是值得考虑的。这是两者的实质分歧所在。

对于第二个子问题,形式判断和实质判断谁先谁后这个问题在某种意义上是不重要的。因为如果划定了形式判断优先还是实质判断优先这个位阶问题,那么形式判断和实质判断谁先谁后就没有什么差别。既然两个事项都要判断,如果在判断的时候出现矛盾或冲突,只要确定一个效力冲突的规则就可以了。当然,严格来讲,先判断谁还是会产生"前见"问题,有学者将其称为"直觉"或"先前理解","直觉是无法表述的,无偏见并不是客观性,法官无偏见的直觉也常常不能为经验所证明或证伪。此作为支持法律客观性的一个起始论点——论述中保持观点平衡的可能性——结果成为反对法律客观性的论点之一"①。"解释者带着'先前理解'来面对各该文字,亦惟有借助'先

① [美]理查德·波斯纳:《法理学问题》,苏力译,中国政法大学出版社1994年版,第125页。

前理解'才能获得前述的意义期待"①。刑法解释中的前见会对解释者在解释过程中形成潜在的影响和限制性约束。如果形式解释和实质解释在效力位阶上达成一致,则判断结果应该是一致的,形式判断和实质判断谁先谁后这个问题在这种意义上是不重要的。但事实上它们在效力位阶问题上不会达成一致。

实质解释通常会得出扩张的有罪的结论,先判断实质问题就会形成一种前见,这种前见就是行为人有罪且应当被处罚,在后续的解释过程当中,这种前见就可能会产生某种决定。而形式解释如果认为这个行为不在文义的射程之内,就很容易得出无罪的前见,这个前见很可能在后面对实质的入罪产生抵抗作用。我们有必要对这种前见保持必要的反思和修正。在出罪问题的判断上,无论是形式解释还是实质解释,基本上都肯定当一个行为符合构成要件的文字表述,但并不符合构成要件的规范目的也不具有实质处罚必要性时,对该行为予以出罪处理。比如,前述的多次偷盗鸡蛋案。从这个意义上来说,在收缩的实质理性和形式理性发生冲突的时候,收缩的实质理性优先。另一种冲突,即在扩张的实质理性和形式理性发生冲突的时候谁优先的问题。在这个问题上,形式解释和实质解释发生的重大分歧所在是解释的限度问题,该问题是由于法文字本身的特性所带来的难题,即前面章节所述的、在入罪问题的判断上涉及的"可能的文义范围"判断的难题,导致实际操作中的分歧和争议。

另一方面,形式解释与实质解释的划分并不具有方法论价值,其实践功能有限。

从法律与法学的规律来看,形式解释与实质解释的区分或对立或许并不真正存在。在法教义学的框架下,二者能够共存。② 形式解释与实质解释都具有片面性,刑法解释不应回避实质的价值判断。形式解释与实质解释的划分并不具有方法论意义上的指导机能,纵使同样主张形式解释论的学者在具体案件中也不能得出一致的结论。比如,对于被告人何某等人组织多省农民工以组团出国旅游名义骗取签证出境,被判组织偷越国境罪一案,形式解释论支持者中有学者认为,持有形式上合法的出境证件出境的行为不符合偷越的意思,因此认为组织他人使用骗取的证件出境的不属于"偷越",不构成组织偷越国(边)境罪③;而另一位学者得出了截然相反的结论,认为此时目的解释优于文理解释,组织他人使用骗取的证件出入境也属于组织他人"偷越"国(边)境,应构成组织偷越国(边)境罪。④ 显然,形式解释与实质解释的划分意义非常有限。

---

① [德]卡尔·拉伦茨:《法学方法论》,陈爱娥译,商务印书馆2004年版,第88页。

② 参见劳东燕:《价值判断与刑法解释:对陆勇案的刑法困境与出路思考》,载《清华法律评论》2016年第1期。

③ 参见陈兴良:《刑法教义方法论》,载《法学研究》2005年第2期。

④ 参见苏彩霞:《刑法解释方法的位阶与运用》,载《中国法学》2008年第5期。

事实上，通过对司法实践偏好的观察可以看出，疑难案件通常存在久而不决或反复改判的情况。研究判决书内容，从判决结果中能得出司法实践中的解释立场及启示：

（1）很难分清案件处理结果是形式解释论还是实质解释论的结果，很难分清二者谁更优先，不如说是二者共同作用的结果。比如，陆勇案《关于对陆勇妨害信用卡管理和销售假药案决定不起诉的释法说理书》（2015.2.26）中，难以分辨哪些部分是实质解释，哪些部分是形式解释。该说理书中的"一、陆勇的行为不构成销售假药罪"部分，可能还算是形式解释论意义上的文义解释；但"三、如果认定陆勇的行为构成犯罪，将背离刑事司法应有的价值观。1.与司法为民的价值观相悖。2.与司法的人文关怀相悖。3.与转变刑事司法理念的要求相悖"部分，则充分体现"它与刑法学体系由本体主义向功能主义（或从存在论向规范论）的转型有关"，考虑了刑法的规范目的、犯罪预防等因素，同时把刑事政策融入刑事解释过程中。这不能不说是实质解释的结果，或至少不是单纯形式解释的结果。

（2）民意在案件处理结果中作用凸显。为什么要强调刑法解释的社会效果？一方面，立法保持不变，但社会生活在变，这就造成刑法的确定性与社会生活的灵活性之间的矛盾，这种矛盾是刑法与生俱来的一个胎记，根本没办法抹去。而且随着社会转型的加剧，这种矛盾越来越突出。① 另一方面，随着司法民主化进程的推进，公民参与意识逐步增强，民意对司法的影响越来越重要。"如果刑法典明确地和社会的共识正义直觉相对立，其将不可避免地在其规制的社群中丧失道德信用，这种道德信用的丧失会进一步消减刑法的犯罪控制效力"②。这里所说的"社会的共识正义直觉"就是民意的基础内核。无论是许霆案，李昌奎案，药家鑫案，还是邓玉娇案等，民意都对司法形成强有力的影响，从而使司法追求社会效果的维度得以凸显。③ 必须强调的是，刑法解释既不能陷入民粹主义的泥淖，也不能对民意不加区分、笼统地将其作为裁判的依据。现代民意可以区分为大众民意和法律民意两大类，立法民意通常以规范性内容的形式确定在宪法、法律中，成为当然的裁判依据。涉案民意是大众民意的一种，涉案民意具有的多元性、易变性、非理性、易受操纵性、案后性等特点决定了涉案民意不应当成为审判的依据。④

2.刑法解释的本体

什么是刑法解释？为何以及如何进行刑法解释？无论是主观解释还是客观解释，

---

① 参见姜涛：《刑法解释的刑事政策化》，载《刑事法评论》2012年第1期。
② ［美］保罗·罗宾逊：《正义的直觉》，谢杰、金翼翔、祖琼译，上海人民出版社2018年版，第83页。
③ 参见姜涛：《刑法解释的刑事政策化》，载《刑事法评论》2012年第1期。
④ 参见周永坤：《民意审判与审判元规则》，载《法学》2009年第8期。

无论是形式解释还是实质解释,在刑法解释学中,逐渐显露不同解释立场者在刑法解释本体以及方法论上的对立,在回答根本问题上的对立:解释过程中要不要排除解释者主观性的干扰?解释对象是已经存在的刑法文本,还是解释共同体在解释过程中共同创造的产物?认为刑法解释就是排除解释者主观性的干扰和对文本的追寻是主流的刑法解释观念,它以存在论为基石,文本先于认知过程而存在,主张主、客体二分,排除解释者的价值判断,强调维护法的稳定性,被称为解释的"主客观性"本体论;认为刑法文本意义是解释共同体之间通过对话而共同创造的产物的观点以规范论为基石,认为刑法文本不再是评判解释结论正当性的唯一标准,应当以不同主体的可接受性为判断依据,刑法解释结论与解释主体的价值判断密切相关,被称为解释的"主体间性"本体论。①

有实践生命力的刑法解释应该是怎样的?刑法解释从来都不是一个解释问题,而是一个论证问题。现代刑法解释困境的解决,有赖于刑法解释本体论的变革。传统的刑法解释本体论,即"主客观性"本体论建立在主、客体二分法的基础之上,追求刑法文本与刑法文本的解释之间的符合性,忽视价值判断日益多元化、犯罪形态复杂化、刑法规范与案件事实之间无法完全一一对接的社会现实。而任何刑法解释应充分肯定主体性对刑法规范的意义,不得脱离刑法规范目的而存在,并以不同主体的可接受性为判断依据,由此才能化解不同解释方法间的矛盾,化解刑法解释学之困境,这就是解释的"主体间性"本体论的目标诉求。②

当下的刑法解释体系相对封闭,存在目标不明确、根基不可靠、论证不可信的缺陷。在风险社会中,需要将基于解释展开的法律论证作为刑法适用的基本方式,促进论证主体之间的对话。③ 由此,刑法解释的本体由主客观性转化为主体间性,刑法解释活动需要超越概念法学形式逻辑的约束,通过解释主体之间的互动活动,借助法律论证理论克制任意解释的制度风险,得出具有可接受性的解释结论。

(三)刑法解释的可能路径

既然现有的刑法解释立场或方法论无法消融刑法文本与解释者价值判断之间的紧张常态,无能为力于"文义的可能范围"之缺陷,不能满足价值多元时代刑法解释结论的合法性与合理性需求,刑法解释势必亟须另辟蹊径。对于刑法解释的其他路径,学界日渐显露以下两种不同方案:一为类型思维;二为法律论证。

第一,关于类型思维的解释路径。对这一解释路径的前置问题——类型化思维,学界的认识也不统一。有学者认为,"考夫曼所说的类型思维,简单说来,就是考察手

① 参见姜涛:《刑法解释的基本原理》,法律出版社 2019 年版,第 3-6 页。

② 参见姜涛:《刑法解释的基本原理》,法律出版社 2019 年版,第 6-8 页。

③ 参见童德华:《从刑法解释到刑法论证》,载《暨南学报(哲学社会科学版)》2012 年第 1 期。

头案件事实与该法律概念下的典型事实是否具有相同意义,来判断相关法律规范是否适用的裁判思路"①。另有学者认为,"刑法类型化思维,是指对具有刑法意义的个别现象进行归纳、提炼即共性抽象,从而做出一定归类,进而又将此归类在共性范围内予以个别解释或运用的刑法认知思维"②。考夫曼对于类型思维的认识中,忽略了事物"意义"之多重性,从而在判断何为"相同意义"上仍然缺乏具体标准,折损实践操作价值;而后一概念"先归纳、后演绎的思维过程"具有相对的合理性。

类型化思维提倡者建立在传统刑法解释之不能是传统的概念思维作祟的基础上,驳斥法律解释传统三段论推理过程的简单化逻辑,批判传统三段论推理忽视涵摄前提形成的复杂过程与困境,使法律适用的过程被不当地过度简化,从而不能很好地实现刑事法律规范与案件事实的对接。事实上,在涵摄之前、之外,无论是针对案件事实还是法律规范,都存在不同程度的裁剪与加工,刑法适用的核心应当从概念式的涵摄转为归类式的比较。"与概念思维相比,类型思维呈现出要素(构成要件)组合上的灵活性与开放性,能使法律有效应对复杂多变的现实生活。类型思维要求刑法解释者在解释刑法时不断回到法律背后的类型,做出合类型的判断"③。

合类型性的解释过程,是规范与事实、类型与素材间的交互开放过程。类型思维是概念思维呈现没落态势时的基本法学思维方式,具有价值导向性、介于抽象与具体之间的中间性、使法规范与生活现实相互调适的开放性等特点。合理解释犯罪构成要件、准确形成案件事实都离不开类型思维。④ 在具体的操作路径上,不同学者"八仙过海,各显神通":"这种解释方法是沿着典型案例的挑选、比较基点的确立、偏离限度的审查等基本流程而展开,是一种通过个案比较而使规范之内涵逐步精确化的方法。通过个案的不断积累,我们可以逐步摸索出规范的意义范围与边界所在,从而掌握类型的基本轮廓;在与其他解释方法的关系上,它与文义的、体系的、历史的、目的论的解释均存在一定差别,因而值得作为某种新的解释方法来认真对待。"⑤由于对类型的理解不同,刑法学者们在解释立场的选择上出现不同程度的对立,且难以确定取舍次序。正确的做法应当是将其各自的解释结论(得出的"法律类型")平等对待,置于"同类事物同类评价,不同事物不同评价"这一正义原则下进行理性对谈、比较,得出最佳结

① 陈坤:《法律现实化、类型思维与哲学诠释学——考夫曼类型学说的误区及其根源》,载《人大法律评论》2015年第1期。

② 马荣春:《刑法类型化思维:一种"基本的"刑法方法论》,载《法治研究》2013年第12期。

③ 周天泓:《类型思维与刑法解释基本立场的再塑造》,载《刑法论丛》2015年第3期。

④ 参见齐文远、苏彩霞:《刑法中的类型思维之提倡》,载《法律科学(西北政法大学学报)》2010年第1期。

⑤ 杜宇:《刑法解释的另一种路径:以"合类型性"为中心》,载《中国法学》2010年第5期。

论。[①] 类型思维如若要在刑法解释中发挥作用,就必须与立法意图相结合。只有参照立法意图,才能判断系争案件事实与刑法条文中的规范类型是否具有意义上的一致性。[②] 显然,这些进路同时也都在不同程度地强调类型化思维在刑法解释中应得到应有的重视。

第二,关于法律论证的解释路径。如前面刑法解释的本体部分所述,提倡者以刑法解释的"主体间性"为本体,得出刑法解释根本上是说理,离不开论证过程的结论。这显然是一条程序主义的进路,源于阿列克西将哈贝马斯的商谈理论引入法律论证理论之中。由此,刑法解释并非法学家和法官的专利,而是存在多元解释主体;刑法解释的对象也不只是语言性的刑法文本,同时涵盖了一切复杂的多样的对象性客观存在;刑法解释的结论不再追求自然科学所言的唯一正确的结论,而是需要在听众、普遍听众对话沟通的基础上,形成一个大体上能够为各方所接受的解释结论。[③]

这种路径展现了与传统主流解释本体不同的对解释主体、解释对象、解释目标诉求等的全新厘定问题。在法律论证的解释路径中,诚如诠释学派学者伽达默尔所言,所有的对象性的存在及其性质都已转化为构成人的存在之内在要素。作为理解对象的文本,其意义并非独立、客观地存在于文本之中,而是在与理解主体的互动中被赋予的。它是意义的创造与生成。[④] 这也与一些学者通过观察疑难案件的法律解释,对比美国现实主义法学家的适法经验,得出"法在事中"的结论具有异曲同工之效。[⑤] 而刑法解释不再追求唯一正确的结论,这与德沃金的一贯主张发生决裂。[⑥]

在这一采取对话型论辩方式的开放论证过程中,刑法论证不再是真与假的判断,而是合理性、正当性的论证。"鉴于任何方法论体系都不足以对诠释的真理性要求作出担保,诠释方法论应定位于尽可能地提供有'说服力'的解释,而非'真理性的'或'正确的'解释"[⑦]。"解释"是一种对向交流过程,由解释者站在其立场上对文本所表达的事物精神重新理解,来揭示其现代场景下的意义。[⑧]

---

① 参见周天泓:《类型思维与刑法解释基本立场的再塑造》,载《刑法论丛》2015年第3期。

② 参见陈坤:《刑法解释中的类型思维与立法意图》,载《环球法律评论》2012年第5期。

③ 参见姜涛:《刑法解释的基本原理》,法律出版社2019年版,第8-16页。

④ 参见潘德荣:《从本体论诠释学到经典诠释学》,载《河北学刊》2009年第2期。

⑤ 参见严存生:《法律的人性基础》,法制出版社2016年版,第64-93页。

⑥ 德沃金向法律怀疑论提出挑战,他争辩说,即使是最疑难最有争议的法律问题也存在正确答案。参见[美]理查德·波斯纳《法理学问题》,苏力译,中国政法大学出版社1994年版,第250页。

⑦ 潘德荣:《从本体论诠释学到经典诠释学》,载《河北学刊》2009年第2期。

⑧ 参见[德]卡尔·拉伦茨:《法学方法论》,陈爱娥译,商务印书馆2004年版,第88页。也有学者对此质疑,"将想象中的作者和读者合一的浪漫理想状态移入法律中也许不仅费力不讨好,而且也不必要"。[美]理查德·波斯纳:《法理学问题》,苏力译,中国政法大学出版社1994年版,第133-134页。

换言之,“只有立足于刑法解释的多元化,并以程序主义进路为多种刑法解释结论之间的开辟理性商谈的制度通道,并由不同解释主体在‘不受宰割’的对话交谈与理解基础上而形成的一致意见,才能够成为具有可接受性的刑法解释”①。在这一视域下,在多元价值的基础上,通过对话、协商、甄别,最终使裁判中价值判断的客观性基于参与者的“主体间性”得以实现。② 其中,对话理论阐明科学上的认识不能独自探索,而是需要合作式的努力。在开放性结构与科学的程序中接纳和处理多方面的解释理由,通过合理性的论证,最终形成法律效果与社会效果统一的正当且可接受性解释结论。但也必须注意到,刑法解释因此也被赋予了“意义的创造与生成”功能。如此一来,刑法解释问题就引入了程序主义的路径,事实上与另一位学者所言的“刑法学司法逻辑化”理论有一定的交汇之处。③

不难看出,以上两种解释方案均显示出对规范意义找寻的重视,对法律文本意义之外的其他影响要素的引入。同时,类型思维路径提倡者也并否认过刑法解释结论源于理性商谈、比较的过程性。且从提倡者观点呈现的时间脉络梳理,有逐步向法律论证靠拢的方向性。毕竟,类型思维以要素组合上的灵活性与开放性为抓手,与法律论证殊途同归地强调了刑法解释的能动性面向。

同时,笔者认为,刑法论证路径的引入,其目标并非取代刑法解释。刑法论证与刑法解释二者均为刑法的适用提供了切实的过程路径,刑法解释与刑法论证在解释结论的形成中应当是相辅相成的关系,刑法论证为刑法解释的能动性及规范、合理性提供保障机制。当解释结论不再以唯一性、而以可接受性为目标诉求时,二者在开放的解释体系中就完成了真实性与合理性的互补与合作。同时,刑法论证思路也势必带来诸多新的未竟问题与诘问:如何确定解释共同体以达成共识?如何建立规范的“理想言谈情境”运作机制以及确定解释的外部制约要素?如何处理必然的“同案件不同罚”现象以及切合社会背景与法律文化土壤?等等。

当然,作为刑法解释的实践,理应包括立法解释与司法解释,前者是全国人民代表大会及其常务委员会关于刑法的解释,后者是最高人民法院和最高人民检察院关于刑法的解释,甚至包括司法判例解释(最高人民法院公布的判决与裁定)和司法检例解释(最高人民检察院公布的检例)。另外,也不可忽视学理解释(专家、学者对刑法的理解、解释与论证)。这些都是实践中不可缺少的刑法解释。

---

① 姜涛:《刑法解释的基本原理》,法律出版社 2019 年版,第 13 页。

② 参见贾敬华:《法律论证的效能:排除专断而非达成共识》,载《环球法律评论》2008 年第 6 期。

③ 作为刑事司法逻辑的过程之规律,主要是指在法治语境下体现刑法实际运行过程,在诉讼构造中如何解释刑法特别是如何进行刑法规范之论辩的规律。司法逻辑具有主体间性、过程性、可论辩性等特征。参见刘远:《刑事司法过程的刑法学建构问题研究》,人民出版社 2018 年版,第 79 页。

三、立法文义解释:全国人大及其常委会

文义解释也即文理解释,主要分为立法解释、司法解释和行政解释,这里不研究后者。

(一)刑法立法解释的含义和特征

对于刑法立法解释概念的界定,观点纷呈,一种观点认为,刑法立法解释是指立法机关即全国人民代表大会及其常务委员会就刑法规范本身需要明确的界限,或者为解决最高人民法院和最高人民检察院所作的刑事司法解释的原则性分歧而对刑法条文含义所作的解释。① 另一种观点认为,刑法立法解释是指国家立法机关对刑法含义所作的解释。② 还有观点认为,刑法立法解释是指由立法机关所作的解释,通常包括三种情况:一是在刑法或相关法律中所作的解释性规定;二是在“法律的起草说明”中所作的解释;三是在刑法施行过程中,立法机关对发生歧义的规定所作的解释。③ 第一种观点认为,全国人民代表大会也是刑法解释主体是不恰当的,依据我国《宪法》第 67 条的规定,全国人民代表大会常务委员会专门行使立法解释权。第二种观点同样错误地扩大了刑法解释主体范围,因为全国人民代表大会和省、自治区或者直辖市的人民代表大会都没有解释刑法的权力和依据。第三种观点认为,将刑法或相关法律中所作的解释性规定和“法律的起草说明”看作刑法立法解释是不妥的,刑法的解释对象应该是刑法规定,刑法的解释性条文从属性上讲是刑法本身的规定;制定刑法草案说明的主体通常是全国人民代表大会的一个部门即法工委,而不能简单地认为是全国人民代表大会,对刑法的起草说明或修订说明虽然有助于人们更好地理解刑法,但是因为主体不适格,所以不能成为刑法立法解释。④ 结合上述分析,本书认为,刑法立法解释是指全国人民代表大会常务委员会对刑法规定的阐明和说明。根据该定义,刑法立法解释具有以下几个特征:

1. 刑法立法解释主体的专属性。刑法立法解释主体亦即刑法立法解释“由谁解释”的问题。根据我国《宪法》第 67 条规定,只有全国人民代表大会常务委员会才有权进行立法解释。另外,2015 年修正的《立法法》第 45 条也有相关规定“法律解释权属于全国人民代表大会常务委员会”。基于此,其他任何机关、团体或者个人都不可能成为刑法立法解释主体,都没有行使刑法立法解释的权力。

---

① 参见李文燕主编:《中国刑法学》,中国人民公安大学出版社 1998 年版,第 7-11 页。

② 参见陈兴良:《本体刑法学》,商务印书馆 2001 年版,第 27 页;李春雷主编:《刑法学》,中国民主法制出版社 2004 年版,第 10-15 页。

③ 参见林纪东:《法学通论》,台北,远东图书公司 1954 年版,第 89 页。

④ 参见刘丁炳:《刑法立法解释问题探析》,载《国家检察官学院学报》2008 年第 2 期。

2. 刑法立法解释对象的特定性。刑法立法解释对象亦即刑法立法解释"解释什么"的问题。我们认为,刑法解释对象是刑法规定,既包括《刑法》,也包括单行刑法、附属刑法。对刑法解释对象的概括也有其他观点和表述,如刑法条文、刑法规范和刑事刑法。刑法条文和刑法规定之间是形式和内容的关系,而且刑法立法解释往往解释一个刑法条文里的字、词或者几个刑法条文内容之间的内在逻辑关系,所以刑法条文作为刑法立法解释对象的表述不准确。刑法立法解释不仅针对刑法规范性内容,也包括非规范性内容。刑事法律包括刑法和刑事诉讼法两个方面,将刑事法律作为刑法立法解释对象显然也是错误的。

3. 刑法立法解释过程的程序性。刑法立法解释过程亦即刑法立法解释"怎样解释"的问题。一个理想的刑法立法解释出台,不仅体现在解释结果的公正上,也应该体现在解释程序的公正上。要想实现刑法立法解释制定程序的公正性,必须遵守程序参与和程序公开两项原则。① 根据 2015 年修正的《立法法》,我们可以概括出刑法立法解释应当经过这么几个过程和阶段:提出刑法解释要求(《立法法》第 46 条)、研究拟定刑法立法解释草案(《立法法》第 47 条)、审议刑法立法解释草案并提出法律解释草案表决稿(《立法法》第 48 条)、通过和公布刑法立法解释表决稿(《立法法》第 49 条)。

4. 刑法立法解释效力的普遍性。刑法立法解释效力亦即刑法立法解释"效力如何"的问题。刑法立法解释具有普遍的法律效力,亦即刑法立法解释具有普遍适用性。全国人民代表大会常务委员会作出的刑法立法解释和最高人民法院、最高人民检察院作出的刑法司法解释一道组成有权刑法解释。如果司法解释与立法解释相抵触,则司法解释视为无效;如果司法解释与立法解释就同一刑法规定同时进行解释,无论解释结论如何,均应以立法解释的结论为准。

(二)刑法立法解释的形式

本书认为,刑法立法解释的形式只有一种,那就是全国人民代表大会常务委员会对刑法规定所作的专门解释性文件。刑法中的解释性规定、"刑法起草说明"、"刑法修订说明"、"补充规定"都不是刑法立法解释的形式,前三者必须排除出去。其实我们在讨论概念时已经有所论及,因为刑法立法解释必须解释刑法的规定,而且刑法立法解释主体只能是全国人民代表大会常务委员会,而不能只是它的一个部门。至于补充规定我们为什么认为也不属于刑法立法解释,根源在于《宪法》第 67 条,该条将补充规定和解释法律并列排列,同属于全国人民代表大会常务委员会职权,这就意味着补充规定并不属于法律解释,实质上,刑法补充规定就是刑法立法。全国人民代表大会常务委员会对刑法规定所作的专门解释性文件又可以细分为两种形式,即主动解释和被动

① 参见刘艳红:《刑法立法解释若干问题新析》,载《华东政法学院学报》2007 年第 1 期。

解释,主动解释是全国人大常委会对需要进一步明确的刑法条文内容主动作出的解释,被动解释是最高人民法院和最高人民检察院发生重大分歧时,根据其呈报作出的解释。

全国人大常委会对刑法规定所作的专门解释性文件,根据我们的统计,1979 年到 1997 年,数量为 0,1997 年到现在,刑法立法解释只有 13 件。以时间为序排列如下:

1. 2000 年 4 月通过的《关于〈中华人民共和国刑法〉第九十三条第二款的解释》;

2. 2001 年 8 月通过的《关于〈中华人民共和国刑法〉第二百二十八条、第三百四十二条、第四百一十条的解释》;

3. 2002 年 4 月通过的《关于〈中华人民共和国刑法〉第二百九十四条第一款的解释》;

4. 2002 年 4 月通过的《关于〈中华人民共和国刑法〉第三百八十四条第一款的解释》;

5. 2002 年 8 月通过的《关于〈中华人民共和国刑法〉第三百一十三条的解释》;

6. 2002 年 12 月通过的《关于〈中华人民共和国刑法〉第九章渎职罪主体适用问题的解释》;

7. 2004 年 12 月通过的《关于〈中华人民共和国刑法〉有关信用卡规定的解释》;

8. 2005 年 12 月通过的《关于〈中华人民共和国刑法〉有关出口退税、抵扣税款的其他发票规定的解释》;

9. 2005 年 12 月通过的《关于〈中华人民共和国刑法〉有关文物的规定适用于具有科学价值的古脊椎动物化石、古人类化石的解释》;

10. 2014 年 4 月通过的《关于〈中华人民共和国刑法〉第三十条的解释》;

11. 2014 年 4 月通过的《关于〈中华人民共和国刑法〉第一百五十八条、第一百五十九条的解释》;

12. 2014 年 4 月通过的《关于〈中华人民共和国刑法〉第三百四十一条、第三百一十二条的解释》;

13. 2014 年 4 月通过的《关于〈中华人民共和国刑法〉第二百六十六条的解释》。

(三)刑法立法解释的效力

刑法立法解释的效力包括效力等级和效力范围两个方面内容。在效力等级上,2015 年修正的《立法法》第 50 条规定"全国人民代表大会常务委员会的法律解释同法律具有同等效力",可见刑法立法解释和刑法的效力是等同的。当然有学者提出的质疑也不无道理,认为根据《宪法》第 62 条第 12 项的规定,全国人民代表大会有权改变或撤销全国人民代表大会常务委员会不适当的决定,这表明了全国人民代表大会的地位高于全国人民代表大会常务委员会,那么,仅由几百人行使权力通过的立法解释与将近3000人行使集中权力通过的基本法律效力相当，这是否有违法理与情理值得进一步研究。[①] 至于效力，和刑法司法解释相比较，刑法肯定略胜一筹，这是毋庸置疑的。

效力范围上，又可以分为刑法立法解释的空间效力和刑法立法解释的时间效力。刑法立法解释的空间效力方面，现行刑法立法解释的空间效力与刑法完全相同；刑法立法解释的时间效力方面，生效时间以发布或者规定的日期为准，至于能否及于刑法立法解释之前的行为，我们认为，刑法立法解释对于刑法具有从属性、附属性、解释说明性，效力应当及于刑法规定施行期间，同时，刑法立法解释一样必须遵照执行从旧兼从轻的溯及力原则。

（四）刑法立法解释的废和立

主张废除刑法立法解释的理由有三点：一是刑法立法解释侵犯了立法权，刑法立法司法解释由立法者作出，程序与立法程序基本无异，立法司法解释实质上就是立法；二是刑法立法解释侵犯了司法权，刑法立法一旦完成，即进入司法程序，立法机关无权再予以干涉，否则违背法治国家理念；[②]三是在国际上没有任何国家有立法解释的“怪胎”，它直接与立法相冲突。

对于上述主张本书不认同。理由有三：一是在我国立法解释并不一定侵犯立法权，根据我国《宪法》第67条规定，全国人民代表大会常务委员会不仅有制定法律的权力，也有解释法律的权力；二是立法解释没有侵犯司法权，根据我国宪法和立法法的规定，两权互不干预，当然立法解释权大于司法解释权；三是我国有法院和检察院两个司法机关，且在司法解释上有时出现冲突，故必要时立法机关需要出面用立法解释来统一两司法机关解释不统一的问题。

事实上，刑法立法解释作为一种完善补充法律的重要手段、一种有效促进法律适用的重要技术，在司法实践中起到了无可替代的重要作用。人民法院在遇到疑难案件时往往也更多地希望借助于明确的刑法立法解释或刑法司法解释来定分止争。[③] 当然，充分发挥刑法立法解释权、形成完备的监督机制并与刑法司法解释包括刑法立法协作配合任重而道远。本书认为，宁可有更多的立法解释，也不要有更多的司法解释，包括罪名等解释都应该由立法机关来确定。这是因为，一方面立法机关更清楚自己所立刑法的基本目的和宗旨，解释得会更加准确；另一方面立法机关的解释更加中立。再者，根据我国宪法规定，我们有两个司法机关，两个司法机关由于各自所在的立场不同，所以对法律的解释往往不同，如在办案录像是否必须出示问题上，法院的司法解释认为一旦辩护方认为有刑讯逼供办案录像就应出示，检察院就坚持不出示，显然检察

---

① 参见李晓明主编：《中国刑法基本原理》（第3版），法律出版社2010年版，第668页。

② 参见刘晓莉、贾国发：《论刑法立法解释之废止》，载《理论界》2004年第4期。

③ 参见朱晓明：《刑法解释的立场与方法》，西南政法大学2014年硕士学位论文，第9-11页。

院的解释是不对的。

四、司法文义解释:最高法与最高检

刑法司法解释根本上源于刑法条文具有的概括性,抽象性和原则性,在运用刑法解决具体案件时,上述性质会导致对刑法文义产生多义甚至歧义的理解。抽象的语言与具体的现实案件事实总是有一定的差距,难免使人们产生不同理解,加之适用刑法的主体本身也会对刑法的条文文字语言含义有不同的理解,这些都需要司法机关借助一定的解释规则去实现法律共同体对刑法的共同认知。

"刑法比其他法的领域更需要法的安定性"①。"所以在不能频繁地修改法律的情况下,刑法一是要保持自身的稳定性,不能朝令夕改,二是要适应司法实践的发展,最经济、最有效、最直接的办法就是由法律授权主体进行司法解释"②。1981 年,全国人民代表大会常务委员会通过了《关于加强法律解释工作的决议》,该决议第 2 条规定:"凡属于法院审判工作中具体应用法律、法令的问题,由最高人民法院进行解释。凡属于检察院检察工作中具体应用法律、法令的问题,由最高人民检察院进行解释。"按照我国刑事司法解释体制,只有最高人民法院和最高人民检察院有刑事司法解释权力,同时最高人民法院和最高人民检察院在对刑法有关条文进行解释时还可以授权各个省高级人民法院和省检察院对某些特殊问题结合本地区的实际情况作出细化。如最高人民法院在《关于审理盗窃案件具体应用法律若干问题的解释》(已失效)中授权各省、自治区、直辖市高级人民法院,在该解释规定数额幅度范围内确定本地区适用盗窃罪的"数额较大""数额巨大""数额特别巨大"的标准;再如最高人民检察院在 1999 年《关于人民检察院直接受理立案侦查案件标准的规定(试行)》中授权各省级人民检察院在该司法解释规定数额范围内确定本地区对挪用公款罪立案侦查的数额标准。

(一)刑法司法解释的含义和特征

一般认为,刑法司法解释是指最高人民法院、最高人民检察院在具体应用法律过程中依法对刑法规定所作的阐释和说明。和立法解释相比,前者在性质、主体、程序和效力等方面具有鲜明的特性:

1. 刑法司法解释主体的法定性。全国人民代表大会常务委员会 1981 年《关于加强法律解释工作的决议》打破了 1954 年《关于解释法律问题的决议》(已失效)中司法解释权仅由最高人民法院行使的规定,由一元主体转为最高人民法院和最高人民检察院二元主体。1996 年最高人民检察院印发的最高人民检察院《司法解释工作暂行规

---

① [德]古斯塔夫·拉德布鲁赫:《法律智慧警句集》,舒国滢译,中国法制出版社 2001 年版,第 38 页。

② 蔡墩铭:《刑法总论》(第 3 版),台北,三民书局 1977 年版,第 23 页。

定》(已失效)规定“对检察工作中具体应用法律的问题,由最高人民检察院解释,具有法律效力”。1997年最高人民法院颁布的《关于司法解释工作的若干规定》(已失效)也规定:“人民法院在审判工作中具体应用法律的问题,由最高人民法院做出司法解释。”全国人民代表大会常务委员会颁布的《人民法院组织法》和《人民检察院组织法》也有类似规定。可见,其他任何机关、团体和个人均无司法解释权。现实中,非司法机关参与制定司法解释性文件较为普遍,如2000年最高人民法院、最高人民检察院、公安部、民政部、司法部、中华全国妇女联合会《关于打击拐卖妇女儿童犯罪有关问题的通知》。法官在我国不能够成为刑法司法解释的主体,因为无依无据,贝卡里亚也有言曰“刑事法官根本没有解释刑法的权力,因为他们不是立法者”①。另外,最高人民法院和最高人民检察院法律政策研究部门也不是司法解释制定主体,均无权制定司法解释。

2. 刑法司法解释形式的特定性。最高人民法院2007年《关于司法解释工作的规定》第6条规定司法解释的形式采取“解释”“批复”“规定”“决定”四种形式,最高人民检察院2006年《司法解释工作规定》第17条规定司法解释分为“解释”“批复”“规定”“规则”“意见”五种形式。可见,最高人民法院和最高人民检察院的解释形式有差异,有待规范和统一。在实际工作中,“两高”发布的司法解释也并不局限于以上形式,此外还包括“解答”“通知”“通告”“答复”“案例”“标准”“会议纪要”等形式,据统计有20余种。如2013年《全国部分法院审理毒品犯罪案件工作座谈会纪要》(大连纪要)、2015年最高人民法院《全国法院毒品犯罪审判工作座谈会纪要》(武汉纪要)等,这些“准司法解释”不具有适正性和合格性,亟待清理和扭转。另外,司法解释格式也要规范,应由首部(名称、编号)、正文和尾部(制作机关、日期、院印)等组成。

3. 刑法司法解释程序的被动性。“从性质来说,司法权自身不是主动的。要想使它行动,就得推动它。向它告发一个犯罪案件,它就惩罚犯罪的人;请它纠正一个非法行为,它就加以纠正;让它审查一项法案,它就予以解释。但是,它不能自己去追捕罪犯、调查非法行为和纠察事实”②。刑法司法解释的性质是刑法的适用,属于司法活动范畴,同样具有司法的被动性,即没有案件,原则上也不会有司法解释的动力。省高级人民法院或省高级人民检察院在工作对刑法理解的歧义和困惑,常请示最高人民法院或最高人民检察院并由“两高”发布司法解释。同时“两高”也会根据需要颁发司法解释。

4. 刑法司法解释对象的具体性。全国人民代表大会常务委员会1981年《关于加强法律解释工作的决议》第2条规定:“凡属于法院审判工作中具体应用法律、法令的

① [意]切萨雷·贝卡里亚:《论犯罪与刑罚》,黄风译,北京大学出版社2008年版,第12页。
② [法]托克维尔:《论美国的民主》(上卷),董果良译,商务印书馆1988年版,第110-111页。

问题,由最高人民法院进行解释。凡属于检察院检察工作中具体应用法律、法令的问题,由最高人民检察院进行解释。”可见,刑法司法解释主要对法院审判或检察院检察工作中的具体问题进行解释和说明,具有解释性和应用性的特点。相对而言,立法解释主要针对刑法文本整体或者部分内容及适用条件等进行解释,当然有时也会针对重大刑法应用问题进行解释,具有抽象性和高度概括性。易言之,那些在刑事审判和检察工作中不予运用的刑法规定不会成为刑法司法解释的对象。

5. 刑法司法解释效力的有权性。刑法司法解释尽管效力等级低于立法解释,但仍属于有权解释,立法解释和司法解释一起形成我国刑法的有效解释体系。目前我国刑法解释有“三多三少”的特点,“三多”即司法解释多,关注司法解释多,司法解释性质争议多;“三少”即立法解释少,关注立法解释少,赞同立法解释少。我国刑法司法解释用“异常活跃”形容并不为过,1979 年至 1997 年我国司法解释多达 220 多件,1997 年至今刑法司法解释多达 300 余件。

(二)刑法司法解释的分类

按照标准不同可对刑法司法解释作出不同分类。依据制定主体可分为最高人民法院颁布的司法解释、最高人民检察院颁布的司法解释及“两高”联合颁发的司法解释,依据解释内容可分为定罪司法解释和量刑司法解释,依据效力可分为规范性解释和个案性解释,依据分布可分为总则司法解释和分则司法解释。本书重点介绍在司法实践中按功能对司法解释进行的划分:

1. 提示性刑法司法解释。该类司法解释是对刑法条文的重复说明,仅仅提示司法人员在办理案件时要格外注意,避免不必要的错误。刑法司法解释注意规定,是指在刑法已作规定的前提下,提示司法人员注意、以免司法人员忽略的规定。[①] 如最高人民法院 2003 年《关于行为人不明知是不满十四周岁的幼女,双方自愿发生性关系是否构成强奸罪问题的批复》(已失效)前半句规定,“行为人明知是不满十四周岁的幼女而与其发生性关系,不论幼女是否自愿,均应依照刑法第 236 条第 2 款的规定,以强奸罪定罪处罚”;又如最高人民法院 2000 年《关于审理伪造货币等案件具体应用法律若干问题的解释》第 1 条第 3 款规定,“行为人制造货币版样或者与他人事前通谋,为他人伪造货币提供版样的,依照刑法第 170 条的规定定罪处罚”,此即对《刑法》第 25 条共同犯罪构成的重复强调;再如最高人民法院 1998 年《关于审理盗窃案件具体应用法律若干问题的解释》(已失效)第 7 条规定:“审理共同盗窃犯罪案件,应当根据案件的具体情形对各被告人分别作出处理:(一)对犯罪集团的首要分子,应当按照集团盗窃的总数额处罚。(二)对共同犯罪中的其他主犯,应当按照其所参与的或者组织、指挥的共

① 参见张明楷:《刑法分则的解释原理》,中国人民大学出版社 2004 年版,第 247 页。

同盗窃的数额处罚。(三)对共同犯罪中的从犯,应当按照其所参与的共同盗窃的数额确定量刑幅度,并依照《刑法》第 27 条第 2 款的规定,从轻、减轻处罚或者免除处罚";等等,不一而足。

2. 详解性刑法司法解释。语言自身带有多义与歧义的缺陷,且还会因为主体、时间、地点、阶段和环境不同而发生变化,故刑法语言并不能完全精确地表达自身的含义,尤其面对非典型性案件更是如此。司法解释就是为克服这一刑法立法的先天不足,而做补充方式的继续说明。表现在:(1)数字精确化。刑法分则条文有很多规定有"数额较大""数额巨大""数额特别巨大",司法解释就是对其用具体数值明确化。(2)情节明确化。司法解释对刑法中的"情节恶劣""情节严重""情节特别严重"等裁量事实加以明细化。《刑法》第 294 条组织、领导、参加黑社会性质组织罪没有规定入罪情节,只是通过"积极参加"和"其他参加"区分了量刑等级。(3)对穷尽列举事项概括说明的部分进行解释。刑法分则条文经常使用"其他"作为兜底条款,既为以后司法解释留有空间,也为司法者设定有法定的自由裁量空间。《刑法》第 225 条非法经营罪,穷尽列举了三种行为后又规定有"其他严重扰乱市场秩序的非法经营行为"。最高人民法院《关于审理扰乱电信市场管理秩序案件具体应用法律若干问题的解释》《关于情节严重的传销或者变相传销行为如何定性问题的批复》(已失效)等,将"从事非法传销或者变相传销活动,扰乱市场秩序,情节严重""违反国家规定,采取租用国际专线、私设转接设备或者其他方法,擅自经营国际电信业务或者涉港澳台电信业务进行营利活动,扰乱电信市场管理秩序,情节严重"等数种行为归结到了"其他严重扰乱市场秩序的非法经营行为"的兜底条款中。

3. 拟制性刑法司法解释。又称为填补法律空白性刑法司法解释,结合立法精神和社会发展需要,拟制司法解释的内容已超越刑法条文的自身含义,借以克服刑法条文与社会发展相比滞后的属性,维护刑法的稳定性。① 如最高人民法院 2003 年《关于行为人不明知是不满 14 周岁的幼女,双方自愿发生性关系是否构成强奸罪问题的批复》后半句规定:"行为人确实不知对方是不满 14 周岁的幼女,双方自愿发生性关系,未造成严重后果,情节显著轻微的,不认为是犯罪。"再如最高人民法院 2000 年《关于审理黑社会性质组织犯罪的案件具体应用法律若干问题的解释》第 4 条指出:"国家机关工作人员组织、领导、参加黑社会性质组织的,从重处罚。"拟制性司法解释客观大量存在,具有拘束司法实践的效能,但其存在"造法"和侵蚀立法的内在属性,违背罪刑法定原则,故广受抨击和诟病。

(三)刑法司法解释的效力

刑法解释需要坚守罪刑法定原则的底线,客观行为性质不属于刑法分则规定的任

---

① 参见郝方昉:《刑法司法解释的类型化及其意义》,载《甘肃政法学院学报》2012 年第 2 期。

何类型罪行,或其社会危害程度低于任何类型罪行所要求的下限,因而不构成犯罪,司法解释不得擅自改变行为性质认定为犯罪。否则视为无效,即意味着司法解释效力绝对低于刑法,不得与刑法相抵触。如"两高"2013 年联合发布《关于办理环境污染刑事案件适用法律若干问题的解释》(已失效),把《刑法》第 338 条"严重污染环境"解释为包括造成严重污染环境之危险的各种情形,从形式上看该解释虽然遵循了目的解释,但实质上有对目的解释进行滥用的嫌疑,并且映射出把刑法与刑事政策基本功能同等看待的思维方式,其结论虽然对有效惩罚各种环境污染行为具有重要意义,但突破了文义解释的界限,因而应当由刑事立法来代替。①

根据我国《立法法》第 50 条规定:全国人大常委会的法律解释与法律具有同等效力。故司法解释效力必然低于立法解释。如最高人民法院 1998 年《关于审理挪用公款案件具体应用法律若干问题的解释》第 1 条规定"挪用公款归个人使用"包括挪用者本人使用或者给他人使用,挪用公款给私有公司、私有企业使用的,属于挪用公款归个人使用,而全国人民代表大会常务委员会 2002 年《关于〈中华人民共和国刑法〉第三百八十四条第一款的解释》规定:将下列情形作为挪用公款"归个人使用":(一)将公款供本人、亲友或其他自然人使用的;(二)以个人名义将公款供其他单位使用的;(三)个人决定以单位名义将公款供其他单位使用谋取个人利益的。可以看出,相关立法解释与司法解释并不一致,从效力上来说,应优先适用立法解释的规定。

另外,"两高"在司法解释效力上的比较问题,即审判解释和检察解释发生冲突时如何处理和协调的问题。因为"两高"是并列的解释主体,故其效力只能及于各自所管辖的司法活动范围,而对各自条线外的司法活动不具有约束力。如曾出现过罪名数量分别为 413 个和 414 个,同时有 5 个罪名不一致的问题。再如对《刑法》第 408 条环境监管失职罪追诉标准不统一的情形。② 如果要使司法解释对审判和检察机关均有拘束力,就必须由"两高"联合作出司法解释。

五、司法判例解释:最高法公布的判决裁定

长期以来,虽然学界对刑事判例作过探讨,但在我国究竟能否实行判例制度尚未取得一致看法。③ 1997 年刑法后,建立刑事判例制度的呼声又起。从争论的问题看,主要围绕两大法系能否融合,我国是否真正适宜建立刑事判例制度,以及刑事判例如何

---

① 参见苏永生:《刑法解释的限度到底是什么——由一个司法解释引发的思考》,载《河南大学学报(社会科学版)》2014 年第 1 期。

② 参见张开骏:《刑法司法解释的现状检讨与未来展望》,载《刑事法评论》2011 年第 2 期。

③ 主要因为《刑法》作为制定法,其本身固有的概念性、抽象性及不好操作性的缺陷再度显露,加之司法解释未能及时跟上。甚至有人认为,司法解释尤其是规范性的司法解释,存在与《刑法》一样的局限性。

定性等。究其根源，主要涉及在我国判例能否作为“准司法解释”的问题。即是说，要解决能否实行判例制度，首先应解决其性质、功用上的定位。可见，加强对我国刑事判例在司法解释中的定位与定性研究，就显得异常重要和迫切，甚至直接影响到我国刑法的操作与实施。刑事判例在英美法系中具有判决先例定位，在大陆法系具有“准司法解释”定位，在国际上两大法系出现融合。

在我国，刑事判例也应当是既判力和普遍约束力的定位。既判力是针对该判例的效力而言的，普遍约束力是针对它的先例性、范例性、广泛应用性和普遍指导性而言的，且普遍约束力应当以既判力的效力为前提，否则将不具有普遍约束力。众所周知，法律对全体社会成员来讲是具有普遍约束力的。那么司法解释虽然位阶低于法律，但由于它是司法机关根据法律作出的权威解释，且具有特殊、合法程序的严格要求，因此对全体社会成员来讲也具有普遍约束力。可以说，对全体社会成员具有普遍约束力是法律及其司法解释的特性或特征。其实，约束力最初是个物理概念，通常把约束对物体的作用力称为约束力。后来随着社会管理，把这种物理概念逐渐引用到法律规范中来。如今法律意义上的所谓普遍约束力，当然是指法律规定和司法解释对人们行为的普遍管束力、适用力和有效性等，其中强调更多的是其约束力中的普遍性、广泛性和毫无例外性。这里既然将刑事判例作为司法解释的一种，也就应当赋予其普遍约束力，以发挥其普遍效力与效能。因此，应将刑事判例的效力定位于具有合法既判力和普遍约束力，最终能够在刑事司法运作中发挥其普遍的效力与效能。

那么，究竟哪些机关可以成为刑事判例的创制主体，或者说哪一级法院拥有刑事判例创制权，这是值得深入思考的重大问题。我国法院分为四级，根据《人民法院组织法》的规定，各级法院都有权审理刑事案件，并作出相应的判决或裁定，从理论上讲，这些判决或裁定均可能被确定为刑事判例。但真正被选为刑事判例的毕竟是少数，被选中者只能是那些案件事实典型、适用法律正确、定罪量刑适当、审判程序合法、恰能说明或解释某一法律问题、已发生法律效力，并经特定机关和程序选定与公布的刑事判决或裁定。但具体到哪一级法院拥有刑事判例的创制权存有不同看法。一种意见认为，刑事判例的创制权只能由最高人民法院行使；另一种意见认为，各级人民法院均有创制刑事判例的权力。① 目前只有最高人民法院专门公布的判决或裁定才对各级法院具有参照执行的普遍约束力，省级以下的法院均不具有这种权力。

六、司法检例解释：最高检公布的检察案例

与司法判例解释对应的是司法检例解释，也即最高检公布的检察案例，或称刑事

① 参见陈兴良主编：《刑事司法研究：情节·判例·解释·裁量》，中国方正出版社 1996 年版，第 257 页。

检察案例,简称检例。其通常是指人民检察院在办理案件的司法活动中,根据法律和司法解释及实际办案经验正确实施法律、办理案件的一种司法实践活动和所产生的案件办理范例,但必须由最高人民检察院专门公布。实际工作中,一般称这种检察案例为刑检指导案例,该称谓同审判机关将自己审判的有一定影响力的案件也称为刑事审判指导案例类似。理论上已习惯将审判机关办理的案件称为"判例"了,当然我国所谓"判例"目前尚未上升到具有司法效力的高度,故与西方国家尤其是英美法系国家的"判例"不可同日而语。但或许这只是暂时的,以后我国判例或许会作为准司法解释甚至正式司法解释予以定位或公布。通过发布指导性案例履行监督职能,具体指导各级检察院的业务工作,尤其对统一研判尺度和法律适用标准,保障公正司法,增强司法透明度,提升司法公信力和加强法治宣传都具有重要意义。

另外,关于检察机关作为司法机关是否同样具有刑事"检例"创制权的问题。也就是说,刑事司法"例"的创制权是由最高人民法院独家行使,还是由"两高"共同行使或分别行使?这种争论在学界并未取得一致看法。但主流性的观点是赞同法院独家行使说,主张我国只设刑事司法"判例",而不设刑事司法"检例"。理由有三:(1)全国人民代表大会常务委员会《关于加强法律解释工作的决议》第 2 条明确规定:"凡属于法院审判工作中的具体应用法律、法令的问题,由最高人民法院进行解释。"①刑事判例作为一种司法解释,由最高人民法院独家行使创制权是有明确法律根据的,因为它属于审判业务而不属于检察业务。(2)对刑法、刑事诉讼法来讲,检察机关的解释仅属当事人解释,如同被告人及其辩护人基于辩护权所作的解释一样,虽然检察机关可以据以审查确定相关案件是否应当提起诉讼和以何种罪名指控被告人,但不能据此要求审判机关作为定案或审判的司法依据。也就是说,从理论上讲,检察机关不应当介入刑事司法审判实体性的内容,这样才能确保刑事司法审判的公正性。(3)刑事判例的创制基础是审判实践,其来源是刑事判决或裁定。很显然,检察机关不具备创制刑事判例的基础性条件,所以审判机关是唯一能够创制刑事判例的司法机关。② 或许当时只是学理解释,全国人民代表大会常务委员会《关于加强法律解释工作的决议》第 2 条明确规定:"凡属于检察院检察工作中具体应用法律、法令的问题,由最高人民检察院进行解释。"其甚至规定:"最高人民法院和最高人民检察院的解释如果有原则性的分歧,报请全国人民代表大会常务委员会解释或决定。"③当然,后者就不属于司法解释的范畴

---

① 最高人民检察院法律政策研究室编:《中华人民共和国现行法律法规及司法解释大全》,中国方正出版社 1996 年版,第 164 页。

② 参见李晓明:《论刑事判例在我国司法体系中的定位》,载《法律评论》2000 年第 3 期。

③ 最高人民检察院法律政策研究室编:《中华人民共和国现行法律法规及司法解释大全》,中国方正出版社 1996 年版,第 164 页。

了，其属于一种立法解释。我国《宪法》第134—138条规定，检察机关也属于国家的司法机关，而且也有权对刑事法律作出司法解释，故除刑事“判例”的创制外，同样应进行刑事“检例”的创制，其是有充分法律依据的。在许多刑事法律执行问题上，仅靠刑事“判例”是不够的，尤其在审查起诉、侦查监督等刑检工作中，“检例”也是需要的。因此，在具体的刑事司法运作中应当区分刑事“判例”和刑事“检例”，并同时将其均纳入刑事司法解释的行列，使其均在刑事司法中发挥重要作用。就刑事“判例”和“检例”而言，其制定、修改、撤销与废除权分别由最高人民法院和最高人民检察院来行使。

目前最高人民检察院每年公布大量的刑事检察案例，这些“检例”无论对于指导实际司法办案还是提升检察系统的专业化水平都具有重要意义和价值。那么如何提升和保障这些“检例”的发布质量呢？需要从“检例”研判人员的知识与智能结构，其综合能力的培养，以及“检例”研判的具体方法技巧等方面进行研究和探讨，以促进刑事“检例”质量的进一步提升和研判。

七、学术理论解释：专家学者的解释及论证

刑法的学理解释也称专家解释或学者解释，虽然不具备法律效力，但对司法实践也具有重要影响力，因此有必要进行专门研究。

（一）学理解释及其分类

根据传统观点，刑法学理解释就是由宣传部门、社会组织、教学科研单位或者专家、学者从学理上对刑法含义所作的阐释或说明。① 本书认为，刑法学理解释是指刑法学者从学理上对刑法含义所做的阐释或说明。其在主体、形式、目的和结论等方面均具有特殊性：

一是主体特殊性。刑法学理解释的主体一般是刑法专家、刑法学者等，他们自身并不是刑事法律关系的主体，不承担刑事法律关系主体的角色，通常也不直接参加刑事诉讼活动。

二是形式特殊性。刑法学理解释不可能像立法或者司法解释那样获得一种特定、严格的形式，其实际上是一种法学研究活动，成果表现形式多种多样，灵活多变，通常有刑法教材、专著论文、案例分析、专题报告、法律意见书等多种形式。

三是目的特殊性。刑法立法和司法解释是以刑法适用为目的，刑事诉讼参与人解释是以说明自己行为性质为目的，社会一般民众解释是以正确行使自己权利为目的。而刑法学理解释不以刑法的直接实现为目的，仅仅以揭示刑法规定的正确含义为

---

① 参见高铭暄、马克昌主编：《刑法学》（第5版），北京大学出版社、高等教育出版社2011年版，第22页。

目的。

四是结论特殊性。刑法学理解释结论具有无效性,不能作为处理刑事案件的直接依据,但刑法学理解释结论具有极高的权威性,对刑法理论及司法实践活动均具有重要影响。

有效解释包括刑法立法解释和刑法司法解释,均具有法律的拘束力,刑法学理解释属于无效解释,没有法律的约束力。实际上,用"无权解释说"概括刑法学理解释是片面的,因为其具有强烈的学术色彩和权威性品质,能够指导有权解释和任意解释,能够为有权解释和任意解释提供认识资源并赋予其生命力。所以,刑法学理解释同样非常重要,不容忽视。

学理解释对刑法解释理论具有重要意义。其在刑法解释理论体系中处于基础性地位,"基础不牢,地动山摇",刑法学理解释不是可有可无,不能被边缘化。其属于整个刑法解释系统的知识资源,刑法解释在很大程度上依赖于学理解释,学理解释为刑法解释包括立法解释和司法解释理论提供者源源不断的智力支持或支撑,是刑法解释的知识源泉。

学理解释对刑法司法实践也具有重要意义。学理解释与司法解释、立法解释甚至刑法立法密切相关,质言之,刑法学理解释往往是制定司法解释、立法解释甚至刑法立法的理论来源。如学界对"国家工作人员"和"挪用公款归个人使用"的有关激烈争论就促使全国人民代表大会常务委员会出台了相关立法解释。刑法学理解释的内容一旦为立法解释、司法解释甚至司法办案所采纳,就具有了法律效力,可见刑法学理解释在一定程度上对司法实践具有权威性作用。

根据不同的标准,可以将刑法学理解释进行不同的划分,主要有如下几种分类方法:

首先,根据学者对刑法规定所作的学理解释被认同的程度,可将其分为主流解释和非主流解释。前者是指从学理上对刑法规定所作的,并得到绝大多数学者的认同和肯定的解释。后者是指从学理上对刑法规定所作的,只是得到部分学者的认同和肯定的解释。

其次,根据学者的学术地位和影响力,可将其分为权威性解释和非权威性解释。前者是指在刑法领域具有重要学术地位的知名学者、专家从学理上对刑法规定所作的解释。后者是指普通的、一般的研究、学习人员从学理上对刑法规定所作的解释。[①] 当然,二者都是历史概念,权威解释和非权威解释之间,主流解释和非主流解释之间,一定条件下可以发生转化。

---

① 参见李晓明主编:《中国刑法基本原理》(第3版),法律出版社2010年版,第673、674页。

最后，根据学理解释所运用的方法，可将其分为法理解释和非法学解释。前者是根据刑法基本原理对刑法规定所作的理解和阐释，有限制解释、扩张解释、当然解释、合宪解释、体系解释、法意解释、目的解释、反对解释和比较解释等。后者是从非刑法基本理论角度进行，主要有文理解释、经济学解释、伦理学解释、社会学解释和统计学解释等。①

（二）学理解释的立场：实质解释与形式解释

立场是指认识和处理问题时所处的地位和所持的态度。有关刑法解释立场的争论源于日本，有形式解释和实质解释的不同主张和代表人物，形式解释以大谷实为代表，实质解释以前田雅英为代表，受日本影响我国解释立场方面的争论也日趋白炽化，形式解释与实质解释论之争的深入与激烈程度，早已超越了其发源地国即日本，并在某些问题上形成了本土化创新性思考。② 主张形式解释立场的代表人物有陈兴良、邓子滨等，③主张实质解释立场的代表人物有张明楷、刘艳红等④。目前在我国，实质解释论似乎占"多数"，形式解释论似乎占"少数"。同时需要指出的是，主观说并不总是和形式解释论相对应，客观说也不总是和实质解释论相对应，易言之，主观说也可能会作出实质解释，客观说也可能作出形式解释。

实质解释论者认为，刑法的理解和适用应当从处罚的必要性出发，并以侵犯的法益为指导，作出实质的判断。可见，实质解释论是针对犯罪构成要件的解释而言的，其基本内容（或要求）有三：一是对构成要件的解释必须以法条保护的法益为指导，而不能仅停留在法条的字面含义上。换言之，解释一个犯罪的成立要件，首先必须明确设置该罪要保护的法益，然后在刑法用语可能具有的含义内确定成立要件的具体内容。二是犯罪的实体是违法与责任。所以对违法要件的解释必须使行为的违法性达到值得科处刑罚的程度；对责任构成要件的解释必须使行为的有责性达到值得科处刑罚的程度。易言之，必须将字面上符合成立要件、实质上不具有可罚性的行为排除在成立要件之外。三是当某种行为并不处于刑法用语的核心含义之内但具有处罚的必要性和合理性时，应当在符合罪刑法定的前提下作出不利于被告人的扩大解释，从而实现

---

① 参见中国法学会刑法学研究会编：《刑法学理解释的基本问题》，载《中国刑法学年会文集》2003 年版，第 289 页。

② 参见刘艳红：《形式与实质刑法解释论的来源、功能与意义》，载《法律科学（西北政法大学学报）》2015 年第 5 期。

③ 参见陈兴良：《形式解释论的再宣示》，载《中国法学》2010 年第 4 期；邓子滨：《中国实质刑法观批判》，法律出版社 2009 年版，第 187 页。

④ 参见张明楷：《实质解释论的再提倡》，载《中国法学》2010 年第 4 期；刘艳红：《走向实质解释的刑法学——刑法方法论的发端、发展与发达》，载《中国法学》2006 年第 5 期。

处罚的妥当性。[1] 最典型的例子莫过于张明楷教授对抢劫罪中法定刑升格“冒充军警抢劫”的解释，其认为，真军警表明自己身份抢劫比假冒军警对被害人和社会震慑更大，影响更恶劣，危害性更大，假冒军警都应当加重处罚，真军警说自己是军警抢劫基于罪刑相适应原则就更应当加重处罚，基于此其将“冒充”拆开理解，认为“冒”应当解释为“假冒”，而“充”应当理解为“充当”，真军警说自己是军警抢劫就是这里的“充当”行为。张明楷教授还认为，《刑法》第247条“暴力取证罪”的处罚对象包括证人和被害人，第329条抢夺国有档案罪应扩大解释包容抢劫国有档案的行为。张明楷教授上述解释路径，就是实质解释立场的鲜明体现。也有学者认为，形式解释论和实质解释论是在阶层式犯罪论体系的语境下展开的，而且特别与阶层犯罪论体系内部构建几阶层的分歧有关，实质解释论必须要坚持构成要件的定型性，并在坚持违法与有责相区分的基础上构建实质犯罪论体系。[2]

形式解释论者认为，为了追求罪刑法定的形式理性，主张忠诚于罪状的核心意义，即便牺牲处罚的必要性，也要保护国民基于预测可能性进行行动的自由，以此作为刑法解释的方法论即形式解释论。如有学者认为，“刑法不可能对所有犯罪作出毫无遗漏的规定”根本就不是罪刑法定原则形式侧面的缺陷。如果说这是一种缺陷，其应该是成文法的缺陷或者局限。罪刑法定原则是在成文法的这一局限的基础上，不得已而作出的一种价值选择：即使牺牲实质合理性也要坚守形式合理性，对于无明文规定的行为，无论具有何种社会危害性都将其排除在犯罪的法定范围之外。可以说，基于罪刑法定主义的理念，刑法没有规定本身就是一种规定，即不认为是犯罪的规定。陈兴良教授认为，形式解释论在作了形式解释以后还要进行实质解释，这是一种双重限制，其解释结论就是限制解释。[3] 根据形式解释论的立场去理解“冒充军警抢劫”，“冒充军警抢劫”中的“冒充”只能解释为“假冒”，因为这才是人通常的理解，这也是形式解释要求的具体体现。再如故意毁坏财物罪中“毁坏”，存在“物理毁损说”“有形侵害说”和“效用侵害说”等观点，根据形式解释论应当选择“物理毁损说”，但根据本实质解释论则应当选择“效用侵害说”，两者范围孰大孰小不辩自明。可见，形式解释论者是从一般人通常的判断能力出发，依据刑法条文字面意义来理解和适用刑法的，以通常一般人的形式判断能力来理解刑法规定的行为类型和犯罪构成，并以此为核心作出刑法规范的形式判断。按照陈兴良教授的理解，在进行形式解释之后的实质解释是为了对形式解释在实质上的确认，使形式解释符合罪刑法定原则的同时不违背刑法的目

① 参见张明楷：《实质解释论的再提倡》，载《中国法学》2010年第4期。

② 参见刘艳红：《形式与实质刑法解释论的来源、功能与意义》，载《法律科学（西北政法大学学报）》2015年第5期。

③ 参见陈兴良：《形式解释论的再宣誓》，载《中国法学》2010年第4期。

的，即“惩罚犯罪，保护人民”。

应当说，罪刑法定原则是必须遵循的“铁律”，无论是形式解释论者还是实质解释论者，都不应当逾越罪刑法定原则，均必须在罪刑法定前提和框架范围内解释刑法。罪刑法定原则包括明确性原则、内容适当原则、刑法禁止类推原则、不溯及既往原则、禁止绝对不定期刑原则、排除习惯法原则等子原则。明确性原则和内容适当原则属于罪刑法定原则的实质侧面，刑法禁止类推原则、不溯及既往原则、禁止绝对不定期刑和排除习惯法原则组成罪刑法定原则的形式侧面。显然，形式解释论者强调罪刑法定原则的形式侧面，却容易忽视实质侧面；而实质解释论者强调罪刑法定原则的实质侧面，却容易忽视形式侧面。

（三）学理解释的再创：分层解释和阶段解释

形式解释和实质解释各有优缺，前者能够固守犯罪构成，但是比较封闭和僵化；后者重视法益和处罚必要性，但往往扩大处罚范围，有片面强调处罚必要性和侵犯人权嫌疑，容易陷入类推的境地。故而，最佳方法就是对两种观点进行一定的扬弃，互相取长补短，当然不是简单地折中和并合，而是区分层次和阶段进行刑法解释。

一是本书主张，在对犯罪成立要件进行解释时坚持形式解释，并对行为的性质作出类型化判断，而不进行处罚必要性分析。而在对行为性质进行类型化判断后（定罪后），尤其是针对刑罚裁量过程再进行实质性的解释和判断，可以说这是必然要求和现实所需。质言之，实质解释和判断时则可以，但也应当考虑定罪和处罚的层次区分及其必要性考量。

二是本书主张，刑法解释都是要切合社会需求与法治环境的，因此不能简单地说主张形式解释还是实质解释，要根据社会的发展阶段与需求来适时有效地选择刑法解释的方式。比如，在刑事法治建设的初期，为了配合酿制真正的刑事法治环境和坚定地贯彻执行罪刑法定或罪责法定原则，必须选择形式解释方式，而不能够为所谓的打击犯罪或追求刑法的立法目的一味地进行实质解释。当然，当刑事法治的司法环境与氛围已经形成，尤其是刑法制度及立法技术已经达到更为完备的程度，为了追求刑法的执行效果或防止有人利用刑法的文字疏漏或时过境迁而逃避法律制裁，此时可以更多地选择实质解释方式，即所谓阶段论。

如此，可能更为切合社会发展与法治环境的实际需求，而不是在此问题上各走极端或一味地争论。如果在形式解释与实质解释之间非作出一个选择，或是争得你死我活，甚至指望“毕其功于一役”则属于不合实际的偏执追求，实不可取。[①] 有论者提出，根据中国社会的具体情况，刑法解释需要以形式解释为一般原则，以实质解释为重要

---

① 参见张军：《刑法解释的立场：一元双层形式解释论刍议》，载《时代法学》2014 年第 4 期。

补充,最终实现实质解释与形式解释相统一的径路。[①] 该观点也具借鉴意义,但不具有操作性,甚至有过于折中的嫌疑。

本书认为,将刑法解释的方式分阶段进行,更加符合刑法的发展阶段与规律,同时符合我国的现实状况。在罪刑法定或者正值我国树立刑事法治环境阶段,为了配合刑事法治环境的打造和落实罪刑法定原则,应坚持刑法的形式解释论。首先,在这个阶段,公民对“法”的理解不透彻,如果按照实质解释论的观点,难免有“强人所难”之嫌,即该阶段的公民对刑法的理解仅限于字面意思,若要求其对刑法进行实质上的探求并不可取。其次,在我国刑事法治环境尚未建成阶段,如果实质主义或曰实用主义深植国民本性,正如有些学者所担心的那样,如果一种已然强势的文化趋向被有意识地强调而过度发展、膨胀,同时缺乏制衡,长远看来对学科的发展乃至于对社会的发展都不是好事。[②] 在此阶段需要培养公民树立“理性”的思考方式,同时引导公民对法律条文进行形式上的理解。且如前所述,我国此阶段也正值需要树立刑事法治环境,为了营造该环境和落实罪刑法定原则,坚持刑法的形式解释论更有利于保障公民的自由,也有利于法治建设步伐的快速推进。

当然,在刑事法治环境已经打造好的前提下,此时适用实质解释方式,从立法目的上来解释刑法就显得条件更加成熟。在公民已经对法律条文有深刻的理解且树立了理性的思考方式的情况下,这样做也有利于对法益的保护以及对罪刑法定原则的贯彻落实。如有学者指出:“正确贯彻罪刑法定原则应当是,依据刑法契约精神,在不突破底限的前提下,入罪坚持合法,出罪(含从轻发落)注重合理。”[③]这是从立法规定的实体内容上去评价一行为是否构成犯罪,以及假如构成犯罪究竟应该如何处罚更为合理等,而不是从立法目的推测或扩张对刑法的解释,即便使用实质解释论也应注意入罪、出罪的界限划分。

---

① 参见赵星、周婷:《刑法的实质解释与形式解释》,载《河北学刊》2013 年第 5 期。

② 参见周详:《刑法形式解释论与实质解释论之争》,载《法学研究》2010 年第 3 期。

③ 储槐植:《刑法契约化》,载《中外法学》2009 年第 6 期。

法学新经典·书目

《侵权损害赔偿》（第六版）	杨立新
《我国民法典重大疑难问题之研究》（第二版）	王利明
《法律解释学导论：以民法为视角》（第三版）	王利明
《法的价值论》（第三版）	卓泽渊
《法政治学研究》（第三版）	卓泽渊
《法治国家论》（第四版）	卓泽渊
《刑事诉讼的中国模式》（第三版）	陈瑞华
《刑事证据法的理论问题》（第二版）	陈瑞华
《民法典总则之理论与立法研究》（第二版）	尹　田
《中国物权法总论》（第四版）	孙宪忠
《人格权重大疑难问题研究》	王利明
《实证研究：中国法学的范式转型》	左卫民
《中国法律的传统与近代转型》（第四版）	张晋藩
《行政法基本原则研究》（第二版）	周佑勇
《国际刑法学》（第二版）	贾　宇
《刑法客观主义与方法论》（第二版）	周光权
《诈骗犯罪论》	张明楷
《国际私法本体论》（第二版）	蒋新苗
《民法解释学》（第五版）	梁慧星
《当代刑法的理论与课题》	黎　宏
《量刑的个别化原理》	石经海
《中国传统法理法哲学论》	张中秋
《民法总则新论》	王利明

法学新青年·书目

《物权法的展开与反思》（第二版） 常鹏翱
《基本权利的规范建构》（增订版） 张　翔
《传媒监督的法治》 陈柏峰
《国家利益维护：国际法的力量》 何志鹏
《不动产登记法研究》（第二版） 程　啸
《证据法的理论面孔》 吴洪淇
《刑法归责原理的规范化展开》 陈　璇
《刑法与现代社会治理》 何荣功
《舆图换稿：明清之际的中国法哲学》 屠　凯
《中国特色行政复议制度的嬗变与演进》 曹　鎏
《行政诉讼类型构造论》 章志远
《侵权责任利益保护的解释论》 方新军
《刑事诉讼法的解释图景》 董　坤

法学原论·书目

《合同法总论》（第四版） 韩世远
《现代公司法》（第三版） 刘俊海
《侵权责任法》（第四版） 杨立新
《国家监察学原理》 李晓明　芮国强
《物权法原论》（第二版） 高富平
《刑法学：立法与解释原理》（上册） 李晓明
《刑法学：罪体与罪责原理》（下册） 李晓明

博观·书目

《社会契约论》 卢　梭

《法律的概念》（第三版） 哈 特
《普通法的精神》（中文修订版） 庞 德
《诉权与诉的可能性：当代民事诉讼基本问题研究》 赫尔维格
《民主与不信任：司法审查的一个理论》 约翰·哈特·伊利
《法律与革命》（第一卷） 伯尔曼
《法律与革命》（第二卷） 伯尔曼
《法律推理与法律理论》 麦考密克
《古代法》 梅 因
《旧制度与大革命》 托克维尔
《为权利而斗争》 耶 林
《法律制度：对法律理论的一种解说》 麦考密克
《政治哲学史》（第三版 上下册） 列奥·施特劳斯 约瑟夫·克罗波西
《论法的精神》 孟德斯鸠
《民事诉讼法重点讲义》（导读版） 高桥宏志
《纯粹法学说》（第二版） 凯尔森
《普通法》 霍姆斯
《论犯罪与刑罚》 贝卡里亚
《宪法设计与理性选择：公法经济分析基础》 罗伯特·D.库特
《法律的权威》（第二版） 约瑟夫·拉兹
《正确法：法伦理学基础》 卡尔·拉伦茨
《法律篇》 柏拉图
《论法律》 西塞罗

思想与人文·书目

《西窗法雨》（精装修订版） 刘 星
《法槌十七声：西方名案沉思录》（第二版） 萧 瀚
《文明与法治：寻找一条通往未来的路》 刘哲昕
《精英与平民：中国人的民主生活》 刘哲昕

《法治东西》	於兴中
《博登海默法理学》	博登海默
《法窗夜话》	穗积陈重
《正义之源泉：自然法研究》	吴经熊
《现代法政的起源：1900—1919》	董彦斌
《被误解的民主》	包刚升
《风骨：新旧时代的政法学人》	陈夏红
《斑马线上的中国》（第三版）	邓子滨
《生活在民法中》（第四版）	梁慧星
《乌合之众：大众心理研究》	古斯塔夫·勒庞
《我们律师》（修订精装版）	张思之
《我的辩词与梦想》（精装收藏版）	张思之
《法门穿行》	孙笑侠
《现代法治：沈家本的改革梦》	李贵连
《阿Q之死的标本意义》	张建伟
《续法窗夜话》	穗积陈重
《从传统到现代》	金耀基
《耶鲁精神：感受耶鲁大学及其法学院》（第二版）	冯建姝
《法律帝国的铸就：大英帝国法律史（1800−1850）》	劳伦·本顿 利萨·福特
《英国法的塑造者》	威廉·塞尔·霍尔斯沃思
《美国法律史》	劳伦斯·弗里德曼
《尊严：历史和意义》	迈克尔·罗森
《法官因何错判》	秋山贤三
《修行：生命的证悟》	泰戈尔
《看得见的正义》（第三版）	陈瑞华
《大地家族》	盖瑞·施耐德
《法律后面的故事》	梁治平
《生命与超越：一个命运共同体的理想》	刘哲昕

《霸权的黄昏：大国的衰退和收缩》 麦克唐纳 培伦特
《罪与罚：关于公正的19场激辩》 布鲁斯·N.沃勒
《民法的人文精神》（第二版） 徐国栋
《西口闲笔》 徐国栋
《明清法律与社会变迁》 邱澎生 何志辉
《案例、故事与明清时期的司法文化》（修订版） 徐忠明
《明清时期的民事审判与民间契约》 王亚新 梁治平 赵 晶
《儒家的世界》 董彦斌
《面包香里读哲学》 胡文·欧江
《大众装饰》 齐格弗里德·克拉考

理论与方法·书目

《通往法治的道路：社会的多元化与权威体系》 季卫东
《法治、财税与国家治理》 熊 伟
《论法学研究方法》 陈瑞华
《民法总则：条文背后的故事与难题》 杨立新
《法学学位论文写作方法》（第三版） 梁慧星
《裁判的方法》（第四版） 梁慧星
《理论法学的迷雾：以轰动案例为素材》（增订版） 桑本谦
《司法体制改革导论》 陈瑞华
《辩无不胜》 盖瑞·斯宾塞
《侵权责任法：条文背后的故事与难题》（第二版） 杨立新
《司法改革的知与行》 蒋惠岭
《律师的客户管理术》 亚历山大·Y.本尼科夫

《中西法律文化比较研究》（第五版）	张中秋
《真实世界的法律思维：出乎意料的61堂法律微课》	黄文伟
《并购之道：赢家的65个商业逻辑与实战 》	张伟华
《中国民法典新规则要点》（修订版）	杨立新
《刑事审判原理论》（第三版）	陈瑞华
《实质法治：寻求行政判决的合法性》（第二版）	何海波
《行政诉讼法》（第三版）	何海波
《企业合规基本理论》（第二版）	陈瑞华
《如何讲个好故事：律师的必修课》	菲利普 · N. 迈耶
《法总工作手册：公司法律合规的三十六计》	沈悦志
《人工智能时代的算法治理：机制与方案》	张　欣